W0365061

DR. MAGNUS HIRSCHFELD

SITTENGESCHICHTE DES ERSTEN WELTKRIEGES

VORWORT DES VERLEGERS

Wie Kriegsgeschichte der Bericht über Gewinn und Verlust von Städten und Ländern, über unerhörte und oft ungeschehene Heldentaten ist, so ist Sittengeschichte des Krieges und der Zeit vor und nach solchen möderischen Auseinandersetzungen die Untersuchung seiner sozialen und wirtschaftlichen Gründe im Verhältnis zur seelischen Bereitschaft, jene urzeitliche Bestie zu entfesseln, die in jedem zivilisierten Menschen einen sehr, sehr leisen Schlaf schlummert. Es ist die Geschichte jener Dinge, mit denen der Teilnehmer eines modernen Krieges sich viel länger und nachhaltiger auseinandersetzen muß als mit dem Feind, den schon im Zweiten Weltkrieg die meisten deutschen Soldaten erst zu sehen bekamen, als die von den Herren ihrer angeblich freiwilligen bewaffneten Sklaverei „ordnungsgemäß" den Aufsehern ihrer unfreiwilligen Sühne übergeben wurden – für die Missetaten jener, die sich derweil auf neue Ehren vorbereiteten.

Im Kriege gibt es bekanntlich zwei numerierte Themen, deren Folge als Thema Nr. 1 und Nr. 2 nach der „Verpflegungslage" wechselt: Frau und Fraß. Von der so oft und so schnell zu Mist gewordenen Glorie als Nr. 3 ist wenig bekannt – es sei denn in jenen Kreisen, wo man den Krieg genoß, weil man wußte, wie schrecklich der Friede werden mußte, nach dem, was sich eben diese Kreise geleistet hatten. So möge man es nicht übelnehmen, wenn hier vom Hunger und der Laus berichtet wird, wenn aus diesen Seiten das billige Parfum des Bordells und der Chlorkalk des Massengrabes stinkt. „Revolutionen werden nicht mit Rosenöl und Moschus gemacht", sagte vor 170 Jahren der Citoyen St. Just, der es wissen mußte. Was bleibt vom Krieg, wenn der erste Rausch der patriotischen Besoffenheit verflogen ist? Eine Horde Männer unter Männern, die noch gelegentlich nach Ruhm und Ehre, für gewöhnlich aber nach Schnaps und Liebe (nach letzterer in der einfachsten Form) dürstet, meist weniger von der Idee des Vaterlandes als von der zynischen Überlegung der Generalstäbe getrieben, daß die Angst vor dem Feldgendarm hinten auf jeden Fall größer sein muß als die Angst vor dem Feind vorn.

„Die Wahrheit, die reine Wahrheit und nichts als die Wahrheit" zu sagen, muß in angelsächsischen Ländern der Zeuge schwören. Mehr wollen auch die Autoren dieser Bände nicht, alles Männer der Wissenschaft und außerdem „Teil-Nehmer“ im Sinne des Wortes an mindestens einem der beiden Kriege. Die ersten beiden Teile des Werkes erschienen in vier Bänden vor über 30 Jahren, kurz bevor die Nacht und die Verdummung über Deutschland hereinbrachen. Wenige Monate, nachdem der vierte Band in den Buchhandel gelangte, waren sie unter den ersten Büchern, die Herr Goebbels verbrennen ließ. Von den Autoren war keiner unverwundet aus dem Ersten Weltkrieg heimgekehrt; der rheinische Hinkefuß war nicht in ihn gezogen. (Entgegen der verbreiteten Legende war er weder zu jung noch zu krank dazu.) Von den an der ersten Auflage Beteiligten haben nur einer der vielen Autoren und der Verleger die Nazizeit überlebt. Wenn dieser heute das in allen Antiquariaten gesuchte und kaum mehr erhältliche Werk in einer überarbeiteten Neuausgabe herausbringen kann, so ist das, um im Jargon der Militaristen zu reden, eine zurückeroberte Stellung oder, in der Sprache der richtigen Soldaten (unter denen es wenige Militaristen gibt) „ein unverschämtes Schwein, das er hatte“.

Wie schon gesagt, wird hier den menschlichen Dingen die Bedeutung gegeben, die sie nun einmal haben. Wenn jemand dieses Buch für ein „Eroticum“ hält oder je gehalten haben sollte, dann kann man ihm auch nicht helfen. Gelegentlich werden, wie man weiß, Menschen mit Küchenmessern ermordet; man hat trotzdem noch von keinem Gesetz gehört, das den Bürger zwänge, wieder mit den Fingern zu essen wie ein Neandertaler. Die Verfasser sind Naturwissenschaftler, sie haben mit der Nüchternheit und Klarheit ihres Berufs beim Schreiben zuerst an die Kollegen Psychologen, dann auch an die Historiker gedacht. Wenn sie außerdem so verständlich und interessant schrieben, daß jeder Erwachsene ihre Arbeit verstehen kann und um der Vollständigkeit seines Weltbildes willen lesen sollte, so ist das in der Welt von heute das höchste Lob, das man einem solchen Werk spenden kann. Denen, die aus Angst vor den tausend anderen Wahrheiten dieser Bände „am Fleische Anstoß nehmen“ wollen, sei – mit freundlicher Genehmigung des Verfassers – ein Absatz aus T. W. Adornos „Noten zur Literatur“ (Band 3, S. 57) ins Stammbuch geschrieben:

„Trotz allem Geschwätz vom Gegenteil hat sich in der Grundschicht der bürgerlichen Gesellschaft nichts geändert. Böse hat sie sich vermauert, als sei sie so naturgesetzlich-ewig, wie sie es ehedem in ihrer Ideologie positiv behauptete. Sie läßt die Verhärtung des Herzens, ohne welche die Nationalsozialisten nicht unbehelligt Millionen hätten morden können, so wenig sich abmarkten, wie die Herrschaft des Tauschprinzips über die Menschen, den Grund jener subjektiven Verhärtung. Flagrant wird das am Bedürfnis, zu bestrafen, was nicht zu bestrafen wäre. Die Judikatur maßt, nach der Diagnose von Karl Kraus, mit Verstocktheit des gesunden Volksempfindens das Recht zur Verteidigung nicht-existenter Rechtsgüter sich an, selbst wo nachgerade sogar die offizielle Wissenschaft in der Majorität ihrer Vertreter nicht länger zu dem sich hergibt, wogegen in den ersten Jahren des Jahrhunderts nur wenige, damals von Kraus gerühmte Psychologen wie Freud und William Stern anzugehen wagten. Je geschickter das fortdauernde soziale Unrecht unter der unfreien Gleichheit der Zwangskonsumenten sich versteckt, desto lieber zeigt es im Bereich nichtsanktionierter Sexualität seine Zähne und bedeutet den erfolgreich Nivellierten, daß die Ordnung im Ernst nicht mit sich spaßen läßt. Geduldetes Freiluftvergnügen und ein paar Wochen mit einteiligem

Bikini haben womöglich nur eine Wut gesteigert, die, hemmungsloser als je die von ihr verfolgten sogenannten Laster, sicher Selbstzweck wird, seitdem sie auf theologischen Rechtfertigungen verzichten muß, die zuzeiten auch für Selbstbesinnung und Duldung Raum gewährten. – Der Titel ‚Sittlichkeit und Kriminalität' (bei Karl Kraus) wollte ursprünglich nichts, als zwei Zonen auseinanderhalten, von denen Kraus wußte, daß sie nicht bruchlos ineinander aufgehen; die der privaten Ethik, in der kein Mensch über einen anderen richten dürfe und die der Legalität, welche Eigentum, Freiheit, Unmündigkeit zu schützen habe ... Berühmt wurde der Satz: ‚Ein Sittlichkeitsprozeß ist die zielbewußte Entwicklung einer individuellen zur allgemeinen Unsittlichkeit, von deren düsterem Grunde sich die erwiesene Schuld des Angeklagten leuchtend abhebt.' Die Befreiung des Sexus von seiner juristischen Bevormundung möchte tilgen, wozu ihn der soziale Druck macht, der in der Psyche des Menschen als Hämischkeit, Zote, grunsendes Behagen und schmierige Lüsternheit sich fortsetzt. Die Libertinage des Amüsierbetriebs, die Anführungszeichen, in die ein Gerichtsreporter das Wort Dame setzt, wenn er ihr Privatleben betasten will, und die offizielle Entrüstung sind von gleichem Blute." Und weiter zitiert der Verfasser Kraus: „Die Heiligkeit einer religiösen Handlung hält den Religiösen nicht ganz so gefangen, daß er nicht die Geistesgegenwart hätte, zu kontrollieren, ob sie den anderen gefangen hält, und die von wachsamen Kooperatoren geführte Menge hat sich daran gewöhnt, die eigentliche Andacht nicht so sehr im Abnehmen des Hutes wie im Herunterschlagen des Hutes zu betätigen."

Nach der Aktion „Saubere Leinwand" ist die Aktion „Sauberes Druckpapier« (am besten wohl Krepp in Rollen) schon angekündigt – von einer Aktion „Saubere Weste" ist bislang noch nichts bekannt.

In diesem Lande ist, wie wir alle wissen, nicht der an einem Diebstahl schuld, der gestohlen hat, sondern der, der behauptet, es würde angesichts des Wirtschaftswunders überhaupt noch gestohlen – selbst wenn es seine eigene Brieftasche war, die der Dieb an sich nahm.

Man wird fragen, was das alles mit diesem Buch zu tun hat. Es hat sehr viel damit zu tun, denn dies ist ein unbequemes Buch. Lebende und Tote vereinigen ihre Stimmen und nennen eine Katze eine Katze und den Krieg ein Sittlichkeitsverbrechen. Goebbels hat sie darum, nach der noch heute üblichen Logik der Räuberbande, deren Sprecher er war, der Unsittlichkeit geziehen. Goebbels ist tot – seine Schüler sind immer noch lebendig, die Verbreitung dieser Praktiken beweist es am besten. Er, der größte Lügner dieses an politischen und sonstigen Gaunern wohl reichsten Jahrhunderts, warf anderen vor, die These vom Ermordeten, der am Mord schuld sei, in die Welt gesetzt zu haben. Aber gerade das ist die Behauptung seiner Satansjünger: An dem unsäglichen Elend der vierzig Jahre von 1914 bis etwa 1954 seien nicht die Kräfte schuld gewesen, die es entfesselten, sondern die fast hundert Millionen Menschen (oder mehr), die in diesem Zeitalter auf dem Altar des Militarismus geschlachtet und die Hunderte von Millionen, die von ihm zu menschlichem Dreck erniedrigt wurden.

Karl Schustek

INHALTSVERZEICHNIS

VORWORT

Vor 35 Jahren unternahm es Dr. Magnus Hirschfeld, die Zusammenhänge zwischen Krieg und Geschlechtsleben an Hand des aus dem Ersten Weltkrieg stammenden Materials darzulegen. Durch einen Aufruf versuchte der Gelehrte, dieses Material zusammenzutragen und die damals wie heute bestehenden Hindernisse einer systematischen Erfassung des Krieges zu überwinden.

Höchste wissenschaftliche Objektivität war das Ziel des Gelehrten und seiner damaligen Mitarbeiter. „Wir waren bestrebt", schrieb Hirschfeld, „die Objektivität der Darstellung und Wiedergabe weder durch eine besondere Einstellung für die eine, noch gegen die andere kriegsbeteiligte Völkergruppe beeinträchtigen zu lassen. Ebenso fern lag uns überdies die Absicht, den Krieg zu ‚verniedlichen', wie seine Scheußlichkeiten und Brutalitäten gar noch zu übertreiben. Sollte das sine ira et studio unternommene Werk gleichwohl tendenziös im kriegsgegnerischen Sinne erscheinen, so ist daran gewiß nur der Krieg schuld!"

Nun – wenn man sich auch in den „goldenen zwanziger Jahren" schämte, tendenziös zu erscheinen (auch Remarque bezeichnete seinen Kriegsroman „Im Westen nichts Neues" mit dem entschuldigenden Untertitel: „Weder Klage, noch Anklage!"), so war doch die gewaltige Wirkung der ersten Auflage eminent pazifistisch, und das Werk wurde von den Lesern in erster Linie als kriegsgegnerisch empfunden.

So empfanden es auch Hitler und seine Leute, und es gehörte daher zu ihren ersten Taten, bei der Bücherverbrennung in Berlin am 10. Mai 1933 ganz besonders Hirschfelds Bücher heranzuziehen und sogar seine Büste, das Werk eines dänischen Bildhauers, in die Flammen zu werfen. Hirschfeld hatte in weiser Voraussicht sich schon 1930 auf eine Weltreise begeben.

Dies Ereignis zeigt klar zwei Tatsachen: Hitler wollte von allem Anfang an den Krieg und sah darum in allen Kriegsgegnern seine ganz besonderen Feinde. Anderseits sehen wir, daß vor der Machtergreifung Hitlers noch weite Kreise kriegsgegnersich eingestellt waren und die Arbeit Hirschfelds unterstützten – denn nur durch die Mithilfe weiter Kreise ehemaliger Kriegsteilnehmer war es möglich, ein solch immenses Material von Berichten, Zeitungsausschnitten, Karikaturen, Fotos, Briefen aus dem Felde usw. zusammenzutragen.

Eine isolierte Herausgabe der „Sittengeschichte des Ersten Weltkrieges“ erscheint heute kaum geboten; eine gleichzeitige Darstellung des Zweiten Weltkriegs muß das Bild ergänzen. Diese Gesamtdarstellung wird ergeben, daß, wenn früher dem Krieg noch sozusagen ein Schimmer von Romantik gewahrt blieb, der ein Heldentum tapferer Flieger oder mutiger Soldaten ermöglichte, heute die Massenvernichtung das einzige Ziel des Krieges ist. Im Zeitalter der Langstreckenraketen wird das gemordete Opfer nicht einmal mehr wissen, wer auf jenen berühmten Knopf gedrückt hat, warum er gedrückt hat und weshalb er mit den Seinen hingemordet wird.

Sollte unser Werk also dazu beitragen, beim Leser gegenüber allen jenen Männern und Mächten, die noch mit dem Gedanken an einen neuen Krieg spielen, eine grundsätzlich ablehnende Einstellung zu erzeugen, so würden wir dies als genau jene Auswirkung betrachten, die wir uns erhofft und gewünscht haben!

Die Ernte des Jahres 1915
Aus dem italienischen Witzblatt „L'Asino“

EINLEITUNG

Gründe und Hintergründe

Wir kleinen Leute, die nur die Opfer der Kriege darstellen, aber in keiner Weise von ihnen profitieren, starren auf das Rätsel der Geschichte, diese Sphinx, die ihre Geheimnisse nie preiszugeben scheint. Die offizielle Geschichtsschreibung, in der die Fürsten den Titel „der Große“ bekommen, wenn sie „Mehrer des Reiches (= große Diebe) waren, hat uns wenig zu sagen. C'est une maison préfabriquée, auf deren Gestaltung der künftige Bewohner keinen Einfluß hat.

Das Gespenst des Krieges
Zeichnung von Georg Kretzschmar

Nicht allzuschwer ist es festzustellen, daß jeder Krieg der Vater des nächsten Krieges ist – ob es aber möglich ist, diesen Vater für die Untaten seines Sohnes verantwortlich zu machen, das ist eine andere Frage! Das zwanzigste Jahrhundert kann sicher nur derjenige verstehen, der das neunzehnte kennt. Wie nun hat sich die Patsche, in der wir heute stecken, im neunzehnten Jahrhundert vorbereitet?

Beschränken wir uns bei dieser Untersuchung auf Europa; die andern Erdteile spielten noch eine untergeordnete Rolle, waren noch weitgehend abhängig von Europa. Hier gab es im Herzen des Erdteils den deutschen Staatenbund, zu dem Österreich-Ungarn mit seinen Tschechen, Slovaken und andern slawischen Stämmen dazugehörte. Im Osten gab es das mächtige Rußland, im Westen England und Frankreich. England hatte seine Macht durch die Beherrschung der Meere gewonnen, einen Faktor, den es lange als sein Privileg und angestammtes Recht angesehen hatte. Es konnte freilich nicht verhindern, daß auch andere Länder Flotten bauten, aber – solange das „europäische Gleichgewicht" nicht gestört war, drückte es ein Auge zu. In Frankreich hatte um die Mitte des Jahrhunderts Napoleon III. durch einen Staatsstreich die Macht an sich gerissen. Preußen war zu dieser Zeit sehr schwach, sein König mußte als geisteskrank interniert werden, sein Bruder Wilhelm I. übernahm die Regierung, sah sich aber einem feindlichen Parlament gegenüber, das die Mittel zur Vergrößerung der Armee nicht bewilligen wollte. Er dachte an Abdankung. In letzter Minute fand er einen starken Mann – Bismarck. Dieser wagte, das Parlament aufzulösen und den Krieg mit Dänemark zu beginnen. Er gewann Schleswig-Holstein für Preußen. Mehrere widerspenstige Bundesgenossen beseitigte er, indem er in Hannover, Hessen usw. einrückte. Durch einen Krieg mit Österreich drängte er dieses aus dem deutschen Bund, machte aber einen sehr vernünftigen Frieden mit dem ehemaligen Bundesgenossen. Im Jahre 1870 war für ihn die Konstellation sehr günstig, um nicht nur Preußen eine Vormachtstellung in Deutschland zu schaffen (in Bayern war der junge, politisch unerfahrene und mehr für Kunst interessierte König Ludwig II. ans Ruder gekommen) – er sah sogar die Möglichkeit, Deutschland die Vormachtstellung in Europa zu verschaffen, denn Napoleon III. war ein kranker, kriegsmüder Mann.

Die spanische Thronfolgefrage gab Bismarck die Gelegenheit zum Handeln: Spanien wollte einen deutschen Prinzen auf den Thron berufen, Frankreich wollte dies nicht zulassen. Der in Aussicht genommene Thronfolger verzichtete eilig, damit es nicht Krieg gebe. Jetzt begann ein Spiel mit Worten: eine Prestige-Angelegenheit. Preußen sollte erklären, daß nie und nimmer ein deutscher Fürst Anspruch auf den spanischen Thron erheben würde – doch das geschah in vertraulichen Unterhaltungen, die zwischen dem französischen Gesandten und dem König von Preußen in Bad Ems geführt wurden. Man hätte so leicht das ganze unter den Tisch fallen lassen können! Da veröffentlichte Bismarck die „Emser Depesche", die es so darstellte, als sei Deutschlands Ehre von Frankreich beleidigt worden. Die Depesche war nicht geradezu eine Fälschung – aber, daß sie veröffentlicht wurde, wie sie veröffentlicht wurde, das war doch Bismarcks Werk. Den Verlauf des Krieges haben wir auf der Schule gelernt – das deutsche Kaiserreich wurde im Spiegelsaal zu Versailles ausgerufen, Deutschland entriß dem besiegten Frankreich zwei Provinzen: Elsaß und Lothringen.

Was wir nicht auf der Schule gelernt haben, sind zwei wichtige Dinge: erstens, daß die französischen Unterhändler Bismarck darauf aufmerksam machten, daß ein unehrenhafter Frieden unweigerlich einen neuen Krieg hervorrufen würde – und zweitens, daß auch Bismarck dies ganz genau wußte, sich aber durch die „russische Rückversicherung" gegen Frankreich zu schützen dachte. Im März 1890 jagte Wilhelm II. Bismarck gerade in dem Augenblick davon, als er den „Rückversicherungsvertrag" mit Rußland erneuern wollte. Wilhelm II. sägte, kaum zur Macht gekommen, eilig den Ast ab, auf dem er saß.

In den 30 Jahren seiner Herrschaft hat Wilhelm II. nichts versäumt, um alle seine Nachbarn ständig zu kränken, zu verärgern, sie neidisch zu machen und aufzuhetzen. So brachte er seine Feinde in der „Entente cordiale" zusammen.

Trotzdem hätte es nicht zum Ersten Weltkrieg kommen müssen. Wie Ballin so treffend

Der große Verschleiß

„Willis letztes Aufgebot“

Aus dem Bilderbuch „The sad experiences of big and little Willie“, London

gesagt hat: „Man brauchte kein Bismarck zu sein, um diesen dümmsten aller Kriege zu verhindern.“ Ballin, der Begründer der Hamburg-Amerika-Linie, hat diesen Satz durch seinen Freitod unterstrichen, im Augenblick der Erklärung des „unbeschränkten U-Boot-Krieges“ nahm er sich das Leben. Ja – der Erste Weltkrieg (und damit auch der Zweite)

Die Jagd auf den Krieg ist verboten . . .
. . . aber der Kampf gegen den Kohlweißling wird – mit Hilfe der Schuljugend – den Gemeinden zur Pflicht gemacht. (Staatsratverordnung, Kanton Bern)
Holzschnitt von Frans Masereeel

hätte vermieden werden können. Die Macht der Fürsten war mit dem Beginn des 20. Jahrhunderts abgebröckelt, die Parlamente hatten an Macht gewonnen. Zwar hatte es schon zu Zeiten der „absoluten" Könige geheißen: „Und der König absolut / wenn er unsern Willen tut." Und auch die wachsende Macht der Arbeiter, die im Begriff waren, sich international zu verbünden, hätte den Krieg verhindern können. Eine geschlossene Verweigerung der Kriegskredite hätte als Hemmschuh gewirkt. Die deutschen Sozialdemokraten fielen um – Jaurès wurde erschossen. Noch 1916 hätte der deutsche Kaiser seinen Thron (und Deutschland) retten können, wenn er sein Friedensangebot (wohl nach dem Rat des damaligen Papstes) so abgefaßt hätte, daß es für die andern annehmbar gewesen wäre – nämlich: indem er weder von Sieg, noch von Niederlage sprach. Wie hübsch hätte es geklungen, wenn er etwa gesagt hätte: „Durch eine Kette schwer entwirrbarer Mißverständnisse ist dieser unglückselige Krieg ausgebrochen. Die Soldaten aller Länder sehnen sich, das Weihnachtsfest zu Hause zu verbringen. Als christlicher Fürst möchte ich ihnen dieses Geschenk machen und strecke als erster die Friedenshand aus."
Nein: schon im ersten Halbsatz seines „Friedensangebotes" schaltete er diese Möglichkeit aus, indem er begann: „Gestützt auf die glorreichen Siege unserer Waffen in West und Ost" . . . (oder ähnlich).

Und es kam, wie es kommen mußte. Deutschland verlor den Krieg und mußte im Spiegelsaal zu Versailles einen genau so schimpflichen Frieden unterschreiben, wie es ihn Frankreich 37 Jahre zuvor an dieser Stelle diktiert hatte.

Hätte Clémenceau klüger sein sollen als Bismarck? Politiker sind so selten klug, Vabanquespieler sind sie alle.

So schien es denn beschlossen, daß auch der Zweite Weltkrieg kommen mußte!? Nein – auch er hätte vermieden werden können!

Wenn alle Staaten sich 1930 zur Bekämpfung der Weltwirtschaftskrise zusammengeschlossen hätten, dann wäre Hitler in Deutschland nie an die Macht gekommen. Aber: es scheint Regierungen zu geben, die Angst haben zu regieren. Sonderbar, wie man in USA, in England, in Frankreich die Dinge einfach treiben ließ. Und so konnte Hitler als gewissenlos Handelnder schnell emporsteigen. Zur Schuldfrage des Zweiten Weltkrieges ist zu sagen: Deutschland ist schuld durch das, was es getan hat; alle andern sind schuldig durch das, was sie unterlassen haben!

Dies ist nur das Bild im Vordergrunde – nun kommen wir zum Hintergrund. In der kapitalistischen Welt ist der oberste Gott der Profit. Man hat in Deutschland den Juden vorgeworfen, sie seien profitgierig. Du lieber Gott, sie sind die reinen Waisenknaben gegenüber andern. In vielen jüdischen Familien hielt man wie bei den chinesischen Mandarinen oder den japanischen Samurais darauf, NIE von Geld zu sprechen. Das galt für unfein! Da, wo Kriegsgewinne gemacht werden – in der Rüstungsindustrie – waren sie kaum vertreten! Wenn man sich mit der Kriegsgeschichte beschäftigt, so sollte man ein Buch wieder und wieder lesen, es sollte verbreitet sein wie die Bibel, jeder Mensch sollte es kennen: Otto Lehmann-Russbült: „Die blutige Internationale der Rüstungsindustrie." Dort bekommt man Einblicke in die Machenschaften hinter den Kulissen. Das Wettrüsten war vor dem Ersten Weltkrieg allgemein, und Deutschland machte – nach einem englischen Urteil! – nicht einmal die größten Ausgaben. Das Wettrüsten war eine der wichtigsten Ursachen des Ersten Weltkriegs, es gestaltete Europa zum Pulverfaß, das der geringste Funke auffliegen lassen konnte.

Ist es nach dem Zweiten Weltkrieg besser geworden? Nein – noch schlimmer! Die Atombombe hat alles noch schlimmer gemacht! Aber – die Regierungen führen doch Abrüstungsbesprechungen? Leider nur zum Schein, sie haben nicht den ernstlichen Willen zur Abrüstung. Die Konjunktur beruht (zum Teil) auf dem Wettrüsten.

Darum scheint es nur eine Möglichkeit zur Verhinderung eines dritten Weltkriegs zu geben – eine Kontrolle der Rüstungen durch die Völker selbst, nicht durch die Regierungen. Eine große internationale Volksbewegung in der Art der „moralischen Aufrüstung" muß geschaffen werden, die dieses Werk unternimmt. Hier liegt eine große Aufgabe für einen unternehmenden Menschen, gewaltiger als die Aufgabe Dunants oder Nansens, weil die Regierungen sich einer solchen Kontrolle mit Mann und Macht widersetzen werden. Aber – vielleicht ist es gar nicht so schwer, wenn sich einige große Zeitungskonzerne zusammenschließen, um die Welt Tag für Tag in diesem Sinne zu bearbeiten. Je mehr Geld den Rüstungen entzogen und für soziale Zwecke ausgegeben wird, um so besser und lebenswerter wird das Leben für alle Menschen auf unserem Planeten sein.

Bei der Erwähnung der Vorgänge, die zum deutsch-französischen Krieg 1870/71 führten, haben wir die Prestige-Frage berührt. (Das französische Prestige duldete nicht, daß ein deutscher Prinz auf den spanischen Thron gelangte – das deutsche Prestige duldete nicht, daß es Frankreich einen formellen Verzicht „für alle Zeiten" gab.) Unaufhörlich wird bei allen internationalen Verhandlungen das „Prestige" in die Waagschale geworfen. Was

Der Ruhm – oder das Prestige?
Holzschnitt von Franz Masereel

ist das eigentlich, „Prestige"? Das Wörterbuch sagt: „Blendwerk, Gaukelei, Täuschung." Im Französischen ist ein Prestidigitateur ein Gaukler. Diejenigen, die das Wort dauernd benutzen, scheinen keine Ahnung von seiner wirklichen Bedeutung zu haben, denn es wird nur im Sinne von „point d'honneur" verwendet. Während diese Zeilen geschrieben werden, beschäftigen gerade wieder zwei Prestige-Angelegenheiten die Weltpolitik: Amerikas „Prestige" läßt es nicht zu, sich aus Südvietnam zurückzuziehen. Westdeutschlands „Prestige" fühlte sich erschüttert, weil der ostdeutsche Staatschef in Ägypten mit allen Ehren eines Staatsoberhauptes empfangen wurde.

Eigentlich kann es den Völkern nicht oft genug wiederholt werden, daß, wenn sie sich für das „Prestige" ihres Landes opfern sollen, sie sich in Wahrheit für eine „Täuschung" opfern.

Denn – was haben schon die Amerikaner in Südvietnam zu suchen? Sie haben einfach von der Tatsache Gebrauch gemacht, daß sich Frankreich in kluger Selbstbesinnung aus seiner ehemaligen Kolonie Französisch-Indochina zurückzog. Und was kann es Bonn schon ausmachen, wenn Herr Ulbricht in Kairo gut empfangen wird. Nasser ist ein Diktator und Ulbricht (wenn ich nicht irre) ebenfalls. Gleich und gleich gesellt sich gern. Und das ist vielleicht das Traurigste an der Geschichte aller Kriege, daß es fast immer ums „Prestige" ging. Als Österreich-Ungarn im Jahre 1914 nach der Ermordung des Thronfolgers Serbien ein Ultimatum stellte, hielt es Serbien für das Beste, das Ultimatum anzunehmen, um den Krieg zu vermeiden. Es gehorchte der Vernunft wie 1870 jener deutsche Prinz, der freiwillig auf den spanischen Thron verzichtete. Doch – die Vernunft scheint in der Welt wenig auszurichten. Da kann man nur mit Wagners Hans Sachs wiederholen: „Wahn, Wahn, überall Wahn!" Und nun ein paar Worte über Krieg und Geschlechtsleben. Sie sind absolute Gegen-

Verbandsplatz an der Front – ganz ohne weißgekleidete Schwestern
Zeichnung von E. Limme. Aus „Illustrierte Zeitung", Leipzig, 1914

Das europäische Gleichgewicht
Lithographie von Honoré Daumier

Der Krieg und Europa
Karikatur des italienischen Zeichners Petrella

Der Krieg des Kapitals
Russische Karikatur von B. Jefimow

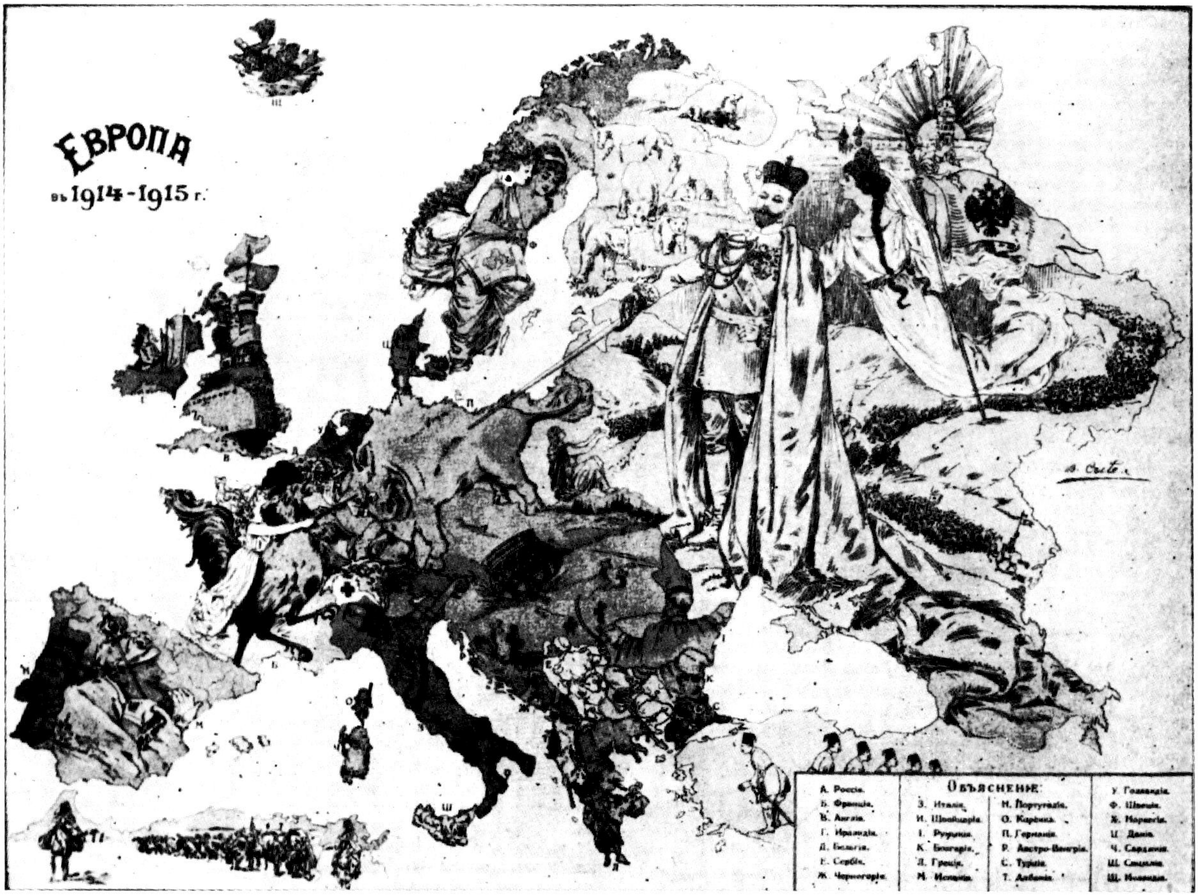

Russische Kriegslandkarte. Sammlung Wolff, Leipzig

Rechts: Russische Revolutions-Karikatur auf das Haus Romanow (1613–1917). Rasputin nimmt den Zaren auf den Arm, unten der „weiße" und der „rote" Ritter.

Der Sündenfall.
Karikatur auf das Russ.-Französ. Bündnis von K. Arnold, „Liller Kriegszeitung", 1916

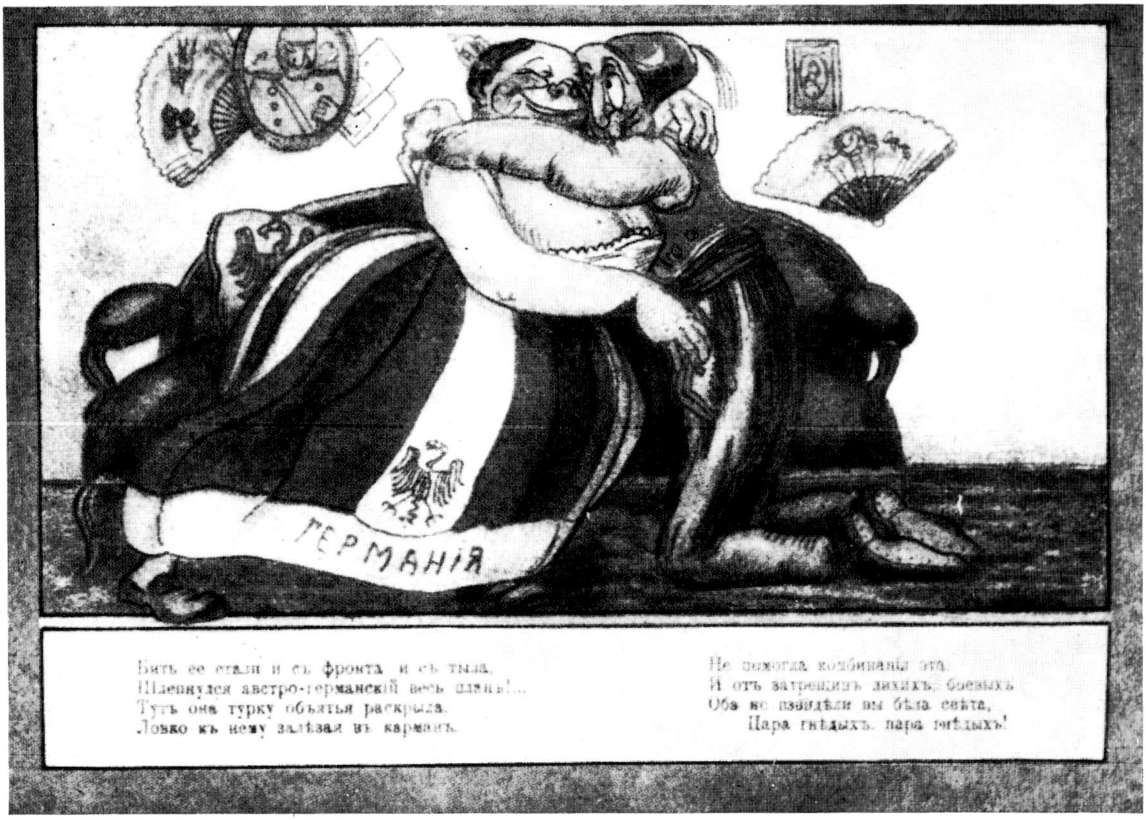

Russische Karikatur auf das deutsch-türkische Bündnis – Germania als Beischlafdiebin.
Sammlung Wolff, Leipzig

Unten: „Es lebe Poincaré – Es lebe Stinnes!“ *Von R. Minor, New York*

Vor dem Schloß.

Ich stehe vor dem Kaiserschlosse,
Das leuchtend ragt in edler Pracht,
Und mustre stolz die Feldgeschosse,
Die man als Beute heimgebracht.
Ich sehe Kindergruppen schweifen
Um eines Mörsers Eisenschlund,
Und zarte Mädchenhände greifen
In des Geschützes Riesenmund.

Mein Blick folgt einem hübschen Kinde.
Ein Sträußchen Blumen zieht's hervor,
Und spielend reiht es zum Gewinde
Die Astern um das Eisenrohr . . .
Die Unschuld liebkost die Vernichtung.
Die Einfalt tändelt mit dem Tod —
Und eine sanfte Friedensdichtung
Keimt plötzlich auf in Nacht und Not.

Oscar Blumenthal.

„Die Unschuld liebkost die Vernichtung . . .“
Aus „Lustige Blätter“, 1915

„Großmutter, sind alle 42er aus Schokolade?“
Zeichnung von Th. Th. Heine – Aus „Simplicissimus“, 1915

Das wahre Gesicht des Krieges
Zeichnung von Delannoy, ersch.1907 in „Assiette au beurre“

Unsere Kinder werden sie aufhalten!
Zeichnung von E. Grandjouan

Französische Spottfigur auf Wilhelm II., ca. 1900
Sammlung Wolff, Leipzig

Französ. Spottfigur auf Kaiser Franz Joseph, ca. 1906
Sammlung Wolff, Leipzig

Bethmann-Hollweg und die Wahrheit
Kriegsschuld-Karikatur von L. Raemaekers

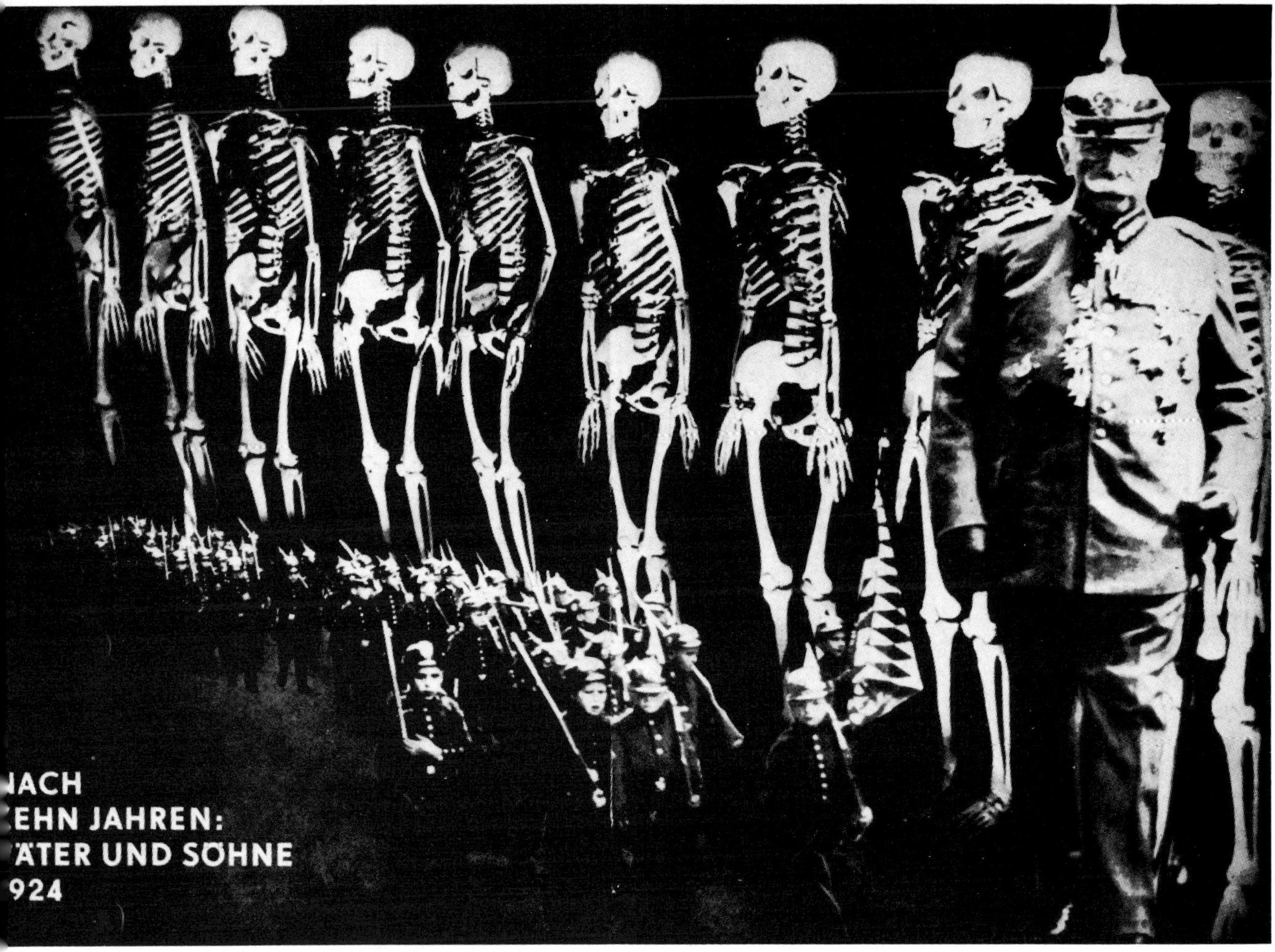

Komposition von John Heartfield. „Er arbeitet auf einem von ihm selbst geschaffenen Feld, der Fotomontage. Die Blätter dieses großen Satirikers werden von vielen für klassisch gehalten.“ Bert Brecht

Kriegsgrauen *Radierung von Erich Erler*

Oben:
Große Heldentat! Gegen Tote ...
Radierung von Francisco Goya aus dem Zyklus „Desastros della Guerra“

Rechts:
Leiche im Drahtverhau, Flandern
Radierung von Otto Dix, 1924

Das „Fronterlebnis"
Schlachtfeld, Lithographie von George Grosz, 1915
(Aus „Ade, Witboi")

sätze, und einem Mann von einiger Kultur wird es sicherlich unvorstellbar erscheinen, die Frauen eines eroberten Landes zu notzüchtigen. Der Krieg ist der größte Feind des Geschlechtslebens, der Zerstörer der glücklichen Familien, der Zerstörer jedes noch so bescheidenen Glückes.

Doch – es soll nicht geleugnet werden, daß der Krieg in alten Zeiten einen Hauch von Romantik hatte. Noch der Krieg von 1870 hatte gelegentlich solch einen romantischen Schimmer. Man lese etwa Theodor Fontanes prächtiges Buch „Kriegsgefangen". Diese Seite des Krieges lebt auch in den Gedichten und Novellen von Detlev von Liliencron. Etwa in „Adjutantenritte" (1884) oder der „Sommerschlacht" oder „Unter flatternden Fahnen" (1888) findet man eine Glorifizierung des Soldaten, die immerhin der Tragik dieses blutigen Handwerks Rechnung trägt. „Liliencrons Novellen überragen mit ihrem unsentimentalischen, soldatischen Ernst weit alle früher, und neuerdings wieder herkömmliche Kriegsepik der Chauvinisten wie der Pazifisten" – so schrieb Kurt Martens (1922).

Einen ganz kleinen Nachklang solcher Romantik gab es auch noch im Ersten Weltkrieg, wo die Teilung zwischen Front und Etappe (wie wir es im Verlauf des vorliegenden Werkes noch ausführlicher erläutern werden) fast rein erhalten blieb. Doch schon in den „Materialschlachten" des Ersten Weltkriegs blieb für den persönlichen Heldenmut nur noch wenig Spielraum.

Im Zweiten Weltkrieg entschied nur noch die Technik, die als „Zauberbesen" der Macht der Menschen schon weitgehend entglitten war.

Dies ist auch einer der Gründe, weshalb wir in dieser „Sittengeschichte des XX. Jahrhunderts" dem Ersten Weltkrieg einen so breiten Raum eingeräumt haben. Hier finden sich noch manche sittengeschichtlich interessante Vorkommnisse, während im Zweiten Weltkrieg doch nur Brutalitäten vorkamen.

Im dritten Weltkrieg aber wird (wenn wir ihn nicht zu verhindern wissen) nur ein allgemeiner Untergang erfolgen. Eine „Sittengeschichte des dritten Weltkriegs" wird nicht geschrieben werden!

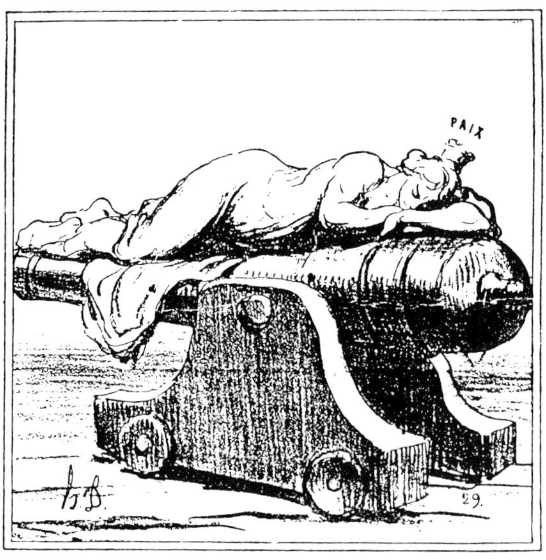

Der Traum von der Abrüstung
Lithographie von Honoré Daumier

Moral vor und während des Ersten Weltkrieges

I

Sittengeschichtliche Tendenzen der Vorkriegsjahre – Wirtschaftliche, politische und erotische Frauenemanzipation – Die erotischen Typen der Vorkriegsfrau

Jede Geschichte des Ersten Weltkrieges, von welchem Standpunkte aus immer sie sich ihres Stoffes zu bemächtigen sucht, muß mit dessen Vorgeschichte beginnen. In den Jahrzehnten vor dem Kriege hatte sich der Zündstoff angehäuft, der in diesem verhängnisvollen Jahre der Menschheit zur Explosion kam. Daß diese langsame Vorbereitung des Unheils auf wirtschaftlichem, politischem und militärischem Gebiete tatsächlich stattfand, wurde wiederholt mit hinlänglicher Klarheit von Fachleuten nachgewiesen. Ohne die wirtschaftliche Konkurrenz der großen kapitalistischen Staaten, ohne den durch ihre Indu-

Vorkriegs-Nuancen
„Will sich Monsieur heute an unserer Josephine delektieren – eine Haut wie Milchkaffee!“
„Hm – in Schokolade haben Sie nichts auf Lager?“
Zeichnung R. de Valerio. Aus „Le Rire“, 1913

strie- und Kolonialpolitik entfesselten Imperialismus, ohne das Jahrzehnte dauernde Wettrüsten der europäischen Großmächte, in dem Norman Angell schon 1910 die nicht mehr zu beschwörende Kriegsgefahr sah, ohne die infolge wirtschaftlicher und militärischer Konkurrenz entstandenen Gegensätze wäre es niemals zum Aufeinanderprallen der Völker gekommen.

Uns interessiert hier nur die Frage, ob die Wandlung der Sittlichkeit im Ersten Weltkrieg sich auf ähnliche Weise vollzog. V. F. Calverton, der in einem dem Bankrott der Ehe gewidmeten Buch über sein eigentliches Problem hinaus die ganze Wandlung der Moral und des Sexuallebens in scharfsinniger Weise beleuchtet, sagt: „Schließlich war ... der Erste Weltkrieg ... nur eine steile Kurve in dem Verlauf unserer modernen industriellen Zivilisation. Der Krieg machte eine Anzahl von Kräften frei, die sonst wohl noch eine lange Zeit gebraucht hätten, um ihre jetzige Bedeutung zu gewinnen. Die alte Moral hatte schon vor dem Kriege zu verfallen begonnen, und der Krieg zeigt nur deutlich, wie sehr Ethik und Ideale der herrschenden Klassen sich aufgelöst hatten." Und ferner: „Nicht daß der letzte Grund für den Aufstand gegen die alte Moral im Ersten Weltkrieg zu finden ist – er hatte sich schon vor dem Kriege zu regen begonnen –, aber es bedurfte nur dieser Katastrophe, um ihn in schnellste Bewegung zu setzen [1]."

Das in der französischen Revolution zum Siege und zur wirtschaftlichen Herrschaft gelangte Bürgertum hatte eine eigene Moral mitgebracht, die sich im Kampfe mit dem feudalen Adel und im Gegensatz zu dessen Moral herausgebildet hatte. Im Mittelpunkt dieser neuen Gesellschaftsmoral, deren Glanzperiode in die Anfänge des 19. Jahrhunderts fällt, steht das kapitalistische Eigentum und alle aus diesem abgeleiteten Sittenbegriffe und Tugenden. Als solche gelten der siegreichen Bourgeoisie Sparsamkeit, Wirtschaftlichkeit, einfache Lebensführung, weitgehende Kommerzialisierung aller Lebensverhältnisse, Unverletzlichkeit des durch die Ehe institutionell geregelten erotischen Besitzrechtes auf die Frau und die daraus erwachsende Heiligkeit der Ehe selbst, Verpönung jedes außerehelichen Geschlechtsverkehrs insbesondere für die Frau, deren Sexualität ja gerade das Eigentum des Mannes und die Tauschware für die Bestreitung ihres Lebensunterhaltes darstellt, und die Schaffung eines Sicherheitsventils für den als unbezwingbar bezeichneten Geschlechtstrieb des Mannes in der Prostitution.

Diese „patriarchalische" Moral des Bürgertums, der der wehrhafte Citoyen zu Beginn des 19. Jahrhunderts bis zum Revolutionsjahr 1848 bewaffnet zum Siege verhalf, gilt für den Nachfolger des Citoyens, den modernen Bourgeois nicht mehr. Durch die Entwicklung des Kapitalismus infolge der uneingeschränkten Konkurrenz und des ungeahnten Aufschwungs der Technik wird einerseits das Kleinbürgertum, der eigentliche Träger der bürgerlichen Moral, in großem Ausmaße proletarisiert, anderseits erwächst für eine kleine Klasse der Großkapitalisten, der Trustmagnaten und Wirtschaftspotentaten schon um das Ende des 19. Jahrhunderts die materielle Möglichkeit eines Luxus, eines Überflusses, der die Dämme der primitiven Citoyenmoral fortschwemmt.

Betrachten wir die Beziehungen zwischen den Geschlechtern vor dem Ersten Weltkrieg, so tritt uns in diesen Beziehungen eine geradezu revolutionäre Verschiebung entgegen. Die gesamte Sexualität wird grundsätzlich anders gesehen und erlebt als in früheren

Die Träger der bürgerlichen Moral
„Früh um fünf . . .“
Zeichnung von George Grosz

Zeiten. Während sie früher gemäß den Keuschheitsbegriffen des Bürgertums in ein mystisches Dunkel gehüllt wurde, setzt um die Jahrhundertwende eine mächtige Geistesströmung, eine Art erotische Aufklärungsbewegung ein. Sie ist ein Rückschlag gegen die frühere Verdrängung der Sexualität aus dem öffentlichen Leben der Gesellschaft, sozusagen eine Überkompensierung des früher künstlich unterdrückten Trieblebens. Den Umfang und die Bedeutung dieser Tendenz sowie ihre kraftvolle Förderung durch den Krieg werden wir wohl am besten erfassen, wenn wir sie unter dem Aspekt der veränderten Stellung der Frau zum Manne betrachten.

Eine zweite Linie der Entwicklung ist die soziale und politische Gleichstellung der Geschlechter: ein Novum in der Menschheitsgeschichte, das der Zeit zwischen 1890 und 1914 sein Gepräge aufdrückt und ihn zu einem der wichtigsten Abschnitte in der Geschichte der Kulturmenschheit macht. Auch diese Tendenz verdankt dem Ersten Weltkrieg eine machtvolle Förderung.

Die in engster Verbindung stehenden Tendenzen der erotischen Befreiung und der Frauenemanzipation weisen ihrerseits auf eine dritte Entwicklungslinie hin, die mit den beiden genannten parallel läuft und einer historischen Tendenz entspringt, deren Verwirklichung gleichfalls den beiden Weltkriegen vorbehalten war. Es ist dies die wirtschaftliche Gleichstellung, die zunehmende Beteiligung der Frau an der Produktion.

Das zunehmende Mitwirken der Frau am wirtschaftlichen Produktionsprozeß ist auf Gründe, die in der Natur des industriellen Kapitalismus liegen, zurückzuführen: die durch immer neue technische Erfindungen geförderte Industrie benötigte immer mehr Arbeitskräfte und zwang immer breitere proletarisierte Bevölkerungsschichten zur Teilnahme an der Produktion. Dieser Zuzug an arbeitenden Händen, deren Vermehrung im Interesse und in der Entwicklung der Industrialisierung liegt, ergänzte sich durch Frauen der arbeitenden Klassen der Städte und der Dorfbevölkerung, die aus der Landwirtschaft gedrängt und auf dem vom wissenschaftlichen Sozialismus oft beschriebenen Weg von den großen Industriezentren (Verhaeren spricht schon zu Anfang des Jahrhunderts von den „villes tentaculaires", den Polypenstädten) aufgesogen wurden. Der moderne Industrialismus erzeugt Massenartikel und bedarf, um diese absetzen zu können, einer stets wachsenden Masse von Abnehmern. Da auf diese Weise immer mehr Menschen der Früchte der Zivilisation teilhaftig werden, tritt bis zu einer gewissen Grenze eine Nivellierung der Ansprüche aller Gesellschaftsschichten ein. Bedürfnisse, die den niederen Klassen früherer Gesellschaften fremd waren, werden durch das Angebot billiger, dem Bedürfnis entgegenkommender Massenartikel künstlich erzeugt. Der Arbeiter, dessen Verdienst sich gemäß dem Gesetz von Angebot und Nachfrage stets um die für seinen Unterhalt notwendige Höhe bewegt und diese nur selten vorübergehend übersteigt, muß auch seine Frau dem wenig produktiven Haushalt entreißen und zum Verdienen heranziehen. Sonst ist es ihm bei aller Niedrigkeit und „Volkstümlichkeit" der Preise der Fabrikartikel nicht möglich, seine durch die Industrie erhöhten Bedürfnisse zu befriedigen.

Der Eintritt der Frau ins Wirtschaftsleben kommt einerseits den Interessen des Kapitalismus entgegen, da die Frau als Arbeitskraft in allen Produktionszweigen billiger ist, auf der anderen Seite ist diese starke Beteiligung der Frau an der Produktion durch die Errungenschaften der Technik des Maschinenzeitalters weitgehend ermöglicht. Das Stadium des Frühkapitalismus, in dem die Industrie (im Gegensatz zu Zünften und Gilden) mit ungeschulten billigen Arbeitskräften und deshalb schon damals zum großen Teil mit Frauen ihr Auslangen finden konnte, da die Einfachheit des Produktionsprozesses nur geringe Fachkenntnisse erforderte, wiederholt sich auf einer höheren Stufe der industriellen Entwicklung, indem fast alle komplizierten Arbeitsleistungen durch den stählernen Götzen des hochentwickelten Industrialismus, die Maschine, bewältigt werden. Die verhältnismäßige physische Schwäche der Frau und ihr Mangel an technischer Vorbildung fällt auch im 20. Jahrhundert nicht mehr ins Gewicht. In immer größeren Scharen verläßt die Frau das Familienheim und tritt ins Wirtschaftsleben ein. Parallel damit geht die Proletarisierung der mittleren Klassen, des Kleinbürgertums, verdeckt durch den scheinbaren Besitz hochwertiger *Verbrauchs*güter, deren Erwerb auf Raten den Prozeß beschleunigt. Auch die dieser Zwischenklasse angehörenden Gesellschaftsschichten können ihre durch die Industrialisierung gesteigerten Ansprüche nur durch wachsende Erwerbstätigkeit der Frau befriedigen. Die Töchter des Mittelstandes überschwemmen die intellektuellen Berufe je nach dem Grade, in dem ihnen der Weg zu diesem oder jenem Beruf freigemacht wird. Büromädchen, Beamtinnen, Handelsgehilfinnen, Ärztinnen, Advokatinnen erscheinen auf dem Plan und schlagen sich im wirtschaftlichen Daseinskampfe. Eine Unzahl von Berufen, für die die Frau früher als ungeeignet galt, während in Wirklichkeit nur die wirtschaftliche Notwendigkeit zu deren Besetzung durch beide Geschlechter fehlte, wird nach und nach von den Frauen erobert.

Frauensport und Nacktkultur im Kriege
Die Vorstufe zur Vermännlichung
Zeichnung von Valdès. Aus „Fantasio", Paris

Schon vor dem Ersten Weltkrieg entsteht dadurch auf dem Arbeitsmarkt eine Lage, die den Unterschied zwischen „weiblichen" Berufen (Haushaltung, Kindererziehung, Blumengärtnerei, Mode u. a. m.) und zwischen anderen, die bis dahin ausschließlich durch Männer ausgefüllt wurden, hinfällig macht.
Bekannt ist der Aufschwung, den die Frauenarbeit auf allen Wirtschaftsgebieten infolge des Krieges genommen hat. Für alle europäischen Länder bedeutete der Krieg eine Anspannung aller ökonomischen Kräfte, und da seine lange Dauer die Heranziehung einer immer größeren Masse arbeitsfähiger Männer zur wirtschaftlich unproduktiven Krieg-

Gewandelte Büromädchenmoral
Der Chef: „Schön, daß Sie endlich kommen – eigentlich hatten wir mit Ihrem Eintreffen bei Arbeitsbeginn gerechnet . . ." *Aus „Punch", 1916*

führung notwendig machte, schlug der Arbeitsmangel der ersten Kriegsmonate bald in sein Gegenteil, eine zunehmende Nachfrage nach Arbeitskräften bei ständig sinkendem Angebot um. Unter solchen Umständen mußte sich die wirtschaftliche Tätigkeit der Frau auf immer weitere Gebiete ausdehnen und so fielen dem erstarkten schwachen Geschlecht die Früchte der wirtschaftlichen Emanzipation gleichsam von selbst in den Schoß. Die gesetzlichen Hindernisse der Frauenarbeit, soweit solche in verschiedenen europäischen Staaten noch in kleinerem oder größerem Ausmaße bestanden, wurden zwar erst zwischen den Kriegen beseitigt; faktisch aber übten die Frauen bereits im Ersten Weltkrieg, insbesondere in dessen zweiter Hälfte, die verschiedensten, selbst die „unweiblichsten" Berufe aus, vielfach auch ohne durch materielle Not dazu getrieben worden zu sein. Ein Beispiel:
„Sehr zahlreich unter ihnen (den Kriegsarbeiterinnen) waren die der Fabrikarbeit gewohnten, die aus weniger beschäftigten oder stillgelegten Betrieben übertraten; aber auch viele Mädchen aus Kreisen, denen die Fabrikarbeit früher nicht als angemessen galt, suchten jetzt in der Rüstungsindustrie Beschäftigung: in Lager- und Gepäckräumen tätig gewesene Mädchen, aber auch schwere körperliche Arbeit wenig gewohnte Heimarbeiterinnen, kleine Schneiderinnen, ungelernte Lehrmädchen, Kriegerfrauen ohne Erwerbsberuf und – die Hausfrauen der bemittelten Stände wissen es – Hausangestellte. Vor allem aber ist noch einer anderen Gruppe zu gedenken, die aus einem Gefühl innerer sozialer Verpflichtung sich in den Dienst der Kriegsarbeit stellte: der freiwilligen Arbeiterinnen gebildeter und bemittelter Kreise. Nach Berichten verschiedener Kriegsämter arbeiteten viele von ihnen monatelang in Munitionswerken und in Berichten wird hervorgehoben, wie bereichernd das gemeinsame Wirken und das gründlichere Kennenlernen der Lebensbedingungen und Lebensauffassung einer anderen Volksklasse für alle werden kann [2]."
Die auf diese Weise mühelos erkämpfte Gleichberechtigung war der Boden, auf dem die politische, rechtliche und soziale Emanzipation, die wir zusammenfassend als „Frauenbewegung" bezeichnen wollen, gedeihen

Amerikanische Gäste in Paris
Zeichnung von G. Pavis

konnte. Bekanntlich gab es schon in früheren Zeiten eine Emanzipationsbewegung, die mitunter aus rein politischen Gründen einsetzte und gefördert wurde, ohne daß sie einen nennenswerten Einfluß auf den Gang der Entwicklung ausübte. Das ist erst mit der zunehmenden Beteiligung der Frau am Wirtschaftsleben der Fall. Gemäß dem Anwachsen dieser Wirtschaftsbeteiligung tritt auch der Kampf um die politische Gleichberechtigung der Frau im ersten Jahrzehnt unseres Jahrhunderts in ein entscheidendes Stadium. Daß die im Ökonomischen wurzelnde, ihre Kräfte aus den wirtschaftlichen Tatsachen schöpfende Frauenbewegung durch die wirtschaftliche Umwälzung der Kriegsjahre einen mächtigen Ansporn erhielt und namhafte Erfolge erzielte, muß aus diesem Grunde von vornherein einleuchten. Aber auch hier wäre es verfehlt, die aufsteigende Linie zu übersehen und die Gründe für die heute klar zutage tretenden Erfolge der Frauenbewegung ausschließlich im Kriege zu suchen.

Es ist nur ein Scherz von Bernard Shaw, wenn er behauptet, die Männer hätten den Frauen aus Dankbarkeit für ihre im Kriege geleisteten Dienste und die Tüchtigkeit, mit der sie die Männer in Kriegszeiten ersetzten, politische Rechte eingeräumt [3]. Niemals noch hat eine bevorrechtete Gesellschaftsschicht einen Teil ihrer Vorrechte einer unterdrückten freiwillig abgetreten, vielmehr war eine solche Abtretung immer der zwangsmäßige Ausdruck einer wirtschaftlichen Notwendigkeit und des in den Unterdrückten erwachten Bewußtseins ihrer Bedeutung und Wichtigkeit bei der Befriedigung der gesellschaftlichen Bedürfnisse vor allem materieller Natur. Man kann nur so viel sagen, daß die Frauenbewegung (die gerade in Shaws Heimat schon vor dem Kriege eine ziemliche

„Kollegin kommt gleich"
Karikatur auf die Vermännlichung der Frau im Kriege
Zeichnung von L. Métiret, Paris

Ausdehnung und Bedeutung erlangt hatte) auch in England langsamer fortgeschritten wäre, hätte der Krieg nicht die wirtschaftliche Prozedur und damit auch die ideologische Entwicklung in ungeheurem Maße beschleunigt. Nur so konnte es geschehen, daß der konservative und gleichberechtigungsfeindliche Asquith sich schon Mitte 1917 genötigt sah, im Unterhaus zu erklären, daß er seine persönliche Ansicht über das Frauenwahlrecht, dessen Gegner er sein ganzes Leben lang gewesen war, geändert hätte. Und das sagte derselbe Asquith, der sich vor dem Kriege in seinem Kampf gegen das Frauenwahlrecht stets darauf berufen hatte, daß diese Gleichberechtigung höchst ungerecht wäre, da im Kriegsfalle ja doch nur die Männer zur Landesverteidigung herangezogen würden. Daß jemand dieses militärische Argument gerade im Krieg aufgeben sollte, ist nicht anzunehmen. Viel näher liegt die Vermutung, daß es sich um einen notgedrungenen Standpunktwechsel und nicht um einen Akt männlicher Courtoisie handelt, wie man nach Shaws Äußerung glauben könnte.

Feminismus und Frauenbewegung sind – wir betreten individuell-subjektives Gebiet – auf die mannigfachste Art mit erotischen Momenten verknüpft und durchsetzt. Die großen Frauenrechtlerinnen früherer Zeiten, die Frauen, die irgendwie über die damals als gottgewollt und naturgegeben hingestellte Bestimmung der Frau hinaus zu historischer Bedeutung gelangt sind, waren zugleich auch Vorkämpferinnen der Befreiung von den konventionellen Fesseln der Moral. Unter diesem Gesichtspunkt entbehrt es sogar nicht einer gewissen Pikanterie, daß diese weiblichen Genies viel weniger Frauenrechtlerinnen als Fürsprecherinnen der erotischen Freiheit waren, deren Konsequenzen sie für sich auch praktisch zogen.

Solange die wirtschaftliche Notwendigkeit einer Emanzipation nicht vorliegt, bleiben alle diese und ähnliche Bestrebungen ideologische Hirngespinste, deren Wirkung auf einige Ausnahmsexemplare der Weiblichkeit beschränkt bleibt, die sich überraschend- und bezeichnenderweise schon im 19. Jahrhundert „Emanzipierte" nannten. Ebensowenig hätten auch alle anderen rein erotisch-ideologischen Triebkräfte eine dauernde Änderung der Beziehungen zwischen männlichem und weiblichem Geschlecht ohne eine gleichzeitige Verschiebung im Fundament der Gesellschaft zu bewirken vermocht. Darum geht es nicht an, die Erfolge der Frauenbewegung mit erotischen Phrasen zu begründen. Das hieße zur Pascalschen Theorie zurückkehren, die in der Geschichte eine vom Zufall aneinander gereihte Kette von Zufällen und in der Nasenform der Kleopatra einen Wendepunkt in der Geschichte sieht.

Darüber hinaus stellte die wirtschaftliche Emanzipation gerade diese stets mehr oder minder virilen Frauen auf Posten, die ihrer Wesensart besonders zusagten. In seinem großen, bereits 1914 erschienenen grundlegenden Werke über Homosexualität sagt Magnus Hirschfeld: „Durch ihre virilen Eigenschaften, ihre Selbständigkeit, ihr Interesse für öffentliche Fragen, ihr ausgeprägtes Verstandesleben einerseits, ihre familiäre Unabhängigkeit andererseits erscheinen sie ... von vornherein zu führenden Stellungen berufen. In der Tat begegnen wir der homosexuellen Frau in allen rein weiblichen Ver-

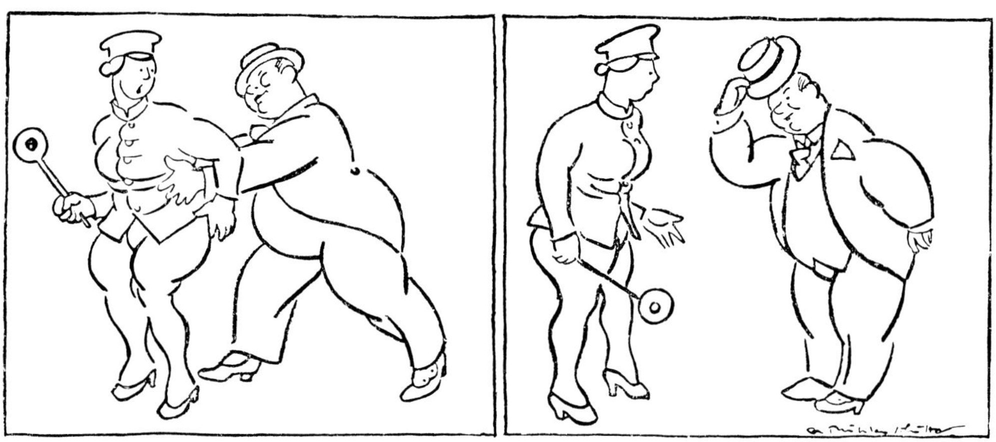

Dumme Ausrede

„Mein Herr, was erlauben Sie sich?!" *„Entschuldigen Sie – ich hab' geglaubt, Sie sind ein Mann . . ."*

Aus „Simplicissimus", 1917

Illustration zum Thema „Krieg und Frauenemanzipation“
Kriegsbilderbogen „Woche“, Berlin

einsgruppen geselligen, beruflichen oder sozialen Charakters. Sie ist somit von hervorragender Bedeutung für die in unseren Tagen mächtig emporstrebende Emanzipations- und Selbständigkeitsbewegung der Frauen, die wir kurz als ‚Frauenbewegung‘ bezeichnen. Dürfen wir diese natürlich nicht als ausschließlich oder auch nur vorwiegend auf urnischen Elementen basierend ansehen, so sind doch die Zusammenhänge zwischen ihr und der weiblichen Homosexualität vielfache und intime, indem die Urninden, ihren besonderen Naturanlagen entsprechend, sich als Vorkämpferinnen und Bahnbrecherinnen der weiblichen Unabhängigkeit vom Mann betätigen [4].“

Auch für die Bedeutung weiblichen Sadismus in der Emanzipation sucht Eberhard den Beweis zu führen und bezeichnet „die Herrschsucht des Weibes als Ursache seiner Emanzipationslüsternheit“. „Alle Versuche zur Erweiterung der weiblichen Machtsphäre entspringen dem Verlangen nach Beherrschung des männlichen Geschlechts in irgend einer Form. Das ist von einzelnen klar denkenden und fühlenden Frauen sehr wohl erkannt worden.“

Als die Frauen in den Kriegsjahren immer mehr den Mann zu ersetzen hatten, meinte Dr. W. Stekel, „benützten die Frauen den Krieg, um die Positionen der Männer zu erobern und vielleicht dauernd zu besetzen [5]“. Die wütenden Ausfälle gewisser Frauenrechtlerinnen gegen das männliche Geschlecht sind notorisch.

Aber auch sonst hängt die Frauenbewegung mit Problemen des Sexuallebens zusammen. Die freie Liebe oder mindestens die Spren-

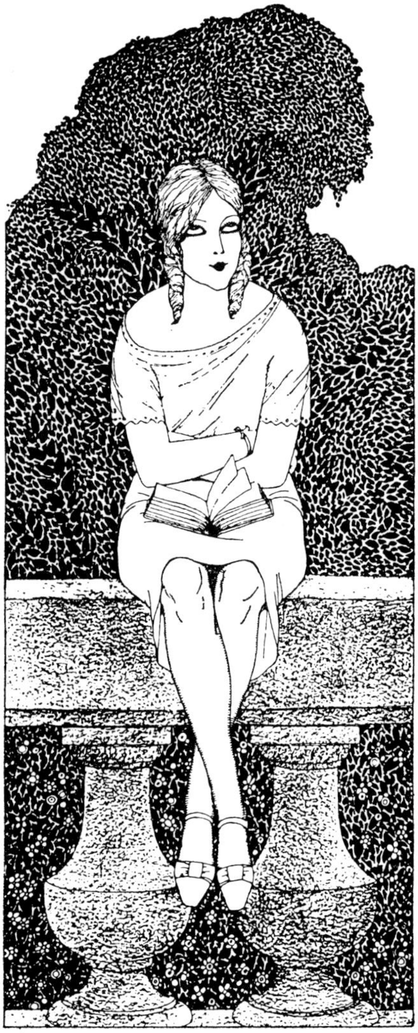

Die höhere Tochter
„Wenn Mama wüßte, daß auch ich ihre Romane lese . . ."
Zeichnung von Vallée. Aus „La Vie Parisienne", 1913

gung der Schranken der bürgerlichen Liebes- und Ehemoral waren von allem Anfang an ein Programmpunkt der Frauenbewegung, für den mit mehr oder minder treffsicheren Argumenten gekämpft wurde. Freilich wurde diese Bedeutung des Zusammenhanges zwischen politischer und erotischer Befreiung, die ihrerseits beide im Ökonomischen fußen, erst mit der Änderung klar, die im wirtschaftlichen Unterbau der Gesellschaft zugunsten der Gleichberechtigung der Geschlechter vor sich gegangen war.

Auch die erotische Befreiung unserer Zeit prägt sich am stärksten in der veränderten erotischen Stellung der Frau zum Manne aus und läßt sich am besten unter diesem Gesichtswinkel betrachten. Immerhin umfaßt ihre Bedeutung ein viel weiteres Gebiet und kommt einem Umsturz der gesamten Moral gleich.

Eine mächtige Förderung erfuhr diese erotische Revolution durch die wissenschaftliche Forschung, die das früher schamhaft bemäntelte Gebiet des Sexuallebens zum erstenmal unter die Lupe nahm und zur eigenen Disziplin der Sexualwissenschaft entwickelte. Der erste Rufer im Streite um die Befreiung von sexuellen Vorurteilen war bekanntlich Krafft-Ebing, dem bald Männer wie Havelock Ellis, Forel, Freud, Magnus Hirschfeld, Iwan Bloch, Lewandowski, Ludwig L. Lenz, Erich Wulffen u. a. m. folgten. Allerdings gab es in diesem erotischen Freiheitskampf zeitlich vorgeschobene Posten, Vorgänger, die die Schranken der alten bürgerlichen Moral schon Jahrzehnte früher als beengend empfanden. So kämpfte bereits das junge Deutschland um die „Emanzipation des Fleisches". Wenn es noch eines Beweises dafür bedürfte, daß ohne eine Umschichtung der wirtschaftlichen Struktur sich keine ideologische Bewegung durchsetzen kann, so wird dieser Beweis durch die Unfähigkeit solcher verfrühter Bestrebungen, eine dauernde Änderung in der Moral herbeizuführen, erbracht.

Wie weit sich infolge aller dieser Wandlungen die Stellung der Frau nicht nur im öffentlichen Leben, sondern auch in erotischer Hinsicht veränderte, ist unserer Generation genügend bekannt. Die bürgerliche Moral des ganzen 19. Jahrhunderts verurteilte die Frau zu einer Passivität, die als die höchste weibliche Tugend aus der Rolle der Frau in der Liebe hergeleitet wurde, in Wirklichkeit aber weit darüber hinausging und wie Calverton[6] treffend sagt, „nur die Übertragung der wirtschaftlichen Hörigkeit der Frau auf die Welt des Sexuellen und Moralischen" war. Auf diese Weise wurden der Frau eine Unselbständigkeit und ein Anlehnungsbedürfnis angedichtet, die nicht in der Natur des Weibes, sondern nur in seiner wirtschaftlichen Lage begründet waren. Fast alle Frauentypen des vorigen Jahrhunderts in den Werken Balzacs bis Ibsens spiegeln die noch unerschütterte bürgerliche Moral wider. Aber schon Ibsens Nora und ihre Schwestern fühlen das Beengende dieser bürgerlichen Moral und sehnen sich nach Befreiung teils ihrer vom Ehezwang bedrückten Weiblichkeit, teils ihrer soeben entdeckten Menschlichkeit. Noch revolutionärer, noch bedrohlicher für die herrschende bürgerliche Moral wird die Haltung der Frau, die sich aus den zeitgemäßen Typen herauslesen läßt, nach der Jahrhundertwende. Der ausgezeichnete Sittengeschichtler Curt Moreck[7] nennt drei solche Typen der Vorkriegszeit: die „Grande-dame", die „Halbjungfrau" und den „Lulu-Typus".

Häufiger als die Grande-dame ist jedoch der Typus der modernen „Ehebrecherin" anzutreffen, die es vollends der Literatur des ersten Jahrzehnts unseres Jahrhunderts angetan hat und die die Dramatiker, insbesondere die französischen Lustspieldichter dieser Zeit nicht müde wurden, in bis zum Überdruß variierten Dreieckkomödien darzustellen. Für diesen Typus sind die Schranken der bürgerlichen erotischen Moral, wie sie in der Ehe zum Ausdruck gelangen, nicht mehr

Träumende Unschuld
Psychoanalytische Zeichnung aus einem Sonderheft der Zeitschrift „Le disque vert", Paris

Die Schamhafte
„Sie dürfen mich ausziehen, aber ich verbiete Ihnen, mich mit den Augen zu entkleiden!"
Aus „Vie de Garnison", 1915

sakrosankt, aber immer noch achtenswert. Sie werden ohne Gewissensbisse durchbrochen, doch wird der Schein noch ängstlich gewahrt und die soziale Folge des Ehebruchs, die Scheidung sorgsam vermieden. Der Typus der Ehebrecherin bedeutet, daß die Bürgersfrau die Institution der Ehe ad absurdum zu führen beginnt, ohne eine wirtschaftliche Position einzunehmen, die sie auf die durch den Mann garantierte Versorgung verzichten ließe. Ausschlaggebend und neu ist hier immer die spielerische Leichtigkeit, mit der sich die Frau über das Gebot der ehelichen Treue hinwegsetzt. Der Ehebruch, zu Madame Bovarys Zeiten noch ein tragisches Problem, wird mehr und mehr zum Gesellschaftsspiel.
Ähnliche Züge weist auch der Typus der Halbjungfrau auf, die man mit einem Paradoxon als die unverheiratete Ehebrecherin bezeichnen könnte. Auch sie achtet noch die Schranken der bürgerlichen Moral, bleibt im Schoße der bürgerlichen Familie und hütet ängstlich ihre physische Unberührtheit als Ausweis der Heiratsfähigkeit. Ihre Sinnlichkeit aber überflutet bereits die Dämme einer Moral, die sie als überholt erkennt. Diesem bekanntlich von Prévost geschaffenen Typus der „Demivierge" ähneln eine Unzahl gleichzeitig aufgekommener literarischer Frauentypen: das „Nixchen", das „süße Mädel" und wie sie alle heißen mögen, so wie sie auch so ziemlich das gleiche Stadium der erotischen Entwicklung der modernen Frau veranschaulichen. Bezeichnenderweise hat sich in den USA gerade dieser Typus (petting-girl) neben anderen erotischen Sitten der Jahrhundertwende (Fetischismus als Massenerscheinung) bis heute gehalten.
Die von Moreck als letzter Vorkriegstypus genannte Gestalt der Lulu ist die literarische Personifikation der übermächtig gewordenen Triebe. Sie ist, wie ihr Schöpfer Wedekind sagt, „abgeklärt und jeder Hemmung bar", die Frau, die sich an keine erotischen Konventionen mehr kehrt, das aus passivem Lustobjekt zum unersättlichen Dämon gewordene Weib, das sein ihm bis jetzt verweigertes Recht auf freie Liebeswahl fordert.
Daß die wachsende Teilnahme der Frau an der Produktion, ihr Eintritt in den Daseinskampf, ihr Einblick in die materiellen Probleme des Berufslebens auch den erotischen Frauentyp gründlich verändern mußte, kann nach allem, was wir über diese Frage bereits gesagt haben, nicht wundernehmen. Die wirtschaftliche Unabhängigkeit verändert die Frau aus einleuchtenden Gründen. Die erwerbstätige und erwerbstüchtige Frau hat nicht mehr die einzige Möglichkeit der Ehe: sie ist nicht mehr wirtschaftlich dem Manne auf Gnade und Ungnade ausgeliefert, sie kann wählen, nicht nur von wem, sondern auch ob sie geheiratet werden oder ihr Brot selbst verdienen will. Dadurch geht auch die jahrhundertealte Passivität ihres Charakters, das Gefühl der ins Erotische übersetz-

ten wirtschaftlichen Abhängigkeit verloren. Wirtschaftliche Unabhängigkeit gibt Mut zu sexueller Freiheit. Die Zunahme des außerehelichen Verkehrs geht Hand in Hand mit der Ausübung des vom Feminismus seit jeher geforderten Rechts auch der unverheirateten Frau auf das Kind.

Auch die Frauentypen, die der Krieg aufbrachte, sind, obwohl sie oft nur den wirtschaftlichen und sozialen Status der Frau zu bezeichnen scheinen, zugleich erotisch zu werten. Es sind dies neben der schon erwähnten Kriegsarbeiterin die Kriegerfrau, die Kriegsbraut, die Pflegerin, das Etappenmädel usw. Sie alle wurzeln in dem durch den Krieg bewirkten Wandel der sozialen und ökonomischen Lebensbedingungen. Über die Änderungen, die insbesondere die weibliche Psyche im Kriege durchgemacht hat, wird noch viel zu sagen sein. Die Frau, die sich als mehr oder minder vollwertigen Mannersatz und in sich die Fähigkeiten zur Leistung männlicher Arbeit erkannte, trat bald dem Vorurteil vom „natürlichen Anlehnungsbedürfnis" der Frau entgegen. Sie begann auf den eigenen Füßen zu stehen und ihr Recht auch im erotischen Leben geltend zu machen. Wenn wir diese Wirkung des Krieges auch nicht übertreiben, sie vor allem nicht als jähe Wendung im Gang der erotischen Entwicklung der Frau und ihr Ergebnis ebensowenig als eine unvorbereitete, unvermittelte neue Etappe der erotischen Revolution ansehen wollen, so dürfen wir doch den beschleunigenden Einfluß des Krieges auch hier nicht übersehen. Seine Bedeutung liegt vielleicht vor allem darin, daß er außer den Frauen und Mädchen des Proletariats, deren sittliches Verhalten ja mit den Vorschriften der bürgerlichen Moral seit jeher wenig übereinstimmte, auch andere Gesellschaftsschichten ergriff, deren Frauen von der langsamen Wandlung der Moral vor dem Kriege unberührter geblieben waren. Dadurch wurde die moralische Umwälzung des Krieges allgemein, alle Klassen der Gesellschaft erfassend. Da sich die Leidenschaften legen und eine ruhigere Zeit die sittlichen Ergebnisse der Kriegsjahre, wie auch der noch sittengeschichtlich zu diesen gehörenden Jahre zwischen

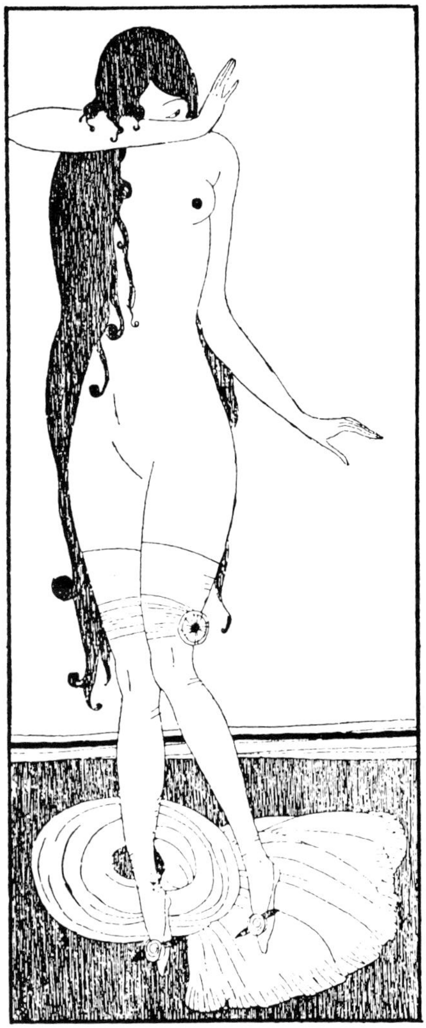

Die Dame der Gesellschaft
„Werden Sie wenigstens diskret sein?"
Zeichnung von Dertrin, Paris

den beiden Weltkriegen überblicken läßt, sieht man, daß der Krieg die Entwicklung wohl in ungeahntem Maße beschleunigt, aber nirgends etwas wesentlich Neues geschaffen hat. Die neuen Formen des industriellen Kapitalismus, die die wirtschaftliche Improduktivität der weiblichen Hälfte der Menschheit nicht mehr zuließen, die politisch-soziale Gleichberechtigung beider werktätiger Geschlechter, vor allem aber die mit dem Abbröckeln der kraftlos gewordenen bürgerlichen Moral einhergehende moralische und erotische Befreiung waren als Tendenzen ungefähr seit der Jahrhundertwende wirksam. Wir verdanken auch sie nicht den Kriegen, diesen Kriegen, denen wir nichts zu verdanken haben. Altes und Vermodertes wurde vom Krieg verweht, aber es wäre auch ohne ihn der Vernichtung anheimgefallen; so manches reifte im Schoße der „großen Zeit", aber diese Saat hätte auch aufgehen können ohne daß Millionen Leichen den Boden der Menschheitsgeschichte zuvor düngten. Was uns die Kriege beschert haben ist nichts als eine geistige und moralische Verödung, eine Entfesselung atavistischer Triebe, die insgesamt elf Jahre lang ungehemmt die Welt durchtoben durften.

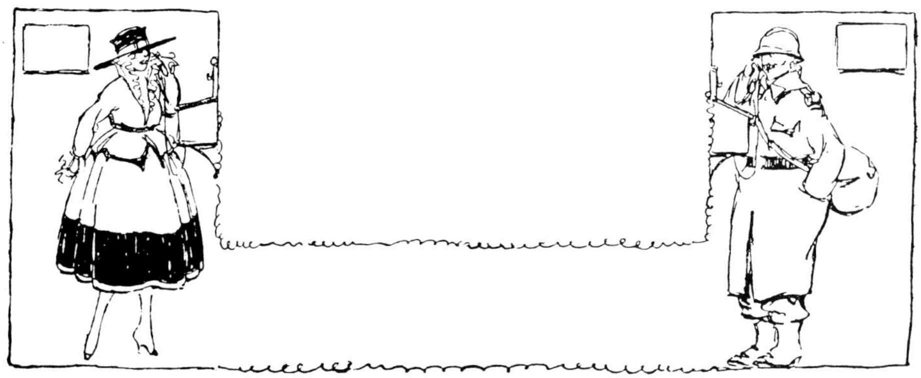

Juli 1914

„Hallo, Cherie? Ich komme nicht zum Abendbrot – wir fahren an die Front . . ."
Titelvignette aus „La Baïonnette"

Rechts: Die Werberin

Gaby Deslys gibt jedem Engländer, der sich anwerben läßt, einen Kuß. „Glauben Sie mir, Mylord, es fällt mir nicht leicht, es umsonst zu tun!" „Ulk", 1915

Rechts unten: Die Masseuse

Das Gemälde von Guillaume zeigt das Schönheitsideal der Zeit um 1910

Unten: „La belle Otéro", das Sex-Idol der Jahrhundertwende.

Aus Hirschfeld-Spinner „Geschlecht und Verbrechen"

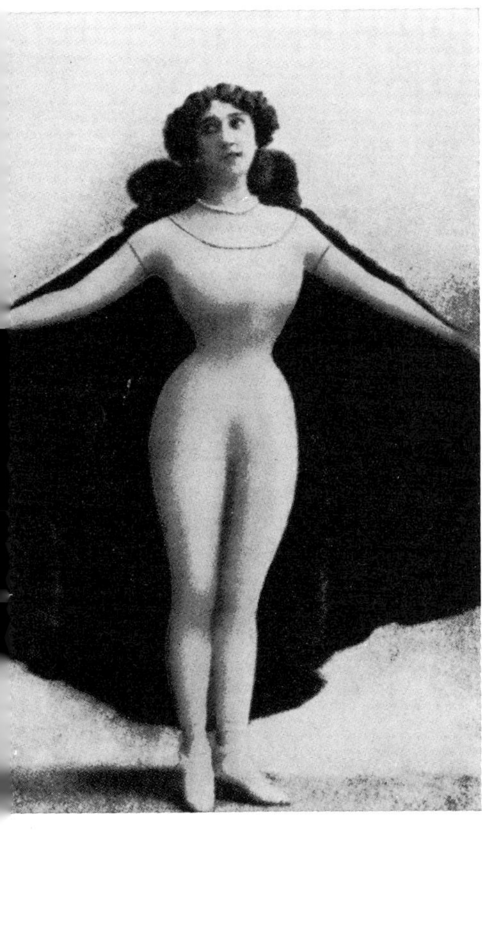

Der „obszöne" Badeanzug (knielang) wird polizeilich verfolgt *Originalaufnahme, um 1914*

Unreife Frucht *Zeichnung von Otto Dix*

Unten: Die Demivierge

„Oh, meine schneeig weiße Taube, das Eingeständnis Ihrer zarten Zuneigung läßt mich noch den Kopf verlieren . . .!" „Das spielt keine Rolle, lieber Freund, ich liebe Sie nicht Ihrer schönen Augen wegen . . ."

Zeichnung von L. Métivet. Aus „Le Rire", 1895

Frauenarbeit im 1. Weltkrieg. *Originalaufnahme aus einer Munitionsfabrik*

Rechts: Kriegsfrau und Kriegsmaschine
Originalaufnahme aus einer französischen Munitionsfabrik

Unten: Der Brief von der Front: „Ich sehe Sie vor mir, jeder Zoll eine Dame, in duftigem Musseline . . .“
Von Ed. Touraine. Aus „La Baïonnette“, 1915

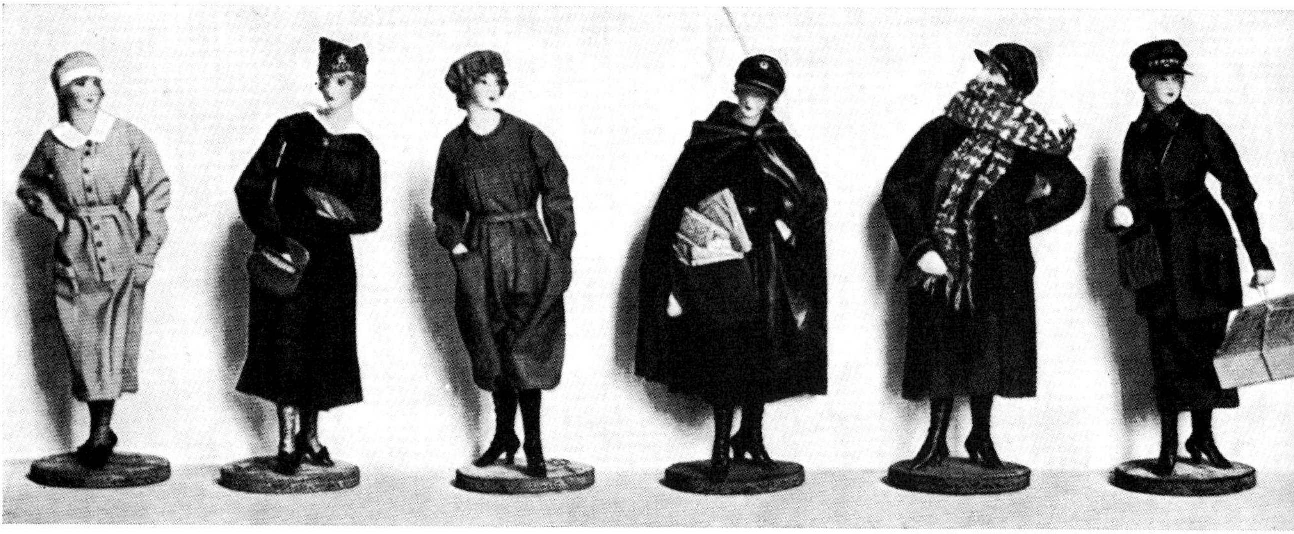

Oben: Die Kriegsberufe der Pariserin

Die Krankenschwester – Die Schaffnerin – Die Fabrikarbeiterin – Die Briefträgerin – Die Taxifahrerin – Die Lieferantin, Austrägerin *Wachsfiguren im Pariser Musée de la Guerre. Aus „L'Illustration"*

Eva auf dem Hinterperron

„Na, Schaffnerin, weiterfahren!"
„Jleich doch, jleich – ach Jott, det scheene Kleid!"
Aus „Ulk", 1916

Unten: „So eine hübsche Schaffnerin! Also bitte, da heißt's immer, daß in dieser Zeit für die Bevölkerung nichts geschieht!"

Zeichnung von Willy Stieborsky. Aus „Die Muskete", 1915

Der Rote Platz bei Kriegsausbruch
Originalaufnahme aus Moskau, 1914

Die Pariser Börse notiert den Kriegsausbruch
Originalaufnahme

Die Kriegserklärung wird vor dem Berliner Schloß verlesen
Originalaufnahme

AMERICANS ALL!
Du Bois
Smith
O'Brien
Cejka
Haucke
Pappandrikopolous
Andrassi
Villotto
Levy
Turovich
Kowalski
Chriczanevicz
Knutson
Gonzales
Victory Liberty Loan

Oben: Die Marseillaise
Von A. Roubille, „Fantasio", 1914

Rechts oben: Titelblatt eines Sex-Journals im Kriege
Von A. Hérouard

Rechts: In einer Londoner Kriegsrevue singt die Schauspielerin Delysia die Marseillaise
Originalaufnahme von Wrather & Buy

Linke Seite: Sex in der Kriegswerbung – amerikanisches Kriegsanleiheplakat
Sammlung Wolff, Leipzig

Oben: Truppentransport
Von B. Wennerberg, „Simplicissimus", 1915

„Aus welchem Grunde lehnen Sie meinen Antrag ab?" „Aus dem gleichen, der die Musterungskommission veranlaßt hat, Sie zurückzustellen . . ."
Von K. A. Wilke, „Muskete", 1915

Rechts: Einzug österreichisch-ungarischer Kavallerie in Lublin
Die Polen erhofften anfangs von den Mittelmächten die Befreiung von Rußland und die Unabhängigkeit. Zeichnung von L. Tuszynski

Ernteurlaub
Zeichnung von A. Stadler, 1916

Erotik und Triebleben bei Kriegsausbruch

II

Die Hurrabegeisterung und ihr libidinöser Hintergrund – Abschwächung oder Steigerung des Geschlechtstriebes bei Kriegsausbruch? – Der Krieg im Lichte der Soziologie und der Psychoanalyse

Keiner, der sie zu erleben verdammt war, wird sie jemals vergessen, jene Tage des entfesselten Kriegstaumels, da die Massen johlend die Straßen der Städte überfluteten, zu rasender Wut aufgestachelt, eine Bestie mit hunderttausend Pranken, bereit, sich auf einen niegesehenen Feind zu stürzen, Tod und Verderben über ihn zu bringen. „Sonderbar, sonderbar war jene Sommernacht, niemals war der Mensch kleiner gewesen, als damals im Sommer", sang ein Dichter, dessen Augen sehend geblieben waren.

Man erweist dem Pazifismus keinen guten Dienst, wenn man den Massenwahn der ersten Kriegstage auf allzu praktische Motive zurückzuführen sucht. Zweifellos waren unter den Tausendstimmigen, die in Paris den Marsch auf Berlin, in Berlin die Vernichtung Frankreichs, in Wien und Budapest den Tod Serbiens forderten, auch gedungene Brüller, bezahlte Agenten der Kriegspropaganda. Zweifellos wurde im Wirrwarr der antifeindlichen Straßentumulte ausländisches Eigentum nicht nur zertrümmert, sondern auch gestohlen. Zweifellos zogen mit den hurraschreienden Scharen auch Jugendliche, in keinem Großstadtmob fehlende unverantwortliche Elemente, die sich um so gedankenloser am Rummel ergötzten, als sie für ihre Person nichts befürchteten (später aber allerdings meist selbst daran glauben mußten!). Aber die ganze Kriegsbegeisterung diesen Lohnschreiern, Gelegenheitsräubern und scheinbar Geborgenen in die Schuhe zu schieben, widerspricht doch den Tatsachen. Den Tatsachen, die auch die von der patriotischen Presse aller Länder betriebene Hetz-

Sein ganzer Stolz

„Sie müssen schon entschuldigen – seit mein Mann tauglich befunden wurde, läuft er den ganzen Tag nackt herum . . ."

Zeichnung von M. Rodiguet. Aus „Le Rire rouge", 1917

propaganda allein nicht restlos zu erklären vermag. Die Wahrheit ist, daß in jenen Tagen, bis auf wenige, die sich der Massenpsychose entziehen konnten, alles kriegssüchtig und kriegsbegeistert war. Es war ein Ausbruch des Massenwahns, der damals die Straßen durchtobte, eine Explosion, wie sie schon vorher erlebt und – etwa von Zola – auch beschrieben worden war, die aber niemals einen solchen Weltenbrand angefacht hatte. Wenn etwas allgemein zu nennen ist, so war es diese Begeisterung, die nur ganz geringe Ausnahmen zuließ; sie war genau so, wie sie Gläser in seinem „Jahrgang 1902" schildert. Darüber dürfen sich auch Pazifisten keiner Täuschung hingeben. Sie war eine Entladung, der jahrelange Spannung vorausgegangen war.

Als der Abgeordnete Graf Apponyi im ungarischen Parlament bei Bekanntgabe der Kriegserklärung den Freudenruf „Endlich!" ausstieß, empfanden und riefen Millionen wie er. Und der Kaufmann, der in den Tagen der Mobilmachung in den Wiener Straßen eine Rede hielt und meinte, ohne den Krieg wäre alles zusammengebrochen, der Friede aber einfach nicht mehr zu ertragen gewesen, sprach gleichfalls aus der Seele aller. Alle sprachen von einem unerträglichen Druck, der auf der Welt gelastet hatte und mit dem Kriegsausbruch urplötzlich gewichen war. Was war dieser Druck und warum war er unerträglich?

Um diese Frage beantworten zu können, müssen wir in das dunkle Reich der Instinkte hinabsteigen. Denn es waren durchwegs Instinkte, die in der Kriegsbegeisterung, in der Freude am Krieg, der ihnen ungehemmte Erfüllung verhieß, zum Ausbruch kamen. Vor allem der Kampfinstinkt, die Lust am Blut, ein uraltes Erbe der Menschheit.

Es fehlt nicht an Versuchen, Kriege überhaupt aus dem Geschlechtstrieb zu erklären. Der Italiener Gallo hat zwei Jahre vor dem Ersten Weltkrieg diesen Versuch unternommen in einem Werk, das alle wirtschaftlich-sozialen Bedingungen des Krieges außer acht läßt und ihn allein auf das Sexuelle zurückführt [1]. Wir wollen und können ihm nicht auf dieses Gebiet folgen. Wir sind überzeugt, daß es ohne Besitz keinen Krieg gibt. So ist der Krieg in Gesellschaften, in denen das Weib selbst nur Besitz ist, möglich, doch müssen wir uns fragen, ob wir berechtigt sind, selbst da von einem Krieg aus erotischen Gründen zu sprechen. Der Horazsche Spruch „nam fuit ante Helenam cunnus teterrima belli causa" beweist wenig, wenn er gleich zu Beginn des Ersten Weltkrieges oft zitiert wurde, unter anderen von Iwan Bloch. („Denn vor Helena schon war der Geschlechts-

Im Kriegstaumel

Die einen sterben – andere ziehen daraus Vorteil und Vergnügen. *Holzschnitt von Frans Masereel* teil der Frau ein übelriechender Kriegsgrund“, Horaz, Satiren 1. Buch.) Bloch allerdings meinte, bei einer künftigen wissenschaftlichen Erforschung der Ursachen des Ersten Weltkrieges würde in erster Reihe die wirtschaftliche Betrachtungsweise zu Ehren kommen müssen und dann erst die sexualwissenschaftliche. Wir haben das so ausgedrückt, daß neben den wirtschaftlichen Kriegsursachen auch die subjektiven und unter diesen die erotischen nicht übersehen werden dürfen, die zwar keinen Krieg hervorrufen, aber vielfach die Formen bestimmen, unter denen die wirtschaftlich-soziale Notwendigkeit des Krieges und der durch ihn bedingten ökonomischen Umwälzung sich durchsetzt.

Das alles schließt also nicht aus, daß die Erotik bei Kriegsausbruch auf mannigfache Art wirksam war, indem die Kriegsbegeisterung durch erotisch gefärbte Impulse gestärkt wurde. So versucht man, Rachegelüst und erotischen Trieb gemeinsam in Tätigkeit zu setzen, indem man den Kriegsteilnehmern in der Donaumonarchie die mitermordete Gattin Franz Ferdinands gewissermaßen als Kriegsschutzheilige hinstellt, deren unschuldig vergossenes Blut gerächt werden müsse. Auch sonst bedient sich die (überall sehr rührige) Kriegspropaganda solcher Schlagwörter mit erotischem Beiklang – aber sind schließlich nicht alle Ideen, für die man sich bis zur Selbsthingebung begeistert, erotisch, das heißt vom Unbewußten her libidinös gefärbt? Die Psychoanalyse hat es bekanntlich in der Lehre von der Sublimierung behauptet, und gerade mit Bezug auf den Weltkrieg sagt ein französischer Vertreter dieser Wissenschaft [2]:

„Ohne zum Pessimismus zu neigen, ist man versucht, die Menschheit der egoistischen Berechnung und der Bevorzugung sachlicher Interessen zu beschuldigen; allein man darf

Nichts gemein mit der Bergpredigt . . .
Havas – Auf Aufforderung der französischen Bischöfe und der englischen Regierung fanden in Frankreich und England Gebete für den Erfolg der Heere statt.
Holzschnitt von Franz Masereel

nicht übersehen, daß alle diese Berechnungen und Strebungen gleichsam nachträgliche und akzessorische Rechtfertigungen eines tiefstliegenden, spontanen, unwiderstehlichen Hanges sind. Es ist sogar tröstlich, wenn man von dieser Art Pessimismus nicht ganz durchdrungen ist, zu beobachten, wie viele Menschen den Gegenstand ihrer Gefühlsregungen ihrer Bequemlichkeit, ihrem Erwerbssinn usw. vorziehen. Der Krieg hat uns ein wunderbares Beispiel dafür geliefert. Um die Massen aller kriegführenden Staaten in Bewegung zu setzen, hieß es nicht die Logik der wirtschaftlichen Berechnung ins Treffen, nicht die Ziele der handelspolitischen Expansion, des industriellen Wohlstandes, der Finanzspekulation vor Augen zu führen, sondern es hieß die Saiten der Liebe und des Hasses schwingen lassen, indem man die Fragen des Ansehens, der Ehre, der Gerechtigkeit und sogar des Friedens (denn viele hatten den Mut, zu glauben, daß sie die Möglichkeit aller künftigen Kriege aus der Welt schafften) aufwarf. Die Soldaten brauchten, um die Hölle der Schützengräben zu ertragen, die Überzeugung, geliebte Wesen vor sicheren Grausamkeiten zu schützen. Das alles ist eine rein gefühlsmäßige Form . . . Dieses Gefühlsmäßige ist zugleich die Größe und das Elend der Menschheit; ihre Größe, weil sie rein ideelle Ziele verfolgt, und ihr Elend, weil dadurch ein Mensch gegen den anderen gestellt und ein Zusammenwirken, das allein Frieden und materielles Glück verbürgen könnte, unmöglich gemacht wird. Seit jeher hat man die Gleichartigkeit dieser religiösen, sozialen, individuellen (Selbstliebe) Empfindlichkeit mit der Leidenschaft der Liebe und der Macht der sexuellen Begierde geahnt, die Psychoanalyse aber hat, indem sie die Möglichkeit der Ersetzung eines Elementes durch das andere im selben Individuum zeigte, ihre Wesensgleichheit mit aller Klarheit nachgewiesen." Nun halten wir den hier erwähnten Nachweis keineswegs für erbracht und die Sublimierungstheorie mit Hirschfeld, dessen Ausführungen über dieses Thema höchst lesenswert sind [3], für „recht unsicher". Hier kommt es uns indessen nur auf die Tatsache an, daß der Kriegsausbruch nicht logisch gewertet, sondern gefühlsmäßig erlebt wird. Ob die ihn begleitenden Gefühle nur zum Teil erotisch oder letzten Endes ganz „libidobesetzt" sind, mag als rein theoretische Frage dahingestellt werden.

Eine komplementäre Frage, die gleichfalls beantwortet werden will, lautet: Wie und in welchem Ausmaß beeinflußte der Kriegsausbruch und die Kriegsbegeisterung nun eigentlich die Erotik?

Nach Ansicht H. Fehlingers nur negativ, indem bei Ausbruch des Krieges eine Abschwächung des Geschlechtstriebes eingetreten sei. Hören wir, wie Fehlinger seine Ansicht begründet:

„Kurz nach dem Kriegsausbruch, mit seinem übermächtigen Eindruck auf die Volksmassen, übertäubten der Haß gegen die Feinde und die Begeisterung für die eigene Sache bei jung und alt, Mann und Frau alle übrigen Gefühle. Selbst in der lebensfrohen süddeutschen Heimatstadt des Verfassers schien der Krieg der ausschließliche Gesprächsgegenstand sogar der Liebespaare zu sein, denen man in der Stadt und ihrer Umgebung begegnete. Auch auf den ehelichen Geschlechtsverkehr wirkte die Wucht der Ereignisse zweifellos einschränkend. Welche Wirkung die durch den Krieg hervorgerufene allgemeine Gemütsstimmung auf die Häufigkeit der Konzeption und Geburten ausgeübt haben mag und noch ausübt, läßt sich nicht ermessen. Bemerkenswert ist die Tatsache, daß die Zahl der unehelichen Geburten in den ersten acht Monaten, während welcher die Geburtenhäufigkeit durch den Krieg beeinflußt wurde, im Verhältnis ganz bedeutend mehr zurückging als die Zahl der ehelich Geborenen. Das ist wohl hauptsächlich die Folge davon, daß unter den in den ersten acht Kriegsmonaten eingezogenen Männern überdurchschnittlich viel Ledige waren, die in der Regel als Väter unehelicher Kinder in Betracht kommen [4]."

Der letzte Satz widerspricht allem, was der Verfasser sonst über die Abschwächung des Geschlechtstriebes sagt. Eine solche folgt bei der von ihm selbst zugegebenen großen Zahl der eingezogenen jungen Männer aus der Abnahme der unehelichen Geburten um so weniger, als bald nach Kriegsausbruch auch die Kenntnis der Verhütungs- und Schutzmittel ungeahnte Fortschritte machte. Hätte Fehlinger in den Tagen des Kriegsausbruches

Sie liebt sie alle . . .
„Liebst du mich?" – „Ja!" – „Wie?" – „Wie deinen ganzen Jahrgang . . ."
Zeichnung von M. Motet. Aus „Le Rire"

die Bordelle seiner „lebensfrohen süddeutschen Heimatstadt" besucht, so wäre er bestimmt zu anderen Schlüssen gekommen: diese waren nämlich damals von Soldaten aller Kategorien überfüllt. So glaubhaft es also rein theoretisch wäre, daß die Begeisterung abschwächend auf den Geschlechtstrieb wirkt, müssen wir eher das Gegenteil annehmen, wofür, insbesondere was Frauen anlangt, auch sonst vieles spricht. So lesen wir in der Frankfurter „Umschau" über die „Weisheit des Krieges", die auch die Frage des Geburtenrückganges mit einem Schlag gelöst haben soll, etwas, was den Ansichten Fehlingers vollkommen widerspricht:
„Die Mobilmachungswoche mit ihrem heißen Aufflammen ehelichen und unehelichen Liebesverlangens ohne Rücksicht auf die Mittel der Geburtenverhinderung (?) lassen bereits für das nächste Jahr, zumal wenn die Säuglingsfürsorge ihre Aufgabe richtig erfaßt, ein erhebliches relatives Ansteigen der Geburtenziffer erwarten [5]."
Überhaupt scheint das große Erlebnis des Kriegsausbruches, die heftige Gemütsbewegung, mit der er einherging, auf die Frauen aller Länder eine stimulierende Wirkung ausgeübt, ihr Liebesbedürfnis erheblich gesteigert zu haben. Darüber erzählt unter anderem der französische Arzt Dr. Huot. Er verweist auf das Beispiel der Französinnen, die sich aus Patriotismus fast wahllos den ins Feld ziehenden Soldaten schenkten. Es handelte sich hierbei ganz bestimmt weniger um Patriotismus als eine Art Kriegsnymphomanie, wie sie in allen Ländern beobachtet und zum Beweise dessen angeführt wurde, daß die Frau auf das Kriegserlebnis durch eine mächtige Steigerung ihrer Libido reagiert. Da sich Beispiele dafür in Hülle und Fülle finden, begnügen wir uns mit der Wiedergabe eines einzigen, das wir einem Artikel des Journalisten E. Erdely über Budapest und die Budapesterinnen, betitelt „Un-

sere Hauptstadt im tausendtägigen Krieg", entnehmen [6]:

„In den Wochen der großen Aufregung und in den folgenden Monaten sind die Frauen in einen fieberhaften Taumel der Begeisterung und der empfindsamen Selbstverleugnung verfallen, als ob die Sinne die drückenden Fesseln aller gesellschaftlichen und wirtschaftlichen Rücksichten mit einem Ruck abgeworfen hätten. Es schien natürlich und ein rührendes Opfer am Altar des Patriotismus, daß dieselbe Gemütsbewegung, die sich bei den Männern in Mordlust, in der sogenannten Kampfbegeisterung äußerte, bei den Frauen in einer Raserei der körperlichen Hingabe zum Ausdruck kam. Es wurden keine Statistiken darüber gemacht, aber die Folgen haben es bestätigt, daß sich die begeisterten Mädchen wie von Sinnen in die Arme der ins Feld einrückenden Männer warfen, denn in diesen ersten Wochen schien jeder Mann der eine Uniform anhatte, ein erhabener Vermählter des Todes und wer hätte die Kraft aufgebracht, den bittenden Worten, den flehenden Blicken zu widerstehen? Niemals haben Frauen so viel Fehltritte und Sünden begangen, als in jenem Herbst des Massenfiebers."

Im übrigen soll uns die Psychoanalyse die Frage nach dem Zusammenhang zwischen Krieg und Triebleben beantworten.

*

Die psychoanalytische Erklärung des Krieges setzt dort ein, wo die soziologische aufhört. Unser Problem lautet: Was sind die seelischen Triebfedern des Krieges? A priori ist es einleuchtend: ohne kriegerische Tendenz gäbe es keinen Krieg, es müssen seelische Bereitschaften vorliegen, die den Krieg ermöglichen. Nun sieht die soziologische Betrachtungsweise im Krieg ein objektiv bedingtes Phänomen des menschlichen Zusammenlebens und geht über die Prüfung dieser Tatsache nicht hinaus. Indessen drängt sich immer wieder die beunruhigende Frage auf, wieso es überhaupt zu Kriegen kommen kann. Um diese elementare Frage beantworten zu können, müßte einem der Einblick in die geheimsten Regungen der Menschenseele offen sein. Denn Selbstbekenntnisse führender Persönlichkeiten, wirklich überzeugende und geständnishafte Psychogramme, besitzen wir – leider – nicht, auch fehlen uns verläßliche Psychographien einzelner Kollektivitäten. Völkerpsychologische Charakteristiken, wie sie im Kriege etwa von Sombart („Krämer und Helden"), Wundt („Die Nationen und ihre Philosophie"), Häckel („Ewigkeit") hingeworfen wurden, entbehren der distanzierten Sachlichkeit. Sie wirken eher als „Stigmatisation" anderer Völker, es kommt ihnen keine objektive Gültigkeit zu.

Verallgemeinernde Feststellungen können uns der Lösung des Problems nicht näherbringen. Richtiger erscheint uns, wie R. Steinmetz [7] an die Materie in seinem Werke herantritt, in dem er ein Kapitel mit den Worten überschreibt: „Wie sind Kriege überhaupt möglich?" Er nimmt die Analyse der Massen, der leitenden Politiker, der Militaristen usw. vor und schließt, indem er die Unzulänglichkeit seiner Untersuchungen – fast entschuldigend – feststellt. Als Eigenschaften der Masse zählt er auf: a) Kampflust (als biologisch vererbt!), b) Abenteuerlichkeit, c) Herrschsucht, d) Habsucht, e) Furcht (zum Beispiel Frankreich vor Deutschland), f) Leichtsinn, Selbstüberhebung usw. und faßt seine Einzelbemerkungen wie folgt zusammen:

„Es ist unmöglich, daß eine Erscheinung (Krieg!), welche so alt ist wie die Menschheit, so mit allen Seiten des Völkerlebens

Der fahrende Ritter

„Die Passagiere haben auf die Bequemlichkeit der Mitreisenden Rücksicht zu nehmen."
Zeichnungen von Martin. Aus „La Vie Parisienne"

verflochten, welche so ungeheure Opfer heischt, so furchtbares Leiden allen Volksgruppen auferlegt, welche zu ihrer Verwirklichung so vielerlei individuelle und kollektive Bedingungen stellt, es ist unmöglich, daß eine solche Erscheinung nicht der Ausdruck der Wesenheit der Menschheit wäre, genau so wie alle anderen großen Menschheitsoffen-

„Prost Mahlzeit, Verbündeter!"
Titelkopf der Speisekarte eines englisch-französischen Restaurants in Paris

barungen, wie Kunst, Wissenschaft, Religion, wie Wettbewerb und Arbeitsteilung, wie Tugend und Verbrechen, wie das Umgekehrte des Krieges, das Friedensstreben." Und weiter: „Der Krieg kann doch nichts anderes sein als der Ausdruck, das Ergebnis der Menschenart, welche ungefähr dieselbe blieb und ist in allen Rassen, in allen Perioden der Entwicklung bis auf heute. Alle Religionen, alle Kultur, alle Umwälzungen, alle Erfindungen haben sie gar wenig geändert ..."
G. Steffen [8], der schwedische Soziologe, äußert sich folgendermaßen: „Der Mensch ist durch diese seine Entwicklung über das Stadium des Naturlebens weg, die wir ‚Kultur' nennen, absolut nicht weniger vulkanisch geworden! Davon zeugt unter anderem dieser Krieg. Der Mensch hat an Seelenfreiheit, an Güte, an Selbstbeherrschung, an Organisationsfähigkeit, an Kraft und Klarheit des Denkens, an Planmäßigkeit und Ausdauer des Willens unendlich gewonnen. Aber seine Seele ist ein fürchterlicherer Explosionsstoff als je zuvor."
Der Wiener Soziologe W. Jerusalem resümiert:
„Man sieht wohl nur allzu deutlich, daß auch im modernen Menschen Haß und Gewalttätigkeit keineswegs verschwunden sind. ... Die leider nur allzu dünne Oberschicht der Vernunft, der Humanität und vielleicht mehr noch der klugen Berechnung, durch welche die niederen Triebe verdeckt und gehemmt werden, diese Oberschicht wird vom Kriegssturm weggeblasen, vom Kriegsfeuer zu Zunder verbrannt, und vor uns steht der gewalttätige Urmensch, für den an der Grenze seines Stammes der Mensch aufhört [10]."
Somit wäre nach der Aussage dieser Soziologen der Krieg eine elementare Äußerung der Menschennatur, die ihrer seelischen Struktur immanent anhaftet. Diese übereinstimmende Ansicht namhafter Soziologen gibt uns zu denken.
Und da müssen wir vorerst feststellen, daß sich die Wissenschaft der Psychologie recht wenig um die seelischen Triebfedern des Krieges kümmerte. Das ist auch kein Wunder, denn nicht ohne Berechtigung nannte man sie eine „Psychologie ohne Seele". Es ist daher kein Zufall, wenn wir darüber von einem Forscher belehrt werden, der als der Entdecker der menschlichen Seele gilt: Freud. In einer im Anfang des Krieges erschienenen Schrift [11] behandelt er das Problem des Krieges und Todes. Er knüpft an die durch die Neurosenforschung gewonnenen Erfahrungen an:
„In Wirklichkeit gibt es keine Ausrottung des Bösen. Die psychologische – im strengen Sinne die psychoanalytische – Untersuchung zeigt vielmehr, daß das tiefste Wesen des Menschen in Triebregungen besteht, die, elementarer Natur, bei allen Menschen gleichartig sind und auf die Befriedigung gewisser ursprünglicher Bedürfnisse zielen ... Zugegeben ist, daß alle die Regungen, welche von der Gesellschaft als böse verpönt werden – nehmen wir als Vertretung derselben die

eigensüchtigen und die grausamen – sich unter diesen Primitiven befinden.“

Er erläutert sodann die Umbildung der bösen Triebe unter dem Einfluß innerer (Liebesbedürfnisse) und äußerer Faktoren (Zwang, Erziehung), was in der Sprache der Psychoanalyse der Prozeß der Sublimierung oder Veredelung heißt, um dann fortzufahren:

„Der sonstige Druck der Kultur zeitigt zwar keine pathologischen Folgen, äußert sich aber in Charakterverbildungen und in der steten Bereitschaft der gehemmten Triebe, bei passender Gelegenheit zur Befriedigung durchzubrechen. Wer so genötigt wird, dauernd im Sinne von Vorschriften zu reagieren, die nicht der Ausdruck seiner Triebneigungen sind, der lebt, psychologisch verstanden, über seine Mittel und darf objektiv als Heuchler bezeichnet werden. Es ist unleugbar, daß unsere gegenwärtige Kultur die Ausbildung dieser Art von Heuchelei in außerordentlichem Umfange bestätigt ... Daß die menschlichen Großindividuen, die Völker und Staaten, die sittlichen Beschränkungen gegeneinander fallen ließen, wurde ihnen zur begreiflichen Anregung, sich für eine Weile dem bestehenden Druck der Kultur zu entziehen und ihren zurückgehaltenen Trieben vorübergehend Befriedigung zu gönnen[12].“

Also eine Empörung der Triebe gegen die Zucht der Gesittung – die elementar zum Kriege drängt. Nicht minder aufschlußreich sind die Ausführungen des englischen Psychoanalytikers E. Jones[13]. Er weist auf unsere primäre, durchaus egoistische und antisoziale Triebanlage hin – die von der Analyse als feststehende Tatsache ans Licht gebracht wurde – und erörtert die Sublimierung, das heißt die Umsetzung, Verfeinerung dieser Triebe – die noch beim Kinde sozusagen in Reinkultur zu beobachten sind – in ethische und soziale Strebungen und Leistungen, ein Vorgang, der mehr oder minder von uns allen durchgemacht wird. Jones führt diese Gedanken dann weiter aus:

„Es ist, als ob die Individuen einverstanden wären, sich – gegen ihre Natur – gut zu benehmen, weil ihnen sonst die Folgen in der Form von sozialer Mißbilligung und Mißfallen oder zu befürchtender Strafe unangenehm sein würden. Ähnlich Nietzsches ‚Kulturphilister‘ gehorchen und folgen sie einem Ideal, das in der Tat nicht ihr eigenes ist, und daher ist es verständlich, daß ihre Ergebenheit niemals absolute Abhängigkeit sein kann. Sie sind gewöhnlich unter einem gewissen Druck und mehr oder minder innerseelischen Konflikten unterworfen, obgleich der größere Teil dieser unbewußt sein kann. Bei oberflächlicher Beobachtung dürfte es nicht leicht sein, zwischen den beiden beschriebenen Typen zu unterscheiden (nämlich zwischen dem innerlich Verwandelten und dem sich bloß dem äußeren Zwang Ergebenden!), und daher ist die Trennungs-

Es wird heiß gekämpft ...

... auf der Avenue de l'Opera, um die Gunst der Pariserinnen.

Zeichnung von G. Pavis. Aus „La Vie Parisienne“, 1917

linie zwischen den beiden keine scharf gezogene; doch der Unterschied tritt kraß zu Tage, wenn das Gewicht des äußeren sozialen Druckes aufgehoben ist. Unter diesen Umständen bleibt das Verhalten und Niveau des ersten Typus (‚der Sublimierte') verhältnismäßig unverändert, während dasjenige des zweiten Typus sich rasch verschlimmert. Diese psychoanalytische Erfahrung stimmt vollkommen mit dem durch den Krieg erbrachten Zeugnis überein, daß die Verfeinerung unserer primitiven Triebe in weit geringerem Umfange fortgeschritten ist, als wir uns selbst schmeicheln, und daß die große Mehrheit der Leute in die zweite geschilderte Gruppe gehört und ihre Verfeinerung mehr scheinbar als wirklich ist."

Nach diesen lichtvollen Ausführungen ist uns begreiflich geworden, wie der Mensch seelische Züge und Neigungen gelegentlich offenbaren kann, die sonst in der Atmosphäre der Zivilisation verdeckt, niedergehalten sind und die bei enthemmenden Anlässen wieder zum Ausbruch gelangen können. So wäre der atavistische Zug – im Sinne Darwins – auch individualpsychologisch begründet und ein Zurückgleiten auf frühere, bereits überwundene Entwicklungsstufen (Freud nennt das „Regression") durchaus im Bereiche der seelischen Dynamik gelegen. Freud erklärt diese Erscheinung mit folgenden Worten [14]:

„Seelische Entwicklungen besitzen nämlich eine Eigentümlichkeit, welche sich bei einem anderen Entwicklungsvorgang schwer vorfindet. Wenn ein Dorf zur Stadt, ein Kind zum Manne heranwächst, so gehen dabei Dorf und Kind in Stadt und Mann unter. Nur die Erinnerung kann die alten Züge in das neue Bild einzeichnen: in Wirklichkeit sind die alten Materialien oder Formen beseitigt und durch neue ersetzt worden. Anders geht es bei unserer seelischen Entwicklung zu. Man kann den nicht zu vergleichenden Sachverhalt nicht anders beschreiben als durch die Beschreibung, daß jede frühere Entwicklungsstufe neben der späteren, die aus ihr geworden ist, erhalten bleibt; die Sukzession bedingt eine Koexistenz mit, obwohl es doch dieselben Materialien sind, an denen die ganze Reihenfolge von Veränderungen abgelaufen ist. Der frühere seelische Zustand mag sich jahrelang nicht geäußert haben, er bleibt doch soweit bestehen, daß er eines Tages wiederum die Äußerungsform der seelischen Kräfte werden kann, und zwar die einzige, als ob alle späteren Entwicklungen annulliert, rückgängig gemacht worden wären. Diese außerordentliche Plastizität der seelischen Entwicklungen ist in ihrer Richtung nicht unbeschränkt; man kann sie als eine besondere Fähigkeit zur Rückbildung – Regression – bezeichnen, denn es kommt wohl vor, daß eine spätere und höhere Entwicklungsstufe, die verlassen wurde, nicht wieder erreicht werden kann. Aber die primitiven Zustände können immer wieder hergestellt werden, das primitive Seelische ist in vollstem Sinne unvergänglich."

Durch diese Aufklärungen wären wir dem Verständnis des Krieges – als psychischen Elementarphänomens – ein gutes Stück nähergerückt. Der triebhafte Charakter des Menschen, seine mangelhafte Sublimierung, die Möglichkeit des Zurückgleitens auf frühere Entwicklungsstufen geben somit die Unterlage für die Faßbarkeit – im psychologischen Sinne – kriegerischer Geschehnisse. Und nun drängt sich die entscheidende Frage – nach obigen theoretischen Erörterungen – auf: Haben denn die Menschen den Weltkrieg gewollt, ihn tatsächlich bejaht? Unsere Antwort lautet: Ja, allerdings nur den Ersten. Unsere Selbsterkenntnis fordert diese Feststellung von uns. Wir verkennen die massenpsychologischen Stimulantia einer (mit verschwindenden Ausnahmen) kriegshetzerischen Presse ebensowenig wie die offiziell hochgezüchtete Gesinnung, welche den Krieg als „Stahlbad der Nerven und Nationen" verherrlichte. Aber trotz allem dürfen wir nicht die primäre Tatsache der Kriegsbegeisterung außer acht lassen, die beim Kriegsausbruch in allen kriegführenden Ländern so eruptiv zum Ausdruck kam. Immerhin mag Emil Ludwig[15] recht haben, wenn er behauptet, daß drei fähige Staatsmänner den Krieg hätten verhüten können. Doch das führt uns schon zum Führerproblem hinüber und damit zwangsweise zur massenpsychologischen Würdigung des Krieges. Es wird im allgemeinen die Ansicht vertreten, daß wir heute in einer Epoche der kollektiven Massenkräfte leben, wo die übergeschichtlichen Helden von Carlyle nichts mehr zu suchen haben. Allein Massenpsychologie und Führerpersönlichkeit sind zwei Aspekte des einen Phänomens: der Wirkung des einen auf die vielen. Und so ist der Krieg als Ereignis von übermenschlichen Dimensionen vornehmlich geeignet, über Massenpsychologie und Führertum Beobachtungen zu gestatten. Auch in dieser Beziehung hat uns die Psychoanalyse, das heißt Freud, entscheidende Aufschlüsse gegeben. Wir sahen, daß die Strukturbeschaffenheit der Einzelseele die Bereitschaften für kriegerische Tendenzen latent in sich trägt, doch wollen wir hier der Rolle gedenken, die nach allgemeiner Auffassung den massenpsychologischen Faktoren zukommt. Vor Freud galt es scharf zwischen Individual- und Massenpsychologie zu unterscheiden. Man beschrieb die Eigenschaften der Massen (G. Le Bon, „Psychologie des foules") und man stellte fest, daß sie Züge, die von denen der Einzelperson wesentlich abweichen, zum Ausdruck brächten. Es sind hauptsächlich gesteigerte Affektivität und verminderte Intellektualität, welche als vorherrschende Züge jeder Massenbildung zugeschrieben worden sind. Doch war dieses my-

Alle Arme voll

Ehrenbezeigung mit Hindernissen. Zeichnung von E. Morrow. Aus „Punch", 1916

Jeder Widerstand zwecklos ...
... oder „Zweierlei Tuch ist unwiderstehlich"
Zeichnung von Hérouard. Aus „Fantasio", 1916

stische Anderssein der Massen in keiner Weise verständlich gemacht, man nahm es einfach als letzte, unergründliche Tatsache hin. Freud hat auch hier das Dunkel aufgehellt. Er zeigte, daß die eigenartigen massenpsychologischen Erscheinungen nichts anderes sind, als das manifest gewordene Unbewußte der Massenmitglieder. Er zeigte, wie jede künstliche Masse (Armee, Kirche) durch Identifizierung der Massenmitglieder miteinander und durch Einsetzung des Führers an die Stelle des Ich-Ideals eine Libidobeziehung aufrecht erhält, welche der eigentliche Kitt der Masse sei. Seine außerordentlich wichtigen Untersuchungen faßt er folgendermaßen zusammen:

„Die Masse erscheint uns so als ein Wiederaufleben der Urhorde. So wie der Urmensch in jedem einzelnen virtuell erhalten ist, so kann sich aus einem beliebigen Menschenhaufen die Urhorde wieder herstellen; soweit die Massenbildung die Menschen habituell beherrscht, erkennen wir den Fortbestand der Urhorde in ihr."

Und weiter [16]:

„Der Führer der Masse ist noch immer der gefürchtete Urvater, die Masse will noch immer von unbeschränkter Gewalt beherrscht werden, sie ist im höchsten Grade autoritätssüchtig, hat nach Le Bons Ausdruck den Durst nach Unterwerfung."

Freuds Überlegung gipfelt in der Feststellung, daß die Massenerscheinungen sozusagen legitimierte, erlaubte Triebdurchbrüche sind, die sonst geahndet werden müßten; in den Massenerscheinungen lebt sich das unterdrückte, niedergehaltene Wesen der Individuen aus.

„Bei allen Verzichten und Einschränkungen, die dem Ich auferlegt werden, ist der periodische Durchbruch der Verbote Regel, wie ja die Institution der Feste zeigt, die ursprünglich nichts anderes sind als vom Gesetz gebotene Exzesse, und dieser Befreiung auch ihren heiteren Charakter verdanken. Die Saturnalien der Römer und unser heutiger Karneval treffen in diesem wesentlichen Zug mit den Festen der Primitiven zusammen, die in Ausschweifungen jeder Art mit Übertretung der sonst heiligsten Gebote auszugehen pflegen [17]."

Der Krieg wäre demnach ein grausames Äquivalent, das heißt ein Triebdurchbruch in sanktionierter Form. Was der Staat dem einzelnen verwehrt, gestattet er der Masse. Schon der amerikanische Psychologe W. James sprach von „The Moral Equivalents of War", den moralischen Äquivalenten des

Krieges, und meinte damit die Tatsache, daß solange der Friedenszustand nicht dem einzelnen genügende Befriedigungen und befördernde Erlebnisse gewährt, der Krieg seine magische Anziehungskraft – als höchstgespannte Gelegenheit zum Erlebnisrausch – unvermindert beibehalten werde. Sicherlich liegt ein tieferer Sinn in dieser Erkenntnis. Der Krieg wird seine psychologische Funktion – gleich dem Alkohol – solange beibehalten, bis ein anderes gesellschaftliches Sein den Menschen intensivere Wunschbefriedigung und bewegteren Rhythmus des Lebenslaufes bieten wird. Wenn auch der Mensch von seiner Triebanlage her „böse" ist, ist doch eine Wandlung denkbar, durch soziale und individuelle Andersgestaltung der Lebensführung – wie das von Einzelbeispielen wohl bestätigt wird. Unzufriedenheit mit dem Frieden gebärt den Krieg. Diejenigen, die enttäuscht und trostlos in der Tretmühle des Lebens verdorrten, begrüßten den Krieg als Aufschwung und Erlösung aus ihrer Dumpfheit und Verelendung.

Eine kleine Illustration – die jedoch für unsere Betrachtungen von Belang ist – soll dem Allgemeinen Bildlichkeit verleihen. Wir wissen, daß jeder Krieg die Triebkräfte der Grausamkeit mobilisiert. Der Krieg ist als Ganzes genommen ein Grausamkeitsakt. Wie diese Grausamkeits- oder sadistischen Regungen unseres Seelenlebens ihre triebhaften Untergründe im sexuellen Wesen des Menschen haben – das ist nach den Forschungen der Psychoanalyse wohlbekannt. Es besteht kein Zweifel, daß die Grausamkeitsakte, wie sie der Krieg fordert und heiligt, von jenen Personen bewußt oder unbewußt bejaht werden, die in ihrem Triebleben den sadistischen Grundzug beibehalten haben, für den sie im Frieden keine hinreichende Betätigung finden. Abnorme sexuelle Einstellung und demzufolge Grausamkeitsdelikte und -akte liefert uns auch der sogenannte Friedenszustand. Jedoch als Ansporn, Auslebensmöglichkeit und sozusagen als Prämie für die bösen Instinkte wirkt der Krieg als legalisierter Massenmord. Ohne die sexuellen Hintergründe sind die vielen sinnlosen Grausamkeitsakte der Weltkriege nicht faßbar.

Ein zweites Motiv, ebenfalls aus dem Bereich der sexuellen Kräfte, ist die Rückwirkung, die der Krieg auf das Sexualleben so vieler ausübte. Auch hier spiegelt sich die Unzufriedenheit mit den Zuständen des Friedens, wie wir es bereits allgemeiner geschildert haben. Wie viele leben in Bindungen, die ihnen sexuell eine nur mangelhafte Befriedigung gewähren und eine Zurückdrängung der Bedürfnisse erheischen. Man denke an die fast vorherrschende Erscheinungsform der heutigen Ehe, die selten eine erotische

Gestern war es ein Verbrechen – aber heute?
Jeder wird nur den einen Gedanken haben: So viele töten, bis sie genug davon haben . . . (General Gouraud)
Holzschnitt von Frans Masereel

Harmonie für die Partner bedeutet. Welche Befreiung, welche Erlösung, diesen Fesseln – wenn auch nur vorübergehend – zu entfliehen und in der Vorstellung jenen erotischen Erlebnissen entgegenzusehen, die der Krieg verspricht! Alle, die das sexuelle Elend – in welcher Form immer – kannten, haben den Krieg als eine Verheißung auch in diesem Sinne begrüßt. Und aus solchen unzähligen Unzufriedenheiten des Friedens ging eine seelische Haltung hervor, die für den Krieg förderlich war.

Erotik, Grausamkeit, Zerstörungswut hängen in der Tiefe irgendwie miteinander zusammen. Es bestehen nämlich gewisse Wechselbeziehungen zwischen den negativen Vernichtungskräften und der positiven Gewalt des Eros. Denn jede Unterdrückung und Vergewaltigung des Eros kann unter Umständen eine Zuwendung zu den destruktiven sadistischen Kräften bedingen. Die sexuelle Not des Friedens, die heuchlerische Moral der herrschenden Gesellschaftsklasse biegt die natürlichen Triebkräfte um und entlädt abwegige Reaktionen. Die Entfesselung der vergewaltigten Triebe durch den Krieg, ihr im Frieden nie erlebter Aufschwung erzeugt den großen Rausch, der über Vernunft und Besinnung hinweg die Menschen mit sich reißt. Trotz all dieser ernüchternden Erkenntnisse vertrauen wir dem Emporstreben der erhaltenden, aufbauenden Kräfte. Und so schließen wir mit Freud [18]:

„Und nun ist zu erwarten, daß die andere der beiden himmlischen Mächte, der ewige Eros, eine Anstrengung machen wird, um sich im Kampfe mit seinem ebenso unsterblichen Gegner zu behaupten."

Der Frühling ist gekommen . . .
. . . diesmal als Soldat
Zeichnung von A. Willette.

Die Dame in der Loge

III

Geht der Kampf um sie? – Ihr Sadismus und ihre Kraftanbetung – Uniformfetischismus – Die Dame als Mittel der Kriegspropaganda, als Kriegshetzerin und Pflegerin – Die Kriegsmode und ihr erotischer Hintergrund

Wo war sie, als die Gewalten der Hölle die Welt in einen Tummelplatz finsterer Leidenschaften verwandelten, als die „Zuchtrute Gottes", wie die Theologen den Krieg mit Vorliebe nannten, auf das zuckende Fleisch der Menschheit niedersauste? Wo war sie in jenen Jahren, die man die große Zeit taufte, sie, das verkörperte Ziel männlicher Begierden, sie, die wie seit altersher auch zu dieser Zeit hoch über dem Gewühl des Daseinskampfes im Strahlenglanz der Erotik thronte? Wie zu allen Zeiten war sie auch in den Jahren der großen Menschheitskatastrophe der unmittelbaren Wirkung der Ereignisse entrückt. Ihr Gatte war reklamierter Großindustrieller, Kriegslieferant, hoher Offizier auf lebensversichertem Posten oder Staatsmann; stand er aber zufällig im Feuer der Front, so beeinflußte das den Lebenswandel der schönen und begehrten Dame kaum. Sie hatte es nicht nötig, gleich ihren vom Schicksal weniger begünstigten Geschlechtsgenossinnen ihr Brot im Schweiße ihres hübschen Angesichts zu verdienen und dadurch oft ungewollt den Boden für die im Schoße der Zeiten heranreifenden Frauenemanzipation zu bereiten: sie herrschte seit jeher durch ihr Geschlecht, durch ihre Weiblichkeit, die sie gegen lebenslängliche Versorgung durch den Mann eintauschte, ohne es sich nehmen zu lassen, den Vertrag, wenn es gefahrlos anging, lächelnd zu brechen. Die Geschichte der Dame im Kriege, die Geschichte dieser schönen und müßigen Menschenblüte großstädtischer Zivilisation, ist freilich nur ein kurzes Kapitel der Sittengeschichte des Krieges, und selbst das Verhältnis der Frauenwelt zum Kriege wird nur zum geringsten Teil durch die Relation der Dame zum großen Völkerringen bestimmt; der weitaus überwiegende

„Klar zum Gefecht!"
Zeichnung von G. Pavis. Aus „Fantasio", 1917

Teil der Frauen stand dem gewaltigen historischen Geschehnis ganz anders gegenüber als das bevorzugte Luxusweibchen der herrschenden Klasse. Und dennoch wäre eine Sittengeschichte des Krieges ohne die Untersuchung ihres damaligen moralischen Verhaltens unvollständig.

Ihre Unabhängigkeit von den Sorgen und Nöten des praktischen Lebens, die sie mit der wirtschaftlichen Abhängigkeit von einem einzigen Manne bezahlte, versetzte sie in die Lage, dem Massenmorden auf der Bühne des großen Welttheaters gleichsam aus der Loge zuzuschauen. Jahrhundertelang hatten es ihr Dichter vorgesungen, hatten ihr Männer die Überzeugung beigebracht, daß der Zweck alles Geschehens nur der sei, dem Manne die Wollust zu bringen, die sie allein zu gewähren oder zu verweigern vermochte. Sie war sich ihrer Macht bewußt und im Kriege wurde nichts getan, um sie eines Besseren zu belehren. Natürlich hätte sie den Krieg nicht verhindern, das eherne Muß der Geschichte nicht bezwingen können: aber es fragt sich, ob sie, selbst wenn eine höhere Gewalt die Geltung der Entwicklungsgesetze versuchsweise aufgehoben hätte, dazu bereit gewesen wäre. Kurz gesagt: der Krieg gefiel ihr.

Der Krieg brachte dem Manne die in der friedfertigen Nüchternheit der bürgerlichen Welt längst abhanden gekommene Möglichkeit, die sekundär-männlichen Geschlechtseigenschaften der rohen Kraft, der Mordlust und aller auf Vernichtung gerichteten Triebe zu betätigen, blutbefleckt wie Mars ins Bett der Venus zu steigen. Und nur zu oft vergaß die Dame über dieses ekstatische Gefühl ihrer weiblichen Macht allen Kummer, alle Qualen und Unmenschlichkeiten des Krieges, von denen sie nicht ohne ein Mitschwingen erotischer Saiten vernahm und las.

In einem kurzen Satz versucht Shaw die Gründe zusammenzufassen, aus denen die Frauen ihre Männer oft willig zu den Waffen greifen ließen. „Die Frauen ließen sie ziehen, teils weil sie sich nicht helfen konnten, teils weil sie gerade so kampflustig waren wie die Männer, teils weil sie die Zeitungen lasen (die ihnen nicht die Wahrheit sagen durften) und teils weil die Mehrzahl von ihnen so arm war, daß sie nach den Unterstützungen griff und dabei mit dem Mann an der Front besser fuhr, als wäre dieser daheim geblieben [1].“

Wir haben schon gesagt, daß der Gatte der Dame nur selten in die Gefahrenzone kam. Diese wurde übrigens in der verlogenen Weltpresse nie wahrheitsgemäß dargestellt. Alle Zeitungen des Kontinents, auch die der neutralen Länder nicht ausgenommen, da diese ja mehr oder minder im Lager eines der Kriegsteilnehmer standen, präsentierten täglich die haarsträubendsten Greuel, die sich auf den Kriegsschauplätzen ereignet haben sollten, von denen sich aber fast immer herausstellte, daß sie erlogen waren. Man ist versucht, zu behaupten: es kam den Zeitungen und (da jedes Volk die Presse hat, die es verdient und die es haben will) auch ihren Lesern nicht auf die Wahrheit der Nachrichten an, sondern darauf, daß sie jeden Tag ihre starke Kost an Notzucht, Massenmord, Gewalttaten und ähnlichem noch brühwarm aufgetischt bekamen.

Daß die Dame hier an der Spitze der Tafel saß, kann weiter nicht verwundern. Schon Coleridge sagt:

Boys and girls
And women that would groan to see a child
Pull off an insect's leg, all read of war
The best amusement for our morning meal.

Oder man lese bei Eberhard [2] die Zuschrift nach, die dem „Berliner Lokalanzeiger“ im

Den Feind im Nahkampf bezwungen

Frontbericht von 11 Uhr

Zeichnung von Carlègle. Aus „La Vie Parisienne", 1917 (Mit verdeutschtem Text)

Jahre 1912, als die Gefahr des Ersten Weltkrieges schon nahegerückt war, aber noch beseitigt werden konnte, von einer gebildeten Dame zuging. „Es ist“, heißt es in der offenbar sehr freimütigen Zuschrift, „sehr betrübend, daß der Krieg unterbleiben soll, es wäre doch so interessant zu lesen gewesen.“

Eine geistvolle Zeichnung Th. Th. Heines aus diesen Kriegsjahren zeigt uns eine Frau, die mitleidsvoll in den vor ihr sitzenden Verwundeten dringt, er möge ihr sein schrecklichstes Kriegserlebnis erzählen. Der Stoff des Bildes ist lebenswahr und typisch. Die Dame, die Zuschauerin des Krieges, hat in dieser blutigen Zeit öfter als man glauben könnte, Gelüste und Triebe befriedigt, die ausgesprochen als sadistisch zu bezeichnen sind. Über diesen Sadismus im Miterleben schreibt der Psychoanalytiker Dr. Otto Rank: „Da dem Schwachen die Möglichkeit der direkten Betätigung dieser Triebe (der Grausamkeit) genommen ist, läßt er sie vom Grausamen besorgen und imaginiert sich dann an dessen Stelle – wie er sich als Schwachen an die des Leidenden versetzt fühlt – was einen viel geringeren Aufwand erfordert als eigene Grausamkeit und den gleichen Effekt liefert. Das Mitleiden bewahrt aber auch vor dem eigenen Leiden, das in der Wahrnehmung von Widerständen wurzelt, die nicht überwunden werden können; im Mitleiden wird der Aufwand, der zur Überwindung des Widerstandes mit dem Leidenden gemacht wird, überflüssig und erzeugt durch Vergleichung mit dem Leidenden, der ihn nicht überwinden kann, Lust. Das Mitleiden gewährt also eine doppelte Ersparnis: an Betätigung der eigenen Grausamkeit, die unmöglich ist, und an dem Aufwande, der im Bestreben zustande kommt, doch noch grausam zu sein, sich an die Stelle des Grausamen zu imaginieren; der Mitleidende genießt also Grausamkeitslust gleichsam ganz umsonst, als Zuschauer, ein psychologischer Tatbestand, der beim tragischen Mitleiden

„Erzählen Sie mir doch bitte: Was war das Schlimmste, was Sie draußen erlebt haben?“
Zeichnung von Th. Th. Heine. Aus „Kleine Bilder aus großer Zeit“

im Drama nahezu restlos realisiert ist. Kann auch dieses letzte Aufgebot an Grausamkeit nicht mehr gemacht werden, so leidet der Mitleidende dann wirklich mit, genießt aber noch in diesem Scheinleiden die Lust der Befriedigung seines Grausamkeitstriebes [3]." Ähnlich sagt Dr. Magnus Hirschfeld: „Zunächst könnte man denken, es sind doch Sadisten, die an grausamen Vorgängen und am Leiden der anderen ihre aktive Freude haben. Weit gefehlt, in Wirklichkeit überwiegt meist das Mitleid die Schadenfreude, aber das Mitleid wird nicht als Leid, sondern als Freude empfunden. Damit ist der Charakter passiver Leidlust gegeben ... Ich habe mehr als einen ausgesprochenen Weibling kennengelernt, der förmlich in der Beschreibung von Grausamkeiten schwelgte. Jede Nachricht von einem Mord, vor allem aber die Mitteilungen über ein Massenunglück, einen Pogrom, eine Schlacht, erregte ihn erotisch. Der Satz: ‚Vor unseren Gräben lagen Tausende toter Feinde' löste in ihm sexuelle Lustempfindungen aus [4]."

Die Verfolgung der Genese dieser zu allen Zeiten wohlbekannten Lust der Frau am passiven Nach- und Miterleben besonders starker Grausamkeitsakte würde zu weit führen. Es sei daher nur kurz darauf verwiesen, daß der große Sexualforscher Havelock Ellis [5] diese Neigung zur Grausamkeit bei der Frau auf die faszinierende Wirkung zurückführt, die männliche Kraft auf das Weib von altersher ausübt. Auch August Forel [6] sagt: „Besonders bei Wilden zieht das Weib den kräftigsten, gewandtesten, feurigsten, herausforderndsten Mann vor. Die ‚Helden' spuken stets im Frauenhirn, das dem Sieger gerne folgt. Das Ideal gewisser wilder Weiber in Borneo ist ein Mann, der viele Feinde getötet hat und deren Kopf besitzt. Diese Züge entsprechen sehr der natürlichen Zuchtwahl, indem dadurch starke Nachkommen und bessere Beschützer gewonnen werden."

Auch die Art und Weise, wie die von der Kriegspropaganda betörte Frau den geliebten Mann ins Feld ziehen ließ, läßt das Mitspielen sadistischer Motive mit wenigstens großer Wahrscheinlichkeit vermuten. In der

„Schwören wir, meine Damen, daß wir keinen Mann heiraten werden, der lebend aus dem Krieg zurückkommt!" Aus „La Baïonnette", 1916

ausgezeichneten Kriegsnovellensammlung von Andreas Latzko „Menschen im Kriege" [7] erzählt ein verwundeter Offizier seinem Arzt: "... Die Meine war auch fesch; versteht sich. Keine Träne! Ich habe immer gewartet, immer gewartet, wann sie zu schreien anfangen wird, wann sie mich endlich bitten wird, auszusteigen, nicht mitzufahren, feig zu sein, für sie! Aber sie haben nicht den Mut gehabt – keine hat den Mut gehabt; nur fesch haben sie sein wollen. Meine auch! Mit dem Taschentuch gewinkt, wie die anderen.

Seine zuckenden Arme strebten, sich windend, in die Höhe, als wollte er den Himmel zum Zeugen anrufen. – Was das Gräßlichste war, willst du wissen? ... Die Enttäuschung war das Gräßlichste, der Abmarsch. Der Krieg nicht! Der Krieg ist, wie er sein muß. Hat's dich überrascht, daß er grausam ist? Nur der Abmarsch war eine Überraschung. Daß die Frauen grausam sind, das war die Überraschung. Daß sie lächeln können und Rosen werfen; daß sie ihre Männer hergeben, ihre Kinder hergeben, ihre Buben, die sie tausendmal ins Bett gelegt, tausendmal zugedeckt, gestreichelt, aus sich selbst aufgebaut haben, das war die Überraschung! Daß sie uns hergegeben haben – daß sie uns geschickt haben, geschickt! Weil jede sich geniert hätt', ohne einen Helden dazustehen; das war die große Enttäuschung, mein Lieber. Oder glaubst du, wir wären gegangen, wenn sie uns nicht geschickt hätten? Glaubst du? So frag' doch den dümmsten Bauernburschen draußen, warum er seine Medaille haben möchte, ehe er auf Urlaub geht. Weil ihn sein Mädel dann lieber hat, weil ihm die Frauenzimmer dann nachlaufen, weil er mit seiner Medaille den anderen die Weiber vor der Nase wegangeln kann; darum, nur darum. Die Frauen haben uns geschickt! Kein General hätt' was machen können, wenn die Frauen uns nicht hätten in die Züge pfropfen lassen, wenn sie geschrien hätten, daß sie uns nicht mehr anschauen, wenn wir zu Mördern werden. Nicht einer wär' hinaus, wenn sie geschworen hätten, daß keine von ihnen ins Bett steigt mit einem Mann, der Schädel gespalten, Menschen erschossen, Menschen erstochen hat. Nicht einer, sag' ich euch! Ich hab's ja nicht glauben wollen, daß sie's so tragen können! Sie heucheln nur, hab' ich gedacht; sie halten sich noch zurück; aber wenn erst der Pfiff kommt, dann werden sie aufschreien, werden uns herausreißen aus dem Zug, werden uns retten. Einmal hätten sie uns schützen können, und sie haben nur fesch sein wollen! Auf der ganzen Welt nur fesch ..."

Allerdings war die Frau schon vor dem Kriege für die Uniform und das Militär begeistert. Auch diese Vorliebe der Frau für das Soldatenwesen mag eine Rolle in ihrem Verhalten gespielt haben. Doch ist dabei zu bedenken, daß diese Vorliebe ebenfalls sehr tief in den pathologischen Seelenregungen der Frau verwurzelt sein dürfte. Suchen wir nämlich nach einer psychologischen Erklärung dieser Neigung, so haben wir nur die Wahl zwischen zwei Möglichkeiten. Entweder begnügen wir uns mit dem oberflächlichen, aber in seiner Naivität geradezu rührenden Erklärungsversuch des alten Brantôme [8], dessen Worte im klangreichen Urtext hier wiedergegeben sein sollen: „... Davantage c'est une certaine Inclination naturelle qui pousse les Dames, pour aimer la Générosité, qui est certainement cent fois plus aimable que la Couardise: aussi toute Vertu se fait plus aimer que le Vice. Il y a aucunes Dames qui aiment des Gens ainsi pourvus de Valeur, d'autant qu'il leur semble que tout ainsi qu'ils sont braves et adroits aux Armes et au Mestier de Mars, ils le doivent estre de mesme à celui de Venus." („Eine gewisse natürliche Neigung bewegt die Damen, die Kühnheit zu verehren, die gewiß hundertmal liebenswerter ist als die Feigheit; auch ist jede Tugend beliebter als das Laster. Es gibt gewisse Damen, die solchermaßen mutige Leute besonders darum lieben, daß es ihnen scheint, wer tapfer und geschickt im Kampf der Waffen ist, müsse es auch in dem der Liebe sein.") Oder aber wir müssen der mo-

Die enttäuschte Pariserin

Zeichnung von Th. Th. Heine. Aus „Simplicissimus", 1916

„Wenn der Krieg vorbei ist, wird es sehr amüsant sein, zu sehen, welchen Chik die deutsche Modedame ohne Pariser Modelle entwickelt hat.

Sicher ist sie so gekleidet — —

oder gar so.

Oder sie hat ein Kostüm à la Brünhilde kreiert —

oder à la Militarismus —

oder sie bezieht ihre Moden aus Konstantinopel.

Oder vielleicht wagt sie es nicht, irgend etwas anzuziehen, und bedeckt nur ihre Blöße mit Eichenblättern."

Nach dem Friedensschluß: „Welch eine Frechheit! Diese Person ist ja genau so gekleidet wie ich!"

Mein Schatz ist ein Matrose ...
„Ihr von der Marine seid so nett – man kann euch auf den Hals küssen ...“
Zeichnung von H. Gervèse. Aus „Le Rire“

dernen Psychologie beipflichten, daß es die strenge Disziplin beim Militär sei, die einen besonderen erotischen Reiz auf die Frau ausübe. Daß aber dieser Reiz ebenfalls sehr mit sadistischen Regungen durchsetzt ist läßt sich nicht bezweifeln. Jedenfalls war die Uniform für die Frau stets erotisch betont. Und aus diesem Grunde kann es nicht wundernehmen wenn ein beträchtlicher Teil hochstaplerischer Delikte dadurch begangen wird, daß jemand sich unbefugterweise eine Uniform anlegt. Auch ist es bezeichnend, daß dieses Delikt in den Kriegsjahren einen beängstigenden Aufschwung genommen hat. Fast immer handelte es sich dabei um das Bestreben, auf die Frauen Eindruck zu machen [9]. Die Liebe der Köchin zum Infanteristen ist der eiserne Bestand der Anekdotensammlung aller Völker. Daß auch die Frau der gebildeten Stände dem Uniformzauber erlegen wäre, läßt sich immerhin nur cum grano salis annehmen, und so bleibt als einzige Erklärung für die „aufopfernde“ Kriegsbegeisterung der Frau neben geringerer Widerstandskraft gegenüber der Massensuggestion nur das unter Umständen ganz starke Mitwirken sadistisch-erotischer Motive.

Auch hier aber stellt Sadismus nur eine Seite algolagnischer Triebrichtung dar, deren Kehrseite, die masochistisch gefärbte, gleichzeitig mit jener bestehen kann. In der Tat deutet die faszinierende Wirkung der Uniform, von der wir eben gesprochen haben, eher auf masochistische Einstellung hin, was hier letzten Endes dasselbe bedeutet. Ausschlaggebend ist hier nur, daß dieser „nach innen gekehrte Sadismus“ den Anstoß zur Introversion vom Soldaten und vom Symbol männlicher Kraft, dem „Kommißkleid“, erhält.

Spielen auf diese Weise Sadismus und Masochismus in der Kriegsbegeisterung, Kraftanbetung und Uniformverhimmelung der Frau auch normalerweise eine Rolle, so ist eine pathologische Entartung dieser Vorliebe gegebenenfalls auch durchaus möglich, und eben der Erste Weltkrieg hat dafür den Nachweis erbracht. Dr. Magnus Hirschfeld erwähnt hierhergehörige Fälle als Beleg für die Entstehung des Fetischismus, „der auf der unterbewußten assoziativen Verarbeitung einer Sinneswahrnehmung gemäß der individuellen Sexualkonstitution beruht [10].“ „Die durch die gesamte körperliche Struktur gehende Zielstrebigkeit steuert ... unbeirrbar mit instinktiver Sicherheit auf das anlagemäßig gegebene Sexualziel los, ohne ihre innere Entwicklungslinie durch äußere Einwirkungen verbiegen zu lassen [11].“ Er sagt dann weiter:

„Wir beobachten auch, daß der Neuerscheinung und größeren Verbreitung eines Gegenstandes, wie sie die Mode oder ein Zeitereignis, beispielsweise der Krieg, mit sich bringen, alsbald das Auftauchen vieler Fetischisten entspricht, die nun auf diese ganz neuen Dinge, irgend ein Stück oder Abzeichen der Felduniform, ungemein ‚scharf' sind. So suchte mich vor kurzem eine Dame auf, für die von dem Verwundetenabzeichen eine hochgradige sexuelle Reizwirkung ausströmte."

Folgende pathologische Fälle aus der unvergleichlich reichhaltigen Kasuistik Hirschfelds, sämtlich dem dritten Band seiner „Sexualpathologie" (Kapitel 1) entnommen, sollen das Gesagte verdeutlichen:

„Mir ist der Fall einer Dame in Erinnerung, die durch den roten Besatz der Uniform stark mitgenommen wurde; selbst die rote Biese am Beinkleid ihres Mannes versetzte sie in Ekstase. In der weiblichen Sexualität steht überhaupt die Soldatenuniform, das zweierlei Tuch, als Fetisch obenan. Dieser Uniformfetischismus kann einen solchen Grad erreichen, daß die Zuneigung mancher Frauen sich in heftige Abneigung verändert, wenn der Mann, in den sie sich verliebten, als er Soldat war, eines Tages in Zivil erscheint. Ich habe in dieser Beziehung verschiedene, sehr merkwürdige Fälle zu beobachten Gelegenheit gehabt. Alle Arten von Uniformen kommen hier in Betracht, am häufigsten vielleicht die der Kavallerie und der Marine. Der Matrosenanzug fasziniert namentlich homosexuelle, aber auch viele normale Personen. So hatte ich einen verheirateten Mann zu begutachten, der dadurch Anstoß erregt hatte, daß er verschiedentlich Mädchen mit Matrosenanzügen sich sexuell zu nähern versucht hatte. Die Ehefrau dieses Patienten mußte stets, ebenso wie seine 12jährige Tochter und sein 11jähriger Sohn, Matrosenanzüge tragen.

Eine ältere Dame ... wurde durch Tritte fester Soldatenstiefel auf steinigem Boden in geschlechtliche Erregung versetzt. In der Stille ihres Zimmers lauschte sie auf dieses Stampfen und geriet in immer größere Spannung, je näher es ihrer Wohnung kam. Beim taktmäßigen Vorbeimarschieren einer Truppe fing sie nicht selten zu masturbieren an.

Eine reifere adelige Dame ... hatte sich nach Kriegsausbruch eine feldgraue Uniform anfertigen lassen ... Erst als ich ihr darlegte, daß sie sich durch diese Täuschung, die sie für harmlos hielt, leicht eine Klage wegen groben Unfugs zuziehen könnte, ließ sie davon ab, sich öffentlich als Offizier zu zeigen.

Wie die Tracht des Highlanders die Pariser Mode beeinflußt – und umgekehrt.
Zeichnung von G. Léonnec. Aus „La Vie Parisienne"

Der Drückeberger
Zeichnung von F. Reynolds. Aus „Punch", 1915

Während des Krieges ging ich einmal durch Den Haag, dessen Straßen Tausende englischer Soldaten in kleidsamer Uniform belebten, die durch ihren eigenartig schnellen und leichten Schritt überall ins Auge fielen. Als ich mit meinem Begleiter, einem alten holländischen Gelehrten, über diese Erscheinung sprach, meinte er: „Durch diesen Gang sind schon mehrere Hundert holländischer Mädchen zu Müttern geworden."

Es gibt Fälle, in denen homosexuelle Zuneigung in ähnlicher Weise fetischistisch gefärbt ist: „In allen ... Fällen (homosexueller Fixierung an bestimmte körperliche und seelische Einzelheiten) spielt offenbar der Fetischismus eine beträchtliche Rolle ... Daß es sich hier tatsächlich um Fetischismus handelt, geht daraus hervor, daß, wenn der Fetisch fehlt, an die Stelle der sexuellen Attraktion oft völlige Indifferenz, wenn nicht gar Aversion tritt; so erzählen Soldatenfreunde, wie völlig ‚abgekühlt' sie seien, wenn ihre früher geliebten Freunde sie als ‚Reservisten' aufsuchen [12]."

Wir haben die Dame als Zuschauerin der blutigen Selbstzerfleischung der Menschheit in der Loge zurückgelassen. Sie hat aber diesen Sitz oft genug im Kriege verlassen; nicht etwa um das kriegerische Kraftaufgebot ihres Landes als Munitionsarbeiterin zu stärken, denn dazu ist es wohl nur in seltensten Ausnahmefällen gekommen. Sondern sie wurde in der Mehrzahl der Fälle mit oder wider Willen in den Dienst der Kriegspropaganda gestellt, die ihre erotische Anziehungskraft – das, was man heute mit einem Modewort „sex appeal" nennt – zur Steigerung des Opfer- und Todesmutes des Mannes benutzte, womit allerdings kein Novum in der Geschichte der Kriege geschaffen wurde. Auch dem Mann ist die Vorliebe der Frau für Mut und Kraft triebmäßig bekannt. Mit Recht sagt John Stuart Mill [13]: „Kühnheit und überhaupt alle militärischen Tugenden hatten zu allen Zeiten viel dem heißen Wunsche der Männer zu verdanken, von Frauen bewundert zu werden ..."

Und von diesem Wunsche der Männer: von den Frauen bewundert zu werden und ihre Gunst zu erringen, macht die Kriegspropaganda aller Länder (offenkundig mit Zustimmung der Frau) ausgiebigen Gebrauch. Wenn schon Körner dem Drückeberger seiner Zeit gedroht hat, „ein deutsches Mädchen küßt dich nicht", so spricht ein in unzähligen Exemplaren auch als Maueranschlag überaus verbreitetes englisches Werbegedicht eine noch deutlichere Sprache. Auch hier wendet sich der Dichter Harold Begbie an den Drückeberger, den es allerdings im eigentlichen Sinne in England damals nicht gab, da der Eintritt in die Armee freiwillig erfolgte:

„What will you lack, sonny, what will you lack.
When the girls line up the street
Shouting their love to the lads come back
From the foe they rushed to beat?
Will you send a strangled cheer to the sky
And grin till your cheeks are red?
But what will you lack, when your mate goes by

Englische Patriotinnen führen Freiwillige zur Werbestelle

England kannte 1914 noch keine Wehrpflicht. Originalaufnahme

Daheim

„Daß Du wieder hinaus mußt, Fritz, ist doch wirklich ein Kreuz!" „Hoffentlich ein eisernes!"

Zeichnung von B. Wennerberg. Aus „Simplicissimus"

Unten: Die englische Schauspielerin Lorraine wirbt für die Armee

Originalaufnahme

Einer, der sich nicht um die Frauen kümmert . . .
. . . und einer, der sich über eine Attrappe freut
Aus „Fantasio“

Der Traum des Kriegs-Teenagers:
Die Uniform
Karikatur von Fabiano. Aus „La Baïonnette“, 1915

Das Ende der roten Hose

Ein welthistorischer Moment? Die Soldaten des französischen Nachschubs sollen nun, nach Zeitungsmeldungen, in „feldblau“ gekleidet sein.
„Zieh' sie nit aus, sonst wird das nix – Denn die „Gloire“ sitzt – in der Büx!“ Aus „Kladderadatsch“, 1914

Die Briefträgerin

Zeichnung von G. Léonnec. Aus „La Vie Parisienne“, 1917

Oben: Der Heimatkriegerorden

Paris und die vier Grazien. Zeichnung von Gerda Wegener. Aus „Fantasio", 1915

Der erste Amerikaner in Paris

Zeichnung von G. Léonnec. Aus „La Vie Parisienne", 1917

„Ihr Vaterlandsfeinde, wie könnt ihr jetzt eine Bluse ‚Französische Front' nennen?" „Aber doch nur, weil sie durchbrochen ist . . ."

Zeichnung von P. Halke. Aus „Ulk", 1916

Vorschlag zur Militarisierung der Damenmode

„Elegante Welt", 1915

Krieg und Geschäft

Inserat, erschienen in der „Leipziger ill. Zeitung" und anderen Blättern, 1914

Die Sensationen der Saison
„Im Prozeß Caillaux habe ich zugehört, im Schützengraben bin ich jetzt gewesen – es wäre doch zu nett, wenn man auch noch die Einnahme von Paris mitmachen könnte . . . !“
Zeichnung von B. Wennerberg. Aus „Simplicissimus“

„Es ist wahr, ich habe dieses Jahr drei Männer ruiniert, aber zwei davon waren Heereslieferanten . . .“
K. A. Wilke, „Muskete“, 1915

Der vielumworbene Sikh

Karikatur auf die indischen Truppen in England von H. Strohofer. Aus „Muskete", Wien 1915

Schwarz und Weiß

Zeichnung von Montassier. Aus „Le Sourire de France", 1917

Ein Weiser

Begeisterte Pariserinnen haben die ausziehenden Turkos abgeküßt.
„Mort de ma vie, Ibrahim, kommst du endlich? Es hat schon zweimal zum Abmarsch geblasen!" „Marchez donc, mon caporal! Ibrahim gefallen sehr gut ici. Ibrahim bleiben 'ier . . ."
Zeichnung von E. Heilemann. Aus „Lustige Blätter"

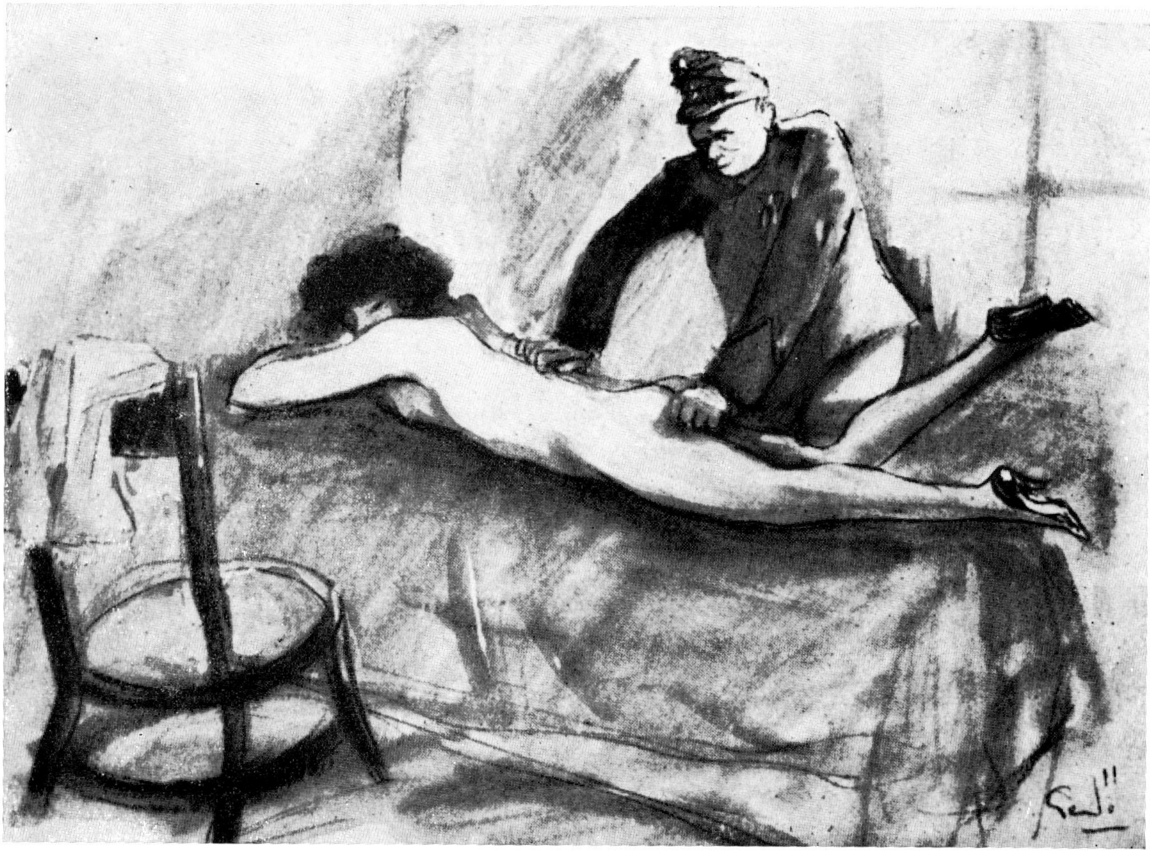

Der Offiziersbursche als Mädchen für alles
Frau k. u. k. Oberstleutnant läßt sich massieren. Zeichnung von L. Gedö, 1915

Muskelmann-Verehrung vor 50 Jahren
Originalaufnahme

Heimkehr des Soldaten
Zeichnung von Reb

With a girl who cuts you dead?
(Wie wirst du's verwinden, mein Junge, wie,
Wenn die Mädel die Straße entlang
Zur Heimkehr zujauchzen den Tapfern, die
Auszogen im Siegesdrang?
Entringt sich auch dir da ein würgender
Schrei,
Bis die Wut dir zu Kopfe steigt?
Doch wie wird dir zumut', geht dein
Freund vorbei
Mit dem Schatz, der den Rücken dir zeigt?)

Auch der österreichische Hauptmann war kein schlechter Psychologe, der, wie ein Kriegsteilnehmer uns mitteilt, seine Leute mit diesen Worten zur Tapferkeit mahnte: „Schaut, daß ihr bald eine Medaille kriegt, denn wenn ihr auf Urlaub geht und die Mädels sehen, ihr habt was auf der Brust, da glauben sie auch, daß ihr was in den Hosen habt!"
Die Vorstellung, daß es um das Weib gehe, ist eine der verbreitetsten, von der amtlichen und privaten Kriegspropaganda künstlich aber auch von den Frauen bald stillschweigend, bald tätig genährten Illusionen des Krieges. Der größte Teil der amerikanischen Kriegsplakate zeigt das Puppengesicht des „Squadroongirls". Noch weniger aber fehlt die Frau auf den Kriegsplakaten der Franzosen, die ja auch sonst Meister in dem waren, was Avenarius [14] grob und treffend das „Verniedlichen des Krieges durch Damengeruch" nennt. Ohne Frauenfigur gibt es kaum ein französisches Plakat, auch Aufrufe zum Zeichnen von Kriegsanleihe nicht ausgenommen.
Nur höchst selten rafft sich die Frau auf, sich gegen diesen Mißbrauch ihres Geschlechts im Interesse des Mordgewerbes zur Wehr zu setzen. Ein prachtvolles Beispiel dafür ist ein in handschriftlichen Exemplaren knapp vor dem Einzug der Deutschen in Brüssel angeschlagenes Plakat der belgischen Mütter:
„Gestattet uns, ihr Herren, an euch einige Fragen zu stellen. Wir wenden uns an alle Männer ohne Unterschied der Rasse, Klasse oder Stellung. Habt ihr wirklich euer möglichstes getan, um dieses Blutbad zu verhindern? Was hat die Frau, euere Lebensgefährtin, euch getan, daß ihr sie so martert?"
Wenn auch solche Stimmen nur spärlich und in diesem Falle in einer unmittelbar vor der Besetzung stehenden Stadt laut wurden, heben sie sich zu wohltuend vom übrigen Konzert der Frauen aller kriegführenden Länder ab, um ohne Ungerechtigkeit verschwiegen zu werden.
Doch kehren wir zur Dame zurück. Sie begnügte sich nicht damit, nur ein passives Medium der Kriegswerbung abzugeben, dessen Geschlechtlichkeit gewissermaßen neben den verschiedenen Kriegskreuzen und -medaillen als Lohn für Tapferkeit und Todesmut zu gelten hatte, sondern griff häufig auch selbst ins Getriebe ein. Beispiele dafür gibt es

Hoheit geruhte . . .
Nobelkundschaft im k.u.k. Kriegslazarett
Zeichnung von A. Stadler

Von allen beneidet ...
Am Arm ihres Helden stolziert sie durch die Pariser Straßen
Zeichnung von Fabiano. Aus „La Baïonnette", 1915

mehr als nötig. So wirbt Gaby Deslys 1915 Rekruten für das englische Heer und verspricht einem jeden, der sich anwerben läßt, einen Kuß und ein Bild mit eigenhändiger Unterschrift. Andere Damen vom Brettl folgten ihrem Beispiel [15].

Wir weisen hier auch auf die freiwilligen Pflegerinnen hin, unter denen sich nicht nur Frauen der bemittelten Bourgeoisie, sondern bekanntlich auch Aristokratinnen befanden. Sie waren mit gewissen Ausnahmen weniger verwendbar als die professionellen Pflegeschwestern und es läßt sich behaupten, wenn auch statistische Daten hier aus begreiflichen Gründen nicht vorliegen, daß die Krankenpflege für sie häufig nur ein libidinöses Spiel war. Das mag oft genug auch für die andere Klasse von Pflegerinnen gelten und wir werden darauf noch eingehen. Was Dr. Clairmont [16] über die vornehmen Pflegerinnen des Balkankrieges gesagt hat, dürfte auch auf jene anzuwenden sein: „Neugierde und Lust, Blut zu sehen, führte sie in den Operationssaal. Bei Operationen, vor denen Männer zurückwichen, weil sie ihnen zu schauerlich waren, konnten diese Frauen nicht nahe genug sein, um in dem Augenblick, wo es galt, nach ausgeführter Operation beim Transport der Patienten oder bei der Vorbereitung für den nächsten Eingriff mitzuhelfen, verschwunden zu sein."

Oft aber trat in diesem libidinösen Spiel das Spielerische viel deutlicher zutage. So in den Fällen, wo sich langweilende Töchter des Bürgertums kleine Hilfslazarette mit nur zwei oder drei Betten, mitunter aber auch mit einem einzigen einrichteten und leichtverwundete Offiziere anforderten. An den patriotischen Zweck dieser Einrichtung, die in Frankreich noch verbreiteter als anderwärts war, dürften auch die Militärbehörden nicht geglaubt haben, doch kam sie einem Bedürfnis entgegen und wurde darum

Der hohe Damenstiefel wird zum Fetisch
Zeichnung von G. Zórád
Aus dem ungarischen Witzblatt „Fidibusz", 1918

Aktuelle Sorgen
„Ist mein Rock zu kurz? Ist mein Jupon zu lang?"
Englische Modekarikatur. Aus „London Mail", 1916

geduldet und als edler Menschlichkeit entspringend gepriesen. Über den Verwundetenkultus, die Modekrankheit besonders des ersten Kriegsabschnittes und ihren Folgen, über die zu Tode gepflegten Patienten, wurde viel gespöttelt. Auch im Ersten Weltkrieg schien es so manchem Helden wie dem von Goethe besungenen, daß es kein größeres Malheur geben könne, „als nicht blessiert zu sein". Hinter dieser Verwundetenromantik aber verbargen sich als blutige Wahrheit zerschmetterte Kiefer, abgerissene Glieder und das ganze Elend der Kreatur.

Neben der Krankenpflege, die allenfalls eine neue, durch den Krieg aktuell gewordene Spielart war, blühten auch alle früher bekannten Arten gesellschaftlicher Unterhaltung. In allen Hauptstädten wurden für wohltätige Zwecke Kabarettabende veranstaltet und an den Sammlungen, zu denen immer leicht ein Anlaß gefunden wurde, beteiligte sich die Dame mit merklichem Eifer. Hier ist besonders auf die Engländerin zu verweisen, die sich auch als aktive Werberin für das Heer auszeichnete. Sie trat hier als Fürsprecherin derselben Illusion auf, deren sich die Kriegspropaganda in ausgiebigem Maße bediente. Sie bestätigte gewissermaßen als Kronzeugin, daß es für den Mann gar keinen besseren Weg gäbe, um sich ihre Zuneigung zu sichern, als den freiwilligen Eintritt in die Armee. Im übrigen ist die Kriegshetzerin in allen am Kriege beteiligt gewesenen Staaten ein wohlbekannter und überaus verbreiteter Typus. Die englische Feministin, die sich vor dem Kriege, infolge ihres wachsenden Einflusses auf das öffentliche Leben, viel auf die Milderung der öffentlichen Sitten zugute tat, entpuppte sich als die geeichteste Kriegsenthusiastin. In dem 1914 erschienenen Appell der Sylvia Pankhurst wimmelt es von gegen den Feind gerichteten Kraftausdrücken. Welche Formen und Dimensionen die Kriegshetze der Frauen

Was der Schlitzrock verrät ...
Wie man Stoff für die Soldaten einspart
Aus dem italienischen Witzblatt „L'Asino", 1915

In der deutschen Etappe – ohne Pariser Mode
Die Französin: „Eigentlich gar nicht so übel, diese preußische Tracht!“
Flugblatt der „Liller Kriegszeitung“

in allen Ländern annahm, geht aus dem Material Eberhards [17] hervor.

Ein wichtiges Thema, das im Kapitel „Die Dame im Kriege“ nicht übergangen werden darf, ist die Mode und alles, was mit ihr zusammenhängt. Wie immer wollte die Dame auch in Kriegszeiten schön sein, wollte dem Abwechslungsbedürfnis des Mannes in der Aufmachung ihrer Reize entgegenkommen und wie immer war sie auch in den aufgewühlten Jahren des Weltenbrandes tonangebend auf dem Gebiete der Mode. Und die Tracht der Frauen der niederen Klassen, des städtischen Proletariats, war im Kriege wie stets zuvor ein nur mit geringeren Mitteln erzielter Abglanz und Abklatsch von dem, was „die Dame“ trug und was als die geltende Frauenmode angesehen wurde. In normalen Zeiten ist die Mode international. Nun hatte der Krieg alle internationalen Bindungen gelöst, die Welt in zwei einander bekämpfende Lager gespaltet. An der Mode aber brach seine Macht. Was immer die Pariser Haute couture kreierte, war trotz Feindschaft und Haßpropaganda, trotz der Leichenhaufen, die sich zwischen Berlin und Paris an der Westfront türmten, Beispiel und Gebot für die Dame aller Länder und somit mehr oder minder auch für die Frauen der arbeitenden Klassen.

Es entbehrt nicht des Interesses, die Wandlungen der Mode in den Kriegsjahren zu verfolgen.

In der ersten Zeit des Krieges steht die Damenmode im Zeichen des knöchelfreien Rokkes. Wir dürfen seinen Ursprung in der durch die Einberufung der wehrfähigen Männer stattgefundenen Veränderung der Bedingungen der Zuchtwahl suchen. Die Dame mußte instinktiv bestrebt sein, die bei der verminderten Zahl der Partner erschwerte Eroberung durch drastischere Anziehungsmittel zu erleichtern, stärkere Reize auf die weniger leicht entzündbare Sinnlichkeit der zurückgebliebenen kriegsuntauglichen Männer wirken zu lassen. Diesem Bestreben kam nun die

„Die neuen Zeppelinmodelle sind eingetroffen . . .!“
Französische Karikatur auf die deutsche Kriegsmode
Aus „La Baïonnette“

Patriotische Mode – made in England

Versuch einer Stoffeinsparung durch Schaffung von Einheitsmodellen. Aus „Punch“, 1915

Kriegsmode entgegen, indem sie die symbolische Entblößung, die vor allem in der Verkürzung des Rockes, aber auch in zahlreichen anderen Details zum Ausdruck kam, erlaubte und gebot. Derselbe unbewußte Drang, dem Mann möglichst viel von den Reizen der Frau darzubieten, hatte schon dem Schlitzrock zu Triumphen verholfen. Und nicht zuletzt wäre zu erwähnen, daß auch die „Nacktkultur“ als Begriff wie Ausdruck im Kriege aufkam. Daß dann, je mehr sich im Laufe des Krieges die Bedingungen der Liebeswahl für die Frau erschwerten, diese Tendenzen immer weitere Fortschritte machten, ist begreiflich. Von Jahr zu Jahr wurde mehr vom Frauenbein den Männerblicken enthüllt. Dem Volksmunde bot diese langsam aber sicher fortschreitende Verkürzung des Rockes willkommenen Stoff zu Witzen. Es hieß: „Der Krieg dauert zwar lang, dafür aber werden die Kleider der gnädigen Frau immer kürzer." Und wenn auch der kniefreie Rock als Kulminationspunkt der Nachkriegszeit vorbehalten blieb, kann man nicht bezweifeln, daß hier ein respektables Stück Weg zurückgelegt wurde, wenn man an den kurzen, dafür aber faltenreichen und weitgebauschten Rock und an die auferstandene Krinoline der letzten Kriegsperiode denkt.

Natürlich erforderten diese Schöpfungen der Kriegsmode eine ungeheuere Stoffverschwendung, die die Entrüstung aller kriegsbegeisterten Patrioten hervorrief. Man dürfte nicht fehlgehen anzunehmen, daß auch diese Verschwendung der Damen zu einer Zeit, die für die breiten Volksmassen das größte Elend und die bittersten Entbehrungen bedeutete, nicht ganz frei von sadistischen Motiven war. „Bei Entstehen der Kriegsmode mit den faltenreichen Röcken und den hohen Lederstiefeln lag die sexuelle Quelle zunächst im Dunkeln. Wir finden sie, wenn wir uns über die Zeitumstände genau informieren, in denen sie aufkam. Auf dem Wirtschaftsmarkt begann damals der Mangel an Tuchen und Leder sich fühlbar zu machen. Nun kennt die Sexualpsychologie aus der Geschichte sowohl wie aus dem täglichen Leben die Tatsache, daß für manche Naturen in der bewußten Betonung eines Luxuslebens gegenüber einer Notlage anderer Menschen ein besonderer Kitzel liegt. Es ist dies eine milde Form von Sadismus. Das war auch zweifelsohne die tiefste Ursache der unsinnigen Faltenrockmode. Es wird uns von den Damen am Hofe Ludwigs XVI. erzählt, daß sie mit Vorliebe bei jeder nur möglichen Gelegenheit ihre unsinnig kostbaren Toiletten vor den Augen des am Lebensnotwendigsten darbenden Volkes zeigten, um auf diese Weise für sich einen sexuellen Genuß einzuheimsen [18]."

Jene, die die Auswüchse der Mode in den Inflationsjahren nach dem Ersten Weltkrieg beobachtet haben, lächeln heute mit Recht darüber, daß zur Zeit ihres Aufkommens auch die Kriegsmode für kühn, unzüchtig und obszön erklärt wurde. Die soziale Grenze dessen, was vom Körper unverhüllt zur

„So verliert man den Krieg daheim!"
Propaganda gegen die Putzsucht und Kauflust der englischen Frauen. Aus „Punch", 1917

Die Pariser und die Berliner Mode
Gesehen von dem französischen Karikaturisten Mars-Trick

Schau getragen werden darf, ist ebenso verschiebbar wie alle anderen Grenzen öffentlicher Sittlichkeit. Und für jene, die in der moralischen Auffassung einer früheren Zeit wurzeln, wird die Mode der späteren ebenso wie ihre Sittlichkeit immer reichlichen Stoff zur Entrüstung bieten. Daß im Wettern gegen die unsittliche Mode die Kirche voranging, entspricht einer allgemeinen historischen Erfahrung.

Auch in den Ententestaaten fehlte es nicht an Protesten. In seinem Buche schreibt Grabinski [19], daß ein Mitarbeiter der in Florenz erscheinenden „Unità cattolica" in scharfer Weise gegen „die Unverschämtheit der Mode in gegenwärtigen Zeiten" Stellung nimmt und sagt: „Italienische Frauen und Fräulein, Mütter und Töchter aller Stände, von der Bäuerin bis zur vornehmsten Stadtdame, scheinen sich nicht im geringsten um Erdbeben, Krieg und derlei Kleinigkeiten zu kümmern. Der entblößte Busen scheint das Hauptererfordernis eines modernen Kriegskleides zu sein und die Ausstellung der körperlichen Nacktheit ist das charakteristische Zeichen einer Zeit, in der Italiens Söhne draußen auf dem Schlachtfelde verbluten. Es ist ein schamloses, ordinäres, den Grundsätzen der christlichen Bescheidenheit und Demut widersprechendes, ja geradezu kulturfeindliches Beginnen, wenn Frauen das entblößen, was der gesunde Menschenverstand zu bedecken heißt."

Auch folgende kräftige Stelle im Brief des Kanonikus der Kathedrale von Cuneo an die Soldaten seiner Gemeinde verdient festgehalten zu werden: „Die römischen Matronen pflegten in Kriegszeiten in Trauerkleidern zu gehen; die Frauen unserer Gemeinde kleiden sich jedoch wie Seiltänzerinnen: kurze Röcke, hohe Schuhe, durchsichtige Strümpfe, Hals und Brust entblößt, das Gesicht bemalt und geschminkt, dazu derart unbeschreibliche Frisuren, wie sie sich nur für die Einfälle dummer Gänse schicken."

In ähnlichem Ton äußern sich über die Kriegsmode der Bischof von Linz in Österreich, die englischen Bischöfe und die kirchlichen Autoritäten aller anderen Länder, mit Ausnahme Frankreichs, wo den Launen der Damenmode auch kirchlicherseits mehr Verständnis entgegengebracht wird.

Auch die Behörden sahen sich häufig veranlaßt, gegen „Auswüchse" einzuschreiten. So das Berliner Polizeipräsidium und die Münchner Polizeibehörde, die den deutschen Frauen und Jungfrauen dringend nahelegten,

Im Moden-Atelier des Oberkommandos
(Nach Mitteilung des „Konfektionärs" machte die Militärverwaltung bekannt, daß sie für eine einfachere Damenmode sorgen werde.)
Der Generalstäbler „für Schnittmusterbogen: Abt. Blusen." *Aus „Kladderadatsch", 1916*

„das Tragen auffälliger Toiletten, insbesondere auffallender Hüte" zu vermeiden, da ein dezentes Verhalten nicht nur durch den Ernst der Lage geboten, sondern auch im Interesse der persönlichen Sicherheit der Dame gelegen sei, denn „bei der Aufregung, die leider einen Teil unserer Bevölkerung ergriffen hat, sind solche auffällig gekleidete Damen vor Insulten nicht sicher."

Oft hatte der patriotische Wunsch nach Befreiung vom Pariser Modediktat ganz durchsichtige Gründe. Dies war besonders dann der Fall, wenn deutsche Industrielle ähnliche Töne anschlugen. Proteste dieser Art klingen gewöhnlich im Verlangen aus, Deutschland möge die Führung in der Mode an sich reißen.

So teilt Friedrich Wendel [20] in seinem Buche über die Mode in der Karikatur einen Aufsatz des „Manufakturist" vom 6. August 1914 mit, dem wir folgendes entnehmen: „In diesem August kommt kein französisches Modell über die Vogesen und dafür werden wir hoffentlich in den deutschen Städten französische Kriegsgefangene zu bewachen haben. Aber unsere Textilindustrie möge sich dann nach dem Kriege dazu aufraffen, nicht mehr den Impulsen der französischen Mode zu folgen, sie soll neue deutsche modische Werte schaffen, sie soll es den Franzosen überlassen, in den Spuren der deutschen Mode zu wandeln. Die deutschen Modellfirmen mögen sich in diesen Tagen zum Vorsatz nehmen, daß wir die französische Mode nicht brauchen, sondern selbst Erfindung und Geist genug haben, eine eigene Mode zu schaffen." Tatsächlich ist es während des Krieges wiederholt in Deutschland versucht worden, sich von Paris zu emanzipieren, ein Unternehmen, dem ein klägliches Fiasko beschieden war. Auch ein Beweis dafür, daß die Mode nicht gemacht wird, sondern einem bestehenden, wesentlich erotischen Bedürfnis entspringt – und daß Paris dieses erotische Bedürfnis am ehesten und am vollkommensten errät, ist eine Folge jahrhundertelanger Innervation, an der keine patriotische Propaganda etwas ändern konnte.

Für wie wichtig man diesen Modekampf erachtete, geht aus der Eile hervor, mit der man schon Ende August 1914 einen Reichs-

Der Modepolizeihund von München
(In München wurde eine Dame wegen zu auffälliger Kleidung auf der Straße verhaftet.) Aus „Kladderadatsch", 1916

ausschuß bildete, der im Verein mit der Industrie, der Kaufmannschaft und den Künstlern die Befreiung von den Vorbildern der englischen und französischen Mode verwirklichen sollte. Allerdings hörte man dann von diesem Ausschuß wenig [21].

Doch schreibt schon Grabinski [22]: „Was heute als deutsche Mode angepriesen wird, ist öfters alles andere denn deutsche Mode und ihre Trägerinnen ähneln nur zu sehr lebenden Gestalten der vermaledeiten Pariser Dirnenmode. Der Ruf nach deutscher Mode in der Frauenkleidung ist identisch und muß es sein mit dem nach einer schlichten, edlen, einfachen, sittlichen Frauenkleidung. Nur diese entspricht dem deutschen Charakter. In der Einfachheit und Schlichtheit liegt auch die höchste Eleganz . . . In dieser herben Kriegszeit haben wir schon vieles fertiggebracht, was uns ehedem als unüberwindbar vorkam. Entschlossener Wille wird uns auch hier zum Ziele führen. In bezug auf die Kleidung darf es nur heißen: Sie sei gesund und praktisch, schlicht, sittlich und ehrbar."

In der französischen Kriegspropaganda nimmt die mit großer Genugtuung festgestellte Plumpheit und Derbheit des deutschen Gretchens einen bemerkenswerten Raum ein. Unzählige Seiten von Witzblättern sind mit Karikaturen gefüllt, in denen die Unfähigkeit der deutschen Frau, sich zu kleiden, mit grimmigem Hohn ironisiert wird. Wenn diese Karikaturen recht gehabt hätten, gäbe es in Deutschland nur Weiber mit furchterregenden Fettansätzen, gewaltigen Hängebrüsten, die die ohne eine Spur von „chic" aus grobem Tuch genähten Blusen zu sprengen drohen und mit unförmigen, plumpen Füßen, vor denen kein noch so liebeshungriger Mann ohne Geschmacksverirrung liegen möchte.

Auch auf andere Weise wurde versucht, dem Krieg einen Einfluß auf die Mode zu sichern. Man unternahm es, in der Frauenkleidung soldatischen Elementen zum Durchbruch zu verhelfen. Ein Unterfangen, bei dem man sich wenigstens auf die große und allem Anschein nach erotische Vorliebe der Frau für die Uniform verlassen wollte. In einem Modeblatt lesen wir darüber [23]. „Zuerst tauchte der Gedanke, eine Anlehnung an die Uniform zu suchen, zaghaft auf. Aber die sich ständig steigernde Begeisterung für unser Militär, der Gedanke an die Tapferen, der ununterbrochen den Sinn der Frau beherrscht, scheint auch auf die Kleidung eine wachsende suggestive Macht zu besitzen. Die Einrichtung der Uniformkleider fand schnell begeisterte Aufnahme und nur wenige Wochen nach ihrem ersten Erscheinen gab es eine Anzahl wirklich neuartiger und von großem Verständnis zeugender Entwürfe . . ."

„Warum spazierst du im Evaskostüm herum?"
„Mein Schneider ist eingerückt . . ."
Zeichnung von G. Hanlot. Aus „Le Rire rouge"

Die seit dem Ersten Weltkrieg fortschreitende und bis heute nicht abflauende Vermännlichung der Frau entsprang aber kaum einem Bedürfnis männlicher Erotik, denn die Verwendung der Frau in männlichen Berufen ist eher ein Antrieb zu einem Verwischen der Geschlechtsunterschiede. Feststeht, daß diese Vermännlichung bereits im Ersten Weltkrieg einsetzte und zum Tragen von hohen Schnürstiefeln und männlichen Pyjamas führte. In den letzten zwei Jahren des Krieges beginnt die maskuline Frau eine ständige Figur in der Karikatur zu werden. Auf der anderen Seite aber steht dieser Tendenz zur Vermännlichung jene einer stärkeren Betonung der Weiblichkeit bei Abendkleidern, Nachthemden, Badeanzügen etc. gegenüber. Schließlich sollte der nach langer Geschlechtsnot heimkehrende Mann daran erinnert werden, daß es noch Frauen gab, und dem geschlechtsschwachen Ausgemusterten war ebenfalls oft nur durch ein derartiges Herausstreichen femininer Eigenart beizukommen. Somit haben wir es, wie wir zusammenfassend feststellen können, in der Mode der Kriegsjahre und in ihrer Wirkung auf den Zeitcharakter der Frau mit zwei entgegengesetzten Strömungen zu tun.

Verweiblichung und Vermännlichung der Damenmode zu Kriegszeiten gehen also Hand in Hand, stellen eine zusammengehörige Ambivalenzgruppe dar. Das heißt: man fühlt sich bei der Betrachtung der Mode wie so mancher anderer Kriegserscheinung an die Lehre Freuds von der Ambivalenz erinnert. In der Brust des gesunden Menschen wohnen zwei Seelen, von denen immer wieder die eine die andere besiegt, um dann ihrerseits zu unterliegen. In der Seele des kranken und nervösen Menschen aber wohnen stets gleichzeitig zwei Gefühle, die einander bekämpfen, jedoch niemals überwältigen können.

Saison 1915
„... das ist das Allerneueste!"
Zeichnung von Leroy Leroy. Aus „La Baïonnette"

Die Kriegerfrau auf dem Leidenswege

IV

Mannesarbeit und Vermännlichung – Kriegstrauungen – Die Unsittlichkeit der Kriegerfrau – Ehebruch, Selbstmord und andere Psychosen – Die Gefangenenliebe – Enthaltsamkeit und ihre Folgen

Neben den Männern, deren Leiber von Granaten und Schrapnellen zerfleischt wurden, neben den Kindern, die scharenweise an den Folgen der Hungerblockade, der Unterernährung und der allgemeinen Verwahrlosung zugrunde gingen, hat schon der Erste Weltkrieg auch von der weiblichen Bevölkerung grausame Opfer gefordert. Die verhängnisvolle Wirkung der fünf Jahre andauernden Katastrophe zeigte sich so umfassend auf allen Lebensgebieten des Individuums und der Gemeinschaft, daß wir uns auf einige ganz klar hervortretende Massenerscheinungen beschränken müssen. Daß es sich durch-

„Um einerseits die Mannschaft bei guter Laune zu erhalten, andrerseits die Frauen etwas mehr in den Dienst des Vaterlandes zu stellen, wurde in französischen Kasernen die Besuchszeit über Nacht ausgedehnt."
Aus „Faun" Wien, 1916

wegs um Folgen handelt, denen die Frau der gehobenen Gesellschaftsschichten gar nicht oder nur in sehr geringem Maße ausgesetzt war, soll hier nochmals betont werden. Frauen, denen der Krieg nicht nur in seinen Anfängen, sondern während seiner ganzen Dauer Sensationen und Nervenkitzel mannigfacher Art brachte, sind zwar auch nicht selten zu finden, doch gehören diese eben fast ausnahmslos den bevorrechteten Klassen an. Was die arbeitende Frau betrifft, so haben wir alle Gründe, in ihr eines der bedauernswertesten, weil wehrlosesten Opfer des Krieges zu sehen.

Daß sich auch Frauen der unteren Klassen in den ersten Wochen der Massensuggestion nicht zu entziehen vermochten, ist leider Tatsache. Um so entsetzlicher und ernüchternder war das Erwachen aus diesem Taumel, das Sichbesinnen der Frau auf die Erfordernisse der Wirklichkeit. Unter denen sich die Notwendigkeit, den eingerückten Mann im Wirtschaftsleben zu ersetzen und den Daseinskampf unvorbereitet, oft auch ungenügend ausgerüstet, in seinen schwersten Formen zu führen, als erste einstellte.

In der ersten Zeit nach Kriegsausbruch freilich trieb die patriotische Begeisterung auch bei Frauen oft die drolligsten Blüten. Es handelt sich um eine Gefühlsäußerung der weiblichen Psyche, die der Berliner Frauenarzt Dr. Max Hirsch richtig „als paradoxe Reaktion" bezeichnet. Des weiteren sagt er weniger richtig über diese Erscheinung:

„Sie ist um so sonderbarer, als sie dem ursprünglichen weiblichen Empfinden entgegenläuft. Es ist die freiwillige Bereitschaft zur Hingabe geliebter Menschen: des Gatten, des Sohnes. Die Motive sind mannigfacher Art. Vaterlandsliebe, Pflichtgefühl, Ehrgeiz. Meist aber ist es, wie ich wahrgenommen habe, gerade die Gatten- und Mutterliebe selbst, welche die Frau veranlaßt, ihre Männer und Söhne ins Feld zu drängen. Die Liebe, welche verhüten will, daß der Makel versäumter Pflicht gegen das Vaterland das hehre Bild, welches sie von den geliebten Menschen in sich tragen, verdunkelt. Bisweilen mag auch ein Stück romantischer Heldenverehrung darin zu suchen sein. Wie dem auch sei – gerade diese Frauen leiden oft sehr unter dem Konflikt, den Liebe und Opfer ihnen auferlegen. Nervöse Erregungszustände, Depressionen bis zur Melancholie sind die Folgen, welche den höchsten Grad erreichen, wenn sie im Falle eines Verlustes durch Selbstvorwürfe genährt werden [1]."

Bekannt ist die Rolle, die die Frau in allen Ländern bei den Fremdenhetzen spielte, wie sie der Kriegserklärung besonders in den

Die einen gehen, die anderen bleiben . . .
Zeichnung von D. R. André.
Aus „Glühlichter", Wien, 1915

Hauptstädten folgten. Als Beispiel dafür geben wir hier zwei Zeitungsberichte aus den ersten Kriegswochen wieder:
„Vor dem Kriegsgericht in Breslau stand der englische Sprachlehrer Harald Whyte, denunziert von der eigenen Gattin, weil er einen Artikel über die deutsche Mobilmachung für englische Zeitungen geschrieben hatte. Vom Richter nach den Motiven ihrer Angeberei befragt, erklärte die Frau, eine Deutsche, sie habe es aus Liebe zum Vaterland getan. Man schien der Frau nicht besonders zu trauen, der Mann wurde freigesprochen, weil die versuchte Berichterstattung vor dem Kriegszustande mit Deutschland erfolgt war. Als Ausländer übergab man den Mann allerdings der Polizei in Schutzhaft. Die auf der Zeugenbank befindliche Frau wollte anscheinend dem Manne zu dem ‚glücklichen Ausgang' gratulieren, er aber ging mit einem verächtlichen Blick an ihr vorbei."
In Wien wurden in den ersten Tagen nach Kriegsausbruch Passanten, die fremdländisch aussahen, von Frauen angerempelt und brutalisiert. Die „Korrespondenz Wilhelm" gab am 2. September 1914 ein Kommuniqué heraus, worin sie vor der Fortsetzung dieser Fremdenverhetzungen warnt, da es vielfach vorgekommen war, daß Chinesen für Japaner, Amerikaner für Engländer, Polen für Russen angesehen wurden.
Es ist eine müßige Frage, wie sich die Frauen in den männlichen Berufen bewährten, die sie meist wider Willen ausfüllen mußten. Die Bedingungen, unter denen sie die ihnen ungewohnte Arbeit zu bewältigen hatten, waren ausgesprochen anormal und je mehr sich die Ernährungsverhältnisse, insbesondere in den Mittelstaaten, aber auch in Frankreich und mehr oder minder sogar in den anderen, später siegreichen Staaten verschlechterten, um so ungerechter erschien es, an ihre Leistungen

„Das – das ist ein Feldpostbrief für meinen Mann . . ."
Zeichnung von G. Zórád.
Aus „Fidibusz", Budapest, 1916

den Maßstab normaler Friedensverhältnisse zu legen.
Allgemeinen Feststellungen dieser Art kommt an und für sich ein geringes Maß von Beweiskraft zu. Und selbst wenn sie zutreffen würden, wären sie revisionsbedürftig angesichts der abnormen Bedingungen, unter denen dieses erste Experiment der Ersetzung männlicher Arbeitskraft durch weibliche in größerem Maßstabe erfolgte. Mindestens ebenso viele Stimmen sprechen zu Gunsten wie zu Ungunsten der Frau:
„. . . Wie viele Frauen aber sind leider körperlich und sachlich ganz ungeschult in die Arbeit eingetreten und da schlecht ausgeführte Arbeit immer mehr auffällt als gute, die als selbstverständlich hingenommen wird, so hat sie mehr geschadet als genützt. Wir wissen ja, wie leicht in einem solchen Fall geurteilt wird, die Frauen hätten versagt, ohne daß man dabei nach dem Grunde fragt oder danach, wie denn die Mobilisierung ausgesehen hätte, wenn die Männer nicht von Jugend an daraufhin erzogen

worden wären. Bei den großen allgemeinen Vorbereitungen für den Kriegsfall hatte man die Frauen vollkommen vergessen, und daß es keine undankbarere Aufgabe gewesen wäre, bei ihrer Erziehung an die gewaltigen Krisen zu denken, wie sie der Krieg für das Volk darstellt, geht daraus hervor, wie verhältnismäßig leicht sich die Frau dieser Zeit angepaßt hat: am Pflug, im Haus, im öffentlichen Leben . . .

. . . Hoffen wir, daß die Allgemeinheit aus den Erfahrungen dieses Krieges gelernt haben wird und daß die Erziehung der Mädchen des kommenden Geschlechtes mehr ihre Stellung und ihre Aufgabe in der Gesamtheit in Betracht ziehen wird, die Friedenszeit uns in dieser Hinsicht besser gerüstet finden wird als der Krieg [2]."

Überhaupt ist bei Prüfung dieser Frage zu berücksichtigen, daß die meist auch schlechernährte Frau durch die übermäßige Arbeit dauernde Gesundheitsschäden davontrug.

Vielfach haben die Frauen auch in ganz unweiblichen Berufen „ihren Mann gestellt". Ob dies zur Veredlung der weiblichen Sitte besonders beigetragen hätte, lassen wir dahingestellt. Der Abgeordnete Simyan sah sich veranlaßt, in einer Sitzung der französischen Kammer Einspruch gegen – Heereslieferungen durch Halbweltdamen zu erheben. Er teilte mit, daß die französische Heeresleitung eine Reihe von Verträgen mit Frauen abgeschlossen habe, deren Hauptbeschäftigung vor dem Kriege der Besuch von Nachtlokalen gewesen wäre, wo sie nach Bekanntschaften geangelt hätten. „Jene Weiber", sagte der Abgeordnete, „haben sich unmittelbar nach Kriegsausbruch plötzlich wie durch Zufall in würdige Heereslieferanten verwandelt, die in der Lage waren, der Regierung die verschiedensten Dinge anzubieten, von Kanonen und Gewehren angefangen bis zu Eisenbahnwaggons und Dosenmilch." Und über deutsche Weiber weiß Vorberg Ähnliches mitzuteilen: „In München trieben Dirnen eine Zeitlang einen schwunghaften Handel mit Lebensmittelkarten, bis die Polizei dahinterkam [3]."

„Dans la guerre comme à la guerre"
Auf Wiedersehensfreuden folgt . . .

Eine für uns besonders bemerkenswerte Folge des Eintritts der Frau ins Wirtschaftsleben zeigt sich in einer von Exner nachgewiesenen Vermännlichung des durchschnittlichen Frauentypus. Eine sittengeschichtlich nicht genug einzuschätzende Erscheinung, die übrigens auch in der im Kriege einsetzenden und in den ersten Nachkriegsjahren energisch fortgesetzten Vermännlichung der Frauenmode, in der Gewohnheit des Zigarettenrauchens und des Genusses alkoholischer

Getränke zum Ausdruck kam. Exner sagt darüber mit Hinsicht auf das von ihm behandelte Problem der weiblichen Kriminalität im Kriege:
„Mord, Körperverletzung, gefährliche Drohung, Widerstand gegen die Staatsgewalt, öffentliche Gewalttätigkeit, schwerer Diebstahl, das sind durchwegs Verbrechen, die in der Kriegs- und Nachkriegszeit bei der Frau eine wesentlich größere Rolle gespielt haben, als wir das sonst beim schwächeren Geschlecht gewohnt waren. Auch in bezug auf den Diebstahl zeigt sich Analoges: die Frauen stehlen in der Kriegszeit noch mehr als in normalen Zeiten die Männer. Diese Veränderung der weiblichen Kriminalität ist für den Kriminalisten höchst wichtig und auch für

... nur zu bald Abschiedsschmerz
Zeichnungen von C. Hérouard. Aus „Fantasio", 1916

den Psychologen mag es interessant sein festzustellen: als die Frau in ihrer sozialen Stellung vielfach den Mann zu ersetzen berufen war, hat sie auch in ihrem antisozialen Verhalten sich sichtlich seinem Platz genähert [4]."
Immerhin ist die produktive Wirtschaftstätigkeit der Frau nur eine der unzähligen Ursachen, die wir für eine allgemeine Umwälzung weiblicher Sittlichkeit verantwortlich machen können. Eine Unmenge anderer Umstände meist gleichfalls wirtschaftlicher Natur wirkte auf dasselbe Ergebnis hin. Einen günstigen moralischen Erfolg erwartete man von der schon in früheren Kriegen, besonders im deutsch-französischen Kriege 1870–71 aufgekommenen Mode der Kriegsehen. Ernste Gelehrte wie Dr. Burchard weisen mit Genugtuung darauf hin, daß „bei den Kriegsehen im allgemeinen die Liebes- über die Vernunftehen überwiegen [5]". Und eine Frau, Henriette Fürth, meint in einem Aufsatz über „Sexuelle Kriegsfragen":
„In begrüßenswerter Würdigung dieses Sachbestandes (daß der geknebelte Naturtrieb zum schleichenden Gift im Volkskörper wird) oder vielleicht auch nur aus einem gesunden Instinkt hat man, sowie auch im Jahre 1870, gleich zu Beginn des Krieges die Heiratsvoraussetzungen und Formalitäten durch Einführung der Kriegstrauung erleichtert. Man darf den so geschlossenen Ehen in rassebiologischer Hinsicht ein günstiges Prognostikon stellen. Nach verläßlichen Berichten hat man mit der Nachkommenschaft von 1870 geschlossenen Ehen gute Erfahrungen gemacht. Nach den Mitteilungen eines Arztes (Dr. Burchard) ergeben sich aus Kriegstrauungen ‚ungemein glückliche harmonische Ehen und prächtige Menschen [4]'. Es muß ja ohne weiteres einleuchten, daß den in solchem Falle zumeist vorliegenden Liebesehen, die abseits von allen vorsichtigen

und klügelnden Erwägungen sozialer oder wirtschaftspolitischer Natur geschlossen werden, eine zumindest rassebiologisch günstigere Voraussage zukommt, als den mit so viel Kautelen umgebenen Vernunftehen, bei denen recht häufig Überlegungen ausschlaggebend sind, die mit enger Lebensauffassung und persönlichem Egoismus sehr viel, mit gesunden Lebensinstinkten und ebensolcher Lebensbetätigung recht wenig zu tun haben [6]."
Vielleicht hätte sich diese günstige Voraussage im Falle einer kurzen Kriegsdauer bewahrheitet; die tatsächlichen Folgen strafen jedenfalls diese ganze Auffassung Lügen. Die Kriegsehen wurden meist beiderseits ohne eine Spur von Verantwortungsgefühl eingegangen. In vielen Fällen kam es den Kriegsgetrauten nur auf die Legitimierung einer einzigen Brautnacht vor dem Einrücken des Mannes an. Es fehlte jede seelische und moralische Gemeinschaft und der großen Zahl der Kriegstrauungen stand gleich nach Kriegsende eine erschreckende Zunahme der Scheidungen gegenüber. Im Jahre 1918 sprach ein einziges Berliner Amtsgericht innerhalb von vier Monaten in siebenhundert Fällen die Scheidung aus. Auch in London und Paris führte der Krieg eine ungeahnte Vermehrung der Scheidungsprozesse herbei, zu der neben den Kriegstrauungen auch die durch wirtschaftliche und sexuelle Not zerstörten Ehen beitrugen.

Ein zusammenfassendes Werturteil über Kriegstrauungen und Kriegsehen können wir mit den Worten des Prof. Dr. Otto Baumgarten geben:

„Eine zunächst begrüßte Kriegsfolge, die uns aus den . . . Mißbildungen gesellschaftlicher Unkultur zur Natur und Naivität zurückzubringen schien, das frühe Heiraten der jungen Krieger, erwies sich bald als eine Ursache der Zersetzung des Ehebandes. Ohne langes Überdenken der Verpflichtungen, die daraus erwuchsen, ohne die Möglichkeit, das eheliche Verhältnis fest und sicher zu verankern, im wechselseitigen geprüften Vertrauen die so vielfach den Ibsenschen Puppenehen gleichenden unreifen Affekte in der Arbeit aneinander zu reifer sittlicher Gemeinschaft zu entwickeln, wurden die massenhaften Kriegstrauungen zum Anlaß immer steigender Ehescheidungen. Und wo so viele vereinzelte, vereinsamte, nach erstem Aufflammen der Sexualität ins Leere fallende Triebmenschen aufeinander stoßen, da sammelt sich der Grundstoff zu Eheirrungen und Prostitution. Wer aber hätte den Kriegern, die ihr Leben in die Schanze schlugen, die kurze Freude des Lebensfrühlings mißgönnen oder verwehren wollen [7]?"

Auf Urlaub
„Wie dick du an der Front geworden bist!"
„Ja, und nur vier Tage Zeit für eine Abmagerungskur!"
Zeichnung von Rodiguet. Aus „La Baïonnette", 1915

Musterung für das russische Frauenbataillon Kerenskis
Tempera von Hagenberg (Russ. Postkarte, 1917)

„Erkennst du mich nicht? Ich bin dein Mann . . .“
Zeichnung von G. Pavis. Aus „La Vie Parisienne“, 1916

In Frankreich begnügte man sich, anstatt die versittlichende Wirkung der Kriegsehen anzupreisen, mit einer humoristischen Ausschrotung der dort noch verbreiteteren Schnelltrauungen. Hier scheinen die Kriegstrauungen der früher in wilder Ehe lebenden Paare überwogen zu haben. Der Spanier Blasco Ibáñez erzählt darüber:

„Bei Kriegsausbruch ging halb Paris daran, zu heiraten . . . Tausende Pärchen belagerten die Bezirksämter. Die meisten Männer mit dem Kommißmantel und der roten Mütze, die Frauen mit der Schürze um die Hüften, die Haare zerzaust und die Augen verweint, wie sie der Entschluß zur Eheschließung an dem durch die Abschiedsszene aufgewühlten Familienherde überrascht hatte. Alle sagten dasselbe: ‚Wir wollen heiraten und morgen fahre ich.‘ So ohne alle Dokumente und ohne anderen Beweis als die Zeugenschaft der zwei Nachbarn, die seit Jahren ihrer wilden Ehe und ihren Familienzwistigkeiten zusahen . . . Die Magistratsbeamten nahmen auf Anordnung der Regierung die Trauungen massenhaft vor, in Gruppen zu zwanzig, unter denselben Formalitäten und der gleichen Ansprache an alle. Es gab Bezirksämter in Paris, in denen an einem Vormittage dreihundert Trauungen vorgenommen wurden. Sehr oft liefen vor dem Arbeiter im Kommißgewand, der seine beleibte Nachbarin oder Gevatterin am Arme führte, ein Rudel Kinder her, die sich neugierig nach allen Seiten umschauten und sich wie bei einer Theatervorstellung freuten: ‚Papa und Mama lassen sich trauen [8]!‘“

Natürlich erfolgte die Eheschließung in allen Ländern sehr oft aus dem Grunde, um der Frau als Angehöriger eines im Felde stehenden Soldaten wirtschaftliche Vorteile zu sichern.

Die eheliche Untreue der Kriegerfrauen bildete jahrelang den Stein des moralischen Anstoßes. Auch hier widerlegte das Leben alle Berechnungen und Voraussagen. In Deutschland bekam man im Anfang des Weltkrieges begeisterte Tiraden über den sittlichen Ernst der deutschen Frau zu hören, die als leibhaftiger Gegensatz der leichtfertigen Französin hingestellt wurde. Auch die Frage, ob die Frau ein größeres oder geringeres Geschlechtsbedürfnis als der Mann besitze, wurde erneut aufs Tapet gebracht. „Die deutschen Frauen haben . . . jetzt im Weltkrieg unter den schwierigen Lebensverhältnissen andere Dinge im Kopf, als sich zum Gefäß der Lust zu machen. Die deutsche Frau hat nichts mit jenen entarteten Weibchen gemein, die schon im Frieden, namentlich in großen Städten, den Männern nachjagten“, behauptet Vorberg [9] und auch Dr. Fraenkel spricht sich über die deutsche Frau wie folgt aus:

„Ihre Sorgen und Arbeitspflichten sind derart vergrößert, daß nicht viel Lust und Zeit zu Extratouren bleibt. Die Verlockung in der Heimat ist gering, da die kräftigeren Männer fehlen oder überanstrengt sind. Der wichtigste Unterschied der Geschlechter liegt

Beleg-Anzeige

Empfehle mich den geehrten Damen, deren Mann im Kriege, verreist oder nicht mehr leistungsfähig ist. Bin so gebaut, um auch den größten Ansprüchen genügen zu können.

Ganz neue patentierte Methode!
Höchste Reizentfaltung!

Bei unverheirateten Damen garantiert ohne Folgen.

Viktor Hahn

Ehren-Mitglied des Vereins zur Erweiterung weiblicher Geschlechtsteile

Eine Jux-Geschäftskarte aus der Kriegszeit
Vielleicht zum Beweise der vielgerühmten Verfeinerung des Liebeslebens im Kriege erzeugt
Sammlung A. Wolff, Leipzig

indessen in der geringeren Libido der Frau. Unter ihnen ist ein nicht ganz unerheblicher Bruchteil kalt oder minder erregbar; ich schätze ihn auf zehn Prozent. Bei der Frau schläft die geschlechtliche Begierde bei Erkrankung des Mannes, im Witwenstande oder bei der durch den Krieg bedingten langen Abwesenheit des Mannes ein, auch wenn sie früher normal war. Das haben mich Unterhaltungen mit vernünftigen Frauen mit aller Sicherheit gelehrt. Das jungfräuliche Weib, wenn es nicht durch falsche Erziehung, Freundinnen, Lektüre oder pathologisches Temperament geweckt ist, kennt die Libido überhaupt nicht oder ganz diffus im Unterbewußtsein, hat demnach gar keinen Nisus sexualis [10]."

Ebenso glaubt eine Frau Grete Meisel-Hess, daß die Abwesenheit des Mannes für die sittlich hochstehende Frau nicht so leicht ein Anreiz zum Ehebruch werden kann. „Auch sie ist verführbar, aber ihre Sinne erwachen nur dann, wenn die Seele spricht, und von dem Manne, der nicht ihr ganzes Innenleben gefangen nimmt, trennt sie eine Welt. Darum wird eine solche Frau jahrelang, oder sei es auch für immer, im Zölibat leben [11]."

Mit alldem reimt sich schlecht zusammen, was während der Kriegsjahre über die Kriegerfrau und ihre Moral besonders in sexueller Hinsicht gesprochen und geschrieben wurde. Menschen, deren von kurzsichtigen Vorurteilen getrübtes Denken die moralischen Folgen der wirtschaftlichen Umwälzung, der so sehr veränderten Lebensbedingungen nicht zu fassen vermochte, nahmen die Gelegenheit wahr, sich über den moralischen Verfall zu entrüsten.

Unter dem Titel „Blutige Tränen möchte man weinen" erschien in der katholischen Zeitschrift „Monika" (Nr. 24 vom 12. Juni 1915) ein langer Artikel, der das Elend grell beleuchtet. Der Direktor eines Kinos sieht sich nach Schluß des ersten Teiles einer Vorstellung im verdunkelten Zuschauerraum zu folgender Eröffnung an sein Publikum veranlaßt: „Es ist mir mitgeteilt worden, daß draußen ein Landsturmmann auf Einlaß wartet, um hier seine Frau mit ihrem Geliebten zu überraschen. Es liegt mir viel

Der rationierte Kuß
Scherzpostkarte der „Deutschmeister Witwen- und Waisenstiftung". Sammlung A. Wolff, Leipzig

daran, jedes Aufsehen und jeden Skandal zu vermeiden. Ich ersuche deshalb jene, die es betrifft, sich durch die kleine Pforte dort vorne rechter Hand zu entfernen; es muß sogleich geschehen, da der Mann schon an der Kasse ist, seine Karte zu lösen." Darauf entstand eine drängende, hastige Bewegung im Saale und es entfernten sich im Schutze des Halbdunkels nicht weniger als dreiundzwanzig Paare [12].

Es wäre ein leichtes, mit ähnlichen Anekdoten und mehr oder minder wahrheitsgemäß wiedergegebenen Historchen über die

Was beide ersehnten ...
Sein erster Abend daheim. Zeichnung von Hérouard. Aus „La Vie Parisienne", 1917

nur allzu begreifliche Untreue der Kriegerfrauen in Deutschland wie auch in den Ententeländern dicke Bände zu füllen. Uns interessiert hier nur die Tatsache, daß ein Erstarken der bürgerlichen Sexualmoral im Kriege keineswegs stattfand, daß vielmehr das Gegenteil eintraf. Ein zusammenfassendes Urteil gewinnen wir aus den folgenden Ausführungen Dr. Auers, Senatsnotar des kgl. Oberlandesgerichtes in Budapest:

„... Alte Erfahrung aus Friedenszeiten lehrt, daß in den Orten, wo Garnisonen liegen, die Unzucht, uneheliche Geburt usw. in gesteigertem Maße wahrzunehmen sind. Unabsonderlich hängen mit diesen Erscheinungen die Verbrechen der Kuppelei, der Leibesfruchtabtreibung zusammen. Diese Lehren behielten auch während des Krieges ihre Gültigkeit, nur daß die obigen Erscheinungen durchwegs in gesteigertem Maße ans Tageslicht kamen, was nicht nur dem häufigen Ortswechsel großer Menschenmassen, sondern auch dem Mangel an geordnetem Familienleben, dem Fernsein des Ehemannes und auch dem gesteigerten Geschlechtsreiz zuzuschreiben ist [13] ..."

Trotz aller Mahnungen trat eine Zunahme der unehelichen Geburten gegen Ende des Krieges, hauptsächlich aber nach Kriegsschluß auf; allerdings hatte diese Erscheinung auch die günstige, sittengeschichtlich äußerst bedeutsame Folge, daß die Ungleichheit ehelich und außerehelich Geborener vor dem

Gesetz, dieses durch die bürgerliche Ehemoral bedingte empörende Unrecht, schon zur Kriegszeit gemildert wurde. In Übereinstimmung mit der Petition des Bundes für Mutterschutz der Ortsgruppe Berlin faßte der deutsche Reichstag bereits am 4. August 1914 den Beschluß, daß die staatliche Kriegsunterstützung auch auf die unehelichen Kinder zu entfallen habe. Und hierdurch wurde eine Bewegung eingeleitet, die, nach dem Kriege fortgesetzt, der bürgerlichen Moral mehr und mehr zu Leibe rückte.

Über die Ehebrüche im Krieg sowie über die Abtreibung finden wir bei Professor Exner folgende Ausführungen:

„Ein . . . Sittlichkeitsdelikt, das gerade in dieser Zeit gesellschaftlich eine sehr viel größere Zerstörung verursacht hat, als einer ahnen möchte, der nur die Zahlen der Statistik kennt, ist der Ehebruch. In Österreich schweigt die Statistik. Die deutschen Zahlen zeigen eine erhebliche Abnahme der bestraften Ehebrüche. Das beweist aber nichts, denn die Abwesenheit des Ehegatten hat natürlich die Möglichkeit der Entdeckung sehr erschwert; dazu ist nach deutschem Recht Voraussetzung der Verurteilung, daß die Ehe wegen des Ehebruchs geschieden worden ist, und es ist nur begreiflich, daß der Mann im Felde nur selten Lust und Möglichkeit gehabt haben wird, einen Scheidungsprozeß durchzuführen und einen Strafantrag zu stellen. Doch das alles ändert nichts an der unleugbaren und ungeleugneten Tatsache, daß der Ehebruch in erschreckender Weise um sich gegriffen hat. Wulffen spricht von einem Triumphzug des Ehebruchs. Dies kann auch nicht wundernehmen angesichts des Fernseins der Ehemänner und der zahlreichen, die Frau umgebenden Versuchungen: das Bettgeherunwesen, die Nachtarbeit in der Kriegsindustrie, das Zusammenleben mit den Kriegsgefangenen auf Bauernhöfen usw. Ist es auch zahlenmäßig nicht nachweisbar, wieviele in der Kriegszeit rasch geschlossene Ehen, aber auch wieviel scheinbar festgefügte Ehebündnisse durch Ehebruch zerstört worden sind, so wirft doch die erschreckende Häufigkeit der Ehelösungen auf diese ganzen Verhältnisse ein grelles Licht. In Wien beispielsweise hat sich die Zahl der Ehelösungen nach dem Kriege ungefähr verdreifacht.

Die sittlichen Zustände der Zeit finden ihren Reflex auch in einer anderen Zahlenreihe, die uns hier interessiert, den Zahlen der Kindestötung und Abtreibung. Daß diese beiden Verbrechen in der Kriegszeit häufiger geworden sind, ist kein Zweifel. Für die Kindestötung ist dies aus der österreichischen Statistik wiederum nicht ersichtlich, doch zeigen die deutschen Zahlen eine deutliche Steigerung gegenüber dem Durchschnitt der Vorkriegsjahre. Der stärkere Beweis für die Richtigkeit unserer Behauptung liegt aber wohl in dem Hinweis auf die Entwicklung des ähnlichen Beweggründen entspringenden Verbrechens der Abtreibung. In Deutschland freilich sind die Verurteilungen gerade hier in der Kriegszeit zurückgegangen, doch diese günstige Entwicklung ist nur ein Schein, denn während im Jahre 1917 um 17,6 Prozent weniger Verurteilungen stattgefunden haben als in der Vorkriegszeit, so zeigt dieses Jahr gleichzeitig einen Rückgang der Geburten um 52,5 Prozent. Diese Zahlen kehren das erfreuliche Bild seltenerer Strafen in das Gegenteil, denn das Normale wäre wohl eine der Verminderung der Schwängerungen annähernd gleiche Abnahme der Geburten und Abtreibungszahlen [14]."

Wir wollen diese Zeilen noch durch die von Calverton mitgeteilten Angaben ergänzen:

In Berlin hatten von hundert Frauen, die im

Rasch ans Werk

„Nur drei Tage Urlaub, mein Schatz – und du möchtest doch gerne Zwillinge haben . . . !"

Zeichnung von Djilio. Aus „Le Rire rouge", 1915

Jahre 1916 innerhalb eines Monats wegen unvollständigen Abortus die Klinik aufsuchten, neunundachtzig nachweislich Abtreibemittel gebraucht. In Mainz stieg in den Jahren 1910 bis 1920 das Verhältnis der Abortus zu den Geburten in steter Weise von etwa 10 v. H. auf über 26 v. H. [15].

Endlich stehen uns auch Zahlen über die Zunahme der Abtreibungen in Wien zur Verfügung. Es kamen hier im Jahre 1913 auf je tausend Geburten 1,4 Abtreibungen, eine Zahl, die im Jahre 1915 bereits auf 4, im Jahre 1916 gar auf 5,3 emporschnellte. Dabei ist zu bedenken, daß Abtreibungen gerade im Kriege drakonisch bestraft wurden.

Eine für fortschrittliche Bevölkerungspolitiker gewiß weniger unerfreuliche Folge des Krieges als die Fruchtabtreibung ist die gerade in den Kriegsjahren beobachtete Verbreitung der Schutzmittel und damit der Geburteneinschränkung. Auch hier haben wir es mit einer wichtigen Umwälzung der Sexualmoral zu tun, deren Konsequenzen zu ziehen der Nachkriegszeit vorbehalten blieb. Dr. M. Vaerting sagt darüber:

Liebe macht erfinderisch

„Was würdest du machen, wenn ich beide Beine verlöre?“ „Ich würde dir einen schicken Wagen mit Gummirädern kaufen!“

Zeichnung von Laforge.

Aus „Le canard enchainé“, 1916

„Der Krieg hat ganz außerordentlich dazu beigetragen, die Kenntnis von der Technik des Präventivverkehrs zu verbreiten, bei Männern und Frauen. Infolge der durch den Krieg hervorgerufenen plötzlichen und langen Trennung der Geschlechter hat nämlich der außereheliche Geschlechtsverkehr gewaltige Dimensionen angenommen. Man kann aber nun annehmen, daß alle Männer und Frauen, die solchen Verkehr gepflegt haben, fast ausnahmslos mit der Anwendung von antikonzeptionellen Mitteln und Methoden vertraut geworden sind. Zudem begünstigt die Heeresverwaltung die Erlernung der Technik des Präventivverkehrs noch in weitgehender Weise, da das Sanitätspersonal die Soldaten methodisch über solche Mittel aufklärt, die auch zur Verhütung der venerischen Infektion dienen [16].“

Bezeichnender noch als diese Daten ist für die Art und Weise, wie man über die Kriegerfrau, die vielverleumdete „Kriegsstrohwitwe“, dachte, ein zu Kriegszeiten in Ungarn entstandenes echtes Volkslied. Es wird einer Bauernfrau in den Mund gelegt, deren Mann im Felde steht und die demgemäß die Unterstützung vom Kriegsfürsorgeamt (in Wirklichkeit wurde diese auf dem flachen Land in Ungarn nur zu oft vom Notar eingesteckt) bezieht. Verdeutscht lautet die erste Strophe:

Spiel', Musik! Ich krieg vom „Amt“ mein Geld,
Käm' mein Alter bloß nicht heim vom Feld!
Wie er noch hier war, der gute Mann,
Hatt' ich niemals Seidenhöschen an.

Schauermärchen über das Blutgericht, das heimkehrende oder beurlaubte Soldaten an ihren ungetreuen und auf frischer Tat ertappten Frauen vollzogen hätten, wurden vielfach kolportiert. Die fast sadistische Schadenfreude, die dabei oft deutlich zutage

Geteiltes Leid
Die Frau des Mannes, der einen Arm verlor, hat sich sämtliche Zähne ziehen lassen ...
Deutschfeindliche Karikatur aus dem französischen Witzblatt „Fantasio", 1915

trat, die vollkommene Unfähigkeit, sich in die Lage dieser unglücklichsten Opfer des Ersten Weltkrieges zu versetzen, ihnen menschliche Rechte zuzubilligen, gehört mit zu den Verrohungssymptomen des Krieges. Wenn man auch nur flüchtig in den Kriegsjahrgängen der Tageszeitungen blättert, kann man sich des Eindruckes kaum erwehren, daß hier eine methodische Verhetzung getrieben, die Rachegelüste der Soldaten gegen ihre ehebrecherischen Gattinnen besonders in den ersten zwei Kriegsjahren aufgestachelt wurden. Auf das abscheuliche Treiben untauglicher Daheimgebliebener und eifersüchtiger Nebenbuhlerinnen, die den Kriegsteilnehmern in Feldpostbriefen die Untreue ihrer Frauen oder Bräute hinterbrachten, sei in diesem Zusammenhange flüchtig hingewiesen. Die ganze Verlogenheit der Kriegsmoral, die gegen die ungetreue Gattin wütete, wird erst klar, wenn wir uns vor Augen halten, wie die in der Etappe stehenden oder auf die billigen Freuden der Feldpuffs losgelassenen Männer ihrerseits die eheliche Treue auffaßten. In der Tat feierte die doppelte Moral des bürgerlichen Sittenkodex in beiden Weltkriegen wahre Orgien. Es ist hoch an der Zeit, den oft auch ohne Grund verleumdeten Kriegerfrauen Gerechtigkeit widerfahren zu lassen. Unsagbar litten sie in diesen Jahren an Körper wie an Seele. Körperlich, weil sie bei dürftiger Ernährung und erzwungener Enthaltsamkeit eine ihre Kräfte übersteigende Arbeit verrichten mußten, seelisch, weil sie machtlos der Verwahrlosung ihrer Kinder zuschauen und alle Ängste des Krieges, auch abgesehen von der Sorge um den im Felde stehenden Ernährer oder Angehörigen, durchzumachen hatten. Einen statistisch einwandfreien Ausdruck findet diese Tatsache in der grauenerregenden Ausbreitung psychischer Erkrankungen bei Frauen.

Die Frage, ob es ausgesprochene Kriegspsychosen, also lediglich durch den Krieg hervorgerufene Geistesstörungen eigener Art gab, wurde vielfach zur Erörterung gestellt und von einer Reihe Wissenschaftlern (Bonhoeffer, Oppenheimer, Meyer, Wollenberg usw.) verneint. Besonders im Anfang des Ersten Weltkrieges wurde sogar ein Rückgang der Psychosen behauptet und dies als „untrügliches Zeichen für die Nervenkraft der Bevölkerung" gerühmt [17]. Mit besonderem Nachdruck wies man darauf hin, daß die vor allem in der ersten Periode des Krieges aufgetretenen zahlreichen Geistesstörungen „nahezu ausnahmslos schon vordem psychisch Wurmstichige in der Zivilbevölkerung" befielen [18].

Begreiflicherweise führte die Sehnsucht, sich aus den seelischen Erschütterungen der „großen Zeit" in den Tod zu flüchten, massenhaft zu Selbstmorden und Selbstmordversuchen der Kriegerfrauen. Eine Statistik über die Anzahl solcher Fälle steht uns nicht zur Verfügung. Hatten doch alle Länder das größte

Interesse daran, die Kriegsbegeisterung durch Vorkommnisse solcher Art nicht beeinträchtigen zu lassen. Als Beispiel dafür und zugleich für die seelische Verrohung infolge des Krieges kann ein Ukas der Zensurbehörde gelten, der Ende Mai 1915 an die deutschen Zeitungen ergangen ist. Er lautet:

„Es ist unerwünscht, Nachrichten über Selbstmorde junger Mädchen aus Liebesgram über gefallene Verlobte zu veröffentlichen. Die Rückwirkung auf die Stimmung im Lande und die Ansteckungsgefahr solcher Unbesonnenheiten verbieten in gleicher Weise die Veröffentlichung."

Natürlich nützte die Vogel-Strauß-Politik auch hier nur wenig. In allen kriegführenden Ländern griff eine wahre Selbstmordepidemie um sich. Man vermied es höchstens dem Publikum das wahre Motiv mitzuteilen, das aber nur zu gut zwischen den Zeilen zu lesen verstand.

Unaufzählbar sind die Folgen der zwangsläufigen Enthaltsamkeit, die die bürgerliche Ehemoral ausnahmslos allen Kriegerfrauen auferlegen wollte. Frauen, die diesem Gebote gehorchten, mußten es oft genug mit schweren Gesundheitsschäden bezahlen. Es treten uns hier ungefähr die gleichen Abstinenzfolgen entgegen wie bei den im Felde stehenden Männern. Hier wie dort wirkte sich die Abstinenz auf zweierlei Weise aus, in einer schweren Gefährdung der Gesundheit oder in einer späteren Zügellosigkeit des sexuellen Auslebens.

„Melanie, also das ist Ihr Mann, der von der Front kam? Aber gestern war er doch noch glattrasiert . . .!" Zeichnung von Laforge. Aus „Le canard enchainé", 1916

Der Berliner Frauenarzt Hirsch bestätigt, daß der Krieg für die weibliche Psyche ein Trauma von außerordentlicher Heftigkeit darstelle und die seelische Reaktion je nach der Widerstandskraft des Individuums und seiner Beisteuer zu den Opfern des Krieges eine verschieden starke sei.

„Dem aufmerksamen Beobachter bietet sich Gelegenheit genug, die eigenartigen, oft ins Krankhafte übergehenden Änderungen der weiblichen Psyche unter den Hammerschlägen des Krieges zu studieren. . . . Als Schädlichkeit für das Nervensystem ist . . . mehrfach die völlige Umwälzung, die der Krieg auf sexuellem Gebiet hervorrief, wirksam gewesen. Die plötzlich erzwungene geschlechtliche Enthaltsamkeit treibt viele Frauen, deren Sexualtrieb im Eheleben normale Bahnen ging, zur Selbstbefriedigung mit ihren nervösen Folgezuständen, bisweilen auch zu Perversionen, unter denen der Amor lesbiscus wohl die Hauptrolle spielt. Mancher Ehebruch, manches Leidenschaftsdelikt aus sexueller Erregung, manches Liebesdrama dürfte unter diesem Gesichtspunkt eine mildere Beurteilung erfahren [20]."

Eine gesonderte Besprechung erfordert in diesem Zusammenhange die gänzlich unerwartete Häufigkeit des Ausbleibens der Regeln. Während man, wie wir gesehen haben, sich hartnäckig dagegen wehrte, die Kriegspsychose als eigenes Krankheitsbild anzuerkennen, sah man sich in diesem Punkt genötigt, den von Dietrich geprägten Ausdruck „Kriegsamenorrhöe" in den allgemeinen Gebrauch zu übernehmen. Die Krankheit er-

„Kopflose Maßnahmen des Publikums: Masseneinkauf von Mehl – Ansturm von unnötigerweise beunruhigten Sparern auf die Städtische Sparkasse, Berlin“

Mit diesen Texten 1914 in der „Leipziger Illustrierten“ erschienen

Verniedlichung des Hungers

Originalpostkarte, 1916, u. a. in der französischen Presse zu Propagandazwecken nachgedruckt

Unten: Eine der ersten Schlangen: Vor der Bäckerei

Originalaufnahme

„Erinnerung an seinen Fronturlaub“
Zeichnung von Gerbault. Aus „Fantasio“, 1916

Rechte Seite, oben: Der Urlauber: Endlich! – – – Schon?
Zeichnung von Fabiano. Aus „Fantasio“, 1915

Rechts unten links:
Der Urlauberzug
Von L. Icart, „Fantasio“, 1917

Rechts unten rechts:
Nach 18 Monaten. Eine Version des Märchens vom Geschlechtshunger der Urlauber
Von Léonnec, „Fantasio“

„Armes Kind! Haben Sie wenigstens den Vater verständigt?“ – „Ja, ich habe an alle beide geschrieben!“
Zeichnung von A. Guillaume. Aus „Le Rire rouge“, 1917

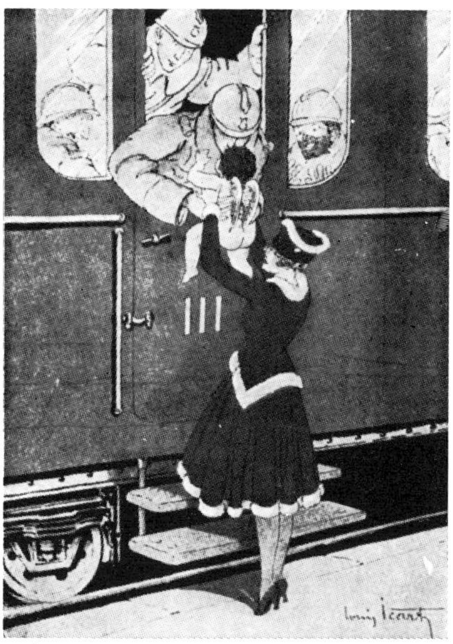

Als die Frauen die Männer ersetzen mußten, als sie in jedem Amt und jedem Gewerbe während des Weltkrieges „ihren Mann stellten“
Gezeichnete Erinnerungen von H. Zille

Der Krieger tröstet:
„Na laß man, wenn ick wiederkomme, denn ziehste de Hosen aus – denn kochste wieder for uns alle und ick arbeite for euch alle!“
Studie von H. Zille

Französische Karikatur auf weibliche Polizeibeamte,
1917

Straßenbahnschaffnerin in Paris
Originalaufnahme

Unten und rechte Seite:
Harmlose Juxpostkarten aus dem Ersten Welt-krieg. – *Es gab aber auch weit freiere Texte*

Bezugsschein Nr. 263375
Besitzerin dieses Bezugsscheins ist berechtigt sich in einen hübschen jungen Mann zu verlieben und mit gegenseitigem Einverständnis zu verheiraten. Die Notwendigkeit der Anschaffung ist festgestellt.
Ausgestellt am .... 191..
Männer-Verteilungsstelle des Deutschen Reiches
Die Verteilungskommission

Die Witwen
Zeichnung von L. Raemaekers

Linke Seite: Der ungarische Dorfnotar und die Kriegerfrau: „Sträuben Sie sich nicht, sonst kriegen Sie keine Unterstützung mehr."

Zeichnung von L. Gedö

Rechts: Die französische Frau im Kriege
Plakat einer Photo-Ausstellung der französischen Armee. Entwurf von Capon

Links: Schwangerschaft
Radierung von Otto Dix, 1922

Bezugsschein No

Besitzer dieses Bezugsscheins ist berechtigt sich in ein junges hübsches Mädchen zu verlieben und mit gegenseitigem Einverständnis zu verheiraten Die Notwendigkeit der Anschaffung ist festgestellt.

Ausgestellt am __________ 191_

Mädchen-Verteilungsstelle des Deutschen Reiches

Die Verteilungskommission.

Dr. A Mor. H Liebreich

Die Frau des Eingerückten und der Schwager: „Stefan, massier' mir die Beine, sie tun mir weh!"
Zeichnung von L. Gedö

„Lies mir den Heeresbericht vor, Liebling . . ."
„23 Uhr: Wir haben zwei Hügel im Sturm genommen und sind dann eingedrungen in die. . . Rest von der Zensur gestrichen"
Französische Kitschpostkarte, 1917

„Der gnädige Herr konnte nicht auf Madame warten. Er hatte nur eine Stunde Ausgang – so ist es geschehen . . .“
Zeichnung von Laforge. Aus „Le canard enchainé“, 1916

griff sowohl Land- wie Stadtbewohnerinnen, hauptsächlich solche, deren Mann oder Geliebter im Felde stand und die überaus schwere körperliche oder geistige Arbeit zu verrichten hatten. Schon bald nach Kriegsausbruch trat die Kriegsamenorrhöe in Deutschland wie auch in anderen Ländern auf. Mit der Hälfte des Jahres 1915 aber setzte eine größere Häufigkeit ein, die sich in den folgenden Jahren immer mehr steigerte. Prof. Dr. Müller führt die Kriegsamenorrhöe auf drei auslösende Ursachen, sogenannte „aetiologische Momente“ zurück. Es sind dies der schlechte Ernährungszustand, die Änderung der Lebensweise der meisten Frauen, in deren „sozialer Stellung und Beschäftigung durch den Krieg eine fast revolutionäre Umänderung eingetreten sei“, sowie der Einfluß des Krieges auf die Psyche, wobei Prof. Dr. Müller darauf aufmerksam macht, daß „die Geistesatmosphäre, welche der Krieg schafft, eine nicht unbeträchtliche Rolle spielt“.

Kommen Nachrichten über eine schwere Verwundung oder Krankheit oder Verschleppung in zermürbende Gefangenschaft oder treffen sogar, was bei einem so langen Kriege, wo Millionen von Kämpfern einander mit den neuen, so gefährlichen Waffen gegenüberstehen, zu erwarten ist, Todesnachrichten bei den Gattinnen, Müttern, Geschwistern oder Bräuten ein und wiederholen sich dieselben öfters, so ist es wohl ganz natürlich, daß sich schwere depressive Störungen einstellen, die ja auch schon mitten im Frieden unter ähnlichen Umständen die Cessatio mensium (Ausfall der Regeln) herbeiführen können. Es bedarf da nicht der von Eckstein zu sehr betonten Liebessehnsucht, die gewiß auch in manchen Fällen vorhanden und wirksam sein kann, um den erwähnten Effekt mit herbeizuführen. Es darf jedoch nicht unerwähnt bleiben, daß auch von anderer Seite ... die erzwungene geschlechtliche Abstinenz als Mitursache der Kriegsanämie aufgeführt wird ... [21]

Die Kehrseite dieser Enthaltsamkeit ist das oft ins Krankhafte gesteigerte Liebesbedürfnis der Kriegerfrau. Daß sich dieses Liebesbedürfnis über patriotische und nationale Schranken hinwegsetzte, kann uns freilich nicht verwundern, wurde aber im Kriege oft und mit wütender Entrüstung verurteilt. Heute freilich scheint uns nichts natürlicher, als daß die an Geschlechtsnot leidende Frau, wenn sie auf ein normales Geschlechtsleben nicht verzichten wollte, den Partner dazu dort suchte, wo er zu finden war. Da die eigenen Männer fort waren, mußten die statt ihrer in reichlicher Zahl vorhandenen Kriegsgefangenen herhalten. Dies war vor allem in den Zentralstaaten und nach der Revolution in Rußland der Fall, wo die Kriegsgefangenen eine verhältnismäßige Freiheit genossen und namentlich auf dem Lande oft Seite an Seite mit den Frauen arbeiteten. So wurde die „Gefangenenliebe" zu einer typischen, mit keinen nationalen Phrasen zu bekämpfenden Erscheinung des Krieges. Dr. Wilhelm Stekel widmet ihr einen lesenswerten Artikel, dessen Schlußfolgerungen wir allerdings dahingestellt lassen wollen:

„Ich möchte von der merkwürdigen Erscheinung reden, daß die Frauen aller Länder zum Schmerz aller gutgesinnten Patrioten eine auffallende Liebe zu den Gefangenen zeigen. Deutschland ist gewiß über den Verdacht erhaben, daß seine Frauen nicht die gleiche Begeisterung haben sollten wie die Männer. Trotzdem klagten schon im Beginn des Krieges alle Zeitungen über die auffallend übertriebene Sorgfalt und Milde, mit der die Gefangenen von den deutschen Frauen behandelt wurden ...

Diese Gefangenenliebe muß irgendwie mit der seelischen Konstitution der Frau zusammenhängen. Frauen sind vor allem Kinder und stehen kindlichen Gefühlen viel näher als die Erwachsenen. Sie lockt immer der Reiz des Fremden.

Viel tiefer in dieses Problem wird uns eine andere Betrachtung führen. Ich meine den Einfluß jener merkwürdigen Erscheinung, welche wir den ‚Kampf der Geschlechter' nennen. Zwischen Mann und Weib tobt ein ewiger Krieg, in dem es nur Waffenstillstand, aber keinen dauernden Frieden gibt. Dieser Kampf der Geschlechter ruht während des Weltkrieges nur scheinbar, weil ein gemeinsamer Feind beide Geschlechter zu gemeinsamer Abwehr vereinen sollte. In Wirklichkeit benützen die Frauen den Krieg, um die Position der Männer zu erobern und vielleicht dauernd zu besetzen ... Zahlreiche Frauen arbeiten bei der Munitionserzeugung, in anderen Berufen, die ihnen bislang verschlossen waren. Sie werden nach dem Kriege ihre Forderungen mit erneuter Kraft durchzusetzen trachten, ja sie erhoben sich bereits in England während des Krieges, indem sie

Derby braucht Soldaten
„Mister Thomson soll einrücken? Ausgeschlossen – wurde bereits von mir assentiert!"
Kriegsflugblatt der „Liller Kriegszeitung"

Notbehelf

Um die Liebesneigung gewisser Weiber für fremdländische männliche Individuen zu befriedigen, wurde ihnen ein Schimpanse zur Verfügung gestellt, dem man eine französische Uniform angezogen hatte.

Zeichnung von Werner Hahmann. Aus „Kladderadatsch“, Berlin, 1914

auf ihre Unentbehrlichkeit hinwiesen. Dieser Kampf der Geschlechter macht aus dem Manne den natürlichen Feind des Weibes. Der Feind des Mannes wird auf diesem Umwege zum Bundesgenossen des Weibes. Aus diesen Quellen strömt die Gefangenenliebe. Die Frauen lieben die Feinde, weil (nicht trotzdem!) die Männer sie hassen. Sie folgen einem dunklen Drang, sich an den Männern zu rächen und ihnen eine besonders qualvolle Schmach anzutun. Die Männer der eigenen Nation werden entwertet. Sie sind gar keine Männer und die Männer fremden Stammes werden nur als Mittel gebraucht, um diese Verachtung für den nahestehenden Mann schärfer auszudrücken. Die Formel lautet also: Ich liebe dich, weil dich unsere Männer hassen[22]!“

So macht Stekel für die weitverbreitete Erscheinung der Gefangenenliebe den vielfach behaupteten Haß der Geschlechter verantwortlich. Andere legen das Gewicht mehr auf den auch von ihm erwähnten Zauber des Fremdartigen, dem sich ein großer Teil der Frauen nicht zu entziehen vermag. So sucht Vorberg die Gefangenenliebe auf folgende Weise zu erklären:

„In die Gruppe der hemmungslosen abnormen Frauen gehören auch jene Weiber, die mit Kriegsgefangenen Liebesverhältnisse anknüpfen. Wer früher gesehen hat, wie das schöne Geschlecht Aschantileute, Beduinen, Singalesen und andere Ausländer umgirrte, wundert sich nicht, daß auch die fremden Krieger auf gewisse Weiber eine Anziehungskraft ausüben. Das Männchen mit dem eigenartigen Aussehen, mit dem fremdländischen Geruch, verfehlt eben nie seine Wirkung auf gewisse Weibchen. Der Ausländer ist für solche Weibchen, denen meist eine ernste, das Leben ausfüllende Tätigkeit fehlt, die ersehnte Abwechslung im Einerlei des Alltags. Der Ausländer ist der große Unbekannte, der Außergewöhnliches, Überraschendes, die Nerven Aufpeitschendes erhoffen läßt[23].“

Sicherlich waren diese und ähnliche Disposi-

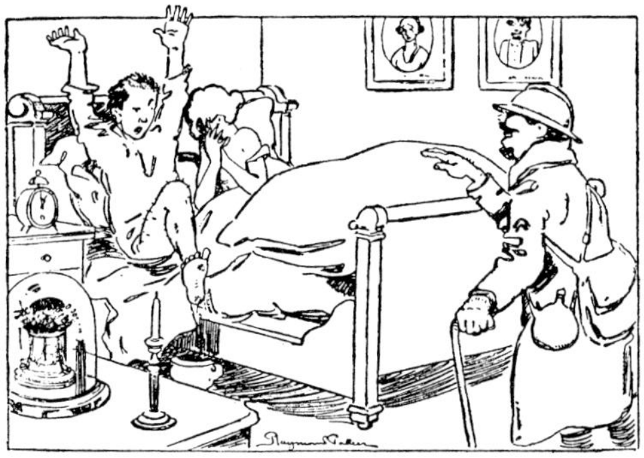

Der Gatte: „Nur ruhig Blut, Freundchen! Krieg ist Krieg – jetzt räumst mal du die Stellung . . . !“
Zeichnung von R. Pallier. Aus „Le Rire rouge“, 1917

tionen der Frauen mit im Spiele, doch glauben wir in der Mehrzahl der Fälle mit der einfacheren Erklärung, die im Männermangel und der diesem gegenüberstehenden sexuellen Not der Frau liegt, auskommen zu können. Sicherlich eine Erklärung, die, so natürlich sie auch sein mag, im Kriege aus Gründen der Propaganda nicht die genügende Beachtung finden durfte. So war und blieb die Gefangenenliebe ein schwer zu lösendes Problem, das der Justiz manches Kopfzerbrechen bereitete. Obwohl es mitunter auch in Frankreich und England, wo die Annäherung an die Kriegsgefangenen fast unmöglich war, zu Verhältnissen zwischen Frauen und Kriegsgefangenen kam – in Frankreich sind Frauen sogar zum Tode verurteilt worden, weil sie ihren kriegsgefangenen Geliebten zur Flucht verholfen hatten –, kann diese Erscheinung nur für Deutschland, Österreich und Rußland als typisch gelten. Insbesondere in Deutschland sind Fälle dieser Art zu einem ständigen Füllsel der Gerichtssaalrubriken geworden. Gesellschaft und Behörden arbeiteten Hand in Hand, um die Gefangenenliebe zu bekämpfen. Es ist nachträglich festzustellen, daß diesem patriotischen Eifer jeder Erfolg versagt blieb, ein Umstand, der allein als Beweis dafür gelten kann, daß es sich nicht um eine pathologische Ausnahmeerscheinung, sondern um ein allgemeines Kriegssymptom handelt. Einige Beispiele mögen dies erhärten:

Das stellvertretende Generalkommando XIX (Leipzig) gab bekannt, daß im ersten Vierteljahr 1917 nicht weniger als fünfundzwanzig Bestrafungen von Frauen und Mädchen wegen Ungehorsams gegen die Anordnung des kommandierenden Generals über den Verkehr der Bevölkerung mit Kriegsgefangenen erfolgt sind. Der größte Teil der betreffenden Frauenspersonen wurde wegen unerlaubten Verkehrs mit Gefängnis und Haft bestraft.

In Innsbruck war in den letzten Jahren des Krieges eine gesellschaftliche Vereinigung tätig, die sich „Ohrfeigen-Liga“ nannte und sich die Aufgabe stellte, „ehrvergessene“ Mädchen und Frauen, die mit Gefangenen Verhältnisse angeknüpft hatten, auf offener Straße durch Züchtigung zu beschämen.

Es folgen einige Zeitungsausschnitte aus dem einen Jahre 1916, der reichhaltigen Sammlung Grabinskis entnommen [24]:

In Frankenthal wurde ein 15- und ein 17-jähriges Mädchen von Mörsch, die sich im Januar und Februar mit zwei bei einer Landwirtsfrau beschäftigten Franzosen abgegeben hatten, vom Standgericht zu je einhundert Mark Geldstrafe verurteilt.

Das Schöffengericht in Neuburg v. W. hat ein Mädchen aus Bodenwöhr zu drei Monaten Gefängnis verurteilt, da es seit mehreren Monaten ein Liebesverhältnis mit einem dort arbeitenden Kriegsgefangenen unterhielt.

Lyck. Wegen unsittlichem Verkehr mit einem Kriegsgefangenen waren zwei junge Mädchen aus B. vor dem Schöffengericht angeklagt. Beide bestritten, in geschlechtlichem

Verkehr mit dem Russen gestanden zu haben, gaben aber andere Zeichen des Entgegenkommens zu. Jede erhielt eine Woche Gefängnis.

Oldenburg, 24. Juli. Die zu Rettin im Kreise Oldenburg geborene ledige Dienstmagd Marie R., hierselbst wohnhaft, war angeklagt, sich mit einem russischen Kriegsgefangenen gegen die Verordnung des Generalkommandos in Altona vom 25. Mai 1915 vergangen zu haben; sie wurde zu einem Monat Gefängnis verurteilt.

Wildemann, 20. Juli. Ein Mädchen von hier, dessen Namen die Mitteilung leider unbegründet verschweigt, hat sich in einem Gefangenenlager mit einem englischen Kriegsgefangenen eingelassen; es ist durch Urteil des Schöffengerichts Zellerfeld zu einer Gefängnisstrafe von drei Monaten verurteilt worden.

Lübeck. Zwei Ehefrauen hatten im benachbarten Kl.-Parin gefangene Russen zu sich genommen und sie bis in die Nacht hinein bei sich behalten. Das Schwartauer Schöffengericht hatte die Frauen zu je einem Monat Gefängnis verurteilt. In der Berufungsverhandlung vor der hiesigen Strafkammer, die unter Ausschluß der Öffentlichkeit geführt wurde, wurde die Strafe auf je drei Monate Gefängnis erhöht.

Heide, 13. Juni. Der Landrat gibt das schamlose Verhalten der 19jährigen Dienstmagd Anna W. aus Meldorf, zur Zeit in Tennisbüttel, die geschlechtlichen Verkehr mit Kriegsgefangenen unterhalten hat, amtlich bekannt.

Als 1918 die Frage der Amnestie von Kriegerfrauen in Deutschland in Erwägung gezogen wurde, vertraten gewisse Kreise die Ansicht, daß sich diese Amnestie auf die Strafe wegen verbotenen Verkehrs mit Kriegsgefangenen nicht erstrecken solle.

Die soziale Seite dieses leidigen Problems verdient jedenfalls eine flüchtige Betrachtung. Fast immer handelt es sich bei den Verurteilungen um Angeklagte, die dem ländlichen oder städtischen Proletariat entstammen. Fast immer hatten sich wegen Gefangenenliebe Bäuerinnen und Arbeiterinnen zu verantworten. Frauen der besseren Gesellschaftsschichten konnten ihrem Geschlechtshunger auf leichtere und ungefährlichere Weise abhelfen. Und auch der Vorwurf ist nicht unberechtigt, daß das patriotische Liebesverbot im Ersten Weltkrieg vor den Schwellen der gutbürgerlichen Häuser haltmachte. Als der ungarische Dramatiker Desider Szomory mitten im Kriege die dramatisierte Liebesaffäre einer ungarischen Gutsherrin und eines auf ihrem Gute arbeitenden russischen Kriegsgefangenen auf die Bühne brachte, nahm daran unseres Wissens niemand Anstoß.

Neben der Gefangenenliebe standen der an sexueller Not leidenden Frau noch zahlreiche andere Wege der Befriedigung offen. In seinem bekannten Kriegsroman „Jahrgang 1902" schildert Gläser die aus der Wirklichkeit der Kriegsjahre geschöpfte Verführung von Jugendlichen durch Kriegerfrauen. Auch

„Sie wundern sich, daß das Kind schwarz ist? Hätten Sie Ihre Frau nicht so lange allein gelassen!"
Zeichnung von M. Rodiguet. Aus „Le Rire rouge"

solche Verführungen beschäftigten nicht selten die Gerichte. Ein Fall dieser Art, unter dem Titel „Notzucht von Frauen an Männern“, von Dr. Hans Menzel mitgeteilt, sei im folgenden wiedergegeben:

„In der Sprechstunde des gemeinnützigen Volksbüros in Breslau trat vor einiger Zeit eine Frau mit der Frage an mich heran, ob sie berechtigt sei, ihren sechzehnjährigen Sohn, der als Jungknecht auf einem großen schlesischen Bauerngut arbeitete, sofort aus dem Dienste zu nehmen. Der Junge wolle dort nicht mehr dienen, da er von zwei Mägden dauernd belästigt werde. Auf meine Frage erzählte mir der körperlich und geistig normal entwickelte junge Mensch, daß außer ihm auf dem Gute noch ein vom Militär zeitweilig entlassener, etwa 30jähriger Knecht und zwei Mägde im Alter von 20 und 25 Jahren dienten. Die letztere habe ein Verhältnis mit dem Knecht, die Jüngere sei hinter ihm her. Da er ihren Lockungen gegenüber standhaft geblieben sei, hatten seine Dienstgefährten ihn zuerst gemeinsam in unflätiger Weise verhöhnt. Eines Tages hatten die beiden Mägde auf dem Felde ihre Röcke hochgehoben und ihm ihre Geschlechtsteile gezeigt. Das Hemd der Älteren sei blutig gewesen. Dann hatten die beiden sehr starken Mädchen ihn hingeworfen, sich auf ihn gesetzt und ihm die Hosen heruntergezogen. Die Junge hatte an seinem Geschlechtsteil gespielt und dabei geäußert, man müsse doch sehen, ob er „hengstreif“ sei, da es jetzt an Hengsten fehle. Die Ältere habe hinzugefügt, wenn er sich sträube oder etwas verrate, dann schlüge ihn ihr Liebster tot. Er habe sich trotzdem gewehrt. Doch sei es der Jüngeren gelungen, seinen erigierten Geschlechtsteil in ihre Scheide zu stecken und den Geschlechtsakt zu vollziehen. Der Junge machte einen glaubwürdigen Eindruck. Mutter und Sohn, die einer der in Schlesien nicht ganz seltenen religiösen Sekten angehören, wollten strafrechtliche Verfolgung nur, wenn der Bauer auf der weiteren Zusammenarbeit des Jungen mit seinen drei Dienstgefährten bestünde [25].“

Wir können annehmen, daß die Sexualnot der Kriegerfrauen sehr häufig auch zu pseudohomosexuellen Handlungen führte. Mit diesem Ausdruck bezeichnen wir nach Iwan Bloch und Magnus Hirschfeld die Vornahme homosexueller Handlungen ohne die angeborene psychische Einstellung hierfür. Beim konstitutionellen Charakter der Homosexualität unterliegt es keinem Zweifel, daß echte Homosexualität infolge von Abstinenz nicht auftreten konnte. Wenn wir auch die fälschlich behauptete Gefahr einer Änderung der Triebrichtung durch Enthaltsamkeit keineswegs zugeben können, sind gleichgeschlechtliche Praktiken ein neuerlicher Beweis für deren verheerende Wirkung, da dadurch Menschen zu Handlungen getrieben werden, die in diesem Falle wirklich widernatürlich sind, weil sie gar nicht in der Natur der Handelnden liegen. Hie und da freilich mögen diese Frauen ursprünglich homosexuell gewesen sein und sich in der Ehe Zwang angetan haben.

Wir begnügen uns mit der Wiedergabe einer an uns gerichteten Zuschrift aus einem Dorfe in Holstein:

„Ein Nachbar bekam kurz vor dem Kriege ein Dienstmädchen, das Männern gegenüber sehr widerborstig war; es setzte sich aber oft in meiner und seines Dienstherrn Gegenwart auf den Schoß seiner Frau und küßte sie, was diese sich ruhig gefallen ließ. Schon am dritten Tage der Mobilmachung mußte der Mann einrücken. Die Frau war darob richtig vergnügt; es schien mir, als sei sie froh, ihn loszuwerden. Inzwischen gab es hier aller-

SEINE KRIEGSTROPHÄEN

1.
„Charmant, daß Sie gekommen sind, Madame, um meine bescheidene Trophäensammlung kennenzulernen . . .!“

2.
„Diese Helme habe ich den Boches eigenhändig vom Kopf gerissen . . .“

3.
„Hier eine Granate, die mich beinahe des Vergnügens beraubt hätte, Sie heute bei mir zu sehen . . .“

4.
„Es sind tatsächlich ein paar hübsche Stücke darunter . . .“

5.
„Wie stark Sie sind, mein Held!“

6.
„. . . und jetzt ist Ihre Sammlung um eine Trophäe reicher!“

Aus: „La Vie Parisienne“, 1915

hand Gespräche im Dorf, der eine hatte dies, der andere das gesehen. Ich selber war einmal Augenzeuge, daß die beiden sich draußen im Garten gegenseitig unter den Rock langten, und das taten sie ungeniert, während ich dabei stand. Wenn nun aber der Mann mal ein paar Wochen auf Urlaub kam, so wollte die Frau nichts mehr mit ihm zu schaffen haben. Sie verweigerte ihm strikt den Beischlaf mit der Begründung, er habe Läuse, er müsse in seiner Schlafstube allein schlafen und sie schlief mit dem Mädchen in ihrer Schlafstube in einem Bett. Als dann der Krieg aus war, machte die Frau bald Schluß mit der Ehe, indem sie ihrem Mann kurz und bündig erklärte, sie brauche keinen Mann mehr, sie könne ohne ihn fertig werden und er solle hingehen, wo er hergekommen sei."

Die Enge des Raumes gestattet uns nicht, hier näher auf alle anderen Folgeerscheinungen der Geschlechtsnot der Frau einzugehen. Die ungeahnte Verbreitung der Prostitution namentlich in den Hauptstädten, die wir im folgenden noch kurz berücksichtigen werden, ist zu nicht geringem Teil auch durch diese Geschlechtsnot zu erklären, wenn es auch zugegeben werden muß, daß der wirtschaftliche Faktor hier wie überall ausschlaggebend war. Sicherlich ist zumindest ein großer Prozentsatz weiblicher Verfehlungen im Kriege, besonders in den Mittelstaaten, schlechthin dem wirtschaftlichen Elend zuzuschreiben. So kann die verhängnisvolle Wirkung des Krieges auch hier nicht verschleiert werden, ist doch die wirtschaftliche Not ihrerseits eine natürliche Folge des mit Hungerblockade und ins Phantastische gesteigerter Kriegsstoffproduktion arbeitenden Krieges. Am betrüblichsten und empörendsten aber wirkt das vollkommene Unverständnis, mit dem die Kriegsmentalität in allen Ländern – vielleicht nur Frankreich, und auch dieses nur zum Teil, ausgenommen – diesen „Fehltritten" der Kriegerfrau, der Märtyrerin des Männerkrieges, gegenübersteht. Anstatt sie als logische Folgeerscheinung des Krieges aufzufassen und zu entschuldigen, legt man an sie den Maßstab einer auf normale Verhältnisse zugeschnittenen engherzigen Moral.

Eine Kriegstrauung
Zeichnung von Th. Th. Heine. Aus „Kleine Bilder aus großer Zeit"

Erotik in der Krankenpflege

V

Sexuelle Neugier, Schaulust, Koprolagnie und Sadismus der Pflegerin – Der Lazarettdienst als Mittel – Der schlechte Ruf der Pflegerin – Frauenbesuche im Schützengraben

Im Grauen des Krieges bildet das Erscheinen der „Schwester" einen lichten Punkt. Aufopfernd, geduldig, mit nie versagender Freundlichkeit naht sie dem Kranken und dem Verwundeten – und es ist wahrlich nicht ihre Schuld, wenn der endlich Genesene von neuem an die Front gehen muß.

„Nein, danke schön! Wenn man sich seine Verwundeten nicht einmal aussuchen darf, mache ich nicht mit!"
Zeichnung von R. Hermann. Aus „Glühlichter", 1914

Die Tätigkeit der Krankenschwester sollte vor allem im Lichte des Christentums gesehen werden, besonders im Sinne des Wortes: „Was ihr dem ärmsten meiner Brüder getan habt, das habt ihr mir getan!"
Gewiß hat nicht selten ein erotisches Gefühl sich in die Beziehung der Krankenschwester zu einem der Kranken eingemischt, doch kann es gerade nicht unsere Aufgabe sein, darüber den Stab zu brechen, da wir ja im Erotischen und Sexuellen etwas durchaus Natürliches und Menschliches erblicken und sogar gegenüber Auswüchsen Verständnis haben, nicht aber wie Heuchler und Spießer uns über die Sündhaftigkeit aufregen – die Sündhaftigkeit der andern selbstverständlich!
Wie oft hat sich nicht aus der Beziehung der Schwester zum Verwundeten eine Liebesbeziehung ergeben, wie sie idealer und edler nicht gedacht werden kann!
Ein schönes Beispiel dieser Art ist die Beziehung der christlichen Pflegerin Rosl Grieb zu dem jüdischen Fähnrich Uriel Birnbaum, der ein Bein verloren hatte und schwer verwundet ihrer Pflege anvertraut war.
Es sei uns gestattet zu bemerken, daß die Schwester Rosl Grieb zum guten Ende die Frau Birnbaums wurde, ihren Mann nach

Holland in die Emigration begleitete, und als die Deutschen sich nicht schämten, selbst einem Schwerverwundeten des Ersten Weltkriegs nach dem Leben zu trachten, ihren Mann versteckt und ihn ein zweites Mal gerettet hat.

In völlig schiefes Licht rückt ein Weininger die weibliche Krankenpflege im Krieg, wenn er schreibt: „Es ist kurzsichtig, wenn man die Krankenpflege der Frau für einen Beweis ihres Mitleids hält, indem vielmehr gerade das Gegenteil aus ihr folgt [2]." Unschön wie dieser Satz ist die ganze falsche und irrige Auffassung Weiningers.

Da es aber zu den Aufgaben einer Sittengeschichte gehört, so sollen die ebenfalls nicht seltenen Fälle, in denen eher libidinöse Unterströmungen als Mitleid bei der Frau in Erscheinung traten, nicht übergangen werden. Die Satiriker und Karikaturisten haben hier ein weites Feld gefunden; sie wurden nicht müde, dem Soldaten eine verliebte Krankenschwester zur Seite zu stellen oder die Disziplin, welche die Krankenpflege auch verlangt, als Kälte, Teilnahmslosigkeit oder gar als Sadismus auszulegen.

„Was machen wir mit der neuen Schwester, Herr Stabsarzt?" „Stecken wir sie in die Wäscheverwaltung – es ist immer besser, ein junges Mädchen hat mit Hemden ohne Männer als mit Männern ohne Hemden zu tun . . .!" *Aus „Le Rire rouge", 1916*

Eberhard zitiert in seinem Buche folgende Äußerung der Oberin eines Krankenhauses aus der „Deutschen evangelischen Frauenzeitung" [3]:

„Wer nicht Krankenpflegerin gewesen ist, weiß gar nicht, wie vielen moralischen Gefahren eine solche ausgesetzt ist. Die Krankenpflege an sich übt keinen sittlichen Einfluß aus. Weil fromme, edle Frauen sie in hingebender Nächstenliebe ausübten, hat sich der Denkfehler eingeschlichen, als ob sie selbst veredle. Das ist aber nicht der Fall, sondern sogar oft das Gegenteil. Die Gefahr zum Beispiel der inneren Abstumpfung ist sehr groß und bedauerlicherweise gibt es in allen Organisationen solche Schwestern, die abgestumpft und hart sind, und niemand hat gerade dafür ein feineres Empfinden als der Kranke selbst, der infolge körperlicher Schmerzen und Schwäche auch physisch viel feinfühliger ist als jeder Gesunde. In der geistigen und körperlichen Wehrlosigkeit liegt zudem auch die Versuchung, die der Schwester unwillkürlich zufallende unbedingte Machtstellung zu mißbrauchen und eine unerträgliche Tyrannei auf die Kranken auszuüben. Die gefährlichste Klippe aber für alle ist die Männerpflege und der ständige Verkehr mit den jungen Ärzten. Alle die vorher genannten Gefahren steigern sich nun besonders im Kriege."

Auch Flirts werden gepflegt
Verborgenes Leben und Treiben im Kriegsspital
Zeichnung von E. Miarko. Aus „Fantasio", 1915

Für den Mißbrauch der Machtstellung gegenüber den Kranken lieferte nun der Weltkrieg zweifellos unzählige Beweise. In dem anonym erschienenen, sehr freimütigen Kriegsroman „Hagen im Weltkrieg“ belauscht der Leser folgendes Gespräch zwischen zwei Frontsoldaten [4]:
„Bei euch in den Lazaretten geht's aber doch anders zu. Da haben's die Soldaten doch gut.“ – „Nun ja, man kann die Verwundeten nicht gleich wieder auf den Exerzierplatz und ins Trommelfeuer vorschicken, das ist schon wahr, und etwas muß man doch wohl auch merken von den Rote-Kreuz-Engeln, von denen Liliencron sagt: ‚Küsse den Saum ihrer Gewänder, denn sie sind deine Engel.‘ – Lächerlich, weiß Gott, das Schlachtschaf, das blöde, soll dann die noch dafür küssen, daß sie es in seinen Wunden nicht krepieren lassen! Gewiß, das Rote Kreuz leistet viel Gutes, und etwas Großes ist es, wenn Fräuleins, deren Leben sonst in Romanlesen, Kaffeekränzchen und Flirt besteht, nun Tag für Tag eine Arbeit tun, die ermüdend und anstrengend wirkt, nachdem sie den Reiz der Neuheit verloren hat, wenn auch ein Schützengrabenleben mit Sturmangriffen und Tod nicht im entferntesten mit einem auch noch so aufopferungsvollen Dienst einer Rote-Kreuz-Schwester zu vergleichen ist. Aber wie gesagt, es gibt auch wirklich gute darunter. Ich kenne eine Generalstochter, Gräfin und Malerin, die pflegt Monat für Monat auf einer Seuchenstation Offiziere wie Gemeine mit derselben hingebenden Liebe. Das sind aber eben Ausnahmen. Ebenso wie der Sklave jederzeit der Möglichkeit ausgesetzt ist, es gut oder schlecht zu haben, so auch der Landser, je nachdem, in wessen Offiziers-, Feldwebels-, Arztes- oder Rote-Kreuz-Schwester-Hände er nun gerade fällt. Ich selbst habe welche kennengelernt, die eine derart ungebührliche Macht über die Soldaten hatten, sie anschnauzten, wenn sie nicht vor ihnen aufstanden, daß es jeder Beschreibung spottete. Können sich diese Damen als die Liebsten der Ärzte doch eben alles herausnehmen, fahren mit ihnen Equipage, haben glänzendes Essen, reisen erster Klasse auf Urlaub und benutzen das männliche Sanitätspersonal als dumme Jungen, lassen sich von ihnen die Stuben auskehren und die Fenster putzen.“ – „Aber Gustav, mein Bruder, hat mir geschrieben, daß er sehr gut gepflegt worden ist, dort haben sich nun wieder die Landser frech und undankbar gegen die Schwestern benommen.“ – „Ja, das habe ich auch erlebt. Wie gesagt, darauf kommt's ja aber auch gar nicht an. Nur gegen das ganze System rede ich, daß eben der Soldat, dessen höchste Pflicht und Ehre ja im Gehorchenmüssen besteht, so ganz und gar allen Möglichkeiten ausgeliefert ist. So drücken sich zum Beispiel im Untersuchungszimmer Rote-Kreuz-Schwestern herum, daß es eine wahre Schande ist. Ich selbst habe in der Nervenanstalt eines Garnisonslazarettes, wo sich die Soldaten reihenweise anstellen mußten, um nackt vor den Arzt zu treten, es mit angesehen, wie da drei junge Gänse in Schwesternhauben in dem Untersuchungszimmer sich fortwährend

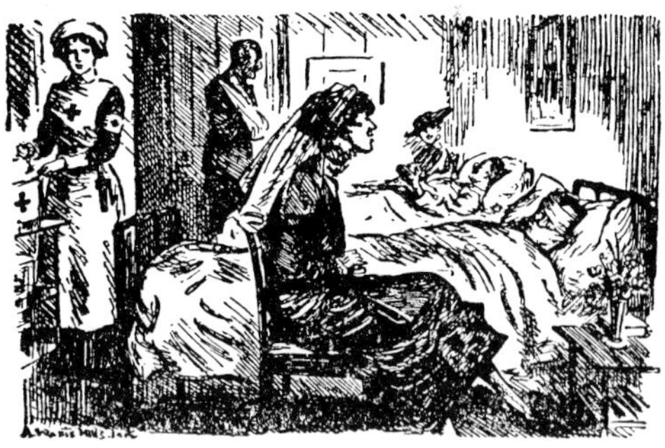

Die Dame absolviert die Lazarette
„Also los, erzählen Sie mir – aber bitte ausführlich . .“
Aus „Punch“, 1915

Wenn der Krieg beendet ist

Großer Ausverkauf – Ruhm, Elend, Eitelkeit, Laus und Uniform zu stark herabgesetzten Preisen . . .
Aus „Le Rire rouge"

zu schaffen machten, hineinhuschten und befriedigt schmunzelnd mit so 'nem gewissen vielsagenden Lächeln auf ihren frechen Gesichtern wieder heraustraten, diese gemütsrohen Dinger! Unerhört, daß vor unreifen Mädchen, Pastorentöchtern und derartigen Dämchen, die ja zu Hause und in der Schule gelehrt bekommen haben, daß Nacktheit Sünde ist, die Soldaten zum Beispiel gefragt werden, ob sie geschlechtskrank sind und wo sie sich's geholt haben, wenn nicht gar die Schwester selbst den Befund darüber aufnimmt, wie es auch oft vorkommt. Noch dazu bei unserer prüden Kultur, wo die Pfaffen vor Entsetzen zehn Rosenkränze beten, wenn sie als Kunstdenkmäler nackte Menschen sehen! Oder gar, wie ich's einmal miterlebt habe, wo eine Zivildame bei einem Arzt als Schreiberin fungierte und die Nervenkranken ihr Hemd hochheben mußten und so in ihren keuschesten Empfindungen prostituiert und aufs gemeinste gemißhandelt wurden. Es müßte mal umgekehrt der Fall sein, dann wären wohl gleich sämtliche Zeitungen voll Jammerns über eine derartige Entsittlichung. Auch war ich mit zugegen, wie Schwestern bei Geschlechtskranken den visitierenden Arzt begleiteten und an ihnen Handlungen vornahmen, die die Menge herumstehender Sanitäter ebensogut hätte verrichten können."

Auch andere Gefahren, die die von Eberhard angeführte Oberin (Margot von Bonin) unerwähnt läßt, waren mit dem weiblichen Sanitätsdienst verbunden, Gefahren, die vom Standpunkt der bürgerlichen Moral aus ganz exorbitant erscheinen müssen. Sofern sich diese nur in einer größeren erotischen Freiheit der Pflegerinnen auswirkten, glauben wir darin nichts als eine Folge der materiellen Selbständigkeit sehen zu müssen. Darum übergehen wir auch das Kapitel der Liebeleien zwischen Pflegeschwestern und Soldaten, mit denen die Chronique scandaleuse der Kriegsjahre überfüllt war. Sie sind kaum etwas anderes als eine natürliche Konsequenz der weiblichen Berufstätigkeit, eine Erscheinung, die im Leben auch der in anderen Berufen tätigen Frauen ihre Parallele findet. Überall geht materielle Unabhängigkeit mit einer freieren Auffassung der Geschlechtsmoral einher, so daß der der Medisance so reichen Stoff liefernde Lebenswandel der Pflegerin uns kein besonderes Symptom zu sein scheint. Höchstens kann die Vorliebe, mit der diese Skandalhistörchen weitererzählt, aufgebauscht und oft erdichtet wurden, als symptomatisch für das oft ins Krankhafte gesteigerte erotische Interesse der Zeit gelten. In Ungarn war ein im Krieg entstandenes Volkslied über den mehr als zweifelhaften Ruf der Pflegerinnen verbreitet. Es lautet in deutscher Übersetzung etwa:

Meint ihr wohl, in ..... gäb es keine Hur'?
Denkt mir doch an all die Pflegerinnen nur!
Blaue Augen, rabenschwarze Augenbrau'n,
Wie zur Hurerei geschaffen sind sie traun.

Einst und jetzt
oder „Die kleinen Freuden des großen Krieges"
In häuslicher Pflege machte das Kranksein weniger Spaß

(Die fehlenden Versfüße der ersten Zeile wurden jeweils durch den Namen der Stadt oder Ortschaft ausgefüllt.)

Objektiv muß man feststellen, daß sich in diese üble Nachrede alle Kategorien der Pflegerinnen vom Küchenhilfspersonal und den Hilfspflegerinnen bis zu den Rote-Kreuz-Schwestern, Diakonissen und sogar den barmherzigen Schwestern teilten. Es bedürfte einer Statistik, die allerdings nicht angelegt wurde, um die Berechtigung dieses schlechten Rufes überprüfen zu können. Doch darf hierbei nicht übersehen werden, daß sich unter den Schwestern in nicht geringer Zahl auch frühere Dirnen befanden. So mußten in den nordfranzösischen Städten, besonders in Calais, unter den Tausenden von belgischen Frauen, die nach der Eroberung von Antwerpen durch die Deutschen über die französische Grenze strömten, förmliche Razzien abgehalten werden. Wie Sven Elvestad seinerzeit berichtete [4], „dienten diese Razzien nicht dazu, um etwa Spioninnen herauszufinden, sondern hauptsächlich, um gewissen Mädchen das Handwerk zu legen, die in Brüssel und Antwerpen den Asphalt hatten räumen müssen, um, mit der schlichten schwarz-weißen Pflegerinnentracht angetan, in den überfüllten Kleinstädten Nordfrankreichs ihr Manöver fortzusetzen."

Notorisch war die große Anzahl als Pflegerinnen verkleideter Prostituierter in der Etappe hinter der russischen Front und sogar im Operationsgebiet. Übrigens wurde, wie Iwan Bloch kurz nach Kriegsausbruch bei einer ärztlichen Diskussion mitteilte, auch in Berlin eine ganze Anzahl von Prostituierten unter der Maske von Krankenschwestern von der Polizei aufgegriffen. Der hervorragende Sexualforscher bemerkte zur Abschwächung seiner Enthüllungen: „Es muß betont werden, daß auch schon in Friedenszeiten diese Tracht mit Vorliebe von mancher Prostituierten angelegt wurde [5]."

In der deutschen Strafrechtszeitung (1915, Heft 5/6) finden wir Äußerungen des Landesgerichtspräsidenten von Stendal, Geh. Oberjustizrates Chuchul, über den Schutz der Schwesterntracht, die so vielfach mißbraucht wird. Es werde vielfach darüber geklagt, daß unter dem Schein von „Schwestern" Unbefugte auftreten, die zum Teil „recht wenig schwesterliche Ziele verfolgen". Bis in kleine Provinzorte dränge Erwerbslüsternheit unter dem Deckmantel der Schwesterntracht und gar viele Bestrafungen wegen „Betruges in Schwesterntracht" verzeichne besonders aus letzter Zeit die Statistik der Polizei- und Gerichtsbehörden. Es wird unter anderem auf einen Fall verwiesen, wo ein Verlag seine Druckerzeugnisse, zum Teil frivoler Natur, durch 60 Mädchen in feldgrauer Schwesterntracht hausierend vertreiben ließ. Überhaupt empfiehlt es sich, bei der Betrachtung der erotischen Triebfedern in der Krankenpflege der Übersicht halber zu unterschei-

... als die Verhätschelung, die Verwundeten im Lazarett zuteil wird
Zeichnung nach A. Guillaume. Aus „Fantasio", 1916

Das kleine Reservelazarett
Satirische Zeichnung auf die Pflegerinnen-Manie der Damen der guten französischen Gesellschaft
Zeichnung von J. Ray. Aus „Fantasio"

den zwischen Fällen, in denen der Sanitätsdienst Mittel zum Zweck und solchen, in denen er Selbstzweck war. Im ersteren Falle, wo die Pflegerin ihre Beschäftigung nur als einen Umweg zu einem bestimmten Ziele auffaßte, war dieses Ziel, wie wir verallgemeinernd sagen können, ein durchaus erotisches. So manches Mädchen, das vor dem Kriege des gutbürgerlichen Glückes einer Ehe nicht teilhaftig werden konnte, hoffte, sich als Pflegerin leichter an den Mann zu bringen. Und bekanntlich gelang dies auch einer größeren Anzahl solcher Freierinnen.

So bekam man in den Kriegsjahren manche empfindsame Geschichte über die aufopfernde Fürsorglichkeit zu lesen, die die Pflegerin ihren Verwundeten angedeihen ließ, über die Liebe, die sich im weiteren Verlauf der Genesung zwischen der opferfreudigen Dame und dem dankerfüllten jungen Soldaten entspann, um schnurstracks in den Hafen der Ehe zu führen. In Wirklichkeit trugen sich diese Geschichten natürlich einigermaßen anders zu und bedeutend größer als die Zahl der glücklich ans Ziel gelangten, dürfte die jener Frauen sein, die, um ihre letzte Hoffnung betrogen, an dem als Brücke zum Eheglücke angesehenen Pflegerinnenberufe scheiterten.

Mittel zu einem erotischen Zweck war der Pflegerinnenberuf auch für jene Frauen, die auf diese Weise die Bedingungen der Liebeswahl für sich günstiger zu gestalten hofften. Es handelte sich dabei zumeist um halb oder ganz verblühte Jungfern, die in dem von Männern aller Art überfüllten Lazarett sozusagen die Henne im Korb abgeben konnten. Dort wo die Verwundetenpflege Zweck war, mag die Selbstlosigkeit und Opferfreude hochherziger Frauen anerkennenswerte Früchte getragen haben. Gewiß fehlt es auch auf diesem Gebiete nicht an Heldentaten, die dann, bekanntgeworden, nicht unwesentlich zur Legendenbildung um die Pflegerin beitrugen. Bei aller Achtung vor solchen Leistungen wollen wir uns darauf beschränken, die sexualpsychologische Seite des Problems weiterhin zu prüfen.

In dem Werke Dr. Wilhelm Stekels „Psychosexueller Infantilismus [6] finden wir folgende Ausführungen:

„Einen sehr interessanten narzißtischen Typ bilden die Menschen, die es nicht vertragen können, wenn Leute in ihrer Umgebung glücklich sind. Sie wollen ihnen etwas bedeuten, sie wollen helfen, sie wollen aufrichten, sie wollen trösten, sie wollen Liebe verschwenden. Sie lieben nur sich, aber sie sind verliebt in die Pose ‚des Liebespendenden'. Während des Krieges konnte ich unter den

„Der Salon" (1922)
Ölgemälde von Otto Dix (Privatbesitz, Berlin)

Das Sportgirl als Krankenschwester
Zeichnung von Fabiano. Aus „Fantasio“, 1915

MODE 1914

MODE 1915

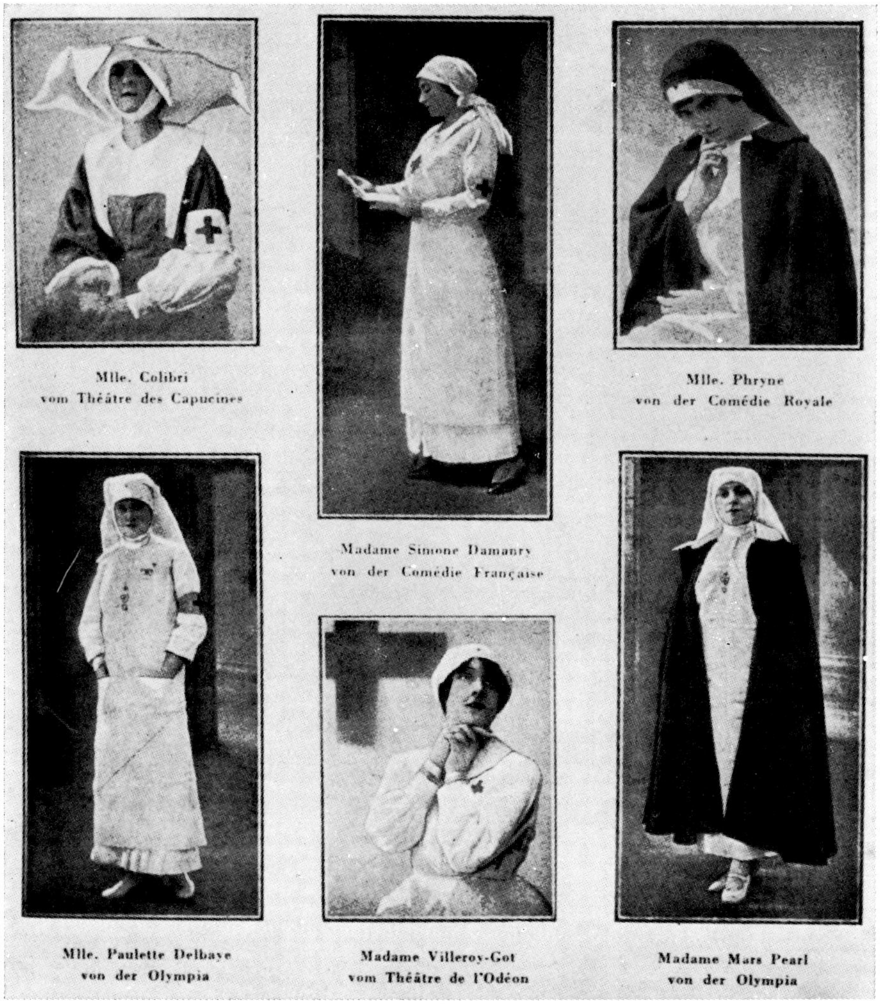

Pariser Schauspielerinnen als Krankenschwestern 1914
Wie lange waren sie es wohl? – Illustrierten-Fotos von Manuel und Felix

Unten links:
„Nur Mut, mein Lieber, in acht Tagen sind Sie wieder an der Front!“
Zeichnung von R. Hermann. Aus „Glühlichter“, 1915

Unten rechts:
„Du kannst unmöglich zurück an die Front, Sidi – deine Zunge ist ganz weiß!“
Französ. Postkarte, Sammlung A. Wolff, Leipzig

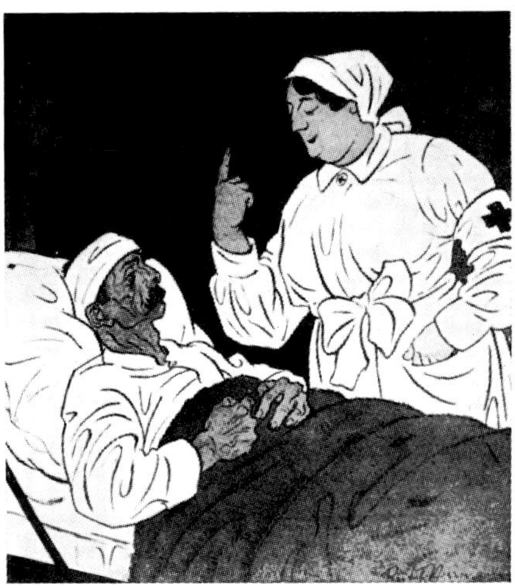

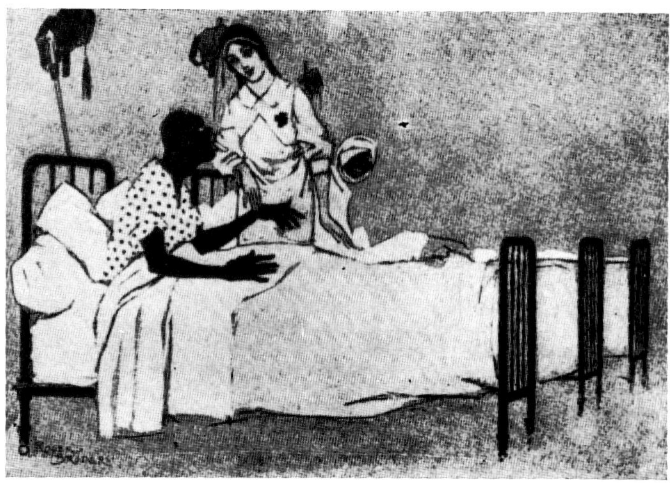

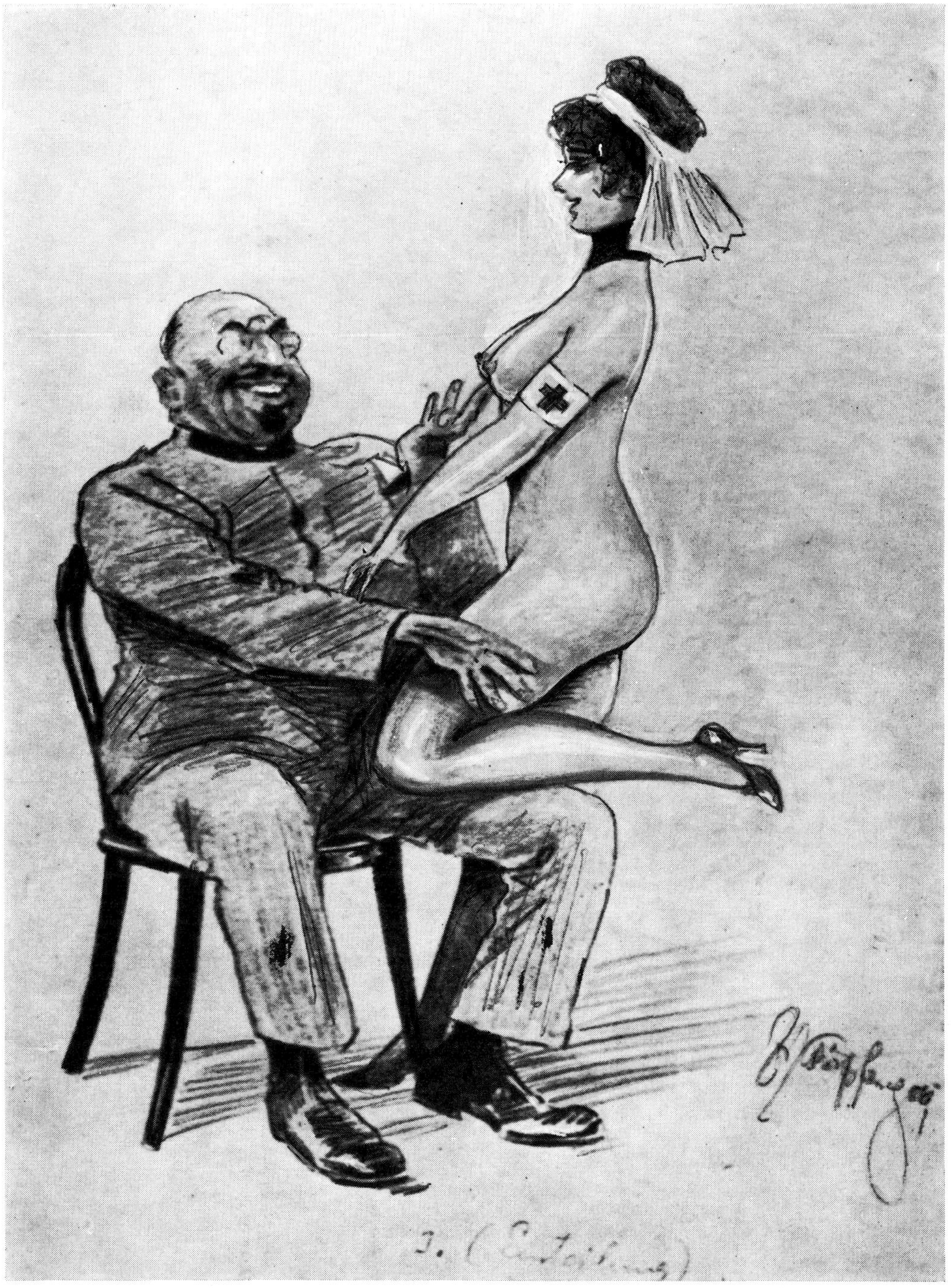

Der Regimentsarzt und die Krankenschwester
Eine die Lazarettmoral geißelnde Zeichnung von Fritz Schönpflug

Ihr Patient – überwältigt vor Dankbarkeit
Zeichnung von Gedö

Vom Lazarett zum Traualtar
Süßliche Zeichnung von Fournier, typisch für die Zeit. Aus „La Baïonnette“, 1918

Krankenschwestern zahlreiche Musterbeispiele von diesem Typus beobachten. Stekel schließt nachstehenden Fall an:

Eine sehr intelligente Schwester gab mir folgende Schilderung ihres Zustandes:

„Ich bin heute 48 Jahre alt und kann Ihnen ruhig gestehen: es gibt kein anderes Glück, als den Blick der Dankbarkeit in den Augen eines von mir gepflegten Mannes zu sehen. Dieses Glück ist wie ein Rausch. Es ist der einzige Orgasmus, den ich im Leben fühlen konnte. Nach Liebe habe ich nie verlangt. Ich begehrte immer nur ‚anerkennende Dankbarkeit'. ... Ich habe zahlreiche Verhältnisse gehabt. Ich habe mich immer aus Mitleid hingegeben und immer mit dem Gefühl, den Mann glücklich machen zu können.

Ich gestehe, daß ich auf mein Talent als Schwester eitel bin. Ich will von den Kranken geliebt und bewundert werden. Ich will durch den Krankensaal gehen – wie eine milde, gütige, liebespendende, beglückende Fee."

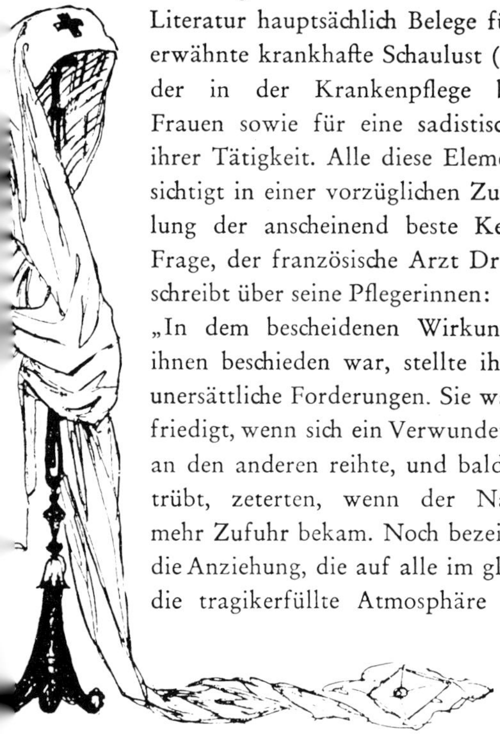

Im übrigen finden sich in der einschlägigen Literatur hauptsächlich Belege für die schon erwähnte krankhafte Schaulust (Voyeurtum) der in der Krankenpflege beschäftigten Frauen sowie für eine sadistische Färbung ihrer Tätigkeit. Alle diese Elemente berücksichtigt in einer vorzüglichen Zusammenstellung der anscheinend beste Kenner dieser Frage, der französische Arzt Dr. Huot[7]. Er schreibt über seine Pflegerinnen:

„In dem bescheidenen Wirkungskreis, der ihnen beschieden war, stellte ihr Feuereifer unersättliche Forderungen. Sie waren nur befriedigt, wenn sich ein Verwundetentransport an den anderen reihte, und bald wieder betrübt, zeterten, wenn der Nachbardienst mehr Zufuhr bekam. Noch bezeichnender ist die Anziehung, die auf alle im gleichen Maße die tragikerfüllte Atmosphäre der Operationssäle ausübte. Ihr höchster Wunsch war es, Operationen beizuwohnen, sie waren dabei unempfindlich gegen die schwersten Eingriffe, gleichgültig gegenüber dem Stöhnen der Leidenden, dem Röcheln der Agonie, verloren in keinem Augenblick ihre Kaltblütigkeit oder Geschicklichkeit.

Mit gleicher Leidenschaft machten sich junge Frauen und Mädchen daran, die furchtbarsten Wunden zu verbinden, die Verwundeten zu pflegen, ohne vor irgend einer Berührung oder einer noch so abstoßenden und erregenden Einzelheit zurückzuschrecken.

Diese von der Gesamtheit der Krankenschwestern bekundete Hingebung an die Verwundeten und Schwerverwundeten scheint sich ungemein schwer mit der Legende von der Schwächlichkeit und Überempfindlichkeit der Frauen vereinbaren zu lassen. Ich glaube mich zu erinnern, daß eine sehr bedeutende Persönlichkeit in diesem Zusammenhange das Wort Sadismus gebraucht hat. Meine Bescheidenheit verbietet es mir, mich gegen ein Urteil von so geschätzter Seite aufzulehnen. Trotzdem wäre ich für meinen Teil eher versucht, hierin eine Äußerung jener Tendenz der französischen Frau zu erblicken, die sich mit aller Willenskraft und Energie gegen den verächtlichen Ruf des ‚schwachen' Geschlechts richtet, den sie als kränkend empfindet. ... Aber zusammenfassend muß doch ein anderer Punkt hervorgehoben werden: jenes geheimnisvolle Gefühl, jene ein wenig perverse Störung, die bei ihrem Auftreten gewisse Frauen mit der prickelnden Besessenheit einer fleischlichen Begierde aufwühlt, sie aufstachelt, wider Willen Nervenerschütterungen zu suchen, die sie noch nie empfunden und im Geruch des Blutes, im Anblick und der Berührung zuckenden Männerfleisches zu finden vermögen."

Es ist hier die Stelle, über die schon oft berührten Zusammenhänge zwischen weiblichem Sadismus und Krieg noch einiges zu sagen, weshalb wir abermals dem französischen Arzt und Frauenkenner Louis Huot das Wort erteilen:

„Auch von anderer Seite wird die These gestützt, daß jene durch den Krieg hervorgerufene Überaktivität, jene ununterbrochene Anspannung der Nerven bei manchen offensichtlich prädisponierten Frauen eine höhere Reizbarkeit der Fortpflanzungszentren, die stets so prompt auf die geringsten Ursachen organischer Störungen reagieren, hervorgerufen hat. Unleugbar erscheint mir diese Tatsache in Betreff der weiblichen Zivilbevölkerung an der Front, deren Betrachtung von diesem Standpunkt aus überaus interessant ist. Unabhängig von der durch die drohende Gefahr und den Geschützdonner bewirkten größeren Erregbarkeit scheint es, als hätte der beißende Rauch der Geschosse, die auf Städte und Ortschaften der Feuerlinie niedergingen, sie mit irgend einem Fluidum, irgend einem ätzenden Gift getränkt, das die Frauen berauscht und in ungeheuere Erregung versetzt. In einem unserer schönsten Orte leistete die weibliche Bevölkerung leidenschaftlichen Widerstand gegen die Versetzung einer Division, überhäufte die Militärbehörden mit Vorwürfen und geriet fast in Aufruhr, um die Soldaten in ihren Mauern zu behalten.

Und endlich jene junge Reimserin, die, eines Nachts mitten in heftigster Liebesekstase von einem furchtbaren Bombardement überrascht, nicht auf die Fortsetzung des Liebesaktes verzichten will und ihren Partner wütend umklammert, so daß er kaum atmen kann und alle seine Kräfte zusammennehmen muß, um sich von der Umarmung zu befreien und in den Keller zu fliehen."

„Sie wagen es, meinen Verwundeten zu berühren? Dieser Marokkaner gehört mir!"

Aus „La Baïonnette", 1914

Die Erfahrung, daß Kriegshandlungen, Greuel und Bluttaten auf die Frau erotisierend wirken, wurde lange vor dem Ersten Weltkrieg gemacht und in diesem nur erneut bestätigt. Aber wenn wir auch den Erzählungen deutscher Gefangener, sie seien beim Transport in Paris und anderen französischen Städten von den Frauen beschimpft und mißhandelt worden, nicht ungeprüft Glauben schenken wollen, so gibt es immerhin zu denken, daß derlei sadistische Exzesse (Entblößen des Hinterteils, Bespucken der Gefangenen, Mißhandlungen mit Stöcken und Schirmen usw.) fast nur den Französinnen nachgesagt werden [8].

Zu beantworten ist noch die Frage, wie sich die Männer, vor allem also die Pfleglinge, diesen Regungen und Gelüsten der Krankenschwestern gegenüber verhielten.

Für die meisten Männer war es natürlicherweise ein Genuß, sich von zarten Händen pflegen zu lassen, und die meisten waren auch einem Liebesverhältnis, wo es sich bot, nicht abgeneigt.

Im übrigen beurteilt die Zeit und die öffentliche Meinung der Kriegsjahre die Pflegerinnen bezeichnenderweise fast nur unter dem Gesichtspunkt der Erotik, zugleich aber durchwegs ambivalent. Auf der einen Seite wird die verklärte Gestalt der Pflegerin in den Mittelpunkt eines idealisierenden, jedoch durchaus libidinösen Kultus gestellt, auf der anderen findet man ein besonderes Vergnügen daran, diese Idealgestalt zu besudeln, ihr in noch viel weitgehenderem Maße als es im obigen durch uns geschehen ist, erotische Beweggründe unterzuschieben. Überhaupt bekommt man den Eindruck, daß die Pflegerin entweder ein Engel oder eine Dirne sein müsse. Daß die üble Nachrede sich im allgemeinen stärker als die Idealisierungstendenz erwies, dürfte nicht zuletzt auf die Ärzte zurückzuführen sein, die im großen ganzen eine sehr abfällige Meinung von ihrem weiblichen Hilfspersonal hatten. Wenn in dem weiter oben wiedergegebenen Dialog der zwei österreichischen Ärzte von Karl Kraus die Pflegerinnen kurzweg „Weiber“ genannt werden, so entspricht dies durchaus der allgemeinen Praxis im Weltkrieg. Aber auch der gemeine Soldat brachte der Schwester keine größere Achtung entgegen, eine Stellungnahme, an der alle Propaganda des Hinterlandes zugunsten der Pflegedame nichts zu ändern vermochte. Soll man hier auch an ein Mitspielen des Sexualneides denken? Jedenfalls war das Verhalten einer großen Anzahl der Schwestern nicht darnach angetan, sich der Sympathien des gemeinen Soldaten zu versichern. Die Offiziersverhimmelung der Schwestern, das in sehr vielen Fällen durchaus unbegründete Standesbewußtsein, mit dem sie sich über den gemeinen Pflegling erhaben und den Offizieren gleichgestellt dünkten, wie auch ihre Liebschaften in der Etappe, die nur zu oft der militärischen Charge anstatt dem Menschen oder dem Manne galten, waren sprichwörtlich und allen Soldaten, die die Etappe jemals passiert hatten, bekannt.

Die sadistische Freude mancher Pflegerinnen an drastischen Sinnenreizen, deren der Lazarettdienst mehr als genug zu bieten hatte, macht den Wunsch vieler Krankenschwestern, möglichst nahe an das Feuer heranzukommen, begreiflich. So schreibt Prof. Dr. Hohenegg aus Wien [9]: „Ein großer Teil der

Die Damen: *„Wir möchten heute wieder einen Verwundeten spazieren führen – aber könnte es bitte einer sein, dem man auch ansieht, daß er verwundet ist?“* *Aus „Punch“, 1915*

freiwilligen Pflegerinnen verlangte im weiteren Verlauf des Krieges an die Front ...“ Und auch Dr. Huot weiß über seine Pflegerinnen, die schon im Feuer gestanden hatten, dasselbe zu erzählen [10]: „Bei vielen“, sagt er, „die durch die ständigen Bombardements in einen oberflächlichen Erregungszustand versetzt wurden, verstärkte sich der Wunsch, nahe bei der Front, in den Sanitätsformationen der vordersten Linie Dienst zu tun ... Ach, wie sie ihr Geschlecht verfluch-

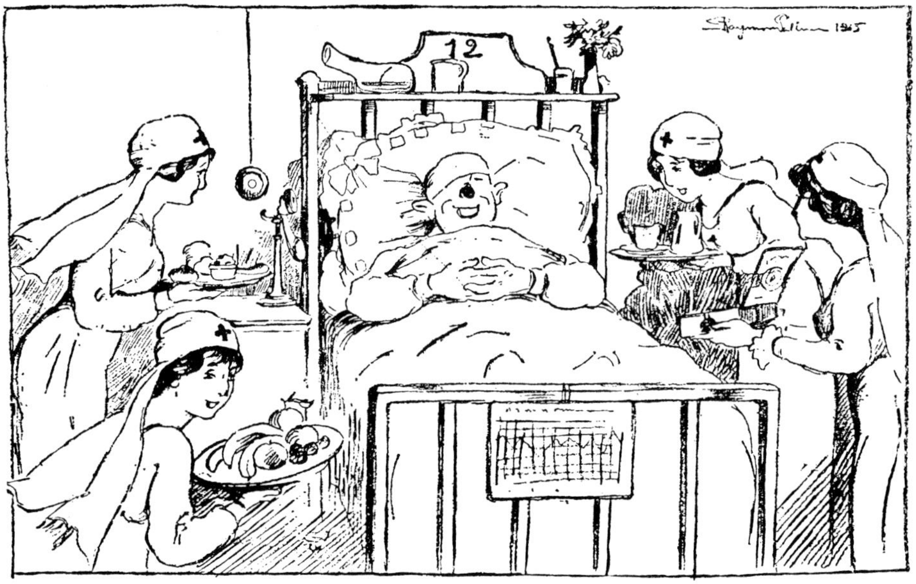

Wie man über Leiden witzelt

„Und da gibt es Leute, die den Krieg schrecklich finden. . .“
Zeichnung von R. Pallier. Aus „La Baïonnette“, 1915

ten, das ihnen verbot, Gefahr und Ruhm an der Seite der Männer zu teilen, unter dem gleichen Titel wie die Männer in unmittelbarer Nähe des Kriegsschauplatzes zu weilen.“

Ein Fall, wo sich eine englische Pflegerin längere Zeit in der Feuerlinie aufhielt, ist uns aus französischer Quelle bekannt [11].

„Sie ist“, erzählt uns ein Offizier des französischen Generalstabs, der das Vergnügen hatte, mit ihr an der Tafel des belgischen Gesandten M. de Broqueville zu speisen, „die reizende Tochter des Lords F . . . . und seit fünf Monaten Verwundetenpflegerin in den vorderen Linien. In männlicher Kleidung, Khakikostüm, gelben Stiefeln, Wollkäppi, hält sie sich ganz nahe den Schützengräben auf, um die Kranken wegzuschaffen und zu pflegen. Ebenso hübsch wie mutig, kennt und schätzt man sie an der ganzen Nordfront, wo sie auch alle Schlachten mitmachte, so vor allem die an der Yser und bei Dixmuiden. Ihre Lieblinge sind unsere Marineschützen. Es ist anhörenswert, wie sie mit ihrem englischen Akzent Argotworte plappert: ‚J'aime beaucoup ces petits fusiliers: ils savent si bien ‚zigouiller‘ les Boches!‘“

Beachtung verdient auch folgender Fall: Als am Naroczsee unter den von den Deutschen gemachten Gefangenen eine uniformierte Pflegerin von etwa 19 Jahren, vom Scheitel bis zur Sohle in Mannestracht, entdeckt wurde und man sie fragte, warum sie mitkämpfe und nicht als Krankenschwester diene, gab die junge Dame an, in Rußland seien die Krankenschwestern sehr verrufen und darum hätte sie es vorgezogen, eine Uniform anzulegen [12]. Eine andere russische Schwester namens Iwanowa soll in einem Gefecht an der nordwestlichen Front, als alle Offiziere des Bataillons gefallen waren, im entscheidenden Augenblicke die zurückweichenden Soldaten gesammelt, sie angefeuert und im Sturm einen feindlichen Laufgraben genommen haben. Sie starb von einer Kugel durchbohrt, erhielt nachträglich das Georgs-Kreuz und wurde von der französischen Presse als Heldin gefeiert, während die Deutschen ihre Tat als „Verbrechen gegen das Völkerrecht" bezeichneten [13].

Sonst finden wir Frauen in der Feuerlinie und gelegentlich sogar im Schützengraben hauptsächlich an der Westfront. Blättermeldungen zufolge hörten die deutschen Soldaten hier anfangs 1915 wiederholt Tanzmusik aus den französischen Unterständen oder aus den Ortschaften hinter der Feuerlinie. Auch andere Umstände sprechen dafür, daß gelegentlich Besuche von Frauen an der Front vorkamen. So, wenn der Stellungskrieg vorübergehend in einen Bewegungskrieg übergegangen war und sich Schauspielerinnen aus Paris oder anderen französischen Städten in der Nähe der Front aufhielten. Auf dem österreichischen Kriegstheater scheint dies noch öfters der Fall gewesen zu sein. Im Roman „Soldaten Marien" schildert der Verfasser mit grellen Farben die erotisierende Wirkung, die die Gegenwart einer Sängerin im russischen Schützengraben auf die gegenüber eingegrabenen deutschen Soldaten ausübte:

„Alle warteten sie auf das Wunder.
Es kam spät in der Nacht.
Da hob diese Stimme wieder zu singen an. Diese fremde Frauenstimme drüben im russischen Graben hub wieder zu singen an. Leise und getragen setzte sie ein und wieder und wieder.
Allen Soldaten schlug das Herz im Halse. Konnte so viel Süße in einer Frauenstimme sein?
. . . .
Barfelde lehnte nicht mehr am Baum. Er stand und krallte die Hände zusammen.
Wie schön mußte dieses Weib sein!
Er sah sie. Die traurigen Augen und den süßen roten Mund [14]."

Auch Frontbesuche aus Familiengründen sind, allerdings selten, vorgekommen. So schreibt uns ein österreichischer Offizier, daß sich im Jahre 1915 in einer Etappenortschaft unmittelbar hinter der Front eine auffallend hübsche, elegant gekleidete Dame meldete und um die Erlaubnis bat, ihren im Feuer stehenden Gatten, einen aktiven österreichischen Oberleutnant, besuchen zu dürfen. Als die Dame, eine typische österreichische Offiziersgattin, nach den Gründen ihres überraschenden Anliegens gefragt wurde, erzählte sie dem Kommandanten freimütig, daß ihr zu Hause ein kleiner Unfall passiert sei; sie

„Wir möchten dem kleinen Leutnant zu seiner Genesung gratulieren . . .!"
Wieder einmal gefällt sich die Kriegskarikatur in der Verniedlichung der Dinge
Zeichnung von A. Aubry. Aus „Fantasion", 1916

hätte aus überschäumendem Temperament einen Fehltritt begangen, der nicht ohne Folgen geblieben wäre und den sie nun durch ein Zusammentreffen mit ihrem Gatten zu legitimieren wünsche. Sie erhielt die erbetene Erlaubnis.

Über den Frontbesuch einer Französin aus der Bretagne gaben seinerzeit französische Blätter folgenden Bericht eines Soldaten aus dem Felde wieder:

„... Man kann sich nicht vorstellen, wie viel Energie in so einer kleinen Weibsperson stekken kann. Sie ist aus der hintersten Bretagne gekommen, um ein Kind in die Arme ihres Mannes zu legen, das sie ihm nach seiner Abreise geboren hatte. Sie hatte sich geschworen, daß er es sehen müsse. Der Gedanke, daß er sterben könnte, ohne sein Kind zu sehen, erklärte sie später, hätte ihr das Hirn zermartert. Eines schönen Tages machte sie sich auf den Weg. Sie überwand alle Hindernisse, beschwichtigte alle Wachen, kam bis in den Schützengraben. Eines Abends hatten wir eben unser Geschirr gewaschen und breiteten das Stroh für unser Nachtlager in unserem Schuppen aus, als einer der Kameraden plötzlich einen Schrei ausstieß: ‚Ma Louise!‘ Sie war es. Wortlos legte sie ihm das ganz in Weiß gepackte Kindlein in die Arme, er wagte kaum, es zu küssen. Oh, wir haben erregende Szenen im Kriege mit angesehen. Aber diese! – Manche weinten. Er, der Papa, war blaß und stumm, als ob ihm eine leise Kugel das Herz durchbohrt hätte.“

Auch weibliche Hilfskräfte kamen wider Willen in die Gefahrenzone. So wurden die Hilfsdienstfrauen an der österreichischen Südwestfront im Jahre 1918 bis in die Schützengräben vorgetrieben und erlitten beträchtliche Verluste [15].

Der freiwilligen Teilnahme von Frauen am Kriege, der weiblichen Soldaten des Ersten Weltkrieges, soll in einem anderen Kapitel gedacht werden.

Engel oder Dirne?
Wandkritzelei in einem Wiener Reservespital

Schützengrabenerotik und Frontmoral

VI

Diskussion über die Unschädlichkeit der Abstinenz – Stahlbad der Nerven? – Liebesgaben, Feldpostbriefe und die Sitte der Marrainen – Die Wege der Ersatzbefriedigung – Tätowierung – Die Analerotik der Soldaten – Enthaltsamkeitsfolgen

Daß der Krieg anfangs vielen als Weg zur erotischen Befreiung, zum ungehemmten Ausleben der Sinnlichkeit erscheinen konnte, weist auf einen der zahlreichen Irrtümer hin, die auf völliger Unkenntnis der modernen Kriegführung beruhten. Hätte man sich vergegenwärtigen können, was der Stellungskrieg bedeute, so wäre der Menschheit wenigstens diese Illusion erspart geblieben und damit die Enttäuschung, die sich in ihrer Folge notgedrungen einstellen mußte. Statt dessen stoßen wir hier wie überall auf jene erschreckende Ahnungslosigkeit, mit der die Menschheit auf eine ihrer größten Katastrophen lossteuerte. Es mußte der Krieg in seiner ganzen furchtbaren Wirklichkeit kom-

Côte d'azur und Kote 304

„Tja – die gehen ins Seebad und wir ins Stahlbad ...“ Zeichnung von R. Jouan. Aus „Le Rire rouge“, 1918

men, um den hochgespannten Erwartungen die tragikomisch geringe Entladungsmöglichkeit entgegenzuhalten.

Mit der erotischen Freiheit erging es den meisten Kriegsteilnehmern, die nicht das Glück hatten, die Jahre des Weltenbrandes in der Etappe zu verleben, genau so wie den italienischen Futuristen mit der vielgepriesenen Aktionsfreiheit, in deren Namen ihr Prophet Marinetti das Eingreifen Italiens in den Krieg gefordert hatte. Es stellte sich heraus, daß in diesem Kriege von Ungebundenheit des Auslebens keine Rede sein konnte, daß moderner Krieg vielmehr unmenschliche Disziplin, entwürdigende Manneszucht, Knebelung aller freien Äußerungen bedeutete. Wie überall, so auch im Geschlechtsleben. Im Schützengraben hörte der gemeine Soldat auf, Mensch zu sein. Was aber noch entsetzlicher ist und uns an dieser Stelle beschäftigen soll, war, daß er, durch die veränderten Lebensverhältnisse gezwungen, im selben Maße auch aufhören mußte, Mann zu sein. Im Schützengraben war für ein Sexualleben, zumindest für ein normales, kein Platz. Hier wurde man zum Tier, ohne das Recht des Tieres auf die freie Betätigung der mächtigsten Instinkte zu genießen.

Es ist ebenso bezeichnend wie traurig, daß sich die Wissenschaft auch hier willig in den Dienst der Kriegsinteressen stellte. Namentlich deutsche Mediziner waren mit sehr verdächtigem Eifer bestrebt, Loblieder der Abstinenz anzustimmen, während man auf französischer Seite eine systematische Behandlung dieser Frage vermied und in England an der Überlieferung festhielt, Probleme des Sexuallebens vor der Öffentlichkeit möglichst wenig zu erörtern. In der deutschen medizinischen Wissenschaft hatte es freilich auch schon früher Gelehrte gegeben, die sich zur Ansicht der Unschädlichkeit, ja sogar Nützlichkeit der sexuellen Enthaltsamkeit bekannten. So wurde der deutschen Öffentlichkeit bei Kriegsbeginn die Meinung beigebracht, daß die Abstinenz durchwegs heilsame Wirkungen zeitigen würde, indem sie den Kriegsteilnehmern die Aufspeicherung ihrer besten Kräfte gestattete. Wäre der Krieg, wie man anfänglich annahm, nach einigen Monaten oder höchstens einem Jahr zu Ende gegangen, so hätten diese Fürsprecher einer sexuellen Schonzeit vielleicht recht behalten. Da es aber so ganz anders kam, müssen wir die Enthaltsamkeit der Frontsoldaten ebenso wie die Kriegsprostitution, das Etappenleben und die Überhandnahme der Geschlechtskrankheiten zu den schlimmsten und betrüblichsten Folgen des Krieges rechnen.

Daß den mehr patriotischen als wissenschaftlich überzeugten Enthaltsamkeitsaposteln die Literatur lebhafte Assistenz leistete, kann nicht weiter verwundern. Man weiß, wie sehr die Literatur und Journalistik gerade in der ersten Zeit im Banne der Kriegsideologie oder richtiger in Wechselwirkung mit dieser standen, indem sie sich von ihr beeinflussen und den erhaltenen Einfluß verstärkt zurückströmen ließen. Verfocht die medizinische Wissenschaft nun den Lehrsatz der gesundmachenden Abstinenz, so nahmen Literatur und Presse einen Standpunkt ein, aus dem ungefähr dasselbe folgte: sie erwarteten vom Kriege eine machtvolle Sublimierung des Geschlechtstriebes. Dies ging so weit, daß der im Kriege verstorbene verdienstvolle Sexualforscher Eulenburg den bereits zitierten Ausspruch vom „Stahlbad der Nerven“ tat. Unter dem Titel „Krieg und Erotik“ bekommen wir von literarischer Seite beispielsweise folgende Blüte serviert:

„Faßt man die männliche Erotik als etwas auf, wozu weniger das Objekt Weib als das

Zeichnung von Carlègle. Aus „La Vie Parisienne" (Mit verdeutschtem Text)

Ankündigung eines Briefstellers für „Marraines“ und ihre Patenkinder. Aus „La Baïonnette“, 1915

Subjekt Geist gehört, so scheint der Krieg mit seiner ganz unerotischen Atmosphäre, mit der harten, süßen Notwendigkeit des Ohne-Weib-Seins ganz wunderbar geschaffen, die traumhaft-milde, sehnsüchtige Stimmung wahrhafter Erotik zu begünstigen ...“

Überhaupt war die patriotische Literatur der ersten Kriegsmonate in widerwärtiger Weise bestrebt, die vor dem Kriege begangene Sünde, die Erotik in den Mittelpunkt aller Dichtung zu stellen, gutzumachen. Daß man hierbei des Guten oft zu viel tat, ist nur natürlich: hatte die Literatur der Vorkriegszeit Eros auf den Pegasus gesetzt, so tat man jetzt alles, um ihn nicht nur herunterzuzerren, sondern mit dem Kriegsroß auch tüchtig zu zerstampfen. So schrieb der bekannte Wiener Schriftsteller Hans Müller kurz nach Kriegsausbruch ein Feuilleton, das wir als Musterbeispiel dieses heuchlerischen Abfalls von der Religion der sinnlichen Liebe auffassen können. Er schildert das Leben eines Soldaten in Ich-Form und erzählt:

„Nun liege ich nachts auf Stein da und entbehre nichts und fürchte mich zu fragen: welches ungeheuere körperliche und seelische Geheimnis vollzieht sich in mir? ... Wenn Liane sich jetzt über mich beugen würde, sie, die schönste Frau, nach der ich gezittert habe mit allen Fibern meines Körpers, wenn sie jetzt ihr goldenes Haar über mich fallen ließe – ich schübe es von meinen Augen weg, nur um das Hellewerden der Wolken nicht zu versäumen, die zum Auftrieb nach Ostrowa Palcze mahnen [1].“

Zu diesem Ergusse patriotischer Frauenverachtung bemerkte der tapfere Pazifist und Nobelpreisträger Dr. Alfred H. Fried prompt, daß der Verfasser, wie er (Fried) in Erfahrung bringen konnte, untauglich war und „die Regeneration seines Daseins in seinem Klubfauteuil erdichtet hat“ [2].

Die Sublimierung der Geschlechtsliebe erwies sich bald als „ein Traum und nicht einmal ein schöner“. Die Soldaten, die bei Regen und Frost, vom Tode umlauert, als lebende Leichen in den Unterständen kauerten, sprachen über Frauen, nach der Zeugenschaft aller Kriegsteilnehmer, keineswegs als Idealisten, sondern im unflätigsten Tone. Es mußte, wie wir schon hier vorausschicken können, eine Art Ersatzbefriedigung darstellen, das Liebesobjekt, wenn es mit Taten nicht ging, wenigstens mit Worten zu brutalisieren.

Die wenigen Möglichkeiten, die der Krieg bot, um die erotischen Beziehungen der Front mit dem Hinterland zu erhalten, wurden (wie nicht anders zu erwarten), ausgiebig aus-

Mimi Pinson (die populäre Gestalt der kleinen Pariser Arbeiterin) als „marraine“:
„Ich bin eine alte Baronin und bitte Sie, fünf Francs von mir anzunehmen.“
Zeichnung von Synave, Paris, 1916

genutzt. Den wochenlang in den Unterständen hausenden Soldaten mußte ein Brief oder ein noch so geringfügiges Geschenk aus geliebten Händen auch erotisch viel bedeuten. Darüber war man sich von vornherein im klaren und so war man darauf bedacht, diesen erotischen Kontakt zwischen den daheim gebliebenen Frauen und den im Feuer stehenden Männern zu organisieren. Besonders anfangs, als die Kriegsbegeisterung am hellsten flammte, strickten die Frauen Strümpfe und Wollzeug, schickten sie Liebesgabenpakete an die Front. Welcher Modemißbrauch auch damit getrieben wurde, ist allen, die die „große Zeit“ erlebt haben, erinnerlich. „Diamantenbehangene Damen setzten sich in Ringcafés und zupfen Scharpie, fahren strickend in der Straßenbahn“, schreibt Fried über Wien [3]. Die Liebesgaben sind in allen Ländern zur Kriegsmode geworden. Da sie häufig für unbekannte Empfänger bestimmt waren, schufen sie eben jenen erotischen Kontakt zwischen Front und Hinterland, den die ebenfalls sehr verbreitete Liebeskorrespondenz erheblich verstärkte. Aus der „Liller Kriegszeitung“ sei hier ein populärer „Stoßseufzer aus dem Schützengraben“ und die Antwort darauf wiedergegeben:

„Liebeshandschuh trag’ ich an den Händen,
Liebesbinden wärmen meine Lenden.
Liebesschals schling’ nachts ich um den Kragen,
Liebeskognak wärmt den kühlen Magen,
Liebestabak füllt die Liebespfeife,
Morgens wasch’ ich mich mit Liebesseife,
Liebesschokolade ist erlabend,
Liebeskerzen leuchten mir am Abend,
Schreib’ ich mit dem Liebesbleistift tiefe
Liebesgabendankesagebriefe.
Wärmt der Liebeskopfschlauch nachts den Schädel,
Seufz’ ich: „Soviel Liebe – und kein Mädel!“
(Ein Mann.)
Liebeshandschuh stricken fleiß’ge Hände,
Liebesbinden finden gar kein Ende,
Liebesdauerwürste schicken ohne Zahl
Wir den Braven für ein Schützengrabenmahl,
Liebeszigaretten und -zigarren
Für die Tapferen, die im Felde harren
Tag für Tag auf Liebesfeldpostbriefe,
Und es ist, als ob im Herzen schliefe
Still der Wunsch – er regt sich dann und wann
Seufzend: „Soviel Liebe – und kein Mann!“
(Ein Mädel.)“

„Sie müssen sich etwas gedulden – Madame hat außer Ihnen noch 72 andere Kriegsmündel . . .“
Auf den Marraine-Unfug gemünzte Karikatur von Faforge. Aus „Fantasio“

Auch die Sitte der Kriegspatin war in allen Staaten eingebürgert, doch trieb sie ihre herrlichsten und zugleich drolligsten Blüten in Frankreich, dem Lande der schon erwähnten „Verniedlichung des Krieges“. Hier war die Institution der „Marraine“ administrativ ausgebaut. Die Pariserin, die sich an diesem nur zu oft erotischen Gesellschaftsspiele beteiligen wollte, wandte sich an die Militärbehörden, die ihr einen ihrer Aufmerksamkeit würdigen „Filleul“ empfahlen. Die

Franzosen waren auf ihre mitunter zweifellos hübsche Erfindung sehr stolz. Maurice Donnay [4], der auch ein Buch über die Rolle der Französin im Kriege schrieb, bezeichnet die Marrainage als „eine der Einrichtungen, in der man alle Nuancen des französischen Herzens und Esprits erkennt". „Sie entstand in den ersten Kriegsmonaten, im Herbst 1914 um die Zeit der Marneschlacht. Damals im Oktober gruben sich die feindlichen Armeen ein, man bereitete sich auf die schlechte Jahreszeit, auf die kurzen Tage und langen Nächte vor. Jede Französin, die ihren Mann, Sohn oder Freund im Felde hatte, schickte ihm warme Kleider, kaufte Wolle und strickte. Setzte sich an den Tisch und schrieb Briefe. Da gedachten gutherzige Menschen der Soldaten ohne Verwandte oder deren Familien in den besetzten Gebieten zurückgeblieben waren. Man forderte die französische Frau auf, Mutterstelle an diesen Bedauernswerten zu vertreten. Die Frauen kamen der Aufforderung nach, Großmütter, Mütter und Schulmädchen nahmen sich „Filleuls." Donnay teilt auch das authentische Muster für Briefe mit, durch die die Adoption eingeleitet wurde: „Mon cher ami, on me dit, que vous êtes seul, que personne ne

Inserat eines Pariser Vergnügungslokales, das sich an ein Publikum der „Marraines" – Kriegspatinnen – und ihrer Patenkinder wendet.

s'occupe de vous. Eh bien, sachez qu'à partir de ce moment vous avez quelqu'une qui s'interesse à vous. Pour commencer, je vous envoie un petit paquet . . ."

Daß dieser harmlose Ton im Verlaufe der weiteren Beziehungen beim erotischen Temperament der Französin nicht beibehalten wurde und zwischen Marraine und Filleul Briefe hin und her schwirrten, deren Text schon in keinem Briefsteller als Muster veröffentlicht werden konnte, liegt auf der Hand. Bezeichnenderweise ließ sich der französische Geist, als die Sitte der Marrainage verfiel, durch das patriotische Interesse nicht hindern, den Marrainenunfug mit beißender Ironie zu geißeln. Die Witzblätter, die sich bis dahin begnügt hatten, eine Massenverehelichung der Marrainen mit ihren heimgekehrten Filleuls zu prophezeien oder das Entsetzen der Pariserin auszumalen, die ihr beurlaubtes, aber noch unbekanntes Mündel als einen besonders exotischen Kongoneger oder Indochinesen kennenlernte, ließen nun ihren ganzen Witz auf die bald verblühte Einrichtung niedersprühen. Über die allmählich abklingende Vogue der Marrainen sagt Dr. Huot [5]: „Die Sitte der Marrainen, die anfangs so selbstlos war, hat auf die Dauer einen sentimentalen Anstrich gewonnen, zumindest bei jungen Frauen und Mädchen. Der ungebildete, verwahrloste Poilu beginnt als Filleul entschieden aus der Mode zu kommen und ist fast ausschließlich alten Damen und kleinen Kindern vorbehalten." In beiden Weltkriegen war das in Deutschland auch nicht anders. Wer dem unbekannten Soldaten schrieb, war entweder ein naives Kind – oder ein Mädchen, das handfeste Geschlechtsbeziehungen im nächsten Urlaub suchte – wurden doch die entsprechenden Annoncen großenteils von daheim kasernierten Soldaten beantwortet . . .

„Auf Befehl!“
Aquarell von Michael Biró, Galizien, 1915

Besuch bei der Marraine

„Endlich sind Sie da! Womit könnte ich Ihnen eine kleine Freude machen, mein Lieber?"
„Oh – vielleicht mit Ihrem Stubenmädchen, wenn ich bitten dürfte . . ."
Zeichnung von Jean Plumet. Aus „Le Rire rouge", 1915

Über die durchaus erotische Wirkung, die oft Briefe aus der Heimat auslösten, gibt uns ein Artikel über die Sexualnot im Schützengraben Aufschluß, dem wir folgendes entnehmen:

Der sexuellen Zwangslage ist vieles zuzuschreiben, was sich auf ganz anderen Gebieten ereignet hat. Sie steigerte das ganz allgemeine Gefühl des Unbefriedigtseins häufig bis zu unmittelbaren Wutempfindungen und verursachte, wie das Löwenfeld (Sexualleben und Nervenleiden) ausdrücklich als eine bekannte Beobachtung hervorgehoben hat, geistige Dämmerzustände und Gemütsdepressionen, die oft fälschlicherweise ausschließlich den Wirkungen der Kämpfe zugesprochen wurden. Ein Patient in der Nervenabteilung eines Lazaretts erzählte, daß sich bei jedem Brief, den er aus der Heimat erhalten hatte, Pollutionen (Samenergüsse) eingestellt hätten. Dieser ersten von ihm gemachten Beobachtung folgte die weitere, daß sich die Pollutionen stets dann wiederholten, wenn er auf Posten, in Erwartung feindlicher Angriffe oder Streitigkeiten unter seinen Kameraden war. Jede kleinste Erregung führte schließlich zu unerträglicher Erektion (Erregungszustand des Gliedes), gegen die er lange vergeblich gekämpft, aus der er sich aber schließlich durch Onanie zu erlösen versucht habe. Er versicherte, früher niemals unter sexuellen Abnormitäten gelitten zu haben.

Daß die Selbstbefriedigung in allen Heeren um sich griff und gelegentlich unheilvolle Folgen hatte, ist statistisch nicht nachzuweisen, doch lassen Äußerungen aller Kriegs-

ärzte mit großer Wahrscheinlichkeit zumindest auf das erstere schließen.
So schreibt einer von ihnen:
„Ein dreißigjähriger, sehr sinnlich veranlagter Mann gab sich erotischen Vorstellungen so lange und intensiv hin, bis ohne irgend welche äußerliche Reizung der Genitalorgane Ejakulation erfolgte. Er litt dabei stark unter der üblichen Masturbationshypochondrie, die ihn an das bekannte „Austrocknen des Rükkenmarks" glauben ließ, was ihn aber anderseits nicht hinderte, sich immer wieder seinen erotischen Phantasien bis zum erwünschten Erfolg hinzugeben [7]."
Für die Ausbreitung der Onanie spricht übrigens auch die große Anzahl erotischer Anekdoten, die unter den kämpfenden Truppen herumerzählt wurden und auch den Weg ins Hinterland fanden. Eines der bekanntesten Kriegswortspiele war zum Beispiel der Ausspruch eines alten österreichischen Landsturmmannes: „Früher war meine Frau meine rechte Hand, jetzt ist meine rechte Hand meine Frau." Ein früherer ungarischer Offizier schildert uns in einer Zuschrift den Fall eines Bosniaken, der im Regiment des Briefschreibers diente und den man auf Urlaub schicken mußte, weil er, seinem ganz niederen Bildungsgrad entsprechend, vor den Augen aller Kameraden Masturbation getrieben hatte. Ein französischer Leutnant schildert uns in einer Zuschrift ein ähnliches Erlebnis:
„Ich inspizierte die Unterkunft und kam in einen dürftig erhellten Winkel der Dekkung. Eine fast gespenstische Gruppe von Poilus und ein unheimliches Fluid ließen mich am Türpfosten haltmachen und unbemerkt die Leute beobachten. Sie standen im Kreis um einen jüngeren Gemeinen, nach seiner Aussprache ein echter Pariser Vorstädter, und lauschten einer mit großem Elan und eindrucksvoller Bildlichkeit vorgetragenen Erzählung. Der Pariser schilderte in buntesten Farben, mit Hand- und Körperbewegungen, Kopfverdrehungen und schnalzenden Tönen bis in die kleinsten Einzelheiten, indem er zeitweise auch eine Frauenstimme imitierte, seine – Brautnacht. Die Erregung, in die er sich selbst hineinredete, hatte sich auch seinen Kameraden mitgeteilt, sie schienen ihn, soviel ich in der Dunkelheit entnehmen konnte, immer enger zu umringen und mit weitaufgerissenen Augen an seinen Lippen zu hängen. Ich schlich auf Katzensohlen näher, meine Augen hatten sich allmählich an die spärliche Beleuchtung gewöhnt, und erst jetzt erkannte ich mit aller Deutlichkeit den Zweck und die Wirkung der lebhaften Erzählung des Burschen aus Paname (Argotbezeichnung für Paris): die verzückten Poilus standen da mit aufgeknöpften Hosen ..."
Egon Erwin Kisch überliefert in seinem „Winterlager einer geschlagenen Armee" die bezeichnende Tatsache, daß, sobald man in eine Ortschaft eingezogen war, wo normaler Liebesgenuß möglich war, jene, die noch immer an dem im Felde üblichen Notbehelf der Selbstbefriedigung festhielten, von den Kameraden verulkt und verspottet wurden [8].
Daß unter Umständen der Krieg und die damit verbundenen Erlebnisse selbst das Motiv der Onanie abgaben, kann zwar nur schwer bewiesen werden, ist aber als fast sicher anzunehmen. Erinnern wir uns an die erotisierende Wirkung, die, wie wir gesehen haben, gewisse Kriegshandlungen, wie das Bombardement, auf die weibliche Psyche ausüben, so können wir eine ähnliche Reaktion in gewissen Fällen auch bei Männern voraussetzen. Daß Napoleon mitten in der Schlacht von Abensberg sich eine Frau auf den Feldherrnhügel bringen ließ, mit der er

In guter Obhut

Die Kriegspatin kümmert sich um ihr „Patenkind". Zeichnung von A. Vallée. Aus „Fantasio", 1916

hinter einem Zelt verkehrte, ist historisch nachgewiesen. Und es ist in diesem Zusammenhange auch noch auf den sadistischen Major hinzuweisen, der, wie uns Bruno Vogel erzählt, bei der Beobachtung eines Nahkampfes am Scherenfernrohr onanierte. Selbst wenn diese Figur erdichtet wäre, ist sie doch psychologisch ebenso wahr wie eine beträchtliche Jahre ältere Romanfigur des Marquis de Sades, die beim Ausbruch des Vesuvs

Zeichen am Himmel
Zeichnung von A. Szekely

Orgasmus bekommt. Und Lißmann schreibt: „Ein dreißigjähriger, sonst nervengesunder Mann bekam bei starkem Artillerie- und Minenfeuer häufig erektions- und wollustlose Ejakulationen, die bei längerer Schießerei zwei- bis dreimal auftraten, ohne besondere Ermüdungserscheinungen zu hinterlassen. In der Etappe sah ich einen ähnlichen Fall; der zirka fünfundzwanzigjährige Mann hatte bei Bombenbewurf des Städtchens, während er, allerdings sehr verängstigt im Keller saß, wiederholt Ejakulationen ohne Erektion [9]".

Die Onanie war indessen nicht die einzige Art Ersatzbefriedigung, zu der die Soldaten in ihrer Sexualnot griffen. Das ganze Soldatenleben war mit gewaltsam um ihre Befriedigungsmöglichkeit gebrachter Erotik durchtränkt. Schimpfte und fluchte man beim Militär schon in Friedenszeiten in einer Weise, in der sich der Sexualtrieb drastisch manifestierte, so war das im Kriege, wie es alle Kriegsteilnehmer bestätigen, in noch viel höherem Maße der Fall. Überhaupt ist die Kasernensprache ein Gemisch von Ausdrükken, die entweder Einzelheiten des Verdauungsprozesses oder des Geschlechtsverkehrs bezeichnen. Auch ein beträchtlicher Teil der Soldatenwitze und Soldatenlieder bezieht sich auf das sexuelle Leben. Einige Beispiele solcher erotischer Lieder seien hier angeführt. Ein bayrisches Soldatenlied lautet:

„Mir von der Infan'trie
Kennan da nix:
Madl, geh spreiz di net!
Her mit der Büchs!

Mir von der Kavall'rie
Reit'n so gern;
Madl, schaug, du därfst jetzt
Mei' Reitpferd wer'n!

Mir von der Artill'rie
Ham a Kanon',
Wennst ma die putz'n laßt,
Kriagst scho dei' Lohn!

Mir von die Luftballon
Steig'n gern in d' Höh',
Madl, geh laß mi steig'n
's tuat gar net weh!

Mir von die Pionier
Bau'n gern Bruck'n,
Madl, geh leg di amol
Schnell auf dein Ruck'n!"

Übrigens ist zu bemerken, daß viele Kriegsgedichte schon vor dem Kriege entstanden waren. Auch ein psychologisch nicht uninter-

WORAN SOLDATEN DENKEN

1. An die Gefahr; 2. an den Orden; 3. . . . an Dich; 4. . . . immer an Dich; 5. . . . nur an Dich!

Zeichnungen von René Préjelan. Aus „La Vie Parisienne“, 1917

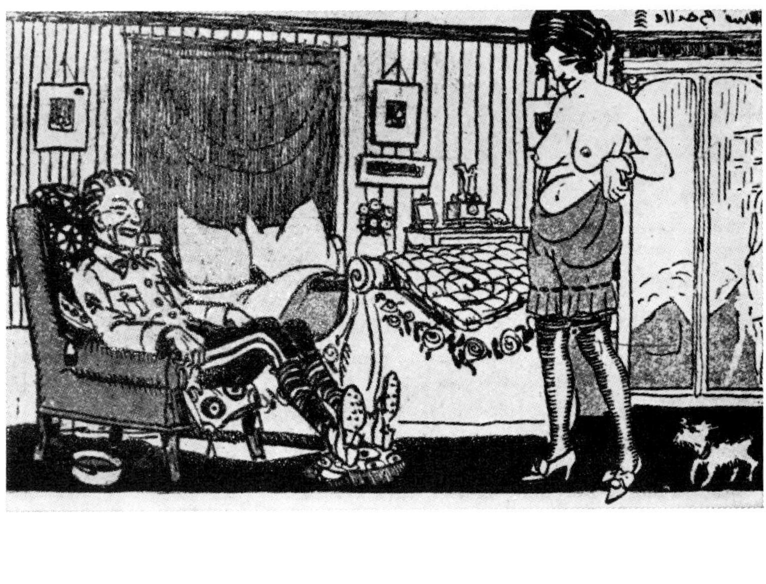

Rechts: „Draußen habe ich sie mir doch anders vorgestellt“

Zeichnung von H. Baille. Aus „Le Rire rouge“, 1917

Geschäft und Krieg

Sinniger Reklame-Einfall einer deutschen Möbelfabrik, 1915

„Wenn Du von Frauen sprichst, denke an Deine Mutter, Deine Schwester und Deine Braut – dann wirst Du keine Dummheiten reden“

Plakat des amerikanischen Christlichen Vereins Junger Männer, das während des Ersten Weltkrieges in Frankreich verteilt wurde

Rechts: Die Dame und ihr verhätschel-tes Kriegsmündel

Zeichnung von . . .
Aus „Fantasio"

Rechts unten: Französisches Plakat für den „Tag des Frontpakets" im Dept. Puy de Dome, 1916

Unten: Titelblatt: „Die Schule der Kriegspatin" von Jeanne Landre.

Ein süßlich-patriotischer Roman, für 3,50 Frs. zu erstehen

Sie träumen von einem glücklicheren Leben
Zeichnung von H. Zislin. Aus „La Baïonnette"

Links: Liebe und Vaterland – verdichtet sich im Traum zur nackten Marianne ...
Zeichnung von A. Willette

Unten: Woran Tommy denkt ...
Aquarell von J. B. Whyte

Nächtlicher Besuch an der Front
Zeichnung von R. Thibaud

Im französischen Frontabschnitt
„Schützengraben? Nein – Schürzengraben . . . !“
Zeichnung von C. O. Petersen
Aus „Ulk“, 1916

„Die Feldnille“

Originalfoto zur Sexualsymbolik von Kriegsgeräten, hier des Fesselballons. Sammlung Wolff, Leipzig

Rechte Seite, oben: „Der Traum des Soldaten“

Zeichnung eines französischen Soldaten, in einem Graben gefunden, Privatbesitz

Links unten: Phantastische Zeichnung eines unbekannten französischen Soldaten, beschriftet „On a tué mon ami“ (Man hat meinen Freund umgebracht), *Privatbesitz*

Rechts unten: Das pornographische Foto – an der Front hoch im Kurs.

Zeichnung von Gedö

Unten: Sexualnot beschmiert die Wände. Abwechselnd von Russen und Österreichern „verzierte“ Ruinenwand in Polen

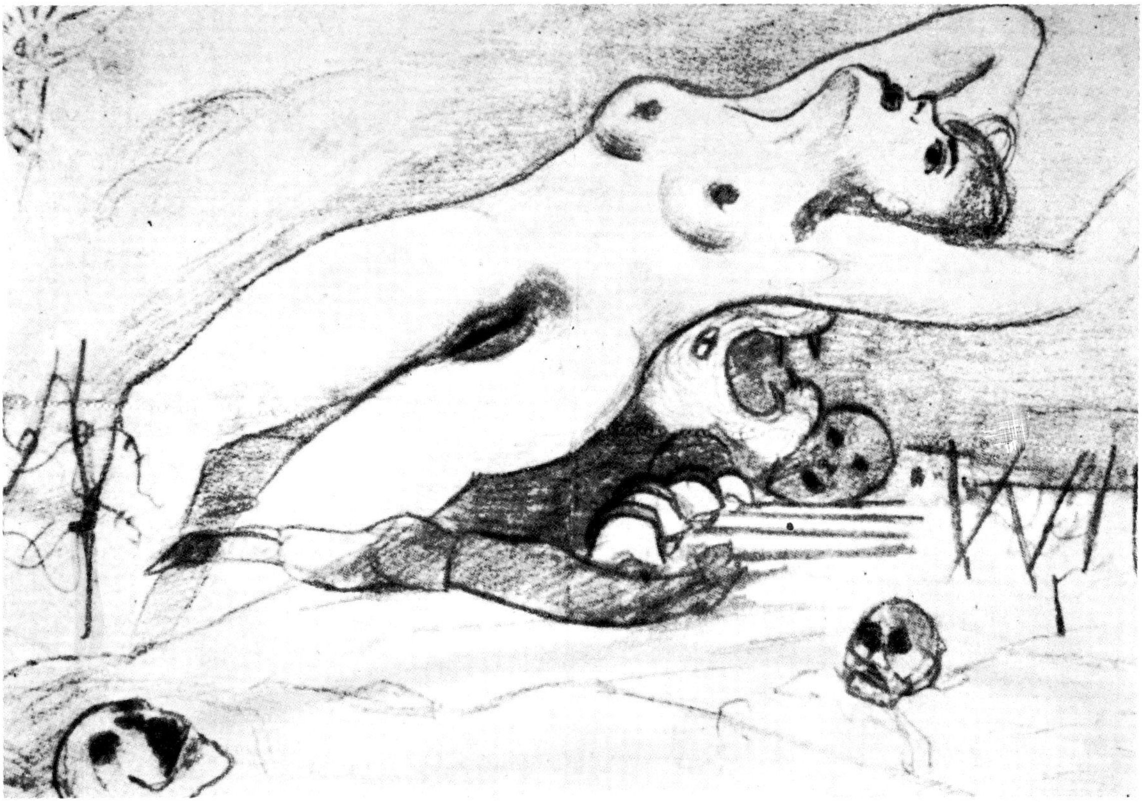

Die Latrine
Vielverbreitete „humoristische“ Postkarte

Ein Abenteuer auf dem Kriegsschauplatz im Weltkriege

An den bekannten Schüttelreim,
Der oft schon ward belacht,
Dem jeden wird bekannt er sein,
Hab neulich ich gedacht,
Als ich im Schützengraben vor Souplet
Geplagt von sogenannter „Diarrhoe“
Frühmorgens auf dem Scheißhaus saß,
Dazu ein liebes Brieflein las
Der Schüttelreim besagt sehr wahr
Ganz unverblümt und offenbar:
„Zum Reisen braucht man Schuhe,
Zum Scheißen braucht man Ruhe“.
Wie ich auf den Gedanken kam,
Verhält sich so — hört mich mal an:
Ich saß, wie ich schon angeführt,
Auf jener Stange ungeniert,
Schiß fort mit voller Jugendkraft,
Was mir im Leib Beschwerde schafft,
Mit Bums und Krach tief in das Loch,
aus dem es ganz abscheulich roch.
Und tadellos gelang der Schiß,
Ganz furchtbar scheißt man b. Kommiß.
Da — plötzlich — ei verflixt noch mal,
Da saust mit schrecklichem Skandal,
Mit niederträchtigem Gebrumm
Unheimlich 'ne Granate rum!
Kurz hinterm Scheißhaus schlägt sie ein
Und wühlt ein tiefes Loch hinein.
Na, denke ich, was kann das sein,
Für diesmal hattes du noch Schwein,
Und — da's mich noch ein wenig quälte,
Auch nicht am nötgen Nachdruck fehlte
Schiß ich dann seelenruhig fort,
In den dazu bestimmten Ort —
Jedoch das Schicksal schreitet schnell,
Herangesaust kam ein Schrapnell;
Und Donnerwetter — sakra bleu —
Unmittelbar in meiner Näh,
Krepiert das niederträcht'ge Aas.
Das war mir wirklich außer'm Spaß.
Denn ohne jeden Zweifel warsch,
Die Ludersch ziel'n nach meinem Arsch
Der Dreck flog rum, just wie die Spreu,
Da wars mit der Geduld vorbei:
Mit einem Satz sprang ich empor,
Daß ich die Stiefel fast verlor,
Die Hosen war'n noch abgeknöpft,
Und renne, bis ich schier erschöpft,
Von dem verflixten Scheißhaus fort.
In meines Erdlochs sichern Ort
Dort habe ich philosophiert,
Den Schüttelreim einmal seziert,
Und ward mir völlig drüber klar,
Wie treffend jenes Sprichwort war
Wenn man dagegen nun bedenkt,
Sich in Erinnerung still versenkt.
Wie war's doch in der Heimat schön,
Muß man daselbst mal scheißen geh'n,
'ne Zeitung nahm man schnell zur Hand
'ne Zigarett' ward angebrannt
Und seelenruhig — ei der Daus —
Schiß man sich recht gemütlich aus.
Drum, wem dies holde Glück beschieden,
Wer scheißen kann, froh und zufrieden,
Der denke an den Landwehrmann,
Der nicht mal ruhig scheißen kann!
Doch wenn der Frieden kommt ins Land,
Wir reichen uns die Bruderhand,
Dann fällt in dem Moment uns ein
Der wohlbekannte Schüttelreim:
„Zum Reisen braucht man Schuhe,
Zum Scheißen braucht man Ruhe!“

Unten: „Jagd im Schützengraben“. *Originalaufnahme von der Front*

Links unten: „Der Krieg veredelt“ – man „sitzt“ dem Photographen. *Sammlung Wolff, Leipzig*

essantes Moment, das wenigstens als Beweis dafür dienen kann, daß der moderne technische Krieg körperlich zwar viel oder alles fordert, dafür aber seelisch und menschlich so gut wie nichts zu bieten hat; denn anders wäre es nicht zu erklären, daß der alte Spruch von den im Kriegsgetöse verstummenden Musen gerade in diesem Kriege hundertprozentig in Erfüllung gegangen ist. Neu entstanden sind im Kriege höchstens pazifistische Lieder und Strophen über die Nöte des Soldatenlebens, wie die von amerikanischen Soldaten nach einer alten Melodie gesungenen, die den Titel „die Mademoiselle von Armentières" führten. Die im Titel verewigte Heldin lebte in Wirklichkeit; sie war eine hübsche Midinette, die tagsüber in einer Wäscherei arbeitete und am Abend im Café „Zur schwarzen Katze" die amerikanischen Soldaten unterhielt. Das Lied bestand aus einer Unmenge Strophen, wie etwa der folgenden:

Der General bekam 'nen Orden, parlez vous,
Der General bekam 'nen Orden, parlez vous,
Der General bekam 'nen Orden
Und mußte dafür nicht bluten, noch morden!
Hinky – Dinky, parlez vous.

Im übrigen begnügte man sich damit, alte Lieder, hauptsächlich Operettenschlager und Gassenhauer, zu singen und mitunter einigen Änderungen zu unterziehen. Nach alledem, was wir bereits über diese Frage gesagt haben, kann es nicht überraschen, daß diese Änderungen meist ins Erotische hinüberspielten. Gleichfalls im Roman vom Infanteristen Perhobstler finden wir den Kehrreim einer Lorelei-Parodie:

Und die Luft ist kühl und dunkel,
Und im Dunkeln ist gut munkeln,
Und ganz ruhig fließt der Rhein
In das Binger Loch hinein.

Die den Soldaten mit „Hinlegen" und „Auf, Marsch, Marsch" beigebrachten „offiziellen" Lieder waren dagegen nur in Parodien beliebt (und nur in solchen erträglich). Wenn ein Truppenteil freiwillig von Mut und Kampf und Tod sang, war es meist einer, der keine Aussicht hatte, je ins Feuer zu kommen.

Eine weitere Ersatzbefriedigung neben erotischen Gesprächen und Liedern waren die pornographischen Erzeugnisse, mit denen die Heimat die für sie kämpfenden Heldensöhne versorgte. Anfangs 1915 schrieben ungarische Blätter entrüstet über einen schwunghaften Exporthandel, dessen Zweck darin bestand, pornographische Photographien in die Schützengräben zu befördern. Nach der Angabe zahlreicher Kriegsteilnehmer waren diese Bilder überaus verbreitet und trugen auf ihre Art dazu bei, den Schützengrabenbewohnern über ihre Not der zwangsweisen Enthaltsamkeit hinwegzuhelfen.

Es handelte sich dabei um die auch schon in Friedenszeiten bekannten schamlosesten pornographischen Aufnahmen, wie sie in Paris noch heute von Straßenverkäufern feilgeboten und in Zeitungsinseraten der gesamten Weltpresse angepriesen werden.

Frontpostkarte, herausgegeben von der Deutschmeister Witwen- und Waisenstiftung
Sammlung A. Woff, Leipzig

Anzeige pornographischer und flagellanzistischer Bücher „für unsere Soldaten"
Aus „Le Rire rouge", 1915

Aber auch die Lektüre, die der sexualnotleidende Soldat sich zu Gemüte führte, war nicht wesentlich anders beschaffen. Wir weisen auf ein hier wiedergegebenes französisches Inserat hin, worin unter dem Schlagwort „Pour nos soldats", die verrufensten Produkte der pervers-pornographischen Literatur angezeigt werden. Und wenn die Lieferung aus der Heimat aussetzte, scheint man sich hie und da auf andere Weise geholfen zu haben. Wiederholt ging durch die deutsche Presse die Nachricht, daß in verlassenen französischen Schützengräben, die von den Deutschen besetzt wurden, neben Frauenhüten und Unterröcken, den Andenken früherer Damenbesuche, und neben Lichtbildern mit Darstellungen von Geschlechtsakten auch Phalli aus Gips vorgefunden wurden [10].

Iwan Bloch zeigte die obszöne Parodie des französischen Exerzierreglements, die ebenfalls bei einem französischen Soldaten gefunden worden war. Er meinte bei diesem Anlaß, daß ähnliche Erzeugnisse bei deutschen Soldaten gewiß nicht zu finden sein würden [11]. Diese optimistische Vermutung wurde im späteren Verlauf des Krieges allerdings durch die Tatsachen widerlegt. Es gab, wie man mit voller Wahrscheinlichkeit behaupten kann, kaum einen Schützengraben, in dem bei einem Stillstand der Kriegsoperationen die zermürbende Langeweile eines menschenunwürdigen Dahindämmerns nicht durch erotischen Kitzel belebt worden wäre. Und diesen erotischen Kitzel bot den deutschen sowohl wie allen anderen Kämpfern nur allzu oft erotischer und sogar obszöner Lesestoff. Speziell die erotisch gefärbte Verulkung militärischer Verordnungen war allseits beliebt. Uns liegt ein an der österreichischen Front in unzähligen Exemplaren verbreitetes Frontalbum, betitelt „Schweineriade", vor, in dem wir die „Instruktion für das im Jahre 1915 zu errichtende Amazonenkorps" und ein Flugblatt ähnlichen Inhalts, betitelt „Organische Bestimmungen über die Aufstellung, Organisation, den Betrieb und militärische Leitung, Unterstellung und Verwaltung von mobilen Feld- und Reservefreudenhäusern" finden. Der vollständige Text ist auf den folgenden Seiten wiedergegeben.

Daß die erotisch erhitzte Phantasie der unbefriedigten Männer, von denen viele noch überhaupt niemals eines Liebesgenusses teilhaftig geworden waren, sich in erotischen Träumen Luft machte, muß dem auch nur im mindesten psychoanalytisch orientierten Leser begreiflich vorkommen. Unzählige Kriegstagebücher, Aufzeichnungen und Werke der Kriegsliteratur erzählen uns, daß die Träume der Kombattanten durchwegs libidinös waren. Von einer Sublimierung des Geschlechtstriebes oder Idealisierung der Frau kann, wenn in diesen Träumen der innere Mensch zum Ausdruck kommt, hier so wenig die Rede sein, wie in den Schützengrabengesprächen, den Soldatenliedern und -witzen, die das Geschlechtliche betreffen. Im Traume wie im Wachsein zeigte die quälende Sexualnot der Soldaten immer die gleichen sattsam bekannten Erscheinungen.

Auch die sonst bekannten Folgeerscheinungen sexueller Enthaltsamkeit fehlten im Felde nicht; so ließen sich z. B. viele Soldaten bei passender Gelegenheit tätowieren. Der erotische Ursprung dieses Phänomens ist in der Literatur, besonders in Werken italienischer Psychiater, öfters nachgewiesen worden. Wir wissen, daß es auf die Geschlechtsnot zurückzuführen ist, was auch der erotische Charakter der meisten zur Tätowierung verwendeten Zeichnungen enthüllt. Besonders häufig begegnen wir dieser Erscheinung im Weltkrieg bei Matrosen, die allerdings auch bedeutend mehr Gelegenheit zur Durchführung der dazu nötigen Prozedur hatten als die Soldaten des Schützengrabens. In Freuds Terminologie handelt es sich hier um Männer, die längere Zeit ohne die Möglichkeit sexueller Befriedigung, von Frauen abgeschieden, leben und daher ihre Libidobesetzung auf ihr eigenes Ich zurückziehen. Gewöhnlich erfolgte die Tätowierung bei Matrosen auch im Weltkrieg schon in den ersten Wochen des Dienstes, was mit den früher gemachten Erfahrungen bei Sträflingen übereinstimmt. Die Zahl der Kriegstätowierungen wird bei der englischen Marine auf ungefähr 20 v. H. der im Kriegsdienste stehenden Matrosen geschätzt, eine Schätzung, die auch auf die deutsche Marine zutrifft, da es hier weniger auf die nationalen Unterschiede als auf die Gleichheit der äußeren Lebensbedingungen ankommt. Im übrigen wird die Schätzung dadurch erschwert, daß am Kriege auch viele Soldaten teilnahmen, die schon von früher her tätowiert waren oder längere oder kürzere Gefängnisstrafen hinter sich hatten.

Im Kriegstagebuch des italienischen Psychiaters Bianchini finden wir folgenden Fall: Der Kaplan bringt dem Arzt zwei schwerverwundete Soldaten, von denen der eine ein

(Fortsetzung auf Seite 162)

Im Schützengraben ist pikante Lektüre hochwillkommen. Zeichnung von L. Grossmann

Organische

über die Aufstellung, Organisation, den Betrieb
waltung von mobilen Feld- und Reserve-Freu

1. *Benennung*

Die Feld- und Reserve-Freudenhäuser bilden einen integrierenden Bestandteil der Armee im Felde. Sie werden je nach ihrer Einteilung in Feldpuff Nr. . . . oder Reservepuff Nr. . . . benannt.

2. *Zweck*

Sie bezwecken die sexuelle Erleichterung der Offiziere und Mannschaft sowie die sexuelle Aufklärung der aus dem Hinterlande einrükkenden Nachschübe, ferner tunlichste Einschränkung homosexueller Ausschreitungen und onanistischer Umtriebe.

3. *Einteilung*

Bei jedem ITD.- und PTD-Kmdo. wird je ein Feldpuff (IFP. resp. KFP.) eingeteilt. Die Reservepuffs (RP.) werden je nach Bedarf vom KM. im Wege des AEK. (E. O. K.) einzelnen wichtigen Etappenstationen, Festungen, festen Plätzen zugewiesen. Sanitätsanstalten, welche Rotkreuzschwestern im Stande haben, erhalten keine Feldpuffs zugewiesen, da gewissermaßen die dort befindlichen Angehörigen der bewaffneten Macht in der Lage sind, sich mit rechts- oder linkshändig bedienenden Frauenspersonen zu versehen, außerdem würde die Dienstfreudigkeit des weiblichen Pflegepersonals bei den genannten Anstalten in erschreckender Weise nachlassen, was unbedingt vermieden werden muß.

4. *Zusammensetzung und Gliederung*

Die Feldpuffs gliedern sich in Stabssektionen und soviel Brigadesektionen, als das Korps (ITD.) Brigaden hat, ferner in eine Trainsektion. Die Sektionen umfassen den lokalen Verhältnissen entsprechend eine Anzahl von Untersektionen.

5. *Dienst- und Kommandoverhältnisse*

Die oberste Leitung der Feldpuffanstalten obliegt dem Chef des Feldpuffwesens für die gesamte bewaffnete Macht; er ist ein Hilfsorgan des KM. (5. Rangklasse) und führt den Titel Hofrat.
Beim AOK. (EOK.) ist dessen Stellvertreter Feldpuffoberinspektor (6. Rangklasse), bei den AK. und AEK. sind je ein Feldpuffinspektor (7. und 8. Rangklasse) eingeteilt.
Die Leitung eines Feldpuffs führt ein Feldpuffdirektor (9. Rangklasse). Ihm sind die Sektionsleiter, Feldpuffoffiziale (10. Rangklasse) oder Feldpuffakzessisten (11. Rangklasse) direkt unterstellt.
Die Untersektionen werden von in keiner Rangklasse eingeteilten Gagisten (Hurenwaibel 1. und 2. Klasse) und Stabshurenwaibel befehligt. Als Hilfsorgan steht ihnen eine den Titel „Madame“ führende Hurenmutter zur Seite.
Die Feldpuffbeamten bilden einen eigenen Status. Sie können in Ermangelung provisorisch durch Offz. aller Standesgruppen, die ihre Impotenz amtlich nachweisen können, ersetzt werden. Adjustierung wird mit dem nächsten NVB. normiert, bis dahin schwarze Armbinde mit Gummifassung.

6. *Betrieb*

Als Grundsatz hat zu gelten, daß ein Offz.-Mädchen innerhalb 24 Stunden durchschnittlich 6, eine Mannschaftshure 12mal zur Ausgabe behufs Füllung an die Bezugsberechtigten zu gelangen hat. Die zulässige Benützungsdauer wird für Mannschaftspersonen mit 15 Minuten, für OberOffze. mit 30 Minuten, für Stabsoffze. mit 60 Minuten und für Generale mit 120 Minuten normiert. Bei Benützung ist das hechtgraue Feldpräservativ M. 14/15, Marke „Neosalversan“, unzerreißbar,

Bestimmungen

und militärische Leitung, Unterstellung und Verdenhäusern (Feldbordellen respektive Feldpuffs)

zu benützen. Hiefür ist der Madame der Betrag von 20.3 Heller einzuhändigen.
Bemerkt wird, daß infolge des übermäßig starken Verbrauches der genannten Marke und der derzeitigen Unmöglichkeit, einen ähnlichen Artikel aus Paris zu erhalten, die größte Sparsamkeit geboten erscheint, da sonst der Nachschub dieses Artikels, welcher auch im Hinterlande einer erhöhten Nachfrage unterliegt, bald überhaupt unmöglich werden könnte.

7. *Weibliches Personal*

Das weibliche Personal gliedert sich in drei Gruppen:

a) Offiziersmädchen,
b) Mannschaftshuren 1. Klasse und
c) Mannschaftshuren 2. Klasse.

Letztere führen auch die Bezeichnung „Schützengrabenmenscher“. Das Vorrücken aus der Kategorie b) oder c) in die Kategorie a) ist ausgeschlossen.

Die Standesergänzung sowie die erste Dotierung erfolgt durch Zuweisung der weiblichen Personen von der Hurenassentkommission aus dem Hinterlande. (In jedem Territorialbereiche eine ambulante Kommission.) Die assentierten Frauenspersonen werden mit der Widmung für eine der drei Kategorien von der Assentkommission nach Weisung des Chefs des Puffwesens für die gesamte bewaffnete Macht den Mob.- und Reserve-Anstalten zugeschoben.
Sich für die Kategorie a) infolge Abnützung nicht mehr eignende Individuen werden in die Kategorie b) übersetzt.
Die Kategorie c) ist ausschließlich für Soldaten ohne Chargengrad bestimmt und soll sich im weiteren Kriegsverlaufe möglichst nur aus der Kategorie b) ergänzen. Eignet sich ein Schützengrabenmensch auch für diesen Zweck nicht mehr, so ist es mit dem verkehrten Kaiserbrande auf der linken Hinterbacke zu versehen, auszumustern und bei nächster sich bietender Gelegenheit ausgiebig angesteckt dem Feinde zu übergeben.

8. *Adjustierung und Ausrüstung*

Für das weibliche Personal wird eine hechtgraue Marschadjustierung im Schnitte der für die Pflegerinnen vom Roten Kreuz bestehenden Uniform normiert. Als Armbinde ist jedoch ein schwarzes Band (8 cm breit, mit 1,5 cm breiter Gummiborte) zu tragen. Als Unterwäsche wird bestimmt: Normalwäsche mit verlängerter Tragdauer, System Prof. Dr. Jäger; Kategorie a) die feinste Qualität, schwarze halbseidene Strümpfe; Kategorie b) und c) mittlere Qualität, rote baumwollene Strümpfe. (Strumpfbänder in gleicher Farbe.)
Bei Ausübung der dienstlichen Funktion dürfen die Monturen ganz oder teilweise abgelegt werden; hierbei ist mit Schonung vorzugehen.
Als besonderes Abzeichen werden normiert: rote Lampasse auf den schwarzen Strümpfen für solche Angehörige der Kategorie a), welche vermöge ihrer Vorbildung (Frequentierung der Fachakademie, Handelsministerium – Wien, I., Bäckerstraße 8, II. Stock) imstande sind, selbst auf Generale ausflußgebenden Einfluß auszuüben.

(Ein berühmtes Erzeugnis der Schützengrabenliteratur, in unzähligen Maschinenabschriften bei allen Truppen der österreichisch-ungarischen Armee verbreitet)

Österreicher ist. Dieser trug auf seiner von einer Granate zerrissenen Brust, auf den Armen und Rücken eine Anzahl Tätowierungen, die Sexualsymbole darstellen. Bianchini, dem es offenbar daran lag, die von allen Kriegführenden gegeneinander erhobene Beschuldigung, daß in den Heeren entlassene Sträflinge, ja sogar Raubmörder eingestellt würden, nachzuweisen, fragte den Verwundeten, wo er sich hätte tätowieren lassen:

„Er antwortet nicht. Ich reinige seine Wunden, entferne die verbrannten Fleischfetzen, mildere die körperlichen Schmerzen des Sterbenden. Tröste ihn in seiner Muttersprache. Nun löst sich seine Zunge und er fragt mich, ob er sterben müsse.

‚Ich sage dir die Wahrheit, wenn du mir erzählst, wo du dich tätowieren ließest. Im Zuchthaus?‘

‚Ja‘, antwortet er, vor Scham die Augen schließend, die bald für immer geschlossen sein werden [12]."

Eine der häufigsten Folgen der Geschlechtsnot im Kriege ist anscheinend das Zurückgreifen zu infantilen Befriedigungsarten der Libido. Daß unter diesen die Onanie an erster Stelle steht, haben wir bereits gesehen. Doch auch sonst war das Leben im Schützengraben sehr geeignet, den Infantilismus zu fördern. Stekel gibt für diese Erscheinung, in der er auch den Grund der Arbeitsunlust so mancher früherer Kriegsteilnehmer sieht, folgende Erklärung:

„Ich habe öfters betont, daß alle Infantilisten faul sind. Sie scheuen die Arbeit, weil sie sie in ihren Phantasien stört. Die Flucht vor der Arbeit ist eine gefährliche soziale Erscheinung. Sie ist durch den Krieg zu einer psychischen Epidemie geworden, die ganze Völker ergriffen hat. Die Ursachen sind ja naheliegend. In den Schützengräben, in der spielerischen Tätigkeit der Etappe gab es unzählige leere Stunden, in denen der Soldat auf seine infantilen Phantasien zurückgriff, um die Zeit totzuschlagen und sich aus der unlustbetonten Gegenwart in eine lusterfüllte zweite Welt zu flüchten. Der Krieg hat zahlreiche Männer und Frauen in die tödlich umklammernden Fangarme des Infan-

„Zusammenstoß des Zeppelins ‚Siegfried‘ mit dem Vergnügungsballon ‚Gerda I‘ "
Symbolische Illustration einer Schützengrabenzeitung. *Aus J. C. Brunner: „Illustrierte Sittengeschichte"*

Im Unterstand geträumt . . .
Zeichnung von L. Grossmann

tilismus getrieben. Zahllose Ehen sind darob zerstört worden, zahllose Menschen haben die Freude an der Arbeit und der Realität verloren. Es wird Jahrzehnte dauern, bis diese Schäden behoben werden können."

Zu dieser Erscheinungsgruppe möchten wir auch die Analerotik bei Kriegsteilnehmern zählen. Bekanntlich stehen die rein tierischen und leiblichen Bedürfnisse im Mittelpunkt des Interesses der Soldaten, die, in die primitiven Verhältnisse der Front versetzt, um fast alle Errungenschaften der Zivilisation gebracht und auch sexuell unbefriedigt sind. Der verbreitetste Kriegsroman „Im Westen nichts Neues" sagt uns darüber:

„Am rechten Rande der Wiese ist eine große Massenlatrine erbaut, ein überdachtes, stabiles Gebäude. Doch das ist was für Rekruten, die noch nicht gelernt haben, aus jeder Sache Vorteil zu ziehen. Wir suchen etwas Besseres. Überall verstreut stehen nämlich noch kleine Einzelkästen für denselben Zweck. Sie sind viereckig, sauber, ganz aus Holz getischlert, rundum geschlossen, mit einem tadellosen, bequemen Sitz. An den Seitenflächen befinden sich Handgriffe, so daß man sie transportieren kann.

Wir suchen drei im Kreise zusammen und nehmen gemütlich Platz. Vor zwei Stunden werden wir hier nicht wieder aufstehen.

Ich weiß noch, wie wir uns anfangs genierten als Rekruten in der Kaserne, wenn wir die Gemeinschaftslatrine benutzen mußten. Türen gibt es da nicht, es sitzen zwanzig Mann nebeneinander wie in der Eisenbahn. Sie sind mit einem Blick zu übersehen; – der Soldat soll eben ständig unter Aufsicht sein.

Wir haben inzwischen mehr gelernt, als das bißchen Scham zu überwinden. Mit der Zeit wurde uns noch ganz anderes geläufig.

Papiernot
„Die französischen Flugblätter werden ooch immer dünner!"
Zeichnung von C. Grimm. Aus „Simplicissimus", 1917

Hier draußen ist die Sache aber geradezu ein Genuß. Ich weiß nicht mehr, weshalb wir früher an diesen Dingen immer scheu vorbeigehen mußten, sie sind ja ebenso natürlich wie Essen und Trinken. Und man brauchte sich vielleicht auch nicht besonders darüber äußern, wenn sie nicht eine so wesentliche Rolle bei uns spielten und gerade uns neu gewesen wären – den übrigen waren sie längst selbstverständlich.
Dem Soldaten ist sein Magen und seine Verdauung ein vertrauteres Gebiet als jedem anderen Menschen. Drei Viertel seines Wortschatzes sind ihm entnommen, und sowohl der Ausdruck höchster Freude als auch der tiefsten Entrüstung findet hier seine kernige Untermalung. Es ist unmöglich, sich auf eine andere Art so knapp und klar zu äußern. Unsere Familien und unsere Lehrer werden sich schön wundern, wenn wir nach Hause kommen, aber es ist hier nun einmal die Universalsprache.
Für uns haben diese ganzen Vorgänge den Charakter der Unschuld wiedererhalten durch ihre zwangsmäßige Öffentlichkeit. Mehr noch: sie sind uns so selbstverständlich, daß ihre gemütliche Erledigung ebenso gewertet wird wie meinetwegen ein schön durchgeführter, bombensicherer Grand ohne viere. Nicht umsonst ist für Geschwätz aller Art das Wort „Latrinengerücht" entstanden; diese Orte sind die Klatschecken und der Stammtischersatz beim Kommiß [13]."
Richtig und ganz im Sinne der Tiefenpsychologie (wie Bleuler die Psychoanalyse zu nennen vorschlug) weist Beradt die zweifache Wurzel der Analerotik bei den Soldaten nach. Sie ist einerseits ein Rückgreifen auf die infantilen Analbeschäftigungen, auf das mit den Exkrementen getriebene libidinöse Spiel des Kindes und anderseits ein Surrogat für den Geschlechtsverkehr. Aus diesem Grunde darf der Analerotik bei der Besprechung der Geschlechtsnot der Soldaten nicht vergessen werden, wenn auch ihre Bedeutung der Fachwissenschaft entgangen zu sein scheint. Als ähnliche Surrogathandlung ist das von allen Soldaten, auch Offizieren, mit Vorliebe getriebene Gesellschaftsspiel mit dem Flatus (Darmwind) anzusehen.

Des weiteren soll, wie behauptet wird, der pseudohomosexuelle Verkehr, die gleichgeschlechtliche Liebe zwischen sonst normal fühlenden Männern ab und zu als Ersatzbefriedigung gedient haben. Auf diese soll noch im Kapitel über die Homosexualität im Kriege zurückgekommen werden. Klarer als hier liegen die Zusammenhänge zwischen Sexualnot und Begattung mit Tieren (Sodomie oder Bestialität). Diese Art sexueller Betätigung dürfte auch sonst in der Mehrzahl der Fälle auf mangelnde Gelegenheit zur Ausübung des Beischlafs zurückzuführen sein, da „ein pathologischer Sexualtrieb, der ausschließlich auf Tiere gerichtet ist, jedenfalls nicht häufig vorkommt" (Forel).

Die Frage der zu erwartenden Folgen erzwungener Enthaltsamkeit kam in ärztlichen Kreisen vielfach zur Erörterung. Namentlich in Deutschland, wo die Gesellschaft zur Bekämpfung der Geschlechtskrankheiten im Jahre 1915 eine Rundfrage über die Frage einleitete. Ein Fragebogen mit siebenundzwanzig Fragen wurde an die im Felde stehenden Ärzte verschickt; sie bezogen sich auf die Beschwerden, die durch Abstinenz auftraten, auf die Häufigkeit von Pollutionen und Masturbationen, neurasthetnischen Erscheinungen, homosexuellen Handlungen usw. Man war der Meinung, daß zu einem solchen Versuche sich niemals eine bessere Gelegenheit böte als im Kriege, wo viele hun-

Ehrenwache

Aus „Vie de Garnison", 1915

derttausend Männer von ihren Frauen entfernt leben mußten. Diese Umfrage wurde von einer Reihe von Medizinern sehr abfällig beurteilt. Sanitätsrat Dr. Schäffer schrieb, sie sei „gemeingefährlich" und „beleidigend", besonders in ihrer Wirkung auf die zu Hause gebliebenen Ehefrauen. Auch meinte er, daß es sich um ausgesprochen suggestive Fragen handle [14]. Im Laufe dieser Diskussion, die dann unerhörte Weiterungen fand, meinte schließlich Felix Theilhaber:

„Die ganze temperamentvolle Diskussion ist überflüssig. Der Krieg muß uns doch nicht überall etwas Neues geben, die Sachlage ist überaus einfach. Die Mannschaften an der Front überwinden im allgemeinen nicht zu schwer die sexuelle Abstinenz ... Der eigentliche Krieger, besonders im Osten, ist körperlich stark angestrengt, durch psychische Affekte abgelenkt, das Lager, die Nahrung einfach und da insbesondere der Anreiz, das Objekt fehlt, fällt den meisten die Abstinenz ziemlich leicht. So wissen wir von jeher, daß Sportsleute usw. ... den geschlechtlichen Verkehr besser verwinden ... Die gewöhnliche Stimmung findet sich bei den Truppen wieder, wenn sie in Reservestellungen gelangen [15]."

Diese Meinung entspricht allerdings auch der Wahrheit, nur bringt sie entsprechend der

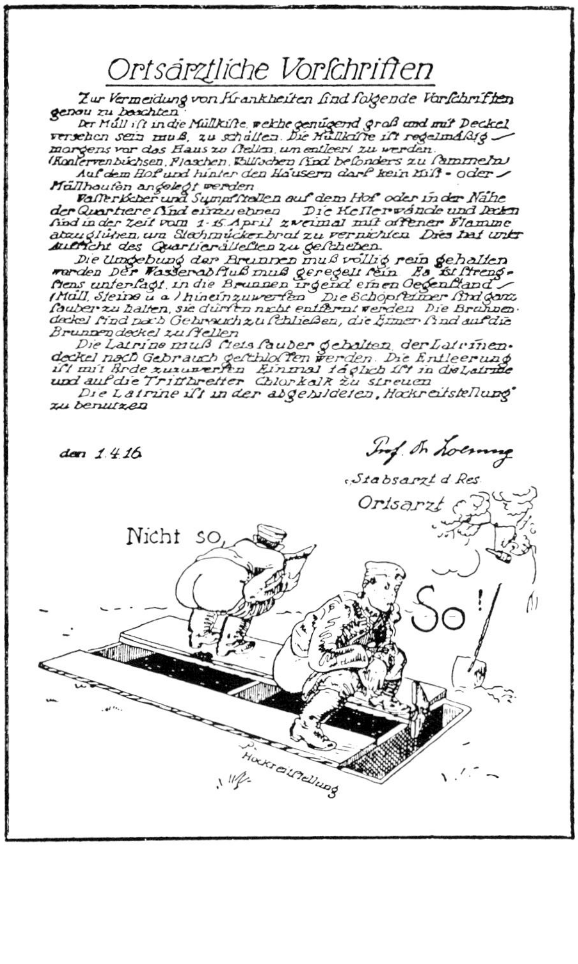

Ortsärztliche Vorschriften

Zur Vermeidung von Krankheiten sind folgende Vorschriften genau zu beachten.

Der Müll ist in die Müllkiste, welche genügend groß und mit Deckel versehen sein muß, zu schütten. Die Müllkiste ist regelmäßig morgens vor das Haus zu stellen, um entleert zu werden. (Konservenbüchsen, Flaschen, Fläschchen sind besonders zu sammeln.)

Auf dem Hof und hinter den Häusern darf kein Mist- oder Müllhaufen angelegt werden.

Wasserlöcher und Sumpfstellen auf dem Hof oder in der Nähe der Quartiere sind einzuebnen. Die Kellerwände und Decken sind in der Zeit vom 1.–15. April zweimal mit offener Flamme abzuglühen, um Stechmückenbrut zu vernichten. Dies hat unter Aufsicht des Quartierältesten zu geschehen.

Die Umgebung der Brunnen muß völlig rein gehalten werden. Der Wasserabfluß muß geregelt sein. Es ist strengstens untersagt, in die Brunnen irgend einen Gegenstand (Müll, Steine u. a.) hineinzuwerfen. Die Schöpfeimer sind ganz sauber zu halten, sie dürfen nicht entfernt werden. Die Brunnendeckel sind nach Gebrauch zu schließen, die Eimer sind auf die Brunnendeckel zu stellen.

Die Latrine muß stets sauber gehalten, der Latrinendeckel nach Gebrauch geschlossen werden. Die Entleerung ist mit Erde zuzuwerfen. Einmal täglich ist in die Latrine und auf die Trittbretter Chlorkalk zu streuen.

Die Latrine ist in der abgebildeten „Hockreitstellung" zu benutzen.

den 1.4.16

Prof. Dr. [illegible]
Stabsarzt d. Res.
Ortsarzt

Feldlatrinen-Ordnung von der Westfront

J. C. Brunner. Aus „Illustrierte Sittengeschichte

damaligen Unkenntnis über die wahre Natur des Stellungskrieges gerade diese neue Kampfform nicht genügend in Anschlag. Alle üblen Folgen der Geschlechtsnot meldeten sich wie die Geschlechtsnot selbst erst dort, wo Kriegsteilnehmer längere Zeit in den Stellungen lagen, wo die Lebensgefahr, wenn auch bei weitem nicht ausgeschaltet, so doch bedeutend herabgemindert war und dem durch Gewohnheit abgestumpften Soldaten sogar sehr gering erscheinen mußte. Wenn der Kampf eine Zeitlang hin und her wogte und die Sorge um das Leben alle anderen Triebe erdrückte, meldete sich das Fehlen des Geschlechtsverkehrs, wie nicht anders zu erwarten war, in ganz anderen Folgen, die aber um nichts weniger bedenklich waren. Wir denken an das in allen Heeren festgestellte Erlöschen der Sexualität, über das sich eine große Anzahl Soldaten beklagte. Dieses Erlöschen der Sexualität war eine dauernde Gesundheitsschädigung und die Verfechter der Unschädlichkeitstheorie unter den Ärzten, die anfangs triumphierend auf diese Folgen hinwiesen, mußten ihre Ansicht bald revidieren.

Die Tatsache ist natürlich nicht abzuleugnen, nur kann ihre Wertung verschieden sein und sie spricht, wenn wir die durch Enthaltsamkeit entstandene Impotenz mit den davon Betroffenen als unerwünschte und besorgniserregende Folge betrachten, bestimmt nicht zugunsten der Abstinenz. H. Fehlinger stellte schon Anfang 1916 fest [16]:

„Wie hat ... der Krieg auf das Geschlechtsleben der im Militärdienst stehenden Männer gewirkt? Soweit es sich um die an der Front stehenden Männer handelt, und nach meinen Erfahrungen ... entschieden erschlaffend. Bei den Mannschaften, die dem Feinde unmittelbar gegenüberstanden, ist die Sinnlichkeit so gut wie vollständig erloschen. Es sind keine sexuellen Späße zu hören, noch kommt sonst das Gespräch jemals auf sexuelles Gebiet.(!!) Jung und alt sind sich hierin gleich. Nur die eine Äußerung ist ziemlich oft zu hören: daß den Leuten selbst der Mangel eines sexuellen Bedürfnisses auffällt."

Tatsächlich ist unter den Abstinenzfolgen die Impotenz sehr häufig zu beobachten gewesen. In der Zuschrift eines Kriegsteilnehmers, der mit dreißig Jahren in Prag einrückte, lesen wir über dieses Erlöschen der Sexualität:

„In Anbetracht der ganz umgestellten Lebensweise und indem man anfangs nur Männer um sich hatte, kam man ganz von dem Gedanken an den geschlechtlichen Verkehr ab. Nach einiger Zeit saßen wir einige Kameraden auf dem Strohsack und erzählten uns von der Heimat und unseren Angehörigen. Nebenan saß einer, zog frische Wäsche an und machte die Bemerkung: ‚Na, mein Schnack wird von Tag zu Tag kleiner, was wird meine Alte sagen, wenn ich wiederkomme.' Und ich muß gestehen, bei mir war es genau so, man hatte eben kein Verlangen

Feldpostbrief

„Mei Alte is guat! Bal mar was zustoßen tat, schreibt's, nacha waar's nimmer so dumm und heirat' no amal . .!"
Zeichnung von F. Reinhardt. Aus „Simplicissimus", 1916

„Sag' mir, wie du deinen Urlaub verbringst und ich sage dir, wer du bist!"

Tommy denkt an sein Bad

Hermann füllt sich den Magen

Pietro bringt ein Ständchen

Ibrahim zeigt seine Trophäen

Iwan huldigt dem Volkstanz

... aber Gaston widmet sich der Liebe

Zeichnung von Zyg. Brunner. Aus „La Vie Parisienne", 1916

mehr, trotzdem alle Abende Hunderte von Prostituierten in der Umgebung der Kaserne auf die Soldaten lauerten, ich ließ mich niemals dazu herbei ... Nach wenigen Wochen ging es an die italienische Front ... Wir lagen auf einem Berg, acht Monate eingeschneit, ganz abgeschnitten von der Außenwelt. Volle acht Monate sahen wir kein Weib und während dieser Zeit hörte ich nie eine Äußerung, daß jemand ein Verlangen nach einem Weibe gehabt hätte. Nun kam der Fronturlaub. Nach der ersten Nacht war mein Glied ganz wund, so daß ich gleich drei, vier Tage aussetzen mußte ..."

Wir haben allen Grund anzunehmen, daß die Kriegsabstinenz sämtliche Formen der Sexualneurose förderte. Vor allem gilt das für die praktisch vielleicht bedeutsamste, die Ejaculatio praecox (vorzeitiger Samenerguß), die sich, wie Magnus Hirschfeld mitteilt, „durch die für das Geschlechtsleben so ungünstigen Verhältnisse des Krieges in ganz enormer Weise vermehrt zu haben scheint; wenigstens vergeht in unserem Institut für

Der vom Maschinengewehr: „Was? Du stehst schon auf?" Sie: „Ja, ich erkläre mich für kampfunfähig!" Zeichnung von Duluard. Aus „Le Rire rouge", 1916

Sexualwissenschaft kaum eine Woche, in der nicht Patienten zu uns kommen, die behaupten, daß dieses Leiden erst nach dem Kriege bei ihnen aufgetreten sei [17]."

Auch Vorberg [18], der im übrigen der Abstinenz das Wort redet, teilt mit:

„Vorne im Schützengraben, wo stündlich der Tod seine Ernte hält, erlischt das Geschlechtsverlangen, niemand denkt an das Weib als Befriedigerin der Geschlechtslust. Daß sich im Stellungskrieg, in den Rastorten, namentlich unter dem Einfluß des Alkohols und bei Lockungen durch käufliche Weiber der alte Adam wieder regt, ist nicht zu bezweifeln. Es treten dann vielleicht lästige Erscheinungen auf, brennende Schmerzen in den Samensträngen und in den Hoden (oft sind aber solchen unangenehmen Empfindungen geschlechtliche Reizungen vorausgegangen, die zu keiner Befriedigung geführt haben), die sich seelisch in Unlustgefühle umsetzen, von schweren Schädigungen des Körpers und von furchtbaren Seelenqualen ist aber keine Rede."

Letzteres trifft bestimmt nicht zu. Lissmann stellt in seiner schon erwähnten, 1919 erschienenen Broschüre fest, daß „die infolge der Enthaltsamkeit entstandene Impotenz die Kriegskampfzeit vielfach überdauerte". Wir finden bei Lissmann noch folgende Ausführungen:

„Schon im Felde erzählten mir nicht wenige Offiziere und Mannschaften mit sonst durchaus normalem Nervensystem, daß im Anfang des Urlaubs die Erektionen entweder vollständig fehlten oder sehr oft äußerst mangelhaft waren. Zwar gingen diese Erscheinungen bei allen, bis auf einen schon älteren Sexualneurastheniker, übrigens kein Land-, sondern Stadtbewohner, im Laufe des Urlaubs, meist schon in der zweiten Urlaubswoche, allmählich völlig zurück, doch erfahre ich jetzt katamnestisch sowohl wie häufig in der Sprechstunde, daß bei den betreffenden Kriegsteilnehmern alle Phasen der Impotenz, von der Erektionsschwäche bis zur Erektionsunmöglichkeit, also eine gewisse Potenzunsicherheit gar nicht selten auch jetzt noch auftritt. Zufällig fanden diese Feldbeobachtungen durch die Konstatierung des Polizeiarztes eines hinter unserem Frontabschnitt gelegenen kleinen Städtchens ihre Bestätigung. Ich bat ihn, bei der Kontrolle der Prostituierten nach der Potenz ihrer Kunden zu fragen. Die Antworten ergaben, daß die oft dienstlich und außerdienstlich auf kurze Zeit direkt von der Front in das Etappenstädtchen kommenden Männer durchaus nicht die erwartete Sexualkraft, vielmehr recht häufig mangelnde oder mangelhafte Erektionen zeigten. Konnte man während des Krieges diese Funktionsschwäche infolge der Terminbestimmung des Koitus beim Urlaub als psychische Impotenz oder, infolge der Entwöhnung der Sinne der chemischen Erotisierung, als Abstinenzfolge auffassen,

Aufgestaute Zärtlichkeit

Zeichnung von Carlègle. Aus „La Vie Parisienne", 1917 (Mit verdeutschtem Text) so fällt doch dieser Kausalzusammenhang jetzt aus, da die Geschlechtspartner seit langem wieder dauernd vereinigt sind. F. Pick hat ebenfalls hochgradige Störungen der Sexualfunktionen bei Kriegsteilnehmern festgestellt. In mehr als der Hälfte seiner beobachteten Fälle waren Libido, Erektion und Ejakulation vollständig erloschen[19]." Zum Teil hing das wohl mit Nervosität und verdrängter Todesangst (von den Militaristen „Unterdrückung des inneren Schweinehundes" genannt) zusammen. Der normale Mann ist bei schwerer nervlicher Belastung ja auch im Frieden impotent. Dementsprechend sind die in der Folge geschilderten gegensätzlichen Erscheinungen in der – damals, 1914–18 – gefahrlosen Etappe verständlich. Auf der anderen Seite hatte die Enthaltsamkeit zwar eine ganz entgegengesetzte, aber ebenso krankhafte Folge in der fast erotomanischen Steigerung des Geschlechtstriebes, sobald sich Gelegenheit bot, ihn zu betätigen. Ein großer Teil der in der Etappe und in den Feldbordellen geholten Geschlechtskrankheiten ist auf diesen ebenso quälenden wie unsinnigen Geschlechtshunger zurückzuführen. Namentlich die im Bewegungskriege geübte Enthaltsamkeit war häufiger von dieser als der beim Stellungskrieg beobachteten enterotisierenden Wirkung begleitet. Der ehemalige Major Franz Carl Endres sagt übrigens sehr zutreffend über diese Seite der Frage:

„Frisch-fröhlicher Krieg ist keine Wirklichkeit, sondern ein Propagandatitel. Gewiß, man ist im Kriege auch frisch und fröhlich, in den Pausen zwischen den Schlachten. Frischer und fröhlicher als man von Natur ist. Das kommt aber daher, daß die Nerven erregt sind und daß der natürliche Hang des Menschen am Leben nach Betätigung schreit. Man will sich noch einmal freuen; denn morgen ist man tot. Aus dem gleichen Grunde ist die Erotik des Soldaten, namentlich zuchtloser Soldateska, so besonders wild. Schon große Strapazen des Friedens, beispielsweise im Manöver, erschlaffen die Mannschaft nicht in sexueller Hinsicht, sondern reizen sie besonders stark an; eine eigentümliche Erscheinung, die ich oft beobachten konnte. Kommt dazu noch das Moment bevorstehender Gefahr oder das, großer Gefahr entronnen zu sein, so treten zu der körperlichen Disposition noch gesteigerter Sexualwille und physische Erregungsmomente, die sich bei besonders veranlagten Personen bis zur Raserei und bis zur Pervertierung des Geschlechtstriebes steigern können[20]."

Eine „Unserer lieben Frauen" der Landser

Titelkopf zu einer Geschichte, deren Inhalt das Thema „Haarfetischismus" bildet
Aus einer französischen Feldzeitung. Sammlung Lewandowski, Utrecht

Die Geschlechtskrankheiten im Heer

VII

Der Stand des medizinischen Wissens im Jahre 1914 – Aufklärungsunterricht und Gesundheitsvisite – Bekämpfungsversuch durch Strafen – Die Therapie und das Verschulden übereifriger Ärzte – Ausbreitung in allen Heeren

Ehe wir uns über die Auswirkung und die Bekämpfung der Geschlechtskrankheiten während des Ersten Weltkriegs äußern, ist wohl ein Wort am Platze, wie weit man mit der Bekämpfung dieser Krankheiten 1914 vorangekommen war.

Bis heute gibt es noch immer keine Geschichte der Sexologie, wir müssen daher auf die kurze Darstellung zurückgreifen, die Lewandowski in seinem Werke „Les Enfers, domaine allemand“ [1] im ersten Kapitel gegeben hat, wo er den „deutschen Beitrag zur Sexologie“ mit genauen Daten und Angaben skizziert hat. Lewandowski schreibt dort:
„Vier deutsche Forscher haben sich in diesem Kampfe unvergänglichen Ruhm erworben: Albert Neisser (1855–1916) gelang es, den Gonokokkus, den Erreger des Trippers, zu entdecken; Fritz Schaudinn (1871–1906) identifizierte die Spirochaeta pallida als den Erreger der Syphilis; August von Wassermann (1866–1925) schuf die für die Diagnostik der Syphilis so wichtige Blutuntersuchung; Paul Ehrlich (1854–1915) schenkte der Menschheit mit dem Salvarsan das erste erfolgreiche Heilmittel gegen die Syphilis und mehrere andere Krankheiten.“

Als erster und bis heute wohl einziger Forscher hat Lewandowski in diesem Buche auf den großen Anteil der Juden an der Erforschung und Bekämpfung der Geschlechts-

In jedem Quartier eine „Braut“ ...
Zeichnung von F. Mayer

krankheiten hingewiesen. Er hat darauf aufmerksam gemacht, daß nicht nur Neisser, Wassermann und Ehrlich – die Entdecker – Juden waren, sondern auch die meisten Organisatoren der „Gesellschaft zur Bekämpfung der Geschlechtskrankheiten" wie Jadassohn; er hat schließlich den Nachdruck darauf gelegt, daß auch die drei großen Wiener Sexologen Freud, Steinach und Friedrich S. Krauss Juden waren (von vielen andern wie Adler, Stekel, Rank, Abraham, Eitingon, Sachs und dem leider so früh verstorbenen Ferenczi zu schweigen).

„Freud hat irgendwo gesagt", so schreibt Lewandowski, „daß die jüdischen Forscher den Problemen der Sexualität unvoreingenommener als die Christen gegenüber stehen, weil die letzteren oft durch Komplexe wie Erbsünde, Sünde, Schuld belastet sind." Wenn wir Lewandowski hier zitiert haben, so geschah es, weil tatsächlich die Bekämpfung der Geschlechtskrankheiten im Ersten Weltkrieg auf deutscher Seite ohne die Juden unmöglich gewesen wäre. Die Zahl jüdischer Namen, die in diesem Kapitel zitiert werden, beweist es schon an und für sich, doch auch die angewandten Methoden beweisen es. Das Ehrlichsche Salvarsan war das am häufigsten angewandte Mittel. Da aber Vorbeugen besser ist als Heilen, so sei darauf hingewiesen, daß die „Vorbeugungspackung", die den Soldaten ausgehändigt wurde, von Prof. Neisser ausgearbeitet war und darum meist als „Neissersche Schutzpackung" bezeichnet wurde.

Über die Gefahren, die der Kampfunfähigkeit und der Schlagkraft der Truppen von seiten der Geschlechtskrankheiten drohten, waren sich im Ersten Weltkrieg mehr oder minder alle kriegführenden Staaten im klaren. Die Statistiken früherer Kriege legten für die zerstörende Macht dieser Seuchen ein zu beredtes Zeugnis ab, um außer acht gelassen zu werden. Dennoch war Deutschland der einzige der am Krieg beteiligten Staaten, der mit Gründlichkeit und durch die Erfahrungen früherer Feldzüge, insbesonders des deutsch-französischen Krieges 1870 bis 1871 gewitzigt, sich an eine systematische Lösung dieses Problems machte. Natürlich waren hierbei in erster Linie die Interessen der Kriegführung und erst in zweiter Linie humanitäre Rücksichten, namentlich solche auf die Volksgesundheit, ausschlaggebend. England, dessen Heer und Marine seit jeher eine Rekordziffer an Geschlechtskranken aufwies und dessen puritanische Moral Stillschweigen über diese Frage gebot, büßte das mit einer weiteren Ausbreitung der Geschlechtskrankheiten und der französische Standpunkt war von allem Anfang an ziemlich anarchistisch. Auch hier nahm die Syphilis in nie geahntem Maße überhand, wie wir es im nachstehenden bei der Untersuchung der Frage der Verbreitung der venerischen Krankheiten sehen werden. Was die Geschlechtshygiene beim österreichischen Militär anbelangt, so behält auch hier der Ausspruch Viktor Adlers, daß die damalige Regierungsform Österreichs „Absolutismus gemildert durch Schlamperei" war, recht. Somit finden wir eine organisierte Bekämpfung der Geschlechtskrankheiten fast nur im deutschen Heer. Eine kurze Zusammenstellung von Dr. Blaschko [2] gibt uns Aufschluß über die Verbreitung der Geschlechtskrankheiten in den verschiedenen Heeren vor dem Kriege. Die Ziffern stammen zwar aus dem Jahre 1895, doch sind sie bis zum Ausbruch des Weltkrieges nur in absoluter Beziehung zurückgegangen, ihr Verhältnis zueinander ist ziemlich das gleiche geblieben.

Land	auf 1000 Heeresangehörige entfallende Geschlechtskranke:
Deutschland	25,5
Frankreich	41,9
Österreich	61,0
Italien	84,9
England	173,8

Im übrigen zeigt sich, wie Dr. Wolff in den „Mitteilungen der Deutschen Gesellschaft zur Bekämpfung der Geschlechtskrankheiten" schreibt, von 1881 bis 1900 ein ständiger der Kopfstärke. Diese Ziffer stieg im Oktober auf 10,2, schnellte dann im Jahre 1871, wo die Truppen bereits in großer Zahl in französischen Quartieren lagen, in fünf Monaten auf 77,7 empor [3]. Im türkisch-griechischen Kriege betrugen die gesamten Verluste 4000 Mann; während der monatelangen Friedensverhandlungen erkrankten im nicht demobilisierten Heer über 50 000 Mann an Infektionskrankheiten [4].

Da sich der Erste Weltkrieg nach den ersten großen Gefechten im Jahre 1914 mehr oder

Verhältniszahlen, die Häufigkeit von Ansteckungen aufzeigend, die sich aus dem Verkehr von Soldaten mit Dirnen, Arbeiterinnen und Bürgerlichen ergeben.

Rückgang der Geschlechtskrankheiten sowohl im deutschen Heere wie in den Armeen anderer europäischer Staaten, besonders Englands. Nur Österreich, Italien und Spanien zeigten keinen Rückgang, Rußland seit Mitte der Neunzigerjahre eine mäßige Zunahme. Auch die Erkenntnis, daß die Gefahren der Verseuchung im Bewegungskrieg ungleich geringer sind als zu Zeiten, wo die Truppen festen Standort einnehmen, konnte aus der Geschichte geschöpft werden. Im Kriege 1870/71 betrugen die venerischen Erkrankungen in einem süddeutschen Armeekorps, wie Professor Neisser mitteilt, nur 3,3 p. M. minder in einen Stellungskrieg verwandelte, lag die Befürchtung, daß sich eine ähnliche Verseuchung für das deutsche Heer ergeben würde, ziemlich nahe. Was die Gefahren für den Gesundheitszustand der überall auf fremdem Boden stehenden deutschen Heeresteile betrifft, erinnerte man sich an die französische Agitation im Jahre 1870, die so weit ging, daß französische Blätter (zum Beispiel „Charivari") die Dirnen der von Deutschen besetzten Gebiete unter Berufung auf die nationale Pflicht unverblümt aufgefordert hatten, die deutschen Soldaten in Massen anzustecken. Die Angst vor einer Wiederanwendung dieses bedenklichen Kampfmittels tauchte im Laufe des Krieges stets von neuem auf und wurde durch Gerüchte aus dem besetzten Frankreich und Belgien genährt.

Die Vorbeugungsmaßnahmen, die die deutsche Heeresleitung gegen die Ausbreitung der Geschlechtskrankheiten im Laufe des Krieges getroffen hat, stellt Vorberg [5] wie folgt zusammen:

1. Belehrung der Mannschaft über die Gefahren des außerehelichen Geschlechtsverkehrs.
2. Warnung vor dem Mißbrauch geistiger Getränke als künstlicher Erreger geschlechtlicher Begierde.
3. Häufige unangemeldete Untersuchungen.
4. Die Verheimlichung der ausgebrochenen Erkrankung wird bestraft.
5. In besetzten Orten sind alle des Unzuchtgewerbes verdächtigen Weiber zu untersuchen.
6. Sofortige Feststellung der Ansteckungsquellen zum Schutze der Gesunden.
7. Kein Urlaub in die Heimat ohne ärztliche Untersuchung.
8. Persönliche Vorbeugungsmaßnahmen:

a) Peinliche Sauberkeit zur Verhütung von Vorhaut- und Eichelentzündung, die die Aufnahme des Syphilisgiftes begünstigen;

b) Einfetten des Gliedes vor dem Verkehr (Gummischutzüberzüge sind bei der jetzigen Beschaffenheit des Gummis nicht zu empfehlen).

c) Nach dem Verkehr Harnlassen, Einträufelung von 2 bis 3 Tropfen 20prozentiger Protargollösung (Tripperschutz). Abreiben des Gliedes und der Vorhaut mit Wattebausch, der mit einer Sublimatlösung 1:1000 getränkt ist.

9. Fachärztliche Behandlung des Geschlechtskranken.

Die Belehrung der Mannschaft war in allen Heeren eingeführt, mit Ausnahme des englischen. In Deutschland kam die Gesellschaft zur Bekämpfung der Geschlechtskrankheiten den militärischen Behörden bei dieser Aufklärungsarbeit zu Hilfe und ließ unter den ins Feld ziehenden Soldaten ein Merkblatt in unzähligen Exemplaren verteilen:

„Jeder Soldat hat die heilige Pflicht, sich für sein Vaterland gesund zu halten, doppelt und dreifach in Kriegszeiten, wo an seine Leistungsfähigkeit die größten Anforderungen gestellt werden.

Durch nichts werden Gesundheit und Leistungsfähigkeit des Soldaten so geschädigt als durch die Geschlechtskrankheiten: Syphilis und Tripper. Sie verursachen nicht nur große Schmerzen, sondern machen den Mann auch schlapp, marsch- und kampfunfähig – ganz zu schweigen über die schweren Gesundheitsschädigungen, welche diese Krankheiten für das ganze spätere Leben nach sich ziehen. Geschlechtskrankheiten holt man sich bei leichtsinnigen Mädchen und Frauen, die infolge ihres lockeren Lebenswandels fast alle krank sind und ihre Krankheit dann wieder auf die Männer, mit denen sie verkehren, übertragen. Der Soldat muß daher besonders in Kriegszeiten sich von diesen Mädchen streng fernhalten, sowohl im Feindesland als auch in der Heimat, wo er im Quartier liegt. Er muß sich besonders vor dem Genuß geistiger Getränke (Schnaps, Bier, Wein) in acht nehmen, da er im Rausch, ja schon in leichter Angetrunkenheit leichter der Verführung unterliegt. Er muß, soweit das irgendwie möglich ist, nicht nur den übrigen Körper, sondern auch die Geschlechtsteile peinlich sauber halten."

Ähnliche Forderungen erhebt Professor Flesch in einer Sitzung der Kriegsärzte in Lille. Er empfiehlt unter anderem Belehrung der

Mannschaft durch Ausgabe geeigneter Merkblätter und regelmäßiger Wiederholung in angemessenen Zwischenräumen, öftere Gesundheitsrevision, deren Stattfinden nicht vorher angekündigt wird, tunlichste Beschränkung des Alkohols und Ersatz durch unentgeltliche Ausgabe von Tee und Kaffee, in Städten Vermeidung von Einzelquartieren und möglichst kasernenweise Unterbringung der Mannschaften, Bestrafung jedes bei den Gesundheitsrevisionen geschlechtskrank Befundenen, jedoch Straffreiheit für die Mannschaften, die sich spätestens sechs Stunden nach einem Beischlaf zur desinfizierenden Behandlung gemeldet haben [6].

Die beste Wirkung unter den Merkblättern dürften jene ausgeübt haben, die durch ihre oft witzige Form die Aufmerksamkeit der Soldaten auf sich lenkten. Es gab etliche solcher hygienisch-poetischer Produkte, von denen eines hier folgen soll:

Willst du gesund sein, frisch und froh,
Nicht krank und überhaupt und so,
So halte fern dich jedem Weibe,
Bleib jedem Weib drei Schritt vom Leibe!

Doch sind zu stark der Liebe Triebe,
Sei klug! Sehr große Vorsicht übe!
Du holst dir sonst 'ne Krankheit flink!
Das Ende ist „ein böses Ding".

Hast ohne Gummi du geliebt
Und keine Vorsicht mal geübt – –
Desgleichen – ist solch Ding geplatzt – –
So wasch' dich, sonst bis du verratzt!

Wasch' dir dein Glied recht gründlich rings,
Desinfizier' dein ganzes Dings,
Nimm dann die Harnröhre beim Köpfchen,
Und spritz' die Protargolschutztröpfchen!

Befolge diese Vorschrift peinlich,
Halt immer sauber dich und reinlich!
Nur so bewahrst du dich gewiß
Vor Tripper, Schanker, Syphilis!

Noch eins, laß zeigen immer dir
Des Weibs Gesundheitszeugnis hier!
Merk' dir die Nummer, um vor Schaden
Zu schützen deine Kameraden.

Hat sich ein Schmerz mal angekündigt
Am Glied, mit dem du hast gesündigt,
Zeigt Ausfluß – – Ausschlag jene Stelle,
So geh zum Arzte, aber schnelle.

Nur wenn sofort etwas geschieht,
Wird schnell gesund dein krankes Glied!

Merk' dir – – je schneller, um so besser!!!
Den Rat erteilt dir

Stabsarzt Messer.

Soldat und Dirne
Zeichnung von Alfred Kubin
Fritz Gurlitt Verlag, Berlin

Über die Wirksamkeit der prophylaktischen Maßnahmen gehen die Meinungen auseinander. Dr. Veress [7] meint zum Beispiel: „Die in Friedenszeiten und zum Teile während des Krieges im Hinterlande erdachten und vorgeschlagenen prophylaktischen Maßnahmen sind bei einer im Felde stehenden Millionenarmee zum größten Teile undurchführbar."

Auch einige neue prophylaktische Mittel wurden versucht und empfohlen, so in der österreichischen Armee ein Schutzbesteck, bestehend aus einem kurzen „Harnröhrenschmelzstäbchen", einem Silberpräparat und einer antiseptischen Seife. Wie berichtet wird, fiel dank dieser Erfindung die Zahl der Geschlechtserkrankungen in einem Teil des stabilen Truppenkörpers des Hinterlandes und des weiteren Kriegsgebietes in der Kopfstärke von 37 000 Mann in der Zeit zwischen Januar und Mai 1916 von 100 auf 62 [8].

Auch wurden im österreichischen Heere, wie die „Wiener Medizinische Wochenschrift" (1916, Nr. 8) mitteilt, vielfach aufklärende Tafeln an die die Prophylaxe unterrichtenden Sanitäter verteilt. Oft bekamen Truppenoffiziere den Auftrag, ihre Mannschaft über die Gefahren der Geschlechtskrankheiten fachgemäß aufzuklären. Ein Auftrag, der sich keiner Popularität erfreute.

Um nichts beliebter als dieser Aufklärungsunterricht war das, was in der Kasernensprache die Bezeichnung „Schwanzparade" führte. Untersuchungen auf Geschlechtskrankheit fanden in allen Heeren zwei- oder dreimal wöchentlich statt, obwohl schon Oberstabsarzt v. Töply [9] die periodische Massenuntersuchung auch im Kriege für „recht irrelevant" erklärt hatte. Ob diese Maßnahmen hygienisch begründet oder zwecklos gewesen waren, sei dahingestellt. Jedenfalls gehört die berüchtigte „Schwanzparade" zu den geschmacklosesten, jedem besseren Gefühl hohnsprechenden Erfindungen des militärischen Geistes und die Formen, unter denen sie stattfand, lassen sie noch mehr als eine Einrichtung von verrohender Wirkung erscheinen. Infanterist Perhobstler erzählt darüber [10]:

„... Am nächsten Morgen war Exerzieren hinter den Schlackenhalden.

Danach war ‚Schwanzparade'.

‚Ich habe kein bißchen Saft mehr für mich, da soll auch noch etwas für eine Dirne übrig sein!'

‚Sie sollen die Etappenschweine visitieren, die in den Bordellen Stammgast sind!'

So und noch ganz anders schimpften die Leute.

Der Stabsarzt wurde grob, wenn einer beim Antreten seine Sache nicht richtig machte.

Der Sanitätsunteroffizier schnarrte: ‚Vorhaut besser zurück. Es geht doch sonst so gut!'

Ich drückte mich um diesen Akt. Ich hätte mich schon selbst gemeldet, wenn mir so etwas passiert wäre. Es wurde auch bei der Visitation wie bei den vielen anderen, die ich mitmachte, kein Mann gefunden, der krank war. Krank wurde ja wohl mancher, aber sie meldeten sich alle rechtzeitig. Mancher, das heißt von den vielen Soldaten. Von dieser Kompagnie nur einmal einer, so lange ich dabei war. Auch der hat sich rechtzeitig von selbst gemeldet."

Natürlich wurden auch bei dieser „Parade" die Standesunterschiede gewahrt. Offiziere waren, obwohl sie keineswegs weniger verseucht waren, ja besonders in der Etappe einen viel größeren Anteil an den Geschlechtskrankheiten hatten, der Untersuchungspflicht enthoben. Die Folgen dieser Ausnahmestellung gehen aus einem Geheimerlaß des Generalgouverneurs von Beseler vom 15. Fe-

Abschied
„Ja, tut ihr auch der Abschied weh, sie ist doch stolzer, weil ich geh'...“ Aus „Simplicissimus“, 1914

Merkblatt zur Verhütung von Geschlechtskrankheiten.

Wer sich vor Geschlechtskrankheiten bewahren will, muss besitzen:

1. Ein Bidet (Sitzgestell mit Spülbecken)
2. Einen Irrigator mit Gummischlauch und gebogenem Mutterrohr.
3. Einen Schwamm
4. Kalium permanganicum oder Lysoform.
5. 5% Protargollösung.
6. Condom's.
7. Eine Tropfpipette.
8. Vaseline.
9. Eine Gummispritze.

(4.–9.: Im Completbesteck vorhanden)

Gebrauchsanweisung.

Vor dem Beischlaf:

a) Besichtigung des männlichen Gliedes, ob Ausschlag vorhanden ist oder sich eitriger Ausfluss aus der Oeffnung auf Druck entleert

b) Einfetten der Geschlechtsteile mit Vaseline

c) Dem Besucher einen Condom anbieten.

Nach dem Beischlaf:

a) Wenn möglich Urin lassen

b) Mit Schwamm und Kalium permanganicum (rotweinfarbene Lösung) oder Lysoform (2 Teelöffel auf 1 Liter Wasser) die Geschlechtsteile waschen.

c) Ausspülung der Scheide mit Kalium permanganicum- oder Lysoformlösung (2 Teelöffel auf 1 Liter Wasser).

d) Einspritzung von Protargollössung mit der Gummispritze in die weibliche Harnröhre (oberhalb der Scheide)

e) Den Besucher anweisen:

1. Das Glied, nach Zurückziehen der Vorhaut, mit Kalium permanganicum- oder Lysoformlösung zu waschen.
2. Wenn möglich Urin zu lassen.
3. Zwei Tropfen Protargollösung mit der Pipette in das Glied einzuträufeln.

Unterlässt es das Mädchen, dem Manne nach dem Beischlaf Desinfektionsflüssigkeit und Protargoltropfen zu verabfolgen, so wird es **streng bestraft.**

Bei jeder ärztlichen Untersuchung sind 3 Condom's, Vaseline, Kalium permanganicum, Schutztropfen nebst Pipette vorzuzeigen (Completbesteck).

Sämtliche Schutzmittel sind auf der Sittenpolizei, zum Selbstkostenpreise, erhältlich.

Die Sittenpolizei Lodz.

Regulamin dla kobiet.

Kto od chorób wenerycznych ochronić się chce, ten posiadać musi:

1. Bidet (stołeczek z miednicą podłużną do obmywania pośladka i części płciowych, inaczej zwany konikiem)
2. Irygator (skrapiacz) z gumową rurka zaopatrzoną na końcu zgiętą cewką (kanką)
3. Gąbkę.
4. Kalium permanganicum albo lysoform.
5. 5% rozczyn protargolu
6. Kondom'y (obwojki).
7. Pipetkę ściekową (do kropli).
8. Wazelinę.
9. Strzykawkę gumową.

(4.–9.: znajdują się w komplecie)

Sposób użycia.

Przed spółkowaniem:

a) Obejrzeć czy na członku mężczyzny niema wysypki, lub czy przy naciśnieniu nie wypływa z otworu ropa.

b) Organy płciowe wysmarować wazeliną

c) Nawiedzającemu proponować kondom (obwójkę)

Po spółkowaniu:

a) Należy oddać mocz.

b) Organy płciowe przemyć w rozczynie Kalium permanganicum (kolor wina czerwonego) albo lysoformu (2 łyżeczki na 1 litr wody).

c) Przepłukać pochwę Kalium permanganicum albo rozczynem lysoformu (2 łyżeczki na 1 litr wody) za pomocą (skrapiacza) irygatora.

d) Strzykawką gumową wstrzyknąć potargol w przewód moczowy (powyżej pochwy).

e) Nawiędzającemu nakazać:

1. Dezynfekować się rozczynem Kalium permanganicum albo lysoformem (po uchyleniu napletka)
2. Możliwe oddanie moczu.
3. Wstrzyknac pipetką dwie krople potargolu w otwór płciowy.

Surowo karaną bedzie kobieta w wypadku, gdy nie zaproponuje mężczyźnie płynu dezynfekcyjnego i protargolu.

Przy oględzinach lekarskich obowiązaną jest kobieta przedstawić tak zwany komplet zawierający 3 kondom'y (obwójki), wazelinę, buteleczkę Kalium permanganicum, krople ochronne (Protargol) oraz kroplomierz (całkowity komplet)

Wszelkie środki ochronne, są do nabycia, po cenie kosztu, w policji obyczajowej.

Policja obyczajowa w Łodzi.

Merkblatt für deutsche Soldatendirnen, herausgegeben von der Sittenpolizei in Lodz. Sammlung Wolff, Leipzig bruar 1917 hervor, in dem mit Rücksicht auf die große Verbreitung der Geschlechtskrankheiten im Offizierskorps die Ausdehnung der Gesundheitsvisiten auch auf jüngere Offiziere angedroht wird. Allerdings ist es diesmal und in ähnlichen Fällen bei der Drohung geblieben.

Am wenigsten dachte man an die Wichtigkeit einer Verfügung, die die außergenitale Verbreitung der Syphilis verhütet hätte, nämlich an die Fernhaltung luetischer Soldaten von der Armee. Nach den Dienstvorschriften der Kriegsmusterungsanleitung für das Jahr 1916 [11] sind geschlechtskranke Wehrpflichtige kriegsbrauchbar, wenn sonst keine körperlichen Fehler vorhanden sind und wenn nicht eine Herstellung zur Kriegsbrauchbarkeit in absehbarer Zeit völlig ausgeschlossen ist. Verhütungsmaßnahmen wurden nur insofern getroffen, als Geschlechtskranke mit ansteckungsfähigen Erscheinungen am oder im Munde nicht in Eisenbahntransporte eingereiht werden durften. Sie waren dem nächsten Militärspital einzuliefern, wo die ansteckenden Munderscheinungen ausgeheilt werden mußten.

Es wurden in Kriegszeiten häufig Diskussionen darüber geführt, ob die Verhütungsmaßnahmen auch durch Strafverfügungen zu stützen wären. Vor allem galt es zu entscheiden, ob die Krankheit an sich oder nur ihre Verheimlichung einen strafbaren Tatbestand darstellte.

Zur Maßnahme der Bestrafung erkrankter Soldaten äußert sich Doktor B. Beron, Militärarzt im bulgarischen Heer in Mazedonien [12]: „... Im ersten Augenblick erscheint die Regel: ‚Jeder Soldat, welcher sich geschlechtlich infiziert, soll bestraft werden' zweckentsprechend, sie hat jedoch Nachteile, welche ihre wohltuende Wirkung paralysieren, und zwar: a) der Soldat bemüht sich, die Krankheit zu verbergen, womit er sich selbst den gefährlichen Komplikationen der Krankheit und seine Kameraden der Ansteckung aussetzt; b) der Soldat verheimlicht, wo er sich infiziert hat und raubt uns so die einzige Möglichkeit, im Augenblick die Prostituierte und die Infektionsquelle ausfindig zu machen und die Assanierung ersterer anzustreben. Dagegen soll die Strafe (einige Tage Arrest) vorgesehen bleiben, wenn der Soldat die Krankheit verheimlicht."

Übrigens ist die Kehrseite dieser Frage auch nicht zu übersehen. Sobald jede Strafandrohung fehlte, entfiel für den Soldaten die Notwendigkeit, sich vor Infektion zu bewahren, da ja die Behandlung einige Zeit in Anspruch nahm und ihren Träger wenigstens für diese Zeit vor der Todesgefahr rettete.

Überhaupt war das Dilemma nicht zu lösen. Bei Straffreiheit war der Anreiz zur mutwilligen Infektion bei der geringen Bedeutung, die man etwa einer Gonorrhöe zuschrieb, zu groß. Auf der anderen Seite aber hatte die strenge Bestrafung massenhafte Verheimlichung zur Folge. So konnte es geschehen, daß geschlechtskranke Rekruten insbesondere in der österreichischen Armee, wo laxe und drakonische Behandlung einander ablösten, tagelang unter den entsetzlichsten Qualen mitmarschierten und alle sonstigen Strapazen des Soldatenlebens mitmachten, als wollten sie den von Blaschko aufgestellten Satz, daß „mit gonorrhöisch erkrankten Soldaten keine Märsche zu machen, keine Siege zu erfechten sind", Lügen strafen.

In der serbischen Armee war jede Geschlechtserkrankung grundsätzlich strafbar. In der Wehrmacht der Vereinigten Staaten wurde die venerische Erkrankung mit Entzug der Löhnung und Freiheitsbeschränkung bis nach erfolgter Heilung bestraft. Wer sich eine Geschlechtskrankheit zuzog und nicht ärztliche

Hilfe aufsuchte, kam vor ein Kriegsgericht und wurde im Falle der Überführung mit Zuchthaus bestraft.

Zu einer bemerkenswerten Auseinandersetzung teils medizinischer, teils militärischer Natur gab die Therapiefrage Anlaß. Zugleich mit der Bekämpfung der Geschlechtskrankheiten durch das Militär und die Ärzteschaft mußte auch über die Art und Weise der Behandlung entschieden werden. Insbesondere Kreise, die im Verlauf des ganzen Krieges geneigt waren, Geschlechtskrankheiten als eine Art Simulation, einen Versuch, sich dem Frontdienst zu entziehen, anzusehen, waren dafür, die Behandlung ambulatorisch im Felde vorzunehmen. Dr. Karl Ziegler aus Würzburg hielt „für Fälle latenter Syphilis und unter besonderen Umständen eine Behandlung im Felde für möglich", bei weichem Schanker und Tripper allerdings für nicht recht durchführbar, da deren Behandlung im Operationsgebiet auf Schwierigkeiten stoße [13].

Glücklicherweise wurde dieser radikale Standpunkt von der Mehrzahl der Ärzte abgelehnt. Anfangs ging man sogar so weit, daß man geschlechtlich erkrankte Heeresangehörige aus dem belgischen Etappengebiet in die Heimat zurückschickte. Dies entsprach übrigens einer von Töply 1890 aufgestellten sanitären Forderung: „Nur geschlechtlich gesunde Individuen sind in den Operationsbereich mitzunehmen und venerische sofort in die Heimatlazarette zurückzutransportieren."

Doch kam man später, als die Zahl der Erkrankten beträchtlicher wurde, davon ab und nahm die Behandlung in den im besetzten Gebiete errichteten Lazaretten vor [14].

Dr. Bettmann stellt an einem kriegsmedizinischen Abend des Naturhistorischen Vereins in Heidelberg im Februar 1915 bereits grundsätzlich fest: „Der Gedanke einer Behandlung in der Truppe wird von allen im Felde tätigen Dermatologen abgelehnt, da sie, abgesehen von der Möglichkeit einer Verschlimmerung, die Gefährdung der Kameraden in sich birgt. Zu fordern ist Hospitalisierung, und zwar Konzentration in Speziallazaretten mit strengster Militärzucht unter spezieller ärztlicher Leitung, wobei noch zu erwägen ist, ob nicht einzelne aus den Lazaretten zu irgend welchen Dienstleistungen herausgenommen und ambulant behandelt werden können [15]."

Die andere Gefahrenzone
Der Weg nach Hause führt über die Etappe . . .
Zeichnung von V. Erdey

Im englischen und französischen Heer kam die Frage der ambulatorischen Behandlung anscheinend überhaupt nicht aufs Tapet, doch waren Verheimlichungen nicht zuletzt aus Unkenntnis auch hier sehr häufig.

Blind ins Verderben ...
Sotadische Postkarte aus der belgischen Etappe

Trotz der allgemein vernünftigen Stellungnahme der Ärzte zur Frage der Therapie ließ die Behandlung auch im deutschen Heere viel zu wünschen übrig. Bei manchen Ärzten überwog das Bestreben, den geschlechtskranken Soldaten möglichst rasch dem Militärdienst wiederzugeben. So kam es, daß in vielen Fällen schlecht ausgeheilte Mannschaftspersonen aus dem Lazarett entlassen wurden. Dr. Carl Stern verweist schon anfangs 1915 darauf, daß die Fälle extragenitaler Infektionen von Syphilis ungemein angewachsen sind. „Wenn auch das Liebes- und Kußbedürfnis unserer jungen Mädchen gegenüber den ruhmbekränzten Kriegern gewiß verständlich ist, so erklärt es doch allein nicht die Zunahme der Lippenschanker. Ich glaube, daß die Unterschätzung der syphilitischen Infektionen, gegen die ich mich schon an verschiedene Stellen gewendet habe, nicht zum mindesten dadurch gefördert wird, daß allzu optimistische Therapeuten sich viel zu viel auf die Dauerwirkung auch reichlicher Salvarsandosen verlassen. Wir tun daher unseren Kriegern einen **großen Nutzen,** wenn wir sie auch im Kriege einer nachhaltigen Kur unterziehen [16]."

Hier liegt ein Verschulden, und gewiß nicht das einzige, allzu eifriger Patrioten im weißen Kittel vor.

Die wahre Brutstätte der Geschlechtskrankheiten war natürlich die Etappe mit ihrer ausgedehnten bordellierten und geheimen Prostitution. Hier mußte der Kampf gegen die Verseuchung des Heeres mit polizeilichen Maßnahmen gegen die Trägerinnen der Krankheit, die sowohl im Westen wie in der Ostetappe verhältnismäßig reichlich vorhandenen Dirnen, zusammenfallen. Eine sehr aufgeklärte Frau, Schwester Lydia Ruehland, erzählt darüber in einer kleinen Kriegsbroschüre, die den Untertitel „Ein Wort an die Frauen" führt [17]:

„Daß es draußen im Feindesland an Verführungen und Anreizen nicht fehlt, kann sich jeder denken. Und es ist nicht nur die Not allein, die sich anbietet. Auch das Temperament, die Vorliebe für zweierlei Tuch, die Neigung, dem Fremden den Vorzug zu geben, beherrscht und bestimmt das Angebot in verführerischer Form. Und der junge Soldat, in dessen Vorstellungsleben das Weib natürlich bereits existiert, sofern er gesund empfindet, gerät zweifelsohne in einen Konflikt. Der Krieg wertet gar vieles um. Nur selten fällt die Umwertung der Werte günstig aus. Dazu wird man die Lockungen der Sitte, die freie Auffassung der Dinge rechnen müssen. Begriffe, die einst feststanden und galten, geraten in Verwirrung. Manch einer nimmt, was er braucht, was er nötig zu haben glaubt. Warum soll der Mensch als Geschlechtsindividuum eine Ausnahme machen?! Nicht bloß der Mann nimmt sich ein Weib, ich weiß Fälle, wo sich besonders temperamentvolle Französinnen unsere gutmütigen deutschen Soldaten einfach nahmen, sofern diese nicht von selbst zu ihnen kamen. Die Heeresverwaltung greift allerdings scharf zu, darin versteht sie keinen Spaß, so leicht entschlüpft ihr keine Frau, die sich hingibt. Und was krank oder verdächtig ist, wird festgehalten."

In recht flottem Stil berichtet Wandt über die Zustände in der flandrischen Etappe [18]:
„Ein ‚Kopfschuß' gehörte zu den kleinen Unfällen des Krieges, die sich in der Etappe hundertmal am Tage ereigneten. Erwischte es einen Offizier oder einen Militärbeamten im Range eines solchen, so kam es der neugierigen Mitwelt nur selten zu Ohren, weil der Besitz von Achselstücken von der Teilnahme an der vierwöchigen „Gießkannenparade" befreite. Kriegten es die Mannschaften durch irgend einen Zufall oder eine Indiskretion doch zu wissen, so wurde der Betreffende, um die Autorität des Offiziersstandes zu wahren, in aller Stille schleunigst seines Postens enthoben und auf dem nächsten Wege der teueren Heimat wiedergeschenkt, in der er dann gewöhnlich große Bogen spuckte, von wegen der heldenmütigen Opferwilligkeit, mit der er seine Gesundheit für – das geliebte deutsche Vaterland dahingegeben hatte.
Hatte ein gewöhnlicher ‚Kerl' das Pech, durch einen derartigen ‚Kopfschuß' die Gefechtstätigkeit einzubüßen, die des Lebens Freude bildet, so brauchte er natürlich nicht zu fürchten, daß ihm dasselbe Schicksal blühte und sein Unglück mit dem gleichen Mantel der christlichen Nächstenliebe zugedeckt würde.

BEKANNTMACHUNG

Auf Befehl der Kommandantur

Monatliche Untersuchungen.

Frauen.

Jeder Einwohner weiblichen Geschlechts im Alter von 14 bis 60 Jahren einschließlich, der einem kriegführenden Staate angehört, ist den monatlichen Untersuchungen unterworfen.

Keine Befreiung davon kann gewährt werden.

Die Personen, welche krank oder unfähig sind, sich zur Untersuchung zu begeben, sind verpflichtet, eine Verhinderungs-Bescheinigung an die Bürgermeisterei zu schicken.

Die Arbeiterinnen, die durch ihre Arbeit am Untersuchungstage abgehalten sind, müssen sich am vorhergehenden oder folgenden Tage einfinden.

Die Untersuchungen finden auf der Bürgermeisterei an jedem zweiten und dritten Sonntag jedes Monats von 9 Uhr morgens bis 1 Uhr mittags (deutsche Zeit) in folgender Ordnung statt:

Am 2. Sonntag des Monats: Die Personen von 14 bis 60 Jahren, deren Identitätskarten die Nummern 1 bis 2199 tragen.

Stundenplan.

Nr.	1	bis	416	um	9	Uhr	(deutsche	Zeit)
„	417	„	807	„	10	„	„	„
„	808	„	1191	„	11	„	„	„
„	1192	„	1702	„	12	„	„	„
„	1703	„	2199	„	1	„	„	„

Am 2. Sonntag des Monats: Die Personen von 14 bis 60 Jahren, deren Identitätskarten die Nummern über 2200 tragen.

Nr.	2200	bis	2614	um	9	Uhr	(deutsche	Zeit)
„	2615	„	3047	„	10	„	„	„
„	3048	„	3528	„	11	„	„	„
„	3529	„	z. Ende	„	1	„	„	„

Die Personen, welche für sich, einen anderen oder nicht arbeiten, müssen eine mündliche Erklärung in diesem Sinne abgeben.

Die Personen, welche zur Arbeit unfähig zu sein behaupten, müssen sich mit einem, vom Arzte ausgestellten, noch nicht zu alten Zeugnisse versehen.

Künftighin müssen sich die Mädchen, die ihr 14. Jahr erreichen, zur Untersuchung einfinden.

Diese Vorschrift tritt am 2. Sonntag des Monat November 1917 in Kraft.

Lambersart, den 2. November 1917.

Der Platzkommandant.

* * *

Das war die deutsche Methode in Belgien und **Frankreich.**

Eine „Revanche"-Kundmachung der französischen Besatzungsbehörden im Rheinland
Sammlung A. Wolff, Leipzig

Der Sanitätssergeant, der den angerichteten Schaden mittels derben Ziehens am Gegenstand dieser Lustbarkeitssteuer feststellte, rapportierte, wie es seine Pflicht und Schuldigkeit war, diese Verletzung dienstlich, und das Ende vom Lied war, daß sich der Sünder im Geschäftszimmer seiner Kompagnie oder Eskadron zur Stelle melden mußte.

Dort wurde er von dem gestrengen Feldwebel oder Wachtmeister gewöhnlich mit einem ‚Sie Himmelhund!' empfangen und dann sehr scharf ins Gebet genommen und so lange einem hochnotpeinlichen Verhör unterworfen, bis er beichtete, wes Nam' und Art die menschenfreundliche Verkäuferin war, bei der er sich, oft für wenig Geld, ein so wunderbar funktionierendes Kriegsandenken erstanden hatte.

Vermochte er den Namen oder wenigstens die Adresse des Liebestempels und eine genaue Personalbeschreibung der in Betracht kommenden Schönen anzugeben, so kam er um die drei bis sieben Tage Arrest herum, die ihm sonst sein Hauptmann oder Rittmeister freigebig zudiktieren durfte . . .

. . . Jeder Muskote, der bei der ‚Gießkannenparade' auffiel, hatte natürlich das Bestreben, zu allem Unglück nicht auch noch auf drei bis sieben Tage ins Loch zu fliegen; denn wer in der warmen Etappe saß, dem war die goldene Freiheit doch lieber als das Geborgensein bei ‚Vater Philipp', dessen gastliche Bewirtung bekanntlich von jeher nur aus Wasser und Brot bestand.

Die Lektüre der in Sachen ‚Kopfschuß' aufgenommenen Protokolle war nicht selten zum Totlachen, wenn in ihnen der krampfhafte Wunsch zum Ausdruck kam, es dem Kompagnie- oder Eskadrongewaltigen plausibel und entschuldbar zu machen, daß der Verhörte weder den Namen noch die Wohnung des gefallenen Engels angeben konnte, der ihm gewöhnlich nachts, aber natürlich nicht nur im Traum, erschienen war.

Marie heißt in Flandern beinahe jedes dritte Mädchen, und zahlreich waren die ‚Kopfschuß'-Protokolle, in denen lediglich dieser Vorname als besonderes Kennzeichen der betreffenden mildtätigen Dame genannt wurde."

Auch ein im Inhalt zwar betrübliches, aber humoristisch aufgemachtes Gedicht zeugt für die Häufigkeit solcher Unfälle in der Etappe. Wir können es uns nicht versagen, die zwei letzten Strophen des französischen Poems, das den Titel „La saucisse de Strasbourg" (Das Straßburger Würstchen) führt, hier verdeutscht wiederzugeben:

Vor kurzer Zeit im Lazarett
Ein deutscher Soldat lag krank zu Bett.
Er spürte etwas im Eingeweide,
Das war fürwahr nicht eitel Freude.
Der Doktor sprach: „Mein lieber Sohn,
Da gibt's nichts als Operation!
Von Lust und Liebe kommen Leiden,
Das Straßburger Würstchen, das muß ich
schneiden.
So kehrt, ist mal die Kriegszeit aus,
Manch Deutscher ohne Zipfel nach Haus'.
Und flucht der bösen Republik,
Und den belgischen Frau'n mit dem
Schelmenblick.
Und sagt zu seinem Eheweib:
„Ich komm zwar bei lebend'gem Leib,
Doch blüht keine Liebe mehr uns beiden,
Das Straßburger Würstchen tat man mir
schneiden."

Auch in anderen Heeren wurde getrachtet, der Ausbreitung der Geschlechtskrankheiten überall dadurch zu steuern, daß man die Infektionsquellen festzustellen und unschädlich zu machen suchte. So sagt der schon erwähnte Dr. B. Beron aus Sofia über die mazedoni-

sche Etappe: „Es ist bei dieser Frage von großer Bedeutung zu wissen, ob die Soldaten sich vor oder nach der Mobilisierung infiziert haben und im letzteren Falle, wo die Infektion geschah: in Serbien, Mazedonien, in öffentlichen oder geheimen Bordellen (Kaffeehäusern, Hotels), in Privathäusern usw. Das richtigste wäre gewesen, diese Auskünfte von dem Soldaten selbst einzuholen. Diese jedoch, wie mir selbst aus Erfahrung bekannt ist, sagen nicht die Wahrheit und sind bemüht, die Infektion auf jeden Fall in die Zeit vor der Mobilisierung zu verlegen, aus Furcht, den diesbezüglichen Strafgesetzen der Armee zu unterliegen. (Zum Beispiel Nichtanerkennung der Dienstzeit während des Krankseins.) Aus diesem Grunde versicherte ich den Soldaten im voraus, daß sie nicht bestraft werden, wenn sie mir die Wahrheit sagten. Ich unterließ es auch bei Untersuchung der geschlechtskranken Soldaten in den städtischen Heilanstalten, ihre Namen aufzuschreiben. Ich begnügte mich, so gut es ging, die Aussagen der Soldaten mit dem klinischen Bild in Einklang zu bringen."
In so manchen Fällen kam es infolge der Aussage erkrankter Soldaten zur Auflösung von Bordellen und sonstigen Etablissements, in denen Geschlechtskrankheiten zu holen waren. Einige Berühmtheit erlangte gleich nach Kriegsausbruch durch seine Schließung das Bordell in Chauny bei Laon, einer französischen Stadt von etwa 10 000 Einwohnern. Dieser Liebestempel wurde gesperrt, weil eine ganze Anzahl infizierter Soldaten, die Professor Buschke in Berlin zur Behand-

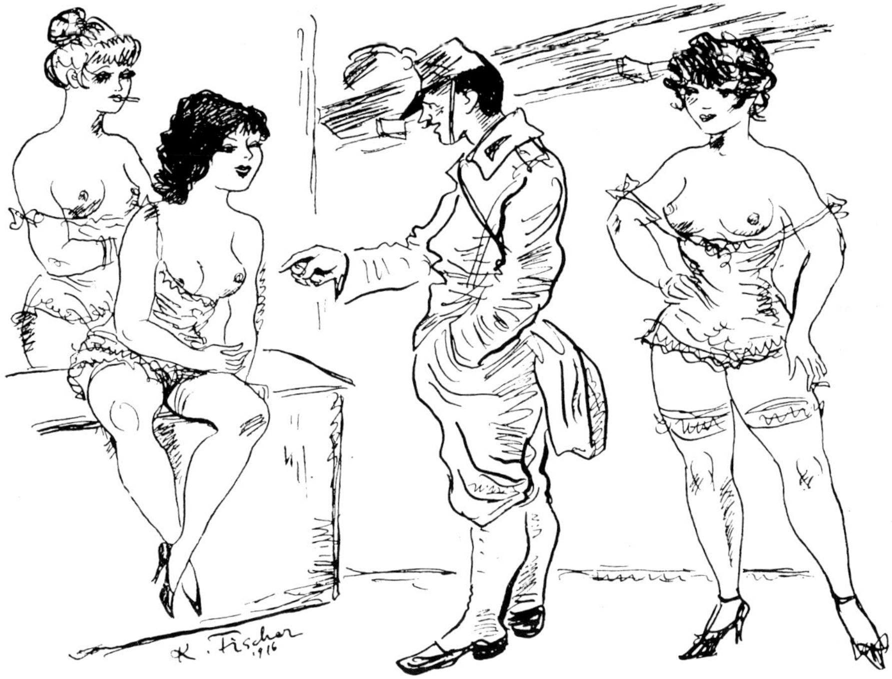

Im Etappenpuff
„Die Hauptsache, ich kriege nachher eine Desinfizierungs-Bescheinigung . . ."
Zeichnung von K. Fischer

Heilt rasch und gründlich ...

„Nimm Pagéol, mein Junge – in acht Tagen ist es wieder gut!“ sagt der Regimentsarzt ...

lung bekam, einmütig das Bordell von Chauny als Infektionsquelle angaben, worauf der Arzt bei den Militärbehörden vorstellig wurde[19]. Der gute Doktor wußte natürlich nicht, daß bei den kranken Soldaten neben dem Abort das Bordell die beliebteste vorgebliche Infektionsquelle war. Da man im „Feldpuff“ immer desinfiziert wurde (gegen Bescheinigung) konnte man nicht bestraft werden, wenn man eine solche „Quittung“ aus der ungefähren Infektionszeit besaß. Die Frontärzte kannten alle den Trick, konnten aber nichts machen, weil die Beweislast bei ihnen lag. Daß mit den Bescheinigungen mancherorts Handel getrieben wurde, läßt sich denken. Deshalb sollten sie (was dann die Sanitäter für Zigaretten „vergaßen“) die Erkennungsmarken-Nummer des Bordell-Besuchers tragen.

Im allgemeinen wirkte sich bei der wachsenden Anzahl der Geschlechtserkrankungen in den Etappengebieten das Mißverhältnis zwischen Angebot und Nachfrage aus. Die wenigen Dirnen, die besonders in den kleineren Ortschaften den übermäßig großen Anforderungen der massenhaft einquartierten Truppen zu genügen hatten, mußten bei aller sanitären Überwachung früher oder später krank werden und die Infektion weitergeben. Im Kriegsbuch „Vier von der Infanterie“ schildert der Verfasser, wie ein deutscher Soldat, der unter seinen Kameraden den Spitznamen „Student“ führt, vor einem Granatregen mit einer Französin hinter der Front in einen Keller flüchtet, wo sich zwischen den beiden folgender Dialog entspinnt[20]:

„Ich habe Angst“, flüstert aufgeregt die Französin.
Nimmt der Student ihre Hände: „Hier im Keller sind Sie geschützt, außerdem bin ich doch bei Ihnen.“
Erbleichend lächelt sie schwach über sein Französisch.
„Abah, Maschin kaputt, Maschin kaputt!“
„So, so!“ meint er gedehnt, „Maschin kaputt!“ und wird merklich kühler. „Hoffentlich ist es nicht wahr.“
Leider sei es wahr. Nun habe der Herr wohl keine Lust mehr, im Keller zu bleiben.
Der Student betrachtet ihr rostrotes Haar, die weißen Wimpern, die unzählbaren Sommersprossen und das Muttermal mit dem Büschel Haare. „Ein großes Unglück ist das.“
„Das mit der Schießerei?“ fragt sie.
„Nein, das andere.“

Ein großer Teil nicht nur der deutschen jungen Soldaten, die gesund ausgezogen waren und durch besonderes Glück den Gefahren der Front entrinnen konnten, wurden von der größten Gefahr der Etappe, der venerischen Verseuchung, ereilt. Und die kaputt gegangene Maschine war in Nordfrankreich und Belgien für lange Zeit zu einer stehenden Redensart geworden, ohne daß sie aufhörte, eine traurige Wahrheit auszudrücken. So wurde im besetzten Gebiet ein Gassenhauer gesungen:

„Malheur la guerre,
Nix pomme de terre,
C'est la misère partout.
Papa canon,
Maman ballon,
Ma soeur machine kaputt.
[: O Isabella, rends-moi mon mari! :]"

Nach alldem kann es nicht überraschen, daß die Lazarette für Geschlechtskranke, zumal die in der Etappe, in der Sprache der deutschen Soldaten „Ritterburgen" genannt, ständig stark belegt waren. Es gehört keine überschwengliche Phantasie dazu, sich eine Vorstellung von der Behandlung gemeiner Soldaten in diesen Ritterburgen zu machen. War doch den Ärzten gewöhnlich kein Mittel zu drastisch, wenn es nur den Heilungsprozeß zu beschleunigen versprach. Dem Patienten wurden, wie Wandt schreibt, „mit der gefürchteten Spritze die Flötentöne beigebracht. Alltäglich, nach Strich und Faden, so daß er die Engel im Himmel singen hörte."
Eine bemerkenswerte Seite der Geschlechtskrankheiten ist die Frage des Anteils der verschiedenen Altersklassen und Bevölkerungskategorien. Schon im Anfang des Krieges wurde in allen Ländern die besorgniserregende Erfahrung gemacht, daß eine große Anzahl der Erkrankungen auf die verheirateten älteren Jahrgänge und die Soldaten vom Lande entfiel. Dr. Albert Neisser schreibt kurz nach Kriegsausbruch [21]:
„. . . Zwei Punkte bedürfen einer besonderen Aufmerksamkeit: Erstens der jetzt schon konstatierte auffallend große Anteil der Verheirateten unter den Geschlechtskranken. Hier wird man vielleicht zur Erklärung und, wenn man will, zur Entschuldigung dieser Männer annehmen dürfen, daß diesen an Geschlechtsverkehr gewöhnten, nur durch den Krieg ihrem Familienleben entrissenen Männern so lange Enthaltsamkeit besonders schwer fällt. Zu bedenken ist auch, daß in den niederen Kreisen der Bevölkerung durchwegs viel lockerere, naivere Ansichten über den Geschlechtsverkehr herrschen. Es ist wohl auch nicht bekannt, ein wie enormer Prozentsatz auch im Frieden der in unseren Krankenhäusern und Polikliniken behandelten Männer (der Arbeiter- und ärmeren Bevölkerung) verheiratet sind. Also auch hier wird man über die im Kriege gewonnenen Ziffern nicht gar zu entsetzt sein dürfen!

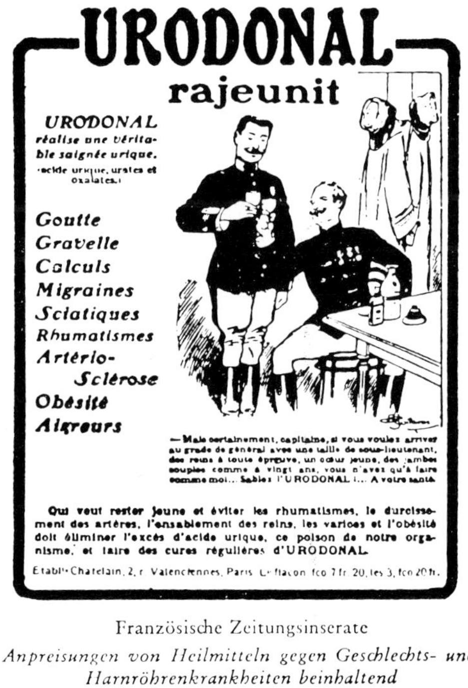

Französische Zeitungsinserate

Anpreisungen von Heilmitteln gegen Geschlechts- und Harnröhrenkrankheiten beinhaltend

Zweitens ist von Bedeutung, daß unter den Mannschaften, den gesunden wie den kranken, der größere Teil der Bevölkerung des Landes und der kleineren Städte entstammt. Während nun bisher diese Volksteile, die Männer und demgemäß auch die Frauen – im Gegensatz zu der großstädtischen Bevölkerung – von Geschlechtskrankheiten so gut wie frei waren, ist zu fürchten – wenn nicht besondere Maßnahmen ergriffen werden –, daß durch das Rückströmen so vieler Geschlechtskranker die Durchseuchung auch auf diese ländlichen Kreise übergreift."

Die Befürchtung Dr. Neisser's hat sich, wie die Statistiken beweisen, vollkommen bewahrheitet. Im Stettiner Lazarett war ein Drittel der anfangs 1915 dort behandelten geschlechtskranken Soldaten verheiratet. Diese Ziffer verschiebt sich im Laufe des Krieges noch weiter zuungunsten der Verheirateten. Kurz danach figurierten die Verheirateten in einer von Doktor Blumenfeld im Fraustadter Reservespital angelegten Statistik bereits mit 41 v. H. Dieselbe Tendenz weist die Höhe der Beteiligung der ländlichen Bevölkerung auf. Auf Grund dieser Daten zieht Dr. Blumenfeld folgende Schlüsse [22]:

1. Die Verheirateten bilden einen erheblichen Teil der Geschlechtskranken, einen anscheinend bedeutend höheren als sonst in Friedenszeiten.
2. Die älteren Jahrgänge sind bei den erkrankten Soldaten verhältnismäßig stärker als sonst vertreten.
3. Ein Teil der ländlichen Bevölkerung, welche im allgemeinen bis jetzt von Geschlechtskrankheiten verschont blieb, wird angesteckt. Dadurch laufen die Landgemeinden Gefahr, daß die Geschlechtskrankheiten bei ihnen eingeschleppt und nachträglich verbreitet werden.
4. Die Gelegenheitsprostitution dürfte einen sehr großen Anteil an der Verbreitung der Geschlechtskrankheiten haben.

Über die Frage, wo die Krankheiten akquiriert wurden, läßt sich kein klares Bild gewinnen, da sich die Statistiken gerade in diesem Punkte sehr widersprechen. Was bei den oben geschilderten Sachverhalten kein Wunder ist. Der ausfragende Stabsarzt war ja Staatsanwalt, Richter und Folterknecht in einer Person, kraft seiner „Disziplinargewalt". An den hippokratischen Eid dachten wenige dieser Herren. (Nach den Kriegen waren solche besonders als Vertrauens- und Versorgungsärzte beliebt – bei den Behörden . . .) Dozent Dr. Moldawa [23] meinte bei einer feldärztlichen Tagung in Lemberg im Februar 1917, daß sich 5 v. H. der Geschlechtskranken an der Front, 20 v. H. im Etappen- und 75 v. H. außerhalb des Armeebereiches infizieren. Der Anteil der Etappe ist hierbei bestimmt zu gering angeschlagen. Der bereits erwähnte Regimentsarzt Dr. F. Veress kommt beispielsweise schon zum Ergebnis, daß sich nur ein Drittel der geschlechtskranken Soldaten der ostgalizischen Front zu Hause infiziere, während die übrigen zwei Drittel im Operations- und Etappenraum angesteckt wurden.

Um eine Verschleppung und Verbreitung der in der Etappe oder an der Front erworbenen Geschlechtskrankheiten im Hinterland zu verhindern, wurde verfügt, daß der auf Urlaub gehende Soldat sich vor der Abfahrt einer Gesundheitsvisite unterziehen müsse. Diese Verfügung wurde in den meisten Fällen entweder nicht oder sehr oberflächlich durchgeführt, zumindest wollten die Klagen über Ansteckung der daheim gebliebenen Frauen nicht verstummen.

Sehr lehrreich sind die Ausführungen des Stabsarztes und Gynäkologen Prof. Dr. L.

Fraenkel aus Breslau über diesen Punkt: „Nach fast einjähriger Kriegsabwesenheit nach Hause zurückgekehrt und mit chirurgischer Lazarettätigkeit im Hauptamt beschäftigt, finde ich wenig Zeit und Gelegenheit, mich der gynäkologischen Praxis zu widmen. Unter den nicht sehr zahlreichen Frauen, die mich in den ersten Monaten dennoch fanden und befragten, bekam ich zehn Gonorrhöen zu Gesicht, das bedeutet eine ganz erhebliche Vergrößerung dieses Materials. Es lohnt sich, auf die menschlichen Begleitumstände der Fälle einzugehen, weil das für die Frage, die wir hier erörtern wollen, von Wichtigkeit ist. Vier Fälle betrafen Gattinnen längere Zeit in Belgien bzw. in Frankreich gewesener Offiziere, zwei der Ehemänner sind Offiziersstellvertreter, die aus Rußland auf Urlaub gekommen sind ... Die sechs Erkrankungen hängen zweifellos mit dem Kriege zusammen.

Die beiden Offiziersstellvertreter hatten sich im Stellungskriege außerordentlich gelangweilt; als der lockerere von beiden einem polnischen Mädchen in die Hände fiel, veranlaßte er den solideren Freund ebenfalls zum Sexualverkehr, indem er dem Überraschten die Person einfach ins Bett legte. Von den älteren Herren hat der eine sehr reuig erzählt, daß er kurz vor dem plötzlich erhaltenen Urlaub der Versuchung einer Prostituierten nicht widerstehen konnte und ohne Ahnung, daß er bereits infiziert sei, zu Hause einmal den Beischlaf ausübte. Er brachte sogleich, nachdem er bei sich das Unglück gewahrte, seine Frau, die keine Beschwerden hatte, zur Untersuchung: es war bereits zu spät, die Gonorrhöe ließ sich nicht mehr kupieren. Einer der Herren hatte allerdings schon früher seine Frau infiziert und ihr jetzt glaubhaft gemacht, daß bei ihm keine neue Infektion, sondern ein Aufflakkern des alten Prozesses vorliege ...[24]"

Hier wie in allen ähnlichen Fällen verdient der Umstand Beachtung, daß der Heeresangehörige sich unmittelbar vor dem Antritt des Urlaubs ansteckt. Daran dürfte wohl weniger die sexuelle Ungeduld als die Lokkung der zu passierenden Etappe schuld sein. Durch die oben geschilderten energischen Maßnahmen gelang es den deutschen Militärbehörden, einer größeren Ausbreitung

Geschlechtsnot
Zeichnung von V. Erdey

der Geschlechtskrankheiten im Heere vorzubeugen. Ja, in den ersten zwei Jahren des Krieges war ein ziemlich günstiges Resultat zu verzeichnen: die p. M.-Zahl der Erkrankungen betrug im ersten Kriegsjahr 15,2, im zweiten 15,8 und im dritten nur noch 15,4. Diese Ziffern erwiesen sich später allerdings als völlig illusorisch. Wie so manche andere Verheerungen des Krieges zeigte sich auch dessen Zerstörungsarbeit an der Volksgesundheit erst unmittelbar nach dem Kriege. Mit diesem Symptom werden wir uns bei der Besprechung der Nachkriegszeit zu befassen haben. Jedenfalls ist schon hier so viel festzuhalten, daß sich die Angst vor der Ausbreitung der Geschlechtskrankheiten als berechtigt erwies und diese aus der Geschichte bekannte Wirkung aller Kriege im Weltkrieg durch straffe, oft unmenschliche Disziplin nur aufgeschoben, nicht aufgehoben werden konnte.

Es ist wohl nichts als Spiegelfechterei, wenn man für dieses Resultat, für etwas, das als faule Frucht des Krieges vom Baume der Geschichte fiel, die Revolution und ihre „Zügellosigkeit" verantwortlich machen will. Das tut unter anderem Dr. Merkel, wobei er darauf verweist, daß die Krankheitsziffern in den Kriegsjahren im Besatzungsheere nur wenig größer (27,5 v. T. gegenüber 20,4 v. T.), im Feldheer aber in den ersten drei Kriegsjahren erheblich kleiner (15,4 v. T. gegenüber 20,4 v. T.) waren und erst im letzten Kriegsjahre mit 20,2 v. T. an den Friedensdurchschnitt heranreichten[25]. Das besagt nämlich nicht mehr und nicht weniger, als daß im Schützengraben verhältnismäßig wenig venerische Infektionen zu holen waren, eine Wahrheit, die keines Nachweises bedarf. Überhaupt sind diese deutschen Statistiken Schulbeispiele dafür, wie Ziffern richtig sein und dennoch lügen können. Für viele Angehörige des Feldheeres war der Waffenstillstand eben der erste oder der erste richtige Urlaub und die Erkrankungen knapp nach Kriegsende sind als echte „Kopfschüsse" anzusehen, so wie die nach Kriegsende ihren Verwundungen Erlegenen als Kriegsopfer gelten müssen. Und wo man mit dem Urlaub weniger kargte, erreichte die Zahl der Erkrankungen schon zur Kriegszeit eine respektable Höhe: so bei U-Boot-Mannschaften und überhaupt bei der Marine. (Bei dieser erfuhr die Syphilis nach Mitteilungen Dr. Fikentschers[26] eine Steigerung aufs Dreifache, der Tripper eine solche aufs Zweifache des Friedensdurchschnittes.)

In den übrigen Heeren, denen die hygienische Organisation der Deutschen fehlte, stellten sich diese Folgen natürlich schon früher ein. Die „Wiener Medizinische Wochenschrift" faßt die Erfahrungen der ersten eineinhalb Kriegsjahre in einem Neujahrsartikel vom Jahre 1916 wie folgt zusammen[27]: „Die Geschlechtskrankheiten haben beim (österreichischen) Heere und in der Zivilbevölkerung eine unheimliche Ausbreitung gewonnen, eine Entvölkerung droht uns von dieser Seite her, eine körperliche und geistige Entartung des Nachwuchses."

Über die Ausbreitung der Geschlechtskrankheiten im englischen Heere können wir mangels vorhandener Zahlen nur soviel sagen, daß diese entsprechend der enormen Vermehrung der Erkrankungsfälle in England selbst, auf die wir noch hinweisen werden, eine ganz große gewesen sein dürfte. Übrigens finden sich in den Memoirenwerken britischer Kriegsteilnehmer fast immer Angaben über Ansteckungsfälle.

Was die Gesundheitszustände im russischen Heere betrifft, so wissen wir, daß im Mai 1916 in Kiew unter dem Vorsitz des Stadtoberhauptes ein medizinischer Kongreß zur Bekämpfung der Geschlechtskrankheiten einberufen wurde, auf dem sich ein trostloses Bild des Gesundheitszustandes im russischen Etappengebiet entrollte. In der Friedenszeit wurden im Kiewer Departement jährlich 2000 Fälle behandelt. Im Jahre 1915 war diese Ziffer auf 20 500 gestiegen, im ersten Quartal 1916 waren bereits 2000 syphilitische Fälle eingeliefert worden. Die Mehrzahl der zwölfjährigen Mädchen war, wie es heißt, bereits angesteckt. Die völlige Zuchtlosigkeit der von der Front zurückkehrenden

Oben: „Die Sittenpolizei?" „Ja, aber der Kommissär will nur ein Glas Wein trinken . . ."
Zeichnung von G. Pavis. Aus „Le Rire", 1918

Unten: „Dame"
Radierung von Otto Dix, 1922

Unten: Kriegsprostitution als einzige Erwerbsmöglichkeit
Eine Zigeunerfamilie in Galizien. Originalaufnahme aus dem Feld

Freiheit und Freude

Ein Wochenblatt zur Förderung lebendigen Christentums.
Herausgegeben v. d. Südd. Vereinigung für Evangelisation u. Gemeinschaftspflege
Schriftleiter: Ernst Schreiner, in Korntal.
Preis: Ins Feld gesandt oder durch Freiwillige zugeteilt vierteljährlich 20 Pfg. Zu beziehen von der Geschäftsstelle in Cannstatt, Seelbergstr. 26. Fernruf 272. — Druck: Chr. Rillinger, Reutlingen.

Verkleinerter Sonderabdruck 2 Gegen die Unsittlichkeit.

Eine notwendige Offensive.

Während diese Zeilen geschrieben werden, ist die deutsche Ostarmee auf unaufhaltsamem Vormarsche begriffen. Mit gewaltigen Schlägen drückt Hindenburg die russische Front in Galizien ein und im ganzen Gebälke Rußlands knistert und kracht es. Das Haus, das mit sich selber uneins geworden ist, muß diese Offensive der Deutschen über sich ergehen lassen und kann sie nicht mehr aufhalten. Es ist Gottes Arm, der sich wieder offenbart. Und unsere Feinde spüren ein Erzittern durch ihren lügnerischen Bund gehen. Vielleicht zum erstenmale in Wahrheit kommen nun drüben den Einsichtigen die Gedanken nahe, daß es mit dem Siege verzweifelt aussieht und daß Lüge und Bosheit nie auf die Dauer Zusammenhalt und Siegeskraft finden.

Die große Offensive, die mit entscheidender Wucht geführt wird, legt uns den Gedanken ans Herz, daß es Zeit ist, endlich einmal eine Offensive zu beginnen, die für das Wohl unseres deutschen Volkes von ausschlaggebender Bedeutung sein könnte. Denn uns droht in zunehmender Weise ein Feind, der nur durch eine zusammengefaßte, nachdrückliche Bekämpfung, durch ein zielbewußtes Trommelfeuer und einen gewaltigen Sturmangriff niedergeworfen werden könnte. Dieser Feind ist offen genannt

die Unsittlichkeit und Hurerei,

die sich immer frecher und dreister hervorwagt und ihr schleichendes Gift wie eine verborgene Schlange verspritzt. Ja, welche Macht entfaltet doch diese Pestilenz gegenwärtig in und außer allen Heeren Europas, auch in unserem deutschen Volke. Wie saugt sie gleich einem Vampyr am Lebensmark unseres

A. g. XIII.

„Gegen das schleichende Gift, wie von einer verborgenen Schlange verspritzt“

Im Ersten Weltkrieg offen versandte Postkarte – die Zensur billigt, was der „Kampfmoral“ nutzt . . .

Sammlung Gaspar, Wien

„Eine notwendige Offensive gegen Unsittlichkeit und Hurerei“
Linke und rechte Seite: Flugblatt der evangelischen Kirche.
Sammlung A. Wolff, Leipzig

Und mit voller Wucht werfen sie sich nun auf die geschwächten Nerven und verursachen Schwermut, Trübsinn, Friedelosigkeit, ja sogar in vielen Fällen Geisteskrankheit und Besessenheit.

Nur wenige Männer und Jünglinge machen es sich klar, in welches Verderben die Sünde der Hurerei führt. Wiederum aber redet auch hier Gottes Wort wahr, wenn es spricht: „Die Lippen der Hure sind süße wie Honigseim und ihre Kehle ist glätter wie Öl; aber hernach bitter wie Wermut, und scharf wie ein zweischneidig Schwert. Ihre Füße laufen zum Tode hinunter und ihre Gänge erlangen die Hölle.“ Sprüche 5, 3—5.

Mein lieber Leser, bist du auch auf diesen Wegen hinab zum Tode und zur Hölle? Weißt du, um was es sich handelt bei dieser Sünde? Mit diesem Blatte sei es dir aufs neue gesagt: Wer du auch seiest, ob Gemeiner oder Offizier, ob Professor oder Handarbeiter, ob Staatsbeamter oder Handwerker, die Hurerei ist der Weg zum zeitlichen und ewigen Verderben.

Fliehe diesen Weg!

Raffe dich sofort auf, um ihn für immer zu verlassen. Ergreife die heilsame und befreiende Gnade in Christo Jesu, die allein Macht hat, dich durch die Kraft des heiligen Blutes frei zu machen und suche diese Freiheit. Wage im Namen Gottes einen Durchbruch. Es ist wahr, wenn man erst verstrickt ist in diese Höllengänge, so kostet es

eine förmliche Durchbruchsschlacht.

Satan verteidigt jede Seele, die er einmal im Besitz hat, mit großer Zähigkeit. Aber es gibt auch hier ein Trommelfeuer, das ihn zum Weichen bringen kann, das ist das Trommelfeuer des anhaltenden Gebetes. Richte dieses Feuer auf diesen Punkt und bitte Gott, daß er dich errette aus der Hand dieser seelenmordenden Pestilenz. Wage es, die Offensive zu ergreifen gegen dein eigenes Fleisch und Blut.

Das ist die schwerste Offensive,

die sich gegen sich selber richtet und die den eigenen in Sünde gefangenen Willen mit Gottes Gnade unter den Gehorsam des Herrn zwingt.

Aber hier ist kein Opfer zu schwer.

Gilt es doch die Befreiung der Seele vom Joche Satans. Die Siegesbeute dieser Offensive ist die köstliche Freiheit in Christo Jesu und das ewige Leben. Freilich können wir allein diese Festung nicht stürmen. Als der Kaiser jetzt in Ostgalizien die Befestigungen der Russen ansah, da sagte er: „Das ist eine Bombenstellung gewesen.“ Bombenfest hatten die Russen ihre Stellung ausgebaut. Ja, lieber Freund, die Stellung der Unsittlichkeit ist auch

eine Bombenstellung.

Da gibt Satan nicht so schnell weich. Doch wie es unseren Tapferen im Osten durch eisernen Willen und entschlossene Hingabe gelungen ist durchzubrechen weil sie im Bruderverbande stürmten, so müssen wir auch

im Verband stürmen.

„Musterung in der galizischen Etappe“
Zeichnung von R. Matouschek

Bange Augenblicke: Zur „Schwanzparade“ angetreten; k. u. k. Version
Zeichnung von L. Gedö, 1916

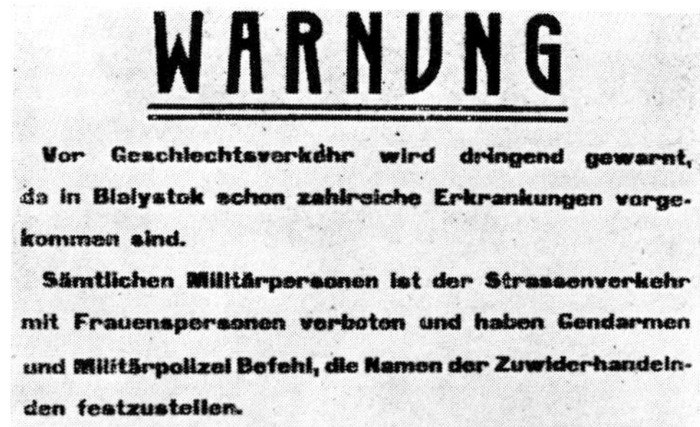

WARNUNG

Vor Geschlechtsverkehr wird dringend gewarnt, da in Bialystok schon zahlreiche Erkrankungen vorgekommen sind.

Sämtlichen Militärpersonen ist der Strassenverkehr mit Frauenspersonen verboten und haben Gendarmen und Militärpolizei Befehl, die Namen der Zuwiderhandelnden festzustellen.

Bialystok, den 9. November 1916.

ORTSKOMMANDANTUR

Vielsagende Bekanntmachung der Ortskommandantur
Bialystok, Polen, Ende 1916
Sammlung A. Wolff, Leipzig

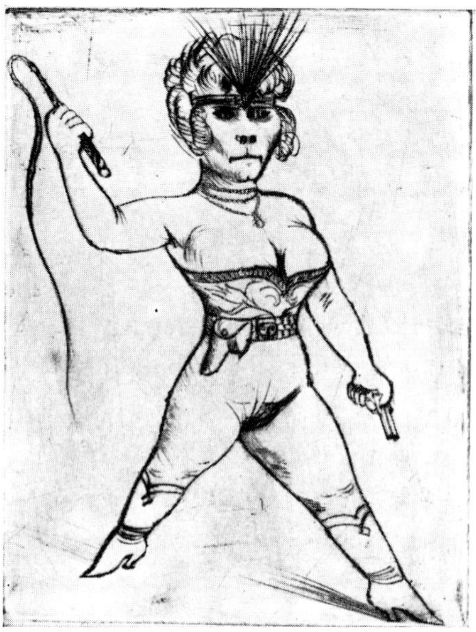

Die Geißel
Radierung von Otto Dix, 1922

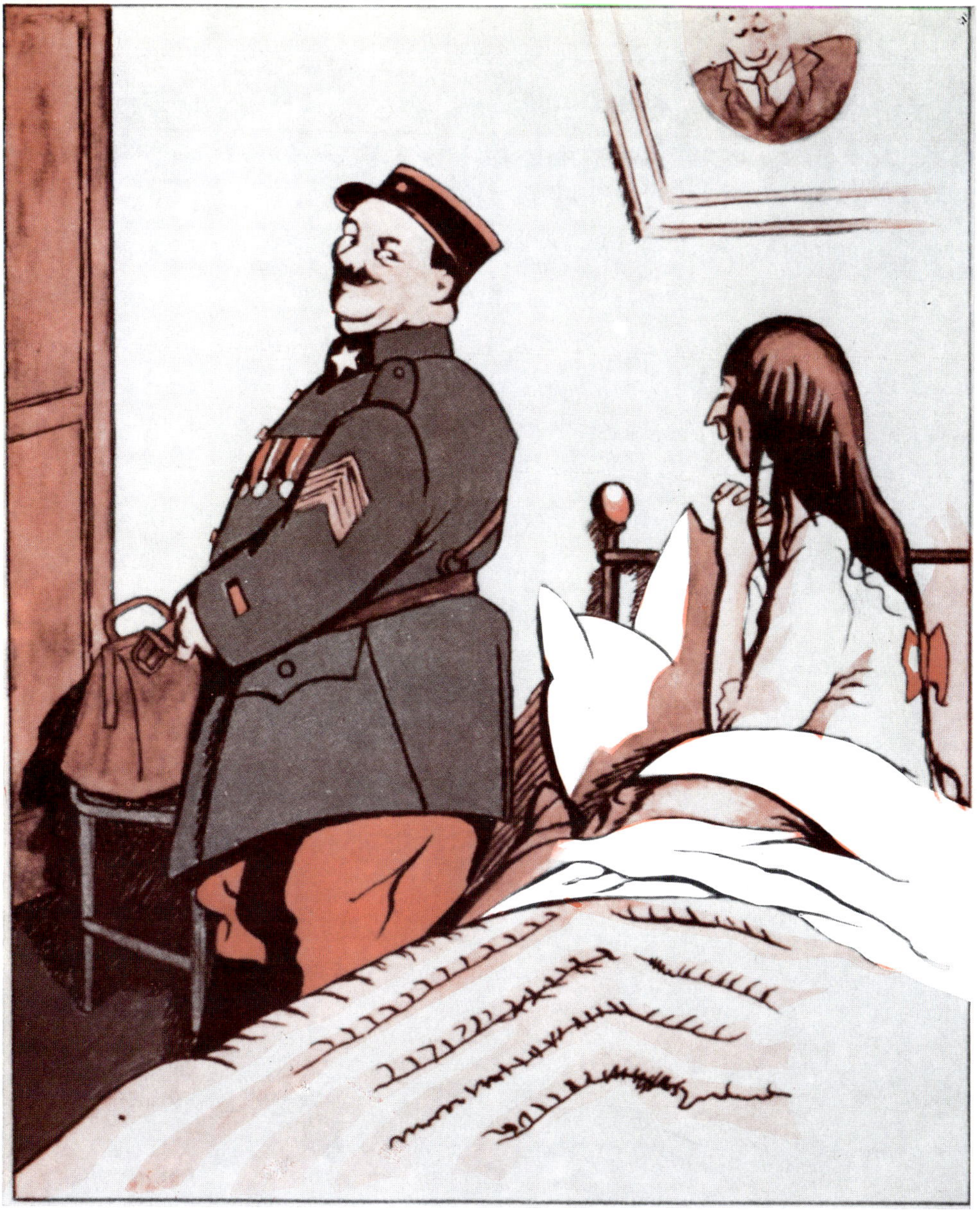

Uniformfetischismus
„Zieh' dich nicht aus, die Uniform kleidet dich so gut ...“ *Zeichnung von Ch. Laborde*

Soldaten machte jede Kontrolle unmöglich. Der Kongreß beschloß, im Etappengebiet aufklärende Flugschriften zu verteilen, in den Lazaretten die Soldaten in Vorträgen auf die Gefahren hinzuweisen [28]. Die große Verbreitung der venerischen Krankheiten im Zarenreiche geht übrigens auch aus den Folgen der russischen Okkupation in Galizien anläßlich des russischen Einfalls hervor. Dabei handelt es sich hier um ein Gebiet, in dem die venerischen Krankheiten bekanntlich auch früher ziemlich heimisch waren. Im Jahre 1916, nachdem die Russen zurückgewichen waren, wurden in Lemberg allein 1340 Frauen der Spitalsbehandlung durch die Polizei zugeführt, gegen einen Durchschnitt von etwa 100 in Friedenszeiten [29]. Diese Statistik (1917 in Österreich zusammengestellt) ist natürlich „kriegspropagandaverdächtig". Es sei daran erinnert, daß eine ähnliche bei objektiver Untersuchung der Ziffern nach dem Kriege auf ein Promille der ursprünglich aufgeführten Fälle schrumpfte (siehe Noskoff, „Samsonow"). Auch im französischen Heer hat die Syphilis eine fürchterliche Ausbreitung gefunden. Der Syphilidologe Professor Dr. Gaucher teilte in einer Sitzung der Pariser Akademie der Medizin im Jahre 1917 mit, daß die durch die Lues der Volksgesundheit drohende Gefahr immer verhängnisvoller in Erscheinung trete und gebieterisch nach Abhilfe verlange. Während in den ersten 16 Monaten des Krieges die Syphilisfälle in der französischen Armee eine Steigerung um ein Drittel erfahren hatten, hätte sich in den letzten Monaten des Jahres 1916 diese Zahl auf rund zwei Drittel gegen die Friedenszeit erhöht [30]. Die Beobachtungen des genannten Professors Gaucher und die Dr. Bizards im Hospital St. Louis ergeben gleichfalls, daß die Syphilis der Heeresangehörigen und der

Peinliches Geständnis

. . . und sie hatte ihm so oft geschrieben „Bleib gesund!"

Zeichnung von A. Szekely

Zivilbevölkerung um 33 v. H. zugenommen hatte. Unter den Kranken waren, wie es heißt, alle Waffengattungen vertreten. 38 v. H. der Kranken hatten sich die Krankheit in den Vorstädten von Paris geholt. Zwei kranke Soldaten gaben an, daß sie sich die Krankheit im Hospital zugezogen hätten, wo sie als Verwundete eingeliefert worden waren. Die Zahl der verheirateten Soldaten war nach Angabe der beiden Ärzte auch unter den französischen Soldaten verhältnismäßig sehr hoch[31].

Die Ausbreitung der Geschlechtskrankheiten ist das Fazit, das die brutale Wirklichkeit des Krieges der Illusion derer entgegenstellte, die alle Schrecken, allen Jammer der Schlachten notgedrungen hinnahmen, weil sie am blutroten Himmelsrand die Fata Morgana eines tollen Auslebens, eines tierisch-freien Spiels der Triebe zu sehen vermeinten.

Die pessimistischen Auffassungen, die hinsichtlich der Folgen der Geschlechtskrankheiten noch bis in die dreißiger Jahre hinein herrschten – also bis zum Erscheinen der ersten Ausgabe dieses Buches – haben sich glücklicherweise nach der Entdeckung des Penicillins durch Sir Alexander Fleming als allzu schwarz erwiesen. Es ist der modernen Wissenschaft gelungen, die Geschlechtskrankheiten nahezu auszurotten und damit einen der schlimmsten Feinde der Menschheit zu besiegen. Auch die meisten andern durch Bazillen übertragbaren Krankheiten sind ausgerottet. Wenn wir freilich dafür nur die Bedrohung durch die Atombombe eingetauscht haben, so ist dieser Fortschritt nicht so grandios, wie es zuerst den Anschein hatte!

„Na, wollt ihr euch nicht ein bißchen amüsieren, bevor's wieder heim zu Muttern geht?“
Zeichnung von H. Gazan. Aus „Le Rire rouge“, 1916

Die weiblichen Soldaten des Ersten Weltkrieges

VIII

Russische Kriegerinnen – Die Frauenbataillone Kerenskis – Die Serbin im Kriege – Die Kriegshetze der Engländerin – Verkleidete Französinnen – Versuche deutscher Frauen, sich ins Heer einzuschmuggeln – Irrtümliche Geschlechtsbestimmung – Die ukrainische und polnische Frauenlegion

Im Zuge der fortschreitenden Vermännlichung der Frau finden sich in der Gegenwart immer häufiger weibliche Soldaten, Polizisten und Beamte. Zur Zeit des Ersten Weltkrieges aber bildete diese Erscheinung noch etwas Neues, und so wurde damals die Teilnahme von weiblichen Soldaten am Kampfe lebhaft erörtert. Aus den Daten, die darüber in die Öffentlichkeit gelangt sind, geht hervor, daß in fast allen Heeren vereinzelt Frauen als Kriegsteilnehmerinnen, teils mit Wissen und Willen der Militärbehörden, teils als Männer verkleidet, im Feuer standen. In den letzteren Fällen liegt es nahe, an sexualpathologische Triebbefriedigung zu denken. Dr. Burchard macht schon im Anfang des Krieges darauf aufmerksam, daß „manche weibliche Transvestiten gerne als wehrhafte Streiter in den Kampf ziehen".

In einer großen Zahl der Fälle ist die Erklärung weiblichen Soldatentums in transvestitischen und homosexuellen Neigungen zu suchen.

Frauen, die einen unwiderstehlichen Zwang fühlen, sich männliche Kleidung anzulegen und eine männliche Beschäftigung auszuüben, sowie andere Angehörige des „schwachen Geschlechts", deren ganze psychische Einstellung maskulin ist, müssen für den als par excellence männlich angesehenen Soldatenberuf eine besondere Vorliebe hegen. Man versteht es, daß solche Frauen, wenn sich die Gelegenheit bot, diese ergriffen, um aktiven Kriegsdienst zu leisten. Ebenso berechtigt ist aber auch hier die Vermutung, daß vereinzelt sadistische Regungen den Ausschlag gaben.

Sie wurde „Uniformträger"
„Meine schönen Kleider kann ich jetzt wegsperren . . ."
Zeichnung von F. Goebel. Aus „Faun", Wien

Der Krieg bei den Amazonen
Zeichnung von Kuhn-Régnier. Aus „La Vie Parisienne", 1915

Da Statistiken über die Anzahl weiblicher Soldaten in den verschiedenen Heeren des Weltkrieges nicht veröffentlicht wurden, sind wir hier auf Vermutungen angewiesen. Am größten dürfte ihre Bedeutung immerhin bei den Russen sein. Die Kosakenregimenter führten schon bei Beginn des Weltkrieges Kosakenmädchen als Kämpferinnen in ihren Reihen mit. Den Grund davon dürften wir in der Rolle suchen, die die Frau in Rußland auf dem Lande, hauptsächlich in der Mir-Gemeinde, jahrhundertelang innegehabt hat. Die in London erscheinende „Graphic" meldete über diese Kosakinnen und einige weibliche Kommandanten Mitte 1915:

„In Rußland stehen vierhundert Frauen unter Waffen; die meisten davon sind in sibirische Regimenter eingereiht. Fünfzig wurden bis jetzt getötet oder verwundet. Die Zahl dieser kämpfenden Frauen ist bemerkenswert, wenn man die Schwierigkeiten in Erwägung zieht, die sich einer solchen Tätigkeit der Frauen in den Weg stellen. Denn selbst in Rußland werden die Frauen nicht zum Heeresdienst herangezogen. Das sechste Uralkosakenregiment besitzt einen weiblichen Oberst namens Kokowtsowa. Die ‚Obristin' Kokowtsowa wurde zweimal verwundet und erhielt das St.-Georgs-Kreuz mit der gleichzeitigen Zusicherung einer militärischen Pension. Ihr Mann gehörte vor Jahren einem Kosakenregiment an und darum richtete sie es bei Kriegsausbruch so ein, daß sie in das gleiche Regiment kam. Auch die Donkosaken haben einen weiblichen Offizier in der Person der Alexandra Jefimowna Lagarjowa. Auf eine besondere Kriegstätigkeit vermag Olga Jehlweiser zurückzublicken. Sie diente im mandschurischen Krieg unter General Rennenkampf und machte zahlreiche große Schlachten in der Mandschurei mit. Diesmal beteiligte sie sich an den Kämpfen um Grodno. Eine andere russische Kämpferin wird wegen ihrer blonden Locken ‚die gelbe Martha' genannt. Sie nahm an drei Schlachten teil [1]." Auch über Heldentaten, die Russinnen in Männertracht ausführten, und über ihnen zuteil gewordene Auszeichnungen liegen Daten vor:

„Unter den Verwundeten, welche von der Front in Moskau angekommen sind, befindet sich ein 19jähriges Mädchen namens Olga Krasilnikoff. Nachdem sie an 19 Gefechten in Polen teilgenommen hatte, wurde sie am Fuß verwundet. Das Mädchen ließ sich unter männlichem Namen anwerben und diese Täuschung ist erst jetzt entdeckt worden. Das St.-Georgs-Kreuz 4. Klasse ist ihr zuerkannt worden." (Toronto-Globe, 4. Februar 1915.)

„Natalie Tychmini, eine Studentin aus Kiew, hat für hervorragende Dienste den St.-Georgs-Orden erhalten. Unter starkem Feuer im Kampf gegen die Österreicher bei Opatow brachte sie Munition zu den Schützengräben und pflegte Verwundete. Sie wurde selbst zweimal verwundet. Das Mädchen kam in Männertracht zur Front. Nach ihrer Verwundung blieb sie, als die Russen zurückwichen, auf dem Schlachtfeld zurück und wurde von Mannschaften des österreichischen Roten Kreuzes in Obhut genommen. Als die Russen Opatow wiedernahmen, wurde sie in einem Lazarett entdeckt und nach Kiew zurückgeschickt." (New Orleans Call, 10. Februar 1915 [2].)

Im Februar 1916 meldet der amtliche russische Kriegsbericht: „In der Gegend von Bojan schlich sich der Korporal Glustschenko – in Wirklichkeit ein junges Mädchen mit Namen Tscherniawska –, der um einen Erkundigungsauftrag gebeten hatte, zwischen die feindlichen Stacheldrähte und führte trotz einer schweren Verwundung am Bein mit einem Knochenbruch seinen ihm erteilten Auftrag aus; dann kehrte er kriechend in unseren Graben zurück [3]."

Daß diese Teilnahme der Russinnen am Kriege nicht auf das Land und die niederen Volksschichten beschränkt blieb, beweisen folgende zwei Meldungen, deren erste englischen Zeitungen entnommen und hier nach dem „Secolo" wiedergegeben wird:

„Es handelt sich um Kriegsabenteuer junger Mädchen, die im russischen Heere den Feldzug in Galizien und in den Karpathen mitmachten. Ihrer zwölf hatten sie ohne Vorwissen ihrer Angehörigen von Moskau, wo sie die Schule besuchten, die Reise nach Lemberg angetreten, wo es ihnen gelang, ohne daß ihr Geschlecht entdeckt wurde, als Soldaten eingekleidet zu werden . . . Eine der jugendlichen Abenteuerinnen, Zoya Smirnow, beschreibt das Schicksal des unberittenen Amazonenkorps. Als zum erstenmal Granaten inmitten der Abteilung, der sie angehörten, platzten, fingen die beiden Jüngsten, Schura und Lydia, beide erst 14jährig, zu weinen an, allmählich stimmten alle anderen ein, wodurch sie, wie es scheint, die Regimentsmusik ersetzten. Aber erst bei einem Gefecht in den Karpathen fiel die erste der Kriegerinnen, Zyna Morozow, von einer Granate, die zu ihren Füßen niederging, zerrissen. Ihre Freundinnen begruben

„Hände hoch!"
Russisch-polnische Karikatur
(Nach der uralten Vorstellung vom Abwehrzauber des Cunnus.)

sie und setzten ihr ein Kreuz mit knapper Inschrift ... In der Folge wurden die 14jährige Nadya, Zhena und Schura verwundet und schließlich ereilte das Schicksal zweimal hintereinander die Erzählerin selbst, die nach der zweiten Verwundung einen Monat in einem Lazarett zubrachte, wo endlich ihr wahres Wesen festgestellt wurde [4]."

Größten Widerhall erweckte die Bildung eigener Frauenbataillone nach der ersten russischen Revolution. Die Initiative dazu soll Kerenski selbst gegeben haben. Schon im Juli 1917 wird aus Stockholm die Ankunft des ersten solchen Bataillons an der Nordfront gemeldet:

„Das erste russische Frauenbataillon ist unter Führung von Marie Baktscharow, die zum Leutnant befördert worden ist, an der Nordfront eingetroffen. Das erste russische Frauenbataillon zählt 250 Frauen, die teils schon an früheren Kämpfen teilgenommen, teils dem Sanitätskorps als Pflegerinnen angehört haben. Auch 18jährige Studentinnen gehören dem Bataillon an [5]."

Hier sei bemerkt, daß die bekannte englische Feministin Miß Pankhurst, die zu dieser Zeit im Auftrage der englischen Regierung in Rußland herumreiste, die Bildung der Frauenbataillone als „das größte Ereignis der Weltgeschichte" bezeichnete [6]. Wie Schweizer Meldungen zu berichten wußten, erhielt das erste russische Frauenbataillon die Feuertaufe in der Nähe von Smorgon. „Die Frauen schlugen sich so wacker, daß sie Divisionen des Nachbarabschnittes in den Kampf mit fortrissen."

Der Zuschrift eines österreichischen Offiziers, dessen Regiment eine Zeitlang gegen ein russisches Frauenbataillon kämpfte, entnehmen wir folgendes:

„... insbesondere bei Sturmangriffen erwiesen sie sich als tapfere, nicht selten als blutdürstige Soldaten. Natürlich waren wir weit davon entfernt, diesen Penthesileas gegenüber ritterliche Regungen zu verspüren. Doch waren uns diese Kämpfe von Mann zu Weib im tiefsten Herzen verhaßt, weil sie unserem ästhetischen Gefühl, dem der Krieg ohnehin hart zugesetzt hatte, widerstrebten und so wichen wir dem Gefecht nach Kräften aus und machten die Damen, wo es nur anging, zu Gefangenen. Bemerkenswerterweise trugen diese Kämpferinnen nicht Hosen, sondern blaue Kittel. Es waren die ersten kniefreien Röcke, die wir zu sehen bekamen. Es entspricht unserer Erfahrung während des Krieges, daß diese bei Sturmangriffen außergewöhnlich tapferen Walküren sich dem Artilleriefeuer viel weniger gewachsen zeigten. (Dasselbe sahen wir auch bei den Bosniaken, die im Sturmangriff von einer geradezu bestialischen Wildheit waren, während es vorkam, daß einzelne von ihnen sich beim Kanonenfeuer vor Angst selbst umbrachten.) Soweit wir in Erfahrung bringen konnten, waren die weiblichen russischen Soldaten durchwegs städtische Arbeiterinnen, die sich in der Heimat nicht ernähren konnten (bemerkenswerterweise viele auch von deutscher Abkunft), oder Arbeiterfrauen, deren Männer schon früher gefallen waren oder seit langem im Kriegsdienst standen."

Sehr intensiv haben sich auch die serbischen Frauen im Kampfe gegen die in ihr Land eindringenden österreichischen Truppen beteiligt. Bei dem freiheitsliebenden, durch jahrzehntelange Unabhängigkeitskriege aufgeriebenen kleinen Heldenvolk waren Frauenbataillone schon vor dem Kriege bekannt. Über diese lesen wir:

„Die weiblichen Freiwilligen, die in sie eintraten, nannten sich die ‚Liga des Todes'. Diese Kriegerinnen hatten an ihrer Spitze eine einfache Bäuerin stehen, die schon be-

STRAF- UND LOHNSYSTEM BEIM FRAUENREGIMENT

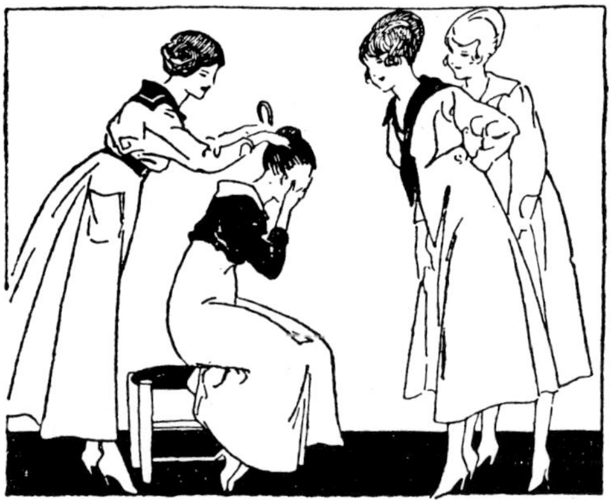

Für kleine Vergehen: Ein Tag Frisurverbot

Die Chargen: Ein Volant, zwei Volants, drei Volants

Bei Insubordination: Zwei Tage ohne Spiegel

Eine Auszeichnung: Flirtbewilligung

Die strengste Strafe: Redeverbot

Besondere Verdienste: Urlaub für den Freund

Zeichnungen von Valdès. Aus „La Vie Parisienne“, 1916

jahrt und die Tochter und Witwe von Freiheitskämpfern gegen die Türken war. Später vermehrte sich das Freiwilligenkorps so sehr, daß man ein ganzes Regiment in Kragujevac aufstellen konnte. Das Oberkommando der Armee nahm mit großem Dank die Dienste der Frauentruppe an. Mit Flinten ausgerüstet, von Offizieren ausgebildet, zählte diese weibliche kleine Armee schon in kurzer Frist 2400 Kämpferinnen. Sie setzte sich zusammen aus Bürgerinnen, Bäuerinnen und vornehmen Damen [7]."

Nach Kriegsausbruch wurden aus amerikanischer Quelle die Fälle einer jungen Serbin namens Sophie Jowanowitsch, die von König Peter die Erlaubnis erhielt, in Uniform als gewöhnlicher Soldat zu kämpfen, und einer anderen 17jährigen Belgrader Studentin, Milena Manditsch, die sich unter den vom Landesausschuß ausgehobenen Kriegsfreiwilligen befand, bekannt [8].

In Frankreich waren weibliche Soldaten zum Heere nicht zugelassen. Anfang 1915 tauchten in der Presse der Zentralmächte Berichte auf, wonach fanatische Pariserinnen die Aufstellung eines Frauenregiments beschlossen hätten, zu dessen Obristin eine Malerin, Frau Arnaud, gewählt wurde. Diese Gerüchte haben sich nicht bestätigt. Dagegen berichtete der „Eclair" im Januar 1916 über eine Kundgebung von Frauen, die sich freiwillig zum Heeresdienst gemeldet hatten und deren Aufnahme auch bewilligt wurde. Im übrigen haben auch Französinnen als Männer verkleidet am Kriege teilgenommen, wie damalige Zeitungen melden:

„Unter den Verwundeten, die nach Noisy-le-Sec im Seine-Departement gebracht wurden, befand sich ein junges Wäschermädchen, das in voller Uniform mitgekämpft hatte. Daß es eine Frau war, wurde erst im Lazarett entdeckt [9].

Eine junge Witwe und zwei Mädchen im Alter von 22 und 26 Jahren (namens Henriette Jary, Marie Rouault und Georgette Vincent) aus Montreuil, schnitten sich die Haare kurz und zogen Zuaven-Uniform an. In dieser Verkleidung fanden sie bei einem Zuaven-Regiment im Fort Rosny Zutritt, wo sie viele Freunde hatten. Als das Zuaven-Detachement an die Front abgehen sollte, entdeckte ein Leutnant beim Appell die drei Frauen, die nun wegen unberechtigten Tra-

„Viel verspricht man sich in England von den Suffragetten, die mit ihren betörenden Sirenengesängen die U-Boot-Besatzungen an die Küste locken wollen."
Titelblatt der „Kriegsflugblätter der Liller Kriegszeitung", 1917

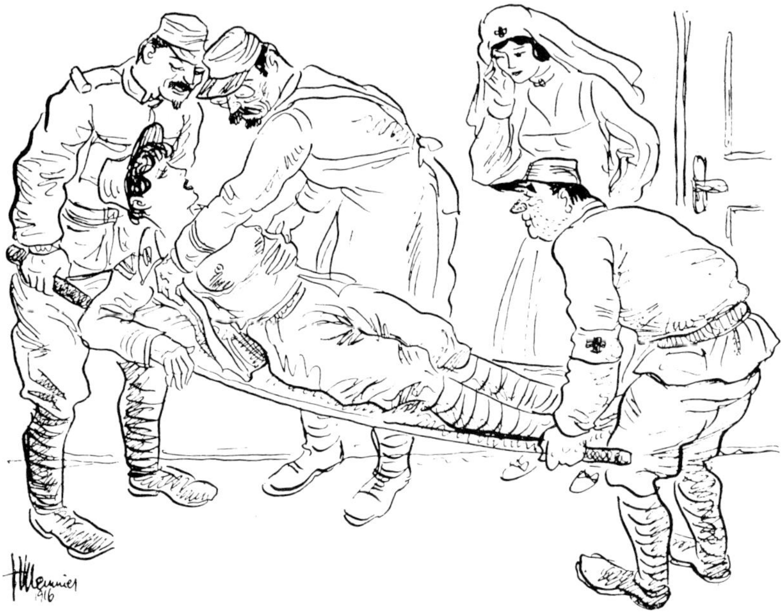

Verwundetes Wäschermädchen

„. . . daß ‚er' eine Frau war, wurde erst im Lazarett entdeckt." *Aus französischen Zeitungsberichten*

gens der Uniform und wegen Spionageverdachtes verhaftet wurden [10]."

Von viel größerer Bedeutung ist die Teilnahme weiblicher Chauffeure, die bei dem ersten Anrücken der deutschen Armee gegen Paris beim Truppentransport verwendet wurden. Aber auch französische Fliegerinnen unterstützten die Operationen der männlichen Piloten. Das „Petit Journal" meldete im Oktober 1915, daß Madame Richter, die Generalsekretärin der Patrioten-Union der Fliegerinnen Frankreichs, und Mademoiselle Provost-Damedos, die Kassenverwalterin dieses Verbandes, das dringende Ersuchen an das Armeeoberkommando richteten, ihre Dienste und die ihrer Klubkolleginnen möglichst bald in Anspruch zu nehmen [11]. Besonders gerühmt wurden die Taten der französischen Militärfliegerin Hélène Dutreux. Sie wurde in der Armee der „Adler" genannt und erhielt die Ehrenlegion. Sie war übrigens eine geborene Belgierin und die erste Frau, die die französische Regierung als Militärfliegerin zuließ.

Auch Engländerinnen haben hie und da versucht, als Soldaten an die Front zu kommen. Bekannt wurde jedenfalls nur das „Women's Auxiliary Corps", dessen Angehörige aber nur im Hinterlande Hilfsdienst machten. Auch wurde in London eine berittene weibliche Garde angeworben, die für den Fall eines deutschen Angriffs hätte in Aktion treten sollen. Bei allen diesen Versuchen handelte es sich mehr um einen Zeitvertreib mit Soldatenspielen.

Eine Schilderung des englischen Amazonenheeres, der „weiblichen Rekruten Kitcheners", besitzen wir aus der Feder des amerikanischen Berichterstatters Hayden Church: „Aus welchen Mannschaften setzt sich diese Frauenarmee zusammen? Man findet unter ihnen Frauen und Mädchen aller Klassen im

Alter von 18 bis 40 Jahren. In dieser Armee befinden sich bekannte Frauen mit Titeln, die noch vor weniger als einem Jahre sich in den Londoner Straßenkämpfen mit Schutzleuten herumhieben und die dann nach ihrer Arretierung solange hungerten, bis man sie wieder freiließ. Jetzt lernen alle diese Frauen und Mädchen schießen und reiten und werden ganz systematisch von Unteroffizieren der Armee gedrillt, und zwar genau so wie die Rekruten Kitcheners. Sie exerzieren nach derselben Exerziervorschrift wie die Soldaten der Armee. Man findet unter ihnen sehr viele Stenotypistinnen, Lehrerinnen, Verkäuferinnen, die zum Exerzieren keine andere Zeit haben als abends oder Sonnabend nachmittags und die doch ihre ganze freie Zeit opfern, um an diesen Übungen teilnehmen zu können. Alle Gesellschaftskreise sind in dieser Frauenarmee vertreten, vom höchsten Adel herab bis zu den Köchinnen, so daß es vorgekommen ist, daß adlige Damen sich in andere Kompanien versetzen ließen, weil sie es für unter ihrer Würde hielten, in einer Kompanie mit ihren Dienstboten zu exerzieren ...

... Ich besuchte kürzlich den weiblichen Obersten dieser Armee, Lady Londonderry, die mich weiter an ihre Adjutantin Mrs. Haverfield empfahl. Mrs. Haverfield ist die Witwe eines Artillerieoffiziers und die wirkliche Begründerin der Frauenarmee ... Ich fragte sie, ob sie glaubt, daß ihre weiblichen Krieger zum Kampfe kommen würden. ‚Ich hoffe stark, daß es dazu kommen wird', sagte Mrs. Haverfield. ‚Es kommt natürlich darauf an, ob sich die Gelegenheit hierzu bieten wird. Im übrigen aber sind diese Übungen auch für die Frauen selbst sehr gut; denken Sie nur an die Tausende, die an Reiten und Jagen gewöhnt sind. Alle diese müßten eigentlich im Felde, in den Lagern als Meldereiter und zu vielen anderen Zwecken verwendet werden. Und würden es auch, wenn wir nicht so furchtbar konservativ wären ... Unser Korps wächst schneller, als wir selbst wollen und wir haben in allen Städten Abteilungen. Bei einer Rekrutierungsversammlung, die wir kürzlich in Birmingham abhielten, haben sich von den 900 dort versammelten Frauen 600 als Rekruten gemeldet. Wir raten allen unseren Mitgliedern, sich im Schießen zu üben und glauben, daß, falls wir die offizielle Erlaubnis erhalten, wir imstande sein werden, einer deutschen Landungsarmee einen warmen Empfang zu bereiten'[12]."

Zwei Fälle, in denen besonders kriegslüsterne Engländerinnen versuchten, in verbündeten Armeen den Feldzug in Männerkleidern mitzumachen, finden wir in den von Dr. Magnus Hirschfeld redigierten Vierteljahresberichten des Wissenschaftlich-humanitären Komitees, dessen reichhaltiger Sammlung wir die meisten Aufschlüsse über diese Frage verdanken: „In Dijon hielten französische Gendarmen ein junges Mädchen an, welches in Männerkleidung mit einer Abteilung Militärflieger aus Pau unterwegs war. Es trug die Uniform eines Militärfliegers und kurzgeschnittenes Haar. Es war eine 26jährige Engländerin, die ihren Eltern zurückgeschickt werden soll." (New York Press, 1. August 1914.)

„Die Engländerin Flora Sanders, die unter dem Titel ‚An English Woman Sergeant in the Serbian Army' auch ein Buch veröffentlichte, machte den ganzen serbischen Feldzug, zuletzt als Feldwebel, an der Front mit. Sie wurde bei Monastir auch verwundet." (Deutsche Kriegszeitung vom 9. Jänner 1917.)

Als Amerika in den Krieg eingetreten war, wollte auch die Amerikanerin hinter ihrer englischen Schwester nicht zurückbleiben und zeigte sich ebenso kriegsbegeistert, wenngleich sich ihre Propagandatätigkeit mit dem kraftvollen Schwung der Britin nicht messen konnte. Sie wollte überall dabei sein und alles mitmachen, um zu zeigen, daß ihre Mithilfe wertvoll sei und die Männer nicht ohne sie auskommen könnten. An der großen „Bereitschaftsparade", die am 13. Mai 1916, also noch vor dem Kriegseintritt, abgehalten wurde, nahmen 20 000 Frauen teil. Auch sonst wurden Vorbereitungen für den Kriegsdienst getroffen. So bezogen in Washington 200 daß sie als Signalistin bei der Küstenartillerie angenommen wurde[13].

Im deutschen Heer war die Zulassung von Frauen, wie im französischen, von vornherein gesetzlich untersagt, doch finden sich historische Beispiele dafür, daß dieses Verbot durch Frauen, die sich als Männer ausgaben, übertreten wurde. Fälle dieser Art legen bei den bestehenden Sanktionen den Verdacht doppelt nahe, daß es sich hier durchwegs um Mannweiber oder weibliche Transvestiten

Was im Damenkrieg nach Kriegsrecht verboten ist

Auf die weiße Fahne zu schießen

Mißachtung des Roten Kreuzes

Verträge zu vernichten

Die Neutralität zu mißbrauchen

Aus „La Vie Parisienne", 1917

junge Mädchen und eine Anzahl Frauen, meist Offiziersgattinnen, ein zweiwöchiges Übungslager, um sich ausbilden zu lassen. Nach der Kriegserklärung aber setzten einige Frauen auch in Amerika ihre Aufnahme beim Fliegerkorps nach französischem Muster durch, und über eine Dame wurde berichtet, handelte. In Ententeblättern tauchte immer wieder die Nachricht auf, daß im deutschen Heere Frauen als Freiwillige mitkämpften. So wollte der Warschauer Korrespondent des Petersburger „Djen" schon in den ersten Kriegsmonaten solche Amazonen gesehen haben. „Unter den im Bezirks-Kriegs-Lazarett behandelten Verwundeten", erzählt er, „befinden sich sieben Frauen, die gefangen wurden, während sie in deutschen Uniformen kämpften. Sie sind in einem besonderen Saal untergebracht. Nach der Art ihrer Wunden zu urteilen, hatten sie nicht nur am Schützengefecht, sondern auch an Bajonettkämpfen teilgenommen. Eine von ihnen starb an einer Bajonettwunde".

Ziemlich häufig tauchten in der Presse Meldungen auf, die über mißlungene Versuche von Frauen, sich in männlicher Kleidung ins Heer einzuschmuggeln, berichteten. Zwei solche Meldungen entnehmen wir dem Vierteljahresbericht des Wissenschaftlich-humanitären Komitees (Hefte vom April 1915 und April 1916): „Ein Mädchen in Männerkleidung wurde unter den in Konitz in Westpreußen neu eingetretenen Rekruten bei dem dorthin verlegten Rekrutendepot entdeckt. Es war die 19 Jahre alte Klara B. aus Insterburg. Mit anderen ostpreußischen Flüchtlingen hatte sie sich nach Danzig-Langfuhr gewendet, fand aber keine ihr zusagende Stellung. Von der Mildtätigkeit ihrer Mitmenschen zu leben, widerstrebte ihr. Kurz entschlossen ließ sie sich die Haare abschneiden, verschaffte sich Männerkleidung und schloß sich einem Trupp eingezogener, nach Konitz überwiesener Mannschaften an. Mit diesen wurde sie dort eingekleidet, bezog mit ihnen Bürgerquartier, machte die militärischen Übungen und Märsche mit. Endlich gelang es ihr nicht mehr, der ärztlichen Untersuchung zu entgehen, so daß sie sich notgedrungen dem Depotführer offenbaren mußte. Alle Bitten, bei der Truppe bleiben zu dürfen, schlugen fehl. Man steckte sie schleunigst in weibliche Kleidung und schaffte sie nach Danzig zurück, wo sie gegenwärtig als Krankenpflegerin Ausbildung erhält [14]."

Berliner Tagesblätter berichten am 28. Dezember 1915 von der Festnahme eines weiblichen Unteroffiziers in Kreuz. Das Mädchen war aus Stettin gekommen und hatte unterwegs Uniform angezogen. Sie wurde dem Gefängnis von Kreuz eingeliefert.
Über einen einzig dastehenden Fall irrtümlicher Geschlechtsbestimmung berichtete die „Berliner Volkszeitung". Wir machen auf die am Schlusse des Berichtes zum Ausdruck gebrachte Vermutung aufmerksam, daß es sich bei der Kriegslust mancher Frauen um solche irrtümlicher Geschlechtsbestimmung handeln dürfte.

„In einem Vororte Berlins hatte sich zu verschiedenen Malen ein Fräulein Erna B., von Beruf Hausmädchen, bei der Militärbehörde gemeldet, mit dem dringenden Ersuchen, als Soldat in das Heer eingestellt zu werden. Zum ersten Male war dies bei Kriegsbeginn geschehen, als Erna B. 18 Jahre alt war. Sie wurde zurückgewiesen mit dem Bemerken, daß in das deutsche Heer grundsätzlich keine weiblichen Personen aufgenommen würden. . . . Nachdem Erna B. zu Anfang dieses Jahres mündig geworden war, hat sie ihr Ersuchen, sie nun endlich doch am Krieg teilnehmen zu lassen, nochmals schriftlich und mündlich erneuert. Da sie angab, sie hätte sich schon seit ihrer Kindheit immer mehr als Knabe gefühlt, nie einen Knicks machen können, sondern stets nach Jungenart genickt und sich stets nur für männliche Tätigkeit und Berufe interessieren können, tauchten dem Garnisonsarzt, bei dem sie sich mustern lassen wollte, Bedenken auf, ob hier nicht vielleicht ein Fall von irrtümlicher Geschlechtsbestimmung vorliege, wie sie in den letzten Jahren wiederholt die Fachkreise beschäftigt hatten. Sie wurde deshalb von der Garnisonsbehörde an den Sachverständigen Dr. Magnus Hirschfeld verwiesen mit dem

Ersuchen, zu ermitteln, ob etwa bei Erna B. ein solcher Fall vorliege, der eine Geschlechtsumschreibung bei dem Amtsgericht rechtfertigen würde. Tatsächlich ergab nun die Beobachtung, daß das Männlichkeitsgefühl des jungen Mädchens darauf zurückzuführen ist, daß in ihrer inneren Körperbeschaffenheit und in ihrem Seelenleben die männlichen Geschlechtscharaktere weit überwiegen, so daß eine Berichtigung im standesamtlichen Register vorgenommen werden kann. Auf Grund dieses Ergebnisses hat das bisherige Fräulein nun bei der Regierung in Potsdam den Antrag gestellt, daß ihr Vorname Erna in Ernst umgewandelt und ihr gestattet werde, männliche Kleidung anzulegen; gleichzeitig hat sie um Beschleunigung ihres Antrags ersucht, damit sobald als möglich ihre Meldung zum Heeresdienst berücksichtigt werde. Dieser Fall legt die Vermutung nahe, ob nicht bei vielen der wenig gründlich durchforschten Fälle aus früheren Zeiten, in denen Frauen sich zum Kriegerberuf drängten, in Wirklichkeit irrtümliche Geschlechtsbestimmung vorliege, die man damals noch nicht so sicher erkennen konnte wie gegenwärtig[15]."
Eine besondere Erscheinung der Kriegspsychose in Deutschland stellt die sich durch Jahre hinziehende Diskussion über die weibliche Dienstpflicht dar, auf die wir in diesem Zusammenhange flüchtig hinweisen wollen. Der Gedanke selbst ist schon vor dem Kriege aufgeworfen worden und in zahllosen Schriften, so in einer von der Baronin J. v. Meerheimb, ausführlich erörtert worden[16]. Im Kriege aber wurde diese Idee, auf die die feministische Bewegung bei der Verteidigung des Prinzips gleicher Pflichten und Rechte nicht verzichten zu können glaubte, ad absurdum geführt. Marianne Turma v. Waldkampf empfiehlt beispielsweise folgendes: „Alle Mädchen sollen ein Gesundheitsheer, ein Wirtschaftsheer und ein soziales Hilfsheer bilden, vom 18. bis 20. Lebensjahre stellungspflichtig sein, also vor dem zwanzigsten Jahre nicht heiraten dürfen. Die Dienstpflicht soll aber bis zum 45. Jahre dauern. Von dem Einrücken zur Waffenübung (!) sollen höchstens nur Mütter kleiner Kinder, Schwangere und Wöchnerinnen frei sein, alle übrigen Frauen also, auch wenn sie Hausstand und Familie zu besorgen haben, nicht[17]."
Was die Verbündeten Deutschlands anbelangt, so sollen, wie E. K. Mygind angibt, auch türkische Frauen ihren Männern häufig ins Feld gefolgt sein und an den Kämpfen, zum Beispiel an der Kaukasusfront, teilgenommen haben[18].
In der österreichischen Armee war die Heranziehung von Frauen zum aktiven Kriegsdienst wenigstens durch Gesetze nicht erschwert. Und tatsächlich liegen Beispiele dafür vor, daß Frauen von dieser Freiheit Gebrauch machten. Bekannt wurde der Fall des

Berlin greift Reserven an ...
Musterung der „allerjüngsten" Jahrgänge
Zeichnung von R. Cartier. Aus „Le Rire rouge", 1914

Fräuleins Marie v. Fery-Bognar, die in der österreichisch-ungarischen Armee als Freiwillige kämpfte, im Jahre 1916 bereits zum Korporal befördert und später für bewiesene Tapferkeit vom Kaiser Franz Joseph durch die Verleihung einer Brosche mit dem Namenszug des Monarchen ausgezeichnet wurde. Die erste und einzige Frau, die in Österreich-Ungarn mit dem Franz-Josephs-Orden ausgezeichnet wurden, soll die Frau eines Oberleutnants und damaligen Kreiskommandanten in Lublin, v. Turnau, gewesen sein. Sie war zwar keine Soldatin, doch soll sie durch ihren persönlichen Mut und ihre heldenhafte Haltung in den Karpathen eine wankende Abteilung gehalten und sogar wieder zum Sturm angefeuert haben. In großer Anzahl gehörten der österreichischen Armee Frauen an, die in den Ukrainer freiwilligen Truppen dienten. So lesen wir von einem Fräulein Jarema Kuz, Kadettaspirantin der Ukrainer freiwilligen Ulanenschwadron: „Ihr blasses, energisches Gesichtchen erinnert ein wenig an die Jugendbilder des ersten Napoleon [19]."

Über die ukrainischen freiwilligen Formationen erschienen übrigens in der österreichischen Presse mehrere Artikel, von denen einer den bekannten Dramatiker Franz Molnár zum Verfasser hat. Dem darin Ausgeführten sei folgendes entnommen:

„Eine der Besonderheiten der Truppen ist, daß ihr mit gewöhnlichen, regelrechten Uniformen bekleidete Mädchen angehören, die in jeder Hinsicht den gleichen Felddienst leisten wie die Männer. Sie tragen Karabiner, haben den Soldateneid abgelegt, werden befördert und erhalten sogar Auszeichnungen. Nach dem internationalen Recht sind sie ebenso Soldaten wie die Männer; auch wir sehen jene russischen Damen, die in normaler Soldatenuniform kämpfen, als regelrechte Soldaten an. Denn auch solche gibt es [20].

Auch den polnischen Legionen, die im Jahre 1916 auf österreichischer Seite kämpften, gehörten Frauen in größerer Zahl an. So eine Legionärin war Stanislawa Ordynska, die, jung verheiratet, erklärte, sich von ihrem Manne nicht trennen zu wollen und mit ihm ins Feld zog.

Der „Berliner Lokalanzeiger" schätzte die Zahl der in der polnischen Legion des österreichisch-ungarischen Heeres dienenden Frauen im Januar 1915 auf über 200.

Aus Meran wurde im Juni 1917 gemeldet: „Die 18jährige Viktoria Savs aus Obermais-Meran, die seit zwei Jahren im vordersten Schützengraben an der Tiroler Front kämpfte, ist in den Schlachten der letzten Tage schwer verwundet worden. Sie wurde in einem Feldspital sofort operiert; ihr Zustand hat sich soweit gebessert, daß sie außer Lebensgefahr ist. Dennoch sind ihre Verletzungen so schwer, daß sie kaum an die Front zurückkehren dürfte. Fräulein Savs ist Inhaberin der bronzenen Tapferkeitsmedaille und nunmehr noch für zwei Auszeichnungen vorgeschlagen worden [21]."

Die weiblichen Soldaten der von Kerenski ins Leben gerufenen Frauenbataillone standen damals als Kämpferinnen der (ersten, bürgerlichen) Revolution im Feld und schlugen sich mit Todesverachtung für die neuerrungene Freiheit.

In diesem historischen Zusammenstoß zweier Weltanschauungen wurde auch das Geschlecht der weiblichen Soldaten nicht geschont; russische Soldatenmädchen, die in die Hände der russischen Konterrevolutionäre oder der nach dem Brest-Litowsker Frieden auf russischem Boden stehenden österreichischen und deutschen Heeresformationen fielen, wurden als Bolschewiken ebenso schonungslos gestandrechtet wie ihre männlichen Genossen.

„Jetzt wollen wir denen daheim mal zeigen, daß die Frauen ebensoviel können wie die Männer!"

„Hilfe, eine Maus!"

Die Suffragetten an der Front
Aus „Simplicissimus", 1915

Der Fall einer unbekannten Österreicherin, die als Offizier verkleidet an der Piave kämpfte und fiel, ist durch die Zuschrift eines Kriegsteilnehmers an die Wiener Tageszeitung „Der Tag“ bekanntgeworden. Der Verfasser erzählt[22]: „Auf der Heimreise von Italien lernte ich in der Gegend von Treviso einen Italiener kennen (Name und Adresse desselben ist mir bekannt), welcher mir im Laufe des Gespräches die folgende Begebenheit erzählte, mit der Bitte, eine Veröffentlichung derselben in einer Wiener Tageszeitung zu veranlassen. Durch diese wäre eventuell die Möglichkeit gegeben, daß einerseits die Angehörigen der unbekannten Toten von deren Verbleib erfahren und andererseits auch deren Identität festgestellt werden könnte.

Der Italiener erzählte mir ferner noch, die Tote würde in der ganzen Umgebung als Heldin verehrt und ihr Grab werde ständig von den Italienerinnen geschmückt.

Am Friedhof von Falze di Piave (Provinz Treviso) befindet sich das Grab einer Frau, welche die italienische Offensive im November 1918 kämpfend mitmachte und an den Folgen einer in derselben erhaltenen Verwundung im italienischen Lazarett starb. Diese Frau war als österreichischer Offizier verkleidet und kämpfte in den ersten Reihen der Österreicher an der Piave. Sie hielt dem Zusammenstoß mit den Arditi Italiani bei der Isola dei Morti an der Piave delle Sernaglia stand. Schwer verwundet, wurde sie sterbend von den Arditi aufgefunden. Die gefangenen Österreicher wurden vor die Tote geführt und nach ihr befragt, doch niemand kannte sie.

Die Tote wurde am Friedhof von Falze di Piave bestattet. Jetzt steht auf ihrem Grab ein Stein, der folgende Inschrift trägt:
Eine unbekannte Frau,
nicht besser identifiziert als mit den Worten:
Verkleidet als österreichischer Offizier.“

Das Kommando „Rührt Euch!“
... wie es beim englischen Amazonenkorps ausgeführt wird.
Aus „Punch“, 1916

„Junge, ist das ein Mädchen!" In einer flotten Uniform – und mit etwas zum Beißen kann sie auch aufwarten

Propagandaplakat der amerikanischen Heilsarmee

„Es lebe die Nation"

Plakat von A. Willette für eine Kriegs-Wohltätigkeits-Woche des Departements Charente Inférieure, 1917

Plakat der französischen Durchhalte-Operette „Fräulein Pfadfinder", 1916

Junge Österreicherin, die als Offizier in russische Gefangenschaft geriet und ausgetauscht wurde
Pressefoto

Fräulein Jarema Kuz, Kadettaspirant der Ukrainer freiwilligen Ulanenschwadron im österreichisch-ungarischen Heer
Originalaufnahme

Weibliche Soldaten der amerikanischen Armee ("WAC's") im Ersten Weltkrieg
Originalaufnahme

Oben: Parade amerikanischer Krankenschwestern vor Präsident Wilson
Originalaufnahme

Unten: Ausbildung von Partisaninnen im Ersten Weltkrieg
Serbische Originalaufnahme, 1914

Links: Karikatur auf die Verteidigung der Provisorischen Regierung im Winterpalast von St. Petersburg durch Frauenbataillone u. Kadetten

Von A. Stadler, Nov. 1917

Unten: Deutsche Karikatur auf die englischen Armee-Helferinnen

Von F. Hendrich, „Liller Kriegszeitung“, 1916

Unten: Wie der sowjetische Film die weiblichen Truppen der Kerenski-Regierung sah

Aus: „10 Tage, die die Welt erschütterten“

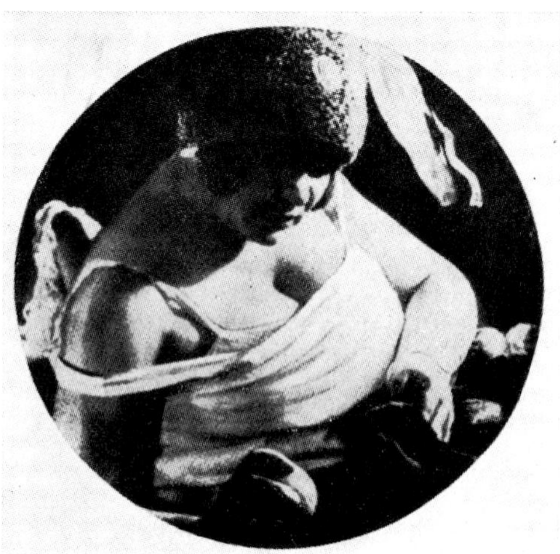

Die Homosexualität und Soldatentum

IX

Die Kriegslust der Urninge – Kameradschaft, Freundespaare, Offizier und Diener – Feminine Urninge und Transvestiten – Damenimitatoren im Felde

Die Homosexualität galt noch das ganze neunzehnte Jahrhundert hindurch als geheimes Laster. Oscar Wilde wagte in seinem berühmten Prozeß nur mit sehr gewundenen Andeutungen auf die Antike sein „Anderssein" einzugestehen und daß sich André Gide vor dreißig oder vierzig Jahren offen als Homosexueller bekannte, war damals eine Sensation. Heute hat die jahrzehntelange Aufklärung, besonders durch Dr. Magnus Hirschfeld gefördert, ihre Früchte getragen. Man denkt freier über diese Dinge, ja, findet einen gewissen Reiz darin zu betonen, daß man nicht zum profanum vulgus gehört und „sich schämen würde, normal zu sein" (wie es Kurt Finkenstein einmal ausdrückte). Probleme der homosexuellen Männer und der Lesbierinnen werden auf die Bühne gebracht und vom Publikum, das der Dreieckskomödien schon überdrüssig ist, als etwas Besonderes gewertet.

Doch als der Erste Weltkrieg ausbrach, war man noch nicht so weit, Hirschfeld mußte manch einen Kampf gegen den berüchtigten § 175 führen; es war noch eine ungeheure Arbeit zu leisten, um den Augiasstall veralteter Vorurteile und abergläubischer Auffassungen zu reinigen und die frische Luft der modernen Wissenschaft in die stickige Atmosphäre von Spießertum, Heuchelei und Engstirnigkeit eindringen zu lassen.

Über die Homosexualität zur Zeit des Ersten Weltkrieges finden wir, namentlich mit

Der gute Kamerad
Zeichnung von A. Szekely

Bezug auf Deutschland, ungemein wertvolle Aufschlüsse in den Berichten des Wissenschaftlich-humanitären Komitees. Das Komitee, von Dr. Magnus Hirschfeld zum Schutze der Homosexuellen ins Leben gerufen, setzte seine Tätigkeit unter dem Vorsitz des Gründers auch im Kriege fort und veröffentlichte in seinen vierteljährlich erschienenen Berichten unter dem Sammeltitel „Aus der Kriegszeit“ ein einzig dastehendes Material über die Rolle der Homosexuellen im großen Völkerringen. Die meisten der folgenden Angaben sind aus dieser überaus reichen Quelle geschöpft.

Die Bedeutung der Homosexualität in einem Kriege, der ungeheuere Massen von Männern jedem Umgang mit dem anderen Geschlecht entriß, muß auch bei flüchtigster Betrachtung einleuchten. Hat doch das durch den Militärdienst bedingte monate- und jahrelange Zusammenleben dieses Problem schon in Friedenszeiten als höchst beachtenswert erscheinen lassen. Im allgemeinen machte man sich über die Verbreitung der Homosexualität und Pseudohomosexualität (Verkehr zwischen sonst heterosexuell empfindenden Männern, lediglich als Ersatz für den normalen Geschlechtsverkehr) im Heer und in der Marine vielfach übertriebene Vorstellungen. Jedenfalls haben sich die Militärbehörden, zumal in den Ländern, deren Gesetzgebung den Begriff der widernatürlichen Unzucht kennt, eingehend mit diesem Problem beschäftigt. Insbesondere war das bei den Zentralmächten der Fall, während in dem größeren Teile der Ententeländer die gesetzliche Verfolgung des gleichgeschlechtlichen Verkehrs unbekannt war.

Eine anrüchige Bedeutung erlangte dieser Komplex für das österreichische Heer, als die jahrelang ausgeübte Spionagetätigkeit des Obersten Redl aufgedeckt wurde. Der homosexuell veranlagte Oberst, der den Spionagedienst der Donaumonarchie leitete, wurde Opfer seiner Inversion, da der russische Militärattaché in Wien diesen Umstand in Erfahrung brachte und den Obersten durch die allen Homosexuellen hinlänglich bekannten erpresserischen Drohungen zwang, den Russen die Pläne des österreichischen Generalstabs zu verkaufen. Bekanntlich wurde dies später, wahrscheinlich mit Unrecht, als einziger Grund der Niederlage der österreichischen Streitkräfte im russischen Feldzug der ersten Kriegsmonate angegeben. Als die Affäre Redl die Öffentlichkeit zu beschäftigen begann, brachte ein Teil der Presse Behauptungen über die angeblich sehr große Verbreitung der Homosexualität in der k. u. k. Armee, deren Offizierskorps sich daraufhin veranlaßt sah, in einer Erklärung gegen diese Verallgemeinerung Einspruch zu erheben.

Die entsprechenden Zustände im deutschen Heere wurden von K. F. v. Leexow in einem Werke „Armee und Homosexualität“ geschildert. Über die Verhältnisse im Kriege aber finden wir in den „Berichten“ die nachstehenden Ausführungen eines homosexuellen Oberleutnants:

„Falsch ist die Ansicht, daß die Homosexualität in Heer und Flotte grassiere. Sie stellt dort, genau so wie im bürgerlichen Leben, nur einen kleinen Bruchteil dar, aber sie ist in ihrer Gesamtheit und ihrer Bedeutung doch wichtig genug, als daß man sie einfach übersehen könnte. Wer freilich ahnungslos durchs Leben geht, dem wird nichts beim Militär auffallen. Anders der Kenner. Er sieht, ganz gleich wo, überall die Urninge, auch in der Armee und Marine, bei allen Truppengattungen: unter den U-Boot-Leuten so gut wie unter den Fliegern, in den feudalsten Kavallerie-Schwadronen ebenso

Wilhelm II.: La désenchantée
Transvestitisch gefärbte politische Karikatur. Zeichnung von O. Champion

wie in der letzten ‚Mehl-Schwadron' (Kolonne) des Trains; er begegnet den Urningen bei Kraftfahrern und Minenwerfern und auch bei den Pionieren. Ich sah einst einen Kraftfahrer, der mir durchaus nicht nach urnischer Veranlagung aussah, und nach kurzer Zeit hatte ich zwei Bilder von ihm in Händen: eines als Chauffeur im Lederkostüm mit gewaltiger Schutzbrille, Gewehr und Seitengewehr und dann noch eines, als Pendant: in fescher Damenrobe. Der Mann maß 1,80 m. Das nur als eine der vielen Beobachtungen im Felde. Wem es allerdings nicht gegeben ist, wer nicht den zielsicheren Blick für das Typische des Urningtums besitzt, der sieht auch nichts, selbst wenn der Homosexuelle neben ihm sitzt.

Daß viele Leute den Eindruck gewinnen, es gäbe prozentual mehr homosexuelle Offiziere als urnische Mannschaften, hat seinen Grund lediglich darin, daß der Offizier infolge seiner exponierten Stellung viel häufiger in eine Affäre verwickelt wird als der einfache Soldat. Ich meinerseits habe so viele Homosexuelle gerade unter den einfachen Soldaten gesehen, daß ich der festen Überzeugung bin, es gibt unter ihnen prozentual die gleiche Anzahl wie unter den Offizieren. Es ist ja zugegeben: der Offiziersberuf hat sicherlich für den Urning viel Anziehendes, aber er hat auch ganz erhebliche Schattenseiten, denn in ihm ist die goldene Freiheit, die Unabhängigkeit nur sehr gering.

Unter den Unteroffizieren gibt es weniger Homosexuelle. Dieser Beruf liegt dem Urning nicht. Was ich an urnischen Unteroffizieren sah, waren verabschiedete Offiziere, die sich bei Kriegsausbruch als Gemeine gestellt hatten und allmählich wieder avanciert waren. Ich sah nur einen aktiven homosexuellen Feldwebel, der sich als solcher auf einer Unteroffiziersschule befand und recht zufrieden mit seiner Stellung war [1]."

Ein anderer Kriegsteilnehmer gibt über die Zahl homosexueller Soldaten in der Garnison folgende Schätzung:

„Was die Verbreitung der Homosexualität in der Garnison betrifft, so kann ich meine Erfahrungen dahin zusammenfassen, daß der Prozentsatz 2 auf 100 mir zu hochgegriffen erscheint. Mir ist von den 150 Kameraden, mit denen ich zusammen in der Garnison war, und die ich näher kannte, nur einer der Homosexualität verdächtig gewesen. Diese 150 waren aus allen Berufszweigen Berlins zusammengesetzt. Allerdings sind ja 150 Beobachtungen eine verschwindende Anzahl gegen Tausende, mit denen zum Beispiel Dr. Hirschfeld bei seinen statistischen Untersuchungen rechnen konnte. Außerdem bin ich mir bewußt, wie schwer es oft ist, jemanden als homosexuell zu bezeichnen, von dem man nicht die persönliche Bestätigung seiner Veranlagung hat [2]."

Der Ausbruch des Krieges hat jedenfalls die merkwürdige Erscheinung gezeitigt, daß sich auffallend viele Homosexuelle mit heller Begeisterung ins Heer drängten und freiwillig zum Militärdienst meldeten. Es gab unter ihnen eine große Anzahl solcher, die die ständige Drohung des Paragraphen 175 und die gesellschaftliche Ächtung der gleichgeschlechtlichen Liebe in Deutschland vor dem Kriege gezwungen hatte, auszuwandern. Über diese erfahren wir aus den Komiteeberichten:

„Von den Homosexuellen innerhalb des Wissenschaftlich-humanitären Komitees sind mehrere Hundert (über 50 Prozent unserer Mitglieder), von den außerhalb der Organisation Stehenden viele Tausende ins Feld gezogen, bereit, ihr Leben für das Vaterland zu opfern. Sie liegen in den Schützengräben an der Westfront, sie fechten mit unter Feldmarschall Hindenburgs siegreichen Fahnen, sie stellen in der Flotte ihren Mann im Kampf gegen das britische Reich.

Aus allen Ländern kehrten sie, die einst freiwillig oder unfreiwillig ihr Vaterland, das ihre Wesensart nicht begriff, verlassen haben, soweit dies möglich war, zurück, und voll tiefer Trauer schrieb uns ein in Lima (Peru) weilender Obmann, daß er nicht hinüber gelangen könne und nun dort, fern von der Heimat, untätig sitzen müsse, ebenso wie zirka 500 000 Deutsche, die sich aus Nord- und Südamerika in New York angesammelt hätten, aber nicht weiter könnten, da England sich ihrer unterwegs bemächtigen würde. Einige uns bekannte Homosexuelle, die fremde Sprachen gut beherrschen, verschafften sich falsche Pässe von Freunden aus neutralen Ländern und schlugen sich unter großen Gefahren nach Europa durch [3]."

Wie alle Massenerscheinungen des Krieges, die unmöglich nur bloßen Zufällen zugeschrieben werden können, verdient auch dieses ungeduldige Drängen von Homosexuellen zum Kriegsdienst unsere Aufmerksamkeit. Burchard nennt in seinen schon öfters erwähnten bemerkenswerten Ausführungen über die sexuellen Fragen zur Kriegszeit folgende Gründe dieser „den Durchschnitt wohl übersteigenden Kriegsbegeisterung“:

„Unseren Erfahrungen und Beobachtungen nach liegen diese Gründe tiefer. Es ist schon oft darauf hingewiesen, daß Homosexuelle weniger in ihrer Familie wurzeln als Heterosexuelle, daß ihrer geschlechtlichen Eigenart hingegen – gleichsam als Äquivalent für den fehlenden Fortpflanzungstrieb – in höherem Maße ein Aufgehen in den Interessen der Gesamtheit, ein gesteigerter Allgemeinsinn, zum mindesten in einer überwiegend großen Zahl von Fällen entspricht. Es kommt hinzu, daß – wohl gleichfalls von Hause aus auf Mangel an Familiensinn beruhend und weiterhin gefördert durch die äußeren, einer adäquaten Liebesbefriedigung im Wege stehenden Verhältnisse – ein ausgesprochener Hang zu einer unsteten abenteuerreichen Lebensführung eine häufige Erscheinung bei Homosexuellen ist. Eine Erscheinung, die ihren relativ ungewöhnlich hohen Prozentsatz unter den Forschungsreisenden und Seeleuten einerseits, dem ‚fahrenden Volk‘ und Landstreichern aller Art andererseits erklärt, die aber in gleicher Weise eine natürliche Kriegslust bei ihnen begreiflich macht. Endlich mag bei vielen auch die Aussicht, längere Zeit in einem ausschließlich männlichen Milieu leben zu können, das auch ohne grobe sinnliche Betätigung auf die meisten Homosexuellen den befriedigenden und befreienden Einfluß sexueller Entspannung ausübt, zum mindesten unbewußt mitsprechen. Genug, es lassen sich ungezwungen tief in der geschlechtlichen Sonderart begründete psychologische Motive dafür finden, daß die Mehrzahl der Homosexuellen mit einer Begeisterung, welche der

Gleich und gleich gesellt sich gern . . .

Italienische Karikatur, feindliche Offiziere als Homosexuelle „entlarvend“

Aus „Gli unni e gli altri“, 1915

der heterosexuellen Vollmänner zum mindesten nicht nachstand, sich zu aktiver Beteiligung am Kriege drängte[4]."

In Deutschland gab es zur Zeit des Kriegsausbruches eine nicht unbeträchtliche Anzahl ehemaliger Offiziere, die in die Hand von Erpressern oder mit dem Paragraphen 175 irgendwie in Kollision geraten waren. Sie wurden in allen Fällen unbarmherzig aus dem Heere ausgestoßen, eine Praxis, die übrigens auch im Kriege beibehalten wurde. Selbst wenn das Kriegsgericht den angeklagten Offizier freisprach, mußte dem Freispruch ein ehrengerichtliches Verfahren folgen. Wie immer dessen Ausgang war, erhielt der betreffende Offizier vom Militärkabinett den Abschied. Nun ging im Kriege der offizielle Standpunkt dahin, daß diese vor dem Kriege verabschiedeten Offiziere im Heere nicht wieder Verwendung finden durften. Unter den sich zum Kriegsdienst drängenden Homosexuellen machten sie, von der Hoffnung einer möglich scheinenden Rehabilitierung beseelt, vielleicht auch von den übrigen schon angedeuteten Beweggründen getrieben, einen mutmaßlich recht hohen Prozentsatz aus. Sie mußten zu diesem Zwecke ein Throngesuch einreichen, das aber vom Kabinett in fast allen Fällen abschlägig beschieden wurde.

Die Kameradschaft der im Kriege alle Gefahren und Mühen miteinander teilenden Soldaten, diese auch von Remarque gerühmte herrlichste Frucht des Krieges, mußte den Homosexuellen aus einleuchtenden Gründen besonders zusagen. Alle Phasen des Soldatenlebens begünstigten die Entwicklung dieser Kameradschaft, über deren ethischen Wert allerdings oft übertrieben günstige Urteile gefällt wurden. Sehr oft streifte sie selbst unter normal Veranlagten die Grenzen gleichgeschlechtlicher Liebe, war also, um es in der Sprache der Psychoanalyse zu sagen, libidinös besetzt. Auch die „Berichte" betonen, daß es sich zu einem großen Teil um solche rein platonische Freundschaft zwischen homosexuellen Kriegsteilnehmern handelte: „Wie in den Zeiten antiken Heldentums finden sich auch unter den Helden der Gegenwart Freundespaare, die, wie sie vorher im Frieden treu zueinander standen, jetzt im Getümmel der Schlacht ihren Freundschaftsbund besiegelt haben. Der Unterschied ist nur der, daß, während man im Altertum viel Rühmens von diesen heroischen Freundschaften machte – man erinnere sich nur, wie die Alten die heilige Schar der Thebaner feierten, die aus lauter Liebhabern und Lieblingen bestand –, sich ähnliche Beispiele in unserer Zeit in tiefes Geheimnis hüllen, weil man sich nur zu gut bewußt ist, daß Freunde, die sich heute offen zu dem antiken Ideal

Hinter den Kulissen des Frontheaters
Die „Diva" und ihre Garderobière.
Aus „Fantasio", 1917

bekennen würden, selbst in Zeitläuften, wo so Großes auf dem Spiele steht, nichts vor kleinlicher Verdächtigung, vor hämischer Nachrede und Schlimmerem schützen würde. Und doch ist ‚die Liebesgenossenschaft', die Richard Wagner in seinem ‚Kunstwerk der Zukunft' so enthusiastisch preist, ‚als Helferin in der Schlacht' nach ‚unverbrüchlichsten, naturnotwendigsten Seelengesetzen' noch keineswegs ausgestorben.
Das Gesagte gilt aber nicht nur für uns Deutsche. Auch unter den englischen Kriegsfreiwilligen und Söldnern kämpfen, wie uns aus England vertriebene Deutsche versichern, viele Freundespaare, und es dürfte kaum zweifelhaft sein, daß es bei den Franzosen und Russen und auch unter den Serben und Belgiern ähnlich ist, so daß kein Volk das Recht hat, sich pharisäisch in die Brust zu werfen und ein anderes mit homosexuellen Schimpfnamen zu belegen, wie es im Kriege fast noch beliebter ist als in Friedenszeiten [5]."
Im übrigen unterscheidet Dr. Magnus Hirschfeld zwischen drei Formen intimer Kriegskameradschaft. Die erste ist die bewußt erotische, die zweite die unbewußt erotische und als dritte wird die unerotische Kameradschaft bezeichnet. „In ihren äußeren Kundgebungen sind diese drei Gruppen sehr schwer voneinander zu unterscheiden. Da ein starker Geist der Zusammengehörigkeit fast alle draußen beseelt und einer auf den anderen angewiesen ist, geselliger Frauenverkehr fast stets und geschlechtlicher vielfach fehlt, fallen einige Männerbünde bei weitem nicht so ins Auge wie daheim." Die Annahme, daß immerhin auch die bewußt erotische Form der Kameradschaft nicht gerade selten war, ist um so berechtigter, als uns eine nicht unbeträchtliche Anzahl solcher Fälle berichtet wird. Ein homosexueller Offizier, der seinen früheren Freund in seine Kompanie versetzen ließ, um ihn zu seinem Burschen zu machen, schreibt: „Die vordem sich Treue schwuren, sind bereit, jetzt als Offizier und Bursche diese Treue auch weiterhin zu bewahren und wenn es sein muß, mit dem Tode zu besiegeln."

Eroberung hinter der Front
„Weißt du, Fritze, du warst einfach großartig – die ganze Kompanie ist in dich verknallt . . . !"
Zeichnung von P. Simmel. Aus „Lustige Blätter", 1917

Ein Kuriosum, das freilich bei der seit jeher bekannten sexuellen Toleranz der Franzosen nicht überrascht: die eingeborene Bevölkerung des besetzten Nordfrankreich stand derlei Freundschaften zwischen deutschen Soldaten mit sympathischem Verständnis gegenüber. „Abend um Abend konnten wir uns treffen", erzählt ein Soldat der Besatzungsarmee, „zwar nicht in unseren Quartieren, sondern bei jungen französischen Eheleuten, bei denen mein guter Freund früher gewohnt hatte und die auch unser Empfinden verstanden und schätzten, ja sogar mütterlich aufnahmen."
Natürlich mußte es bei dem offiziellen Standpunkt der deutschen Militärbehörden

in dieser Frage auch im Kriege zu Straffällen kommen, in denen sich Menschen wegen ihrer Veranlagung zu verantworten hatten. Nach übereinstimmenden Berichten haben sich Affären dieser Art im Kriege nicht unerheblich vermehrt. Sie betrafen in der Mehrzahl der Fälle Offiziere, die sodann unverzüglich in die Heimat zurückbefördert und vor ein Kriegsgericht gestellt wurden, während Unteroffiziere und Gemeine bei dem immer chronischer werdenden Mangel des deutschen Heeres an Menschenmaterial oft mit geringen Disziplinarstrafen – zweiwöchigem Arrest – davonkamen. Gelang es dem verdächtigen Offizier nicht, jeden Verdacht zu zerstreuen, so war ihm die Verabschiedung auch dann, wenn er vom Kriegsgericht freigesprochen wurde, gewiß. Während man bei einer Reihe anderer Verfehlungen Offiziere viel schonungsvoller behandelte, wurde ihre Homosexualität strenger beurteilt und bestraft als bei Unteroffizieren und gewöhnlichen Soldaten, da man gerade in diesen Fällen vermeinte die Disziplin schützen zu müssen. Die allgemeine Ansicht schien dahinzugehen, daß der urnische Offizier die erforderliche Distanz seinem Untergebenen gegenüber nicht zu wahren wisse und eine Gefahr für die Subordination sei. Dies traf auch insofern zu, als homosexuelle Offiziere im Heere sehr beliebt waren, wenn auch andererseits ein homosexueller Offizier bei der Besprechung dieser Frage bemerkt: „Trotzdem der eine oder der andere Mann mehr von ihm weiß, habe ich nie beobachten können, daß die Disziplin schlaffer als sonst gewesen wäre. Beim Rügen besitzt der homosexuelle Offizier fast stets das Geschick, trotz aller Schärfe nicht verletzend zu wirken." Zu beachten, daß der Berichterstatter selbst zugegebenermaßen Päderast ist. Nach der Maxime „Wo kein Kläger, da kein Richter" (und wer beklagte sich schon über einen Offizier!) wurde Homosexualität im Heer selten verfolgt. Man kann nicht sagen, daß „warme" Offiziere besonders beliebt waren, zumal gerade sie normale Sexualtätigkeit, wo verboten, besonders erbittert verfolgten. Was die Urteile des Kriegsgerichtes betrifft, so lauteten sie selbst dann, wenn kein geschlechtlicher Verkehr stattgefunden hatte, sondern die Veranlagung des Offiziers nur in Küssen und Zärtlichkeiten gegen Untergebene zum Ausdruck gelangt war, auf empfindliche und entehrende Gefängnisstrafen.

Wie nicht anders zu erwarten, fehlte es auch im Kriege nicht an Erpressungsaffären, wie sie im Gefolge der Homosexualität überall zu finden sind, wo diese strafrechtlich verfolgt wird. Interessanter aber ist wohl die Frage, ob die Befürchtung, die Homosexualität könnte im Felde ansteckend wirken und sonst normal Veranlagte ergreifen, in Erfüllung ging. Lissmann sagt darüber:

„. . . die Gefahr, daß Urninge ihre perverse Triebrichtung durch Betätigung derselben auf heterosexuelle Mannschaften übertragen könnten, besteht nicht. Denn stellt man sich auf den Boden der auf den grundlegenden Experimenten von Steinach basierenden Anschauungen Hirschfelds von der die Homosexualität verursachenden Bisexualität der Pubertätsdrüsenzellen, so kann die Andrin sezernierende Pubertätsdrüse des erwachsenen Soldaten nicht zur Wiederbelebung ihrer längst zugrundegegangenen Gynäzinfiliale umgestellt werden, deshalb, weil vielleicht ein Homosexueller mit dem normal veranlagten Manne gleichgeschlechtliche Handlungen vornimmt [6]."

Noch prägnanter äußert sich über die Grundlosigkeit dieser Befürchtung der beste Kenner dieser Frage, Dr. Magnus Hirschfeld, in einem seiner neueren Werke: „Daß normal-

Oben: Wilhelm II. als Harems-Tourist in der Türkei

Aus der Sondernummer des „Rire“ 1898 zu den deutschen Bündnis-Bemühungen im Orient, 1917 in „Fantasio“ erneut reproduziert. Zeichnungen von J. Veber. Hinter Wilhelm steht Abdul Hamid als Zuhälter, auf der Mütze des Negers steht „Cook“, damals bekanntestes Reisebüro

Unten: Frontheater. *Transvestitistisch orientierte Postkarte. Sammlung A. Wolff, Leipzig*

Wer ist der Stolz der Kompanie?
Wer kennt nicht Künstler-Maxen?
Er ist ein Allerwelts-Genie
Und macht die tollsten Faxen.

Ein Hauptspaß ist es jedesmal
Als „Bertha“ ihn zu sehen;
Dem „drallen Meechen“ kann im Saal
Dann keiner widerstehen.

Oben: Deutsche Etappe: Die Herren unter sich
Karikaturistisches Gemälde von A. Guillaume, reproduziert in „Fantasio", 1915

Frauendarsteller in einem französischen Fronttheater
Aquarell, Privatsammlung

Homosexuelles Paar im Kriegsgefangenenlager
Originalaufnahme aus einem Österreicher-Lager in Rußland

Der männliche Star eines Lagertheaters
Sammlung des Instituts für Sexualwissenschaft, Berlin

„Du, Korl, kniep de elektrische Jungfrau nich in de Bein', dat is nämlich uns' e nigen Untroffizier!"
Zeichnung von H. Zille. Aus „Kriegsmarmelade"

Das Urteil des Paris. Karikatur auf die Homosexualität der deutschen Offiziere

Von A. Guillaume, „Fantasio“, 1915

Der Damenimitator im Ruhequartier

Zeichnung von L. Grossmann

„Netter Käfer!"
Damendarsteller auf einer französischen Frontbühne. Aus „Fantasio", 1916

sexuelle Menschen sich gelegentlich homosexuell betätigen, ist unbedingt zuzugeben. Es ist aber völlig unrichtig, anzunehmen, daß sie dadurch homosexuell werden. Die Handlung, die sie mit einem Homosexuellen vornehmen, ist in solchen Fällen der Ipsation (Onanie) gleichzuhalten."
Und an anderer Stelle: „Gibt es eine homosexuelle Konstitution, so gibt es keine homosexuelle Verführung [7]."
Jedenfalls ist im Kriege kein früher Heterosexueller homosexuell geworden, wie das mitunter behauptet wurde.
Es gibt unter den Homosexuellen bekanntlich ausgesprochen feminine Urninge. Daß diese im Kriege ebenso versagen mußten, wie sich die stark maskulinen Frauen (die weiblichen Soldaten, deren Rolle wir im vorigen Kapitel besprochen haben) darin bewährten, ist leicht zu verstehen. Sie waren zum Kriegsdienste ebenso ungeeignet wie alle anderen Homosexuellen, bei denen, „sei es infolge, sei es in Kongruenz mit ihrer sexuellen Anlage, schwere neuro- und psychopathische Störungen vorhanden sind" (Hirschfeld). Wir lassen hier zwei Berichte über solche allzu sensitive Urninge folgen, deren Aufnahme ins Heer zweifellos zu den Brutalitäten des Krieges zu rechnen ist:
Eine Zuschrift an das Wissenschaftlich-humanitäre Komitee: „Der arme R. N. weilt eben hier. Tragisches Geschick! Der sehr weiblich-weichherzige Mensch kam in die Lage, einen Kosaken, den er verwundet hatte, auf höheren Befehl (da kein Pardon gegen diese Mordbrenner gegeben wurde) erschießen zu müssen. Denken Sie sich die Lage: R. N. läuft zu dem am Boden unter seinem Pferde liegenden Kosaken – der *Stabsarzt* befiehlt vom Auto aus: ‚Kosak erschießen!' – R. N. legt drei Meter von dem Verwundeten auf diesen das Gewehr an – der Kosak schaut noch einmal zu ihm hinüber – R. N. drückt los – – In der ersten Zeit glaubt R. N. das Schreckliche überwinden zu können; als aber etwas Ruhe im Dienst eintrat, wurde er gemütskrank. Weinkrämpfe – nachts Schreikrämpfe. Mußte in ein Lazarett – Abteilung für Nervenkranke . . . wird . . . wahrscheinlich ganz aus dem Militärdienst entlassen werden. Der Stabsarzt bezeichnet seinen jetzigen Zustand als schwere Hysterie.

Seine Pupille verändert sich nicht mehr bei Lichteinfall [8] . . ."

Ein Zeitungsbericht, betitelt „Menschlichkeit": „Nahe Soissons (erzählt der Korporal Houston von den Seaforths) lag ich schwer verwundet auf dem Felde. Nahe dabei lag ein junger Bursche vom Northamptonshire-Regiment. Über ihn beugte sich ein deutscher Infanterist, hielt eine Wasserflasche an seine Lippen und suchte ihn zu beruhigen. Der verwundete Mann war im Delirium und rief fortwährend: ‚Mutter, bist du da?' Der Deutsche schien zu verstehen, denn er strich sanft mit der Hand über die fiebernde Stirn und liebkoste den armen Jungen so zart, wie eine Frau es nur gekonnt hätte. Zuletzt kam der Tod, und als die Seele des Verwundeten zur letzten Abrechnung hinüberging, sah ich den Deutschen, wie er seine Tränen zu verbergen suchte [9]."

Was die femininen Urninge betrifft, so bekundeten diese im Gegensatz zu ihren virilen Leidens- und Triebgenossen, deren Kriegsbegeisterung früher erwähnt wurde, die größte Abneigung gegen eine aktive Kriegsteilnahme. Sie wollten, ihrer femininen Anlage entsprechend, nur zum Krankendienst herangezogen werden. Psychologisch bemerkenswert sind hierüber die Ausführungen eines Homosexuellen dieser Wesensart:

„All mein Empfinden sträubte sich bisher gegen das, was wir Krieg nennen. Ich konnte trotz eifrigen Forschens nicht erkennen, wo für mich die Momente liegen, aus welchen heraus mir der mahnende Ruf kommt, ins Feld hinaus zu ziehen . . . Am meisten Schwierigkeiten machte mir die immer wieder vor mich hintretende Frage: Gehöre ich dem Staate überhaupt an? – Und immer wieder mußte ich mir sagen: Nein! Sobald der Staat wüßte, daß ich es bin, betrachtete er mich als einen Schandfleck seines Staatsgebildes, und nun, wo er bedroht ist, soll ich mich da aufdrängen zur Erhaltung dieses Staates, welcher mir in seiner Kurzsichtigkeit jede Daseinsberechtigung abspricht, mitzuarbeiten und mit meinem Blut, mit meiner Gesundheit sein Wohl zu erhalten suchen? Nichts gab mir auf diese bangen Fra-

Der Transvestit
„Seelisch bin ich ein Vollweib . . ."
Zeichnung von A. Szekely

gen Antwort. Jetzt kann ich mir selbst eine Antwort geben, und die heißt: Meine Pflicht ruft mich nicht in den Dienst meines Staates, aber die Pflicht ruft mich zum Kampfe der Menschheit im allgemeinen. Kurz, ich will nichts unversucht lassen, um als Sanitätssoldat oder als Sanitäter Verwendung zu finden. Da brauche ich nicht zu hassen, da kann ich lieben und Liebe erzeigen, soviel ich will."

Auch ein anderer Kriegsteilnehmer meint: „Die femininen Urninge haben wir im Dienste um das Vaterland anderswo als an der Front zu suchen, auf sicher nicht weniger anstrengenden und verantwortungsreichen Posten, hauptsächlich unter dem Sanitätspersonal in Lazaretten, Lazarettzügen usw." Zahlreiche Homosexuelle stellten sich gleich nach Kriegsausbruch als freiwillige Krankenpfleger dem Roten Kreuz zur Verfügung und „folgten damit instinktiv dem Beruf, dem, wie uns die Geschichte der Homosexualität lehrt, Urninge namentlich bei Naturvölkern vielfach im Kriege oblagen."

Ein in der Tagespresse veröffentlichter „Brief von der Westfront" erzählt über einen hierher gehörenden Fall folgendes:

„Wir haben hier einen Kameraden, der kann stricken, und er tut das in jeder freien Minute. Er hat bereits ein ganzes Paar Strümpfe für sich gestrickt und beginnt jetzt ein zweites; ... anfangs lachten wir über ihn und ein anderer Kamerad brachte für ihn den Spitznamen „Rike" auf – er heißt nämlich Friedrich – wovon die weibliche Form Friederike und davon die Abkürzung Rike gebildet wurde ... Putzig sieht's aus, wenn er so dasitzt und die Hände so geläufig wie bei einem Mädel mit den Stricknadeln herumhantieren [10]."

Eine eigene Kategorie neben den Homosexuellen weiblicher Wesenart stellen die Transvestiten dar. Die sehr brauchbare Hirschfeldsche Formel unterscheidet zwischen Homosexualität und Transvestitismus je nachdem die Mischung der Geschlechtsmerkmale (also der männliche Feminismus oder die weibliche Virilität) sich auf den Geschlechtstrieb oder auf die „sonstigen seelischen Geschlechtszeichen" erstreckt. (Im übrigen macht Dr. Magnus Hirschfeld aufmerksam, daß Transvestiten durchaus nicht homosexuell sein müssen. Aus seiner reichen Erfahrung zitiert er eine Unmenge Fälle, in denen transvestistische Frauen und Männer nur mit Individuen des anderen Geschlechts, also durchaus normal heterosexuell, verkehren konnten.) Demnach haben wir es bei männlichen Transvestiten mit Männern zu tun, die seelisch als Vollweiber aufzufassen sind, die ein unwiderstehlicher Drang treibt, sich nach Weiberart aufzuführen, ausgesprochen weibliche Berufe ausüben und sich vor allem nach Frauenart zu kleiden.

Dieser erotische Verkleidungstrieb ist eben das ausschlaggebende Moment im Transvestitismus. Über die Kriegsverwendungsfähigkeit dieser Transvestiten sagt nun Burchard: „Es kann ... nicht wundernehmen, wenn das Verhalten der Transvestiten auch in bezug auf Militärtauglichkeit und Kriegslust dem der körperlichen Zwitter, insbesondere der stark ausgeprägten Fälle von Androgynie, gleicht. Durch die Verankerung der körperlichen Umwandlungstendenz im Seelischen aber erscheint das Gefühl der Unmöglichkeit des Kriegsdienstes bei den Transvestiten noch ganz besonders stark ausgeprägt."

Es ist bei vielen nicht im geringsten Furcht vor Gefahr oder Strapazen, sondern lediglich das Gefühl völliger Untauglichkeit zu fortgesetzter männlicher Lebensführung. So sind mir Transvestiten bekannt, die in ihrer weiblichen Kleidung zum Bezirkskommando gingen und durchaus ernsthaft erklärten, sie würden gern als Schwester oder Marketenderin ins Feld gehen, aber als Mann unter Männern in der Kaserne leben – niemals! In solchen Fällen kann das Urteil des Arztes bezüglich der vorliegenden Militärtauglichkeit natürlich nicht zweifelhaft sein." Demgegenüber weist Lissmann mit Recht darauf hin, daß es bei dem immer engmaschiger geknüpften Heldensieb durchaus nicht anzunehmen sei, daß man bei der Beurteilung der Kriegstauglichkeit auf diese Momente Rücksicht genommen hätte. „Dagegen dürfte schon das durch Spezialkenntnis dieser feinen Sexualbeobachtung meist nicht getrübte Urteil der Militärärzte sprechen [27]." Dr. Kurt Mendel berichtet allerdings über einen Soldaten, bei dem der transvestitische Hang dermaßen stark überwog, daß er lieber auf jeden Geschlechtsverkehr (es war ihm praktisch nur der gleichgeschlechtliche bekannt) verzichten, als männliche Kleider anziehen wollte. Mendel, der mit den meisten Sexualforschern seiner Zeit der Ansicht ist, daß Homosexualität allein nicht kriegsuntauglich macht, meint über diesen Fall, daß, da sich Homosexualität und Transvestitismus auf psychopathischer Grundlage verbänden und dieser noch stärker als jener sei, der Betreffende als zum Dienste untauglich bezeichnet werden müsse. Anders wäre es in Fällen, wo homosexueller und transvestitischer Drang in gleicher Stärke ausgebildet erscheinen.

Die als felddienstfähig eingestellten Transvestiten erkrankten oft schon nach kurzem Dienst an hochgradigen hysterischen Erscheinungen, so daß sie fast alle vom Militär entlassen werden mußten.

Dr. Magnus Hirschfeld berichtet über einen transvestitischen Soldaten, der sich in der Uniform höchst beengt fühlte und während des Urlaubs die Kleider mit der ihm verblüffend ähnlich sehenden, sehr maskulinen Schwester vertauschte. Sie wollten überhaupt tauschen und die Schwester wollte anstatt des Bruders weiter dienen. Sie kamen von diesem Vorhaben nur auf Zureden des Arztes ab, der sie vor den strafrechtlichen Folgen warnte [10].

Im übrigen verlautete über die Rolle von Transvestiten im Kriege nur wenig. In Österreich wurde ein Mann in Frauenkleidern erschossen, weil er auf Anruf eines Postens fortlief. Der Mann war, wie es sich herausstellte, ein Transvestit, der aus Angst, seine Veranlagung könnte offenbar werden, nicht stehengebieben war [11]. Gelegentlich berichteten Pressenotizen über Helden in weiblicher Kleidung oder männliche Lazarettschwestern [12]. Am bekanntesten wurde der von Dr. Mendel bearbeitete Fall zweier Transvestiten, eines 24jährigen Kaufmanns und eines 26jährigen Sängers [13]. Sie hatten beide lange Zeit im Felde gestanden und trafen in der Garnison in Breslau zusammen, wo sie in intime sexuelle Beziehungen zueinander traten. Sie wurden im Juli 1917, als sie, wie sie es bereits oft getan, in Frauenkleidern auf der Straße spazierten, festgenommen. Der Jüngere der beiden schreibt in einer auf Veranlassung Dr. Mendels verfaßten Selbstbiographie:

„Ich ging zum zweiten Male freiwillig ins Feld, da mir das Leben zuwider war und ich hoffte, wenigstens diesmal aus dem Felde nicht wiederzukehren. Aber sieben Monate gingen hin, mit allen meinen Kräften versuchte ich die Anstrengungen zu ertragen, fand auch einige Gleichgesinnte und hatte auch einmal Gelegenheit, zusammen mit einem Oberleutnant, beide als Damen, spazierenzugehen; wir arrangierten auch einige Tanzabende, wo wir als Damen tanzten. Jahrelang habe ich nun versucht, den Drang, Damenkleider zu tragen, zu unterdrücken; in letzter Zeit ist es mir nicht mehr möglich gewesen. Lieber ein Ende mit Schrecken als ein Schrecken ohne Ende."

Hier die Zuschrift eines Oberleutnants:

„Einen Beweis, wie unglaublich naiv und unaufgeklärt die Mehrzahl ist, erhielt ich kürzlich. Unser Landsturmbataillon veranstaltete einen bunten Abend, an welchem besonders eine ‚Dame' große Heiterkeit erweckte, in großer Gesellschaftstoilette und blonder Perücke. Der Soldat sang andauernd Sopran und war in seinen ganzen Bewegungen und seinem Gebaren echt weiblich. Unser ganzer Stab war vertreten. Wir unterhielten uns bei Tisch darüber und alle Herren bewunderten, wie lange der Mann studiert haben müsse, um ein Weib so täuschend nachahmen zu können. Ich widersprach dem und äußerte, daß der Darsteller seiner Natur nach handle und sich wahrscheinlich sehr wohl darin fühle. Weder der General noch der Pfarrer noch die anderen Herren verstanden mich. Ich versuchte vorsichtig, noch deutlicher zu sein, stieß aber bei allen Herren auf vollkommenes Unverständnis! Am meisten beim Pfarrer. Da gibt es noch ein großes Stück Arbeit, dachte ich mir. Wie viel näher liegt da das Verständnis beim einfachen Soldaten. Unbewußt finden sich da oft intime Freunde, weil der Krieg nichts anderes bietet. Sie sagen sich ‚der ist eben so', aber brechen nicht den Stab [14]."

„Die Kluft habe ich von meiner Schwester, das Talent von meiner Mutter . . ."
Zeichnung von A. Székely

Das tragische Element der Homosexualität lag natürlich nicht in einer nach außen als Kameradschaft getarnten Beziehung eines Soldaten zu einem andern, auch nicht in der eines Offiziers zu einem „Gemeinen", sondern in dem Einfluß, den es in der großen Politik übte. Am Eingang dieses Kapitels ist die Affäre des Obersten Redl erwähnt worden, die – wenn auch ohne Einfluß auf den Ausgang des Ersten Weltkriegs – doch als hochbedeutsam angesehen werden muß. Und auch am Ausgang des Krieges steht eine solche Erpresseraffäre, die allerdings nicht allgemein bekannt ist, weil sie von der offiziellen Geschichtsschreibung unterdrückt wurde. Ein Schweizer Journalist, den wir hier nur mit den Initialen W. G. bezeichnen wollen, hat behauptet (und wir müssen diese Behauptung als das, was sie ist, hinnehmen, da wir sie nicht nachprüfen können), auch der amerikanische Präsident Wilson, der Schöpfer der Idee des „Selbstbestimmungsrechtes der Völker", sei ein Homosexueller gewesen. Bei den Friedensverhandlungen war es Clémenceau höchst unangenehm, immer wieder auf die idealistischen Ideen des Amerikaners zu stoßen, die ein neues, freieres Europa geschaffen hätten, während er – Clémenceau – nur seine Rachegefühle austoben und die Besiegten so viel wie möglich schädigen wollte. Verschiedene Dämchen wurden Wilson über den Weg geschickt – er blieb unempfindlich. Da kam Clémenceau auf die Idee, einen hübschen Jungen auf Wilson loszulassen. „Und“, so behauptete der Schweizer Journalist, „Wilson ging prompt in die Falle.“ Nun brauchte Clémenceau nur die üblichen Erpressermethoden gegenüber Wilson anzuwenden, und er konnte überall seinen Willen gegen Wilson durchsetzen. Wilson sei als gebrochener Mann von Genf (wo sein Quartier noch heute den Namen „Palais Wilson“ trägt) nach den USA zurückgekehrt.

Thomas Woodrow Wilson, der Schöpfer der „Vierzehn Punkte“, der Initiator des Völkerbundes, konnte – wie in jedem Lexikon nachzulesen ist – „bei den Friedensverhandlungen sein Programm nicht verwirklichen“. Er ist am 3. Februar 1924 gestorben.

Mag auch das „si non e vero e ben trovato“ in diesem Falle möglich sein, so zeigt doch der Fall Wilson wie der des Obersten Redl wie gefährlich eine Gesetzgebung war, die da glaubte, Menschen ihrer Neigungen wegen wie Verbrecher verurteilen zu können.

„Fräulein Feldwebel“
Der Damenimitator im Fronteinsatz
Zeichnung von L. Grossmann

Die Organisation der Kriegsbordelle

X

Die bordellierte Prostitution im Feld und in der Etappe – Der militarisierte Geschlechtstrieb – „Schwanzparade" – Das Elend der Mannschaftsdirnen

Die innigen Zusammenhänge zwischen Militär- und Dirnenwesen sind aus der Geschichte bekannt und in vielen einschlägigen Werken, zu Beginn des Weltkrieges besonders ausführlich von Haberling [1] dargestellt worden. So brachte auch der Krieg von 1914 bis 1918 in dieser Beziehung nichts wesentlich Neues, unterschied sich von allen früheren Völkerschlachten der Geschichte lediglich durch zwei Momente: Einmal war es infolge der Einrichtung der Volksheere ein überwiegender Teil der männlichen Bevölkerung der europäischen Kulturländer, der, aus den normalen Verhältnissen gerissen, als Verbraucher der Kriegsprostitution in Betracht kam. Sodann veränderte der Stellungskrieg, der zum erstenmal zu überragender strategischer Bedeutung gelangt war, die Bedingungen, unter denen sich das Dirnenwesen in den Heeren entwickelte. Während bei früheren Feldzügen, insbesondere im Mittelalter, die Dirnen dem Heere folgten und geradezu einen Teil der Truppen bildeten, erforderte der Stellungskrieg, der größere Heereseinheiten für lange Zeit an einem Frontabschnitt oder im Etappenraum festhielt, eine entsprechend ansässige Form der Prostitution. Diese Form konnte nur in der bordellierten Prostitution gefunden werden, wozu noch kam, daß diese allein einen ausreichenden Schutz gegen die Geschlechtskrankheiten und die durch diese bedingte Lähmung der Streitkraft versprach. Am Anfang des Krieges, dessen Dauer ja

Für verschiedene Gustos
Dirnentypen in einem französischen Bordell
Zeichnung von L. Métivet. Aus „Le Rire"

damals allgemein unterschätzt wurde, erhoben sich Stimmen, die im Interesse der Kriegführung Enthaltsamkeit für die im Felde stehenden Truppen forderten. Der wissenschaftliche Streit für und gegen das Verbot des Geschlechtsverkehrs für kombattante Soldaten nahm insbesondere in Deutschland einen großen Umfang an und verdient wenigstens in Kürze berücksichtigt zu werden. Schon Haberling [2] stellte die Forderung auf: „Die Soldaten sind anzuweisen, daß sie nur dann vor der Gefahr der Geschlechtserkrankung mit einer gewissen Wahrscheinlichkeit bewahrt werden, wenn sie mit Prostituierten zusammen sind, die eine Ausweiskarte haben. Sie haben daher in jedem Fall sich die Karte vorzeigen zu lassen.“ Der bekannte Sexualhygieniker A. Blaschko [3], der für die Abschaffung der Prostitution in der Heimat und im Felde eintrat, bezeichnete diese Forderung als gefährlich, weil sie die Soldaten ausdrücklich auf den Verkehr mit gewerbsmäßigen Dirnen hinweise; er machte nachdrücklich darauf aufmerksam, daß die Ausweiskarte keinen hinreichenden Schutz biete. Und schon im November 1914 mehrten sich die Stimmen besonders auf seiten der einberufenen Ärzte für ein möglichst weitgehendes Verbot des Geschlechtsverkehrs für Soldaten. In einer Sitzung der Kriegsärzte in Lille empfahl Professor Flesch aus Frankfurt unter anderem „geschlechtliche Enthaltsamkeit als Pflicht für das gesamte Feldheer, Mannschaften und Vorgesetzte für die Dauer des Feldzugs und Schließung aller Bordelle, Animierkneipen usw. an Orten, an denen sich Feldtruppen aufhalten [4].“ Der Garnisonsarzt in Chauny, Dr. Kurt Mendel, aber schrieb in einer Eingabe vom November 1914: „Als das beste Mittel, einer weiteren Verbreitung der venerischen Erkrankungen energisch Einhalt zu gebieten, erscheint mir die Forderung völliger geschlechtlicher Enthaltsamkeit der im Felde stehenden . . . . Der Krieg fordert von jedem einzelnen so viele und so große persönliche Opfer, der einzelne bringt auch – wie die bisherige Geschichte des Krieges gezeigt hat – diese Opfer so gern und willig, daß das Verlangen nach Enthaltung vom Verkehr mit Prostituierten als eine durchaus durchführbare und erreichbare Forderung gelten kann. Die Mannschaft wird sie als weitere Entbehrungsmaßregel den übrigen opferwillig hinzufügen, wenn sie einsieht, daß es sich um ihr eigenes persönliches Wohl handelt; dem Heere werden zahlreiche Soldaten, die sonst durch venerische Infektionen für Wochen kampfunfähig gemacht werden, erhalten bleiben, die schweren Folgen nach Krankheiten, die erfahrungsgemäß jeder bisherige Krieg nach sich gezogen hat (insbesondere die Rückenmarkschwindsucht und die Gehirnerweichung) werden verhütet werden, die Frauen unserer Heimat von der Ansteckung und ihren oft Siechtum bedingenden Folgen bewahrt bleiben ... Ich empfehle demnach, den Soldaten der hiesigen Garnison den Geschlechtsverkehr zu ver-

So stellen sie sich in der Heimat vor dem Kaufmann an . . . Zeichnung von Th. Th. Heine. Aus „Kleine Bilder aus großer Zeit“

bieten, unter Hinweis auf die starke Verbreitung der Geschlechtskrankheiten im hiesigen Orte, sowie auf die Gefahr, welche die geschlechtliche Ansteckung für den Soldaten selbst, für das Heer, für die Frauen unserer Heimat in sich birgt und unter Strafandrohung im Falle des Nachweises einer Geschlechtskrankheit bei den wöchentlich vorzunehmenden Untersuchungen der Mannschaft [5]."

Solche Beispiele könnten ins Unendliche vermehrt werden und so wollen wir uns mit einem letzten begnügen. Die Professoren Kuhn und Möllers schreiben in einem Artikel, der sich zur Gänze gegen die Institution der Bordelle richtet [6], die Einrichtung und Unterhaltung von Bordellen erscheine auch dann bedenklich, wenn durch regelmäßige ärztliche Untersuchung die Fernhaltung kranker Frauenspersonen erstrebt wird. Sie sei einmal praktisch schwer durchführbar, wie die Erfahrung der Verfasser in einer Stadt von etwa 15 000 Einwohnern gezeigt hätte, wo der Bordellbetrieb unter dauernder ärztlicher Kontrolle zunächst gestattet worden sei; bei fast jedem Regiment, das dort Ruhequartier bezog, hätte die Zahl der Geschlechtskranken infolge der im Bordell erfolgten Infektion zugenommen, so daß es nach kurzer Zeit wieder geschlossen werden mußte. Zudem berge das Bordellwesen eine große sittliche Gefahr in sich, da die Soldaten bei der Freigabe oder gar der Empfehlung solcher Häuser auf den Verkehr mit Prostituierten hingewiesen würden und damit auch der außereheliche Verkehr verheirateter Soldaten gleichsam gutgeheißen würde. „Um die Verbreitung der geschlechtlichen Erkrankungen in der Armee zu verhindern, muß die völlige geschlechtliche Enthaltsamkeit während der Dauer des Krieges gefordert werden."

. . . und so in der Etappe vor dem Bordell
Holzschnitt von Rüdiger Berlit.

Auch in anderen Ländern wurde die Frage der Prostitution beim Militär zur Erörterung gestellt, doch leistete hierin deutsche Gründlichkeit genau wie bei der Durchführung der Reglementierung das höchste. Im übrigen hat es den Anschein, als wäre militärischerseits die Frage nicht nur für andere Staaten, sondern auch für Deutschland von vornherein entschieden gewesen. Man wollte in diesen Kreisen ein Verbot des Geschlechtsverkehrs gar nicht ernstlich in Erwägung ziehen, weniger weil das dem gesunden Gefühl widersprochen hätte, als aus Gründen militärischer Tradition. Gegen alle von Wissenschaftlern ins Treffen geführten Argumente wurde immer wieder darauf verwiesen, daß ein solches Verbot „dem soldatischen Empfinden widerspräche".

Daher kommt es, daß wir schon Anfang 1915, als der Bewegungskrieg bereits dauernd in einen Stellungskrieg übergegangen war, auf der Seite beider kriegführenden Teile längs aller Frontabschnitte Militärbordelle finden. Sie wurden erst im Westen und kurz darauf auch in allen Kampfgebieten des Ostens eingeführt. Darunter gab es in meist verhältnismäßig geringer Entfernung von der Kampflinie Feldbordelle, die in verlassenen Schlössern, vom Krieg mehr oder minder verschonten Dorfhäusern oder auch in eigens errichteten Holzbaracken oder leerstehenden Waggons untergebracht waren. Sie bestanden meist nur kürzere Zeit und ihr Personal zählte selten mehr als zwei bis drei Weibspersonen. Sie wurden von Soldaten besucht, die in die Kampflinie zogen oder von dort in die zweite Linie oder Reserve zurückgezogen wurden.

Mehr Bedeutung kam den für längere Dauer eingerichteten und den von der Zivilbevölkerung bereits früher benützten öffentlichen Häusern in der Etappe zu. Die Etappe war damals der unmittelbaren Kriegsgefahr nicht ausgesetzt und diente als Übergangsstation für alle Truppenteile, die zur Front befördert wurden oder nach den (auch sexuellen) Entbehrungen des Schützengrabens von dort zurückkamen. Auch bei dieser Einrichtung wurde genau auf Standesunterschiede gesehen. Mannschafts- und Offiziersbordelle waren streng abgesondert und stellenweise gab es sogar drei Klassen, wobei sich zwischen Mannschafts- und Offiziersbordell die Kategorie der Freudenhäuser für Unteroffiziere einschob.

Auf dem westlichen Kriegsschauplatz gab es besonders gut eingerichtete und besuchte Etappenbordelle für die Truppen der Entente in Amiens, Abbéville, Le Havre, Rouen und allen größeren französischen Städten hinter der Feuerlinie. Das Wahrzeichen der Bordelle für Offiziere war die blaue, jener für Mannschaftspersonen die rote Laterne. Die Insassinnen waren fast ausschließlich Französinnen, die auch schon früher in diesen Städten gewohnt hatten oder Flüchtlinge aus den von Deutschen besetzten Gebieten waren. Die Kunden rekrutierten sich neben dem französischen Militär aus Offizieren und Soldaten der Ententetruppen anderer Nationalität, hauptsächlich Engländern. Bei der Nachlässigkeit, mit der die französischen Aufsichtsärzte die Geschlechtskrankheiten behandelten, wurden diese französischen Etappenbordelle besonders für die über Prophylaxe kaum aufgeklärten englischen Verbündeten zur wahren Brutstätte der Geschlechtskrankheiten. Über einen hierher gehörenden Fall berichtet Robert Graves in seiner Selbstbiographie „Good-bye to all that“ [7]:

„Ich gehörte einer Gruppe von zehn jungen Offizieren an. . . . Zu jener Zeit machten sich alle jungen Offiziere eine Ehre daraus, bei Wein und Weib ihren Mann zu stellen. Diese zehn wollten sich besonders hervortun. Drei von ihnen holten sich in Rouen Geschlechtskrankheiten. Ich glaube, daß die Jungens ohne Ausnahme das erstemal in ihrem Leben bei Frauen waren. Sie waren sittenstreng erzogene Söhne der mittleren Stände aus Wales und wußten nichts von Schutzmitteln. Einer von ihnen teilte mit mir eine Hütte. Eines Nachts kam er sehr spät und stark angeheitert aus dem ‚Drapeau blanc‘, einem bekannten Blaulaternen-Bordell, weckte mich und begann mir zu erzählen, wie köstlich er sich amüsiert hätte. Er hätte nie geglaubt, sagte er, daß man sich dermaßen prachtvoll mit Weibern unterhalten könne. Erzürnt und mit einigem Ekel erwiderte ich ihm: „Das ‚Drapeau blanc‘? Du Unglücksmensch! Hoffentlich hast du dich gut gewaschen!“ Er

Im Warenhaus der Liebe
Auch eine „Idylle" aus der Etappe,
der Phantasie des französischen Zeichners Ch. Genty entsprungen, 1916

fühlte sich in seinem Waliser Stolz gekränkt und tat entrüstet: ‚Wie meinst du das, Captain? Gewiß habe ich mir Hände und Gesicht gewaschen.' Der Zwang, den man sich in England auferlegte, war in Frankreich verschwunden; die Jungens hatten Geld und wußten, daß sie ziemliche Aussicht hatten, in einigen Wochen das Zeitliche zu segnen. Sie

hatten keine Lust, keusch zu sterben. So waren denn die Lazarette für Geschlechtskranke in der Etappe stets überfüllt. (Die Truppen machten sich einen Spaß daraus, die Zahl der dort behandelten Feldgeistlichen im Verhältnis zu der der Truppenoffiziere zu übertreiben.) Das ‚Drapeau blanc' rettete vielen von ihnen das Leben, indem es sie für den Dienst im Schützengraben unfähig machte."

Auf deutscher Seite gab es Mannschafts- und Offiziersbordelle in allen größeren Städten des Etappenraumes. Wir finden sie in Straßburg, Metz, Sedan, Charleville, Mezières, St. Quentin, Peronne, Cambrai, Lille, Ostende, Brügge, Gent, Antwerpen und Brüssel. In kleineren Ortschaften der frontfernen Etappe gab es freiwohnende Prostituierte [8].

In den Städten des Ostens wurden Militärbordelle, wie bereits erwähnt, erst später nach westlichem Muster errichtet. So hauptsächlich im besetzten Warschau und in Lodz. Dr. Ludwig L. Lenz, der in den zwanziger Jahren als Herausgeber des Buches „Sexualkatastrophen" und der Zeitschrift „Die Ehe" sehr bekannt war, nach dem Zweiten Weltkrieg aber mit einem Buche über „Kosmetische Chirurgie" hervortrat, hat den Ersten Weltkrieg als Militärarzt mitgemacht. Beim Militär kommen „von oben" oft die sonderbarsten Befehle, und so erhielt der Oberarzt Lenz eines Tages den Befehl, in einem russischen Städtchen ein Etappenbordell einzurichten. In seinen Memoiren „Diskretes Indiskretes" erzählt Dr. Lenz auf sehr launige Weise, wie er diesen Befehl ausführte, und wir wollen uns nicht versagen, diese aus dem Leben gegriffene „wahre Geschichte" wenigstens im Auszug unsern Lesern mitzuteilen:

„Eines Tages – beim Militär ändert sich alles schnell und nichts bleibt beständig – erhielt ich den Befehl, mich nach L., einer kleinen polnischen Stadt in der Nähe von Warschau, zu begeben, um dort das Militärische Gesundheitsamt zu übernehmen. ‚Dort sind Bordelle für Angehörige durchmarschierender Formationen einzurichten',

so stand in diesem Schreiben. Ich traute meinen Augen nicht. Was sollte ich da tun? Bordelle einrichten? Das hatte ich auf der Universität nicht gelernt. Ich ging schnurstracks zum Generaloberarzt, aber der lachte nur und klopfte mir auf die Schulter: ‚Gehen Sie ruhig dorthin, lieber Kollege, es ist der einzige gute Posten, den wir im Augenblick frei haben. Vor allem haben Sie gezeigt, daß Sie Organisationstalent haben, und das ist dort die Hauptsache!' ...

... Ich hatte nicht viel Zeit, zu überlegen. Drei Tage nach erhaltenem Befehl fuhren wir los, mein Rechnungsfeldwebel, ein Unteroffizier und vier Mann, alles ergraute Landstürmer. In der Folge war die Zusammenarbeit mit meinen Leuten tadellos. Ich hatte Glück mit ihnen. Sie erfüllten ihre Arbeit mit Korrektheit und Sachlichkeit und mit - - Humor.

In L. angekommen, meldete ich mich beim Ortskommandanten und nahm in einem Hotel am Markt Quartier. Der erste Abend beruhigte mich übrigens in bezug auf meine Bedenken, woher ich die Mädchen nehmen sollte. Denn kaum war ich in meinem Zimmer, als auch schon der Portier anklopfte: ‚Eine junge Dame möchte Sie sprechen, Herr

„Aus Kriegsbordellen"

Zeichnungen von George Grosz

Mit freundlicher Genehmigung des Fritz-Gurlitt-Verlages, Berlin

Oberarzt!' Ich habe seit drei Tagen das erstemal ruhig geschlafen ...

... An die Kasse setzte ich meinen Feldwebel. Der Eintritt kostete, wenn ich mich recht erinnere, für Offiziere drei Mark, für Soldaten eine Mark. Dafür bekam jeder ein Präservativ und einen Bon, den er dem Mädchen abzugeben hatte. Für jeden Bon erhielt das Mädchen von uns bei der Abrechnung 75 Pfennig, so daß es pro Tag ungefähr 5 bis 12 Mark verdiente. Für Pension wurden täglich 2,50 Mark in Abzug gebracht. Es war auch ein kleiner Ausschank alkoholfreier Getränke und eine kalte Küche eingerichtet worden. Der Reinverdienst, der manchmal ganz beträchtlich war, wurde einzig und allein für die Wohlfahrt der Insassinnen ausgegeben...

... Krankheitsfälle waren in unserm Haus verhältnismäßig gering. Wir verloren pro Monat durch Abgang ins Krankenhaus ungefähr zwei Mädchen. Diese geringe Ziffer war darauf zurückzuführen, daß jedes Mädchen laut Anordnung den Verkehr ohne Schutzmaßregeln strikt zu verweigern hatte. Als Durchschnitt hatte ich angenommen, daß ein Mädchen pro Tag zehn Besucher haben würde. Diese Zahl wurde in der Folge leider weit überschritten. Besonders an den Tagen, an denen fremde Truppen durch den Ort kamen, war die Besucherzahl erschreckend hoch. Wir waren dann genötigt, neue Mädchen einzustellen ...

... Ich bin mir bewußt, daß die Verhältnisse in diesem Militärbordell ganz besonders günstig lagen, und daß die Umstände, unter denen andere Mädchen in anderen öffentlichen Häusern zu leben gezwungen sind, weit ungünstigere sind."

Die Mannschaftsbordelle erregten überall, wo sie sich befanden, unliebsames Aufsehen durch die lange Reihe der vor der Tür schlangestehenden Soldaten. Diese Polonäsen wurden gewissermaßen zu einer ständigen und charakteristischen Einrichtung des Massenkrieges. Daß sich der Geschlechtshunger der nach langer Enthaltsamkeit aus der Feuerlinie zurückkehrenden Soldaten oft in gewaltsamen Ausschreitungen äußerte, ist kaum verwunderlich. So unternahmen am Karfreitag 1915, wie die „Tribuna" am 25. April [9] desselben Jahres meldete, australische und neuseeländische Soldaten der englischen Armee, die Urlaub in die Stadt bekommen hatten, einen regelrechten Angriff auf das berüchtigte „Freudenviertel" von Esbekieh in Kairo, das stets den Lieblingsaufenthalt der Garnison von Kairo gebildet hatte. Ein großer Teil der Bordelle wurde von den betrunkenen Soldaten ausgeräumt und geplündert, die Möbel und Betten in Brand gesteckt, die Dirnen aus den Fenstern geworfen und unten in ausgespannten Tüchern aufgefangen, bis endlich Polizei und Territorialsoldaten dem Skandal ein Ende machten. Ein deutsches Gegenstück dazu ist ein berüchtigter Überfall auf das Bordell in Sedan, der sich im Laufe des Krieges wiederholte. J. C. Brunner berichtet darüber in seiner sehr verdienstvollen „Illustrierten Sittengeschichte" [10]: „Ende 1916 mußte zum Schutze der Mädchen auf Veranlassung der Etappenkommandantur ein Wachkommando in die Häuser gelegt werden. Es war Befehl gegeben worden, daß nur jeweils zehn Mann gleichzeitig Eintritt erhalten sollten. Der Andrang war jedoch so stark, daß zu wiederholten Malen die Türen eingedrückt wurden; einmal bewarfen die Soldaten eines Infanterieregiments mit großen Steinen die Türen, um sie zu sprengen und drohten sogar, ihre Gewehre zu holen, wenn die Posten nicht den Eingang freigeben würden."

Im übrigen aber sah man auf Ordnung und Einteilung. Captain Graves berichtet hier über das Bordelleben von Béthune[11]: „Ich war jetzt wieder in Béthune ... Die rote Laterne, das Truppenbordell, war in der Hauptstraße an der Ecke. Ich sah hundertfünfzig Mann draußen vor dem Tore schlangenstehen und einer kam nach dem anderen für eine kurze Zeit an die Reihe bei einer der drei Bewohnerinnen des Hauses. Mein Diener, der mit zur Polonäse gehörte, erzählte mir, daß die Taxe 10 Francs pro Kopf betrug, was damals etwa 8 Shilling ausmachte. Jede Frau bediente fast ein ganzes Bataillon in der Woche, solange sie das Gewerbe ausüben konnte. Der Provost-Marshal sagte mir, daß dies gewöhnlich nicht länger als drei Wochen anging, nach deren Ablauf sich die Frau geschwächt, aber stolz mit seinem Verdienst ins Privatleben zurückzog ... In den Quartieren bildete das besonders ‚unmanierliche' Benehmen der französischen Weiber einen ständigen Gesprächsstoff. ‚Sie war sehr hübsch und scherzte gern. Ich sagte ihr: „S'il te plaite, ôtes-toi la chemise, ma chérie." Aber sie wollte nicht. Sie sagte: ‚Oh non, non, mon Lieutenant, ce n'est pas convenable.' Ich war froh, als ich wieder im Schützengraben war."

In einem der aufwühlendsten Kriegsbücher[12] läßt sich der Verfasser Bruno Vogel von einem Gefreiten in der derben Soldatensprache erzählen:

„Ich weeß nich, ob de dir das vorstelln kannst – du machst der ja aus Mädln nischt – wie unsereen hier aussn zumute is – ohne Weiber.

Mer sollte eechentlich denkn, bei der Schinderei, und nischt Gescheites ze fressn, und keen anständchn Schlaf, da misste en jeder Gedanke ans Vögeln vergehn. Aber s werd bloß um so schlimmer.

Wenn de dann in Ruhe bist, und de liechst so alleene in der verfluchtn Forzkapsel, und de denkst an deine Frau derheeme – – –

Und am Tach gehst de durch de Stadt, und de Mädls loofn so an dir vorieber, ganz nahe, und du siehst die Wadn, und dn Busn, und die Lippn, und manchmal wirft der eene so en Blick zu – – –

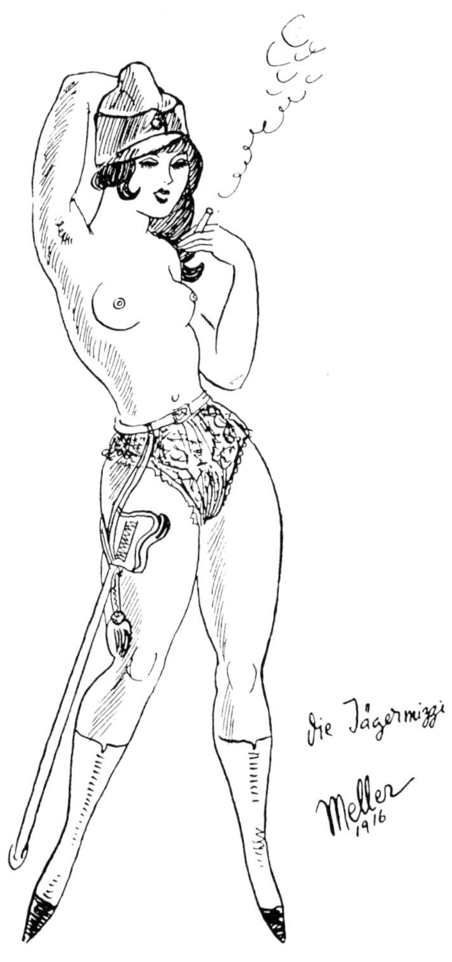

„Fräulein Leutnant"
Die „Kostümierung" von Prostituierten mit Uniformstücken war in Militärbordellen sehr beliebt. *Sammlung A. Gaspar, Wien*

Mensch, verrickt kennst de wern vor Sehnsucht nach emal orntlich ficken! Bloß en eenzches Mal enne Nacht bei en Weib! Menschnskind, mir kenn doch nich dervor, daß mer Männer sinn.

Emal bin ich im Soldatnbuff gegang, aber das war mer doch zu gemeene und eklich. In Gruppenkolonne sin se off der Straße angestellt gestandn. Ieber enne Stunde hab ich wartn missn, bis ch ieberhaupt neinkam. Das haste ja sicher ooch schon gesehn."
„Hm. Oft genug. Das is nu mal so enne Begleiterscheinung vom Krieg, das Schlange stehn. Derheeme de Fraun nach Kartoffel und haussn de Männer nachn Weib. Na, erzähl nur weiter!"
„Also, endlich kommst de rein, bezahlst, ich gloobe zwee Mark hat's gekost damals, dann mußt de enn Sanitätsfeldwebl dein Schwanz hinhalten, und wenn de nischt dran hast, darfst de nuffgehn.
Ohm mußt de wieder wer weeß wie lange wartn, aller Oochnblicke geht eene von den vieln Tiern off, und 's kommt eener raus und kneppt sich noch sein Hosenstall zu, und der de an der Reihe is, geht nein.
Paarmal is e Sanitätsunteroffizier gekomm und hat gerufn: ‚Wem de Pfeife noch nicht steht, der soll e bissl dran striffln!' Im Ernst, verstehst de, daß es fix geht. Und dann bist de schließlich ooch in so enne Tiere nein, und dann druff, und de warscht noch nicht richtch fertch, da hat se dich schon zur Tiere nausgeschubbst. Dann hast de noch enne Tripperspritze gekriecht und en Zettl, daß de untn wieder naus kannst.
Nee, weest de, das war mer doch zu gemeene. Dann schon lieber wichsn.
Aber das is natierlich ooch nich das Richtche. Mer mechte doch etwas im Arm hamm, verstehst de ... Ich kann mich nicht so ausdrickn, wie ich mechte. Aber du wirst schon wissn, was ich meene. Es muß ähm e Weib sinn."

Und über das Bordelleben in Gent berichtet Heinrich Wandt [13]:
„Der Modenaaisteeg, besser bekannt als ‚Kleine Feldstraße', das Zaagermanstraatje beim Vogelmarkt und die düstere und übel duftende Engelstraat beim Vrijdagsmarkt bargen eine Reihe kleiner, buntbemalter und vom Wind und der Zeit geduckter ‚Liebestempel', vor deren niederen Türen sich die liebesdurstigen Feldgrauen in langen Polonäsen anstellten wie zu Hause ihre Mütter, Schwestern, Bräute und Frauen vor den Lebensmittelläden.
Da die Reihen der Soldaten, die sich vom ‚Muskoten' bis zum ‚Spieß' in zwangloser Folge vor den Heimen der Genter Venuspriesterinnen anstellten, von Tag zu Tag länger wurden und sich zum öffentlichen Ärgernis auswuchsen, so griffen nicht nur Sittlichkeitsfanatiker, wie Superintendent Matthes, Pfarrer Eichel, Pfarrer Sturm und der Sekretär des Weißen Kreuz-Bundes ein, sondern auch die hohe Etappeninspektion.
Die Stadt Gent mußte auf ihren Befehl verhüllende Bretterverschläge vor den Eingängen der drei genannten Gäßchen aufrichten, damit die zum Gottesdienst wandernden jungen Genter Frauen und Mädchen durch den Anblick dieser vielen brunsttollen Männer nicht in ihrer Andacht gestört wurden, mit der sie zur alles verzeihenden Beichte schritten.
Außerdem mußte die Kommandanturpolizei ständig schwerbewaffnete Posten in den Gäßchen aufstellen, die für Ruhe und Ordnung und strengste Einhaltung der Reihenfolge zu sorgen hatten. Diese Aufseher waren auch angewiesen, mit peinlicher Sorgfalt darüber

„Feuertaufe“
Der kleine Kadett vor dem Abmarsch. Zeichnung von G. Léonnec. Aus „La Vie Parisienne“

Ein Kuriosum: „Mobiles Feld-Freudenhaus“ für Offiziere. Im Ersten Weltkrieg bei vielen Armeen üblich und oft in der Literatur erwähnt. *Aus der „A. I. Z.“*

Deutsche Soldaten in einem polnischen Bordell
Originalaufnahme

Jedem Verbündeten seine eigenen Bordelle
Originalaufnahme aus Galizien

Deutsche Karikatur auf die „Notzuchtslegende“
Der Zeichner, K. Sohr, wurde unter Hitler verfolgt, obwohl seine Bilder meist eine stark nationalistische Tendenz hatten. Hitlers „Deutscher Soldatt“ durfte offiziell überhaupt kein Sexualleben besitzen

Militär-Freudenhaus in Mitau, diesmal „nur für deutsche Soldaten“ . . . Typisch ist der Posten mit aufgepflanztem Bajonett
Originalaufnahme

Rumänische Familie, die von der Prostitution ihrer weiblichen Mitglieder lebte
Originalaufnahme, Sammlung A. Wolff, Leipzig

Humor der Kriegsbordellsphäre: „Der nächste Herr, dieselbe Dame – das übrige langsam anspitzen!"

Zeichnung von K. Sohr

„Vorwärts, Kinder, alle müssen drankommen"

Bulgaren und Österreicher, rechts ein k. u. k. Feldgendarm. Zeichnung von L. Gedö

Der „große Salon" im Etappenbordell *Aus J. C. Brumer „Illustrierte Sittengeschichte"*

zu wachen, daß die Huren die christlichen Sonn- und Feiertage durch vollständige ‚Arbeitsruhe' heiligten und sich dafür an des Kaisers Geburtstag mit um so größerem Eifer der Befriedigung feldgrauer Brunst widmeten.

Die behelmten Wächter der Genter Liebesstadt wurden aber auch von den Freudenmädchen als Schutzgarde angesehen, die ihnen mit Rat und Tat zur Seite stand.

Feldgraue, die diese geschminkten Dämchen um den Lohn ihrer Liebe prellen wollten, kamen nicht weit. Sie wurden auf die kreischenden Hilferufe der Benachteiligten von den im Gäßchen postierten Militärpolizisten festgenommen, noch ehe sie den Ausgang der Liebesstadt erreicht hatten, und langsam, aber energisch an den Ort ihres erlebten Vergnügens zurückgeleitet, um dort ihre Schuld auf Heller und Pfennig zu berappen.

Der Satz betrug gewöhnlich fünf Mark oder ein Kommißbrot.

Für ‚Extratouren', die mit der Bezeichnung ‚französisch' angedeutet wurden, wurde der Preis vorher ausgemacht."

Wandt berichtet auch über Offiziersbordelle [14], und wenn sich seine Ausführungen auch nur auf Gent beziehen, treffen sie wohl auch für alle größeren belgischen und französischen Städte zu, die von den Deutschen besetzt waren: „Da gab es eine Reihe von Lokalen, in denen sich die Offiziere frei und ungezwungen ihren standesgemäßen Vergnügungen hingaben und über deren Eingang die bekannten Worte ‚Nur für Offiziere' oder ‚Nur für Offiziere und Zivil' oder ‚Eintritt für Hunde und Mannschaften verboten', die gewöhnlichen Soldaten verscheuchten." Wandt nennt u. a. das „Hôtel de la Cloche", das aus einem Erholungsheim für

geschlechtskranke Offiziere erst in ein Soldatenheim, hernach in ein Offiziersbordell umgewandelt wurde.
Im besetzten Gebiet Frankreichs blühte die Etappenprostitution natürlich nicht minder, doch wurden hier eine Zeitlang noch Zivilbordelle, die die deutsche Besatzungsarmee nach der Eroberung vorgefunden hatte, in Betrieb belassen. Der Hauptort der französischen Etappe war das wegen seiner lockeren Moral schon aus Friedenszeiten berüchtigte Lille, von dem im Weltkrieg das Liedchen gesungen wurde:

In Lille, in Lille,
Da geht der Wind so stille,
In Lille, in Lille,
Da gibt's was für's Gefühl.

Nach der Besetzung von Lille wurden dort mehrere Bordelle, so in der Rue de l'ABC und Frenelet vorgefunden, deren Insassinnen unter der Kontrolle französischer Ärzte mit wöchentlich dreimaliger Untersuchung standen. Eine Zeitlang wurden diese Zivilbordelle noch von deutschen Soldaten ohne Chargenunterschied besucht. Im bekannten Roman „Infanterist Perhobstler" von Wilhelm Michael [15] findet sich folgendes Bordellerlebnis aus Lille:
„In Lille waren wir selig. Ich hatte über 100 Mark in der Tasche. Kirsch und Franz auch etwas. Das verfraßen und versoffen wir in großartiger Laune.
In der Rue ABC riefen uns Mädchen zum Fenster heraus zu: ‚Kommen Sie!'
Wir ließen uns das nicht zweimal sagen.
Es waren in der kitschigen Stube mit roten Möbeln ausgerechnet auch drei Mädchen. Sie setzten sich uns gegenüber und waren ganz platt, als ich französisch loslegte. Sie sprachen aber auch deutsch, jedoch mit einem derartig sächsischen Einschlag, daß wir uns bogen vor Lachen.
Sie schenkten uns Wein ein und wollten für die Flasche 10 Mark.
Insgeheim schickte ich gleich Adam los, der fünf Flaschen à 1,50 Mark in der nächsten Marketenderei holte.
Die Mädchen schimpften. Ihr Weinverkauf sei ihr einziger Erwerb. Unseren Wein dürften wir hier nicht trinken.
Wir haben uns darum nicht gekümmert und unser Allotria mit ihnen getrieben.
Sie wurden recht warm. Wir waren ihnen auch zu lustige Gesellen. Ich spielte Mundharmonika und Franz und Adam tanzten mit den Mädchen.
Bald kniffen wir ihnen in die Schenkel und griffen ihnen sonstwo hin. Sie wehrten sich und taten spröde. Die Kraushaarige, die ein nettes Grübchen im Kinn hatte und aussah wie ein Modell von Renoir, hatte es auf mich ganz besonders abgesehen. Adam erzählte ihr noch in seiner Dummheit, daß ich „Adjutant" (wie es im Französischen heißt) sei. Nun war ich für sie eine besondere Sache. Unvermittelt fragte ich einmal, was ein Abend in ihrem Bett kostete.
Sie vergaß sich und flüsterte mir ins Ohr: ‚Sonst zwanzig Mark, aber dich liebe ich. Dich kostet es nichts.'
Nun wußte ich, daß es Menscher waren. Ich habe darüber, daß sie so hereingefallen war, herzhaft lachen müssen. Sie hat es auch gemerkt, daß sie mir auf den Leim gegangen war und zuerst etwas geärgert und schnippisch getan."
Da sich trotz energischer sanitärer Maßnahmen keine Verminderung der Geschlechtskrankheiten in Lille einstellte, wurden die Freudenhäuser militarisiert und die Mannschaftsbordelle auch hier von denen der Offiziere getrennt. Wie der Besuch eines Mannschaftsbordells erfolgte, ist einer Schilderung aus Hans Otto Henels prachtvollem Kriegs

Nur für Offiziere!
Aus einem Etappenbordell
Zeichnung von Paul Kamm

novellenbuch „Eros im Stacheldraht" [16] zu entnehmen:

„... Ich war mit unter denen – und fast die ganze Kolonne gehörte dazu –, die hervortraten, als der Wachtmeister eines Tages bekanntmachte:

‚Unteroffiziere und Mannschaften, die das Freudenhaus im Schlosse Havremont besuchen wollen, haben sich stets bei mir zu melden. Der Besuch erfolgt immer nur abteilungsweise.'

Der Gedanke ‚Weiber!' und dabei für ein paar Stunden der Gefahr entrückt, genügte, unsere stumpfsinnig gewordenen Hirne zu entflammen und unser schon längst gleichgültig gewordenes Blut zu entzünden. Zoten habe ich an diesem Abend und in dieser Nacht kaum gehört, wohl aber Worte einer so abgründigen Tierheit, gegen die ein Rabelais ein girrender Salonheld wäre. Wenn die Scham überflüssig geworden ist und der Geist im Wahnsinn der Schlachten getötet wurde, bleibt der Geschlechtstrieb reine Anatomie, die nicht einmal durch die Wollust geadelt wird. Es wird einfach ein Bedürfnis zur Erfüllung gebracht.

Am anderen Morgen marschierten wir, fünfundzwanzig Mann stark, unter Führung dreier Unteroffiziere nach dem halbzerschossenen Schlößchen Havremont, in dem das Frontbordell untergebracht war. Es herrschte ein ziemlich lebhafter Verkehr vor dem Hause und ich glaube, daß wohl an die fünfzig Soldaten dort gewesen sein mögen.

‚Wieviele Kühe sind denn da?' fragte unser Sergeant einen aus der Gruppe.

‚Zehn Stück!'

Im Untergeschoß mußten wir uns einzeln einem Sanitätsunteroffizier präsentieren, der jeden auf Geschlechtskrankheiten untersuchte und ihm eine Tube mit Schutzsalbe einhändigte. Auch wies er auf eine gedruckte Verfügung der Kommandantur hin, aus der besonders der Punkt V augenfällig hervorleuchtete:

Für den Geschlechtsverkehr sind zu zahlen:

Im Mannschaftsbordell:
Der Insassin 2 Mark (2,50 Frcs.),
der Bordellwirtin 1 Mark (1,25 Frcs).

Im Offiziersbordell:
Der Insassin 4 Mark (5 Frcs.),
der Bordellwirtin 2 Mark (2,50 Frcs.).

Wir hatten uns darauf gefaßt gemacht, hier einen Bordellbetrieb wie in den Großstädten zu finden, wo man im Salon sich das Mädchen wählt, das einem zusagt. Aber daran war hier gar nicht zu denken. Nachdem wir die Anweisung bekommen hatten, daß kein Weib länger als zehn Minuten in Anspruch genommen werden dürfe, mußten wir in einem Zimmer warten, und von Zeit zu Zeit erscholl der Ruf: ‚Der Nächste!‘

Nach dreiviertelstündigem Warten kam die Reihe an mich.

‚Zimmer Nummer sechs!‘ rief mir der Unteroffizier nach und ich stolperte die Treppe hinauf.

Halb zittrig im Widerstreite der Gefühle klinkte ich die Tür auf.

Ein häßlicher Geruch von Sublimat und Patschuli schlug mir entgegen. Daß ein Weib im Halbdunkel des Zimmers stand, mit dem Gesicht nach dem Fenster, sah ich an der Kontur des Körpers unter dem schwarzen Florhemd. Mit gleichmütiger Bewegung drehte sie sich um und ließ sich einfach auf den Rand des Lagers niederfallen, das Hemd raffend ...“

Die interne Verwaltung der Freudenhäuser wurde von der Besatzungsarmee nicht beeinflußt, nur wurde die Leiterin der Bordelle meist von den Kommandanturen eingesetzt oder als Vorsteherin anerkannt. Auch die Hausordnung mußte von der Etappenkommandantur genehmigt werden, die deren Nichtbefolgung unter Strafe stellte. Im übrigen war die Kontrolle der Besatzungsarmee nur hygienischer Natur und wurde durch den deutschen Polizeiarzt ausgeübt. So konnten die bedauernswerten Mädchen besonders in den Mannschaftsbordellen in schamlosester Weise von den ‚Bordellmüttern‘ ausgebeutet werden. Authentische Aufzeichnungen stehen uns über das Treiben in einem Militärbordell in Mitau zur Verfügung. Der Verfasser [17], ein Landsturmmann, stand im Sanitätsdienst der Etappe und mußte drei Wochen lang im Juli 1917 im Mitauer Bordell Dienst machen. Er erzählt:

„Praktisch lagen die Dinge so, daß etwa der erste Soldat, der nachmittags um 4 Uhr nach Öffnung des Mannschaftsbordells bei einem der Bordellmädchen war, geschlechtskrank sein konnte. Dann bestand die Möglichkeit, daß alle weiteren Soldaten, die am selben Nachmittage zu demselben Mädchen gingen, sich ansteckten. Um dem entgegenzuwirken, war in einem kleinen Häuschen neben dem Bordell ein Sanitäter einquartiert, an dem jeder Soldat, der ins Bordell wollte, vorbeigehen mußte. Die Wache hatte dafür

Der „andere“ kann zusehen – oder er hat das Nachsehen ... Etappenszenen von Jaquement. Aus „Le Rire du Poilu“

zu sorgen. (Für das Offiziersbordell galt das nicht, da hatte die Wache nichts zu sagen. Es war wohl mit darauf zurückzuführen, daß die Offiziersabteilung der ‚Ritterburgen', wie die Geschlechtskrankenabteilungen der Lazarette genannt wurden, besonders stark belegt war.)

Jeder Soldat also, der ins Bordell wollte, hatte beim Sanitäter sein Soldbuch vorzuzeigen. Name und Truppenteil wurden in eine Liste eingetragen, damit er seinem Truppenteil gemeldet werden konnte, wenn bei der Bordellinsassin, die er beehrt hatte, in den Tagen darauf eine Erkrankung festgestellt wurde. Das Verfahren war aber auch vorbeugend. Jeder Soldat hatte dem Sanitäter seinen Geschlechtsteil zu zeigen, er wurde auf Krankheitserscheinungen untersucht und dann einer Behandlung mit Protargol und Vaseline unterzogen. So vorbereitet ging der Soldat ins Bordell. Kam er zurück, so hatte er in Gegenwart des Sanitäters zu urinieren, außerdem bekam er eine neue Protargol-Einspritzung. Dann mußte er angeben, bei welchem Mädchen er gewesen war. Der Sanitäter hatte ein schweres Amt. Der Andrang war oft so stark, daß wir draußen alle Mühe hatten, die Viererreihen von Kompanielänge, die nach der Frau anstanden, wie daheim die Frauen nach ein paar Gramm Butter, in Raison zu halten. Wie der Sanitäter mit all der Arbeit gewissenhaft fertig wurde, haben wir oft nicht begreifen können.

Diese Organisation des militärischen Geschlechtsverkehrs nun gab mir die Möglichkeit, am Abend (das Bordell wurde um 9 Uhr geschlossen) aus den Listen des Sanitäters Frequentierungszahlen zu ermitteln. Es war mir vor allem darum zu tun, eine Rekordzahl herauszukriegen. Gewissenhaft verglich ich von Tag zu Tag meine Aufzeichnungen. Während der kurzen Zeit, da ich die zweifelhafte Ehre hatte, Wachposten Seiner Majestät im Militärbordell Mitau zu sein, ermittelte ich als Höchstbesuch eines Bordellmädchens mit Namen Osol die Zahl von 32 Soldaten, die in der Zeit zwischen nachmittags 4 Uhr und abends 9 Uhr bei ihr gelegen hatten. Das kam natürlich (und glücklicherweise) nicht alle Tage vor. Aber die niedrigste Leistung während meiner Wachpostenzeit war an einem Tage, an dem das Bordell mit sechs Mädchen besetzt war: 12, 10, 10, 10, 7 und 6 Besuche ...

... Ich erinnere mich noch lebhaft eines Offizierstellvertreters, der von der Front ‚auf einen Sprung' nach Mitau gekommen war, nicht bis 4 Uhr warten konnte, weil sein Zug zurück zur Front schon früher abging, und mich nun schließlich jämmerlich, fast kniefällig, anbettelte, ihn doch einzulassen, er wolle mir dafür soundsoviel Geld geben. Proviantamtshengste brachten oft große Büchsen mit Wurst und Fleisch angeschleppt, die sonst für die Verpflegung einer ganzen Korporalschaft und mehr ausreichen mußten, um über die Zeit im Bordell bleiben zu dürfen.

... Mancher kam durch gute Beziehungen zu der von der Militärverwaltung bestellten Bordellmutter von hinten herum bei Nacht ins Bordell. Es kam vor, daß wir, durch Lärm im Bordell aufmerksam gemacht, nachts die Stuben, die immer unverschlossen bleiben mußten, kontrollierten. Da saß dann wohl eine ganze Korona von Leuten, die sonst unsere Vorgesetzten waren, beim Wein, die Mädels tanzten beschwipst nackt herum und wenn die Lust sich regte (oder sich wieder regte), so wurde coram publico der Beischlaf ausgeübt.

Auch im Offiziersbordell ereigneten sich manchmal tolle Szenen. Was sollten wir von unseren würdevollen Vorgesetzten halten, wenn wir sahen, wie Offiziere von Bordellmädchen ins Gesicht geschlagen, angespuckt und mit Brachialgewalt zur Tür hinausgeworfen wurden! Wieviel Achtung konnte übrigbleiben, wenn wir durch einen Spalt im Fensterladen sahen, wie sich im Salon des Offiziersbordells Offiziere und Bordellmädchen auf eigenartige Weise vergnügten. An einem Abend zu vorgeschrittener Stunde ging es besonders lustig zu. Am Klavier saß ein Offizier, der irgend einen Tanz herunterpaukte. Zu dieser Melodie bewegten sich auf dem Fußboden im Kreise rund herum, auf allen Vieren, ein reichliches halbes Dutzend Offiziere in Uniform. Auf jedem Offiziersrücken saß ein splitternacktes Mädchen und trieb mit Stößen und Knüffen den Partner, der nicht mehr Chevalier, sondern Cheval war, zu schnellerer Gangart an.

Wie bereits gesagt, wurde die interne Verwaltung der Bordelle, ihre Autonomie, von den Militärbehörden nicht angetastet. So konnte es kommen, daß der Rangabstand zwischen Offizieren und Mannschaft auch in Unterschieden der Lebenshaltung der Dirnen zum Ausdruck kam. Diese Unterschiede waren gewiß nicht kleiner als in Herzog Albas Heer zwischen den verschiedenen Dirnenkategorien. Während die Insassinnen der Offiziersbordelle im allgemeinen gut lebten, weil sie von ihren Konsumenten große Mengen Lebensmittel erhielten, ging es den gewöhnlichen Mannschaftsdirnen erbärmlich schlecht. Die Taxen, die von den Militärbehörden festgesetzt und sehr häufig in Naturalien, zumeist in einem Kommißbrot, entrichtet wurden, waren durchschnittlich sehr niedrig bemessen. Die Not der Dirnen war in manchen Gegenden besonders der Ostetappe entsetzlich. Dort, wo die Offiziersdirnen 20 bis 100 Mark bekamen, war die Taxe für die Mannschaftsdirnen 2 bis 5 Mark. Anderseits hatten dieselben Mädchen täglich 20 Mark Verpflegungsgeld an die Bordellmütter zu entrichten, mußten an sie, da sie sich nicht aus dem Hause rühren durften, für Kleidungsstücke ein Vielfaches des Kaufpreises bezahlen. Ein Kriegsteilnehmer, der die Bordelle der Ostetappe eingehend studiert zu haben scheint, weiß über den sozialen Unterschied zwischen Offiziers- und Mannschaftsdirnen folgendes zu berichten [18]: „Nächtliches Weiterverdienen war den Dirnen im Mannschaftsbordell unmöglich. Um zehn Uhr mußte auch dort alles zur Ruhe gehen. Ob hungrig oder satt, das war gleich. Ob mit Verdienst, um wenigstens am nächsten Tag früh nüchtern an die Wirtin soviel abgeben zu können, daß sie versprach, ‚noch einmal etwas zu essen zu besorgen', oder ob ohne Verdienst, der immer mehr in die weiteste Verschuldung drängte, das war denen gleichgültig, die leichthin wider ihr Gewissen die einmal eingetretenen Bordelldirnen festhielten, um sie im Notfall wohl günstigst einmal auszutauschen, nie aber etwa zu entlassen.

Ein drei bis vier Meter hoher Drahtverhau versperrte da den Ausgang, wo vielleicht die Not der Hungernden, auch manchmal die Begierde gewisser Mannspersonen einen Hinterweg zum Ein- und Ausfall hätten finden können. Natürlich betraf diese Art Gefangenhaltung nur die Dirnen aus dem Mannschaftshause. Im Offiziersbordell war alles frei. Da fuhren nachts die Gummiwagen der Offiziere vor und holten Dirnen ab. Oft bis auf weite Güter, sie, die rein nichts fürs Wohl und Wohlergehen ihrer Mannschaften zu tun wußten, aber um so mehr für das Weiberzeug übrig hatten und in den schlechtesten Beispielen die Unzufriedenheit ihrer Mannschaften durch wüste Zechgelage mit den Weibern unbekümmert steigerten. Denn man brachte zumeist erst nach Tagen die Dirnen von den Dörfern in die Bordelle zurück, um sie dann freilich, nicht selten genug geschlechtlich ernst erkrankt, den Dirnen-Krankenhäusern zuweisen zu müssen."

Überhaupt wurden die Prostituierten, die in den Militärbordellen untergebracht waren, in ihrer persönlichen Freiheit auf das grausamste beschränkt. Das Deckblatt zu den am 28. Juni 1916 erlassenen besonderen Bestimmungen über die Ausübung der Sittenpolizei in Lille zieht der Bewegungsfreiheit dieser Bedauernswerten folgende Grenzen [19]:

„Die in den öffentlichen Häusern der Rue l'ABC und der Rue de Frenelet sowie die in den aus der Anlage ersichtlichen Wirtschaften wohnenden Prostituierten dürfen nur mit Erlaubnis der Militärpolizei auf den öffentlichen Straßen verkehren. Diese Erlaubnis ist in jedem einzelnen Fall bei der Militärpolizei, Abteilung II, Rue Nationale 104, einzuholen und wird nur in besonders begründeten Fällen erteilt."

Ebensowenig wie die deutschen und übrigens auch die Militärbehörden der Entente kümmerte sich die österreichische Heeresleitung um die Verwaltung der Bordelle, sie beschränkte ihre Tätigkeit in den von ihr besetzten Gebieten gleichfalls auf – wesentlich nachlässiger durchgeführte – hygienische Maßnahmen. So wurde in allen Bordellen der serbischen Etappe folgende Ankündigung (in deutscher, ungarischer und kroatischer Sprache) angeschlagen:

„1. Jedes Mädchen ist verpflichtet, einen kranken Gast abzuweisen.

2. Betrunkene und stark angeheiterte Gäste dürfen von den Mädchen nicht auf das Zimmer genommen werden.

3. Das Mädchen hat vom Gaste den Gebrauch eines Schutzmittels (Kondom, Präservativ) zu fordern, sollte der Gast dieses nicht benützen wollen, so ist dieselbe verpflichtet, die Einfettung des Gliedes mit Borvaselin zu veranlassen.

4. Schutzmittel (Kondoms, Präservative) sind an der Kasse um den Preis von .... käuflich.

5. Jedes Mädchen ist verpflichtet, den Gast nach vollzogenem Geschlechtsakt vor Verlassen des Bordells auf den Desinfektionsraum zu verweisen.

6. Wer den Beischlaf ausübt, obwohl er weiß oder annehmen kann, daß er geschlechtskrank ist, macht sich einer verbrecherischen Handlung schuldig kann wegen dieser Handlung mit Gefängnis bestraft werden.

7. Den besten Schutz vor Ansteckung bietet der Gebrauch eines Kondoms. Wird ein solcher benützt, so ist dieser locker über das Glied zu ziehen und dann genügend mit Borvaselin einzufetten. Sollte jedoch ein Kondom nicht zur Verfügung stehen, so hat wenigstens vor dem Beischlaf eine genügende Einfettung des Gliedes mit Borvaseline stattzufinden. Das Einfettungsmittel (in einer Schmierkapsel) hat der Gast vom Mädchen vor dem Beischlaf zu fordern.

8. Nach dem Beischlaf muß sofort eine gründliche Waschung des Gliedes mit warmem Wasser und Seife stattfinden. Jeder Besucher des Bordells soll nach vollführtem Beischlaf vor Verlassen des Bordells den Desinfektionsraum aufsuchen, der Zugang zu diesem ist durch eine rote Lampe kenntlich gemacht. Es wird darauf aufmerksam gemacht, daß das Aufsuchen dieses Raumes und die Vornahme der Desinfektion Pflicht eines jeden Soldaten ist. Die Außerachtlassung dieser Verordnung wird von seiten der militärischen Behörden streng bestraft.

9. Den übrigen Besuchern des Bordells wird die Vornahme der Prophylaxe dringend empfohlen."

Es bleibt noch die Frage zu beantworten, woher die Prostituierten kamen, deren Zahl ja immer weit hinter dem Bedarf zurückblieb und die bei den Strapazen und von den Geschlechtskrankheiten her drohenden Gefahren ihr Gewerbe meist nur kurze Zeit ausüben konnten. Natürlich befanden sich unter ihnen in erster Linie frühere Prostituierte, sodann aber in immer wachsender Anzahl Frauen, die, von dem chronischen Elend der besetzten Gebiete getrieben, ihren Körper verkauften. Von den letzteren übten die meisten allerdings geheime Prostitution, wurden aber häufig gezwungen, sich in den öffentlichen Militärbordellen feilzubieten. In allen Städten der von Deutschen besetzten Etappe wurde eine umfangreiche Sittenschnüffelei eingerichtet, die schließlich darauf hinauslief, den Bordellen den nötigen Nachschub an frischem Frauenfleisch zu sichern. Unser schon erwähnter Gewährsmann aus Mitau schreibt [20]:
„Es wurde in den besetzten Gebieten befohlen, daß jede ‚Frauensperson', die die Absicht habe, ‚sich der gewerbsmäßigen Unzucht zu widmen', dies nur in bordellartigen Wohngelegenheiten tun dürfe. Die Befehle fügten hinzu: Alle diejenigen Frauenspersonen, die sich der gewerblichen Unzucht ergeben sollten, ohne die Vorschrift des ersten Satzes zu beachten, würden zwangsweise in Bordelle verbracht. Es gehörte nicht viel dazu, Frauen und Mädchen der gewerbsmäßigen Unzucht zu ‚überführen'. Mancher geheime Feldpolizist hat dabei in der übelsten Weise mitgewirkt. Hatte ein solcher ein Auge auf ein Mädchen geworfen, das ihm gefiel, sich ihm aber versagte, so erfolgte oft eine Denunziation an die entsprechende Armeestelle: ‚Die Soundso betreibt gewerbsmäßige Unzucht.' Solcher Anzeige eines geheimen Feldpolizisten gegenüber hatten es selbst Offiziere und hochgeachtete Männer der Zivilbevölkerung schwer, im Interesse der Angeschuldigten eine andere Meinung durchzusetzen. Das angezeigte Mädchen wurde fast immer unter Kontrolle gestellt und war damit verpflichtet, sich einem Bordellbetrieb anzuschließen."
Dies traf in dieser Form immerhin nur teilweise für die Ostetappe zu. Im Westen war die Belieferung der Prostitution ein wenig anders organisiert. So heißt es in einer Bekanntmachung der mobilen Truppenkommandantur von Briey vom 19. März 1915 noch [21]: „Frauenspersonen, die gewerbsmäßig Unzucht treiben, werden mit Haft bis zu sechs Wochen bestraft." Eine Überführung der bei gewerbsmäßiger Unzucht ertappten Weibspersonen in die bordellierte Prostitution war also nicht vorgesehen. Man begnügte sich damit, geschlechtskranke Soldaten über die Frau zu befragen, bei der sie sich ihre Krankheit geholt hatten und diese entsprechend zu bestrafen. Dies war schon häufig vor dem Krieg in den verschiedenen Armeen üblich gewesen.
Im besetzten Frankreich wurden Frauen, die die geheime Prostitution ausübten, von der Militärpolizei (Sittenpatrouille) verhaftet und dem Polizeiarzt vorgeführt. Wurden sie gesund befunden, so forderte der Polizeiarzt sie auf, sich freiwillig unter die deutsche Kontrolle zu stellen. Eine Einweisung in Bordelle kam hier darum nicht in Betracht, weil in Lille und anderwärts die Ausübung der Prostitution unter sittenpolizeilicher Kontrolle auch außerhalb der öffentlichen Häuser zulässig war.
Daß aber im allgemeinen und besonders in den von Österreich verwalteten Gebieten

Preis-Verzeichnis

A. Getränke

Sekt Henkell Trocken	à Flasche	18,—	Mark
Bordeaux Château Lafite	„ „	6,—	„
Ungarwein	„ „	8,—	„
Bier, eine große Flasche		1,50	„
Kaffee, Tasse		1,—	„
„ ein kleiner Krug 6 Tassen		6,—	„
„ ein großer Krug 12 Tassen		12,—	„
Tee, ein Glas		0,60	„
Selter, kleine Flasche		0,30	„

B. Beischlaf

für die ganze Nacht	30,—	Mark
für 2 bis 3 Std. zur Abend und Nachtzeit	20,—	„
für 1 Stunde zur Abend und Nachtzeit	10,—	„
für jede beliebige Zeit v. 9 Uhr vorm. bis 6 Uhr nachm. . . .	10,—	„

Lodz, im März 1917.

Die Sittenpolizei

Preisverzeichnis eines Kriegsbordells

dem Mißbrauch dadurch Tür und Tor geöffnet war, daß es jedem Soldaten freistand, eine beliebige Frau als die Quelle seiner venerischen Infektion anzugeben, leuchtet ein. Chefarzt Dr. Anton Blumenfeld[22] in Fraustadt gibt zu, daß die Beurteilung der Infektionsquellen in den meisten Fällen auf große Schwierigkeiten stoße. „Sehr viele Soldaten geben ‚privat', ‚anständiges Mädchen' an, wo sie auf der Straße angesprochen wurden, im Hotel oder Fremdenzimmer verkehrten und die Personen bezahlt haben. Es wiederholen sich Angaben wie ‚Bäuerin', ‚Jüdin', ‚Witwe' usw."

Die Verhältnisse bei den Ententetruppen waren insofern anders, als es sich durchwegs um eine befreundete Bevölkerung handelte und die sittenpolizeilichen Maßnahmen weitaus nicht mit solcher Strenge gehandhabt werden durften. Die Folge war eine vermehrte Anzahl von Geschlechtserkrankungen, über die uns der eingangs zitierte Fall der Offiziere aus Wales sowie die ungeheure Verbreitung der Syphilis in der französischen Armee, von der bereits die Rede war, einen Begriff geben kann.

Aber solange es Kriege geben wird, wird man sich auch um diese erotische Versumpfung, um diese entsetzlichste Schande, mit der jemals der Begriff „Mensch" verunglimpft wurde, nicht drücken können. Die Kriegsprostitution, wie wir sie im obigen geschildert haben, ist der ekelerregende Kompromiß von Militarismus und Geschlechtsnot, die Reglementierung und Rationierung eines urmenschlichen Triebes, der Liebe. Die moralischen Folgen dieser Kriegsinstitution und ihrer Begleiterscheinungen sind kaum abzuschätzen. Jedenfalls trug das Geschlechtsleben der Soldaten, dessen Um und Auf das Feld- und Etappenbordell war, in nicht unerheblichem Maße dazu bei, die Bande der bürgerlichen Familie zu lockern und ihr Ansehen herabzusetzen.

Ungezählte Gattinnen glaubten, als der Mann so brutal aus dem Familienkreise herausgerissen wurde, daß die Reinheit der von der Gesellschaft und der Kirche heilig gesprochenen Eheliebe durch alle Wirbelstürme des Krieges in den Frieden hinüberzuretten sein werde. Aber konnte der Mann, der einmal ein beklagenswertes Opfer der Kriegsprostitution im schwülen Massenbett käuflicher Liebe im Arme gehalten und seine Be-

gierde in der Weise, wie sie unsere Beispiele schildern, gestillt hatte, als derselbe heimkehren, als der er hinausgezogen war?
Die krassen, abstoßenden Formen, in denen sich der außereheliche Verkehr im Felde und in der Etappe abwickelte, die Formen wenigstens, in denen der einfache Soldat seine Sexualität bei sich spärlich bietenden Gelegenheiten ausleben durfte, waren entmenschlichender als alle früheren, die feiles Dirnentum jemals im Verlaufe der Geschichte der zivilisierten Menschheit angenommen hatte.

„Um Gottes Willen – jetzt sollen nur nicht alle meine Negerin verlangen . . . !“
Zeichnung von Laforge. Aus „Le canard enchainé“

Die Rolle der Etappenprostitution

XI

Feldbräute in Ost und West – Liebe für ein Kommißbrot und einen Franc – Estaminets und Teestuben – Krieg, der große Galeotto

Die Bordell-Prostitution stellte einen unzulänglichen Versuch der Militärbehörden dar, den Geschlechtsverkehr der Soldaten unter sanitäre Kontrolle zu stellen. Unzulänglich war dieser Versuch, weil die Anzahl der Bordellinsassinnen weder im Felde, noch viel weniger in der Etappe dem ins Ungeheuere gewachsenen Bedürfnis genügen konnte. So trat die geheime Prostitution überall an die Seite der reglementierten und bestimmte fast durchgängig die Form, in der sich der Geschlechtsverkehr der Soldaten unmittelbar hinter der Front, hauptsächlich aber im Etappengebiet, abwickelte. Was die besetzten Gebiete des Westens betrifft, so konnte vor allem das schon erwähnte Lille als Hauptsitz der Prostitution gelten. „Im Laufe der langen Besetzung hatten sich in dieser Beziehung, vor allem durch Truppen, die in Lille Standquartier hatten, viele den Verhältnissen einer ‚wilden' Ehe gleichenden Bande geknüpft [1]." Eine Anzahl von Bewohnerinnen der Stadt unterhielt jahrelang intime Beziehungen mit deutschen Heeresangehörigen. Diese Beziehungen führten zu dem bekannten Ergebnis, daß der Kampf der deutschen Heeresleitung gegen die Verbreitung der Geschlechtskrankheiten sich immer wieder als aussichtslos erwies.

"Eine Hauptursache, warum in Lille diese wenig erfreulichen Zustände herrschten, war die, daß immer mehr Frauen sich der Prostitution zuwandten, weil sie ihren sittlichen

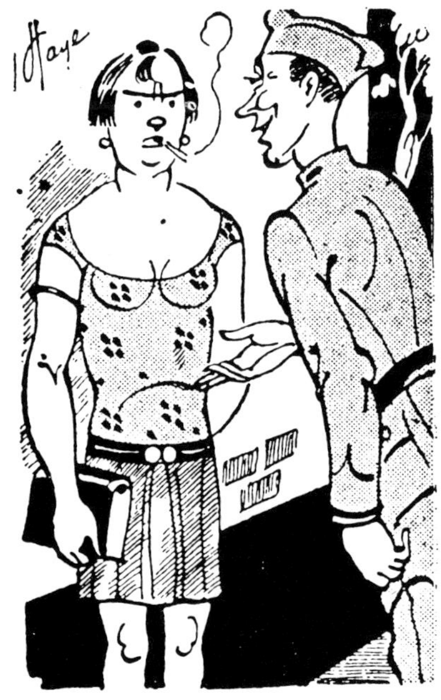

Als die Mädchen vom Hilfsdienst kamen
„Schlechte Geschäfte?"
„Na hör mal – bei der Konkurrenz ...!"
Zeichnung von Haye. Aus „Vie de Garnison"

und moralischen Halt verloren hatten. Diese Frauenspersonen, unter denen sich mehr und mehr sogar Angehörige der besseren Klassen befanden, übertrugen ihre Krankheiten in großem Maßstab weiter und wurden damit zu einer nie versiegenden Quelle der venerischen Krankheiten. Trotz der scharfen Absperrungsmaßnahmen der Stadt Lille von ihren Nachbarstädten Roubaix und Tourcoing mehrten sich doch die Fälle, daß leichtfertige Weiber nach Lille kamen, um dort Geschlechtsverkehr auszuüben. Diesen Mißständen war nicht anders abzuhelfen als dadurch, daß auf wiederholte dringende Bitten der deutschen Ärzte die Militärpolizei und Gendarmerie von Lille einen scharfen Überwachungsdienst einrichteten. Erstere richtete durch besonders geschulte Patrouillen auf Grund ihrer in anderthalb Jahren gesammelten Erfahrungen ihr besonderes Augenmerk auf all die Häuser, Hotels, Estaminets usw., chambres à louer, heimliche Absteigequartiere, die in einem minder guten Ruf standen. Die Weiber, die hier bei Ausübung geschlechtlichen Verkehrs angetroffen wurden, wurden dem Polizeiarzt durch die Militärpolizei zugeführt, zugleich mit denen, bei welchen auf Grund eingegangener Meldungen von Truppenverbänden sich Heeresangehörige eine Geschlechtskrankheit zugezogen hatten. Bei den Soldaten, welche angaben, von Frauenspersonen angesteckt worden zu sein, beschränkte man sich nicht darauf, Angaben von ihnen zu verlangen, welche bei der Ungewandtheit der Leute doch zu keinem Ergebnis führten, sondern ein Polizeiorgan ließ sich von dem Erkrankten zu der Dirne hinführen. Auf Grund des Gutachtens des Polizeiarztes verfügte die Militärpolizei eine Aufnahme in die Sittenkontrolle oder ihre Überweisung in ein Krankenhaus. Die für den Polizeiarzt maßgebenden Bestimmungen wurden in einer Dienstanweisung niedergelegt [2]."

Aus den Bestimmungen über das Vorgehen der Sittenpolizei in Lille geben wir folgende Punkte wieder, da sie eine ziemlich genaue Vorstellung über die sittenpolizeilichen Maßnahmen in allen unter deutscher Besetzung stehenden Gebieten geben:

„Angehörige der Geheimprostitution, das heißt solche Frauenspersonen, die der Gewerbsunzucht nachgehen und nicht unter Sittenkontrolle stehen, werden durch bei Tag und Nacht stattfindenden Haussuchungen in den schon bekannten oder bekanntwerdenden Absteigequartieren durch die Angehörigen der Militärpolizei (Sittenpatrouille) ausfindig gemacht und dem Polizeiarzt zur Untersuchung vorgeführt.

Werden sie gesund befunden, so sind sie durch den Polizeiarzt aufzufordern, sich freiwillig unter die deutsche Sittenkontrolle zu stellen. Verweigern sie dieses, so ist ihnen von dem Polizeiarzt zu eröffnen, daß sie bei einer wiederholten Vorführung zwangsweise unter Sittenkontrolle gestellt werden.

Werden sie krank befunden, so erfolgt ihre Überweisung in ein Frauenkrankenhaus. Nach der Entlassung hat der Polizeiarzt ihnen dasselbe wie den gesundbefundenen Frauen zu eröffnen.

Frauenspersonen der Geheimprostitution, die zum zweitenmal in ein Krankenhaus eingeliefert werden, sind nach ihrer Entlassung sofort zwangsweise unter Kontrolle zu stellen.

Nach ihrer Entlassung werden sie zunächst auf weitere Monate in einer Beobachtungsstelle untergebracht und nach Ablauf dieser Zeit, vor ihrer endgültigen Entlassung, noch mehrere Male zur ärztlichen Untersuchung herangezogen. Bei der Entlassung hat ihnen

DAS KRIEGSKIND BEI VOLK UND HAUTEVOLEE

Verdächtige Fülle
„Was haben Sie da unter Ihrem Rock verborgen?"
„'n lütten Kriegsjung', Herr Wachtmeister!"

Im Zweifel
„O Gott, Herr Sanitätsrat! Glauben Sie denn wirklich, daß ich in der Hoffnung bin?"

Aus der Mappe eines Heimkriegers, Sammlung des Instituts für Sexualwissenschaft, Berlin

In der Etappe zum Begriff geworden:
Das „Estaminet" – die verräucherte kleine Kneipe hinter der Front
Aus der deutschen Etappenzeitung „An Flanderns Küste", 1916

der Polizeiarzt dasselbe wie den Gesundbefundenen zu eröffnen.

Solche Frauenspersonen, die nach gemeinsamer Übereinkunft der Militärpolizei und des Garnisonsarztes aus der Sittenkontrolle entlassen werden, sind unter Polizeiaufsicht zu stellen, das heißt, sie werden von den Organen der Sittenpolizei auch weiterhin überwacht, um ein Urteil darüber zu gewinnen, ob sie von weiterer Gewerbsunzucht abgelassen haben. Außerdem haben sie sich wöchentlich einmal beim Polizeiarzt zur ärztlichen Untersuchung vorzustellen, wobei sie aber nicht in den Listen der Prostituierten geführt werden, auch für die Untersuchung kein Entgelt zu entrichten haben.

Haben sich derartige Frauen während einer Frist von vier Wochen einwandfrei geführt, hat auch die ärztliche Untersuchung keine Krankheitserscheinung ergeben, so können diese Frauen auch von der Polizeiaufsicht befreit werden.

Zur energischen Bekämpfung der Geheimprostitution sind die Organe der Sittenpolizei weiterhin anzuhalten, möglichst oft alle bekannten Absteigequartiere bei Tag- und Nachtzeit zu durchsuchen und neue Absteigequartiere der Militärpolizei zu melden, zwecks Anweisung zur Vornahme von Hausbesichtigungen.

Das gleiche gilt für Estaminets und andere Häuser, in denen nach Kenntnis der Militärpolizei Frauenspersonen sich aufhalten, die der Gewerbsunzucht nachgehen, ohne unter Sittenkontrolle zu stehen. Die Liste der Absteigequartiere wird dem Garnisonsarzt mit Nachtragsberichten übersandt. Er ist berechtigt, die Absteigequartiere auf ihre hygienischen Zustände hin zu prüfen. Auch kann er jederzeit Anträge an die Militärpolizei stel-

len, in verdächtigen Häusern Hausbesichtigungen vorzunehmen.
Es gilt als Grundsatz, daß jedes Haus bei begründetem Verdacht des Vorliegens von Geheimprostitution zu durchsuchen ist[3]."
Ähnlich waren die Verhältnisse in den anderen Städten. So lesen wir in den Mitteilungen der Deutschen Gesellschaft zur Bekämpfung der Geschlechtskrankheiten folgenden ärztlichen Bericht über Douai:
„Douai ist eine reiche Stadt mit leichtsinniger Bevölkerung und unzähligen Estaminets; und unzählige leichtsinnige Frauenzimmer vom Land mischen sich unter die viele Industriearbeiter zählenden Städter; auch viele Kinder in den Familien. Unsere in den Schützengräben und sonst ausgehungerten Soldaten sind natürlich wie die Löwen hinter den kleinen, niedlichen Französinnen her, denen ein strammer, bildhübscher Gardist auch sehr lieb ist. Die Alten stürzen sich aber erst recht auf die jungen Kerle. Die Antwort darauf: Unmengen von Gonorrhöen, wir haben schon ein besonderes Lazarett in T . . . , in dem 500 sind. Darauf haben wir mal erst die schlimmsten Estaminets ausgehoben, bei mikroskopischer Untersuchung alles krank. (Ich ließ sie mir alle kommen.) Alle Kranken wurden nämlich festgesetzt. Es sind wohl 90 hier in Douai, täglich kommen neue vom Land und dem Bezirk der . . . ten Armee. Die werden auch festgesetzt und wir haben dem französischen Arzt die Ausführung der Behandlung gezeigt; wie er es machen wird, wissen die Götter. Die Franzosen wollen jetzt hier ein besonderes Hospital auftun, aber sie dürfen kein Frauenzimmer herauslassen, das nicht fünf Tage gonokokkenfrei ist. Die Kontrolle geht über uns. Nun haben wir beschlossen, daß wir „Puffs" für die Leute wieder unter unserer Kontrolle einrichten, mit Kontrolle der Besucher durch Lazarettgehilfen. Weiberkontrolle täglich. Douai, eine Stadt von 40 000 Einwohnern mit einem sehr großen Landspital, hat kein Mikroskop! Wenigstens keine Immersion und außerdem kann niemand mikroskopieren[4]."
Nicht anders war es in Belgien bestellt. In dem Tagebuch eines gefallenen deutschen Soldaten namens Franz Schmidt, das von Ententetruppen gefunden und veröffentlicht wurde, stehen folgende bemerkenswerte Sätze:
„Die ganze Stadt, die wir besetzt haben, ist leer und zerstört. Die Häuser, die nicht abgebrannt sind, stehen leer. Die Bewohner sind entflohen. Hauptsache, daß ein paar Weiber zurückgeblieben sind. Die Prostitution ist sehr groß . . . Die Frau besitzt alle Rechte und der Mann darf sich nicht auflehnen. Trotzdem sind diese Leute in Belgien nicht so grausam, wie man behauptet . . ."
In einer Zuschrift an die Gesellschaft zur Bekämpfung der Geschlechtskrankheiten wird über die Verhältnisse in der belgischen Hauptstadt Anfang 1915 folgendes Bild entworfen:
„Das Elend der unteren Klassen ist sehr groß, trotz der zum Teil auffällig niedrigen Lebensmittelpreise. Die Bettelei auf den Straßen nimmt immer mehr zu . . . Kein Wunder, daß die Prostitution eine grauenhafte Höhe erreicht hat. Neben den vielen früheren Kokotten, von denen wohl nur die besseren nach London oder Paris flüchteten, die große Zahl der ‚femmes entretenues', deren Kavaliere eingezogen oder ‚geflohen' sind und dazu die ungeheuere Schar der Mädchen ohne Beschäftigung oder mit Hungerlöhnen, die sich aus purer Not selbst an die verhaßten Deutschen verkaufen. So sind die Bars, Cinémas, Cafés usw. von diesen Mädchen überfüllt, schon mittags beginnt der Männerfang, der sich im ganzen in feinerer,

diskreterer Form abspielt als bei uns. Aber nach Schluß der Lokale, um 11 Uhr (heure allemande) – nur ein Café darf bis 12 Uhr offenhalten – ergießt sich ein großer Strom von Mädchen auf die Straßen, die dann ganz ungeniert Zivilisten und Militär ansprechen. Die früher auch schon sehr laxe Kontrolle ist mit den belgischen Behörden fast völlig geschwunden; angeblich stehen noch ganze 150 Mädchen unter Kontrolle!

genommen werden. Im Sanitätsbüro hat man eine große Menge ‚Viro' aufgestapelt, die kostenlos von den Sanitätswachen usw. angefordert und verteilt werden. Da die Soldaten, welche sich hinterher nicht prophylaktisch behandeln lassen, bestraft werden und sie überhaupt nicht viel Zeit zum Bummeln haben, so ist der Bestand an Kranken nicht sehr hoch. Dagegen findet sich unter den Eisenbahnern eine sehr hohe Anzahl Kran-

Im Etappencafé

„Hier stelle ich dir meine Milchschwester vor . . ." – „Und ich dir hier meinen Schnapsbruder!"
Zeichnung von Faye. Aus „Vie de Garnison"

Für Brüssel hat man zunächst – weniger für die garnisonierenden Soldaten als für die sich zufällig hier aufhaltenden Mannschaften – allerhand prophylaktische Maßnahmen eingeführt: Warnung mit Belehrung, mündlich und durch verteilte, beziehungsweise aushängende Merkblätter; kostenlose Abgabe von Schutzmitteln auf den Sanitätswachen, wo auch prophylaktische Einspritzungen vor-

ker. Das liegt daran, daß die Leute verhältnismäßig hohe Löhne haben, völlig unbeschränkt sind im Ausgehen usw. und meist privat wohnen [5]."

Im übrigen wurden die deutschen Truppenangehörigen, die in Brüssel ankamen, am Bahnhofe von einer Warnungstafel folgenden Inhalts empfangen:

Gouvernement Brüssel

Brüssel, 6. 1. 1915

GESUNDHEITSPFLEGE

Wer von Militärpersonen nach Brüssel kommt, erkundige sich nach den Gesundheitsgefahren der Großstadt.
Auf den Bahnhöfen in Brüssel befinden sich Sanitätswachen. Dort wird in allen gesundheitlichen Fragen gerne Auskunft und Rat erteilt.

Der Gouvernementsarzt
Pannwitz

Ebenso wurde in Brüssel auch eine sozialhygienische Fürsorge eingeführt, deren oberste Leitung das Rote Kreuz innehatte. Die Frauen, die dieser Organisation angehörten, hatten „fragwürdige Lokale aufzudecken, versteckte Animierkneipen zu besuchen und verdorbene Kinder schlechter Eltern in Schutz zu nehmen“ usw. [6].

Außer Brüssel waren Antwerpen, Gent und Lüttich schon vor dem Kriege Zuchtstätten des Dirnentums gewesen. Diese Zustände verschlimmerten sich während der Kriegszeit natürlich in hohem Maße, da die Frontsoldaten mit dem im Schützengraben ersparten Geld höchst freigebig umgingen, oft zwanzig bis fünfzig Mark für eine Nacht bezahlten und überdies Butter und Zucker mitbrachten.

Aber als die entsetzlichste Erscheinung auf diesem Gebiete müssen wir wohl die Kinderprostitution ansehen. Es wurden vierzehn-, ja zwölfjährige geschminkte Mädchen beobachtet, wie sie Soldaten ansprachen: „Monsieur, pour une livre de pain?“ Mütter boten ihre Kinder für ein Kilo Zucker an und priesen sie als Jungfrauen, acht- und zehnjährige Knaben oder Mädchen führten die Soldaten zu ihren Schwestern. Die meisten Kinder kannten die Geste (Daumen zwischen zwei Fingern und die wiederholte kurze Silbe), mit der der Geschlechtsverkehr bezeichnet wurde.

Menschlicher gestalteten sich die Beziehungen auf dem Lande, wo der Soldat oft den im Felde stehenden oder gefallenen Familienvater ersetzte, zum richtigen „vader van't huis“ wurde. Die Kinder, die diesem Zusammenleben entsprossen, rief man lange noch „duitschmaneke“.

Was nun die Bürgerkreise betrifft, so verkehrten die deutschen Offiziere in vielen angesehenen belgischen Häusern, und es ist behauptet worden, daß hier Frauen und Mädchen den Deutschen nicht weniger entgegenkamen. Ja, es soll sogar zu regelrechten Zweikämpfen der temperamentvollen Walloninnen oder Fläminnen um den deutschen Geliebten gekommen sein. Es wird ein Fall berichtet, wo ein Mädchen ihrer Rivalin die ehrenvolle Bezeichnung „deutsche Hure“ gab und sich vor dem Tribunal deswegen zu ver-

„Zehn Francs – das ist doch nicht zuviel ...“
„Doch – um zehn Francs ...“
Aus „Vie de Garnison“, 1915

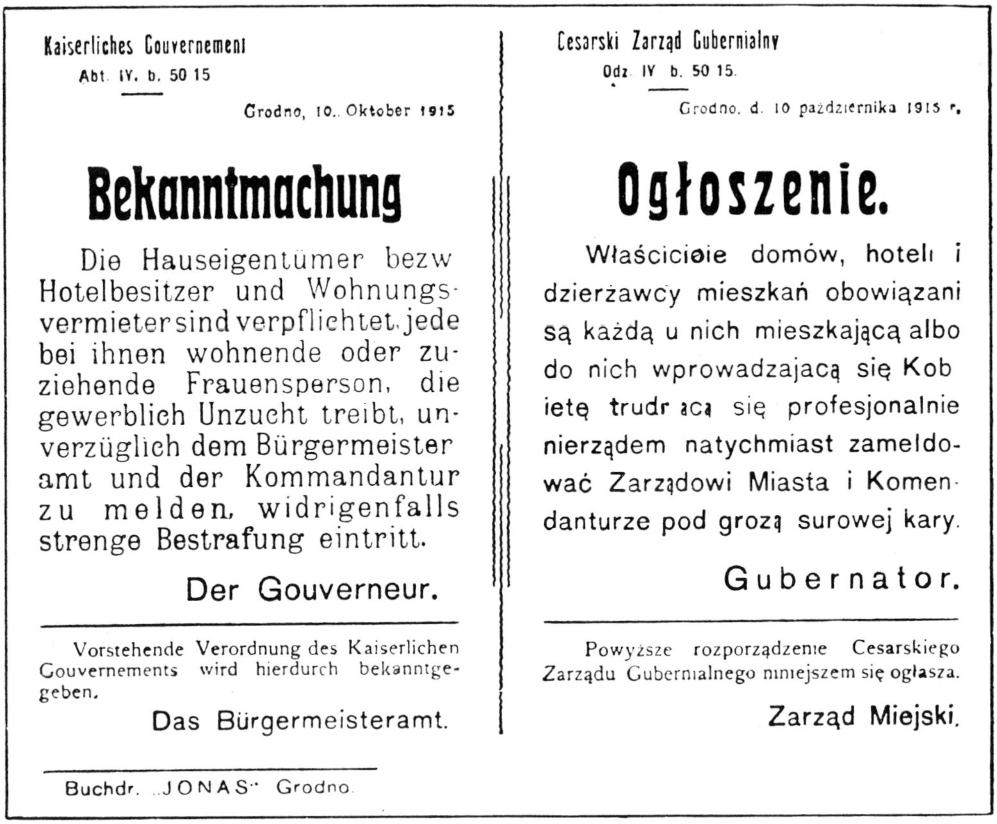

Kaiserliches Gouvernement
Abt. IV. b. 50 15

Grodno, 10. Oktober 1915

Bekanntmachung

Die Hauseigentümer bezw Hotelbesitzer und Wohnungsvermieter sind verpflichtet, jede bei ihnen wohnende oder zuziehende Frauensperson, die gewerblich Unzucht treibt, unverzüglich dem Bürgermeisteramt und der Kommandantur zu melden, widrigenfalls strenge Bestrafung eintritt.

Der Gouverneur.

Vorstehende Verordnung des Kaiserlichen Gouvernements wird hierdurch bekanntgegeben.

Das Bürgermeisteramt.

Cesarski Zarząd Gubernialny
Odz. IV b. 50 15.

Grodno, d. 10 października 1915 r.

Ogłoszenie.

Właściciele domów, hoteli i dzierżawcy mieszkań obowiązani są każdą u nich mieszkającą albo do nich wprowadzającą się Kob ietę trudr ącą się profesjonalnie nierządem natychmiast zameldować Zarządowi Miasta i Komendanturze pod grozą surowej kary.

Gubernator.

Powyższe rozporządzenie Cesarskiego Zarządu Gubernialnego niniejszem się ogłasza.

Zarząd Miejski.

Buchdr. „JONAS" Grodno

Die Besatzungsmacht im Kampf gegen die gewerbliche Unzucht. Maueranschlag in Grodno. Sammlung A. Wolff, Leipzig

antworten hatte. Wie es heißt, mußte sie wegen „ihrer eigenen **Zuchtlosigkeit**", und trotzdem es ihr gelang, „den Wahrheitsbeweis zu erbringen", eine hohe Geldstrafe hinnehmen.

Am freundlichsten gestalteten sich die Verhältnisse, wie schon erwähnt, im besetzten Flandern, wo die Bevölkerung den deutschen Soldaten vielleicht etwas sympathischer gegenüberstand. Es wurde wenigstens behauptet, daß die zwei stammverwandten Völker einander gut verstanden. Und eine Zeitlang war es in Deutschland Mode, die germanischen Traditionen Flanderns zu pflegen. (Man denke an die aktivistische Bewegung in Flandern, an die flämische Universität und die deutsch-flämischen Gesellschaften in Düsseldorf und Berlin!) Tatsächlich sollen sich zwischen flämischen Mädchen und deutschen Soldaten (besonders zwischen Damen der guten Gesellschaft und Offizieren) zarte Liebesbande geknüpft haben, die man aber nicht zu überschätzen braucht, da es sich, wie wir gleich sehen werden, in fast allen Fällen um verzweifelte Versuche bedauernswerter Frauen handelt, sich und ihre Familie durch den Verkauf ihres Körpers zu ernähren.

Der Marinestabsarzt Dr. Fürth schreibt unter dem Titel „Hygienische Streiflichter aus Westflandern":

„Der Prostitutionsfrage mußte deshalb ganz besondere Aufmerksamkeit geschenkt werden, weil das freie Dirnentum in den größeren Ortschaften des Unterkunftsraumes sehr verbreitet war und eine Überwachung der Prostitution von seiten der Behörden fehlte. Es wurden zu diesem Zwecke besondere Untersuchungsstellen eingerichtet, in denen in Brügge durch einen belgischen Arzt unter Aufsicht eines deutschen Sanitätsoffiziers, in den übrigen Orten durch deutsche Sanitätsoffiziere, regelmäßige Untersuchungen vorgenommen wurden. Diesen Untersuchungsstationen wurden außer den bekannten auch alle Frauenspersonen zugeführt, die sich auf der Straße oder in den ‚Estaminets' (Bierhäusern), den hierzu bevorzugten Örtlichkeiten, Soldaten gegenüber auffällig benahmen.
Ohne jede Romantik deckt uns Wandt den Zusammenhang zwischen Kriegsnot und geheimer Prostitution in Belgien auf:
„Gent, das länger als vier Jahre Etappenhauptort war, bot das reichste Feld für das Studium des grenzenlosen Elends, das der Kriegswahnsinn über Millionen von Frauen und Mädchen heraufbeschworen hatte.
Die Statistik des Etappenarztes zeigte, daß mehr als vier Fünftel der unter polizeilicher Kontrolle stehenden Gelegenheitsprostituierten verheiratete Frauen und meist Mütter von drei bis acht Kindern und darüber waren, deren Ernährer als Soldaten im Felde oder in deutscher Kriegsgefangenschaft oder aus Gent geflüchtet waren.
Sie trieb nicht die ‚Lust am Laster' in die Arme der feindlichen Soldaten, sondern der Schrei nach Brot, den ihre hungernden Kinder tagtäglich ausstießen.
Die ledigen Gelegenheitsprostituierten rekrutierten sich beinahe ausschließlich aus arbeitslosen Dienstmädchen, Fabrikarbeiterinnen und Näherinnen . . .
Je mehr Genter industrielle und gewerbliche Betriebe geschlossen und Männer, Frauen und Mädchen der Verdienstlosigkeit überliefert wurden, desto mehr vergrößerte sich die Zahl der Gelegenheitsprostituierten. An die Stelle des erwerbslosen Gatten und Vaters trat die Mutter oder Tochter, oder auch beide, um durch die Preisgabe ihres Körpers die Familie zu ernähren [8]."
Über die gleichen Verhältnisse in der Ostetappe schreibt Viktor Jungfer:
„Es gab in der Stadt viele ledige Frauen. Ihre Männer waren entweder gefallen oder in deutsche Gefangenschaft geraten. Sie lebten, die jüngeren mit Kindern, die sie meist nach Verlust ihrer Männer empfangen hatten, in ärmlichen und gedrückten Verhältnissen.
Kein Wunder war es, daß sie mit den jeweiligen Besatzungstruppen der Stadt Verbindung suchten. Sie wuschen Wäsche für die Soldaten, flickten ihre zerrissenen Sachen und erhielten von diesen dafür Nahrungsmittel und Feldküchenessen.
Die Zahl der Frauen, die auf diese Weise ihre Liebe verkauften, war ständig im Wachsen begriffen.
Auch junge Mädchen vom Land zogen zu dieser Zeit gern in die Stadt, wo ihnen ein weniger beschwerliches und arbeitsames Leben winkte. Diese Art der Prostitution war in den Augen der Soldaten etwas so Natürliches, daß sie es für ganz in der Ordnung hielten, die sich bietende Gelegenheit auszunützen.
Nur wenige der Verheirateten hielten ihren Frauen zu Hause die Treue. Diese hatten den Spott der übrigen zu ertragen.
Das Bild von Frau und Kind verschwand vor den Augen mancher so vollkommen und wurde bei langen Urlaubsverboten so undeutlich, daß sie ihren Briefwechsel vollkom-

men einstellten und daß die Frauen oft klägliche Briefe an die Kompanieführer schrieben, wenn sie wochenlang nichts von ihren Männern gehört hatten [9]."

In einem Aufsatz über das Liebesleben in Polen lesen wir:

„In Mittel- und Südpolen beteiligten sich die Frauen und Mädchen der handarbeitenden und teilweise auch der handeltreibenden Stände in einer für unsere Begriffe undenkbaren Anzahl an der Prostitution allerniedrigster Art, der für die Verhältnisse bezeichnenden, durch ihre zynische Aufdringlichkeit widerwärtigen Straßenprostitution. Lodz und Lowicz waren in dieser Beziehung wahre Brutstätten.

Warschau blieb nach seiner Einnahme nicht hinter den erstgenannten Industriezentren zurück; die Ankunft am Warschauer Bahnhof gestaltete sich zu einer wahren Verfol-

Wein, Weib und Gesang – auch in der Etappe
Zeichnung von K. Sohr

gung durch Dirnen. Und selbst die kleinsten Plätze, um nur Ostrow, Malkow, Wolkowysk zu nennen, boten Gelegenheit zur käuflichen Liebe in einem die Heeresgesundheit schwer gefährdenden Umfang. Gegen Nordpolen zu nahm diese Art der Prostitution erheblich ab, wenngleich andere ihrer Formen hier um so üppiger wucherten. Man darf aber hierbei nie vergessen, daß es, besonders im Anfang der Besetzung, der Hunger war, der diese Verhältnisse zeitigte. Beim Einzug in Bialystok sagte ein bildschönes jüdisches Mädchen zu einem Kameraden: ‚Gib mir ein Stück Brot, werd' ich dir geben eine Braut' – die Braut aber war sie selbst! Daß später die gefährlichsten Erscheinungen der käuflichen Liebe abnahmen, war nicht etwa der Besserung der Sittlichkeit der beteiligten Kreise zuzuschreiben, sondern der Eindämmung durch die deutsche Verwaltung, die Reglementierung und ärztliche Kontrolle organisierte. Und hier erst ergab sich ein geschlossenes Bild von Umfang und Eigenart der damaligen Prostitution [10]."

Ein eigenartiges Kapitel bildeten hier die häufigen Verhältnisse zwischen Ostjüdinnen und deutschen oder österreichischen Soldaten. Hier verstand die Bevölkerung deutsch, was die Annäherung natürlich beträchtlich erleichterte. Daß aber die Geschlechtskrankheiten infolge des Verkehrs mit nicht kontrollierten Frauen gerade in der Ostetappe erschreckende Dimensionen annahmen, erhellt aus einer ganzen Reihe von Verordnungen, die verschieden strenge Bestrafungen von geschlechtskranken Frauen, die sich mit Soldaten abgaben, vorsahen. Eine Verordnung der deutschen Zivilverwaltung für Polen links der Weichsel vom 22. Juni 1915 bedroht Frauenspersonen, die, obwohl sie wissen, daß sie geschlechtskrank sind, mit Männern verkehren, mit Gefängnisstrafen von zwei Monaten bis zu einem Jahr.

„Bemerkenswert an dieser Verordnung ist, daß die Kenntnis der eigenen Krankheit genügt, die Bestrafung herbeizuführen, daß die Ansteckung des Besuchers aber dazu nicht erforderlich ist. Praktisch genommen ist aber der Nachweis, daß Frauenspersonen sich ihrer Ansteckungsgefahr bewußt waren, sehr schwer zu liefern. Als ein Fortschritt bei dieser Verordnung ist anzusehen, daß die Strafverfolgung von Amts wegen eintritt und nicht mehr vom Antrage des Angesteckten abhängt [11]." (Eine ähnliche Verordnung des Oberkommandos der Armeeabteilung Gaede in Elsaß vom 21. März 1916 bedroht Zivilpersonen – Männer und Frauen –, die außerehelich geschlechtlich verkehren, obwohl sie wissen oder den Umständen nach annehmen können, daß sie geschlechtskrank sind, mit Gefängnis bis zu einem Jahr oder bei mildernden Umständen mit Haft oder Geldstrafen bis zu 1500 Mark.)

Was die einzelnen Städte der Ostetappe betrifft, so erfahren wir, daß sich in Lemberg die Verhältnisse, insbesondere nach dem Russeneinfall, arg verschlimmerten, da die geschlechtliche Verseuchung dieses Heeres besonders groß war. Daß in Lemberg im Jahre 1916 1340 Frauen von der Polizei in Krankenhausbehandlung überführt werden mußten, gegen 100 im Frieden, haben wir bereits erwähnt. In Lodz und Warschau mußte eine richtige deutsche Sittenpolizei mit zweimal wöchentlicher Untersuchung eingerichtet werden. Unter 145 kranken Frauen, die Anfang Juni 1915 im Alexanderspital in Lodz behandelt wurden, befanden sich nicht weniger als 113 mit venerischen Krankheiten behaftete Prostituierte [12]. Die Höhe der geschlechtskranken Prostituierten in Warschau wurde Ende 1917 mit 557 von 1011 festge-

Die Freuden des Etappenlebens

Zeichnung eines Kriegsteilnehmers, 1914–15.
Aus J. C. Brunner, „Illustrierte Sittengeschichte“

stellt. In Twoski wurde ein eigenes Arbeitshaus für renitente Prostituierte errichtet [13].

Über Wilna wissen wir, daß dort ein Posten vor dem Soldatenheim aufgestellt werden mußte, um wenigstens von dieser Stätte die Dirnen fernzuhalten, die die Soldaten belästigten und verführten [14].

Auch auf den südlichen Kriegsschauplätzen waren die Verhältnisse, vielleicht mit Ausnahme von Serbien, wo die eingeborenen Frauen den Eindringlingen aus der Monarchie mit unverhohlenem Haß gegenüberstanden, dieselben. Aus Mazedonien schrieb ein Offizier:

„In Prisrend (Pirizren) stand in der Mitte der Stadt ein großes Hotel. Der Eigentümer benahm sich gegen uns Offiziere der österreichisch-ungarischen Wehrmacht, die wir zu Erholungszwecken aus Nordalbanien hierhergekommen waren, äußerst zuvorkommend und lieferte uns auch Weiber. Das Geschäft wurde auf die Weise abgewickelt, daß der Eigentümer den Gast fragte, welcher Nationalität die betreffende Dame sein und wie sie aussehen sollte. Sodann besorgte er in wenigen Minuten aus der Stadt die gewünschte Sorte von den dort wohnhaften Frauen, die teils Hilfsdienstdamen waren, teils schon vor Kriegsausbruch in der Stadt gelebt hatten. Unter den letzteren gab es auch eine Anzahl Französinnen.

Überhaupt wurde man in Prisrend, wenn man eine Offiziersuniform anhatte, von den Straßenjungen förmlich belagert. Sie riefen: „Ima zena!“ und wenn der Offizier dem Rufe folgte, lief ein Junge in eines der nächsten Häuser, kam nach einer Weile heraus, spähte besorgt umher, um sich zu vergewissern, daß die Bewohner nichts merkten, sodann winkte er den Offizier ins Haus, wo dieser fast immer von einem alten türkischen Weiblein mit großer Geheimnistuerei empfangen wurde. Das Mütterchen führte einem ins Zimmer, setzte einem schwarzen Kaffee vor und rief die im Hause befindlichen zwei oder drei türkischen Mädchen herein. Was uns an diesen auffiel, war, daß sie am ganzen Körper bis auf den Kopf glattrasiert waren. Die Sehenswürdigkeit Üskübs war die Zigeunervorstadt mit ihren Lehmhütten. Dort war auch die deutsche Kommandantur untergebracht. Ging man abends spazieren, so bot sich einem ein malerischer Anblick dar: vor

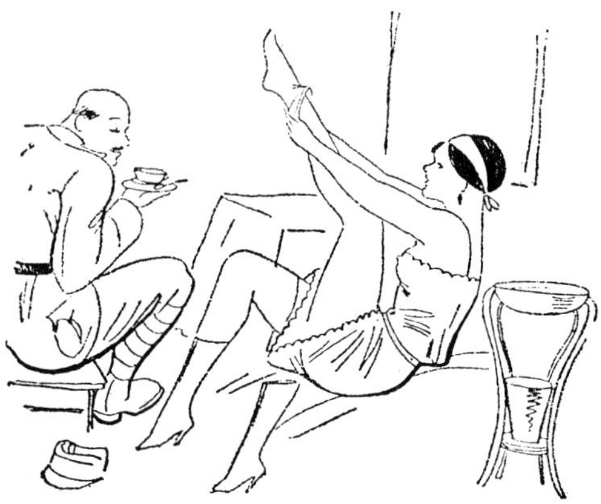

„Hotel Stadt Lemberg"
Standquartier des Etappeneros
Zeichnung von R. Matouschek

jedem Hause des Viertels brannte ein Lagerfeuer. Um dieses kauerten die Zigeunerweiber. Ging ein Soldat vorbei, so standen die Mädchen, die alle zwischen vierzehn und sechzehn waren, auf, wiegten sich mit tanzenden Bewegungen in den Hüften, um den Soldaten auf ihre körperlichen Reize aufmerksam zu machen. Man verständigte sich mit Gesten und alsbald sah sich der Soldat in der Hütte; vor dem Liebesakt bekam man noch eine Tanzvorführung zu sehen: diese wurde von etwa vier splitternackten Zigeunermädchen dargeboten. Es war notorisch, daß die Zigeunermädchen ausnahmslos luetisch waren. Von den deutschen Soldaten sollen von der Seuche besonders viele angesteckt worden sein."

Über die geheime Prostitution in dem von Bulgaren besetzten Mazedonien berichtet der Arzt B. Beron aus Sofia Ähnliches:

„Laut Angabe der Ärzte, welche noch aus türkischen Zeiten dort zurückgeblieben sind, war die Prostitution während der türkischen und serbischen Regierung reglementiert. Besonders aber während der serbischen Regierung war die Prostitution stark verbreitet. Unter den Türken besaß die Stadt zirka 15 Bordelle. Ihre Zahl verminderte sich jedoch allmählich und beim Einzug der Bulgaren gab es nur noch zwei Bordelle, welche auch bald ihre Tätigkeit einstellen mußten. Außer den Bordellen existierten und gibt es noch immer Lokale und Häuser, welche unter verschiedenen Namen der Prostitution dienen. Die Zahl der sich prostituierenden Frauen kann nicht festgestellt werden. Die Stadtärzte melden, daß diese Zahl sich auf einige hundert beläuft, ohne dies jedoch beweisen zu können. Ihre Zahl ist sicher groß genug bei dem niedrigen Sittenniveau der Serben, in Anbetracht dessen, daß jetzt viele mittellos zurückgebliebene Frauen in der Prostitution ihren einzigen Unterhalt finden müssen. Die Einschreibung der Prostituierten geschah freiwillig oder durch Zwang. Letzteres besorgte der Polizeichef auf Grund der Mitteilungen seitens der Polizeibeamten. Die Prostituierten werden zweimal wöchentlich in dem Gemeindespital untersucht oder in ihren Wohnungen. Mit der Untersuchung ist einer der städtischen Ärzte beauftragt . . . Die letzte Liste des Gemeindearztes der Prostituierten enthielt 26 Frauen. Um mir von ihnen einen Begriff zu machen, welcher Nationalität sie angehören, wieweit sie gesund sind, ersuchte ich den Polizeichef, sämtliche der Polizei als Prostituierte bekannte

Frauen ins Gemeindespital zu bringen. Es wurden 43 Frauen herbeigeführt, was mit den acht im Spital befindlichen 51 ausmachte. Folgende Nationalitäten: 19 Zigeunerinnen aus Skoplje, 13 Serbinnen aus Serbien, 13 Serbinnen aus Österreich, 3 Türkinnen, 2 Bulgarinnen und eine Deutsche. Die Serbinnen sind seit zwei bis drei Jahren dort. Wie ich oben bereits erwähnt habe, gibt es jetzt keine Bordelle, aber solche, welche als Privathäuser zwei oder drei Prostituierte beherbergen . . . Außer diesen Häusern dienen als Stätten der Prostitution auch die Kaffeehäuser, Hotels und fast das ganze Zigeunerviertel. In Skoplje gibt es noch aus alten Zeiten viele Kaffeehäuser, in allen Straßen zerstreut, welche in der Tat Bordelle sind. Diese Kaffeehäuser und Schenken bestehen gewöhnlich aus einem Zimmer (Geschäft), wie jede Schankstube ausgestattet; und gleich daneben oder im ersten Stock befinden sich andere Zimmer, in welchen ein, zwei oder drei Prostituierte wohnen, entweder als solche eingeschrieben oder aber im geheimen. Die Frauen suchen ihre Klienten unter den Besuchern des Lokales, wofür sie dem Wirt einen gewissen Betrag zahlen. Ich besuchte beiläufig zehn dieser Lokale und fand überall bulgarische oder deutsche Soldaten vor und in manchen sogar einquartierte bulgarische Soldaten. Auch in vielen Hotels wohnen Prostituierte. Im größeren Teil der Häuser des Zigeunerviertels wird gleichfalls Prostitution betrieben. Gewöhnlich arbeitet der Mann nicht und lebt von der Prostitution seines Weibes und seiner Tochter. Er hält sich aber beim Empfang des Besuchers seitens seiner Frau in hierfür bestimmten Zimmern auf, nicht nur im Hause, sondern er führt die Klienten selbst herein. Dieser Brauch der Zigeunerinnen, sich zum Erhalt ihrer Familie zu prostituieren, besteht seit langen Jahren. Aus ihren Aussagen scheint es sogar, daß sie darin keine Schmach und Schande sehen [15]."

Diese Beispiele mögen genügen, um uns über die wirklichen Gründe der Etappenprostitution Aufschluß zu geben. Sie lassen vor allem erkennen, daß die enorme Ausbreitung des privaten Dirnentums in den verschiedenen Operationsgebieten sowohl wie im Etappenraume von klarsehenden Kriegsteilnehmern auf das Konto der wirtschaftlichen Not gesetzt wurde. Darüber können uns auch die rührendsten Liebesgeschichten, etwa aus Flandern oder Galizien, nicht hinwegtäuschen. Die Einrichtung der „Feldbräute" war zwar überall bekannt, doch war nach übereinstimmenden Berichten nur ein sehr geringer Prozentsatz dieser Verhältnisse echten Liebesgefühlen entsprungen; in den meisten Fällen handelt es sich um Verbindungen, zu denen die Frau durch das unvorstellbare Elend der besetzten Gebiete gezwungen wurde. Es würde zu weit führen, wenn wir die

In einem ungarischen Grenzstädtchen:
Café mit Damenbedienung
Zeichnung von R. Matouschek

Gründe und das Ausmaß dieser Not prüfen wollten. Genug an dem, daß weder Belgien noch Nordfrankreich, am allerwenigsten aber vielleicht die Gebiete der Ostetappe imstande waren, ihre Produktion unter der Besetzung bei dem riesigen Zuwachs an Verbrauchern in Gang zu halten, zumal viele von den heimischen Arbeitern entflohen waren. (Besonders Belgien war schon im Frieden auf eine reichliche Einfuhr von Lebensmitteln angewiesen gewesen, die die Blockade zur Gänze unterband.) So kann es nicht verwundern, daß in allen Berichten über Liebschaften zwischen Angehörigen der Besatzungsheere und eingeborenen Frauen, sofern sie nicht durch falsche Sentimentalität entstellt sind und zum Beweis der Internationalität der Liebe herangeholt werden, die wirtschaftliche Frage im Mittelpunkt steht. Das Schäferstündchen um ein Kommißbrot ist die ungeschminkte Wahrheit, der Rest ist in der Mehrzahl der Fälle Ornament und Mache. Nicht ohne Grund klingt im berühmten Vierzeiler der flämischen Dirnen das Lob des deutschen Kommißbrotes mit:

Wir sind von fläm'schem Blut,
die Deutschen ficken gut;
für ein Kommißbrot und einen Franc,
vögeln wir stundenlang.

Nicht anders verhält es sich in Nordfrankreich und, was vielleicht überraschen wird, auch in jenen Teilen des Operationsgebietes, die nicht unter deutscher Besetzung standen. Auch hier rasten die vier apokalyptischen Reiter über die fruchtbaren Felder, alles Leben niederstampfend, dahin, und die Not zwang die ihrer Männer beraubten französischen Frauen auch hier, ihren Körper feilzubieten. Wir erteilen das Wort dem englischen Hauptmann Graves, dessen Selbstbiographie aus dem Jahre 1916 die folgenden Aufzeichnungen enthält:

„Wir machten kleine Ausflüge in die französische Provinz, und das war unsere ganze Arbeit, abgesehen von einigen Tagen in Le Havre, wo wir bei den Docks den Leuten halfen, die Schiffsladungen ans Land zu schaffen. Die Stadt war komisch. Kaum waren wir angekommen, als uns ein Rudel kleiner Jungen überfiel, die alle ihre Schwester anboten. ‚Ich bringe Sie zu meiner Schwester. Sie sehr hübsch. Sehr gut zum Spielen. Nicht viel Geld. Sehr billig. Sehr gut. Ich bringe Sie gleich hin.' Wir waren froh, als wir den Befehl erhielten, der uns an die Front berief [16]."

Der Feind nimmt Fühlung
Aus dem Etappenleben
Zeichnung von A. Szekely

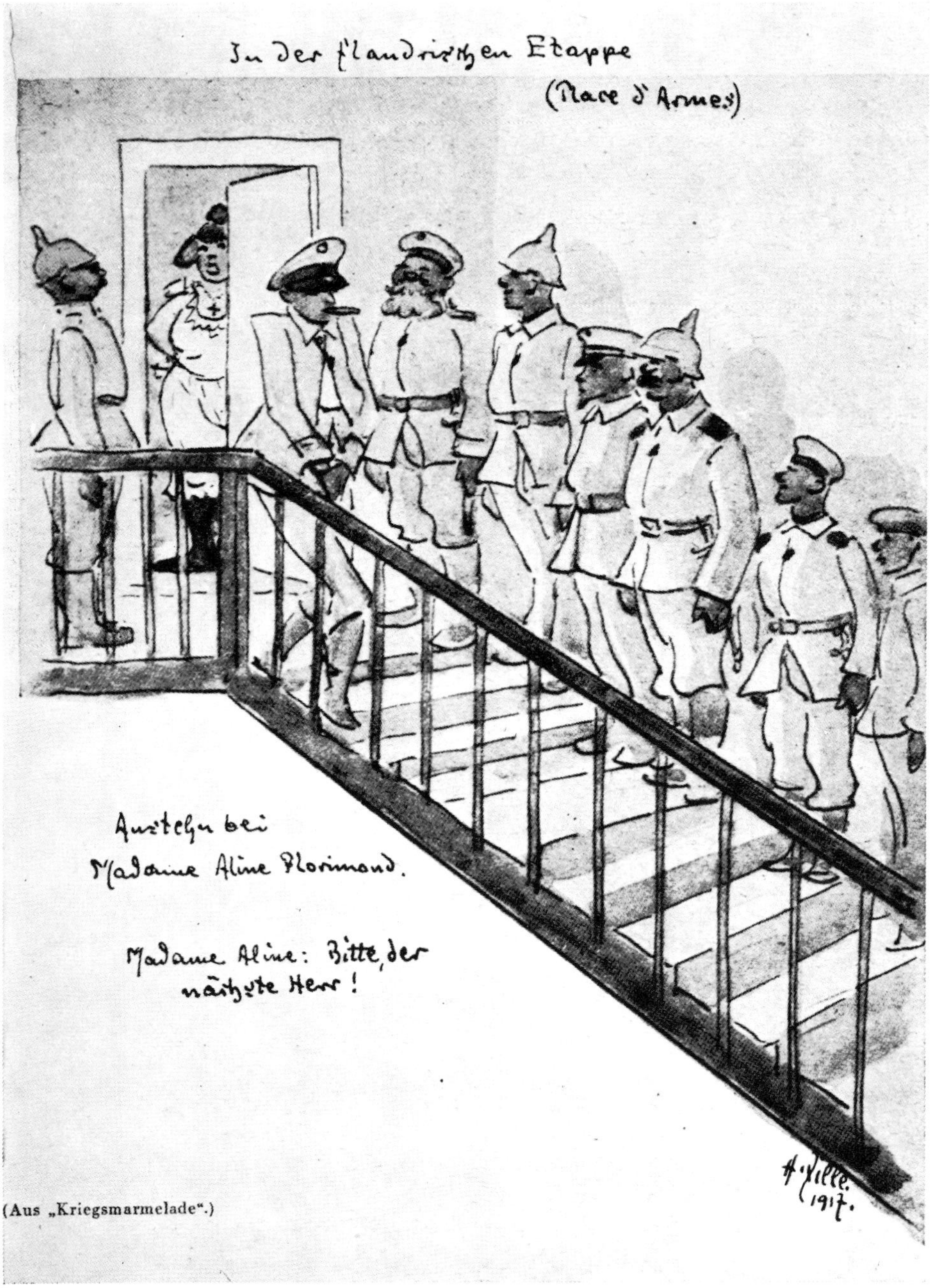

(Aus „Kriegsmarmelade".)

Herr Leutnant haben verkehrt . . .
Zeichnung von H. Zille aus seinem Buch „Für Alle"

„Teestube" in Galizien. *Zeichnung von L. Gedö*

Unten links: „Herr Offizier, kommen Sie zu meiner Schwester – nur eine chalbe Brott!"
Zeichnung von L. Gedö

Unten rechts: „Für ein paar Bissen, Herr Oberoffizier!"
Karikatur auf die englischen Interventionstruppen in Rußland 1918–20. Zeichnung von A. Stadler

Matrosen in Antwerpen. *Radierung von Otto Dix, 1924*

Auf Landurlaub in der flandrischen Etappe
Aquarell von P. Kamm

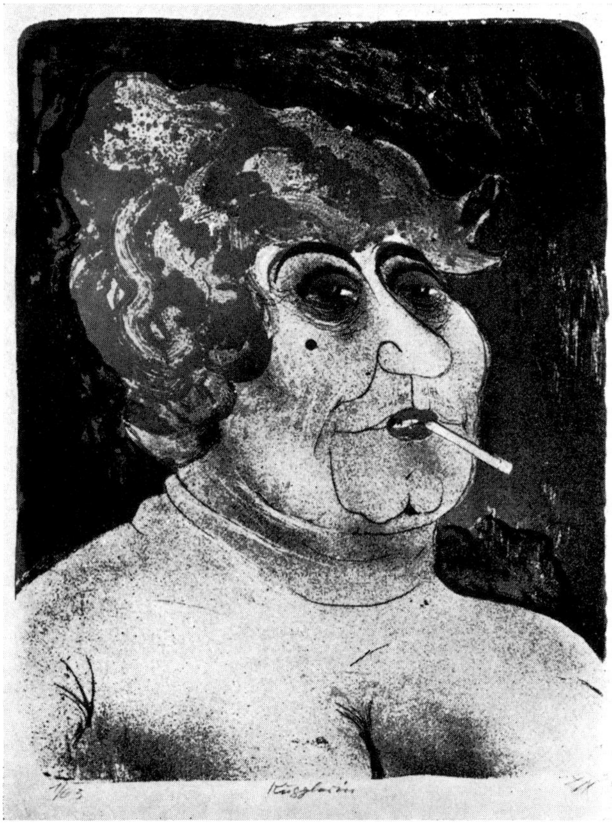

Kupplerin
Radierung von Otto Dix, 1923

„Wovon soll der Landser denn schon träumen . . .“ *Aquarell von P. Kamm*

„Reicht es?“
Zeichnung von K. Sohr

Lisa, der Dämon der Etappe
Zeichnung von Paul Klamm

Besuch bei Madame Germaine in Méricourt
Radierung von Otto Dix. 1924

Rechte Seite: Frontsoldat in Brü
Radierung von Otto Dix, 192

Matrose und Mädchen
Radierung von Otto Dix, 1920

„Antwerpen“
Radierung von Otto Dix, 1922

Erinnerung an die Spiegelsäle in Brüssel
Radierung von Otto Dix, 1921

Ut J'hann sin Franzosentid
„Na, Madam, kokt de Kartuffel ok?"
„Merci, Monsieur, je ne suis pas très bien portant."
„Kiek mol, dat Flesch is ok all moeer?"
„Oui, oui, Monsieur, c'est la guerre,
c'est un malheur."
„Dat is schön, denn könn' wi ja bald wat eten."
Aus „Kriegsflugblätter der Liller Tageszeitung", 1915

Es ist auf der einen Seite wie auf der anderen. Wie Offiziere der österreichischen und der deutschen Armee in Galizien empfangen wurden, ist sattsam bekannt. Henel erzählt einen typischen Fall.

„Wie ich so am Anfange einer schmalen Gasse, die bis zu ihrem noch weiten Ende baufällige, teils verfallene Behausungen versprach, dahinschlendere, löst sich ein magerer, halbnackter Junge von einer Gruppe spielender Kinder. Mein forschender Blick mochte ihm aufgefallen sein. Das vielleicht zehnjährige Kerlchen schloß sich mir mit vier oder fünf Schritten Abstand an. Mehrmals schaute ich mich um und begegnete stets seinen bänglichen Gassenjungenaugen. Überzeugt, daß ihn nur die Scheu hinderte, mich anzubetteln, griff ich gerade nach dem Lederbeutel, um ihm ein Geldstück zu reichen, als er mich mit einigen Schritten eingeholt hatte. Ich behielt meinen Gang bei und schaute ihn von der Seite an. Da flüsterte er:

‚Panje Offizier – ich weiß – ich weiß – du suchst a Maidelach. Offizier muß immer hoben Maidelach – a scheines Maidelach. – Ich brangen eich, kumm mir nach – dreizehn Johr alt – a scheines Maidelach – mei Schwester!'

Und leichtfüßig sprang er mit bloßen Beinen vor mir her. Ich aber blieb jetzt doch vor Staunen stehen.

‚Du mußt kummen, Panje Offizier, scheine Schwester – scheines Kind – bloß fünf Mark!'

Mein Oberlehrergewissen vergaß den Krieg und kochte vor Zorn über solche Verwilderung der Sitten. Diese Dummheit rächte sich augenblicklich. Bei dem Bemühen, den Bengel zum Zwecke der Züchtigung zu fassen, verhakten sich meine Sporen, und ich stürzte in den Kot. Überzeugt, daß der Bursche jetzt ein rechtes Rüpelgelächter anschlagen würde, schaute ich auf. Aber nicht einmal der Ansatz eines Lächelns ließ sich sehen. Sein Gesicht behielt den Ernst bei, mit dem man ein nicht zu umgehendes, sonst aber gleichgültiges Geschäft erledigt.

„Gitele wird eich waschen, Panje. Gitele is scheines Maidelach – hoben alle Offiziere gesogt, die sennen areingekummen zu Gitele. Bloß finf Mark für scheine Schwester, Panje Offizier!"

Und unser Bekannter Perhobstler landet nach vielen Kämpfen an der Westfront auf dem östlichen Kriegsschauplatz in Bossa in den Karpathen. Er erzählt:

„Bossa ist ein gottverlassenes Nest voller Ruthenen. Es lebten darin damals nur noch ganz alte Männer, Frauen und Kinder. Auch Mädchen, doch die konnte man kaum von Frauen unterscheiden. Sie bekamen sehr

schnell selbst Kinder. Kein Wunder, wo so viele Soldaten da waren in dem kleinen Nest.
Für einige Zigaretten konnte man bei einer abgearbeiteten Frau oder einem Mädchen schlafen. Man mußte das wie ein Tier machen, denn man konnte nicht mit ihnen sprechen.
Die Frauen lebten wie Witwen. Briefe bekamen sie von ihren Männern nicht, denn diese konnten nicht schreiben. Und die Frauen konnten nicht lesen. In Urlaub kamen die Männer nicht. Denn wenn einer aus dem Felde in Urlaub kam, man hatte es früher einmal versuchsweise probiert, brauchte man ein halbes Dutzend berittener k. u. k. Gendarmen, um den ‚Urlauber' (wenn man Glück hatte) wieder zu fassen. Das aber lohnte sich nicht.
Wenn neue Jahrgänge in solchen Dörfern ausgehoben wurden, dann kam eine berittene Truppe, umstellte das Dorf und holte sich die jungen Burschen. Sie wurden fortgetrieben und eingekleidet und waren dann k. u. k. Bundesbrüder.
Die Mädchen und Frauen jammerten einige Stunden und waren dann, wie in Bossa, froh, wenn Soldaten kamen, damit das Kinderkriegen nicht aufzuhören brauchte [18]."

Wie es auch aus den bisher angeführten Berichten hervorgeht, sind die berüchtigten „Estaminets" als die eigentliche Brutstätte der Prostitution im Westen zu betrachten. Wir lassen hier die zusammenhängende Geschichte der Estaminets in Flandern mit den Worten Wandts folgen:
„... da die jungen Leute, die vordem die Stammgäste gewesen waren, im Kriege von Haus und Hof weg waren und den älteren Einheimischen mit der Länge des Krieges immer mehr das nötige Kleingeld mangelte,

Etappenleben – voll ausgekostet
Aus „Hallo! Die große deutsche Revue", Bilderbuch zur Reichstagswahl

so waren die deutschen Soldaten die zahlungsfähigste Kundschaft der Estaminets.
Aber die biederen Feldgrauen, die oft schon viel zu lange von der Mutter weg waren, wollten nicht nur ‚een groote pint bier' oder ‚een warm pottje koffie' haben, sondern auch etwas für das Herz und Gemüt. Sie beehrten darum in erster Linie die Estaminets mit ihrem Besuch, in denen eine mollige Wirtin oder hübsche Tochter die Getränke und Speisen kredenzten.
An ihrer Seite oder gar mit ihnen auf dem Schoß fühlten sie sich wohl und geborgen und beinahe ‚wie bei Muttern' oder ‚Vadding' in Frankreich."
Im Dorfe Aisné bei Gent war aus diesem Grunde ein Estaminet immer sehr besucht. Sein Besitzer hatte sieben Töchter, von denen die jüngste vierzehn Jahre alt war und in der berechnenden Koketterie ihren sechs älteren Schwestern nicht nachstand. Die Feldgrauen, die sich in dem rauchgeschwängerten, niederen und recht einfachen Lokal immer sehr heimisch fühlten, nannten dieses Estaminet nicht anders als: „Zu den vierzehn Arschbacken."
Es war zweifellos die volkstümlichste Kneipe in der Etappe Gent.

Das Frühjahr 1916 versetzte den meisten Estaminets den Todesstoß. Da kam der Befehl des Armee-Oberkommandos in Thielt, der allen Heeresangehörigen verbot, künftig belgische Speisehäuser und Estaminets zu besuchen, und alle belgischen Wirte, die noch Getränke oder Speisen an deutsche Soldaten abgaben, mit der sofortigen Schließung des Geschäfts und hohen Freiheits- und Geldstrafen bedrohte.

Zehntausende von flandrischen Wirtschaften und Estaminets wurden durch die überall deutlich ins Auge springenden Schilder: „Für deutsche Heeresangehörige verboten", jäh ihrer Hauptkundschaft beraubt und dem sicheren Ruin überliefert.

Ganz wenige Speisehäuser und Estaminets, deren Besitzer oder besser gesagt Besitzerinnen oder Töchter „enge" Beziehungen zu den maßgebenden Kommandantur- und Militärpolizeioffizieren hatten, ... wurden von diesem Verbot ausgenommen und durch das Schild: „Nur für deutsche Heeresangehörige", äußerlich gekennzeichnet.

„Dieses Verbot, das um so unverständlicher wirkte, als es erst ausgedacht und erlassen wurde, nachdem die deutschen Soldaten schon volle anderthalb Jahre in Flandern standen und überall so gut wie zu Hause waren, sollte in erster Linie als kräftige Abwehr gegen die feindliche Spionage dienen. Es war aber nichts anderes als ein gewaltiger Stoß in die Luft, der uns unnützerweise die Freundschaft der zahlreichen Estaminetbesitzer raubte und die so ruinierten Leute zu unseren Todfeinden machte.

Die Soldaten, die in den Estaminets mit den Frauen und Töchtern schäkerten, konnten, selbst wenn sie gewollt hätten, keine wichtigen Kriegsgeheimnisse verraten. Sie wurden durch das Ludendorffsche Lügensystem so im unklaren gehalten, daß ihnen jede belgische Kokotte, in deren Armen sich ihre Vorgesetzten vergnügten, von den Absichten der deutschen Heeresleitung mehr erzählen konnte, als was die Bataillonsführer im Schützengraben wußten.

Nebenbei sollte die Schließung der Estaminets auch einen der Hauptansteckungsherde für Geschlechtskrankheiten zuschütten.

Auch hier erwies sich die Maßnahme als ein Kampf gegen Windmühlenflügel. Die Frauen und Töchter der Estaminetwirte, die sich bis dahin nur gelegentlich prostituiert hatten, mußten sich jetzt, um sich und ihre Familie zu ernähren, ganz der Prostitution widmen.

Sie gingen auf die Straße und der Geschlechtsverkehr spielte sich von da an meist im Freien ab, wo die Gelegenheit zur sofortigen Desinfizierung fehlte.

Das Umgekehrte des Erhofften wurde erreicht. Die Statistik des Etappenarztes zeigte klar, daß sich die hohen Ziffern der Geschlechtskrankheiten, die sich die Soldaten in Flandern holten, nach der Schließung der Estaminets, die als Brutquellen der Infizierung angesehen wurden, nicht verminderten, sondern erschreckend anschwollen [21]."

Eines der Estaminets in Gent, das auch nach der Schließung im Frühjahr 1916 den Betrieb fortsetzen durfte, war das Café Leonidas. Wandt bezeichnet es als den bekanntesten freien Frauenmarkt in Gent. Henel gibt davon folgende Schilderung, die wir seinem „Eros im Stacheldraht" entnehmen:

„Das Café war in seiner Art selten genug. Es gehörte einem Griechen, der ihm auch den auffallenden Namen gegeben hatte, und von der Straße aus war es kaum bemerkbar. Es lag nämlich im Keller, und man mußte zwei Treppen tief hinuntersteigen, wenn man den saalartig großen, luxuriös eingerichteten

Raum betreten wollte. Hier gab es alle denkbaren Leckereien für die zahlungsfähigen Börsen der Herren Offiziere und alle nur wünschbaren Getränke, vom gepflegten deutschen Bier bis zum verbotenen Absinth, und vor allem – Weiber. Die schönsten und teuersten Freudenmädchen der großen Stadt gaben sich in diesem Lokale, das mit Vorliebe von den kaufkräftigsten und kauflustigsten Militärs der Etappe besucht wurde, alltägliches Stelldichein. Das Etappenkommando hatte angesichts dieses unverhüllten Liebesmarktes seine Moral beweisen wollen und angeordnet, daß Männlein und Weiblein getrennt zu sitzen hätten. So bot sich dem Eintretenden das schnurrige Bild, daß, geschieden durch einen breiten Mittelgang, auf der einen Hälfte des Saales die Kuchen knabbernden Weiber beieinanderhockten, während auf der anderen die Militärs sich alkoholisierten.

Die Moral allerdings war dadurch, wie eben nie durch einen Obrigkeitsbefehl, nicht gerettet, denn wenn ein Offizier von seinem Platze aus ein Dirnchen gewählt hatte, schickte er den erst fünfzehnjährigen, aber unglaublich verschlagenen Chasseur des Cafés einfach mit einem Zettelchen hinüber, und der Kopulierung – außerhalb des Lokals – stand dann nichts anderes mehr im Wege als die Einigung über den Preis [22].

„Wohnt bei Ihnen Fräulein Odette?“
„Die ist nicht mehr hier, aber wenn Sie im zweiten Stock bei Fräulein Claire anläuten, ist es dasselbe.“
Zeichnung von Forton. Aus „Vie de Garnison“, 1915

Etappenhengste und Etappenmädel

XII

Die Frauen der besetzten Gebiete und die Eroberer – Belgien unter deutscher Besetzung – Zivilarbeiterbataillone – Die Hilfsdienstdamen – Frauenkrankenhäuser in der Etappe

Der eigentliche Herd der Kriegsprostitution, der Kriegsunmoral und der Geschlechtskrankheiten war die Etappe. Im Hinterlande galten Belgien, Nordfrankreich, das besetzte Serbien, Montenegro und das östliche Etappengebiet als wahre Sündenbabel. Während an der Front und im Hinterland neben der wirtschaftlichen auch die sexuelle Not wütete, war die Etappe das gelobte Land, dessen glückliche „Eroberer" mit dem Achselstück oder dem goldgestirnten Kragen nicht nur der mit dem fortschreitenden Kriege immer fühlbarer werdenden Sorge um das Allernotwendigste enthoben waren, sondern auch eine fast unbegrenzte Möglichkeit des zwanglosen sexuellen Auslebens hatten.

In amerikanischen Liedern wurde der Gegensatz zwischen dem Wohlleben der Offiziere und dem Hundeleben der gemeinen Soldaten noch krasser als auf deutscher Seite herausgearbeitet. Eines dieser Lieder lautet in wörtlicher Übersetzung:

„Wo glaubst du, waren die Generäle?
Ich sage dir, wo sie waren,
Ich sage dir, wo sie waren.
Wenn du wissen willst, wo die Generäle
waren,

Sexualhunger im Kriege
Aus „Kriegsflugblätter der Liller Tageszeitung"
„Seit langer Zeit die erste Maid – wie dieses doch das Herz erfreut ..."

So sag ich's dir:
Sie waren im frohen Paris,
Woher weißt du es? Woher weißt du es?
Ich hab' sie gesehen, ich hab' sie gesehen!
Hinten im frohen Paris habe ich sie gesehen,
Weit hinter der Front [1]."

Wie es den Offizieren in der Etappe wirklich erging, wie sich ihr Leben und ihr Dienst dort abwickelte, erzählt uns Viktor Jungfer in seinem für unser Thema überaus aufschlußreichen Kulturroman „Das Gesicht der Etappe". Ein Offizier sagt darin:
„Wir haben unser bißchen Dienst, an dem wir uns nicht überarbeiten – abgesehen vielleicht von den Adjutanten unserer höheren Dienststellen. Haben Sie nun einmal beobachtet, wie die Herren sich ihre freie Zeit vertreiben? Der eine ergibt sich dem stillen Suff, der andere dem Spiel, der dritte den Weibern. Hin und wieder kommen wir zusammen, um ‚die Kameradschaft zu pflegen', wie es so schön heißt. Zu sagen haben wir uns natürlich schon lange nichts mehr. Der Dienst, den wir tun, ist uns aufgepfropft. Der Heimat sind wir entfremdet [2]."
Ähnlich resümiert auch Prof. Baumgarten: „Das erzwungene Nichtstun in der Etappe, auch ein relativ üppiges Leben, mußte den Ausschweifungen Vorschub leisten."
Das Land, in dem das Etappenleben seine giftigsten Blüten trieb, war Belgien. Ein Land, dessen Geschichte im Kriege unter der deutschen Besetzung noch jahrhundertelang unerschöpflichen Stoff für die Geschichtsschreibung liefern könnte. Ein Land, das über vier Jahre hinter Drahtverhau lebte. Nicht nur bildlich, auch buchstäblich, denn entlang der holländischen Grenze war ein mit Starkstrom geladener Drahtzaun gespannt, um Desertionen wehrfähiger Belgier über die Niederlande zu verhüten. Überhaupt ist die Verwaltung Belgiens durch die Besatzungsbehörden, auf die hier nur kurz verwiesen werden soll, eine „Spitzenleistung" deutscher Militärorganisationen, aber den Widerstand, den das eingekerkerte Volk der Unterdrükkung entgegensetzte, mußte ein phantastisches Heldenepos für immer festhalten. Über eine Million Belgier flüchteten vor der Besetzung im letzten Viertel des Jahres 1914 auf holländisches Gebiet, und trotz des starkstromgeladenen Drahtgitters erreichte die Zahl der Flüchtlinge, die während der Besetzung aus dem Lande entweichen konnten, dreißigtausend. Noch beim Waffenstillstand 1918 sollen sich fünfhunderttausend Belgier, zumeist Männer, insgesamt also ein Vierzehntel der Bevölkerung Belgiens, im Auslande aufgehalten haben [3].
Das Volk war den Deutschen, besonders in der wallonischen Landeshälfte, natürlich durchwegs feindlich gesinnt. In keinem einzigen Land der Welt und keinem anderen Zeitpunkt der Geschichte hat die Spionage der Frauen ähnliche Ausbreitung gefunden. Zum Überfluß wurde der Haß von einer geheimen unterirdischen Presse geschürt, deren Geschichte wohl mit zu den spannendsten Kapiteln der Weltkriege gehört. Die bekannteste dieser geheimen Zeitungen, die „Libre Belgique", erschien seit Februar 1915, Es klingt fast unbegreiflich, daß in einem besetzten Lande, wo jedes Wort und jede Bewegung auf das strengste überwacht wurde, wo der größte Teil der Bevölkerung mindestens einmal in der Woche auf dem Meldeamt zu erscheinen hatte, wo die persönliche Freiheit mit aller Strenge einer unentschlüpfbar straffen Organisation unterdrückt wurde, daß in diesem Lande eine so höhnische Herausforderung vier Jahre fortgesetzt werden konnte. Angeblich wurde sogar jede Num-

Wie man Frauen erobert
Der „Etappenhengst" in der französischen Karikatur

mer des Blattes im Büro des deutschen Gouvernements abgegeben. Jedes Wort, das in dieser Zeitung und in den anderen, die ihrem Beispiel bald nacheiferten (La Patrie, L'âme belge, De vlaamsche Leeuw, Le flambeau usw.), gedruckt wurde, war todeswürdiger Hochverrat in den Augen der Besatzungsbehörden. Unzählige ihrer Leser wurden verhaftet, eingesperrt und interniert, auch einige Mitarbeiter konnten ermittelt werden, aber es gelang trotz wütendster Verfolgung nicht, die geheime Presse mundtot zu machen.

Es ist hier nicht der Ort, die Geschichte der belgischen Okkupation zu schreiben und auf ihre Übergriffe zu verweisen. Auch die Frage der Berechtigung gewisser Verfügungen, die unmittelbar unter dem Eindruck der angeblichen Franktireurüberfälle bei der Besetzung des Landes getroffen wurden, wollen wir hier nur streifen. Militärisch können sie noch so begreiflich sein, vom menschlichen Standpunkte aus gehören sie zu den nicht seltenen Ungeheuerlichkeiten des Krieges.

Auch die nicht unbegründete, aber auf Kosten jeder Besonnenheit überhandnehmende Spionageangst der Deutschen hat häufig zu ähnlichen Maßnahmen geführt. So war es der Landbevölkerung bei Erschießen verboten, querfeldein zu gehen, anstatt die Landstraße zu benutzen. Und diese Drohung mit dem Erschießen blieb nur zu oft kein leeres Wort. Ein Wolff-Dementi vom 9. September 1917 verwahrt sich gegen die Verleumdung, daß der Generalgouverneur von Belgien, Freiherr von Falkenhausen, ein Schreckensregiment führe. Seit dem 1. Mai 1917, also in vier Monaten, seien, wie das Dementi sagt, nur neunzehn Belgier hingerichtet worden. Und dies wird mit einer Selbstverständlichkeit festgestellt, die nur in gewissen Kundgebungen der österreichischen Behörden ihresgleichen findet.

Natürlich werden von den herrschenden Klassen viele Dinge als notwendige Folgeerscheinungen jeder militärischen Besetzung angesehen. Die namenlosen Leiden des belgischen Volkes, das aufs gemeinste mitten im Frieden überfallen wurde, nur um den Durchmarsch nach Frankreich leichter durchführen zu können, bleibt ein Schandfleck deutscher Geschichte und Politik.

Dr. Touton sagt mit Recht schon über die erste Phase des belgischen Feldzuges:

„Alle das Selbstbewußtsein und das Glücksgefühl im Verlaufe des Feldzuges hebenden Momente, also besonders siegreiches Vorgehen ohne Rückschlag und die damit verbundene Begeisterung und Zuversicht können auch indirekt hebend auf das Herrengefühl und auf den Sexualtrieb einwirken und in Ruhepausen bei sich bietender Gelegenheit zur Betätigung drängen [4]."

Was das erstere, das Herrengefühl betrifft, so können wir in gewissen Brutalitäten gegen die Zivilbevölkerung dessen Äußerung entdecken. Angaben darüber finden sich reichlich bei Wandt. Wahrscheinlich gab es auch Fälle, bei denen sadistische Motive den Ausschlag gaben. So lesen wir über einen Leutnant der Kommandantur in Gent, der wegen Unbotmäßigkeit vorgeführte Zivilisten erst verprügelte und dann zwang, „sich mit dem Gesicht gegen die Wand zu stellen, um zu warten, was über sie beschlossen wurde [5]."

Den Gipfel der Besetzungsschrecken aber stellten die berüchtigten Aushebungen der Zivilarbeiterbataillone dar. Wir wollen auch diesen traurigsten Punkt in der Geschichte der belgischen Besetzung nur kurz berühren. Von deutscher Seite wurde diese Maßnahme bekanntlich mit der Blockade und der dadurch bedingten Wirtschaftskrise und Hungersnot der besetzten belgischen Gebiete begründet. Wie dem auch sei, die Maßnahme, die übrigens auch in Nordfrankreich angewendet wurde, erregte überall Entsetzen und erwies sich dank der geschickten Ausnutzung durch die Ententepropaganda als eine weitere unauslöschliche Schande der deutschen Kriegsführung. Wir lassen die geheime Anweisung der Kommandantur in Lille für

Aushebung für die Zivilarbeiter-Bataillone
„Himmel, meine Töchter!“ – „Bah, sie sind wie alle Französinnen – leicht herumzukriegen ... !“
Zeichnung von H. Grand-Aigle. Aus „La Baïonnette“, 1916

Suchpatrouillen folgen, die die Aushebung in die Zivilarbeiterbataillone durchzuführen hatten:

Kommandantur Lille Lille, 18. 4. 16.
N. O. J.-Nr. 7853

Geheim!

Anweisung für Suchpatrouillen

1. Aufgabe der Suchpatrouillen ist es, in dem ihnen zugewiesenen Stadtteil ein Haus nach dem anderen zu durchsuchen und die für den Abschub geeigneten Leute festzunehmen. Diese sind auf der in jedem Hausflur angebrachten Hausliste, die alle Bewohner des Hauses enthalten muß, anzustreichen. Ihnen ist unter Aufsicht zu gestatten, den nötigsten Hausrat (ungefähr 30 kg pro Kopf) mitzunehmen. (Besonders aufmerksam machen auf Mitnahme von Eßgeschirr.) Sodann sind die Leute nach dem Zugsammelplatz zusammenzuführen.

2. Die Durchführung der befohlenen Maßnahmen muß mit Energie erfolgen. Sie wird nicht ohne Härte vor sich gehen, doch ist jede unnötige Schärfe und jede Roheit zu vermeiden. Vom Geschick der mit der Durchführung beauftragten Führer wird es abhängen, ob der Abschub ohne Unruhen vor sich gehen kann. Diese sind unerwünscht.

3. Die Personalien der Hausbewohner sind aus den Identitätskarten ersichtlich, die alle 14 bis 55 Jahre alten Leute haben müssen. Frauen haben blaue, Männer rote Karten. Muster anbei.

4. Festzunehmen sind nur arbeitsfähige Personen im Alter von 14 bis 55 Jahren, und zwar allgemein Männer und Weiber zu gleichen Teilen. Abänderungen in diesem Verhältnis werden jeweils befohlen.

5. Männer, ebenso Kinder männlichen oder weiblichen Geschlechts von und über 17 Jahren, können von ihren Familien getrennt werden. Nicht festzunehmen sind Frauen, die Kinder unter 14 Jahren haben. Kinder, die noch nicht 17 Jahre alt sind, bleiben grundsätzlich mit ihrer Mutter, oder, wenn weder Mutter noch Großmutter da sind, mit ihrem Vater zusammen [6].

Wie sich die Durchführung gestaltete, geht aus der folgenden Beschreibung, gleichfalls aus Lille, hervor:

„In der Nacht vom Karfreitag auf Karsamstag zogen vor unserem Haus die Truppen vorbei, die das in erster Linie bestimmte Stadtviertel umstellten: Fives. Es war schrecklich; der Offizier schritt langsam durch, bezeichnete die Personen beiderlei Geschlechts, die er auswählte, und gewährte ihnen eine Frist von einer Stunde bis zu zehn Minuten, je nachdem, um sich in Bereitschaft zu setzen.

Die Unglücklichen, an deren Türen für je eine bezeichnete Person eine Schildwache steht, werden zunächst in irgend einen größeren Raum gebracht, in eine Kirche oder Schule, dann werden sie herdenweise, kunterbunt durcheinander, aus allen Bevölkerungsschichten, Leute vom verschiedensten moralischen Wert, anständige Mädchen und Dirnen, zwischen Soldaten, Musik voraus, zum Bahnhof geführt, von wo sie abends abfahren, ohne zu wissen, wohin man sie verschleppt und zu welchen Arbeiten man sie bestimmt [7]."

In dem Protest der Liller Professoren gegen die Deportation junger Mädchen und Frauen aus den besetzten französischen Gebieten werden ausgesprochen sadistische Beschuldigungen gegen deutsche Offiziere erhoben. „In dem Stadtviertel Fives tranken in einer Polizeiwache bei Militärmusik deutsche Offiziere Champagner, während vor ihren Augen arme Frauen ins Exil geschleppt wurden."

Auch Anwürfe anderer Art finden wir in diesem Protest:

„Zuerst im Viehwagen, dann zu Fuß ging's in Dörfer an der Aisne und in den Ardennen. Strohlager in Häusern ohne Fenster und

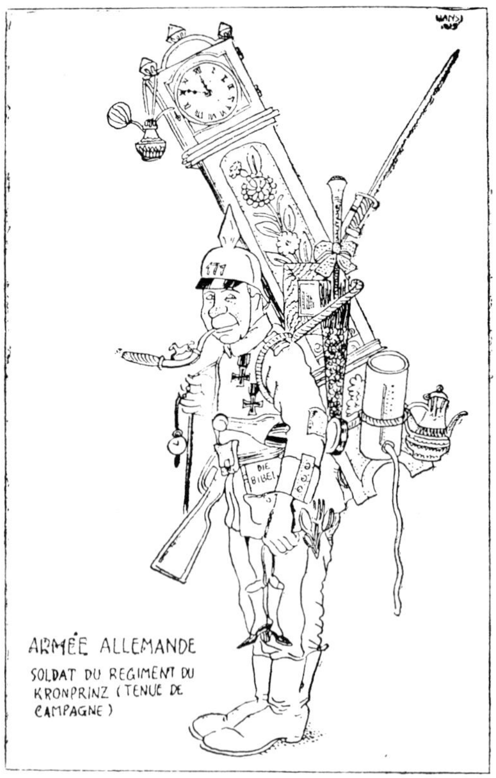

„Gefechtsausrüstung"
in der deutschen Armee; ein Soldat des Kronprinz-Regimentes *Deutschfeindliche Postkarte*

Etappenzauber. *Zeichnung von Grasreiner*

Türen, oft ohne Dach: so waren unsere Frauen wochenlang untergebracht. Später, in leidlicher Herberge, hatten sie sich nachts eindringender Soldaten und Offiziere zu erwehren und manche mußte, im Hemd, auf nackten Füßen draußen Schutz suchen. Die ihnen auferlegte Feldarbeit war ungemein hart; und alle, ohne Unterschied der Erziehung und des Rufes, mußten sich der entsetzlichen Schmach sittenpolizeilicher Untersuchung fügen, die mit unfaßbarer Rohheit durchgeführt wurde.

Douay wurde nach dieser Evakuierung ganz und gar ausgeplündert. Kostbare Möbel, Kunstgerät, Silberzeug, Bücher, Pianos, wurden in Mengen auf Kähnen verstaut, die man Tag für Tag bei St. Amand vorüberfahren sah. Alle Schränke waren leer, alle Schaufenster zerschlagen, Porzellan und Kristall in Scherben und Splitter, Sofas und Polsterstühle abgeschält, Bilder aus den Rahmen geschnitten, in der Peterskirche die Orgelpfeifen abgerissen, die Priestergewänder auf die Fliesen geworfen und von schmutzigen Sohlen befleckt; fast alles Unbewegliche in Trümmer. Sechs Monate später, nach der Rückkehr sollten diese Liller Frauen ihre Namen auf ein weißes Blatt setzen und wurden, da sie sich weigerten, in dunkle Fabrikkeller gesperrt, die sie 14 Tage lang nicht für eine Minute, auch nicht unter dem Drang leiblichen Bedürfnisses, verlassen durften[8].“

Eine weitaus wichtigere Rolle im Leben des Etappenoffiziers als die Frauen der bodenständigen Bevölkerung spielten die ebenfalls in der Etappe ansässigen Frauen der eigenen Heimat: die Hilfsdienstmädchen. Diese Einrichtung war bei allen kriegführenden Staaten bekannt. In Frankreich wurden sogar schon 1914 zum erstenmal weibliche Hilfskräfte, hauptsächlich Chauffeusen, eingestellt. Auch in Deutschland kamen sie zu immer größerer Bedeutung, besonders weil sie durch ihre Ersatztätigkeit die Zahl der kriegsverwendungsfähigen Männer erhöhten. Über das Leben dieser Hilfsdienstdamen stehen uns reichliche Daten zur Verfügung. Der Roman „Gesicht der Etappe“ führt uns in ein Offiziersbordell:

„Aus dem Gesellschaftsraum hörte man die Klänge eines verstimmten Klaviers. Die Haustür klappte öfters. Die Zahl der Besucher mehrte sich. Vier oder fünf Mädchen und ebenso viele Offiziere tanzten in dem großen Raum.

Riemann stand wartend an der Tür. Eine Junge löste sich aus der Schar der Tanzenden und kam auf Riemann zu. Über das Kindergesicht, das eine tiefe Falte auf der Stirn aufwies, fielen Strähnen von blonden, wirren Haaren. Die großen Augen, die mit blaßblauen Ringen umgeben waren, flackerten unruhig.

‚Warum tanzt du nicht?‘

‚Ich habe keine Lust.‘

‚Du bist schlechter Laune. Weshalb sind so viele Offiziere bei euch schlechter Laune, wenn sie hierher kommen?‘

Riemann lächelte bitter: ‚Vielleicht sind sie

nur schlechter Laune, wenn sie herkommen – später werden sie lustiger.‘
Das Mädchen sagte: ‚Aber früher hättest du kommen sollen, da war alles viel lustiger. Jetzt haben wir lange nicht mehr so viel Besuch.‘
‚Weshalb‘
‚Eure deutschen Mädchen hier draußen – wie nennt ihr sie doch?‘
‚Die Hilfsdienstpflichtigen‘, sagte Riemann und biß sich auf die Lippen.
‚Ja – eure deutschen Mädchen nehmen uns so viele Männer fort‘, sagte das Mädchen ernsthaft. ‚Sie kommen euch frei ins Haus, das können wir nicht [9].‘“

Ein wahrer Konkurrenzkampf wütete zwischen den Frauen des Landes und den zugereisten Hilfsdienstdamen; in diesem Kampfe war man nicht nur bestrebt, einander die zahlungsfähigen Offiziere wegzuschnappen, sondern es kam auch vielfach aus dem Gefühl der Nebenbuhlerschaft zu gegenseitiger Beschnüffelung. Die Belgierin rümpfte die Nase über die Hilfsdienstkraft, die sie „Mitrailleuse“ nannte und über deren Moral sie sich in vielen Fällen himmelhoch erhaben dünkte. Das deutsche Mädchen hinwieder sah im gesamten besiegten Volke eine minderwertige Rasse. Der Ruf der Etappenmädchen war übrigens auch in Deutschland kein besserer als in der Etappe selbst. Hier nannte man sie mit Vorliebe „Stoßtruppmädchen“. Abgesehen von seltenen Fällen, war das Leben der Etappenmädchen von dem der Prostituierten kaum zu unterscheiden. In dem Roman „Etappenmädels“ von Martha Babillotte finden wir über die soziale Schichtung der deutschen Etappenmädel in Frankreich folgende Ausführungen:

„Die verheirateten Frauen, die ihre Männer bei sich hatten, zogen sich ganz in den Kreis ihrer von Staats wegen erlaubten häuslichen Zärtlichkeit zurück, nicht ohne eine gewisse Verachtung für die anderen an den Tag zu legen. Dann kamen die, die ein festes Verhältnis hatten. Das waren die relativ Anständigsten; sie gingen des Abends zu ihren Herren oder wurden von diesen besucht, und die Eifersucht der Herren wachte meistenteils besser über den Anstand der Mädchen, als dies alle Regeln von Sitte und Gesellschaft taten. Diese Verhältnisse endeten auch fast alle mit einer soliden, offiziellen Verlobung und Hochzeit, wenn auch die inoffizielle längst vorüber war.
Den übrigen Teil aber bildeten die viel zu vielen, jene Mädchen, die das Etappenleben völlig unterkriegte, obwohl es oftmals auch Mädchen aus guten Familien waren. Namentlich unter den neueren waren sehr viel zweifelhafte Elemente, die in Lille oder in

„Etappenmädel“
Zeichnung von A. Stadler

Sie pflegt ihn – mit Hingabe . . .
Gouache von T. Saubier. Aus „Fantasio", 1916

Kirchgang in Flandern

Zeichnung von P. Meyer. Aus „Kriegsflugblätter der Liller Kriegszeitung“

Brüssel bereits auf der Hochschule des Lebens gewesen waren. Für die begann der Mann erst von den Achselstücken an zu existieren, was aber Epauletten trug, das wurde wahllos hingenommen. Die Mädchen hatten allerorten Beziehungen, bekamen Butter, Eier, Speck, Weißbrot, Wäsche, die die Offiziere erst wieder gegen Gummi, Fahrräder, Petroleum, Kohlen usw. ertauschten [10].“

Die Tagebuchaufzeichnungen eines Soldaten, die hier folgen sollen, können sicherlich als typisch gelten:

„22. August 1918. Im Kino in Hirson. Ich kann ausgehen und besuche das Kino. Es kommen auch einige Damen vom Hilfsdienst in Begleitung von Offizieren. Wenn eine erschien, dann brüllte die Galerie: ‚Stoßtrupp!‘ und gezischelt lief das Wort: ‚Offiziersmatratze!‘ von Mund zu Mund. Nach 10 Uhr mußten wir schleunigst von den Straßen verschwinden derweilen die Offiziere mit diesen Damen patrouillierten.“

Ähnlich lagen die Zustände auch bei der österreichischen Armee. Nicht uninteressant ist es, was ein österreichischer Offizier, Oberstleutnant Hugo Püssl, über diese Frage sagt:

„Oft schien es, als hätte das Armee-Oberkommando mit der Absicht, den Offizieren in dem langen Kriege eine Zerstreuung zu vergönnen, die Institution der weiblichen Hilfskräfte geschaffen. Die meisten Mädchen machten keinen Hehl aus ihrem illegitimen Eheverhältnis und quittierten diesbezügliche ironische Bemerkungen, zum Beispiel: ‚Wo bleibt denn heute der Herr Gemahl?‘ als durchaus nichts Kränkendes.

... Daß wohl die meisten weiblichen Kanzleikräfte, Schwestern und dergleichen, ihre Verehrer oder auch deren mehrere fanden, ist doch ganz natürlich und verzeihlich; denn welches junge Menschenkind, dem die Gelegenheit förmlich aufgedrängt wird, der allgewaltigen Liebe zu huldigen, wird nicht nach der dargebotenen verbotenen Frucht

„Das darf ruhig ein bißchen mehr wiegen . . ."
Aus der Schützengrabenzeitung „Drahtverhau", Bayr. Landwehr-I.-Reg. Nr. 1

greifen? Es ist absolut widersinnig und ganz unbegründet, wenn sich scheinheilige Eiferer fanden, die sich über das allzu freie Leben der Hilfskräfte beklagten. Man hätte diese heikle Institution einfach nicht ins Leben rufen sollen [11]."

Nicht immer stellte sich das Militär den Hilfsdienstdamen gegenüber auf einen so nachgiebigen Standpunkt. Besonders gegen das Ende des Krieges, als es bereits zu arg getrieben wurde, machte man den Versuch, der Disziplin und der Offizierswürde auch auf diesem Gebiete Geltung zu verschaffen, ohne damit im allgemeinen einen Erfolg zu erzielen. Eine Verlautbarung des k. u. k. VI. Armeekommandos besagt:

„Alle weiblichen Hilfskräfte haben sowohl Seine k. u. k. Hoheit, den Armeekommandanten und den Armee-Generalstabschef als auch ihre vorgesetzten Offiziere in und außer Dienst zuerst zu grüßen. . . .

Die weiblichen Hilfskräfte sind in entsprechender Art zur Nettigkeit und Sauberkeit, insbesondere aber zur körperlichen Reinlichkeit (auch Frisur) anzuhalten; es ist ihnen Gelegenheit zu geben, daß sie tunlichst oft Bäder zugewiesen erhalten, und dafür zu sorgen, daß sie dieselben auch benützen. . . . Ein Großteil der weiblichen Hilfskräfte entstammt nicht jener gesellschaftlichen Schicht, die der Offizier zu seinem Umgang wählen kann. Der außerdienstliche Verkehr mit weiblichen Hilfskräften ist seitens der Offiziere und Gleichgestellten in vorstehendem Sinne einzuschränken [12]."

Übersichtlich wird die Frage der weiblichen Hilfskräfte in der Armee der Donaumonarchie von S. Weyr in einem Aufsatz bearbeitet, der übrigens auch den Vorteil hat, die soziale Seite des Problems nicht zu übersehen, was sonst bei den meisten Mitteilungen dieser Art der Fall ist. Er schreibt:

„Das Jahr 1916 endete für die k. u. k. Heeresverwaltung unter düsteren Ausblicken. Die Katastrophe von Luck, das Abenteuer von Asiago verursachten ungeheure Menschenverluste; von den Isonzoschlachten ganz zu schweigen. Der Krieg wurde damals schon längst mit Landsturmmassen geführt. Aber auch dieses ‚Material' begann auszugehen, wie dann Anfang 1917 alles auszugehen begann. Es waren für die Marschbataillone, die die Ersatzkörper jeweils an die Armee im Felde zu senden hatten, jedesmal 200 000 Mann nötig, wenn jeder Ersatzkörper ein solches Bataillon in Marsch setzte. Achtundzwanzigmal sind solche Bataillone im Verlaufe des Weltkrieges aufgestellt worden, somit sind auf diesem Wege rund 5 600 000 Mann ins Feld gegangen. Nun wurde im Jänner 1917 der Geburtsjahrgang 1872 (die 44jährigen) ‚einrückend gemacht', der Jahrgang 1899 (die 17jährigen) gemustert, der Brotlaib auf 140 Gramm reduziert, die Kaffeekarte eingeführt, von allen Türen und

Toren die Klinken abgeschraubt, Servietten und Tischtücher an die Baumwollzentrale abgeliefert. Aber die bösartigste Angelegenheit war der Mangel an ‚Menschenmaterial'. In dieser Zeit kam der Generalstabsmajor im Armeeoberkommando, Major Schubert, auf die Idee der ‚weiblichen Hilfskräfte', die die älteren Männer aus den Militärkanzleien ablösen, diese für die Landsturm-Wachkompagnien und andere wieder dort gebundene Kräfte für die Feuerlinie freimachen sollten. Was aus dieser so ungeniösen Idee aber tatsächlich geworden ist, ergibt sich aus folgenden Feststellungen: der Höchststand der weiblichen Hilfskräfte betrug 95 000 bis 100 000 Köpfe. Das ist die authentische Schätzung desjenigen Mannes, der es nach seiner amtlichen Stellung am besten wissen mußte. Nach den Schätzungen der Referenten aber, die bei den verschiedenen Armeen mit den weiblichen Hilfskräften zu tun hatten, betrieben 25 000 bis 30 000 von ihnen gewerbsmäßig geheime Prostitution. ..." [13]

Die Lage der großstädtischen Bevölkerung war anfangs 1917 bereits gräßlich. Es gab eine Sparmaßnahme nach der anderen, aber kein Mehl und kein Brot. Die Kohlenversorgung war in Wien im Februar 1917 so, daß die Tramway zwei Wochen nur eine Stunde abends und eine Stunde morgens verkehrte, alle Lokale, Theater usw. geschlossen werden sollten; die Verzweiflung erhob in allen Wiener Straßen ihr Haupt. Da kam Ende Jänner der Erlaß des Kriegsministeriums, 10. Abteilung, heraus, der die Aufstellung von weiblichen Hilfskräften organisierte. Zwar waren Frauen in verschiedenen Militärkanzleien des Hinterlandes bereits seit Kriegsbeginn in Verwendung, die Rotkreuz-Schwestern hatten sich schon aufgeopfert und dafür bekanntlich einen zweifelhaften Ruf erworben. Aber die Möglichkeit, in Massen in Militärdienst zu treten, hatte für Frauen noch nicht bestanden. Die Institution des offiziellen weiblichen militärischen Funktionärs war etwas Neues.

Untersuchen wir die Gründe, die so viele Frauen, mehr als ihrer gebraucht wurden, zur Meldung veranlaßten, so war es in erster Linie die Aussicht auf gute, reichliche Nahrung, das viele Geld – 160 bis 200 Kronen im Monat –, aber sicher auch in vielen Fällen eine bewußte oder unbewußte Sucht nach Abenteuern, eine übermächtige Sehnsucht nach einer vagen Romantik.

„Für ein Kommißbrot und einen Franc,
Lieben wir euch stundenlang ..."
Lied aus der flandrischen Etappe
Zeichnung von Paul Kamm

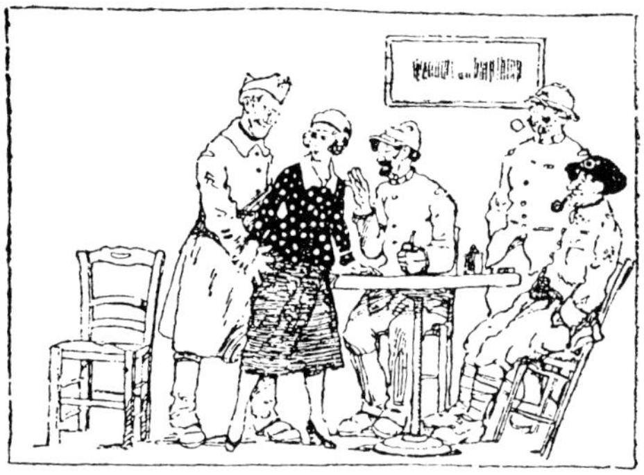

„Im Angriff"
hinter der alliierten Front
Zeichnung von R. Jouenne. Aus „Fantasio", 1918

Wie gestaltete sich das Schicksal einer k. u. k. Hilfskraft? Mit „Zehrgeld" beteilt, fuhr sie von Wien ab, irgendwohin, wo Krieg war. Nach Trient, nach Lemberg, nach Lublin, Belgrad oder Bukarest. Meist kümmerte sich niemand darum, wie sie an den Ort ihrer Bestimmung gelangte. Endlich an Ort und Stelle, mußte sie sich durchfragen, bis sie zum Generalstabschef kam und nach einer meist recht oberflächlichen Prüfung ihrer Kenntnisse wurde sie irgend einer Stelle zugeteilt. In Trient war zum Beispiel ein richtiger Sklavenmarkt für weibliche Hilfskräfte. In einem Schulsaale saßen sie mit ihren Köfferchen auf den Bänken und die „Herren", die eine weibliche Hilfskraft brauchten, kamen, sich eine auszuwählen. Wer da herkam, wußte: das Geschöpf, das du dir mitnimmst, ist dir rettungslos und hilflos ausgeliefert. Das war eine Machtvollkommenheit, die das Verantwortlichkeitsgefühl der meisten Menschen, in deren Händen sie gelegt wurde, überstieg. Die Militärgouvernements hatten den größten Bedarf an weiblichen Hilfskräften und dort ist es auch am ärgsten zugegangen. In vielen, allzu vielen Fällen sah sich die weibliche Hilfskraft Vorgesetzten gegenüber, die ihre Dienststellung in sexueller Beziehung hemmungslos ausnützten. Es gab natürlich auch Ausnahmen, aber ehrenhafte Kommandanten, die in der weiblichen Hilfskraft den Menschen und nicht „das Mensch" sahen, waren weiße Raben. Der Hauptgrund für die völlige Wehrlosigkeit der weiblichen Hilfskräfte gegenüber der Verführung ist wohl in der materiellen Abhängigkeit der Mädchen von dem Offizier zu suchen, der sie mit einem Federstrich in die hungernde Großstadt zurückjagen konnte. Denken wir doch nur daran, was das Militär aus den männlichen Zivilisten vielfach gemacht hat. Wenn Leute kleinsten, aber auch größeren Formats durch den Leutnantsstern, der ihnen aufgepickt wurde, plötzlich von Größenideen absurdester Art beherrscht wurden und im Bannkreis der militärischen Ideologie Vernunft, Anstand und Charakter verloren, darf man sich da wundern, daß es bei jungen, unerfahrenen Mädchen nicht anders war?

Im Laufe des Jahres 1917 bildete sich allmählich eine eigentümliche Form der sexuellen Beziehungen zwischen den weiblichen Hilfskräften und den Offizieren aus, eine Form, wie man sie seit den Tagen des Dreißigjährigen Krieges nicht mehr gekannt hat. Die Stellung der weiblichen Hilfskräfte mitten zwischen tausenden erotisch ausgehungerten Männern hatte abenteuerliche Gemeinschaftsformen zur Folge. Ende 1917 war es bereits vielfach üblich, daß Frontoffiziere nicht mehr nach Hause auf Urlaub fuhren, sondern in einen größeren Etappenort, da dort größere Ausschweifungsmöglichkeiten waren als selbst in dem legendären Budapest. Übrigens eine Erscheinung, die infolge der langen Kriegsdauer bei allen Armeen zu beobachten war. Für die gesamte deutsche Westfront war zum Beispiel Brüssel solch ein Capua, wo die einheimischen Prostitu-

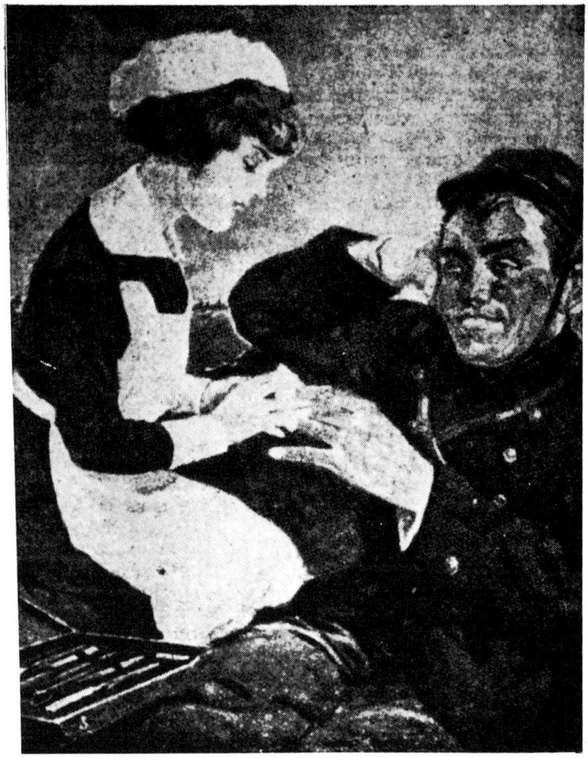

Links: Die vermännlichte Kriegsbraut

Der Standesbeamte: „Entschuldigen Sie, meine Herren, wer von Ihnen ist nun die Braut?“
Zeichnung von E. Huldmann. Aus „Lustige Blätter“, 1918

Rechts: Manicure im Schützengraben

Englische Karikatur auf die „Soldatenbetreuung“ durch Gesellschafts-Damen. „Puck“ 1915

Scherzpostkarte, sich auf die weiblichen „Hilfsdienste“ bei Post, Bahn und städtischen Betrieben in Deutschland beziehend

Sammlung A. Wolff, Leipzig

Links: Das Kaki-Girl

oder „Hilfsdienst auf englisch“. Zeichnung von R. de Valerio. Aus „Fantasio“, 1918

„Kartoffelschälmädchen“, hier in der Etappe der österreichischen Ostfront. *Originalaufnahme*

Etappe Lille
„Do schaug her, dös war so a Konterbandere!“
Zeichnung von B. Wennerberg Aus „Simplicissimus“, 1915

Mehr Dichtung als Wahrheit . . . Das „beschauliche" Leben im besetzten Feindesland
Deutsche Gegenpropaganda in Postkartenform. *Sammlung A. Wolff, Leipzig*

„Kosaken verjagen deutsche Plünderer"
Zeichnung von J. Wladimirow für „The Graphic", London 1916

„Liebe" gegen Kommisbrot
Wahrheitsgetreue Szene aus dem Film „Im Westen nicht Neues" nach dem Roman von E. M. Remarque

Matros' und Meisje finden sich im „Eldorado"
Flandrische Etappe
Aus „An Flanderns Küste", 1916

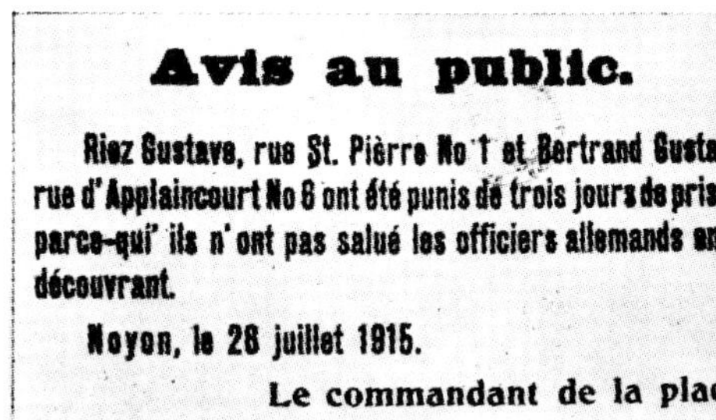

Avis au public.

Riez Gustave, rue St. Pierre No 1 et Bertrand Gustav
rue d'Applaincourt No 6 ont été punis de trois jours de pris
parce-qui' ils n' ont pas salué les officiers allemands en
découvrant.

Noyon, le 28 juillet 1915.

Le commandant de la plac

„Bekanntmachung: Gustave Riez, Rue St. Pierre 1 und Gustave Betrand, Rue d'Applaincourt 6, wurden mit je 3 Tagen Gefängnis bestraft, weil sie deutsche Offiziere nicht durch Hutabnehmen grüßten. Noyon, 28. Juli 1915. Der Ortskommandant."
Deutsches Plakat, Sammlung A. Wolff, Leipzig

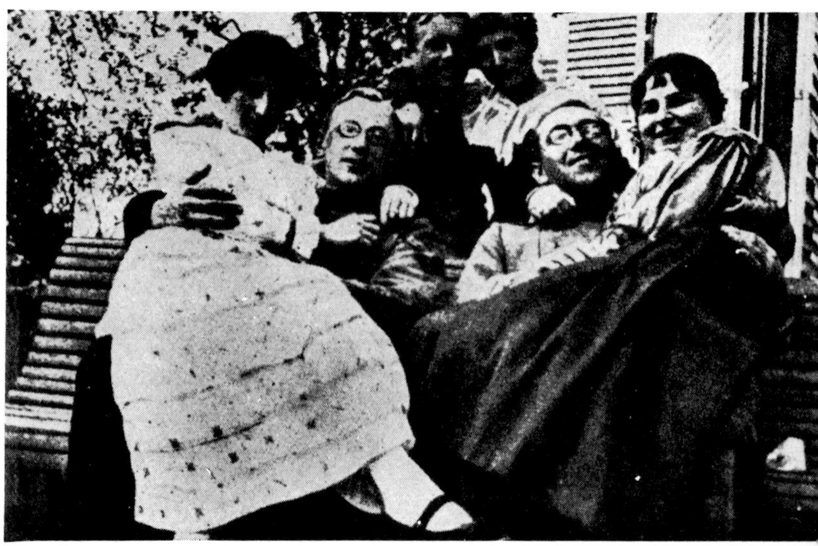

„Mit Gott für Kaiser und Vaterland" – Deutsche Offiziere in Frankreich. *Verlag Viva*

Abschied von der Etappenbraut – mit einigen „Totjes"
Flandrische Etappe *Aus „An Flanderns Küste", 1916*

Unten links: Der einzige Laden im zerstörten Dorf: Kolonialwaren, Wein, Tabak und Liebe
Zeichnung von L. Icart

Unten rechts: „Wer ist der Vater? Oder welche sind . . ." *Zeichnung von L. Gedö*

Venus und Mars
Originalaufn. aus „Images secrètes de la Guérre“

„Schwarzbrot-Sandwich“
Franz. Karikatur von Anglay in „Fantasio“, 1915

. . . hat sein Pläsierchen
Satirische Zeichnung von Paul Kamm

„Die ersten Äpfel des Jahres“
Zeichnung von H. Mirande Aus „Le Rire Rouge“, 1917

„Süh, Korl, kolt rooken möt wi hüt abend, aewer warm warden wi doch
Zeichnung von H. Zille   Aus der Serie „Vadding in Polen"

GESICHTER DER ETAPPE

Unten: „Freut euch des Lebens, solang die Etappe blüht . . ."   *Verlag Viva, Originalaufnahme*

ıerten, die Häuser voll von „Schwestern", ganz andere Reize boten als ausgehungerte deutsche Klein- und Mittelstädte.

Die Folge war, daß ungeheuer viele dieser Frauen und Mädchen den Geschlechtskrankheiten anheim fielen. Es war schwer, sie zu periodischen ärztlichen Untersuchungen zu bringen. Viele Mädchen hatten überhaupt keine Vorstellung vom Wesen der Geschlechtskrankheiten und es war üblich, daß, wenn eine Unglückliche Syphilis akquiriert hatte, sie auch von ihren Geschlechtsgenossinnen nicht als unglücklich, sondern als Verbrecherin behandelt wurde. Man beschimpfte, ja man schlug sie, jagte sie davon. Fiel aber das Mädchen der Offizierssanität in die Hand, dann wurde es von Landsturmmännern mit aufgepflanztem Bajonett abtransportiert. Diejenige aber, die diesem Schicksal entging, wurde von aller Welt wie eine Verpestete gemieden. Sie vereinsamte, verkam und wurde meist Prostituierte. Im Jahre 1918 moderten die paar Divisionen, die durch die Hilfskräfte freigeworden waren, längst im Massengrab. Die Institution hatte sich für den Kriegszweck als nutzlos erwiesen und in weiten Kreisen der Bevölkerung regte sich eine immer gewaltigere Mißstimmung gegen sie. Es waren gerade die besten Mädchen und Frauen, die sich nicht länger dem schmählichen Rufe aussetzen wollten und kündigten. Aus dieser Kenntnis heraus wurden nun vom Kriegsministerium Fraueninspektorinnen aufgestellt und (mit A. O. K./Qu. Nr. 14, 500, Chef des Ers. Wes. Res. Nr. 1, 111, 111/1) zum ersten Male offiziell eine Fraueninspektorats-Organisation versucht.

Daß das Etappenleben auch die überwiegende Mehrheit dieser Frauen und Mädchen die Gesundheit kostete und daß diese einen großen Prozentsatz der venerisch Erkrankten lieferten, steht jedenfalls außer Frage – und so wollen wir uns von diesen Kriegsopfern mit den Worten verabschieden, die Karl Kraus ihnen in seinem grandiosen Kriegsdrama in den Mund legt [14]:

„Wir, die Wehrmacht zu entzücken,
eingerückte Heereshuren,
kehren nunmehr euch den Rücken,
als Brigade der Lemuren.

Opfernd heldlichem Verlangen,
angesteckt von eurem Mute,
Rosen blüh'n uns auf den Wangen
und die Syphilis im Blute.

Blut und Tränen, Wein und Samen
flossen euch im Bacchanale,
und was wir von euch bekamen,
tragen heim wir zum Spitale.

So verabscheut sind wir heute,
denn uns schlottern die Gewänder,
und wir schleppen unsre Beute
in die fernen Hinterländer.

Verstohlenes Etappenglück
Aus „La Vie Parisiennne", 1917

Doch wir wachsen durch die Zeiten!
Einstens rast ein Landsturm, brausend,
alle Menschheit zu bestreiten,
durch ein schauderndes Jahrtausend."

Zwischen den ortsansässigen Frauen, die die Not zur Preisgabe ihrer Körper trieb, und den Etappenmädchen, die sich in vollständiger wirtschaftlicher Abhängigkeit von ihm

Der Zuave:
„Ich gerne für kleine Französin kämpfen . . . !"
Zeichnung von Marcel Bloch.
Aus „La Baïonnette", 1915

befanden, verlief das Leben des Etappenoffiziers in feudaler Sorglosigkeit. Die Kosten seines Wohllebens bestritten die Frauen des Landes, das den Schauplatz für seine Etappentätigkeit abgab, und die Hilfsdienstmädchen. Über beiden hing ständig die Gefahr, geschlechtlich angesteckt und ihres Broterwerbs verlustig oder in eines der Frauenkrankenhäuser gesteckt zu werden.
An dieser Stelle müssen wir dieser sehr charakteristischen Institution der Etappe gedenken. Solche Frauenkrankenhäuser, von den Soldaten „Maschinengewehr-Reparaturwerkstätten" genannt, wurden überall errichtet, wo Truppen standen, so natürlich auch in Belgien und Frankreich und nach dem westlichen Muster auch im östlichen Etappengebiet.

Auch in Nordfrankreich verhielt es sich ähnlich. So gab es in Lille vier Krankenhäuser, in denen die Behandlung der Erkrankten durch französische Ärzte unter deutscher Aufsicht erfolgte. Die Krankenhäuser unterstanden dem deutschen Polizeiarzt. Dieser hatte darüber zu entscheiden, ob vom ärztlichen Standpunkt aus die Einweisung oder Entlassung einer Dirne angezeigt war. Er hatte die gesamte Hygiene, einschließlich der Küche, zu überwachen. Geheimprostituierte, die zum zweiten Male in ein Krankenhaus eingeliefert wurden, mußten zwangsweise unter Kontrolle gestellt werden. Sehr bekannt war das Krankenhaus in Lousberg im Genter Gebiet in Belgien, das im Juni 1917 Gegenstand eines nächtlichen Fliegerangriffes wurde, in dessen Folge 800 Frauen ausbrachen und mit schwerer Mühe wieder zusammengetrieben werden mußten; von Wandt wissen wir, daß durchschnittlich 800 bis 1000, manchmal aber bis zu 1500 Frauen aller Jahrgänge mit Kindern in Lousberg untergebracht waren. Sie mußten Sandsäcke nähen (die für den Schützengraben benötigt wurden) und erhielten dafür auf Kosten der Stadt Gent zehn Pfennig Tagelohn [15].
Henel schreibt in „Eros im Stacheldraht":
„Die deutsche Etappenkommandantur hatte das Stift Lousberg als Zwangsinternat für geschlechtskranke Frauen eingerichtet. Man wollte vermeiden, daß die vielen Frauen und Mädchen, die sich aus der Not der Zeit heraus an deutsche Soldaten verkauften, empfangene Geschlechtskrankheiten weiterverbreiteten. Ich bin mit ihnen vollkommen einig, daß das an sich sehr löblich war. Aber nach Lousberg kamen nicht nur wirklich kranke Frauen und Dirnen, an denen moralisch nichts mehr zu verderben war, sondern jedes Weib, das irgendwie verdächtig war . . . Tausende von Frauen hat Lousberg in den

Feldgrauer Humor aus „Scheinwerfer", Beilage zur Zeitung der 10. Armee (Wilna)
Sammlung A. Wolff, Leipzig

vier deutschen Jahren gesehen, Tausende davon gehörten nicht dorthin. Aber sie mußten dieselbe Behandlung über sich ergehen lassen wie die abgebrühtesten und verseuchtesten Dirnen. Ob sie brave, anständige Arbeiterinnen waren oder Frauen der höheren Gesellschaftskreise – wenn sich das Tor von Lousberg hinter ihnen geschlossen hatte, wurden sie gleichmäßig als Auswurf des weiblichen Geschlechtes behandelt. Sie mußten gemeinsam in den geräumigen, unappetitlichen Sälen liegen, mußten, selbst wenn ihre Herzen bis dahin keusch waren, nachts die unflätigsten Zoten anhören, und daß manche

Bordelldirne sich an der anständigen Frau gern für frühere Verachtung auf bequeme Art rächte, ist menschlich und verständlich. Und am Tage mußte die eine wie die andere auf dem Untersuchungsstuhle ihre geheimsten Dinge den Blicken und Griffen der Ärzte und des zahlreichen Unterpersonals darbieten. In entsetzlichen Ausmaßen und auf grausamste Weise ist dort mit den leichtempfindlichen Seelen zarter Frauen gewüstet worden. Viele bekamen bei der Entlassung unverdient die gelbe Kontrollkarte mit, die zu ständiger ärztlicher Aufsicht verpflichtete, viele unverdient einen Makel für das ganze Leben, aus dem dann die bürgerlichen Tragödien nach dem Friedensschlusse, das heißt nach der Rückkehr ihrer Männer, entsprangen. Der Volksmund hatte das Stift schon bald in Luesberg umgetauft. Wer mit diesem Namen in Verbindung gebracht werden kann, wird zeit seines Lebens daran zu leiden haben [16].

Natürlich ist anzunehmen, daß es bei der wirtschaftlichen Not, die die einheimische Bevölkerung der besetzten Gebiete bedrückte, auch zu rein menschlichen Beziehungen zwischen hilfsbereiten deutschen Soldaten, besonders gewöhnlichen Mannschaftspersonen, und der ansässigen Bevölkerung kam, daß die Soldaten den Frauen und Kindern durch Taten und Worte Trost zu spenden suchten und diese hinwieder im Feind auch den Menschen erkannten. Denn hatte der Krieg mit seinen Schrecken auch die Sinne abgestumpft, so hatte er doch halb unbewußte Erkenntnisse gebracht, die sich in Taten edler Nächstenliebe äußerten.

Soldatenhumor

Aus der Schützengrabenzeitung II. Bayr. I.-Reg. 19

Die russische Legionärin und ihr Kamerad
Aquarell eines russischen Künstlers

Die Erotik des Hinterlandes

XIII

Prostitution und Geschlechtskrankheiten in den Hauptstädten – Das Liebesleben der Kriegsjugend – Die Zerrüttung der Ehe – Wohin die Millionen der Kriegsgewinner wanderten – Nachtleben, Geheimklubs und Nacktbälle während des Krieges – Männliche Prostitution

Die Frage, wie sich der Krieg nun im Hinterland, das ihn ja mitführen half, darstellte, ist kaum einheitlich zu beantworten. Breite Schichten, besonders des städtischen Proletariats und Kleinbürgertums, litten in diesen Jahren selbst in den von wirtschaftlichen Entbehrungen nicht übermäßig heimgesuchten Ententeländern Unsägliches. Zugleich aber entstand in allen kriegführenden Ländern eine verhältnismäßig zahlreiche Klasse, die vom Krieg profitierte. Neu war diese Erscheinung freilich nicht, schon der Verfasser des „Robinson", Defoe, klagte über die Heereslieferanten und Kriegsmillionäre seiner Zeit. Aber wie in allem, brachte der Weltkrieg auch hier ungeahnte Dimensionen. Auf einmal waren „Moral", „Anständigkeit", „Solidität" im Geschäftsleben verschwunden. Das ging sozusagen von heute auf morgen. Alles begann mit allem zu handeln. Unter den Augen einer hilflosen Verwaltung, ja vielfach von ihr veranlaßt, entstand eine Mentalität, wie sie noch nie dagewesen war. Die Mentalität des Kriegslieferanten, der später Schieber hieß. Diebstahl am Staat verlor den kriminellen Anstrich. Es war selbstverständlich, bei Kriegslieferungen zu betrügen, wurde immer selbstverständlicher, denn die wenigen Gerichtsverfahren sind meist im Sande verlaufen.

Die Genußsucht und Lebensgier dieser neu entstandenen Klasse drückte dem Liebesleben

Siegreich wollen wir Frankreich schlagen!
Zeichnung von George Grosz. Aus „Abrechnung folgt"

des Hinterlandes ein eigenartiges, besonderes Gepräge auf. Das Wohlleben der durch den Krieg wirtschaftlich in die Höhe gehobenen Klassen ergab dann neben der Verrohung an der Front jene seelische Diskrepanz zwischen Front und Hinterland, über die viel geklagt, die aber durch die Zensur aller Briefe von und nach der Front auch bewußt gefördert wurde. Am prägnantesten drückt sie vielleicht Romain Rolland aus, wenn er seinen Clerambault nach Paris kommen und zu diesem Urteil gelangen läßt: „Das Publikum der Kaffeehäuser und der Teesalons war bereit, zwanzig Jahre durchzuhalten, wenn es nottat" [1].

Die Prasserei des Kriegsschiebertums hatte neben dem primären und allgemeinen Grund, daß die bürgerliche Moral im Laufe der Geschichte jedesmal ins Wanken geriet, wenn eine Schicht des Bürgertums einen im Produktionsprozeß nicht anlegbaren Kapitalsüberschuß angehäuft hatte, noch eine psychologische Erklärung: je länger der Krieg dauerte, um so mehr nahm die Zuversicht ab, das zusammengeschacherte Vermögen in den Frieden hinüberretten zu können. „Die Rheindampfer waren", schreibt der „Vorwärts" Ende August 1918, „noch nie so überfüllt, wie im Sommer 1918, der Rheinwein war nie begehrter als heuer und die feuchtfröhlichen Orte an den Rheinufern waren nie mehr von bechernden Menschen erfüllt, wie an der Schwelle des fünften Kriegsjahres. Im Rheingau hat in der Gegend von Rüdesheim der Lärm der sich belustigenden Kriegsgewinner so zugenommen, daß der Kommandierende General angeordnet hat, auch die Lustbarkeiten auf Privatgrundstükken bedürften der polizeilichen Genehmigung."

Das Hinterland
Aus „Die Menschen und der Krieg"
Holzschnitt von Frans Masereel

Auf der anderen Seite war es der Frauenüberschuß, der sich in der öffentlichen Sittlichkeit des Hinterlandes fühlbar machte. Als weitere Momente sind zu erwähnen die Berufstätigkeit der Frau, ihre aus der wirtschaftlichen Selbständigkeit folgende freiere moralische Auffassung, die Verwahrlosung des aller Aufsicht beraubten Kriegskindes der ärmeren Klassen und als kombinierte Folge all dieser Vorbedingungen das Anwachsen des außerehelichen Verkehrs.
Die Sittlichkeitsverbrechen und die Prostitution nahmen allerdings in den ersten Kriegsjahren den Statistiken nach überall ab. So gab es auf dem Gebiete der österreichischen Monarchie im Jahre 1915 noch 480 Verurteilungen wegen Sittlichkeitsverbrechen, eine Zahl, die bis Kriegsende einen stetigen Rückgang erfährt und im letzten Kriegsjahr den Tiefstand von 101 erreicht. Exner [2] weist in diesem Zusammenhange auf die schlechte Er-

nährung und die Sorgen des täglichen Lebens als Ursache hin. Viel wahrscheinlicher ist es jedoch, daß sich bloß der Männermangel (als Täter kommen hauptsächlich Männer im wehrfähigen Alter in Betracht), das die Nachfrage weit übersteigende Angebot an Frauen und die Unzulänglichkeit der Behörden, die zwar tüchtig gegen die Unsittlichkeit wetterten, aber mit ihrem wegen der Masseneinziehungen verminderten Personal nur halbe Arbeit leisten konnten, in diesen statistischen Ziffern ausdrücken. Im übrigen war es mit den Sexualverbrechen wohl genau so bestellt wie mit der Prostitution; namentlich zeigt, wenn man den Statistiken glauben will, auch diese seit Kriegsausbruch eine rückläufige Bewegung. Überall geht die Zahl der kontrollierten Prostitution zurück. Dafür aber nimmt die geheime „Unzucht" einen unheimlichen Umfang an [3]. Diejenigen, die im Rückgang der kontrollierten Prostitution einen moralischen Aktivposten zu sehen vermeinten, übersahen geflissentlich die Kehrseite des Problems. Der Polizeichef von Paris während der Kriegszeit, L. Lépine, den wir hierüber befragten, äußerte sich in diesem Sinne wie folgt:

„Es wird vielleicht überraschen, daß die Prostitution entgegen allen früheren Erfahrungen während des Krieges nicht stieg, sondern im Gegenteil zurückging. Dies hat seinen Grund vor allem darin, daß die Abwesenheit der eingezogenen Männer den Frauen zu Arbeitsmöglichkeiten verhalf, von denen sie früher nicht geträumt hatten. Lediglich diesen Arbeitsgelegenheiten ist es beizumessen, daß die Prostitution in Frankreich zurückging, weil eine Unzahl früherer Prostituierter in den verschiedenen Fabriken und in öffentlichen Betrieben unterkommen konnte. Ihre Abkehr von der Prostitution ist neben den materiellen Gründen auch dadurch zu erklären, daß die Ausübung der gewerblichen Unzucht viel gefährlicher war als im Frieden, namentlich hat der Krieg die Geschlechtskrankheiten, insbesondere die Syphilis, in entsetzlichem Maße vermehrt und die Ansteckung war fast unvermeidlich. Die Angst vor der Ansteckung und dem Interniertwerden brachte die Prostituierte auf den guten Weg und hinderte die Frau der unbemittelten Klassen daran, ihr Brot auf dem Strich zu verdienen."

Diese Argumentation hat den Fehler, daß sie die geheime Prostitution, zu deren Ausübung sich im Kriege bei der allgemeinen Fluktuation mehr Gelegenheit als jemals bot, nicht genügend berücksichtigt. Auch daß Angst vor Geschlechtskrankheiten ausschlaggebend gewesen wäre, ist sehr zu bezweifeln, da die im

Der englische zum deutschen Kriegsgewinner: „Sie, armer Kollege, werden eingesperrt – mir bleibt so etwas erspart . . . !" Aus „Punch", 1916

Kriege überall in größtem Maßstab verbreitete Kenntnis der Verhütungsmittel sich auch hier beruhigend ausgewirkt haben dürfte. Doch wie dem auch sei, ist die Überhandnahme der geheimen Prostitution im Hinterlande wie auch die mit dieser immer parallel laufende Verbreitung der Geschlechtskrankheiten in allen kriegführenden Ländern eine nicht mehr zu leugnende Tatsache der Kriegsjahre. Als wichtiges Moment ist hierbei zu beachten, daß die geheime Prostitution in viel größerem Maße als jemals vor-

Amor macht den Speisezettel
Zeichnung von C. Hérouard. Aus „La Vie Parisienne", 1917

her von jugendlichen und verheirateten Frauen ausgeübt wurde. Einige Beispiele:
„In einer Anfang 1916 tagenden geheimen Sitzung der französischen Kammer wurde die Regierung von sozialdemokratischer Seite aufmerksam gemacht, daß es in Paris an die 100 000 Ehefrauen aus der Provinz gäbe, die hier der Prostitution nachgingen, um ihre Kinder ernähren zu können [4]."
„In Wien ist die Anzahl der geschlechtskranken Ehefrauen von 9 v. H. aller venerischen Erkrankungen im Jahre 1913 auf 13 v. H. im Jahre 1915 gestiegen. Zu gleicher Zeit hob sich die Zahl der Durchseuchungen der 15- bis 18jährigen von 4 v.H. auf 11 v.H. [5]."
„Im Ambulatorium des Verbandes der genossenschaftlichen Krankenkassen in Wien hat sich die Durchschnittszahl der Geschlechtskranken unter zwanzig Jahren, wie Prof. Dr. M. Oppenheim mitteilt [6], verdoppelt."
Diese starke Beteiligung der Jugendlichen an der Prostitution und den geschlechtlichen Erkrankungen erklärt H. Hofmann wie folgt [7]:
„Der Marktwert der geheimen und Gelegenheitsprostitution, speziell der Jugendlichen, ist während des Krieges gestiegen. Mit der Lockerung der Familienbande, mit der oft brutalen Trennung von Kindern und Eltern beim Verlassen der Heimat, sind viele Frauen gegenüber dem Drängen des Mannes schutz- und wehrlos geworden. Plan- und ziellos folgten viele Mädchen irgend einem Freund, der sie für kurze Zeit mitnahm, um sich ihrer bei der ersten Gelegenheit um so rascher zu entledigen ... Nicht selten ereigneten sich auch Fälle, wo Mädchen aus der Provinz oder vom Lande unvorbereitet und ohne genügende materielle Mittel aus äußeren Gründen zu längerem Verweilen in der Großstadt gezwungen waren, so bei Paßschwierigkeiten, schlechten Verkehrsverhältnissen, Flucht aus der Heimat, bei Hamsterfahrten usw."
Es sei noch angedeutet, daß nach kurzer Kriegsdauer die Hohlheit der Ehe sich in allen Ländern erwies, daß das weibliche Geschlecht sich trotz allen Gesten, Phrasen und Leitartikeln ohne Scheu mit dem neuen Geschlechtspartner vereinte, so wie es der Mann, der Geliebte im Felde, im Etappenraum tat und daß die „Kriegerehe" sich wie alles Menschliche als Stückwerk erwies, unfähig, den Forderungen einer Pseudomoral, die die der herrschenden Klassen war, gerecht zu werden. Bis zum Kriegsende und darüber hinaus widerhallten die Gerichtssäle von tragischen Prozessen. Aber die Situation der

Frau, die ihr natürliches Recht in dem größten Chaos der Geschichte, welches das männliche Geschlecht entfesselte, bewußt oder unbewußt stets verfolgte, fand nur ungerechte und gestrenge Richter. Die strengsten und ungerechtesten in ihren eigenen Geschlechtsgenossinnen. Die Damen, die sich in verschiedenen Städten der Entente und der Mittelstaaten, wie etwa in Breslau [8], freiwillig der Polizei zur Beaufsichtigung ihrer Geschlechtsgenossinnen auf Straßen und Plätzen zur Verfügung stellten, manifestieren da nicht wenig klar die Größe des sexuellen Neides, der in der einen, unglücklicheren Hälfte der Frauen gegen diejenigen wütete, die noch einen Mann hatten. Alle Phrasen von Behütung Jugendlicher, Warnung und Schutz haben den sexuellen Neid nie und nimmer verbergen können, der – oft unbewußt – zu derart grotesken Auswüchsen geführt hat.

Erstes Wiedersehen

„Sagen Sie bitte – sind Sie wirklich der Mann, mit dem ich mich vor drei Jahren verheiratet habe?“
Zeichnung von G. Mühlen-Schulte.
Aus „Simplicissimus“, 1917

Ebenso bedeutungsvoll aber ist die Frage der Kriegsjugend. Natürlich handelt es sich hierbei um die Jugend beiderlei Geschlechts, denn die durch den Krieg bedingte Prostitution minderjähriger Mädchen fand ihr Gegenstück in frühzeitigen Liebeserfahrungen der männlichen Jugend. Hunderte von Jugendlichen, deren Väter im Trommelfeuer lagen, waren zu außerordentlich hohem Einkommen gelangt. Väterliche Autorität war in die Luft zerflattert, die Mutter war durch Sorge, Not und Arbeit aufgerieben, entbehrte der Autorität oder wagte kein Wort, weil sie vom Lohn des Sohnes oder der Tochter (hie und da auch von ihrem Schandlohn) abhing.

Die Vermehrung der venerischen Erkrankungen beschränkt sich indessen nicht auf die zwei erwähnten Bevölkerungskategorien. Die Zunahme ist absolut. Während im Felde Blut und Gut vergeudet wird, beginnt zu Hause der „Tanz der Gonokokken“, um in der unmittelbaren Nachkriegszeit seine Orgien zu feiern. Hier noch einige Daten über die Ausbreitung der Geschlechtskrankheiten in den Großstädten:

„In Paris hat sich die Zahl der Syphiliskranken im ersten Kriegsjahre um ein Drittel erhöht. In England wurde die Zahl der Syphiliskranken in den Großstädten bereits im Jahre 1916 auf 10 v. H. der Bevölkerung geschätzt [9].“

„In Budapest hat sich die Zahl der frischen Syphilisinfektionen bei den männlichen Mitgliedern einer Krankenkasse während des

Krieges verdoppelt und betrug trotz erheblich verminderter Mitgliederzahl 215 im Kriegsjahr 1915 gegen 127 im Jahre 1913[10]."
„In den italienischen Städten war die Verbreitung der Geschlechtskrankheiten nicht geringer. Von 277 Frauen, die in Mailand in den beiden ersten Monaten d. J. 1916 wegen Geheimprostitution aufgegriffen wurden, waren 231 geschlechtskrank und davon nur 45 in nicht mehr kontagiösem Zustand[11]."

Beim Uniformschneider
„Für den Schützengraben?" – „Nein, für den Boulevard!" Aus „Le Rire rouge", 1917

Diese erschreckenden Verhältnisse hatten immerhin etwas Gutes. Das Geschlechtsleben und seine Gefahren wurden erstmals im Kriege öffentlich besprochen, die Sexualität hörte in den Jahren des Blutvergießens auf, Tabu zu sein. In den größeren Städten (Paris, Wien, Prag usw.) wurden Krankenhäuser für Prostituierte errichtet, im klassischen Land sexueller Heuchelei, England, bildete sich 1916 eine Gesellschaft zur Bekämpfung der Geschlechtskrankheiten, „welche die breiten Volksmassen Englands über die Gefahr der Geschlechtskrankheiten für die Nation aufklären und alle Behörden zur Errichtung von besonderen Behandlungsanstalten für Geschlechtskranke auffordern" sollte und im selben Jahre begann man in Deutschland mit der Errichtung der anfangs wütend befehdeten, seither so glänzend bewährten Beratungsstellen. (Eine große Anzahl Gesellschaften, darunter auch ärztliche, wie der Allgemeine Ärztliche Verein in Köln, sprachen sich gegen die Errichtung von Beratungsstellen für Geschlechtskranke aus.)
Auch die mittelalterliche Behandlung unehelicher Kinder wurde angesichts der Ausbreitung des außerehelichen Verkehrs vielfach einer Revision unterzogen, zu der sich die öffentliche Moral, mehr der Not als dem eigenen Triebe gehorchend, entschloß. Auch hier kann als das krasseste Beispiel England gelten, wo mit „Kriegsbabys", unehelichen Kindern, deren Väter Soldaten gewesen sein sollten, eine Zeitlang ein förmlicher Kult getrieben wurde, an dem sich die Frauen der vornehmsten Kreise beteiligten[12].
War das Liebesleben der niederen Volksschichten im Hinterlande dermaßen durch das Kriegsmilieu und die Wirtschaftsnot gekennzeichnet, so bildete das Nacht- und Schlemmerleben der Großstädte den Rahmen, in dem sich die Erotik der Kriegsgewinner, der Reklamierten, der großen Kokotten und der Damen der gehobenen Klassen abspielte. Eine zusammenfassende Darstellung dieser Frage verdanken wir dem bekannten Kulturhistoriker Moreck. Sie möge unsere Ausführungen über die Erotik des Hinterlandes ergänzen:

Der Kriegssäugling
Zeichnung von Th. Th. Heine. Aus „Kleine Bilder aus großer Zeit"

Der große Störenfried
„Licht auslöschen – Zeppelin kommt!“
Zeichnung von Raoul Vion. Aus „Le Rire rouge“, 1915

Die Fieberstimmung in den vom Kriege betroffenen Völkern erhöht die Reizbarkeit, sie steigert die Nervenempfindlichkeit bis zur Psychose und zerstört die Hemmungen, sie macht empfänglicher für alle von außen zuströmenden Eindrücke; sie erzeugt eine sexuelle Hypersensibilität, die selbst sonst zurückhaltende Naturen gefügig und bedenkenlos macht. Es ist die Ungewißheit der Zukunft, die Aufhebung der Lebenssicherheit, die Fragwürdigkeit aller Dinge und der Schatten des Todes, der alles verdüstert, diese panikartige Angst vor dem drohenden Unbekannten, was jene Seelenstimmung erzeugt, in der die Sinne übermächtig werden und gebieterisch ihr Recht fordern und erzwingen. So erlagen in der Zeit des Zusammenbruchs der alten Friedensordnung selbst Menschen mit gefestigten Grundsätzen und wurden widerstandslose Werkzeuge des Eros“. Jener verzweifelten „Après nous le deluge“-Stimmung entsprang ein gebieterisches Genußverlangen, als ob die bedrohten Lebenskräfte des Individuums sich in seiner Sinnlichkeit konzentriert hätten und stürmisch nach Befriedigung drängten. Die „Gunst des Augenblickes“, denn nur des Augenblickes ja war man gewiß, entschied des einzelnen Haltung und Handlung. Der Krieg zerstörte alles. „Lebenswege wurden vernichtet, Pläne gebrochen, und Ideen verloren sich“, sagt Calverton[13], „in rohem Kriegsgeschrei. Die Ideale, für die die Menschen kämpften, wurden ein Handelsartikel in den Augen der Gewinnler und Ausbeuter.“ Da die Zeit dem Menschen keine Besinnlichkeit erlaubte, ließ er sich von einem nervösen Tätigkeitstrieb ergreifen. Alle Energien wollten in Aktivität umgesetzt werden und diese fand ein Ventil jenseits der Berufsarbeit nur in materiellen Genüssen und sinnlichen Vergnügungen. Der Mann fand in der Frauenwelt eine bereitwillige Partnerschaft, denn das Weib stand leidend unter dem Einfluß des Männermangels und bedurfte eines seelischen Ausgleichs für die Entbehrungen an Liebe und Zärtlichkeit, aber auch der Ablenkung und Zerstreuung für seine Sorgen und Kümmernisse, eines Regulators für den Ansturm aufregender und erschreckender Nachrichten und Eindrücke. Die Sinne waren nach Sensationen hungrig, und gierig wurde von den meisten jede Gelegenheit ergriffen, die durch ein Amüsement zeitweises Vergessen der alltäglichen Miseren versprach. Und im Hintergrund stand das Sexuelle. Die im Felde weilenden Männer kamen mit ihren kurzen und

Der Freier
„Herrgott, müass'n dö Leut' a Geld hamm! D'Haar hat's mit Schmalz parfümiert . . . !"
Zeichnung von R. Griess. Aus „Simplicissimus", 1917

ungewissen Urlaubsaufenthalten als sexuelle Versorger kaum in Frage. Dieser Umstand begünstigte die in der Heimat verbliebenen Männer und führte zu ihrer außerordentlichen Wertsteigerung. Sie wurden vielfach zum umworbenen Objekt weiblichen Liebesbegehrens, zum Ziel der auf das Weib übergegangenen sexuellen Aggressivität. Aus dem Mißverhältnis zwischen Angebot und Nachfrage auf dem Gebiet des geschlechtlichen Lebens entwickelte sich eine peinliche Situation, in der die weniger stabilen und innerlich gefestigten Elemente sogar Anzeichen eines sexuellen Größenwahns zeigten. Die vielen offen auf der Jagd nach dem Manne befindlichen Frauen gaben dem kriegszeitlichen Leben in den großen Städten einen besonderen Stempel. Selbst häßliche und unscheinbare Männer wurden plötzlich begehrt und erfolgreich. Sie konnten von seltsamen Abenteuern mit schönen, mondänen Frauen erzählen. Es entstand eine völlige Umwandlung der Begriffe. Männer wurden beschenkt, statt Frauen Zuwendungen zu machen; Männer wurden mit Briefen überhäuft, erhielten Einladungen und Aufforderungen; reiche Frauen luden sich einen ganzen Hofstaat von meist jungen Männern, aber auch reiferen ein, verkehrten mit ihnen in den teuersten Lokalen und zahlten die Zeche. Nicht selten statteten sie ihre Kavaliere, um sie recht präsentabel zu machen, luxuriös aus und ließen es an Dedikationen, wie Armbanduhren, Ringen, Zigarettenetuis, nicht fehlen.
Das Bestreben der öffentlichen Wächter der Moral, durch Ableugnung aller Entsittlichungserscheinungen die Atmosphäre des sozialen Lebens zu reinigen, ohne sich um deren Ursachen zu kümmern, suchte, mit ungeeigneten und unzulänglichen Mitteln meist, diesen Vorgängen zu steuern. Aber das durch Gesetze doch immerhin einigermaßen geschützte Privatleben ließ sich durch behördliche Zugriffe nicht genügend erfassen, um eine Wandlung herbeizuführen. Was erreichbar war, blieb eine Beschränkung des Überhandnehmens dieser „ärgerniserregenden" Vorgänge in der Öffentlichkeit. Damit war den „Übeltätern", die nicht geneigt waren, sich in ihren Vergnügungen stören zu lassen, der Weg in die Heimlichkeit gewiesen und sie säumten nicht, sich dieser Möglichkeit zu bedienen, bot sie doch die besten Aussichten für eine unbeschränkte Ausnützung der heimlichen Freiheit und eine größtmögliche Entfaltung expansiver Lebenslust und -gelüste.

Aus diesem Bedürfnis heraus entwickelte sich in allen kriegführenden Ländern unter der Führung instinktsicherer Konjunkturspekulanten eine klandestine Vergnügungsindustrie, die es geschickt verstand, ihren berüchtigten Unternehmungen die Kulisse einwandfreier Privatveranstaltungen und harmloser Familiarität vorzubauen und diesen Trug gegenüber der Spionage, an der es natürlich auf der Gegenseite nicht fehlte, oft lange zu

behaupten. Gelang dies auf die Dauer nicht, so änderte sie die Taktik und wechselte sprunghaft ihre Quartiere, gleichsam einen ambulanten Amüsierbetrieb unterhaltend.
Hier ist nun der Tummelplatz zweier besonders markanter Typen der kriegszeitlichen Vita sexualis, die die Kriegsphraseologie als die „hemmungslose Frau“ und den „Ehepiraten“ gekennzeichnet hat[14]. Um sie herum gruppiert sich ein Kreis verwandter Erscheinungen, beginnend bei der sich elterlicher Obhut gerissen entziehenden halbwüchsigen Jugend beiderlei Geschlechts und endend mit der männlichen und weiblichen Lebewelt in höheren Jahrgängen, die an diesen heimlichen Amüsierstätten eine ihren Lebensformen angemessene Betätigungsmöglichkeit findet. Auch die echte Demimonde, in ihrer Haltung von der anderen Welt sich wenig unterscheidend, ist vertreten und gibt dem Milieu seine pikante Würze. Spiel, Tanz und Flirt sind die Anfangsstadien, die Anknüpfungspunkte für weiter sich entwickelnde Beziehungen intimerer Natur.
Meist wurden luxuriöse Privatwohnungen von den gewiegten Unternehmern gemietet. Vornehme Häuser in den besten Stadtvierteln sicherten am ehesten vor dem Verdacht, daß hier Verbotenes eine Zufluchtsstätte gefunden habe. So entstand hinter den Fassaden der anständigen Bürgerlichkeit eine ausschweifende Form des Nachtlebens, das sich bis in die Morgenstunden ausdehnte und oft schon in intimen Tanztees ein Vorspiel fand. Der Beobachter dieses Treibens, das in Paris und London die orgiastischsten Formen annahm und teilweise nicht mehr den Schutz der Heimlichkeit aufsuchte, konnte kaum glauben, daß die Genußsucht so sehr das Grauen des Geschehens vergessen machen könne, das sich zu gleicher Zeit auf den nicht fernen Kampfplätzen vollzog und mit dem doch die

Stadt und Land
Der Künstler und das Dorfmädchen vor und im Krieg. Englische Karikatur aus „Punch“, 1917

Der Zauber der Montur
Aus „Fidibusz", 1917

meisten Teilnehmer an diesen Orgien durch irgend einen Angehörigen verknüpft waren. In welcher Weise die Lebewelt von Paris und ihr Anhang, sowie jene Kreise, die sich an ihren Amüsements in jener Zeit beteiligten, die Nächte sich verkürzte und kurzweilig gestaltete, erfahren wir aus dem Bericht Bertellis [15] im „New York American", der besagt, daß die Polizei schließlich eingreifen mußte und mehr als 300 Häuser, in denen gespielt, getanzt, gezecht und Rauschmittel feilgeboten und genossen wurden, schloß. Alle diese Lasterhöhlen öffneten erst nach 11 Uhr ihre Pforten. Die Sache begann mit der Einrichtung heimlicher Nachtkneipen. Eine Anzahl von Privatwohnungen wurden in aller Stille in „Bodegas" umgewandelt. Um Einlaß zu finden, mußte man entweder eine Empfehlung von einem Stammgast des Unternehmens vorweisen, oder in Begleitung eines solchen erscheinen. Das Eintrittsgeld bewegte sich zwischen 20 und 100 Franken, je nach dem gebotenen Komfort. Außerdem betrug der Mietpreis für ein Zimmer pro Nacht mindestens das Doppelte dieses Betrages. Die Preise für die verabreichten Getränke waren drei- bis zehnmal so hoch als in den vornehmsten Gaststätten. Ein bekanntes Restaurant im Bois de Boulogne widmete sich erfolgreich der nächtlichen Vermietung von „cabinets particuliers", in denen sich kleine Gruppen von Damen und Herren der besseren Gesellschaft zu Abendunterhaltungen im Stile der Soupers in den „Petites Maisons" des Rokoko einfanden. Kaum wurde diese neue Einrichtung in Paris bekannt, so war sie auch gleich in gewissen Kreisen die höchste Mode und es entflammte den Ehrgeiz aller wirklich mondänen Frauen, ihren Freundinnen von einem Abenteuer an solcher Stätte erzählen zu können. Besonders die zahlreich anwesenden reichen Südamerikaner sahen darin den vollendetsten Schick. Die Polizei griff ein und schloß das „Cabaret des métèques", aber vergebens, denn die Nachtlokale vermehrten sich und das heimliche Nachtleben nahm immer mehr zu. Im elegantesten Teil der Stadt, zwischen der Avenue des Champs Elysées und dem Bois de Boulogne, liegt die Rue de la Pompe; hier wohnte eine Ausländerin, die Nachteinladungen erließ. Das Eintrittsgeld betrug 50 Franken; man tanzte eifrig Tango, spielte Bridge und ging bald zu Bakkarat und anderen Glücksspielen über, um dann mit Apachentänzen abzuschließen, wenigstens den offiziellen Teil. Alles dies vollzog sich von Mitternacht bis Morgen hinter sorgfältig geschlossenen Fenstern, dichten Rolläden, Vorhängen und mit Polstern abgedichteten Türen. Zahlreiche Frauen aus bürgerlichen und höheren Kreisen, deren Männer an der Front waren, verkehrten als gerngesehene Gäste in diesen wie in ähnlichen Unternehmen und unterschieden sich in nichts von dem demimondänen Stammpublikum. In der Avenue de Wagram wurde eines der schönsten Privathäuser in eine richtige Spielhölle verwandelt, wo zur Nachtzeit die höchsten Summen gewonnen und verloren, wo von eleganten und schönen Frauen auch andere Besitztümer als Einsatz verwandt wurden und wo das schöne Fleisch trotz starken Angebots sehr hoch im Preise stand. Die Baronin de Vaughan, die morganatische Witwe des Königs Leopold von Belgien, erlitt hier einmal ungeheure Spielverluste, die sie, da sie einen gewissen Verdacht hegte, zur polizeilichen Anzeige brachte. Darauf wurde das Nest ausgehoben und man fand unter anderen drei russische Prinzessinnen, zwei Rumänen, allerlei Angehörige des Adels, Jockeis, Tänzer und andere Gäste dieser Art mitten bei vollem Spielbetrieb oder in der vertraulichen Zurückgezogenheit eleganter Kabinette. Im übrigen waren diese Geheimklubs und Lokale verwandter Art für die Polizei eine Fundgrube zeitgeschichtlicher Kuriositäten und sozialer Monstren, wie nur diese Epoche sie hervorbrachte. In einer vornehmen, in echtem Dixhuitième ausgestatteten Privatwohnung nächst dem Monceaupark fand man bei einer Razzia nicht weniger als 23 über Nacht reich gewordene Kriegslieferanten bei Spiel und Tanz und im Tête-à-tête mit Vertreterinnen der großen und der halben Welt.

Was die den Mittelpunkt des offiziellen Teiles dieser Veranstaltungen bildenden Tänze anbetrifft, so begann man mit dem bekannten Tango und Machiche, doch bald verlangte die verwöhnte Kundschaft etwas Neues. Ein „Gefangenentanz“, der von Kastagnetten unter den Rufen „Kamerad! Kamerad!“ begleitet wurde, fand keinen Anklang; dagegen errang der „Grabentanz“ einen vollkommenen Erfolg, da er von einer „originellen“ Idee ausging. Von der Decke hingen lange Quasten mit Glöckchen, und wer von den Tanzenden eine der Quasten berührte und ein Glöckchen zum Tönen brachte, schied aus, bis zuletzt nur noch ein einziger Tänzer übrigblieb. Da die Quasten sehr tief hingen, mußten die Tänzer mit gebeugten Knien wie Mineure in einem niederen Tunnel gehen und tanzen; die Damen leisteten bei dieser Unterhaltung auf die hohen Hackenschuhe Verzicht und schließlich tanzte alle Welt den „Grabentanz“ in Strümpfen. Behindernde Kleider wurden bei diesem Amüsement selbstverständlich nicht getragen.

Auch bei den intimen Banketten dieser Lokale erschienen viele abenteuerlustige Damen in ihrer Sucht nach einer pikanten Note in der rührenden und anmutigen Verkleidung als „Witwe“, ohne je dem Kriege ein Blut-

Als man für alles Lebensmittelkarten brauchte . . .
„Hat Ihnen der Arzt einen Bezugschein für Milch ausgestellt?“
Zeichnung von G. Zórád. Aus „Fidibusz“, 1917

„Das Mehl oder das Leben!"
Zeichnung von D. R. André. Aus „Glühlichter", 1914

opfer gebracht zu haben. Diese „Kriegerwitwen" waren eine Pariser Spezialität, gegen die, soweit sie sich auf den Boulevard und Straßen breit machte, die Öffentlichkeit empört einzuschreiten versuchte.

Eine wahllose Unregelmäßigkeit in den Geschlechtsbeziehungen der Bevölkerung der kriegführenden Länder, verbunden mit der leichtsinnigen Überwertung des sexuellen Verkehrs war das Signum jener Epoche. Zahllose Männer, die früher in bescheidenen Verhältnissen gelebt und sich ihren Lebensunterhalt mühevoll erarbeitet hatten, sahen sich plötzlich als Kriegslieferanten im Besitz ungeheurer Mittel, die ihnen mühelos zuflossen. Der leichte Erwerb demoralisierte sie ebenso die aus diesem Geldstrom schöpfenden Frauen, die nun von einer wilden Genußgier gepackt wurden. Sie gewöhnten sich unmerklich an ein schwelgerisches Dasein, an Lebenserleichterungen und kostspielige Kurzweil und wußten sich alle Genüsse zu verschaffen, während auf der anderen Seite, wo eine Besitzmehrung nicht stattfand, die Rivalität intensiver wurde und die Prostitution sich ausdehnte. Diese Gelegenheitsprostitution verdrängte und überwucherte ganz die ehemalige Gewerbsprostitution. Der weibliche Körper wurde in diesen Tagen krassester Mammonsanbetung ein Handelsartikel, der unbedenklich auf den Markt geworfen wurde, er war ein Kapital, von dem die Frauen aller Schichten ihre Zinsen zu beziehen wußten.

Was von den orgiastischen Auswüchsen des Pariser Nachtlebens in den geheimen Klubs und Vergnügungsstätten gesagt wurde, gilt ebenso von London und Berlin. In bezug auf die Einstellung der Frau zu ihren erotischen Abenteuern während der Kriegszeit veröffentlichte Dr. Huot eine beachtenswerte Untersuchung [16]. Darin heißt es:

„Es scheint wohl, daß die durch den Krieg hervorgerufene soziale Umwälzung, die in allen Geistern erregte Verwirrung und auch

Eine Brotkarte fiel in den Schmutz
Zeichnung von Auglay. Aus „Le Rire rouge", 1916

Auch in Frankreich sind Tabak, Zucker und Leder knapp
Preisgekrönte Plakatentwürfe eines Schul-Wettbewerbs zum Thema „Sparen"

Rechts: „Gold n a h m ich für Eisen"
Aus „Krieg dem Kriege", Leipzig

Unten: Der Tod und der Kriegsgewinnler
Holl. Karikatur von A. Hahn in „De Notenkraker", 1915

Der Umworbene

Karikatur auf den Liebeshunger der Kriegerfrauen, „Muskete", Wien 1915

Links unten: Rassenhetze in der deutschen Propaganda des Ersten Weltkrieges: „Weihnachten in London"

Th. Th. Heine in „Gott strafe England", Sondernummer des „Simplicissimus(, 1916

Unten: „Revanche für Kolumbus – Amerika entdeckt eine neue Halbwelt"

Zeichnung von G. Pavis Aus „La Vie Parisienne", 1918

Vorbereitung einer neuen Offensive

Chemische Kampfmittel, Formel C_2H_5OH

Erfolgreiche Motorisierung

Örtliches Vortasten

Nächtlicher Gegenangriff

Nach dem Sieg in Ruhestellung

Zeichnung von G. Pavis in „La Vie Pariseinne“, 1915

Soiree in Berlin

(Auf Befehl des Kaisers haben die Salons der Aristokratie wieder ihre Pforten geöffnet. – Zeitungsnachricht)
„Erinnern Sie sich, Herr Major, – hier, vor zwei Jahren?“ – Oh ja, damals gab's weniger Krücken – aber d a s Büffett . . .!“ *Aus „Fantasio“*

Wie die Alten sungen . . .
„Eigentlich sollte ich dir ja nichts geben, weil du nicht als Sanitätshund draußen bist . . .“ Zeichnung von B. Wennerberg Aus „Simplicissimus“, 1916

Paris bleibt fest – „L'heure de l'apéro wird streng eingehalten“ *Aus „Fantasio“*

Pariser Quartett:
Das As, der König, die Dame und der Valet
Zeichnung von A. Valleé   Aus „Fantasio"

„Sperrfeuer" oder „La Belle et la Bête"
Zeichnung von Fabrieur   Aus „Fantasio"

Das Hinterland ist voll Überraschungen . . .
Zeichnung von Gedö

DIE BRAVE GISELA UND DIE BÖSE SIDONIE

Die tugendhafte Gisela wird Krankenschwester

Ihre leichtfertige Kusine fährt an die Riviera

Gisela widmet ihre bescheidenen Ersparnisse den Armen und Darbenden

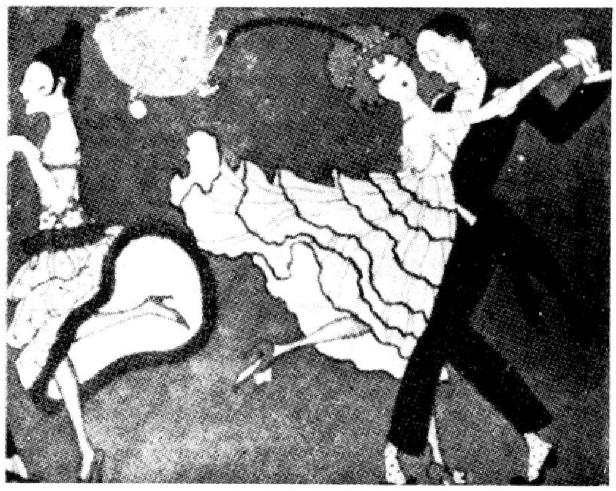

Sidonie aber tanzt mit Neutralen in den Privatklubs

Gisela war eine sparsame gute Hausfrau

Sidonie verbrachte ihre Zeit bei Champagnergelagen mit Drückebergern

Ein patriotischer Comic-Strip aus Frankreich

Gisela strickt Strümpfe für die braven Soldaten

Sidonie verbringt die Nachmittage in Absteigequartieren

Gisela wird belohnt durch die Heirat mit einem tapferen Offizier

Sidonie weicht der Versuchung des Geldes und heiratet ohne Liebe einen alten Munitionsfabrikanten ...

Gisela, eine mustergültige Französin, erlebt die Freuden des glücklichen Heides bei ihrem Gatten

... der sie dann in flagranti mit einem Zivilisten erwischt und zum Teufel schickt

Zeichnung von Georges Barbier. Aus „La Vie Parisienne", 1917

(Aus „Kriegsmarmelade".)

Zeichnung von H. Zille. Mit der frdl. Genehmigung des Neuen Deutschen Verlags Aus „Für Alle" die vollkommene Unabhängigkeit infolge der langen Abwesenheit der Männer in gewissen Frauenkreisen eine Art Aufhebung der sittlichen Verpflichtungen und, um alles zu sagen, einen Zustand wahrhaft sittlicher Anarchie zur Folge gehabt hat; wohlverstanden, nur auf erotischem Gebiet. Frauen, die vom reinsten Patriotismus beseelt und fähig sind, sich ohne Besinnen für die gemeinsame Sache aufzuopfern, verlieren auf dem Gebiete des Affektlebens jeden Sinn für eine andere Richtschnur ihres Handeln, als die ihrer Gelüste.

In London bildete sich ein „Nationalrat für die öffentlichen Sitten" zur Bekämpfung der sexuellen Mißwirtschaft und zur Aufhebung aller heimlichen Sammelplätze, die der Einleitung dieses wahllosen Geschlechtsverkehrs und der Anbahnung wilder Beziehungen dienten, wo Liebe verkauft und verschenkt wurde. Der Vorsitzende dieses Nationalrates, Mr. James Marchand, erklärte, daß London zwar eine Lasterhöhle sei, er es aber für „unenglisch" und „unpassend", ja für „unpatriotisch" halte, in einer Zeit, wie der damaligen, vor den Augen der ganzen Welt London als eine unmoralische Stadt hinzustellen. Die Londoner Presse war weniger zurückhaltend und glaubte die Brandmarkung der herrschenden Zustände mit ihrem Nationalgefühl vereinbaren zu können. „Die Unsittlichkeit in London", schrieb sie, „ist einfach haarsträubend geworden." Sie nennt London das reinste Dorado für Geldverschwender. Plakate mit nackten Frauen, lebendige Damen, die in der Bekleidung die Mutter Eva nachzuahmen suchten, pikante Literatur, Lichtbilder, die jeder Beschreibung spotteten, seien überall zu sehen, und was sich in der Heimlichkeit abspiele, sei noch weit schlimmer. Privatwohnungen und Ho-

Hunger und Liebe
Zeichnung von A. Stadler, 1917

tels, in denen wahre sardanapalische Orgien gefeiert wurden und in denen die Londoner Mondänen das Handwerk der Circe ausübten, nichts fehle, um die englische Metropole zu einem wahren Sodom zu stempeln. Die Verwilderung infolge des Krieges habe, dies wurde 1916 geschrieben, ihre höchste Stufe erreicht.

Mehrere Geheimklubs, in denen an der Garderobe nicht nur die eleganten Mäntel, sondern auch die übrige Bekleidung als hinderlich für den geselligen Verkehr abgegeben wurde, konnten in kurzer Folge in London durch die Geheimpolizei ausgehoben werden. Die anwesenden Gäste, es handelte sich oft um 30 bis 50 Personen, worunter die Frauen in der Mehrheit waren, wurden festgestellt und auf der Liste erschienen in nicht geringer Zahl die erlauchtesten Namen der englischen Gesellschaft.

Noch krasser traten diese Vorgänge in dem von der Nahrungsmittelzufuhr der Welt abgeschnittenen Deutschland und Österreich in Erscheinung. Während in den Vorstädten und ärmeren Vierteln der Großstädte die Not und der Mangel mit jedem Tage stiegen, Eßwaren und Bekleidungsgegenstände

Der Urlauber nach der Ankunft in München:
„Da sieht man gleich, daß sie fleischlose Tage eingeführt haben . . . !“
Aus „Soldatenzeitung im Schützengraben“, Bayr. Ers.-I.-R. Nr. 1, 1916

rationiert und unerschwinglich wurden, verschwendete man an den Stätten der heimlichen Laster die mit Gold aufgewogenen und auf dem Wege des Schleichhandels in Massen zusammengetragenen Köstlichkeiten. Die erlesensten Weine, die exquisitesten Delikatessen wurden hier aufgetragen, was den Siechen und den Geschlagenen des Krieges kräftigende Labung, was ihnen Heilmittel gewesen wäre, das wurde hier als Genußmittel mißbraucht. Draußen, in der Öffentlichkeit, an der Peripherie des gesellschaftlichen Lebens, die dem Zugriff und der Kontrolle der Behörden unterstand, machte der Staat seine strenge Autorität rigoros geltend. Da erließ jeder Polizeigewaltige seinen moraltriefenden Ukas und glaubte, die Sittlichkeit gerettet, die Moral geschützt und die so „verderbliche“ käufliche Liebe eingeschränkt zu haben, wenn er ein paar Animierkneipen schloß und einige Strichstraßen für den Dirnenverkehr verbot, und alles dies unter Berufung auf den sogenannten „Ernst der Zeit“, um den sich die menschlichen Triebe, weiß Gott, nicht kümmerten. Wie lächerlich muteten solche Verfügungen an, wie z. B. jene des Polizeipräsidenten von Schöneberg, in der es hieß:

„Die Inhaber der öffentlichen Lokale sind dafür verantwortlich, daß das in ihren Räumen sich aufhaltende Publikum ein Benehmen zur Schau trägt, das der großen, aber schweren Zeit, in der wir leben, würdig ist . . . Unzulässig ist insbesondere jedes anstößige Verhalten der Lebe- und Halbwelt. Es wird polizeilich kontrolliert werden, ob in den Lokalen Verstöße gegen Sitte und Anstand vorkommen, die ein Einschreiten erforderlich machen . . .“

Unter polizeilicher Vormundschaft suchte man ein moralisches Niveau zu erhalten, das eine der Zeit entsprechende Würde der Bevölkerung repräsentierte. Aber dieser wohlgemeinte, doch psychologisch verfehlte Plan war sinnlos, denn hinter den Kulissen spielte sich ein Leben ab, das dieser Maßnahmen spottete. Die großstädtischen Absteigen sahen in diesen Tagen einer „ernsten, großen Zeit“ ein zahlreiches Publikum, das nicht nur aus den sonst üblichen berufsmäßigen Straßenmädchen mit ihren männlichen Kunden bestand. Ohne Scheu und ohne Ekel erstiegen Damen aus der bürgerlichen Welt die ausgewetzten Stufen jener „Hotels“ und „Pensionen“ in den Seitenstraßen, wo „Zimmer für jede Zeitdauer“ vermietet werden und entwickelten sich häufig zu Stammgästen dieser Häuser, vom Portier mit einem vertraulichen Lächeln begrüßt. Ihre Partner fanden sie meist bei den nachmittaglichen Teeveranstaltungen moderner Hotels, wo sich ein sehr elegantes Publikum einfand und unter dem Schein der Wohlanständigkeit ein blühender Liebesmarkt entwickelte. Den

Einbruch der anständigen Frauen in ihre Domäne empfand die anerkannte Halbwelt als eine schwere und schädigende Konkurrenz, denn ihre Rivalinnen verschenkten oft nicht nur ihre Gunst, sondern ließen sich, je nach ihren Verhältnissen, das genossene Vergnügen auch noch etwas kosten, wenn der Partner ihre Sympathie zu gewinnen verstand. In den Kreisen der männlichen Lebewelt und denen, die sich ihr anschlossen, kannte man sehr schnell die Namen der Lokale, in denen die elegantesten und reichsten der abenteuerlustigen Frauen verkehrten und man tauschte auch unter Verzicht auf jede Diskretion untereinander seine Erfahrungen aus, nannte sich Adressen und spielte sich untereinander im Austausch die begehrtesten Damen zu. Ein Teil jener weiblichen Teegäste waren Damen aus der Provinz, die aus der Öde ihrer Heimatorte erlebnishungrig in die Großstadt flohen. Mit echt weiblichem Instinkt und der ihrem Geschlecht eigenen Anpassungsfähigkeit fanden sie sich in die Situation und verstanden es gut, die Provinzlerin zu verbergen und den Männerfang mit dem Raffinement ihrer großstädtischen Schwestern zu betreiben. Mit fast unersättlicher Gier kosteten sie die Vergnügungen des Tag- und Nachtlebens aus, ohne Scheu vor einem Skandal, sich oft noch hemmungsloser dem Treiben hingebend, um in die kurze Zeit ihres Großstadtbesuches möglichst viel an Genüssen hineinzupressen. Diese Damen waren oft bemüht, festere Verbindungen anzuknüpfen, um bereits ihre Rendezvous für den nächsten Besuch zu vereinbaren und nichts von der kostbaren Zeit zu versäumen.

Hektographierte Ansichtskarte aus der Zeit der extremen Fleischknappheit
Sammlung A. Wolff, Leipzig

Durch Zufall in die Hand des Berichterstatters gelangte Briefe zwischen solchen abenteuernden Libertinen verrieten ihm Einzelheiten über die Formen der geschlechtlichen Genüsse, die zwischen derartig sich zusammenfindenden Paaren ausgetauscht wurden. Da war nichts mehr von einem nach Zärt-

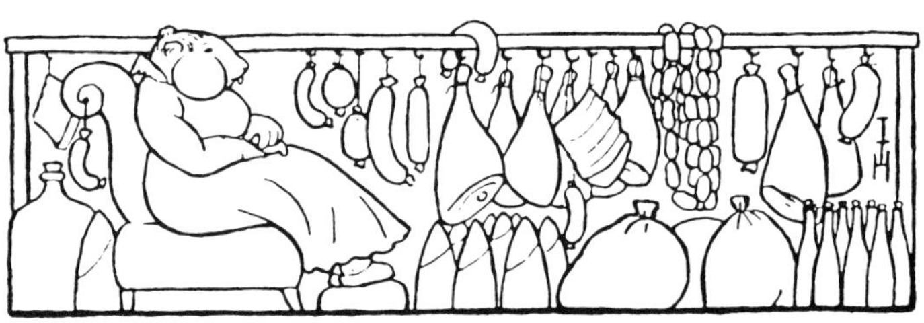

Frau Hamster im Kriege
Zeichnung von Th. Th. Heine.
Aus „Kleine Bilder aus großer Zeit"

lichkeiten sich sehnenden Gemüt zu spüren, nur der rein sexuelle Kitzel und seine Befriedigung bildete das Ziel, der brutale Sinnengenuß, der nicht einmal nach Verschleierung trachtete, sondern schamlos eingestanden wurde. Da wurde zynisch geschildert, wie man schnell, vom Flirt in der Hotelhalle übergehend zu den körperlichen Angelegenheiten der Paarung, alle Komplikationen und Finessen des Genusses erprobt und damit nicht genug, in einer kleinen Gesellschaft Gleichgesinnter die weiteren Möglichkeiten des Liebesspiels erschöpft hatte in orgiastischem Rausch. Und in einem dieser frivolen Briefe rechnete Madame ihrer Freundin vor, was das Vergnügen sie gekostet und wie sie den Posten in ihrem Haushaltungsetat untergebracht habe.

Die gewisse Beschränkung, die während des Krieges, vor allem in Deutschland den Kabaretts und ähnlichen Vergnügungsinstituten in ihren Darbietungen auferlegt war, ließ geschäftstüchtige Unternehmer auf die Idee verfallen, in versteckt liegenden Lokalen derartige Veranstaltungen nur einem als „geschlossene Gesellschaft" frisierten Kreise vorzuführen. Auch hier bedurfte es einer Empfehlung oder eines vertraulich mitgeteilten Stichwortes, um, natürlich gegen besonders hohes Entree, Einlaß zu erlangen. Die Lebewelt, im Besitz solcher Adressen, wurde ihren weiblichen Tages- und Zufallsbekannten Führer zu diesen Amüsierbetrieben, die sich, als Auftakt für die späteren intimeren Vergnügungen größter Beliebtheit erfreuten. Die Darbietungen, die hier unbehindert die Grenzen des öffentlich Erlaubten überschreiten durften oder, den Ansprüchen des Publikums entsprechen mußten, gaben die Grundstimmung für die entfesselte Laune dieser lebenstollen Kreise. Sie beseitigten, wenn erforderlich, die letzten Hemmungen und waren eine passende Vorbereitung für die intimen Nachspiele. Wenn es dazu noch anderer, stärkerer Mittel bedurfte, so taten Wein und Sekt und alle anderen Arten kostspieligen Alkohols ihre Wirkung. Schon während des Krieges waren schon die nachher zu modischem Stimulantium in Unmengen mißbrauchten Rauschgifte, wie Morphium und Kokain genossen worden. Gewisse geheime Klubs galten als Tummelplatz rauschsüchtiger Spezialisten und auch hier war die Frauenwelt in erheblichem Maße vertreten, ja sie fand in diesem Spezialistentum einen prickelnden, pikanten Reiz. Standen doch diese geselligen Veranstaltungen im Zeichen völliger Schrankenlosigkeit. Vereinzelt wurde der private Charakter heimlicher Vergnügungen streng gewahrt, ohne daß diese nächtlichen Feste sich wesentlich in ihren Formen von den an-

Für die Reichen die Beute, für die Kämpfer die Not...
Zeichnung von George Grosz. Aus „Abrechnung folgt"

Aufgeschlossene geschlossene Gesellschaft
Zeichnung von L. Bonnette, 1917

deren unterschieden hätten. Der Unterschied lag allein darin, daß ein vermögender Gastgeber eine Anzahl seiner Bekannten als Gäste zu sich lud, denen allerdings häufig die Einführung von Begleitern gestattet war. Im Mittelpunkt dieser Feste stand dann wohl das Auftreten einer berühmten oder berüchtigten Tänzerin, deren Darbietungen die erwünschte sinnliche Atmosphäre erzeugten. Die hauptsächliche Stütze dieses Milieus, das einen Aufwand großer Mittel erforderte, war der durch Kriegsgewinne zu Vermögen und Ansehen gelangte Industrieritter und Händler, um den sich eine Schar von Nutznießern und Tagedieben sammelte.

War bei den eben erwähnten Veranstaltungen der „künstlerische" Nackttanz einzelner oder auch mehrerer Tänzerinnen – in einem besonderen Fall wurde er den Gästen sogar als „Tanz des Lasters und der Unzucht" angekündigt und von einer durch diese Spezialität berühmt gewordene Künstlerin mit ihrem Partner vorgeführt – nur gleichsam Programmnummer und Stimmungsfaktor, so wurde er bei anderen Gelegenheiten zum Selbstzweck und vollzog sich unter Teilnahme sämtlicher Festgäste. Nicht immer blieben diese Veranstaltungen der größeren Öffentlichkeit verborgen, denn indiskrete Beteiligte machten gelegentlich kein Geheimnis aus diesen Orgien; in der Folge gelangten sie Unberufenen zu Ohren und lenkten die Aufmerksamkeit der Polizei auf diese Vorgänge. Überraschend tauchten dann eines Nachts ein paar Beamte der Geheimpolizei in dem betreffenden Tempel der Venus auf und störten das Vergnügen.

Mit besonderem Eifer drängten sich die an solchen Szenen auffallend interessierten Herren und Damen der höheren Gesellschaft zu den in Künstlerkreisen auch in jener „ernsten" Zeit abgehaltenen Atelierfesten, bei denen es zwischen der Bohème und ihren Modellen recht ungebunden und kurzweilig zuging, wenn auch minder üppig in bezug auf die materiellen Genüsse. Es kam oft so, daß das Künstlervölkchen erheblich in der Minderheit war, dafür die Gäste aus der anderen Welt den Ton angaben, der jedoch in keinem Mißverhältnis zu den an diesen Stätten üblichen freien Verkehrsformen stand. Bei der Bohème waren die vorneh-

Kriegsgewinnermoral

Aus „Hallo! Die große Revue“

men Gäste nicht ungern gesehen, denn sie brachten nicht allein das Aroma ihrer Welt mit, sondern steuerten auch freigebig dazu bei, die Nächte angenehmer und anregender zu gestalten, was besonders durch die ihnen vorausgeschickten Körbe mit Eßwaren und Wein geschah.

*

Das Sexualleben der Frau der gehobenen Gesellschaftsschichten im Kriege stellt sich als Produkt mehrerer Faktoren dar, die zum Teile, wie die durch Männermangel hervorgerufene Sexualnot und die demzufolge immer mehr auf das weibliche Geschlecht übergehende Liebesinitiative, für alle Frauen gelten, zum Teile aber durch die wirtschaftliche Macht gegeben sind, die altes und neuerworbenes Vermögen der Frau der bemittelten Klasse auch im Kriege sicherte. Unter diesen Umständen erscheinen die Folgen des Männermangels für die vermögende Dame aufgehoben und als spezifische Kriegserscheinung entsteht eine männliche Prostitution, die in allen größeren Städten des kriegführenden Europa beobachtet wird. Ihr gelten die nachstehenden Ausführungen von Prof. Dr. Eduard von Liszt in Wien.

In einer kleinen Abendgesellschaft zu Wien lernte ich einen ehemaligen Offizier kennen – ich will ihn A nennen –, der jetzt eine einträgliche Zivilanstellung innehat. In vorgeschrittener Laune erzählte er mir folgende Erfahrungen aus der Zeit, zu welcher er im Verlauf des Ersten Weltkrieges als Offizier dienstlich in Wien geweilt hatte.

Er befand sich damals zunächst in beständiger Geldknappheit. Ein in der gleichen Dienststelle wie mein Gewährsmann beschäftigter anderer Offizier – nennen wir ihn B – dagegen war immer gut bei Kasse. Als eines Tages A dem B eine mißvergnügte Äußerung über seine kargen Mittel gemacht hatte, erklärte dieser ihm mit kameradschaftlichem Wohlwollen, A solle es doch machen wie er selbst: dann werde er immer reichlich Geld haben. Und bald darnach sagte B dem A: ‚Halte dich heute abend unbedingt frei. Du wirst mit einem Auto abgeholt werden. Brauchst keine Furcht zu haben. Es wird dir nichts geschehen.‘ Als Losung wurde dem A das Wort ‚elefde‘ (= L F D) angegeben.

Es wurde Abend und A wartete mit Spannung. Endlich erschien ein Diener, sprach das Losungswort aus und lud den A ein, mit ihm zu kommen. A bestieg das wartende Auto, der Diener fungierte als Chauffeur. In sausender Fahrt ging es lange, lange fort. Gerne hätte der Fahrgast gewußt, wohin man fuhr. Aber die Fenster des Autos waren von außen verhängt, die Türen fest verschlossen. Insoweit mein Gewährsmann überhaupt ein Gefühl der Fahrtrichtung hatte, schätzte er auf die Richtung nach Baden bei Wien. Damit stimmte auch die ungefähre Fahrzeit, als der Wagen endlich vor einem eleganten kleinen Hause mit Gittertor hielt.

Der Chauffeur öffnete den Wagenschlag, führte den Gast zum Gittertor, klingelte und verschwand.

Ein Prosit der Gemütlichkeit!
Federzeichnung von George Grosz, 1921. Aus „Ade, Witboi"

Das Tor wurde geöffnet und eine Dienerin fragte den Gast nach seinem Begehren. A legitimierte sich mittels des erhaltenen Losungswortes, wurde in den ersten Stock in einen eleganten Salon geführt und gebeten, hier zu warten.
Die Fenster des Salons waren dicht verhängt und A konnte keinen Ausblick nach außen gewinnen.
Durch die Türe zum Nebenzimmer erklangen weibliche Stimmen. Plötzlich öffnete sich die Türe, eine verhüllte Frauengestalt trat ein, und im gleichen Augenblick erlosch das Licht. Die Türe wurde sofort wieder geschlossen.
Dem Offizier wurde es im finsteren Salon unbehaglich. Er rief deshalb: ‚Machen Sie sofort wieder Licht oder ich schieße!' Und da er darauf bestand, wurde das Licht wieder aufgedreht.
Die hübsche und elegante Dame setzte sich zu A auf einen kleinen Diwan und belehrte ihn. Es handelte sich um eine Anzahl reicher Damen, die die lange Abwesenheit ihrer Gatten im Kriegsdienste systematisch zu ge-

schlechtlichen Vergnügungen auszunützen beschlossen hatten. Zu diesem Zwecke hatten sie eine richtige Organisation gegründet, um geeignete Männer zu ihrer Bedienung heranzuziehen. Diese Bedienung bestand in der Leistung und Duldung von Perversitäten. Naturgemäßer Verkehr sollte ausgeschlossen sein, was mit der Notwendigkeit der Empfängnisverhütung begründet wurde.

Der ‚angeworbene' Mann mußte Namen und Anschrift angeben und sich verpflichten, jedem Rufe Folge zu leisten. Würde er zweimal ohne triftige Entschuldigung ausbleiben, so sollte er aus der Liste gestrichen werden. Schließlich wurde dem A auch anvertraut, wie er neue Bekanntschaften mit Damen der Vereinigung machen könne: Er sollte nur in einem bestimmten Wiener Kaffeehaus etwas zu sich nehmen und die ihm übergebene Karte unauffällig vor sich auf dem Tische liegen lassen.

Nach dieser Anleitung begab sich die Dame zu ihren im Nebenzimmer harrenden Freundinnen und sagte lachend: ‚So, der Löwe ist gezähmt.'

Und dann folgte das Debüt des ‚Löwen'.

Nach getaner Dienstleistung wurde er im Auto mit den von außen verhängten Fenstern wieder zu seiner Wohnung gebracht. Beim Verlassen der Villa drückte die Dienerin ihm ein Kuvert in die Hand. Dieses enthielt 120 Kronen österreichischer Währung, einen in der damaligen Zeit nicht unbeträchtlichen Betrag."

Spannung und Spannung

Bonar Law: Wir in der Heimat ertragen die Spannung ebenso wie unsere Soldaten, mit Vertrauen, Mut und Hoffnung. (Langanhaltender Beifall)
Holzschnitt von Frans Mascreel

Oben: Das schönste Geschenk

„Zuerst wollte ich dir Perlen zum Geburtstag schenken . . .“ – „Aber das ist ja Wahnsinn – so kostbare Sachen . . .!“
Zeichnung von F. Fabieur Aus „La Baionnette, 1916

Unten: Anstehen nach Kohlen, Berlin 1917
(Die Veröffentlichung dieses Blattes von H. Zille war während des Krieges verboten.)
Aus „Kriegsmarmelade“

Auch die „fleischlosen Tage“ waren eine Erfindung des Ersten Weltkrieges

Scherzpostkarte um 1916. Sammlung A. Wolff, Leipzig

Links unten:
Aufruf an die Pariser Gastwirte, die kostenlose Bewirtung französischer Urlauber aus den besetzten Gebieten anregend

Nach dem Plakat im Museé Leblanc, Paris

Rechts unten:
„Kriegsqualität“ oder Panik in England

„Bringen Sie mir noch etwas Brot – mir schmeckt es . .“
Aus einem Londoner Witzblatt, 1917

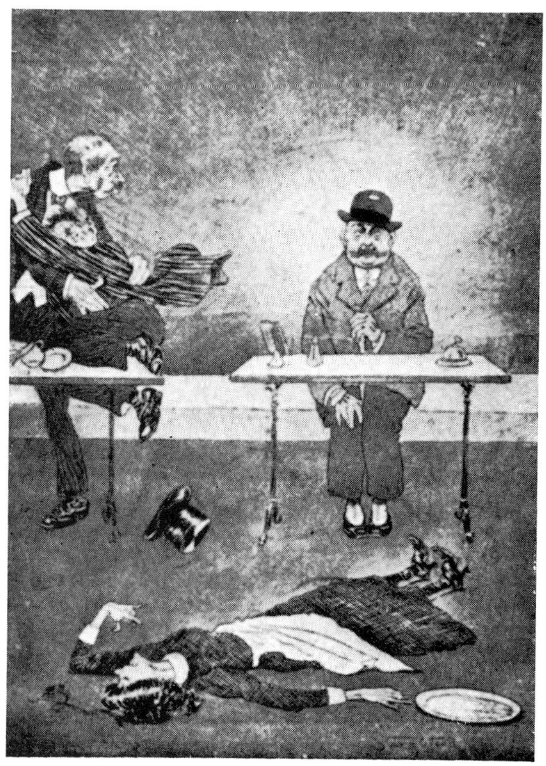

Oben: „Jetzt hör' ma aber auf! Wiast Soldat g'wesen bist, hast an Ausnahmetarif verlangt und jetzt kummst mit die Ausred' als ‚Heimkehrer'!"

Karikatur von D. Knapp Aus „Faun", Wien 1919

Das Schwein vor dem Krieg und nach dem Krieg

Zeichnung von H. Zille

Nacktkultur in Frankreich

Angeregt durch den Materialmangel – übrigens „genügt ein Meter Stoff, um sich anständig kleiden zu können . . .“ sagt die Verordnung *Zeichnung von G. Paris Aus „La Vie Parisienne“, 1917*

Oben: „Statt Blumen“. *Französ. Karikatur*

Rechts: Der Herr Lehrling

„Ober, bringen Sie der Dame für 5 Mark Schlagsahne“

Aus „Ulk“, 1916

„Mutta, wat kochste denn da?“ – „Wäsche, du Dummlack!“ – „Schmeckt'n det jut?“ *Aus „Ulk“, 1916*

Links:
Die Kinder hungern . . .
Zeichnung
von Käthe Kollwitz

Rechts: Das Wichtigste fehlt
Zeichnung
von Käthe Kollwitz

„Auf dem Strich der Verfassung“ / Die Republik Arm in Arm mit Militarismus und Kriegskapital
Politische Allegorie, 1919

„Das zerbrochene Bett“ oder „Urlaubsglück“
Zeichnung von J. Mirande aus „Le Rire rouge“ 1918

Budapester Kriegsgewinnler
„mulatieren“
Zeichnung von Gedö

Hausball beim Heereslieferanten
Zeichnung von K. Fischer

„Generalprobe"
Alles eilt vorschriftsmäßig in den Keller – Amor hat das Nachsehen . . .
Aus „Fantasio"

Unten links: Auf der Flucht vor dem „Raid"
Die Luftüberfälle auf Paris, die den Luftschutzkellern zu einer wichtigen Rolle verhalfen, lieferten zunächst auch Stoff für die Witzblätter
Zeichnung von E. Branly

Unten: Der Zeppelin kommt
Version eines verbreiteten englischen Luftschutzwitzes
Gezeichnet von H. B. Kroger

Die Verwundeten und Kranken

XIV

Hodenschüsse und Rückenmarksverletzungen – Die Eunuchen des Weltkrieges – Der Invalide und die Frauen – Perversionen und Impotenz als Kriegsfolge – Kriegsneurosen und Sexualität – Sadistische Behandlungsmethoden – Selbstverstümmelung durch venerische Selbstansteckung

Viereinhalb Jahre lang mahlte und malmte die Kriegsmaschine, unaufhörlich nach Futter aus lebendem Menschenfleische verlangend. Die in ihre unbarmherzigen Räder gerieten, wurden getötet, verkrüppelt oder vollkommen zermürbt. Nur wenigen war es vergönnt, eine Zeitlang im Stahlbad zu stehen, ohne an Leib und Seele Schaden zu nehmen. Auch an diesen Kriegsopfern darf eine Sittengeschichte des Weltkrieges nicht vorbeigehen, da das Problem der Kriegsverstümmelungen und Kriegsbeschädigungen, wie es im nachstehenden gezeigt werden soll, vielfach mit Fragen des Sexuallebens verwoben ist. Wir beschränken uns hierbei auf die Prüfung der Frage, inwieweit das Geschlechtsleben durch körperliche und psychische Verletzungen beeinflußt oder beeinträchtigt wurde.

Vor allem waren es Hodenschüsse, sodann auch Rückenmarksverletzungen, die naturgemäß mit einem völligen Ausfall der Geschlechtsfunktionen einhergingen. Kriegsbeschädigungen dieser Art haben sich durchaus nicht selten zugetragen, und so wird die Häufigkeit, mit der wir ihnen in der Literatur begegnen, begreiflich. Allerdings scheint sich die Dichtung weit mehr als die Wissenschaft mit dem Problem der Entmannung im Kriege beschäftigt zu haben. Ein durch Transplantationsexperimente bekanntgewordener Fall wurde von Dr. Robert Lichtenstern mitgeteilt [1].

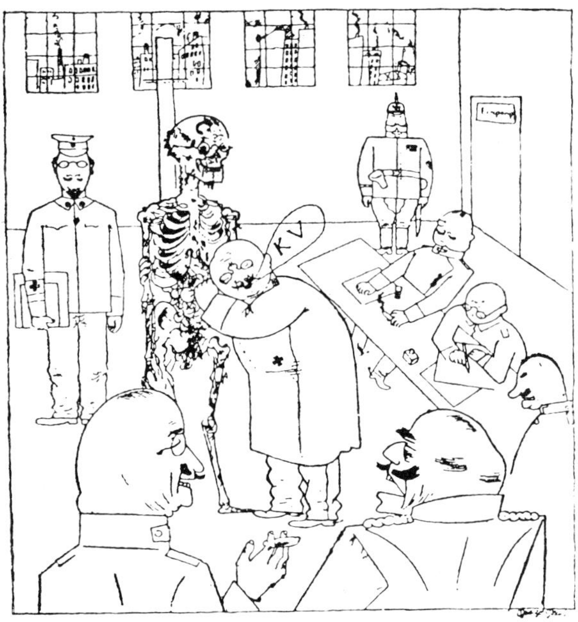

Bei den Gesundbetern
oder *„die K.V.-Maschinen“*
Zeichnung von George Grosz

„Der Fall betrifft einen 29jährigen Gefreiten, der am 13. Juni 1915 bei einem Sturm durch einen Gewehrschuß in den linken Oberschenkel verletzt wurde. Das Geschoß war ein Explosivgeschoß, das nach Angabe des Mannes nach dem Austritt aus dem Oberschenkel explodierte und den Hodensack, beide Hoden und die Urethra schwer beschädigte. Der Kranke ging in seinen Unterstand zurück, blieb dort eine Zeitlang liegen, wurde später auf den Hilfsplatz getragen, verbunden und von da in ein Kriegslazarett gebracht. Er bemerkte, daß beim Urinieren der größte Teil des Harns sich durch die Wunde im Hodensack entleerte und nur ein geringer Teil auf normalem Wege ausgeschieden wurde. Im Lazarett wurde eine Zertrümmerung und Gangrän beider Hoden und Verletzung der Urethra festgestellt. Am nächsten Tage wurden wegen hohen Fiebers und drohender Allgemeininfektion beide gangränösen Hoden entfernt.

Wenige Tage nach der Entfernung der Testikel schwand das Fieber und die Eiterung nahm ab, der Kranke urinierte fast den ganzen Harn durch die perinale Wunde. Es bedarf wohl kaum eines Hinweises, daß seine sexuelle Libido infolge der Verletzung anfangs stark herabgesetzt war, immerhin hatte er in den ersten zwei Wochen bei erotischen Gesprächen seiner Nachbarn zweimal Erektionen.

Als er am 7. Juli 1915 in die chirurgische Abteilung des Wiener Lazaretts aufgenommen wurde, ergab sich folgender Befund:

„Großer, kräftiger Mann, die inneren Organe sind normal; auffallend ist eine gewisse Gleichgültigkeit gegenüber der Außenwelt. Am Damm befindet sich eine handtellergroße granulierende Wunde, die dem der vorderen Wand beraubten Hodensack entspricht; dieser ist leer, von den Testikeln nirgends ein Rest zu finden; in den beiden oberen seitlichen Winkeln der Wunde sieht man die granulierenden Stümpfe der beiden ligierten Samenstränge, in der Mitte liegt die Urethra frei, in der vorderen Wand eine 1 cm große Lücke. Die Prostata zeigt, per rectum untersucht, normale Größe und normale Konsistenz; der mittels Katheter entleerte Harn ist klar. Zur Schließung der Urethralwunde wird ein Verweilkatheter eingelegt. Im Laufe der nächsten 14 Tage reinigt sich die Wunde vollkommen und beginnt sich zu epithelisieren; die Fistelöffnung schließt sich, so daß der Katheter entfernt werden kann. Patient steht auf und uriniert auf normalem Wege.

Der Kranke zeigt eine entschiedene Teilnahmslosigkeit gegenüber seinen Kameraden wie auch gegen die Vorgänge im Krankenzimmer; er liest nicht und zeigt auch für die Kriegsereignisse kein Interesse. Auf Anfrage

Die Verwundung
Aus „Die Menschen und der Krieg“
Holzschnitt von Frans Masereel

Vaterstolz
Aus „Die Menschen und der Krieg“
Holzschnitt von Frans Masereel

gibt er an, absolut keine Libido und keine Erektion mehr zu haben.
Der Fall wurde, wie schon erwähnt, dadurch bekannt, daß beim Patienten auf Grund der tierexperimentalen Versuche Steinachs ein Versuch mit der Einpflanzung des entfernten Hodens eines an Kryptorchismus (die übliche wissenschaftliche Bezeichnung für Bruch des Leistenbodens) leidenden Patienten durchgeführt wurde. Der Erfolg der Operation erregte in Ärztekreisen damals ziemliches Aufsehen. Sämtliche Kastrationssymptome, wie Fettvermehrung, Ausfall des Schnurrbarts, Libidoverlust und psychische Teilnahmslosigkeit bildeten sich infolge der Operation vorübergehend zurück, so daß der Patient sich mit der Absicht trug, zu heiraten [2].“
Auch bei anderen organischen Verletzungen wurde eine Reihe schwerer Sexualfunktionsstörungen festgestellt. So kam es nach einer Schußverletzung in der Höhe des zweiten Lendenwirbels zum Verlust der Libido, der Ejakulation und des Orgasmus in einem von Boenheim [3] beschriebenen Fall.
Die psychologische Seite des Problems wurde von der Literatur, wie schon erwähnt, mit großem Eifer aufgegriffen.
Endlich sei noch eine Stelle aus dem Kriegsbuch „Im Osten nichts Neues“ von Carl A. G. Otto [4] wiedergegeben, die das Typische des ganzen Problems hervorhebt:
Lange Monate hat Kamerad Schwarz im Lazarett zugebracht. Er ist nun wieder hergestellt und soll auf Urlaub fahren.
Seine junge Frau – Kriegstrauung – erwartet ihn sehnlichst.
„Kurt hat gar nicht geschrieben, was für eine Verwundung er eigentlich hat“, sagt sie zu ihrer Freundin. „Er schreibt immer nur von einer leichten Schußwunde, die bald ausgeheilt ist. Du glaubst gar nicht, wie sehr ich mich auf sein Kommen freue. Ich habe ja solche Sehnsucht nach ihm.“

Zwei Tage später wird Kurt von seiner Frau aufs herzlichste empfangen. Ist das ein Küssen und Schmusen, wie ein frisch verliebtes Paar.
„Heute abend mache ich dir aber alles schön zurecht“, sagt seine junge Gattin.
Da sieht er sie eigenartig an, küßt sie jedoch dann schnell und heftig auf den Mund.
„Was hast du denn, Männe“, fragt sie ihn.
„Nichts“, erwidert er und streicht über die Stirn.
Der Abend. Das Schlafzimmer. Die junge Frau reckt sich in Erwartung des Kommenden.
„Du“, sagt sie und fällt ihrem Mann dabei um den Hals. „Du bist ja so schön sonnverbrannt im Gesicht und so kraftstrotzend. Du, weißt du auch, wie ich mich auf dich gefreut habe? Ich habe dich ja so furchtbar lieb.“

„Sei kein Spielverderber, Schatz – wenn man mit einem Verwundeten Besorgungen macht, ist die Bedienung viel aufmerksamer . . . !“
Zeichnung von Abel Fairre. Aus „L'Echo de Paris“

Dabei nestelt sie an ihrem Kleid herum, und setzt sich auf den Bettrand.
Kurt wird auf einmal ganz rot.
Sie bemerkt auf seinem Gesicht eine Verlegenheit, die sie bei ihm sonst nicht gewohnt ist.
„Aber was hast du denn, Männe, was ist dir denn, du bist ja auf einmal so komisch“, fährt sie fort.
„Ich gehe jetzt in die Babo, und, und – dann – kuscheln – wir – uns recht – schön.“
„Zieh dich inzwischen aus, mein Lieb, ich komme gleich, sagt er und verläßt das Schlafzimmer.
Sie zieht sich aus, legt sich ins Bett und er sitzt im Zimmer nebenan, den Kopf auf die Tischplatte gestützt und schwer Atem holend. Mit den Fäusten hämmert er sich vor die Stirn.
„Kurt, Kurt, wo bleibst du denn, Kurti, komm doch, ich habe mich schon so schön eingekuschelt und das Bett für dich gewärmt . . .“
Er hört das Rufen seiner Frau und stöhnt schwer.
„Laß mich doch einen Augenblick, ich komme gleich, mein liebes Kind“, spricht er in langsamen und schweren Worten.
„Ja, aber was ist denn dir bloß, ich kenne dich ja so gar nicht?“ ruft sie aus dem Bett heraus.
Keine Antwort von draußen. Beiderseits peinliche Stille.
„Ich bin dir nun aber bald böse, wenn du jetzt nicht kommst“, ruft sie mit weinerlicher Stimme.
Er steht auf und geht auf und ab.
„Einmal muß es ja doch sein, es ist ja gar nicht zu verschweigen“, murmelt er vor sich hin.
Da gibt er sich einen Ruck und geht ins Schlafzimmer hinein.
„Nanu, du bist ja noch immer angezogen, sagt seine Frau erstaunt.

Er kommt zu ihr hin, fällt auf die Knie nieder und birgt seinen Kopf schluchzend in ihrem Schoße:
„Ich kann nicht mehr zu dir kommen, denn ich bin kein Mann mehr . . ., der Feind . . . eine Granate . . .“
Sie sieht ihn mit einem entsetzten Erstaunen an, sie hat begriffen.

Ehe wir uns mit mitleidvollem Grauen von diesem Panorama der bedauernswertesten unter den am Leben gebliebenen Kriegsopfern abwenden, müssen wir auch der Frauen gedenken, die ihr Leben und Schicksal an sie geknüpft haben und dadurch indirekt selbst zu Opfern des Massenwahnsinns wurden.

Es ist das Verdienst des Dichters Ernst Toller, die Tragik der Beziehungen dieser Frauen zu ihren Männern erfaßt zu haben:

„*Paul Großhahn:* Soll das junge Weib wie eine Nonne leben? ... Schämen sollst du dich!

Hinkemann: Schämen? Ich mich schämen?

Paul Großhahn: Vielleicht ich? Oder Grete? Wer gibt dir das Recht, deine Frau zu behalten? Überhaupt ist das ein gesetzlicher Scheidungsgrund! Sogar für die katholische Kirche, die sonst so was wie Ehescheidung nicht kennt.

Hinkemann (ruhig): Siehst du, das hatte ich ganz vergessen. Erst schickt mich das Vaterland hinaus und läßt mich zum Krüppel schießen. Und weil ich ein Krüppel bin, hat meine Frau den gesetzlichen Ehescheidungsgrund. Das hatte ich vergessen, daß die Welt so eingerichtet ist ... Und was willst du tun ... ich meine mit Grete?

Paul Großhahn: Was geht das dich an?

Hinkemann: Du hast recht. Eigentlich geht es mich nichts an. Ich bin ein gesetzlicher Ehescheidungsgrund, so wie ich da sitze ... [5]."

Wie wenig sich die Kriegsmentalität auf die tatsächlichen Bedürfnisse einzustellen verstand, beweisen auch die Forderungen, die im Zusammenhang mit der Invaliditätsfrage an die Frauen gestellt wurden. Man hielt es für durchaus natürlich, daß Frauen, ihr Leben lang an verstümmelte Männer gekettet, sich zu einem opferreichen und entsagungsvollen Leben bereitfinden würden.

In einem deutschen Aufsatz [6] über diese Frage lesen wir:

„Es wird nicht wenige geben, die mit ehrlichster, bester Absicht ausrufen werden: Wie kann man einem gesunden Weib zumuten, einen Krüppel zu heiraten! Die Antwort ist auch gar nicht so leicht. Die Wissenschaft zwar hat sie gegeben. Unsere Orthopädie ist heute imstande, einen Menschen, der Arme oder Beine verloren hat, wieder arbeits- und erwerbsfähig zu machen, indem sie ihn durch zweckmäßige Übungen und zweckmäßige Stumpfansätze (sogenannte Prothesen) instand setzt, die verschiedensten Arbeiten auszuführen ... Es kommt nun ganz auf die Frauen- und Mädchenwelt an, daß sie die richtige Stellung zu unseren Kriegsversehrten einnehmen lernt. Denn das muß wirklich gelernt werden. Die gewaltige Macht der Liebe wird da das größte vermögen. Es gilt zunächst, sich in die Verhältnisse zu schicken und sich daran zu gewöhnen, daß dieser oder jener Mann keinen Arm oder kein Bein hat."

Fromme Ratschläge wie diese mögen zur Zeit, da die patriotische Eitelkeit zugunsten der Invaliden sprach, auch beherzigt worden sein. Aber bald siegte auch hier das Leben, das sich – gegen die Opfer unbarmherzig,

„... der Dank des Vaterlandes ist euch gewiß!"
Zeichnung von George Grosz.
Aus „Das Gesicht der herrschenden Klasse"

aber sich selbst getreu – nicht vergewaltigen ließ, bloß um das Verbrechen der Kriegsbejaher durch eine Milderung der Kriegsfolgen geringfügiger erscheinen zu lassen. Und wenn sich Frauen nach dem Abflauen des großen Verwundetenkults am Anfang des Krieges zu Kriegsbeschädigten hingezogen fühlten, so war das zum großen Teil in pathologischen Regungen begründet. Die Sexualpathologie gibt uns Aufschluß darüber, daß es kaum körperliche Fehler oder Gebrechen gibt, deren Träger auf Liebe endgültig verzichten müßten, die, so abstoßend sie auch normalerweise erscheinen mögen, auf gewisse Angehörige des anderen Geschlechts nicht als erotisches Reizmittel wirkten. (Abarten des Fetischismus und Masochismus.) Zumindest dürfen wir an solche Regungen denken, wenn wir von Fällen hören, in denen Kriegsopfer lange nach dem Verschwinden der letzten Spuren der Weltkriegsideologie noch immer Gefühle bei Frauen erwekken können, deren literarische Auswertung Octave Mirbeau in der Novelle „L'histoire d'un homme sensible" (sie handelt von der Liebe eines schönen und gesunden Dorfmädchens zu einem Buckligen) geraten ist. So ist dem Berliner Institut für Sexualforschung einmal eine über fünfzig Seiten lange Zuschrift eines Ehemannes aus der deutschen Provinz zugekommen, in der ein solches Verhältnis zwischen der eigenen Frau und einem Kriegsbeschädigten geschildert ist. Der Mann erkannte ganz richtig den unheimlichen Zauber, der von dem verkrüppelten Rivalen auf seine früher in langjähriger glücklichster Ehe mit ihm lebende Gattin ausging und enthüllte diese Beziehung als Hörigkeit auf sexualpathologischer Grundlage.

Doch wir wollen zu unserem Thema zurückkehren. Haben die Hoden- und Genitalverletzungen, wie nicht anders zu erwarten war, zum Erlöschen der Geschlechtsfunktionen und, sofern sie die Kastration notwendig machten, zum Späteunuchismus geführt, so gab es eine Reihe anderer Verletzungen, die ebenfalls mit schweren Sexualfunktionsstörungen verbunden waren.

So zum Beispiel Kopfschüsse mit Hirnverletzung, Kopfstreifschüsse mit organischen Veränderungen (aber auch mit rein psychologischen Folgeerscheinungen), verschiedene Beschädigungen des Rückenmarks u.a.m.

Im übrigen konnten rein psychische Störungen des Krieges nicht nur die Stärke, son-

Durchhalten auch in Frankreich
„Meine Frau kann es Ihnen bestätigen, daß ich keinen Augenblick wankend geworden bin . . ."
Zeichnung von C. Hérouard. Aus „La Baïonnette", 1915

dern auch die Richtung des Sexualtriebes mannigfach beeinflussen. Eine Frage, über die die Quellen besonders reich fließen. Daß bei Kriegsteilnehmern Perversionen entstanden wären, daß also eine Abschwenkung der Triebrichtung in des Wortes wahrem Sinne stattgefunden hätte, läßt sich immerhin in dieser Form nicht bejahen. Wo in der Sexualität des Betroffenen scheinbar neue Geschlechtsbedürfnisse, die nach einer von der Norm abweichenden Betätigung drängten, auftraten, handelt es sich um das Übermächtigwerden auch früher vorhandener libidinöser Zwangsvorstellungen, die ehedem von stärkeren Hemmungen im Zaume gehalten wurden. Nichts kann nun wohl einleuchtender sein, als daß infolge dieses Prozesses, der mehr oder minder von jedem Kriegsteilnehmer durchgemacht wurde, unbewußte Strebungen in tierisch-kindisch-primitiver Weise, von der früheren Zensur befreit, geradewegs zur Erfüllung trieben. In diesem Sinne müssen wir wohl auch einen von Wulffen [7] mitgeteilten Fall auffassen:
„Ein Offizier verlangte von seiner Frau, daß sie ihm ein stacheliges Hundehalsband um den Hals legen und ihn, der auf allen vieren kroch, mit der Hundepeitsche züchtigen sollte."

Wie wir sehen, handelt es sich hier um einen ziemlich ausgeprägten Fall von Zoo-Masochismus, dessen Wurzeln allerdings weiter zurückliegen müssen und den der Krieg nur von seinen Hemmungen befreite. Hier sei bemerkt, daß ebenfalls Wulffen an der angeführten Stelle die auch von anderen vertretene Ansicht äußert, daß die Impotenz vieler Männer, die aus dem Kriege auf Urlaub kamen, auf die unbewußte homosexuelle Komponente zurückzuführen sei, die sich draußen im Felde verstärkt hatte und eine

„Den Kerl kenne ich, das ist ein Simulant, das falsche Bein ist nicht echt!"
Zeichnung von R. Hermann. Aus „Bilder aus dem Alltagsleben"

Abneigung gegen die Frau hervorrief. Dies dürfte zumindest für einen Bruchteil der Fälle zutreffen.
Einen zweiten Fall von „Kriegsperversion" geben wir in der Fassung Dr. Magnus Hirschfelds wieder, der ihn erstmals in seiner „Sexualpathologie" mitgeteilt hat. Dem Falle kommt darum eine symptomatische Bedeutung zu, weil die darin enthaltene Triebabweichung, der Infantilismus, durch das Kriegsmilieu besonders gefördert wurde, wie das in der im Infantilismus begründeten Arbeitsscheu und Verträumtheit mancher Kriegsteilnehmer klar zum Ausdruck kam: „Es beschäftigte mich vor einiger Zeit der Fall eines jungen Offiziers, der eine schwere Granaterschütterung im Felde davongetragen hatte. Vor allem litt er seitdem an einem heftigen Tic convulsif. Außerdem gab dieser

Patient an, daß er bereits früher vielfach sexuelle Zwangsvorstellungen gehabt hätte, die er aber immer leicht wieder verscheuchen konnte. Seit seiner Verletzung im Kriege sei er dazu nicht mehr imstande. Er würde fortwährend von sehr peinlichen Sexualvorstellungen beherrscht und könne sich ihrer nicht mehr erwehren. Diese Vorstellungen trügen einen ganz infantilen Charakter; er gibt von ihnen folgende Beschreibung: ‚Die stärksten erotischen Gefühle werden in mir ausgelöst, wenn ich sehe, wie kleine Kinder, insonderheit Knaben, von Kindermädchen abgehalten werden. Es gewährt mir den höchsten Reiz, mich an die Stelle des so verwarteten Kindes zu versetzen. Auch erregt es mich, wenn solche Kinder auf das entblößte Gesäß geschlagen werden. Ich selber könnte Kindern gegenüber nie aktiv werden; schon der Gedanke daran ruft Unbehagen und Übelkeit in mir hervor; alle meine Gefühle verstehen sich nur in der Eigenschaft als passiver Zuschauer. Leider sind dies die schönsten Gefühle, die ich seit meiner Verwundung kenne. Immer wieder suche ich die Plätze auf, wo Kindermädchen sich in der geschilderten Weise den Kleinen widmen, stumm hefte ich meinen Blick auf das Kindermädchen, das das Kind sein Bedürfnis verrichten läßt. Ich bekomme dabei geschlechtliche Erregungen und befriedige mich dann später daheim in der Erinnerung daran.‘ Weiter berichtet Patient: ‚Redensarten, die mich besonders aufregen, sind: Willst du wohl artig sein? Soll ich die Rute holen? Soll Fräulein haue, haue machen? Willst du jetzt brav sein, du ungezogener Junge du? Versprich das! So, komm, nun sei wieder lieb und gib Küßchen.‘ Patient, der 25 Jahre alt ist, teilt auch noch mit, daß er gern Knabenkleidung trägt, am liebsten würde er als Kadett – er ist im Kadettenkorps erzogen worden – gehen [8]."

In einer Besprechung der Zusammenhänge zwischen Kriegsbeschädigungen und Sexualität dürfen auch Hinweise auf die verschiedenen Typen der Kriegsneurose nicht fehlen. Bei diesen haben wir es mit der seelischen Reaktion einer ziemlich großen Anzahl von Kriegsteilnehmern auf das überdimensionierte Erlebnis des Krieges zu tun. Daß sie nicht noch häufiger vorkamen, ist ein Sieg der Anpassungsfähigkeit des Kulturmenschen, eine Leistung, die der angeblich viel weniger degenerierte Mensch früherer Zeiten kaum zustande gebracht hätte.

Während des Krieges wurden über die Frage der Kriegsneurosen erbitterte Diskussionen geführt, deren Nachklänge vielfach noch heute nicht verstummt sind. Jedermann kennt den Typus der sogenannten Kriegszitterer oder Schüttler, lebendiger Dokumente der „großen Zeit“. Sie bilden eine

Die Neugierde
„Sie sind schon recht eigenartig ...“
Aus „Die Menschen und der Krieg“. Holzschnitt von Frans Masereel

Links oben: Serbischer Verwundetentransport auf mazedonischen Ochsenkarren *Aus „L'Illustration", 1916*

Rechts oben: Französische Plakat zur Kriegs-Wohltätigkeits-Woche des Departements Gironde, Juni 1916 *Museé Leblanc, Paris*

Unten: „Ja, mein Kind! So ist unser ganzes Leben!" *Zeichnung von H. Zille Aus „Kriegsmarmelade", 1918–19*

Theatervorstellung der Patienten in einem englischen Kriegslazarett *Originalaufnahme*

Rechts: Österreichische Erzherzogin als Krankenschwester *Pressefoto*

Unten: Von der Zensur unterdrückt: Ein Beleg für das Zusammenwirken deutscher und französischer Militärärzte. *Aus „Images secrètes de la guerre"*

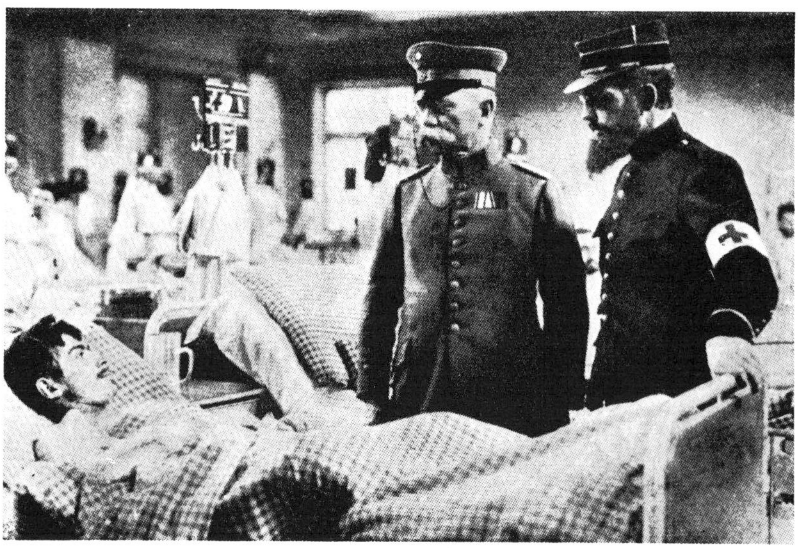

„Der Neid“ *Durchhalte-Gemälde von J. Simont, repr. in „L'Illustration“, 1916*

Der Kieferverwundete
Verantwortungslose Versüßlichung einer
der bösesten Verwundungsarten

Liebestempel – ohne Komfort
Zeichnung von Heinrich Zille   Aus „Kriegsmarmelade"

Kriegsbordell in Galizien
Handkoloriertes Amateurfoto. Aus: Friedrich Ernst, „Krieg dem Kriege!“

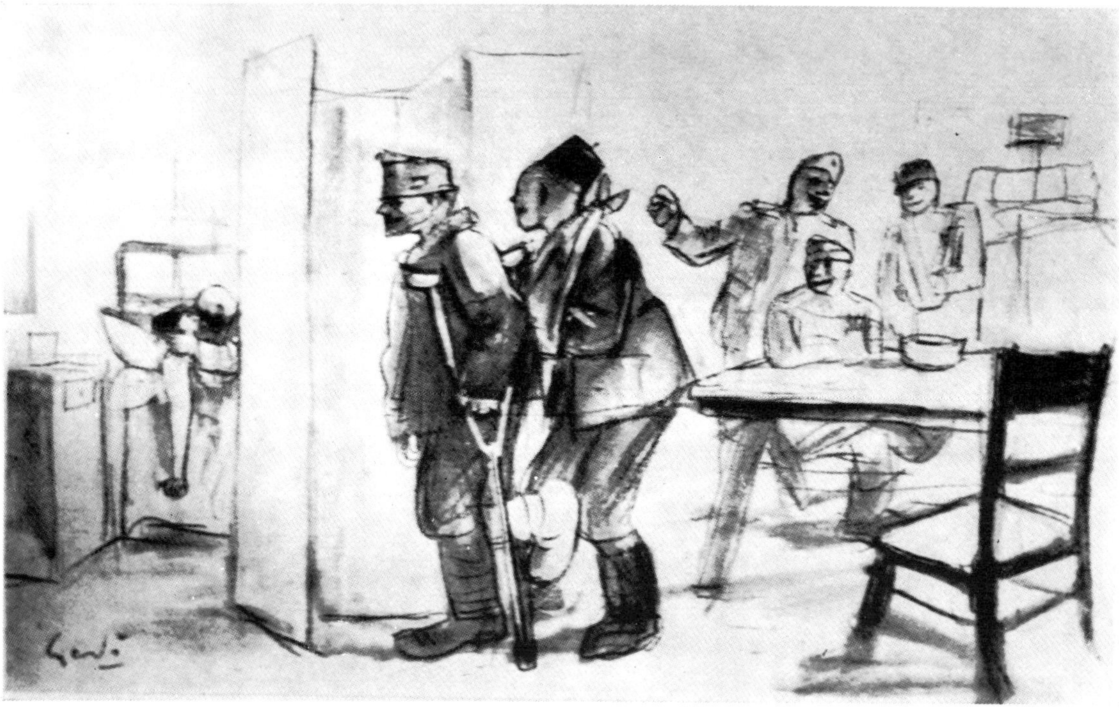

Der beneidenswerte Janosch hat Besuch. *Zeichnung von Gedö*

Rechts: Die „Ritterburg“ *Zeichnung von J. Hasder*

Der einbeinige Kavalier *Zeichnung von Gedö*

Links: „Weißt Du, Kamerad, was sie mir wegoperiert haben?“ *Zeichnung von Gedö*

Rechts: Der Invalide *Zeichnung von V. Erdey, 1915*

Er bezahlte mit seinem Augenlicht
Zeichnung von Gedö

Verschütteter kurz vor dem Verhungern gerettet *Originalaufnahme Dr. Sax, Wien*

Links unten: Italienischer Kriegseunuch
Aus Hirschfeld, Sexualpathologie I

Rechts unten: Die Ernte des Krieges
Aus dem russ. Film: „Der Mann, der sein Gedächtnis verlor"

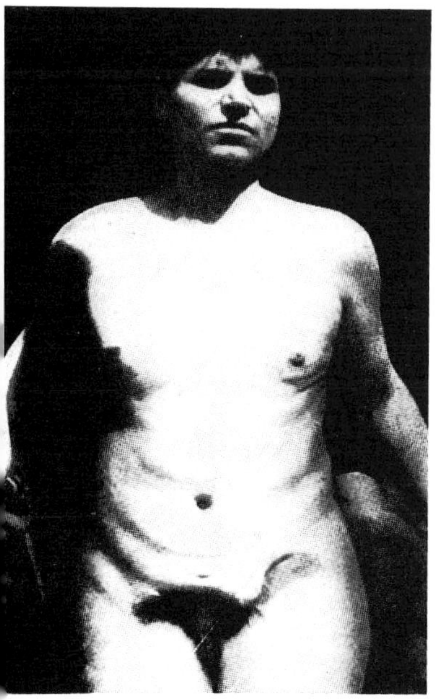

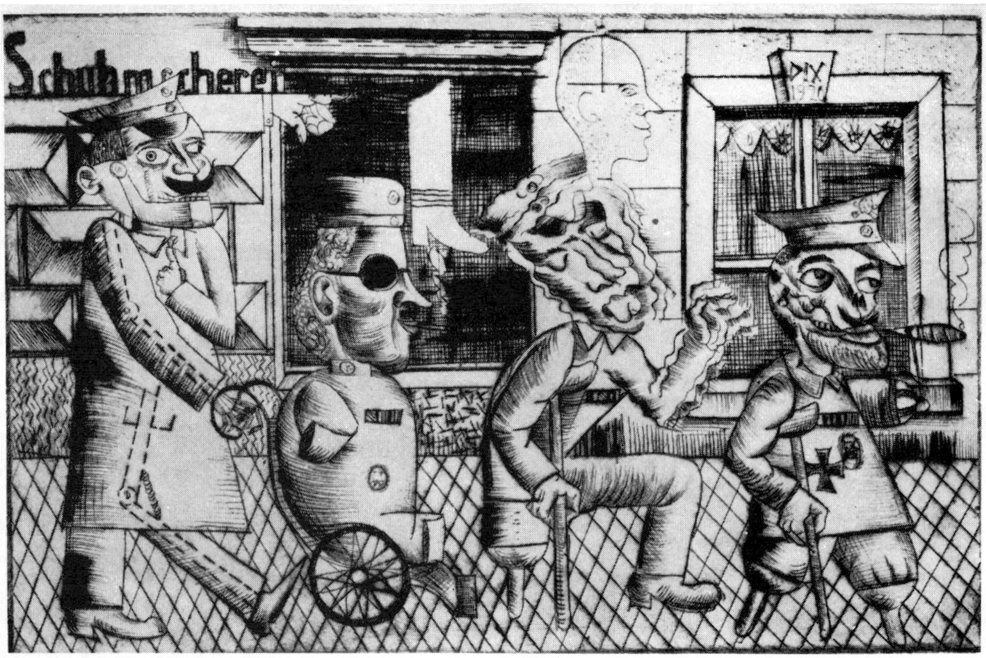

Kriegskrüppel, 1921
Radierung von Otto Dix

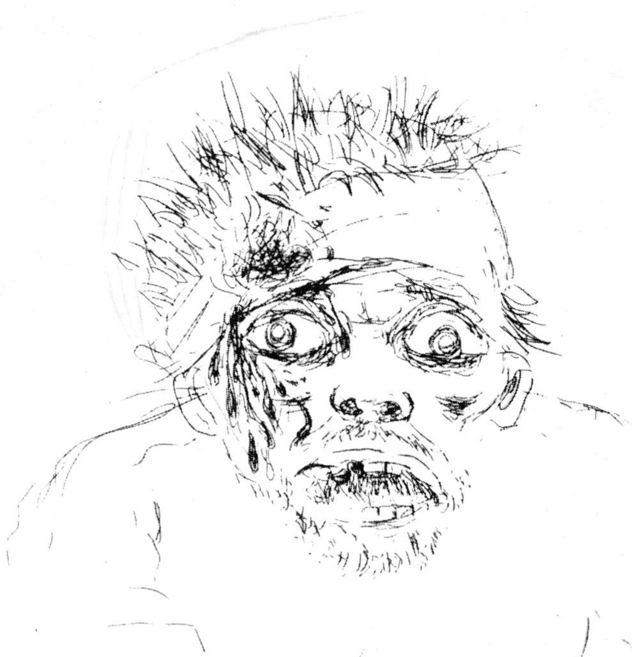

Fliehender Verwundeter
Sommeschlacht, 1916
Radierung von Otto Dix

Gruppe der Kriegsneurotiker. Sie waren im Ersten Weltkriege massenhaft zu sehen: die voll ausgebildeten Krankheitserscheinungen bestanden in allgemeinem Tremor, weiterhin in der Unfähigkeit des Gehens oder Stehens, verbunden mit heftigen Angstgefühlen, wenn die Bewegung mit Gewalt erzwungen werden sollte. Eine andere Gruppe zeigte merkwürdige Haltungsanomalien, Zwangshaltungen oder verschiedene Lähmungen. Die meisten dieser Krankheitsbilder entstanden infolge der Einwirkung von Erschütterungen, insbesondere nach Granatverschüttungen. So lag es nahe, alle diese Erscheinungen mit dem führenden deutschen Neurologen H. Oppenheim[9] als organische Störungen aufzufassen. Im übrigen vermutete er durch die Erschütterungen hervorgerufene Veränderungen im Zentralnervensystem, die auf „Lockerung, Verlegung der feinsten Gewebselemente, in der Sperrung von Bahnen, in der Entgleisung der Innervationsimpulse beruhen".

„Durchhalten!"
Zeichnung von George Grosz. Aus „Abrechnung folgt"

Demgegenüber wies man darauf hin, daß bei allen diesen Erkrankungen nichts für organische Veränderungen spreche, daß das Krankheitsbild ohne Verletzungen zustande gekommen und in der Mehrzahl der Fälle seelischen Einflüssen – Hypnose oder Suggestion – zugänglich sei. Andere suchten die krankheitserregende Ursache im seelischen Erlebnis, glaubten ihre Auslösung dem Schreck beimessen zu können. Tatsächlich ist es oft beobachtet worden, daß bei Elementarkatastrophen oder Unglücksfällen, wie Erdbeben und Eisenbahnzusammenstößen, die Betroffenen mit Haltungen reagierten, die als biologische Urtypen bei niederen Lebewesen, etwa Insekten, bekannt waren. Es sind dies Elementarreaktionen, wie der „Totstellreflex" (das Tier stellt sich unbeweglich) oder der „Bewegungssturm" (Tendenz, sich durch ungeordnete Bewegungen der Gefahr zu entziehen)[10]. Ehe wir auf den, beide Auffassungen über die Entstehung der Kriegsneurosen, also sowohl die Erschütterungs- wie die Schrecktheorie, überbrückenden Erklärungsversuch der Psychoanalyse eingehen, wollen wir etwas über die Einteilung dieser Erkrankungen sagen, die wir ja gleichfalls der Psychoanalyse verdanken. Diese Einteilung unterscheidet zwischen den Typen der Konversionshysterie und der Angstneurose. Eine brauchbare populäre Schilderung der Entstehung des erstgenannten Typus, der Konversionshysterie, deren Symptome die schon erwähnten Lähmungen und Zwangshaltungen waren, entnehmen wir dem englischen militärpsychologischen Werke „Psychology and the Soldier“ von Bartlett, das sich auf die nervenärztlichen Erfahrungen des Ersten Weltkrieges stützt:

„Der Soldat wurde hysterisch, nicht weil er sich etwas in den Kopf setzte, sondern weil in der Gesamtheit der Interessen, die normalerweise seine Persönlichkeit ausmachten, kein Platz für den Krieg war oder überhaupt für etwas, das seine Lebenspläne zu verstören drohte. Sein Leben lang war er gewohnt, auf die sich augenblicklich ergebende Lage mit dem einfachen, unmittelbar geweckten Impuls zu reagieren. Das aber ist ihm jetzt durch die Disziplin verwehrt. Reagierte er nach seiner Gewohnheit, so würde er desertieren, was fast sichere strenge Bestrafung nach sich zöge, während im Kampf die Chancen zumindest ungewiß sind. Er lebt also fortwährend in einer Situation, die übermächtige Antriebe zur Flucht enthält, zugleich aber keine einfache Methode zur Bewerkstelligung dieser Flucht bietet. Eines Tages, gleichsam im Nu, beim Platzen einer Granate, beim gewaltsamen Tod eines Freundes, möglicherweise aber auch ohne sichtbaren unmittelbaren Grund, taucht die Verwundung auf, die seinen Konflikt löst. Es ist dies keine körperliche Verletzung. Sie nimmt zwar körperliche Formen an, doch ist sein Körper genügend gesund. Er ist hysterisch geworden. Wir nennen ihn einen Konversionshysteriker, weil der seelische Antrieb zur Flucht in ein körperliches Symptom konvertiert wurde, in diesem zum Ausdruck kommt [11].“

Die zweite Gruppe der Kriegsneurosen – die Angsthysterie – war durch allgemeines Zittern und Gehstörungen gekennzeichnet. Das Zittern trat bei den ersten Gehversuchen des anfangs völlig gelähmten Patienten auf, dessen Bewegungsfähigkeit durch eine lange Liegekur hergestellt schien und bei dem anscheinend keine Lähmungserscheinungen mehr bestanden. Es handelte sich hier um ein niederschmetterndes Erlebnis, ein sogenanntes psychisches Trauma, vor dessen Wiederholung sich der Kranke unbewußt dadurch schützte, daß bei jeder Gefahr, die eine Wiederholung bringen konnte, Angstentwicklung auftrat. Die Unfähigkeit, zu stehen und zu gehen, war ein unbedingt sicheres Verhütungsmittel, da sie jede Bewegung unmöglich machte. Diese Angst, die sich außerdem auch in Angstträumen äußerte, galt seit jeher als typisches Symptom der Angstneurosen, zu denen wir daher die zweite Gruppe der Kriegsneurosen zu rechnen haben.

Suchte man nun beide Arten der Kriegsneurosen, wie schon erwähnt, einerseits auf die mechanische Erschütterung, andererseits auf das Schreckerlebnis allein zurückzuführen, so bekannten sich die Psychoanalytiker, aber auch vielfach nicht psychoanalytisch eingestellte Ärzte, wie Nonne [12], sowie Liepmann und Schuster [13], zum psychogenen Standpunkt, wonach erst die seelische Verarbeitung der affektiven Erlebnisse die Erkrankung zustande bringe. Diese Auffassung war die einzige, die die Frage beantworten konnte, warum nur einzelne aus der Masse derer, die genau das gleiche erlebt, also dieselben Schreckerlebnisse durchgemacht hatten, die neurotischen Reaktionen zeigten. Entscheidend wäre demnach weder das körperliche noch das seelische Trauma, sondern allein die persönliche, individuelle Reaktion. Die psychoanalytische Schule versuchte nun auch anzugeben, welcher Art diese Reaktion sein mußte, um die Erkrankung herbeizuführen. Die Kriegsneurosen wurden als typisch „narzißtische“ bezeichnet. Das heißt, es wurde angenommen, daß es sich bei allen in Frage kommenden Erkrankungen um eine Ich-Verletzung, um eine Verletzung der Selbstliebe (des Narzißmus) handelte. Die natürliche Folge dieser Verletzung aber sollte die Einbeziehung der „Objektbesetzung der Libido", das heißt das Aufhören der Fähigkeit sein, jemand anderen als sich selbst zu lieben[14]. Man verwies auf Fälle, in denen dieser narzißtische Rückzug so weit ging, daß sich die Kranken wie kleine Kinder benahmen; sie lallten, wollten verhätschelt werden usw. Wie bei der Musterung, so auch beim Gesundschreiben der Lazarettpfleglinge war der Arzt nur zu oft an seelenlose Vorschriften, gebunden, die ihrerseits in rein militärischen Bedürfnissen begründet waren. So hatte der Arzt bei der Musterung einen bestimmten Prozentsatz der Stellungspflichtigen für kriegsverwendungsfähig zu erklären, ein andermal einen ebenfalls im voraus bestimmten Teil seines Krankenstandes rücksichtslos

ins Feld zurückzuschicken. Bei dem Soldatenmangel der Zentralmächte wurden diese Mißstände besonders in den letzten Kriegsjahren chronisch. Es kam so weit, daß beispielsweise eine deutsche Statistik aus dem Jahre 1916 folgende Zahlen aufweist:
Von den in den Lazaretten des gesamten deutschen Heimatgebietes behandelten Angehörigen des Feldheeres wurden 90,2 v. H. wieder „dienstfähig", 1,4 v. H. starben, 8,4 v. H. blieben dienstunbrauchbar oder wurden beurlaubt.
Es wäre erfreulich, wenn dies bloß der Ausdruck der unbestreitbaren Fortschritte der ärztlichen Tüchtigkeit in Deutschland wäre, doch war dies bestimmt sehr oft nicht der Fall. Und ebenso oft wurden rücksichtslose, weil nur von militärischen Rücksichten diktierte Verordnungen von den zu ihrer Befolgung berufenen Ärzten freudig erfüllt und in der Durchführung noch überboten. Gelegentlich versuchten Ärzte durch Gewaltmethoden den seelischen Schock, den ihre Patienten im Kriege erlitten hatten, zu überwinden. Ein Beispiel dafür ist die berühmte Kaufmannmethode, ein trübes Andenken aus trüben Jahren. Da der letzte Grund der Kriegsneurosen, wie wir gesehen haben, in der individuellen seelischen Verarbeitung der Erlebnisse zu finden ist, so lag die Annahme nahe, daß sie auf psychische Heilmethoden ansprechen würden. So löste Simmel[15] die Therapiefrage durch Anwendung einer psychokatarrthischen (hypnotischen) Methode, durch die die Umstände des Erkrankens bewußt gemacht wurden. Kaufmann's Methode dagegen war, wie sie ihr Erfinder selbst bezeichnete, eine Überrumplungsmethode[16] und enthält folgende Leitsätze:

„Aber sonst ist bei dir alles in Ordnung . . .?"
Zeichnung von K. Sohr

„Ausgehend von der Erfahrung, daß die durch einen psychischen Schreck aus dem richtigen Geleise gebrachten Innervationen sehr häufig durch einen erneuten psychischen Schreck wieder in die richtige Bahn zurückgebracht werden, empfiehlt Kaufmann: 1. suggestive Vorbereitung (Betonung dessen, daß die Behandlung zwar schmerzhaft ist, daß aber die Heilung in einer Sitzung sicher und dauernd sein wird); 2. Anwendung kräftiger Wechselströme unter Zuhilfenahme von reichlicher Wortsuggestion (die durch den Strom verursachten Schmerzen müssen empfindlich sein, Elektrisieren und Übungen wechseln miteinander ab); 3. strenges Einhalten der militärischen Formen unter Benützung des gegebenen Subordinationsverhältnisses und Erteilen der Suggestionen in Befehlsform (scharfes Anpacken des Patienten, scharfe militärische Kommandos, ganz wie auf dem Kasernenhof); 4. unbeirrbar konsequente Erzwingung der Heilung in einer Sitzung."

Man weiß, wie getreu diese Vorschriften befolgt wurden. Bezeichnend dafür ist ein von Dr. Magnus Hirschfeld angeführter Fall, in dem ein sadistisch veranlagter Soldat jede Gelegenheit gierig wahrnahm, einer solchen Sitzung beiwohnen zu können. Obgleich das Verhältnis zwischen Arzt und Patient in allen Heeren im Durchschnitt das gleiche war, scheinen die Ratschläge Kaufmanns in der Praxis bei sehr vielen Militärärzten, besonders in Österreich, eifrige Anhänger gefunden zu haben. Der Psychoanalytiker Fritz Wittels, der später nach den USA emigrierte, schrieb in seinem witzigen Kriegsroman „Zacharias Pamperl" über die Nervenärzte in Wiener Militärspitälern:
„Diese Herren verwendeten Elektrisiermaschinen, wie man sie in Amerika gegen Raub-

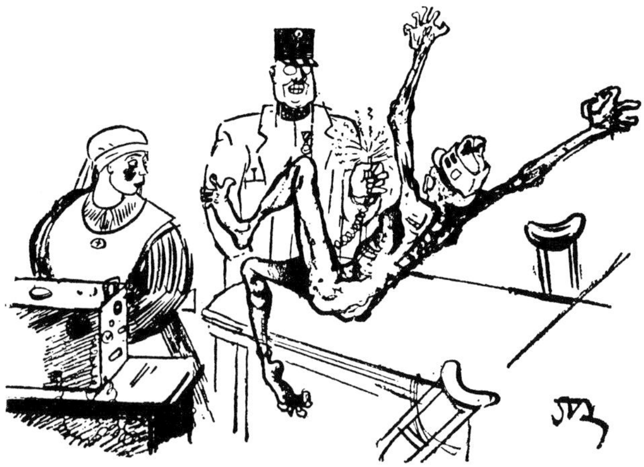

Die „Kaufmann-Methode"
In der Behandlung der Zitterneurose lebten mittelalterliche Torturen auf – mit modernstem Raffinement gestaltet. Zeichnung von A. Stadler

mörder in Gebrauch hat, und kitzelten den Vaterlandsverteidiger, bis ihm kein Ausweg mehr blieb, als Selbstmord oder Rückkehr ins Feuer. Sie spritzten auch Brechmittel ein, daß man die Seele aus dem Leibe spie und den Tod fürs Vaterland einem solchen Leben bei weitem vorzog. Maria Theresia hatte die Folter abgeschafft, die Nervenärzte haben sie in diesem Kriege wieder eingeführt[17]."
Überhaupt sah man im k. u. k. Heer in jedem Spitalinsassen, insbesondere aber in den Nervenkranken, Simulanten. Karl Kraus bringt in seinem großen Kriegsdrama eine Spitalszene, die heute vielleicht outriert erscheint, damals aber grausige Wahrheit war. „Ein Militärarzt, Rekonvaleszente, Verwundete aller Grade, Sterbende.
Ein Generalstabsarzt (öffnet die Tür): Aha, da sind's ja alle schön beisamm, die Herrn Tachenierer. (Einige Kranke bekommen schwere Nervenzustände.) Aber gehts, nur kein Aufseh'n. Das wer'n wir gleich haben – Momenterl! (Zu einem Arzt.) No, wird's? Wo bleibt denn heut der Starkstrom?

G'schwind, daß wir die Simulierer und Tachenierer herauskriegen. (Die Ärzte nähern sich einigen Betten mit Apparaten. Die Kranken bekommen Zuckungen.) Der dort, der ist ein besonders verdächtiger Fall, der Fünfer! (Der Kranke beginnt zu schreien.) Da hilft nur ein Mittel, das verwenden wir im äußersten Fall – ins Trommelfeuer! Jawohl, das beste wäre, alle Nervenkranken in einen Caisson stecken und dann einem schönen Trommelfeuer aussetzen. Dadurch würden s' ihr Leiden vergessen und wieder frontdiensttaugliche Soldaten wer'n! Da wer'n euch schon die Zitterneurosen vergehen! (Er schlägt die Tür zu. Ein Kranker stirbt)[18]."

Angesichts dieser Praxis ist es nicht schwer, die Empörung des Publikums zu begreifen, die trotz dem militaristischen Druck wiederholt, beispielsweise in Wien, zu öffentlichen Erörterungen führte. „Der Vorwurf", sagt Professor Schüller in einem Vortrag über die Kriegsneurosen und das Publikum[19], „daß der Arzt, welcher aktivere Methoden in Anwendung bringt, hiermit auf die Patienten eine Pression zwecks Erlangung des Eingeständnisses ihrer Bereitschaft zum Frontdienst ausübe, beruht auf der irrigen Anschauung, daß das Endziel der Behandlung in jedem einzelnen Fall die Erlangung der militärischen Diensttauglichkeit sei . . . Die Fachärzte haben in erster Linie das Bestreben, die Wiederherstellung des Neurotikers so weit zu fördern, daß derselbe bürgerlich erwerbsfähig und militärisch hilfsdiensttauglich wird. Der von den Laien gegenüber den Neurologen erhobene Vorwurf der Simulantenriecherei wird schlagend widerlegt durch die verschwindend kleine Zahl gerichtlicher Anzeigen wegen Simulation" und so fort. Wenn diese Behauptungen Tatsachen wären, hätte man keine Kaufmannmethode nötig gehabt. Natürlich gab es eine Anzahl Ärzte, die der Berufung im Berufe treu blieben und sich der billigen Erfolge der Kaufmannmethode (die übrigens auch keine waren, weil der Patient unter der Wirkung der Folterungen aus einer Krankheit in die andere floh) begaben. Kurt Mendel schrieb mutig: „Schließlich sind . . . unsere erkrankten Soldaten wahrhaft zu schade, um wie ungezogene Kinder behandelt zu werden; und Ärzte sind keine Unteroffiziere, Lazarette keine Kasernenhöfe[20]!"

Ebenso bedauernswert wie charakteristisch ist es, daß der verdienstvolle Psychiater später seine sehr berechtigte Empörung bereute und wörtlich ausrief: „Pater, peccavi!"

Noch zwei Behandlungsmethoden von Kriegsneurosen mögen in aller Kürze ausgeführt werden. Die erste, von O. Muck[21] vorgeschlagene, ist kaum weniger unsanft als die Kaufmannsche. Man setzte dem Patienten,

Die Ausstellung

Rom – Die 2. interalliierte Konferenz für die Kriegsinvaliden wird durch eine Ausstellung ergänzt. Holzschnitt von Frans Masereel

der auf nervöser Grundlage die Stimme verloren hatte, das heißt aphonisch geworden war, eine Metallkugel von 1 cm Durchmesser an den Kehlkopf und löste so den Angstschrei vor dem Ersticken aus. Die zweite[22] bediente sich einer Scheinoperation, wobei der Patient narkotisiert wurde. Eine viel radikalere Heilung aber brachte diesen Kriegsopfern der Friede. In einem Aufsatz über „Das Kriegsende und die Neurosenfrage" schreibt K. Singer[23]:

„Die Lösung dieser Spannung setzte plötzlich, perakut ein und wirkte so gleichsam wie ein therapeutisch gesetzter Affektschock. Es war die beste Kaufmannisierung der Seele ohne Strom, es war die glänzendste Einlösung eines ohne Suggestion gegebenen Versprechens."

Sonderbarerweise erhoben sich gewisse Stimmen dagegen, daß auch Neurotikern das Verwundetenabzeichen verliehen werde. Dies wäre, meinte beispielsweise B. C. Loewy[24], „moralisch nicht gerechtfertigt".

Zur Frage der Simulantenriecherei sei nachträglich bemerkt, daß sie nicht zuletzt darum unberechtigt war, weil es trotz aller gegenteiligen Behauptungen den Anschein hat, daß es im Weltkrieg verhältnismäßig wenig Fälle echter Simulation (diese contradictio in adjecto ist keine!) gab. Der Soldat verließ sich selten auf seine Verstellungskünste allein und trug meist kein Bedenken, den Schritt vom bloßen Vorschützen zum mutwilligen Erwerben einer Krankheit, von der Simulation zur Selbstverstümmelung oder Selbstbeschädigung zu wagen. Erschien doch, häufiger als gewöhnlich angenommen wird, sogar der Selbstmord als eine willkommene Rettung vor dem Heldentod. Er scheint besonders in der englischen Armee verbreitet gewesen zu sein. Aber auch im österreichischen Heere waren Fälle nicht selten, wie der in der „Wiener medizinischen Wochenschrift" berichtete eines 27jährigen Soldaten, der in selbstmörderischer Absicht einen Schlüssel und den zerbrochenen Stiel eines Zinnlöffels verschluckt[25]. Zu dieser Gruppe gehört wohl auch die absichtliche Operationsverweigerung, die, wie Finsterer[26] feststellt, „in ihrem beabsichtigten Endeffekt der Selbstbeschädigung gleichkommt, die in der Absicht ausgeführt wird, sich dadurch dem Frontdienst zu entziehen". Im übrigen beschwert sich dieser Arzt über die Ungerechtigkeit, daß, während die Selbstbeschädigung „mit der standrechtlich ausgeführten Todesstrafe belegt" werde, die absichtliche Operationsverweigerung ungestraft bleibe, ja sogar rechtlichen Schutz genieße. Tatsächlich vergaß man die Bestimmung, daß jemand nur mit seiner Zustimmung operiert oder ihm ein Glied amputiert werden dürfe, mit Rücksicht auf den Krieg aufzuheben; doch ist es durch Tatsachen bewiesen, daß man sich, na-

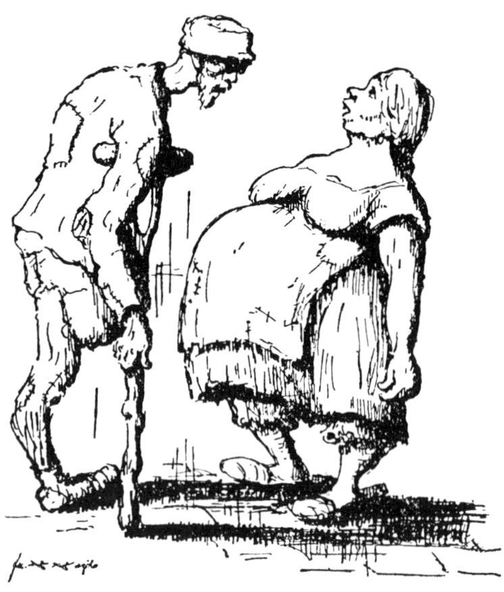

„Uns hat es erwischt . . ."
Zeichnung von V. Erdey

mentlich bei gemeinen Soldaten, nicht immer streng an die Vorschriften hielt. Immerhin erwähnt Dr. Finsterer folgende zwei Fälle:
Ein Soldat mit Narbe auf dem Schulterblatt, welche ein Tragen des Gewehres oder Tornisters unmöglich macht, verweigert deren operative Entfernung.
Einem Offizier hat ein Schrapnellschuß die Quadrizepssehnen vor Monaten durchtrennt. Ein Gehen oder Heben des gestreckten Beines ist unmöglich, der Mann daher ohne Operation invalid. Trotzdem verweigert er die Zustimmung zur Operation.

Die Selbstbeschädigung blühte bei allen Armeen. Egon Erwin Kisch schrieb darüber:
„Drei Selbstverstümmler wurden zum Divisionsgericht eskortiert, sie klapperten vor Frost und Schmerz, der eine hatte den linken Unterarm zerschmettert, der zweite zwei Finger durchschossen, der dritte die linke Schulter – alle drei bloß mit selbstangelegten, primitiven Bandagen, blutüberströmt. Sie können vor dem Feldgericht nichts in Abrede stellen, denn die Schüsse sind auf der linken (dem eigenen Gewehr erreichbaren) Körperhälfte, die Wundränder zeigen Merkmale der Verbrennung von der Stichflamme und Pulverschleim – typischer Nahschuß. In Serbien war es leichter – man brauchte nur absichtlich den Arm aus der Deckung zu strecken und hatte schon einen Schuß von drüben, ‚eine ehrenvolle Verwundung‘. (Wenn man sich hier anschießen will, muß man zuerst ein mit Wein genäßtes Taschentuch auf die Stelle legen, die man treffen will, dann sind die Vergasungs- und Pulverspuren nicht zu sehen) [27].“
Sehr oft bestand die Selbstbeschädigung darin, daß man sich absichtlich eine ansteckende Krankheit zuzog. Selbst englische Mädchen, die, vom Patriotismus ihrer Eltern über den

Verstümmelter und Dirne
Radierung von Otto Dix

Kanal getrieben, in Frankreich hinter der Front als Fahrerinnen, Pflegerinnen und Arbeiterinnen in Uniform aufreibenden Dienst taten, sollen dieser Versuchung erlegen sein. Wenigstens erzählt Helen Zenna Smith darüber:
„Unsere ‚begeisterte Stimmung‘! Sie ist uns vergangen gleich in der ersten Nacht, als wir hier ankamen. Die Welt scheint nun einmal fest entschlossen zu sein, nichts an uns zu sehen als eine fürchterliche, ewig begeisterte Forschheit. ‚Unsere Mädels sind mit Leib und Seele dabei; immer munter und lustig und auf Streiche aus wie die Schulmädels.‘ Wirklich? Hier ein Beispiel: Eine Fahrerin bekam neulich die Masern in gefährlicher Form. Was geschah? Vier von ihren Kameradinnen krochen in ihren noch warmen Flohsack, bevor er desinfiziert war, in der Hoffnung, sich anzustecken und so ins Lazarett zu kommen, um bloß mal ein paar Wochen zu schlafen. So sehen unsere munteren Streiche und unsere kindliche Begeisterung aus [28].“

Friedensapostel
„Bis zum siegreichen Ende? Nee, mir nich! Das kann sich so einer leisten wie der da . . .“
„Friedenshetzerische“ Karikatur von Th. Th. Heine
Aus „Simplicissimus“, 1915

Eine Skala der beim österreichischen Heere üblichen Arten von Selbstbeschädigungen (unter 624 standrechtlich geahndeten Militärverbrechen waren 345 Desertionen und 129 Selbstbeschädigungen) verdanken wir der Gründlichkeit Prof. Exners[29]:
Künstlich erzeugter Leistenbruch, Verätzungen und Entzündungen der Haut, Verbrühung mit nachfolgender Ätzung, künstlich erzeugte Ekzeme, Gelbsucht (durch Pikrinsäure), Augenentzündungen, Verätzungen und Entzündungen des äußeren Gehörganges, der Harnröhre (durch Fremdkörper), naive Vortäuschung von Tripper durch Seifenwasser, absichtliche Übertragung von Trachom und von Tripper, Nierenentzündungen und Harnblasenentzündungen, Erfrierungen, Schwellungen der Gliedmaßen (durch Abschnüren), Einstechen und Versenken von Nadeln in Gliedmaßen, Hämorrhoiden (durch drastische Abführmittel und örtliche Reizmittel), Vereitlung des Heilungsprozesses durch Reizung der kranken Stelle.

Eine überaus große Rolle bei den Selbstbeschädigungen spielten die venerischen Infektionen. Bei den Verhältnissen, die überall hinter der Front, im Etappenraum, herrschten, war es ziemlich leicht, eine Infektion dieser Art zu erwischen, und so machte man denn von dieser Möglichkeit ausgiebig Gebrauch. Allerdings war gerade diese Art der Selbstbeschädigung, wie schon im Kapitel über die Geschlechtskrankheiten erwähnt, keineswegs ungefährlich. Die Behandlung war im allgemeinen und bei allen Heeren unbarmherzig und begann nicht selten, namentlich bei den Österreichern, mit einer empfindlichen, vom militärischen Standpunkt aus nicht ganz unberechtigten Strafe wegen Selbstverstümmelung. Doch nützte auch dies wenig und die Bedeutung der zum Selbstbeschädigungszweck erworbenen Geschlechtskrankheiten nahm im Laufe des Krieges viel mehr zu als ab. Ob man sich die Infektion bei einer Frau, also sozusagen an der Quelle, holte oder von einem Kameraden entlehnte, war in diesen Fällen gleichgültig. In Köppens „Heeresbericht“ finden wir folgende amüsante Beschreibung:

„Gerichtsverhandlung im Stabsquartier der I. Abteilung F.A.R. 96.

Anwesend: Führer von I/96 Major Klemper als Vorsitzender, Hauptmann Siebert I/96 als erster, Leutnant Stiller 5/96 als zweiter Beisitzer.

Protokollführer: Reisiger (seit drei Tagen Vizewachtmeister).

Angeklagter: Kanonier Rodnik, I/96.

Major Kl.: Erzählen Sie den Vorgang.
Angeklagter schweigt.
Major Kl.: Na, stimmt es, daß Sie mit diesem Frauenzimmer verkehrt haben, obwohl

Sie wußten, daß die Person geschlechtskrank ist?
Angeklagter: Zu Befehl, Herr Major, nein.
Major Kl.: Was heißt nein? Haben Sie nicht – oder wußten Sie nicht?
Angeklagter: Ich kenne das Mädel nicht, Herr Major.
Hauptmann S.: Rodnik, wenn Sie noch lügen, sperre ich Sie sofort ein. Hier, Herr Major, ist ein Attest vom Abteilungsarzt, daß der Mann einen schweren Tripper hat.
Major Kl.: Kerl, wollen Sie mir erzählen, daß das vom Pinkeln gekommen ist? (Brüllt.) Sie kommen ins Zuchthaus, wenn Sie nicht die Wahrheit sagen! Also, wo haben Sie den Tripper her?
Angeklagter: Aus dem Lazarett –
Hauptmann S.: Das ist Lüge. Sie waren ja nie dort.
Angeklagter: Nein, Herr Hauptmann – aber hier aus dem Ort –
Hauptmann S.: Rodnik, nun reden Sie mal keinen Unsinn. Nun seien Sie mal vernünftig. So weit solltet ihr mich doch schon kennen, daß man mit mir reden kann. Ich will nicht belogen werden, also nun erzählen Sie. In Ihrem Interesse.
Angeklagter: Ich hab's gekauft . . .
Major Kl.: Was gekauft? Das Mädel?
Angeklagter: Nein, Herr Major. Den Tripper. Von einem Infanteristen. Aber das haben andere auch getan. Der ist tripperkrank – und wenn man ihm eine Mark gibt, gibt er einem ein bißchen – ein bißchen Eiter. Und wenn man sich den gleich anschmiert . . .
Hauptmann S.: Das haben andere auch? Wie viele von der Batterie?
Angeklagter: Wie ich da war, noch fünf [30]."

Es wäre in diesem Zusammenhange noch einiges über das Lazarettleben zu sagen, doch haben wir die sich hauptsächlich daraus ergebenden Fragen, soweit sie von sittengeschichtlichem Belang sind, im Kapitel über die Pflegerinnen abgetan. Gewiß waren die Lazarettinsassen, selbst wenn sie es (wie in der Mehrzahl der Fälle) nicht vorübergehend bis zur halbwegs erfolgten Heilung, sondern längere Zeit hindurch waren, nicht die beneidenswertesten unter denen, die hinter dem blutigen Vorhang standen. Hinter der Romantik der Lazarettliebschaften und den mit Pflegerinnen eingegangenen Ehen (deren Ursprung vielfach ganz unromantisch war: es gab Weisungen, wonach in erster Reihe unverheiratete Patienten gesundzuschreiben waren), hinter der ganzen verlogenen Fas-

Die Deklassierten
Zum Kapitel „Invalidenlos"
Zeichnung von R. Schlichter

sade verbargen sich die furchtbarsten Qualen, die Mensch und Mensch einander zugefügt hatten und deren Schicksalhaftigkeit man bei sich niemals, bei anderen selten einsah. Dazu kam das besondere Martyrium des Lazaretts, dessen Insasse selbst krank oder verwundet, nicht aufhören durfte, Soldat zu sein. Der militärische Standesunterschied wurde auch im Krankensaal nicht aufgehoben und drückte sich zumal in der Heilbehandlung aus. Der gemeine Soldat war auch hier der Gemeine, der Kommiß-, der Massenmensch, dessen Behandlung ebenso uniformiert war wie er selbst. So wurde beispielsweise bei den Amerikanern jedem Soldaten, der sich über Schmerzen beklagte, Morphium verabreicht – aus dem Sanitätsroman „Stretchers" (Tragbahren)[31] wissen wir, daß man jedem Patienten, der seine Injektion schon bekommen hatte, mit Jod ein „M" (Morphium) an die Stirne zeichnete, damit er beim Massenbetrieb nicht gleich noch eine Dosis erhielt. In österreichischen Spitälern, wo nur der Offizier Anrecht auf Linderung seiner Schmerzen durch Morphium hatte, bediente man sich ebenso uniform des billigeren chirurgischen Allheilmittels Jod.

Das ganze Lazarett aber, mit all seiner erdichteten Romantik und allzu wahren Not war vom Tode überschattet: aus ihm führte der Weg, sei es der gerade oder der Umweg über den Schützengraben, in den meisten Fällen zum Heldenfriedhof. Dem Leben gab die große Kriegsfabrik Lazarett gewöhnlich nur Menschen wieder, die ihre Gliederstümpfe oder Gesundheitsreste hinter seinen Mauern zurückgelassen hatten.

„Diese Leute könnten wohl – sie wollen bloß nicht arbeiten!"
Zeichnung von George Grosz
Aus „Das Gesicht der herrschenden Klasse"

Das Los der Gefangenen

XV

Die Frau und der Kriegsgefangene – Die Geschlechtsnot und ihre Folgen – Surrogat-Onanie und andere sexuelle Ersatzhandlungen – Homosexualität und Transvestitismus hinter dem Drahtzaun

Ähnlich wie die Unmenschlichkeit des Krieges in den Zahlen der Verlustlisten, findet seine Unsinnigkeit einen ziffernmäßigen Ausdruck in den Millionen Kriegsgefangenen, die jahrelang ein mehr oder minder qualvolles, im besten Falle menschenunwürdiges Dasein führten. Wohl der unmittelbaren Todesgefahr der Front entrückt, war die Kriegsgefangenschaft mit anderen, kaum geringeren Gefahren für Leben und Gesundheit verbunden und zumeist hatten es auch diese Opfer des Krieges teuer zu bezahlen, daß sie hinter dem blutigen Vorhang verharren durften. Die institutionelle Mißhandlung von Millionen ist ein unverkennbar sadistischer Zug der kriegführenden Gesellschaft. In allen Ländern sind Zehntausende an Epidemien zugrunde gegangen, die bestimmt zu verhüten oder einzudämmen waren. Angesichts der unerwartet großen Anzahl der Gefangenen und der ebenso unerwartet langen Kriegsdauer erwiesen sich alle humanen Vorschriften des Völkerrechtes, auf die sich der Vorkriegspazifismus nicht wenig zugute tat, als völlig illusorisch.

In allen Ländern wurde eine Art Ausrottungspolitik gegen die Massen kriegsgefangener Feinde geübt. (Immerhin blieb es einem deutschen Volkswirtschaftler, dessen Namen wir besser verschweigen, vorbehalten, die systematische Ausrottung als mögliche Kriegsmaßnahme zur Beantwortung

„Geschützt" durch Stacheldraht . . .
Russische Kriegsgefangene in Deutschland
Zeichnung von Krisdle, 1918

der von der Entente verhängten Hungerblockade in Erwägung zu ziehen.) Neben der massenmörderischen Einrichtung fehlt es natürlich nicht an Einzelfällen, die alle Merkmale sadistisch gefärbter Grausamkeit zeigen. Der Kriegsgefangene war den von den Militärbehörden des feindlichen Landes eingesetzten Personen auf Gnade und Ungnade ausgeliefert. Es kann nicht verwundern, daß diese vollständige Abhängigkeit – neben dem militärischen Subordinationsverhältnis eine andere, noch uneingeschränktere Form kriegsbedingter Sklaverei – auf die sadistischen Instinkte der nahezu frei über Leben und Tod ihrer Schutzbefohlenen verfügenden modernen Sklavenhalter – oft ganz verrohter Elemente – überaus fördernd wirken mußte. Heute läßt es sich nicht einmal annähernd feststellen, wie viele von den Unzähligen, deren Gebeine in fremder Erde modern, dem vom Machtrausch getränkten Sadismus zum Opfer gefallen sind.

Die Frage, mit der wir uns näher beschäftigen wollen, betrifft jedoch das Sexualleben der Gefangenen. Wie nicht anders zu erwarten, stand dieses überall dort, wo es in längerer Abgeschiedenheit, ohne die Möglichkeit eines Verkehrs mit dem anderen Geschlecht verlief, durchwegs im Zeichen der Sexualnot. Die Folgen waren die gleichen, wie in nornalen Zeiten bei der Strafhaft. Sie sind seit Ende des Ersten Weltkriegs, dank mannigfacher literarischer Beleuchtung des Problems, längst weiteren Kreisen bekannt geworden. Zwei Momente sind es, durch die sich die Erotik der Gefangenenlager im Ersten Weltkrieg von der in den Strafanstalten der Friedenszeiten unterscheidet. Einmal im Ausmaß: in Rußland allein waren es über zwei Millionen Männer der Mittelstaaten im geschlechtsreifsten Alter, die teils längere, teils kürzere Zeit neben anderer an Geschlechtsnot litten. Sodann aber mußte angesichts dieses sexuellen Massenelends auch die moralische Rechtfertigung versagen, die dem öffentlichen Gewissen über das Schicksal der Strafhäftlinge hinwegsehen hilft: daß es sich um antisoziale, gemeinschaftsgefährliche Menschen, also Verbrecher, handelt, die den überdies auch nicht immer genügend eingeschätzten, mitunter schlechtweg bagatellisierten Mangel des Geschlechtsverkehrs als Folge ihrer Straftat mit in den Kauf zu nehmen haben. (Allerdings wird dieser Standpunkt neuerdings immer mehr und mehr aufgegeben. Ein Berliner Journalist traf den Nagel auf den Kopf, indem er schrieb: „Nein, da hilft kein Versteckspiel. Ebenso wie ihr die Gefangenen nicht verhungern laßt, wie ihr den Nahrungstrieb befriedigen müßt, ebenso müßt ihr dafür sorgen, daß ihr Sexualtrieb befriedigt wird. Nehmt ihr euch das Recht, sie einzusperren, so habt ihr auch die Pflicht, für ihre elementarsten Triebe zu sorgen. Ihr könnt sie – wie bei der Nahrung – einschränken, aber ihr dürft sie (die Triebe) nicht zu furchtbaren Qualen anwachsen lassen [1].“

Für Kriegsgefangene, die nicht in abgeschlossenen Lagern wohnten, eine verhältnismäßige Freiheit genossen und arbeiten konnten, gab es naturgemäß keine absolute Sexualnot. Dies war im Ersten Weltkrieg hauptsächlich in den Mittelstaaten, die beim immer fühlbareren Männermangel jede verfügbare Arbeitskraft nötig hatten, und in Rußland der Fall. Die Beziehungen der Kriegsgefangenen in diesen Ländern, stellenweise auch in den anderen, gehören gleichfalls zum Kapitel der von uns bereits besprochenen „Gefangenenliebe“. In ihr gelangte, so könnte man behaupten, mehr der Geschlechtshunger der überall an furchtbarer Sexualnot

Empor ins Etappen-Walhalla
„Gäste kamen, Gäste gingen ...“ (Die Walküre). *Aquarell von J. Vadasz*

Übergangswirtschaft
Von einem Berliner Bankier sind französische Kriegsgefangene als Tango-Tanzlehrer angefordert worden.
Zeichnung von Karl Arnold. Aus „Simplicissimus", 1918

leidenden Kriegerfrau als der der Gefangenen zum Ausdruck. Als Beispiel diene ein 1915 in Innsbrucker Blättern abgedruckter Zeitungsbericht.

„Es ist tatsächlich notwendig, einmal über den Unfug zu sprechen, der in einzelnen Landgemeinden mit den dort untergebrachten Russen getrieben wird. Die ländliche Moral zeigt sich da im denkbar schlechtesten Licht. In Sautens im Ötztal werden den kriegsgefangenen Russen in einzelnen Fällen Rechte und Zugeständnisse, besonders vom Weibsvolk, eingeräumt, die sich jenseits von jedem Schamgefühl befinden. Der Arzt in der großen Russenbaracke in Wenns, Dr. Jenschitz, teilte uns mit, daß er gegen den Inhalt eines Artikels protestieren müsse, der in einem im Oberinntal verbreiteten Blatt erschien und in dem angedeutet war, daß die Russen für die weibliche gute Sitte eine Gefahr bedeuten. Er müsse im Gegenteil feststellen, ‚daß die Weibsbilder nur mit Gewalt von nächtlichen Besuchen in der Wennser Baracke abgehalten werden können und die Russen sich wiederholt moralisch höher stehend gezeigt haben als das Weibsvolk'. Der Kaplan einer kleinen Bergfraktion bei Wenns, die zum Landecker Bezirk gehört, führte sogar von der Kanzel herab Klage darüber, daß er voll Trauer und Ekel bemerken mußte, wie seinerzeit bei ihm in

Die deutschen Gefangenenlager in Frankreich

für gewöhnlich . . .

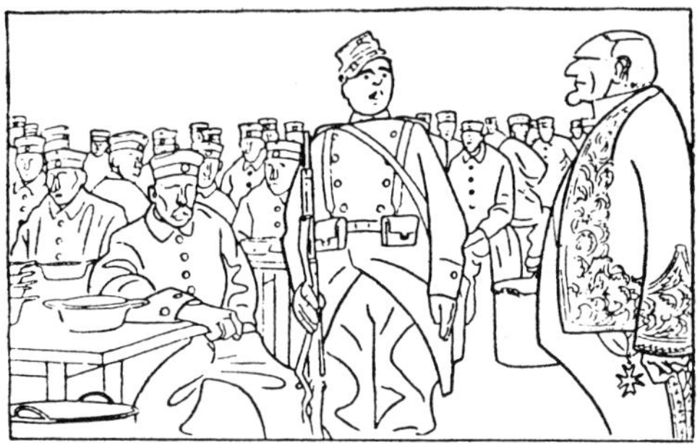

. . . und wenn der amerikanische Botschafter inspizieren kommt.

Zeichnungen von Olaf Gulbransson. Aus „Franzos' und Russ' in Spiritus", 1915

der Schule gewesene Mädchen mit den fremden Soldaten verkehren [2]."

Zum selben Schluß über Gefangenenliebe kommen wir beim Lesen einer zur Zeit ihres Erscheinens sensationell wirkenden deutschen Publikation über „Die Frau und die Kriegsgefangenen"[3]. In den Ententeländern, wo die deutschen und österreichischen Gefangenen viel strenger bewacht und fast ausnahmslos in geschlossenen Baracken gehalten wurden, war die Gefangenenliebe weitaus weniger verbreitet, aber gleichfalls nicht unbekannt. Es mögen hier einige Sätze aus einer Broschüre über das Liebesleben der Kriegsgefangenen [4] folgen, die über die Französin und Engländerin in gleichem Sinne berichten: „Die kräftigen deutschen Männer waren in Frankreich zwar öffentlich mit unmenschlicher Brutalität empfangen, für den geheimen, gerade von der stark sinnlichen Romanin schmerzlich entbehrten Geschlechtsverkehr aber außerordentlich willkommen. In der überwiegenden Mehrzahl war die Französin, wie die meisten ehemaligen deutschen Kriegsgefangenen glaubwürdig versichern, auf die rücksichtslose körperliche Ausbeutung der Kriegsgefangenen in geschlechtlicher Hinsicht bedacht. – Trotzdem die englischen Behörden scharfe Verordnungen und Maßnahmen getroffen hatten, gelang die Anknüpfung von Bekanntschaften mit Kriegsgefangenen in zahlreichen Fällen. Die Weichherzigkeit mancher Lagerkommandanten – es gab auch hartherzige – gestattete den zarten Beziehungen oft genügenden Spielraum. Natürlich war eine Anknüpfung innerhalb der Konzentrationslager fast unmöglich. Aber jenseits des Lagerzaunes hielten sich die englischen Mädchen trotz aller Verbote gerne auf, um den sportlichen Spielen der deutschen Kriegsgefangenen zuzusehen oder der gern gehörten deutschen Musik und den sehnsüchtigen deutschen Heimatliedern zu lauschen."

Die Erscheinungen sind, wie man sieht, bei allem Unterschied der Ausbreitung überall analog und lassen als letzten Grund der Gefangenenliebe die durch den Männermangel hervorgerufene Geschlechtsnot der Frau aller Länder vermuten. Stekel dürfte etwas zu weit gehen, wenn er in seiner Arbeit über diese Frage mit rein psychologischen Erklärungen auszukommen glaubt. Er sieht im Verhalten der Frauen eine entschiedene Ablehnung der männlichen Auffassung des Krieges – eine Behauptung, die durch die geradezu wütende Kriegsbegeisterung der Weiblichkeit fast aller Länder widerlegt wird. Dagegen ist es unzweifelhaft, daß die Ge-

fangenenliebe völkerversöhnend wirkte, was ihre unerbittliche Verfolgung seitens der Militär- und Zivilbehörden im Interesse der benötigten kriegsfreundlichen Stimmung begreiflich macht. Sehr schön sagt Köppen [5]:
„Und es lagen, des Abends, trotz den Verboten, im gefrorenen Wald vor der Stadt, in der verlassenen Scheune oder im Stall Menschen, die Körper gegeneinander gepreßt, verhungert nach einer Zärtlichkeit. Eine deutsche Frau und ein französischer Mann, deutsche Frau und Engländer, Russe, Neger ... Auf Sekunden gab es keinen Krieg. Kein Vaterland! Kein Deutsch und Englisch und Französisch und Russisch und Suaheli! Auf Sekunden stockte die Maschine: Mord. Auf Sekunden: eine deutsche Frau und ein Mann, dessen Sprache sie nicht verstand."
Geschlechtsnot der Kriegsgefangenen bestand überall, wo der Verkehr mit der Zivilbevölkerung besonders erschwert oder unmöglich war, und dies war stellenweise sogar in Rußland der Fall, das in der Behandlung der Kriegsgefangenen überhaupt wenig einheitlich vorging. Während in Turkestan, Taschkent, an der persischen Grenze die Offiziere der Mittelmächte selbst in der russischen Gesellschaft gern gesehene Gäste waren, war in Teilen Sibiriens den Zivilisten selbst das Sprechen mit Kriegsgefangenen bei strengster Strafe verboten. Immerhin gab es in den aufs schärfste bewachten, mit Stacheldraht umgebenen Lagern Mittel und Wege, sich eine Frau zu verschaffen. Die Offiziere wurden vom bestochenen Konvoi unter dem Vorwand notwendiger Besorgungen in die nächste Stadt geführt, wo Badeanstalten und Stundenhotels zur Verfügung standen. In anderen Fällen wurden Frauen in Wasserfässern oder als Wachtposten verkleidet ins Lager geschmuggelt. Sie blieben mitunter tagelang im Lager. Der von Dwinger [6] geschilderte Fall, in dem einige Mädchen im Lager entdeckt und vom russischen Lagerkommandanten zur Strafe der sechshundert Mann starken Wachkompanie ausgeliefert wurden, soll sich nicht selten zugetragen haben. Das persönliche Verhalten Dwingers im Zweiten Weltkrieg läßt ihn allerdings wenig glaubwürdig erscheinen, wenn er erzählt.
Der Frau gelten alle Gespräche, Träume und Gedanken. Dwinger erzählt in seinem Buch„ Die Armee hinter Stacheldraht": „Ich glaubte, daß es in einer Gefangenschaft vornehmlich darauf ankomme, die körperliche Schwächung zu verhüten – ich habe erkannt, daß die seelische Verderbnis nicht nur gefährlicher, sondern auch schwerer zu bekämpfen ist. Was bleibt uns? Nichts als die Phantasie ... Sie ist unser grüner Wald,

Ein gefragter Artikel
Der „Starschi" schmuggelt eine Frau ins Gefangenenlager. Zeichnung von S. Tisch

A.P. 66. BY BALLOON.

Durch Luftballon.

Aus der Kriegsgefangenschaft.

Kameraden,

Von der Gefangenschaft aus, senden wir Euch einige Worte, und hoffen hiermit einen kleinen Erfolg zu erzielen, und diesen blutigen Krieg seinem Ende ein wenig näher zu bringen.

Erstens. – Glaubet den Herren nicht, die Euch erzählen, daß Ihr in Gefangenschaft schlecht behandelt werdet; im Gegenteil, wir können Euch versichern, daß wir in einem Tage mehr zu essen kriegen wie bei den Blutaussaugern da drüben in dreien.

Zweitens. – Gute warme Kleidung und Schuhzeug, und eine Behandlung seitens der englischen Offiziere und Unteroffiziere, wie sie sich ein gedienter deutscher Soldat nicht vorstellen kann.

Drittens. – Für wen tragt Ihr Eure Haut zu Markte?

Für wen hungern Eure Weiber, Kinder und Angehörige? Damit die Herren Hohenzollern und die Herren Junker ihre Brut in fette Posten hineinschieben können; hört Ihr sie nicht lachen, die Herren Munitions- und Futter-Ersatz-Lieferanten?

Ihretwegen kann der Krieg noch zehn Jahre dauern.

Und dann, einen guten Rat! Es ist so leicht, sich auf Patrouille oder beim Essenholen zu verlaufen; es ist jetzt leichter wie je. Uns sind die Augen geöffnet worden in der kurzen Zeit, in der wir hier sind.

Von russischen Luftballonen abgeworfene Botschaft an die deutschen Soldaten.
Sammlung A. Wolff, Leipzig

unsere Zuflucht, unser Refugium ... Aber er ist immer von Mädchen bevölkert, dieser Wald ...

Wir träumen oder sprechen – immer dreht es sich um das, wonach wir alle am meisten hungern: Um das Weib! Und mehr und mehr erhitzt sich unsere Phantasie, das Natürliche genügt nicht mehr. Befriedigung vermag den Brand nie abzulöschen und immer heißer schwillt er, immer sinnloser spielt unser Hirn mit dem, was wir am quälendsten entbehren müssen.

Einzelne erzählen bereits von geträumten Lustmorden, andere von den scheußlichsten Abnormitäten. Wenn uns das erste Weib, das wir nach dieser Zeit besitzen, nicht klug und liebend heilt und kühlt, werden wir anormal fürs ganze Leben bleiben – wird mit uns eine Welle von Perversität die alte Heimat überschwemmen ... [7]."

Die Versuchung zur Selbstbefriedigung war natürlich am allergrößten, wenn der Gefangene seine erotische Phantasie nicht nur durch Gedanken und Gespräche erhitzte, sondern auch die Möglichkeit hatte, Frauen, sei es auch nur von weitem, zu Gesicht zu bekommen, ohne sich auf anderem Wege als dem der Onanie geschlechtliche Entspannung verschaffen zu können. „Als Soldat hatte ich wohl weniger mit der sexuellen Not zu kämpfen, jedoch in der Gefangenschaft wirkte sich die Sache um so tragischer aus, da man immer Umgang mit schönen Weibern hatte und immer verhindert war, mit ihnen in Berührung zu kommen", schreibt uns ein ehemaliger Kriegsgefangener in Italien, ein offenbar ganz einfacher Mann, dessen Zuschrift hier wiedergegeben sei:

„Wir wurden nach Piave di Tecco auf Arbeit kommandiert. Eines Tages waren wir in der Stadt und da kam ein bildschönes Mädchen, ungefähr 17 Jahre alt, auf einem Esel geritten. Wir bewunderten sie alle. Nachts konnte ich nicht schlafen und immer wieder kam mir der Gedanke an das schöne Mädchen. Ich wälzte mich von einer Seite auf die andere. Nach Mitternacht erst kam ich auf den Bauch, auf mein steifes Glied zu liegen. Ein zuckendes Gefühl umfing mich, meine Sinne schwanden, ich riß ein Loch in den Strohsack und stieß mit aller Kraft einigemale hinein, wobei ich mir vorstellte, ich läge auf dem Mädel. Darauf kam mir das himmlische Gefühl, es dauerte lange, ich wußte nicht, wo das ewige Zeug herkam. Bald darauf fiel ich in tiefen Schlaf und am anderen Tag bemerkte ich, daß mein Glied ganz zerschunden war von dem scharfen Stroh. Ich griff mir an den Kopf und machte mir Vorwürfe; aber es half nichts, denn nach einigen Wochen sah ich wieder eine schöne

„Korl, nu lat mi mal ne Vertelstunn in Rauh, ik möt Russisch lirnen!"
Zeichnung von Heinrich Zille. Aus „Ulk" 1917

Der kleine Herrgott des Lagers. In französischer Kriegsgefangenschaft
Zeichnung von M. Orange
Aus „L'Illustration", 1915

Die andere Auffassung „Es ist großes Glück für Soldat, wenn er vorn am Feind ist – wird er gleich gefangen!“

Zeichnung von E. Thöny
Aus „Simplicissimus“

Unten: Erlebnisse eines in Deutschland internierten Japaners
Links: Brotausgabe bei strömendem Regen. Rechts: Eine Ausländerin wird eingeliefert
Aus „The Graphic“, 1915

Der Mensch unseres Jahrhunderts
Aus dem amerikanischen Film „Stacheldraht"

Unten: „. . . in das Feld, in die Freiheit gezogen."
Deutsche und ungarische Kriegsgefangene in Rußland, Originalaufnahme

Die Girls von der Marine. Englische Kriegsgefangene stellen eine Revueszene
Aus „Images secrètes de la guerre"

Unten: Verhör eines russischen Gefangenen
Originalaufnahme, von der deutschen Zensur beschlagnahmt, dann ins feindliche Lager geraten.
Aus „Images secrètes de la guerre"

Englische (oben) und französische (unten) Theateraufführungen in deutscher Gefangenschaft. Alle Frauenrollen werden von Soldaten gespielt.
Institut für Sexualwissenschaft, Berlin

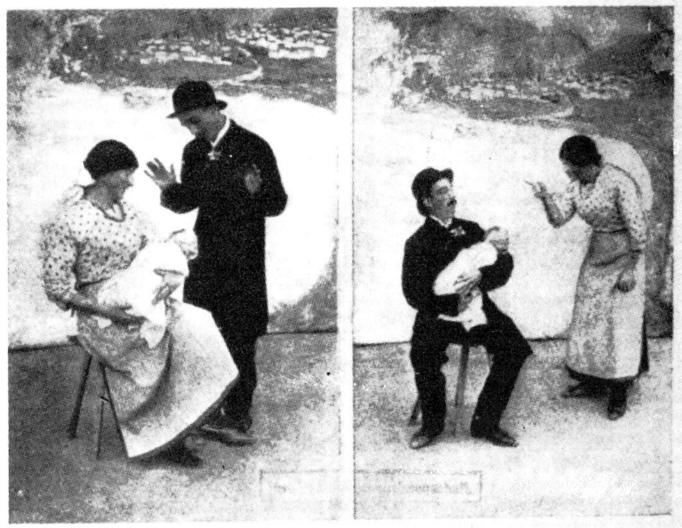

Russisches Kriegsgefangenen-Theater in Deutschland
Institut für Sexualwissenschaft, Berlin

Im Ersten Weltkrieg konnte Geld die Gefangenschaft in Rußland erträglich machen – „Erinnerung an das Bordell in Jekaterinenburg“ *(Heute Swerdlowsk/ Ural) Zeichnung eines Kriegsgefangenen. Sammlung Munk, Subotica*

Unten: Erotisch-ornamentale Phantasiezeichnung eines Kriegsgefangenen
Institut für Sexualwissenschaft

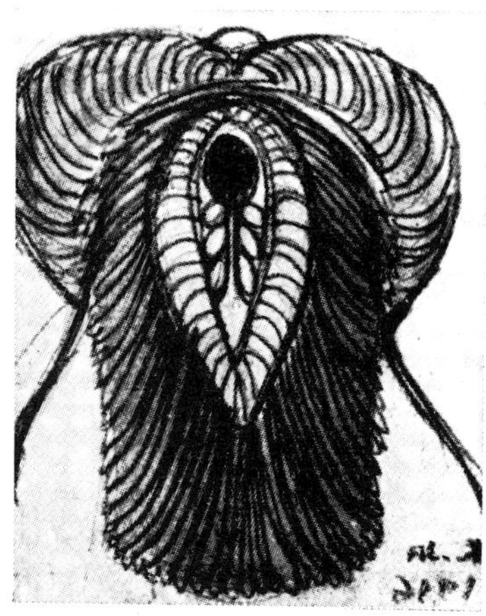

Aus einem russischen Freudenhaus
Kriegsgefangenenzeichnung. Sammlung Munk, Subotica

Oben: Der Lagerkünstler, viel bewundert und beneidet
Zeichnung von Gedö

Russische Prostituierte vor dem Gefangenenlager
Zeichnung von Gedö, Revolutions-Zeit

Geschlechtsnot und Geschlechtshunger hinter dem Zaun
Zeichnung von Gedö

„In Deutschland verhungern russische Kriegsgefangene". Französisches Plakat für eine Päckchenaktion
Archives photographiques d'Art et d'Histoire, Paris

Links unten: Die barbarische Disziplinarstrafe des Anbindens wurde in Deutschland nicht nur beim Militär, sondern auch Gefangenen gegenüber angewendet
Französische Propagandazeichnung von J. Touchet, einen angeblich an dieser Marter gestorbenen Engländer darstellend. Aus „L'Illustration", 1916

Unten: Der kriegsgefangene französische Maler Rogerol wurde wegen Rauchens in der Baracke in Holzminden drei Tage lang je zwei Stunden angebunden
Originalaufnahme im Musée Leblanc, Paris

„Gesellschaftliches Leben“ im Lager
Brutstätte der Männerfreundschaften. Zeichnung von A. Székely

Frau und da ging es mir wieder so, es wurde zur Gewohnheit, der Strohsack mußte immer herhalten.“
Die oft jahrelang geführten erotischen Gespräche verwertet Leonhard Frank als Stoff für sein unvergeßliches Stück „Karl und Anna“. Mit ergreifender Kraft und tiefem Wissen um die menschliche Seele entwickelt er hier die Tragödie aus diesen Gesprächen zwischen zwei Kriegsgefangenen, von denen der eine, angeregt durch die Erzählung des Leidensgefährten, sich in dessen Frau verliebt, und bei ihr nach der Rückkehr in die Heimat die Stelle des noch gefangenen Gatten einnimmt. Daß die Handlung des Frankschen Stückes psychologisch möglich, ja sogar wahr ist, zeigt ein ähnlicher Fall bei Dwinger:
„Der Leutnant neben mir, ein stiller blonder Mensch, zog eine Photographie heraus und reichte sie mir. ‚Ist das Ihre Frau?‘ fragte

Die Nacht gehört dem Gefangenen
Zeichnung von G. Bromiel, 1915

ich. – ‚Nein', sagte er versonnen, ‚ich kenne sie gar nicht. Es ist die Braut eines Kameraden, der an Typhus starb. Aber wenn ich heimkomme, werde ich sie heiraten. Ich habe zwei Jahre lang von ihr geträumt ...[8]."

Von den übrigen Ersatzbefriedigungen seien hier nur noch die „graphischen Projektionen" genannt. Wie sehr alles, was in der Gefangenschaft gezeichnet und gemalt wurde, eine erotische Note hatte, geht aus den nachstehenden Ausführungen Breitners hervor, der eine Bilderausstellung der Kriegsgefangenen im Lager zu Beresowka beschreibt:

„Es ist staunenswert, wie wenig Produktivität die Gefangenschaft bedingt hat. Daß dieses Wenige in der erotischen Sphäre liegt, beweist auch nur deren Potenzen, die zur schöpferischen Impotenz der Künstler in reziprokem Verhältnis stehen. Es ist kein Zweifel, daß sich das geistige Leben schöpferische Wollust aus anderen als körperlichen Regionen zu schaffen vermag. In unserer Lage aber erleben Körper und Geist stündlich unter der Geißel des Mönchtums, daß ‚Wollust die Mitgift des Weibes ist'. Daß dieser erhofft, was jenem versagt ist; daß das schöpferische Surrogat den fiebernd ersehnten Schoß des Originals verrät, scheint mir der Beweis, daß alle primäre Wollust dem Genius der Geschlechtlichkeit gehört. Schöpferisches Glück im Ornat geschlechtlicher Lust bedeutet für den im ungewollten Zölibat lebenden Künstler die erste, geläufigste Flucht zur Lust[9]."

Eine sehr verbreitete Art der Ersatzbefriedigung stellte der gleichgeschlechtliche Verkehr dar. Wir können als Regel der sich auf die mannigfachste Weise gestaltenden sexuellen Beziehungen zwischen Kriegsgefangenen feststellen, daß es sich hierbei um Gruppen handelte, deren Kern ein echter Urning bildete, während die anderen durch die Geschlechtsnot zu pseudohomosexuellen Praktiken getrieben wurden. In vereinzelten Fällen mag sich eine schwache gleichgeschlechtliche Komponente aus dem gleichen Grund befreit haben. Der pseudohomosexuelle Verkehr ist praktisch, nach Hirschfelds Auffassung, der Ipsation oder Onanie gleichzuhalten, ja als eine Spielart derselben anzusehen und demgemäß hat die Frage, ob in der Gefangenschaft diese oder jene Art der Ersatzbefriedigung zahlreicher war, nur theoretische Bedeutung. Immerhin ist es bemerkenswert, daß der Widerstand gegen den mannmännlichen Verkehr bei den Kriegsgefangenen, die die Onanie dem pseudohomosexuellen Surrogat vorzogen, im Laufe der Jahre abgenommen haben dürfte. In diesem Sinne mag die Homosexualität in den Lagern als ansteckend bezeichnet werden.

Eine Umbiegung der Triebrichtung fand in der Gefangenschaft so wenig wie sonst statt. Zur soeben erwähnten allmählichen Abnahme des Widerstandes gegen die urnische Liebe trug die Einrichtung der Gefangenentheater nicht wenig bei. Dr. Arthur Munk, dessen Tagebuch aus der russischen Gefangenschaft „Der große Kader“ [10] eine Reihe wertvollster Aufschlüsse enthält, schreibt uns in bezug auf die russischen Lager (die Verhältnisse waren auch sonst ziemlich die gleichen) über diese Zusammenhänge zwischen Homosexualität und Theaterspielen:

„Das ‚Liebesleben‘ der Gefangenen nahm im Jahre 1916 einen mächtigen Aufschwung. In allen größeren Offizierslagern wurden richtige Theater errichtet. Bald kam man darauf, daß von allen in Betracht kommenden dramatischen Kunstgattungen die Operette die weitaus größte Zugkraft besaß. Die Frauenrollen wurden natürlich überall von jungen Offizieren gespielt. Und in den Lagertheatern spielten sich nun die gleichen Intrigen ab wie hinter den Kulissen großstädtischer Musentempel. Die ‚Primadonnen‘ sahen sich bald von einer Schar Verehrer umworben, die die ‚Damen‘ mit Geschenken, Kosmetikas wie Puder und Rouge, aber auch mit Bonbons und Juwelen überhäuften. Im allgemeinen war gegen den Lebenswandel dieser ‚Primadonnen‘ wenig einzuwenden. Sie führten ein einigermaßen anständiges Leben; um so größere Dirnen waren die ‚Schauspielerinnen‘ zweiten Ranges und die ‚Choristinnen‘, die durch ernste Arbeit weniger in Anspruch genommen und pekuniär schlechter bestellt waren. So kam es denn, daß homosexuell veranlagte Offiziere einen Händedruck, ein Lächeln der ‚Künstlerinnen‘ mit feudalen Soupers belohnten. Allen voran gingen die türkischen Offiziere, die den ‚Lagerschauspielerinnen‘ auf Leben und Tod den Hof machten und deren Liebesleben in der Gefangenschaft auch sonst ein eigenes Kapitel ist. (Sie ertrugen die Abstinenz am schwersten.) Es entstanden regelrechte Liebesdreiecke mit Skandalen, ganz wie in der guten alten Friedenszeit. Das Lagerleben hatte die Offiziere ohnedies schon paarweise zusammengekoppelt. Jeder Gefangene hatte einen Busenfreund, mit dem er seine Gedanken, sein Geld und seine Wäsche teilte. Diese Paare waren immer beisammen, spazierten und schliefen zusammen und erregten, wenn sie sich diskret benahmen, keinerlei Anstoß. Um so größer war die Entrüstung der älteren, sittlich-religiös erzogenen Landsturmoffiziere, wenn sie die ‚Schauspielerinnen‘ mit ihren Verehrern Arm in Arm aneinandergeschmiegt auf den Promenaden des Lagers lustwandeln sahen. Unter den ‚Statistinnen‘ und ‚Tänzerinnen‘ fanden sich auch solche, die sich förm-

Gefangen (1915)
Zeichnung von George Grosz
Aus „Ein kleines Ja und ein großes Nein“

lich aushalten ließen und alle Praktiken der homosexuellen Prostitution ausübten, um auf Kosten ihrer Verehrer leben zu können."

Die Vorliebe, die die Darsteller der weiblichen Rollen in den Gefangenentheatern für schöne Frauenkleider bezeugten, die von unzähligen Kriegsteilnehmern geschilderte Freude, die ihnen eine neue Toilette bereitete, läßt mit voller Bestimmtheit die Diagnose auf Transvestitismus zu. In vielen Fällen dürfte es sich bei diesen ‚Schauspielerinnen' nicht um eine homosexuelle, sondern um eine transvestitische Veranlagung handeln, die sich auf diese Weise volle Befriedigung verschaffen konnte. Besonders viel liest man über das feminine Gehaben der in Frage kommenden Darsteller. Heimito Doderer beschreibt in seinem Roman „Das Geheimnis des Reiches" eine Vorstellung im Lagertheater von Omsk:

„Alwersik kannte diese Welt aus anderen Lagern. Er hatte dort auch die Frauendarsteller gekannt, es waren stets die jüngsten Fähnriche und Kadetten, aber sein Auge mochte damals gehalten gewesen sein. Hier erst sprang ihm das Entmündigte, Verzerrte und Treibhausartige dieser Wesen ins Auge, die, von der Bühne herabsteigend und aus dem Kostüm schlüpfend, nicht auch von ihrem Piedestal des erborgten Geschlechts stiegen, sondern sich allmählich überhaupt an jene Wolke von feiner Spannung gewöhnt hatten, welche die Entbehrung all dieser Männer um sie legte. Ja, es gab wahrhaft reizende Wesen darunter, die russischen Damen schworen im Theater, daß dies Frauen seien und konnten erst in den Garderoben, wohin sie sich kichernd und nicht ungern führen ließen, vom Gegenteil überzeugt werden [11]."

Schließlich sei hier ein Abschnitt aus dem Kriegsgefangenenroman von Rodion Markovits „Sibirische Garnison" wiedergegeben:

„Iza Nagy (ein Frauendarsteller des Lagers) kam eines Morgens nervös vom Spaziergang zurück und warf sich schluchzend auf ihre chinesische Decke. ‚Sie' hatte Migräne und Krämpfe und zitterte vor Aufregung. Ihre stolzen Boxgefährten standen bestürzt um das Bett der kleinen Künstlerin und erst nach einer Weile und mit Mühe erfuhren sie aus ihrem Weinen, was geschehen war.

Darüber war sich schließlich jeder im klaren, daß man einer Künstlerin nicht mir nichts dir nichts ‚Servus' sagen kann. Das durften sich höchstens die Schauspielerkollegen oder die Journalisten erlauben, auch diese nur mit frecher Zutraulichkeit. Jedermann grüßte die Künstlerin, von weitem natürlich, und wenn man auch nicht ‚Küss die Hand' sagte, so

Die Feinde im Lande
„Sieh, Pierre, zu Hause war ich auch faul, hier aber bekomme ich wenigstens zu essen!" Aus „Ulk", 1917

„Weißt, Brüderchen Feodorowitsch, besser gefangener Wurstkauer als toter Moskauer!"
Aus „Ulk", 1916

verstand es sich doch von selbst, daß man beim Grüßen lächelte. Man konnte sich nicht denken, was mit dem Leutnant Szekely geschehen war. Er hatte die Stirn gehabt, Iza Nagy zur Verantwortung zu ziehen, weil ‚er' – sie ihn nicht gegrüßt hatte. Isa Nagy erklärte, sie kümmere sich um nichts, bei der nächsten Vorstellung möge man nicht mehr auf sie rechnen.
Der Herr Major kam persönlich, um Iza Nagy zu trösten und nach einigen Minuten schickte er Leutnant Székely, der natürlich, auf Befehl, die gekränkte Künstlerin um Verzeihung bat und – das war aber wirklich schön vom Leutnant Szekely, es war eine mannhafte und mutige Tat – er nahm die weichen Händchen der Isa Nagy lächelnd, hob sie unter frenetischem Beifall der Umstehenden an die Lippen und küßte sie höflich. Diese wahrhaft schöne und edle Genugtuung beruhigte die Künstlerin, deren Gesicht von einem Freudenstrahl erglänzte, und vergnügt

nahm sie die Glückwünsche entgegen, daß die Erhabenheit der Kunst die Mauern der starren Militärvorschriften durchbrochen hatte. Über den Handkuß aber wurde im Lager als über eine wahrhaft nachahmenswerte und bahnbrechende Tat erzählt[12]."

Onanie und gleichgeschlechtlicher Verkehr waren für Millionen ihrer Freiheit beraubter Menschen jahrelang die einzigen Befriedigungsmöglichkeiten. Die Gesundheitsschäden, die diese Laster anrichteten, belasten ebenso wie die sinnlosen Leiden der Kriegsgefangenen, wie der kalt berechnete Massenmord an Hunderttausenden dieser Wehrlosen, das Schuldkonto des Krieges. Die die Gefangenschaft überlebten, sind zum großen Teil psychische Invaliden jener Jahre geblieben, denen ein krankhaftes Sexualleben den Stempel aufdrückte. Sollten die wenigen herausgegriffenen Beispiele nicht genügen, die geschlechtliche Entbehrung und die dürftigen Surrogate eines gesunden Sexuallebens als das zentrale Problem der Kriegsgefangenschaft nachzuweisen, so können wir uns auf die Zeugenschaft Burghard Breitners berufen, dem wir das Schlußwort erteilen wollen:

„Es ist fraglos richtiger, die Wurzel alles geistigen Geschehens und alles Gefühllebens letzten Endes im Sexus zu suchen, als geflissentlich jeden Zusammenhang zu bestreiten. ... Was immer ich hier (in der Gefangenschaft) beobachte, mit wem immer ich spreche: die Not des Sexus hockt hinter allem und allen. Politische Überzeugungen zerfielen, Ansichten und Meinungen, die uns lange erhitzten, sind wirkungslos geworden. Tiefe Zusammengehörigkeiten sind wundenlos gelöst. Lethargie und Chaos wurden Geschwister. Nichts blieb. Das Problem des Sexus hat Krieg und Gefangenschaft lebendig überdauert[13]."

Wer die Gefangenschaft bei einer der kriegführenden Mächte des Zweiten Weltkriegs – England vielleicht ausgenommen – überlebte, kann über diese Sätze freilich nur lächeln. Bei den „Muselmännern" der deutschen KZ's und den „Dystrophikern" der russischen war von Sexualnot keine Rede – um so mehr von Brot.

„Warum hält man uns denn immer noch zurück?"
Unterhaltung deutscher Kriegsgefangener im Feindesland. Aus „Kladderadatsch", 1918

Die Erotik in der Spionage

XVI

Die Frau im Geheimdienst – Berühmte Spionageaffären und Spioninnen des Weltkrieges – Märtyrerinnen, Abenteuerinnen und Kokotten

Der Zusammenhang zwischen Erotik und Spionage, über dessen vielfältige Erscheinungen, soweit sie den Ersten Weltkrieg betreffen, die nachstehenden Ausführungen von Dr. J. R. Spinner berichten, hat wohl immer bestanden.

Im Prinzip ist sich das Wesen der „erotischen Spionage" immer gleich geblieben. Nur unter hunderttausend Frauen findet sich eine tüchtige Spionin, aber jede dritte ist imstande, vielleicht mehr oder minder unbewußt, der Spionage Handlangerdienste zu leisten, kleine Bausteinchen zu sammeln und sie unauffällig von Ort zu Ort zu tragen. Seltsamerweise steht die Tüchtigkeit einer Spionin im umgekehrten Verhältnis zur „Qualität" ihrer eigenen Erotik und aus diesem Grunde waren die tüchtigsten Spioninnen fast immer mit allen Wassern gewaschene Grande-Cocotten, Mondänen und Demimondänen großen Stils mit möglichst hochtrabenden Namen, die nur zu häufig wie das Hemd gewechselt wurden. Der richtige Spioninnentyp ist der, den man im Hollywood der 20er Jahre als Film-Vamp kultiviert hat, hundeschnäuzig kalt, egoistisch, ränkesüchtig, ein Typ, der im Manne nie den Mann, sondern stets nur das Ausbeutungsobjekt erblickt und ihn dennoch oder gerade darum dämonisch anzieht. Frauen, die niemals ihr Herz und ihre Überlegung verlieren können und denen das Beinespreizen eine gleichgültige Berufs-

„Man muß ein Exempel statuieren . . . !"
Zeichnung von A. Stadler

angelegenheit darstellt. Die gerade in dieser Situation und ihren Präliminarien aus dem Manne das letzte an Geld und Geheimnissen herauszuholen imstande sind ...

Man kann stundenlang über die Moralität oder Anrüchigkeit der Spionage debattieren, man wird darüber nicht hinwegkommen, daß sie im Krieg und im Frieden eine ungeheuer wichtige Rolle spielt. Die Erschießung oder das Aufhängen von Spionen ist somit eine Kriegsmaßnahme, die nichts sein will als Terrorismus und hart an das mittelalterliche Ermorden wehrloser Kriegsgefangener erinnert. Exempel statuieren nennt man das heute noch, und wenn man im Kriege Spioninnen erschossen hat, so war dies ein demonstrativer Akt, um ein abschreckendes Beispiel zu geben, ein Verlegenheitsmord.

Die Spionage jener Zeit hatte zum Zweck, alles das über den Gegner zu erfahren, was dieser geheim hielt, also Tatsachen, die man nicht täglich in den Zeitungen oder zugänglichen Büchern erfahren konnte. Um in den Besitz der erforderlichen Dokumente zu kommen – zumeist handelt es sich um Photographien –, wird sowohl das Personal wie auch der Ort unter die Lupe genommen und die beste Erlangungsmöglichkeit herausgearbeitet. Ergibt sich bei einem höheren Beamten oder Militär die Möglichkeit, ihm mit erotischen Abenteuern beizukommen, dann wird ihm die seinem Geschmack mutmaßlich am besten zusagende Frau in den Weg gestellt und abgewartet, bis sich ein Verhältnis entspinnt. In dessen Verlauf entscheidet sich dann, wie man am besten an das betreffende Dokument herankommt. Dies ist eine der Hauptfunktionen der großen, erotisch wirkenwollenden Vorkriegsspionin und daraus ergibt sich auch ihr Charakter als „Grande-Cocotte", die in Badeorten, Spielsälen, auf Rennplätzen und anderen internationalen Treffpunkten agiert, wenn sie nicht gerade in Spezialmission unterwegs ist. Sie bewegt sich unauffällig und die meisten Geheimnisse sind Alkovengeheimnisse; ihr „Schlachtfeld" das große französische Bett. Sie besorgt die erotische Bindung, die Fesselung an Zeit und Ort; sie „beschäftigt" den Hüter der Geheimnisse und andere Kräfte arbeiten [1].

Es ist deshalb kein Wunder, daß die Vorkriegsspioninnen sich „hauptberuflich" als Sängerinnen, Tänzerinnen, Akrobatinnen und „Klassefrauen" betätigten. Insbesondere in Rußland erwies sich weibliche Spionage deshalb als besonders vorteilhaft, weil die Offiziere, vom Großfürsten herunter bis zum letzten Zahlmeister, ein besonderes Faible für ausländische Weiblichkeit bekundeten.

War eine Artistin so weit arriviert, daß ihr das in Frage kommende Männerpublikum

Ein ergiebiges Feld

Die Spionin im Kurierabteil. Zeichnung von K. Fischer

zu- und nachlief, dann wurde ihr sicher auch von irgend einer Macht ein Angebot in – Spionage gemacht. Vergessen wir nicht, daß „die“ Mata Hari schon eine Vorkriegsagentin Deutschlands war. Und ergab es sich schließlich, daß eine Frau einen großen Bekanntenkreis hatte, so genügte oft schon die Tatsache, daß man bei ihr den erwünschten Anschluß an die nötigen Persönlichkeiten fand, insbesondere, wenn sie einen Salon hielt. Das war so in Paris, in Berlin, in London, in Bukarest wie in Athen. Abenteuerinnen zogen zu allen Zeiten genügend durch die Lande und waren zu vielem bereit.

Die Sexualität bei der Spionage in Rechnung zu setzen, ist eine jahrhundertealte Gewohnheit, im Ersten Weltkrieg allerdings häuften sich die Fälle ganz ungeheuerlich, was die Grundlage zu einer systematischen Betrachtung liefert. Daß die Frau, grundsätzlich genommen, zur Spionage nichts taugt, obwohl sie über einen viel feineren Instinkt, größeres Anpassungsvermögen, bessere Beobachtungsgabe als der Mann verfügt, darüber sind sich fast alle Experten einig. So schreibt ein Fachmann über seine Kolleginnen:

„Es ist schwierig, eine Frau zu finden, die nebst allen anderen Eigenschaften wie Schönheit, Weltgewandtheit, Eleganz und Intelligenz auch über jene Seelenlosigkeit verfügt, die allein eine dauernden Erfolg verbürgen kann. Man müßte in den Spioninnen, bevor man sie für dieses Metier ausbildet, zuerst jegliches Liebesgefühl ertöten. Denn wenn eine Frau wahrhaft liebt, vergißt sie auf alles, verrät sie alles.“

Er hat dabei die große Klippe der erotischen Emotionalität klar erkannt, aber schon eine vorübergehende Verliebtheit kann genügen, daß die Spionin es unterläßt, den richtigen Moment wahrzunehmen. Denselben Fehler machen übrigens auch männliche Spione. Auch sie lassen sich von Frauen in die Falle locken; sie sind also in vielen Fällen wenig besser als ihre weibliche Konkurrenz. Was aber dem Weib vollkommen abgeht, ist das Verständnis für strategische Dinge überhaupt, sie muß deshalb sozusagen ständig an der Leine geführt werden und kann nur Spezialmissionen mit gebundener Marschroute ausführen. Hat sie aber einmal die Sache erfaßt, so geht sie ihr auch mit entsprechendem Interesse nach und so kommt es, daß im Ersten Weltkrieg eine Anzahl von Spioninnen Großes geleistet haben, ohne daß man sie gefaßt und an den Pfahl gebunden hätte. Weder Mata Hari, noch Miss Cavell, um die bekanntesten zu nennen, waren das, was man „erste Kräfte“ nennt. Mata Hari blieb stets eine große Dilettantin, der Spionage nur eine Nebenbeschäftigung neben der Berufsliebe war, die Cavell aber befaßte sich hauptsächlich mit dem Menschenschmuggel und dessen Organisation, nicht mit dem Nachrichtendienst. Ihr ganzer Fall hat mit Erotik nicht das mindeste zu tun und sie hat es auch, ziemlich bejahrt, in keiner Weise nötig gehabt, ihre erotische Persönlichkeit in die Waagschale zu werfen.

Es kann deshalb nicht ohne weiteres behauptet werden, daß, wo eine Frau in der Spionage auftritt, auch irgendwie Erotik mit im Spiele sein müßte, denn auch die mannmännliche Liebe kann in der Spionage ausgewertet werden. Das bezeichnendste Beispiel dieser Art ist wohl der Fall Redl [2]. Alfred Redl, tschechischer Nationalität, ist mit einer der Totengräber des österreichischen Kaiserreiches gewesen, denn seit Jahren versah er zugleich an hervorragender Stelle Spionage- und Spionageabwehrdienst und war – zugleich russischer Spion, der nicht nur die österreichischen Aufmarschpläne, sondern auch die hervorragendsten österreichischen Kundschafter lieferte [19]. Jahrelang hatte ihm der russische Geheimdienst die verführerischesten Frauen in den Weg geschickt, immer erfolglos, er ließ sie einfach links liegen. Schließlich aber stellte ein Agent seine homosexuelle Veranlagung fest und nun kreuzten junge Männer seinen Weg, die ihn zum Straucheln brachten. Es kam zu jenen Taten, welche nicht vor unserem wissenschaftlichen, wohl aber vor dem juristischen und moralischen Forum der dogmatischen Moral als Verbrechen gelten. Redl war im Netz eines gut angelegten Erpressungsfeldzuges gefangen, er mußte den Russen zu Willen sein oder – über die Klinge springen. So kann man behaupten, daß die Verfolgung der Homosexualität mitgeholfen hat, das Grab der Zentralmächte zu graben. Der Agent legte ihm sein peinlich gesammeltes Sündenregister vor und der ehrgeizige Generalstäbler kapitulierte in einer Weise, die ihn zum geradezu willenlosen russischen Werkzeug machte. So waren die Russen ein Jahr vor Kriegsausbruch im Besitze der Aufmarschpläne des Kaiserreiches und teilweise auch der deutschen Maßnahmen. Redl mußte einen Täter unterschieben, der seine eigene Tat ausbaden sollte. Er lieferte also eine Anzahl ihm von Rußland denunzierter minderwertiger Kollegen an die österreichische Justiz und verriet Österreichs besten Spion zugleich an Rußland. Der Verrat konnte bis zum Ausbruch des Ersten Weltkrieges nicht mehr aufgeholt und paralysiert werden. Und als ein russischer Offizier unter Umgehung Redls den russischen Aufmarschplan an die Gruppe Erzherzog Franz Ferdinand verkaufte, wurde er von Redl prompt an die Russen verraten und mußte Selbstmord begehen. Wohl niemals hat ein Spion ein größeres Desordre in die Spionage zweier Staaten gebracht, als gerade Redl unmittelbar vor dem Kriege. Er lebte, auf dem Vulkan tanzend, mit seinen Freundchen ein üppiges Schlemmerleben und schleppte ständig eine Parfümwolke hinter sich her [3]. Durch einen Zufall nur wurde er entlarvt, als er zur Abwechslung wieder einmal zur Truppe kommandiert war, also vor einer weiteren Beförderung stand. Das „schwarze Kabinett" beschlagnahmte bereits kontrollierte verdächtige postlagernde Briefe, die von Redl persönlich abgeholt wurden. Die Kriminalpolizei folgte ihm, der versuchte, die Dokumente, die er am Körper trug, zu zerreißen und wegzuwerfen. Aber alles ist umsonst, in der Nacht kommen hohe Offiziere in Redls Hotelzimmer, die nach einer kurzen Rücksprache einen Revolver zurücklassen. Am nächsten Morgen, dem 26. Mai 1913, findet man den Obersten erschossen.

Der Fall ist ein Prototyp der Spionagetaktik. Er ist aber auch ein Monument der Unvernunft in sexueller Moral, eine Ohrfeige für die kurzsichtigen Verfolger der Homosexualität. Man könnte beinahe sagen, der Erste Weltkrieg sei durch den Paragraphen 175 verloren worden. Hätte es Redl nötig gehabt, sich an Rußland zu verkaufen, und auszuliefern, wenn sein Sexualleben, seine Erotik nicht abwegig, nach allgemeiner Diktion verbrecherisch gewesen wäre? Wäre das Sexualleben überhaupt an sich nicht so anrüchig, so ließe es sich nicht zu Erpressungen und zur Erzwingung von Spionage auswerten. Hätte Redl sich mit kleinen Mädchen abgegeben, so hätte man ihn natürlich auch damit erpressen können. So aber gehört die Erotik und insbesondere die abwegige Erotik in das Operationsgebiet der Spionage organisch hinein, ist erotische Erpressung ein inte-

Die deutsche Gouvernante
Für besonders spionageverdächtig hielt man in Frankreich und England die deutschen Erzieherinnen
Zeichnung von F. Fabiano. Aus einer diesem Thema gewidmeten Sondernummer von „La Baïonnette", 1916

grierender Bestandteil des strategischen Nachrichtendienstes, soweit es sich um prominente Persönlichkeiten dreht.
Spionage: Es gilt das Gesetz, durch genaue Kenntnis der sexuellen Besonderheiten eine Situation zu schaffen, welche den Betreffenden hilflos macht. Hier noch ein weiteres interessierendes Beispiel aus dem Vorstadium des Ersten Weltkrieges:
Frankreich und Italien hatten schon vor dem

Kriege ein Sonderabkommen geschlossen, welches Italiens Verrat am Dreibund und damit die Wegnahme der französischen Truppen von der italienischen Grenze an die Westfront zur Voraussetzung hatte. Pichon traf sich mit dem italienischen Marquis J. in Aix-les-Bains zur Konferenz. England war nicht eingeladen, wohl aber wußte das Intelligence Service davon und beschloß, sich in den Besitz der Abmachung zu setzen. Dem englischen Dienst war bekannt, daß zwar Pichon alt und in erotischer Beziehung unzugänglich war, dafür aber der nicht minder alte Italiener als großer Don Juan von notorisch erotischer Extravaganz galt. (Sie sind alle in der Downing Street registriert, die Extravaganzen, Perversitäten, Perversionen, Aberrationen und erotischen Phantasien der großen Staatsmänner ...) Und Downing Street hat für jede Sache eingefuchste Mitarbeiterinnen auf Lager, blond, braun, schwarz, je nach Bedarf. Mit zwei Agenten traf die in Frage kommende Frau, nennen wir sie Gloria (Namen tun in der Spionage nichts zur Sache, sie sind immer falsch), rechtzeitig in dem mondänen Bade ein und lief dem lüsternen Marquis in den Weg. Daß die Agenten inzwischen bemüht waren, im Konferenzzimmer Mikrophone einzubauen, sei nur nebenbei bemerkt. Der Marquis war Zoosadist (durch Tierquälerei sexuell erregbar) und geriet schon beim Taubenschießen in Verzückung, wenn eine Taube, schlecht getroffen, sich verwundet am Boden wälzte. Schon am selben Abend dinierte der Marquis mit Gloria, machte ihr Propositionen und lud sich für den nächsten Abend in ihr Zimmer ein, das wohlverstanden zwischen dem der Agenten lag und mit dem einen durch eine Tapetentür verbunden war. Was er verlangte? Eine jener Extravaganzen, die in italienischen Bordellen geboten werden: Sie sollte in weißem Kleide, stark dekolletiert, mit nackten Armen in seiner Gegenwart einen weißen Hahn mit einem von ihm mitgebrachten Dolche langsam abschlachten und er würde ihr dreitausend Lire geben. Tausend zahlte er als Angabe. Und dann würde er noch in der gleichen Nacht abreisen, denn die Konferenz war zu Ende und die Protokolle ausgetauscht. Er trug sie in der Brusttasche.

Daß diese Orgie als Rahmen zum Raube der Dokumente dienen mußte, war selbstverständlich und als der Italiener sich mit Hahn und Dolch im Zimmer der stark entblößten Blondine einfand, waren auch schon die Agenten auf dem Posten. Der Hahn wehrte sich kräftig seines Lebens und zerkratzte mit den scharfen Krallen die Arme der schönen Gloria, was im Programm nicht vorgesehen war. Sie schrie, indes der Marquis sich auf der Chaiselongue in Ekstase wand, mörderisch um Hilfe und fiel schließlich ohnmächtig zu Boden. Der Korridor war mobil geworden, alles stürzte ins Zimmer, auch die Agenten. Man hielt den Marquis der Situation nach für einen Mörder und stürzte sich auf ihn – bei welchem Anlaß der eine Agent ihm sehr gewandt das Dossier mit den Dokumenten aus der Innentasche der Weste schnitt. Was in der allgemeinen Aufregung nicht bemerkt wurde[4] ...

Hütet Herz und Zunge!

Die feindlichen Späher sind am Werk. Sie sprechen deutsch und suchen unsere Bekanntschaft. Sie nehmen gern Weibsgestalt an. Hütet euch vor Geschenken; laßt festnehmen, wer euch verdächtig scheint.

Ausschnitt aus der Wilnaer Armeezeitung

„Le Fräulein" half auch bereitwilligst beim Servieren aus – man konnte da so manches aufschnappen . . . Zeichnung von Henriot. Aus „La Baïonnette", 1916

So kamen die Dokumente nach Downing Street und der Marquis zu einem riesigen Skandal, dessen Dessous er nicht verraten konnte. Ein erotisches Abenteuer in der Abschiedsstunde, das ihn überaus wichtige Dokumente kostete. Er mag sie ja von Pichon nochmals ausgefertigt erhalten haben, denn die Polizei, die ihn als mutmaßlichen Lustmörder verhaftet hatte, ließ ihn schon nach einer halben Stunde wieder frei . . .

Nicht ganz so tragisch endete der Kurierdienst des Prinzen Udo zu Stolberg-Wernigerode-Uslar, der als Ordonnanzoffizier des A. O. K. 4 in Thielt ein Dossier geheimer Dokumente nach dem Etappenkommando in Gent zu bringen hatte. Seine Aktentasche im Auto, landete er nicht sofort bei der entsprechenden Stelle, sondern erst im berühmten Offiziersbordell „Cintra", in den Armen der „roten Titi", aus denen er sich erst spät und sternhagelvoll losriß, ohne seine Dokumententasche, da er den Zweck seiner Dienstreise vollkommen vergessen hatte. Wo er die Dokumente zurückgelassen, daran konnte er sich nachher mit dem besten Willen nicht mehr erinnern und es ist ihm natürlich auch weiter nichts passiert. Die rote Titi lieferte nämlich schon zwei Tage später die Geheimpapiere gewissenhaft an ihrer Bestimmungsstelle ab. Was in der Zwischenzeit damit geschehen war, blieb aber den Deutschen ewig ein Geheimnis. Daß Bordellinsassinnen im besetzten Gebiet größtenteils zum organischen Apparat der Spionage gehört, ist ja allbekannt [5].

Diese Beispiele von Samenkoller bei wichtigen Missionen lassen sich vielfach vermehren, sie sind bei der erotischen Spionage von vornherein in Rechnung gesetzt als gangbare Zufallsmöglichkeiten und die durch Alkohol und Schlimmeres erzeugte Amnesie bildet eine nicht zu unterschätzende Begleiterscheinung.

Der Krieger, sei er nun Offizier oder gemeiner Muskote, schreibt von vornherein jedes weibliche Entgegenkommen, jede Avance, in seinem gehobenen Selbst- und Machtbewußtsein, seiner Persönlichkeit und seiner Uniform zu und vergißt, daß er dabei oft nur das Gefäß ist, aus welchem weit wertvollerer Inhalt geschöpft werden soll. Auch die erbärmlichste Bordellhure kann im Laufe des Tages von Dutzenden von Besuchern Bausteinchen zusammenraffen, die sich am Abend, fein säuberlich rekapituliert, in den Händen eines Agenten zu einer mehr oder minder wichtigen Nachricht verdichten. Es gibt keine Tatsachen, die nicht am richtigen Ort und zur richtigen Zeit Gewicht bekommen.

Die Unvorsichtigkeiten, die höhere Offiziere bezüglich der Frauen begingen, grenzen oft ans Unmögliche. Ich will an die „rote Amy" erinnern, der es 1916 unter sonderbaren Umständen gelungen ist, aus einem deutschen

Panzerkreuzer das Geheimbuch der Signale zu stehlen [6]. (Es handelte sich um den Kreuzer „Kronprinzessin Cecilie".) Auch unter den Namen Comtesse de Pomeran d'Aquitanie und Flora von Poland trieb sich die „rote Amy" zu Land und zu Wasser herum; ein bekannter Industrieller erschoß sich ihretwegen und ein Großfürst überhäufte sie mit Schmuck ... Nur in Montreux mißglückte ihr ein Coup gegen den deutschen Professor E. dank der Wachsamkeit seines Privatsekretärs. In der Schäferstunde hatte sie den girrenden Seladon auf ihr Zimmer geschickt ihr eine Flasche Parfüm zu holen, um in der Zwischenzeit Dokumente stehlen zu können; wobei sie der Sekretär überraschte. Sie gab klein bei und ging auf Nachrichtentausch ein und die Spione chiffrierten die ganze Nacht hindurch, was sie diktierte. Es war aber alles falsch und Flora über alle Berge, als man dahinter kam. 1916 organisierte sie in Belgien einen Bahnüberwachungsdienst, der aber größtenteils aufflog. Unter anderem wurde ein Spion in der Mönchskutte erschossen, die er als Tarnung benutzt hatte.

Ihre Namen sind Legion, ich zitiere nur Comtesse de Vinier, Mme. de Charerolles, Minna Steengrave, unter welch letzterem sie in Deutschland auftrat und den Kommandanten des Panzerkreuzers berückte. Er nahm sie als Mätresse mit nach Kiel und eines Abends sogar – auf sein Schiff, als er eine Codedepesche entziffern mußte. Sie war dabei und stahl in einem unbeobachteten Moment den Signalcode und am Skagerrak war die englische Flotte demgemäß ebensogut mit den Signalen vertraut wie die deutsche und manövrierte dementsprechend. Der männliche Egoismus, seine Mätresse aus Angst vor den anderen nicht einen Moment allein zu lassen, hat zu einem Codediebstahl geführt, wie er kühner nicht gedacht werden kann. In Parenthese ist zu bemerken, daß die Codes nur einen bedingten Wert besitzen, denn sie werden doch zumeist gestohlen, verraten und geändert und dann ist der Schaden beim Glauben an das Geheimnis viel größer als ihr Nutzen [7].

Man hat den Selbstmord des Großherzogs von Mecklenburg-Strelitz vielfach mit einer Spionageaffäre in Zusammenhang gebracht; er soll mehr oder minder das Opfer der schönen Fürstin Pless gewesen sein, die sich seiner, wie behauptet wurde, zur Ermittlung wichtiger Nachrichten bediente. Dabei wird vollkommen außer acht gelassen, daß er sich, wenn dies wahr sein sollte, außerdem noch in den Fängen einer Spionin des Intelligence Service befand, die sich ihm auf unverdächtige Weise zu nähern gewußt hatte. Ob Emma Stubert ihr richtiger Name war, muß dahingestellt bleiben, wir müssen noch in anderem Zusammenhange auf sie zurückkommen. Es war ihr aufgetragen, sich über die Art und Weise zu orientieren, wie der Großherzog, ein ehemaliger Etonschüler, die Kriegsgefangenen „abkochte". Das „Abkochen" war seit Jahrzehnten bei den großstädtischen Polizeien üblich, aber durch die Haager Friedenskonferenz Gefangenen gegenüber verboten. Diese Organisation und auch die an der Front „Moritz", in Österreich „Penkala" genannten Abhörapparate fielen in das Ressort des Großherzogs. Als österreichische Kriegswitwe kreuzte Emma nun seinen Weg und der Erfolg war eine Liaison, die gerade so lange dauerte, bis Emma von dem liebesdurstigen Fürsten alle notwendigen Details herausgeholt und auch die Pläne über die Anlage des „Moritznestes" besaß; dann verschwand sie. Wenn das Herz dieser als Grande-Dame auftretenden Wienerin sprach, dann war sie für ihre Bestimmung untauglich. Sie reiste stets mit einer Gesellschafterin, die dem englischen I. S. angehörte und das Finanzielle und Geschäftliche zu regeln hatte. Sinngemäß war Emma dazu reserviert, sich an prominente Herrschaften heranzumachen und Hingabe war ihr dann selbstverständliches Requisit. Aber in Lugano, wo sie einen deutschen Generalstabsmajor ausspionieren sollte, versagte sie plötzlich und erklärte weinend, daß sie den Mann nicht verraten könne, denn – sie liebe ihn. Und man nahm ihr die Aufgabe ab, da Spioninnen, die, statt zu versagen, im richtigen Moment ablehnen, seltene Ausnahmen bilden. Dies bewahrheitet wiederum die Auffassung, daß auch bei der niedersten käuflichen Frau die Möglichkeit der Spionageverwendung dahinfällt, wenn sie liebt [8]. Dasselbe trifft, wie wir bereits gesehen haben, sinngemäß auch beim Manne zu. „Wo die Liebe anfängt, hört der Verstand auf." Nicht nur der kleine Tommy, Poilu oder Muskote, auch der höchste Offizier in allerverantwortlichster Stellung hat immer und immer wieder, in, vor und nach dem Weltkriege in erotischen Aventuren unbewußt in einem Rausche wichtige militärische Geheimnisse verraten und ignoriert, daß gerade die Frau, die er nur für ein erotisches Wesen hielt, das Mikrophon einer feindlichen Macht war, in das er hineinflüsterte. Der ausgehungerte Frontoffizier und der im Schlemmen unersättliche Etappenhengst, der Flieger wie der Generalstäbler, der Gas-Chemiker wie der Kraftfahrer, sie waren alle gleich unvorsichtig im Verkehr mit der Weiblichkeit und trennten die Erotik zu viel und zu wenig vom Dienst. Man hatte sich in den Armeen mehr Mühe gegeben, die Soldaten vor den Geschlechtskrankheiten zu bewahren, als vor

Es ist bekannt, daß

Spione und Spioninnen

an öffentlichen Orten, insbesondere auch in den Eisenbahnen, Gastwirtschaften, Zigarren- und Friseurgeschäften usw. Informationen zu sammeln versuchen.

Vor lauten und unvorsichtigen Unterhaltungen über militärische Dinge jeder Art an allen öffentlichen Orten wird gewarnt!

Spionagepsychose
Deutsches Plakat aus dem Jahre 1914
Sammlung A. Wolff, Leipzig

dem aussaugenden Übel der Spionage. Umnebelte Sinne ließen nur selten dem erotoman überschäumenden Soldaten das theatralisch Gestellte der Situation zum Bewußtsein kommen, er erhaschte lebensgierig den Moment; was man von der Minute ausgeschlagen, gibt keine Ewigkeit zurück.

Auch der Spion ist ein Soldat, ist der Soldat im Dunkel – ein Soldat, der entweder sehr gut oder gar nicht getroffen wird. Krüppel gibt es dabei nicht . . . Aber er verfiel denselben Fehlern wie sein uniformierter Feldgenosse. Spionageabwehr nennt sich jene Organisation, die auf die Jagd nach Spionen geht und sie bedient sich der gleichen Mittel. Erotik gegen Erotik. Geheimnis gegen Geheimnis. Der Spion ist im allgemeinen exponierter und dadurch vorsichtiger gewesen als der Front- und Etappenkämpfer, als der Diplomat und Beamte. Er hat sich besser gegen die verderbliche Kollegin geschützt, als es der Frontsoldat tat und doch ist die Zahl derer ebenfalls Legion, die ihrer Erotik erlegen sind. Die sexuelle Not, die den Frontsoldaten peinigte, kannte der bewegliche Spion nicht. Aber seine Zufallsbekanntschaften waren häufig genug von der Regie gestellt, als Falle und Verderben. Wenn man ins Auge faßt, daß die Belgier ihrer „leichten Kavallerie“ [9] kund machten, daß sie wegen Verkehrs mit dem Feind unangefochten bleiben würden, wenn sie dafür Nachrichten lieferten, wird begreiflich, daß es zum point d'honneur des ganzen Hetärenstandes wurde, fleißig Nachrichtendienst zu treiben. Ab und zu verwendeten auch die Deutschen belgische Huren, wie zum Beispiel eine gewisse Flora [10], zu Spionagediensten, machten aber damit meist üble Erfahrungen, denn diese ließen sich mit jedem ein und in ihrer kontinuierlichen Betrunkenheit renommierten und schwatzten sie mehr aus, als sie leisteten. Sie standen immer weit hinter den fanatischen Nationalistinnen. Wie in der allgemeinen Kriminalistik das Bordell eine von der Polizei gepflegte Verbrecherfalle ist, so war es dies auch im weitesten Sinne für die Spione. Denn alkoholfreie Bordelle gab es im Ersten Weltkrieg nicht und die Besoffenheit ist die würdige Partnerin der Hurerei; Rausch, Kater und Amnesie die Folge, von anderem, Mikroskopischem zu schweigen. Die Tricks der Prostitution blieben sich überall gleich, ob es sich nun um die Mark-Hure oder um die Dreißigtausendfranks-Grande-Cocotte des internationalen Parketts handelte: Erzählen, renommieren, eventuell narkotisieren und Taschen durchwühlen, um dafür einen Nebenverdienst zu beziehen. Wenn auch die Engländer wenig von den Spioninnen hielten [11] – Sir Basil Thompson sagte von ihnen, und er mußte es wissen: Frauen taugen nicht dazu, wenn auch die Ehemänner vom Gegenteil überzeugt sind – so haben sie mit großem Erfolge doch immer wieder Frauen beschäftigt und effektiv gab es keinen Geheimdienst, der ohne Frauen arbeitete. Daß man ihnen überall, auch wenn sie sich nicht aus Kokotten rekrutierten, immer und immer wieder nahelegte, daß sie nötigenfalls auch das letzte nicht verweigern dürften, so war dies den einen von Natur aus selbstverständliches Requisit des Abenteuers, während andere es strikte ablehnten – es aber dann unter Umständen aus eigenem Antriebe doch taten. Bei der großen Spionin allerdings war zwischen dem ersten koketten Blick und der letzten fallenden Hülle oft ein sehr langer Weg, auf dem mancher nur bis zur Hälfte kam, ehe er seine Geheimnisse erschöpft hatte. Wenn er Glück hatte, war es die untere. Nur ganz wenigen ist es nachweisbar, daß sie sich nicht hingegeben haben, um leichter arbeiten zu können, wie zum Beispiel der von den Belgiern als Nationalheldin verehrten Gabrielle Petit [12], einer Modistin, die in beispielloser Kühnheit die gefährlichsten Aufgaben erledigte. Fallweise trieb sie sich als deutscher Leutnant herum und besaß auch deutsche Papiere. Als sie einem Heer von Detektiven erlegen war, verurteilte man sie in Brüssel zum Tode. Mit beispiellosem Fanatismus stand sie zu ihrer Tat und wurde erschossen.

Eine weitere Nationalheldin der Westfront war Louise de Bettignies, deren Nom de guerre Alice Dubois [13] war und die mit einer Freundin Charlotte, die richtig Leonie van Houtte hieß, tollkühne Spionagefahrten durch die Fronten unternahm. Sie besaßen ein eigenes, klug ausgebautes Netz mit Hunderten von Spionen. Zwei Jahre gingen sie mit beinahe traumwandlerischer und beispielloser Sicherheit tollkühn ihrem Werke nach, dann aber wurden sie gefaßt und zum Tode verurteilt, in der Folge jedoch zu

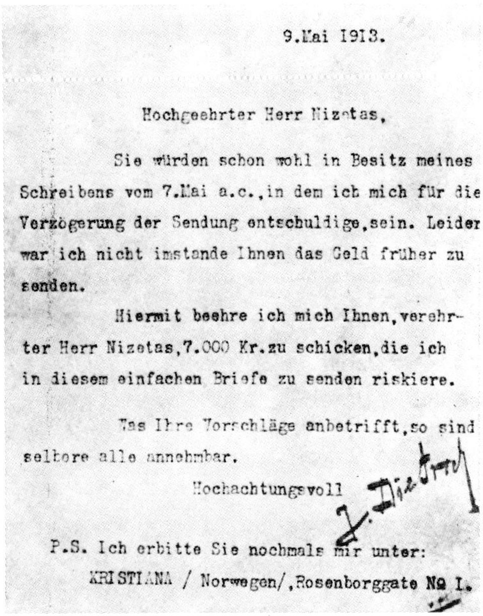
9.Mai 1913.

Hochgeehrter Herr Nizetas,

Sie würden schon wohl in Besitz meines Schreibens vom 7.Mai a.c.,in dem ich mich für die Verzögerung der Sendung entschuldige,sein. Leider war ich nicht imstande Ihnen das Geld früher zu senden.

Hiermit beehre ich mich Ihnen,verehrter Herr Nizetas,7.000 Kr.zu schicken,die ich in diesem einfachen Briefe zu senden riskiere.

Was Ihre Vorschläge anbetrifft,so sind selbere alle annehmbar.

Hochachtungsvoll

J. Dietrich

P.S. Ich erbitte Sie nochmals mir unter:
KRISTIANA / Norwegen/,Rosenborggate No I.

Brief des russischen Generalstabes an Oberst Redl
Faksimile abgedruckt in „Ronge, Kriegs- und Industriespionage", 1929

Russische Spionin (oben) im Hinterland und (unten) im Frontgebiet
Aus „Ronge, Kriegs- und Industriespionage", 1929

Treuhänderin von Generalstabsgeheimnissen
Zeichnung von Paul Kamm

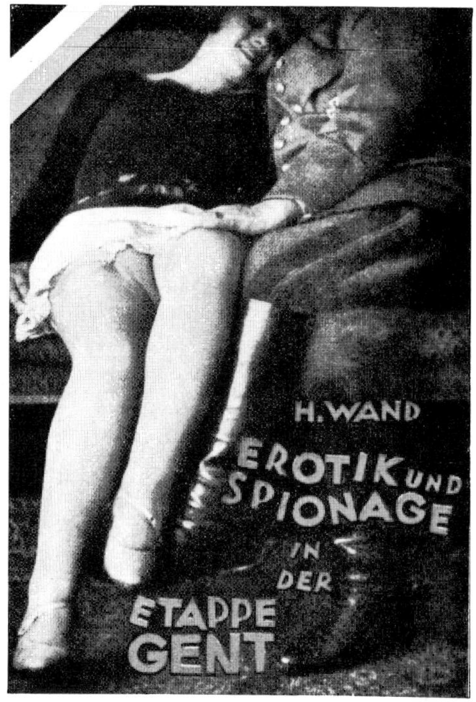

„Etappe Gent"
Buchumschlag nach einer Fotokomposition von John Heartfield

„Nur Euer Schweigen sichert den Sieg"
Italienische Postkarte, Sammlung A. Wolff, Leipzig

Russen verhören eine Spionin. *Nach einem Augenzeugenbericht, gezeichnet von Gedö*

Die Arbeit der Spionin: Erst ermüden, dann auswerten
Zeichnung von V. Erdey

„Alles Spione . . .“ In Frankreich um 1910 populärste Typen des Deutschen: Kellner, Gelehrter, Kaufmann, Diplomat, Künstler, Tourist

Karikatur von L. Metivet. Aus „Fantasio“, 1915

Das Schlafpulver, dem Ahnungslosen in den Drink geschüttet, sichert den Erfolg

Zeichnung von St. Tisch

„Hohe Schule“, geritten auf Etappenhengsten
Szene aus einem Genter Bordell. Aquarell von A. Szekely

Die Spionin am Werk: „Nachrichtenübermittlung“ *Zeichnung von Gedö*

Ein deutscher Spion wird in Frankreich von englischen Truppen beim Geben von Lichtsignalen überrascht
Aus „Illustrated London News“, 1915

Nach der Exekution: Defilé des Hinrichtungspelotons

Der italienische Desserteur Vincenzo Mori hatte den Plan des pneumatischen Maschinengewehrs verraten.

Aus „Images secrètes de la guerre"

Der russische Militärattaché in Bern, Oberst v. Romejko-Gurko (hinten rechts), von einem deutschen Spion bei der „Kontaktaufnahme" heimlich fotografiert

Aus Ronge, „Kriegs- und Industriespionage"

Oben: Ankündigung des Fortsetzungsromans von Decourcelle: „Vaterlands-Verkäufer". Man beachte (ganz links) das Propaganda-Motiv des „Uhrenräubers", den Kapellmeister („Infiltration über die Kunst") und den „verdächtigen Gelehrten" rechts – alles bis heute übliche Archetypen der Propaganda

Plakat von Metivet, Archives Phot. D'Art et d'Histoire, Paris

Oberst Redl

Aus „Hirschfeld, Geschlechtskunde"

Das berühmte „Fräulein Doktor“, alias Elisabeth Schragmüller, Chef des Spionagedienstes in Antwerpen und die einzige Frau, die in der deutschen Armee einen militärischen Rang innehatte

Irma Straub, deutsche Spionin im Ersten Weltkrieg
Originalaufnahme

Unten: „Die Ducimetière“, zum Tode verurteilt, aber als einzige Spionin von Poincaré begnadigt
Aus „Images secrèts de la guerre“

Unten: Augustine-Josephine A., in Nantes als deutsche Spionin erschossen
Französisches Pressebild

Zur Spionenfurcht in London

„Ein deutscher Dachshund! Er hat mit seinem Schwanz dem Zeppelin ein Zeichen gegeben!“

„Verdammter deutscher Spion!“

„Feuer!“

Zeichnung von Th. Th. Heine. Aus „Simplicissimus“, 1914

Zuchthaus begnadigt. Nur wenige Tage vor dem Waffenstillstand starb Louise de Bettignies an Tuberkulose; seit 1927 besitzt sie in Lille ein Denkmal; Charlotte bekam das Kreuz der Ehrenlegion. Ihre Tätigkeit ist ungleich wichtiger für die Strategie des Weltkrieges gewesen, als die der hingerichteten Miss Cavell, aber als sie erwischt wurden, war es den Deutschen noch keineswegs klar, welchen Fang sie gemacht hatten. Bei beiden spielte Vaterlandsliebe und fanatischer Haß eine weit größere Rolle als die Erotik, wenn sie auch gelegentlich sich dieser Mittel bedienten [14].

Das waren Patriotinnen, die mit dämonischem Impuls arbeiteten, im Gegensatz zu den beinahe spielerischen Abenteuerinnen, wie sie sich namentlich in der Schweiz, in Bern und Zürich, Lausanne, Genf, Lugano und Luzern betätigten und bei welchen neben Gelderwerb die Spionage nur eine Begleiterscheinung des tarifierten Liebeslebens bildete. Briefstellen sollen ihre Auffassung beleuchten:

„Gestern hatte ich eine Verabredung mit dem Deckoffizier. Der arme Teufel ist leidenschaftlich in mich verliebt. Er will mich sogar heiraten. Er lud mich ein, ihn auf dem Schiff zu besuchen, ich habe natürlich angenommen und machte mich anheischig, in seiner Gesellschaft bis in den Kartenraum zu kommen. Zwei dunkle Augen tun dann das ihre – – –“.

„Mit dem Deckoffizier ist es zu Ende. Die Nachricht war von Wichtigkeit. Der Mann tut mir ja leid . . .“

„Der alte B. auf dem Kohlenamt interessiert mich. In seinem Leben spielen die Frauen eine große Rolle. Ein verführerisches Weib kann da viel machen. Ich weiß noch nicht, ob ich als Holländerin oder Amerikanerin auftreten soll . . .[15]“

Erotische Eitelkeit schimmert überall durch. Dunkle Augen – Apropos, in Bern trat eine Spionin mit verdächtig großen Augen auf, die den Spitznamen „Bella Donna“ führte. Sie wurde von den Deutschen bezahlt und von den Amerikanern dazu benutzt, um den Deutschen die große Elsaßfinte dokumentarisch zu übermitteln; diese sollten die Reserven nach Belfort werfen, indes der Angriff St. Mihiel galt. „Bella Donna“ fiel beinahe in Ungnade, weil sie mehr kokettierte als

An die deutschen Arbeiter!
Seid verschwiegen!

Keine deutsche Erfindung, kein technischer Fortschritt darf unsern Feinden zugute kommen. Das Wohl des Vaterlandes gebietet strengste Geheimhaltung

Ihr seid die Hüter dieser Geheimnisse!

Wer über das, was er an seiner Arbeitsstätte hört und sieht, nicht zu schweigen weiß, begeht Landesverrat, der mit schweren entehrenden Strafen gesühnt wird. Er leistet dem Feinde Vorschub, und seine Brüder im Felde müssen sein Verbrechen mit ihrem Blute büßen.

Feindliche Spione

sind bestrebt, Euch unter der Maske des Vaterlandsfreundes auszuforschen. Jede unbedachte Äußerung kann unermeßlichen Schaden für Euch und für Euer Vaterland zur Folge haben.
Darum

Laßt Euch nicht ausfragen!

„Der Feind arbeitet unter der Maske des Vaterlandfreundes!“
Sammlung A. Wolff, Leipzig

spionierte, nichts Rechtes zustande brachte. Gerade sie ersahen die Amerikaner dazu aus, um „besonders wichtige“ frisierte Dokumente stehlen zu lassen. Ein kühler Amerikaner, der ein auffallend dickes Dossier in der Tasche trug, näherte sich ihr im Bellevue Palasthotel und lud sie zu einem Drink ein. Sie tauschte schon mit dem Barkeeper bedeutungsvolle Blicke und trank fest mit. In einer kleinen Nische wurde die Sache intimer, animierter und dann schläfriger, bis der Amerikaner unterm Tisch lag. Der Barkeeper machte Mauer und „Bella Donna“ stahl das Dossier, um es dann sofort auf ihrem Zimmer zu öffnen und zu photographieren. Ebenso geschickt praktizierte sie es wieder in die Tasche des Eigners und ... der deutsche Stab dirigierte seine Reserven ins Oberelsaß [16]. – Ein Beispiel von vielen, wie man sich von den Agentinnen das stehlen ließ, was man gerne von den anderen gewußt wissen wollte. Gerade dafür war die Schweiz das beliebteste Schachbrett, denn man riskierte dabei ja keine blauen Bohnen. Ähnlich oft düpiert wurde in Bern auch die dickliche Dame mit dem Nom de guerre „das türkische Entzücken“, die auf Männer, Mammon, Alkohol und Gänseleberpastete in gleicher Weise ansprach und von der man ziemlich genau wußte, daß sie von allen Seiten sowohl auf der Lohn-, wie auch auf der Verdächtigenliste stand. Bereits vor dem Kriege international tätig, stammte sie vom Balkan, und trat auch unter den Namen Baronne de Louziers, Ellinor Hawkins, Gina Raffalowitsch, Mme. Mezi, Mme. Hesketh, Mme. Davidowitsch, Baronne de Belleville auf, je nachdem es Zeit und Umstände erforderten. Insbesondere verstand sie es, auch auf Frauen zu wirken, aber ihre Persönlichkeit war so auffallend, daß sie im Kriege stets nur auf neutralem Boden wirkte. Nur gegen Kriegsende finden wir sie auf amerikanischem Boden und dies war ihr Verhängnis. Schon von Madrid aus ward sie mit dem Paar, mit dem sie im Dreieck lebte, überwacht und als sie in New York getrennt abstiegen, wurde sie verhaftet – ihr Tresor war heimlich geöffnet, in dem man eine Menge wichtiger Papiere fand. Aber sie schwieg hartnäckig und im Juni 1918 fand man sie eines schönen Morgens sterbend in ihrer Zelle; sie hatte Gift genommen.

Was sich damals an erotischer Spionage in Berner Hotelzimmern abspielte, das könnte Bände füllen. Der „Trick mit dem beleidigten Gatten“ ist oft genug aufgeführt worden und man wußte bald von jeder Dame ihre Spezialitäten in Geschmack, Sprache und Erotik ebenso gut, wie ihre geläufigsten Kunstgriffe. Auch Nida Mikaela Wiszniewsky, die polnische Fürstin, gehörte zu ihnen, von der nochmals die Rede sein wird. Ebenso werden wir uns noch mit Irma Staub, deren Standquartier ebenfalls Bern war, zu befassen haben.

In Feignies bei Maubeuge fand man eines Morgens Mlle. von Heimler in einem Estaminet aufgehängt, mit einem Plakat auf der Brust, dem zu entnehmen war, daß sie vom Comité de la Libre Belgique zum Tode verurteilt worden sei. Und wenige Stunden später wurde dem deutschen Etappendienst auch die Leiche gestohlen [17].

Der Skandal war um so größer, als Fräulein von Heimler eine dem deutschen Kaiser persönlich attachierte Spionin war, die in einem der Autos des kaiserlichen Dienstes in der Welt herumfuhr. Ursprünglich, vor dem Kriege, ein Fräulein Gertrud von Oppeln, heiratete sie den belgischen Grafen de Nys, den Adjutanten des belgischen Militärattachés. Schon damals trieb sie Spionage und benutzte einen gesellschaftlichen Anlaß, um einem französischen Diplomaten wichtige Papiere zu stehlen. Der Gatte jagte sie zum Teufel und – fand sie als treuer Belgier an höchster Stelle arriviert in der Etappe bei den Deutschen. Allen Lastern frönend, luetisch und Kokainistin, war das einstmals blendend schöne Weib nur noch eine gut gemalte Ruine, als er sie in den Hinterhalt lockte, aufhing und später, mit symbolischer Bedeutung, als verwüstete Leiche dem Chef des Geheimdienstes ins Bett legte. So starb die Generalstochter als eine der tüchtigsten deutschen Spioninnen unter den Händen ihres betrogenen Gatten, der schon lange in Belgien unerkannt ihr fürchterlichster Gegenspieler war.

Spioninnen leiden unter anderem darunter, daß sie leicht einer Übermüdung anheimfallen und dann, um sich aufzupeitschen, um über die oft äußerst monotonen Pausen des Berufes hinwegzukommen, zu Rauschgiften greifen. Eine noch weit berühmtere Spionin der Deutschen ist an Rauschgiften, Morphium und Kokain, buchstäblich zugrunde gegangen und vegetierte als elendes Wrack in einem Schweizer Privatsanatorium. Gemeint ist das sagenhafte „Fräulein Doktor", ein Weib mit Nerven wie Stahl, einem messerscharfen Intellekt, gut beherrschter Sinnlichkeit, von berückender Fülle und mit dämonischen Augen. Annemarie Lesser, aus dem Tiergartenviertel von Berlin, wurde von ihren Eltern schon mit 16 Jahren verstoßen, weil sie aus einer Verbindung mit einem Offizier ein Kind bekam. Er mußte den Abschied nehmen und wurde schon vor dem Kriege Spion. Nur kurze Zeit darauf, nachdem es ihm just gelungen war, Annemarie einigermaßen in die Geheimnisse dieses Berufes einzuführen, starb er plötzlich unterwegs.

Annemarie, die gute Kinderstube besaß und mehrere Sprachen beherrschte, war begeistert von der Abenteuerlichkeit ihres Berufes und behielt ihn bei. Als Edelnutte aufgemacht, trieb sie sich in Frankreich und Belgien herum und verstand es, alte und junge Offiziere durch Harmlosigkeit zu täuschen und sexuelle Raffiniertheit zu verwirren. In England spionierte sie als Malweib. Mehrfach ertappt, wußte sie sich stets im letzten Moment gewandt zu retten. Schon damals kam ihr Spitzname auf: „Fräulein Doktor". Sie spionierte in Italien, als der Krieg ausbrach. Als Krankenschwester geht sie mit gefälschten Papieren über Paris an die belgische Front, informiert sich dort über die Art und Weise der alliierten Zusammenarbeit, die Schwäche der Festung Lüttich. Halbwegs als belgische Bäuerin zurechtgestutzt, landet sie bei den deutschen Vorpostentruppen.

In Berlin ist sie nun auf lange Zeit hinaus die Seele der Agentenzentrale in der Königgrätzer Straße und man rühmt ihr insbesondere die scharfe Rücksichtslosigkeit nach, mit der sie den letzten gefügig machte. Jeder wird irgendwie eingewickelt oder – und sie hat das oft getan – ans Messer geliefert, zum Selbstmord getrieben.

Erst 1916, als auf einmal die deutsche Organisation versagte, tritt sie selber wieder in Funktion, richtet den Dienst in Paris neu ein, und über ihr Bett gingen wieder wichtige französische Offiziere. Sie liefert auch einen verräterischen Freund, einen Griechen, Coudoaninis, an den Pfahl. Und noch ein zweitesmal mußte sie wieder nach Paris fahren, da die Organisation wieder zusammengebrochen war. Diesmal als erbärmliche Provinzschlampe. Sie kommt als Zimmermädchen in ein Spionagehotel, das zur Beherbergung französischer Agenten eingerichtet ist und als sie dasselbe verläßt, hat sie den Wachthabenden chloroformiert und wichtige Papiere bei sich. Zu dieser Zeit war sie stark dem Morphium ergeben, das ihr zu Spitzenleistungen verhalf. Sie entkam über die Schweizer Grenze, nachdem sie, bereits überall signalisiert, drei Männer niedergeschossen hatte.
Nach einem vorübergehenden Gastspiel in Antwerpen kommt sie 1918 zum letzten Male nach Frankreich, als südamerikanische Krankenschwester, mit einem Trupp harmloser, spanischer Kameradinnen, zu Orientierungszwecken. Sie reist die Westfront auf und ab, um den Status hinter den Linien zu ergründen. In einem Lazarett erkennt sie durch einen Zufall ein von ihr düpierter belgischer Offizier und die Jagd nach ihr beginnt. Noch einmal gelingt es ihr, unter Aufwendung aller Kräfte zu entfliehen; in zusammengestohlenen Uniformstücken kommt sie durch die Fronten und bricht dann zusammen, nicht zuletzt, weil sie gesehen hat und weil das, was sie gesehen hat, das Ende bedeutet. Ihr Zusammenbruch ist so vollkommen, daß sie ausscheidet. Zusammen mit ihrem Chef vernichtet sie als der Umsturz kommt noch alle Dokumente und fällt in geistige Umnachtung . . .

Eine der skrupellosesten und gefährlichsten Spioninnen, von denen man eigentlich nie wußte, wem sie diente, war die Nida Mikaela Wiszniewsky. Als Pariser Findelkind von einer Waschfrau erzogen, nahm sie einen ähnlichen Aufstieg wie es weiland die Païva, spätere Gräfin Henckell von Donnersmarck fünfzig Jahre früher getan hatte. Mit 15 Jahren aus einem Absteigequartier ausgehoben, kultivierte sie das leichte Leben weiter und verstand es, 1903 den achtzigjährigen Fürsten Adam Wiszniewsky nicht nur zu bezaubern, sondern auch zu heiraten und so wurde aus der kleinen rothaarigen Schlange eine legitime Fürstin. Aber nur solange, als es ihr paßte, denn nachdem sie ihren Adam nach Strich und Faden mit jungen Männern betrogen hatte, segnete diesen bald das Zeitliche. Ihrem späteren Leben zufolge muß man annehmen, daß sie dabei tüchtig nachgeholfen hat, denn der alte Fürst verfolgte sie auch mit Eifersucht und ihre gemeinsame Abreise aus dem Hotel Ritz in Madrid entfesselte 1905 einen richtigen Skandal. Nach seinem Tode verschleuderte sie ihr überaus reiches Erbe in Monte Carlo mit Anbetern, so daß sie bald vis-à-vis du rien stand, gerade wieder da, wo sie zu Anfang ihrer Laufbahn gestanden; aber der Erste Weltkrieg eröffnete ihr ein neues Tätigkeitsfeld [18].
Unzweifelhaft trieb sie damals Spionage zugunsten Deutschlands; sie lebte mit einem deutschen Doktor und einer verdächtigen Spanierin im Dreieck, wurde mit ihnen verhaftet. Aber während die anderen freigesprochen wurden, verurteilte man sie zum Tode

BEKANNTMACHUNG

Durch Urteile des Feldkriegsgerichts bezw. Feldgerichts beim Kaiserlich Deutschen Gouvernement in Warschau vom 25. Juli, 19. August und 5. September sind die russ. Staatsangehörigen·

1. Arbeiter **Boleslaus Piekut** aus Warschau,
2. Schlosser **Alexander Jankowski** aus Wola,
3. Arbeiter **Wladislaus Lapczynski** aus Piaseczno,
4. „ **Alexander Katanski** aus Mokotow,
5. Händler **Karol Kolradski** aus Warschau,
6. Arbeiter **Thomas Kolradski** aus Warschau

zum Tode verurteilt.

und zwar der Verurteilte zu 1. wegen Spionage zu Gunsten Russlands, die übrigen Verurteilten, weil sie den ergangenen Bestimmungen entgegen Waffen besessen und diese bei Raubüberfällen mit sich geführt haben.

Die Urteile sind am 18. August, 30. August und 9. September durch Erschiessen vollstreckt worden.

Warschau, den 9. September 1916

Der Gouverneur.

OBWIESZCZENIE

Wyrokami sadu wojennego i polowego przy Cesarsko-Niemieckim Warszawskim Urzędzie Gubernjalnym z dnia 25 lipca, 19 sierpnia i 5 września zostali skazani na śmierć rosyjscy poddani:

1. wyrobnik **Bolesław Piekut** z Warszawy,
2. ślusarz **Aleksander Jankowski** z Woli,
3. wyrobnik **Władysław Łapczynski** z Piaseczna,
4. „ **Aleksander Katanski** z Mokotowa,
5. handlarz **Karol Kolradski** z Warszawy,
6. wyrobnik **Tomasz Kolradski** z Warszawy,

a mianowicie: pierwszy — za szpiegostwo na korzyść Rosji, pozostali za to, że posiadali broń wbrew odnośnym postanowieniom i mieli ją ze sobą przy napadach rabunkowych.

Wyroki wykonano przez rozstrzelanie dnia 18 i 30 sierpnia i 9 września.

Warszawa, dnia 9 września 1916 r.

Gubernator.

durch Erschießen. Jedoch – und hier traten offenbar ihr guten Verbindungen zutage – ihre faszinierende Schönheit verblutete noch nicht auf den Wällen von Vincennes; die polnische Fürstin wurde an die italienische Grenze abgeschoben und spionierte wiederum weiter. Ein mächtiger Freund, der Graf Colobra, schützte sie vor Verfolgung und wollte sie sogar heiraten. Sie lohnte es schlecht und vergiftete ihn, worauf sie nach Spanien flüchtete. Dort sprach man sie mangels Beweisen frei.

Wie sie nun den Weg wieder nach Paris fand, bleibt unaufgeklärt, aber sie hatte kurz darauf alles, was eine Spionin in Paris haben konnte: einen Salon, in dem sich gemischte und ungemischte Gesellschaft versammelte und sogar eine auf Büttenpapier gedruckte Zeitschrift, die „Etudes Diplomatiques“, die an alle Diplomaten, Staatsmänner, Finanzleute verschickt wurde und interessante Details aus allen Ländern enthielt; den Niederschlag aus ihrem privaten Nachrichtendienst. Ihr Vertrauter und Geliebter war damals und in der Folge unentwegt ein „Emir“ d'Asteck, offenbar ein Levantiner, angeblich Chemiker aus Alexandrien, der erst 1913 nach Paris gekommen war und erst einmal mit Nida die Mitgift seiner millionenreichen Frau durchgebracht hatte, nunmehr aber als ihr Gehilfe, Zuhälter und Dolmetsch fungierte, denn er war ein polyglottes Wunder, das 12 Sprachen gleich fließend sprach. Beide zusammen unternahmen nun viele Auslandsreisen und gefielen sich besonders auf dem neutralen Gebiet von Bern. Mit beiden Kampfgruppen verkehrten sie in gleicher Weise, insbesondere aber trat Nida zu dem deutschen Spion von Treek in Beziehung und als die Liebe zu Ende war, trachtete sie ihn in Genf zu ermorden. Sie betäubte ihn mit Chloroform und wollte ihn auf französisches Gebiet verschleppen lassen. Er entkam jedoch und nun versuchte sie, ihn mit gefälschten Dokumenten ans Messer zu liefern. In Lausanne entfesselte sie nach einer Liaison mit dem französischen Konsul Baron Fougères einen Skandal und trat dann für ein Monatsgehalt von Frcs. 15 000.– in den französischen Geheimdienst ein. Ihr Arbeitsgebiet war wiederum Spanien und sie scheint von dort tatsächlich wichtige Berichte geliefert zu haben. Allerdings, wie ihre Überwachung ergab, durch „Verkehr mit dem Feinde". D'Asteck dagegen beschäftigte sich in der Hauptsache mit der Giftspionage und scheint mit einigem Erfolg Geheimnisse hin- und hergetragen zu haben. Wohl nur ihre doppelzüngige Unzuverläßlichkeit war schuld, daß sie mit Ende des Krieges kein Nachrichtendienst mehr weiter beschäftigen wollte, indes man ihr, um ihrer wichtigen Beziehungen willen, doch nicht wagte, den Prozeß zu machen. So wurde sie, noch immer mit dem Zuhälter d'Asteck vereint, zur gewöhnlichen Verbrecherin. Sie lockte durch Inserate junge Leute an sich, ließ sich Lebensversicherungen zu ihren Gunsten ausstellen und vergiftete sie dann. Den letzten Fall dieser Art weiß man von 1922 aus Madrid, begangen an einem Kanadier; dann verschwand sie von der Bildfläche. Ein geradezu dämonisches Weib war die kleine Schlange gewesen, die nicht nur das Metier der Spionage in einer geradezu phantastischen Weise beherrschte, sondern auch Menschenleben skrupellos vernichtete, wie es ihr gerade paßte. Alle Register der Erotik ziehend widerstand ihr weder der jüngste noch der älteste der Männer. Nur sich selber treu, trieb sie Spionage in der Hauptsache auf eigene Rechnung, das heißt, sie diente wie jede Hure jedem, der sie gut bezahlte.

Wie klein ist gegen diese Größe doch so eine belgische Etappenspionin wie die Eugenie T.[19], die mit Krethi und Plethi herumsoff, poussierte und schlief, um sie dann an die Invasionsarmee zu verkaufen. Die sich ab und zu, um das Vertrauen der Bevölkerung wieder zu erwerben, von deutschen Soldaten mit Handschellen gefesselt durch die Stadt führen und zusammen mit Männern ins Gemeinschaftsgefängnis sperren ließ, um sie dort „auszunehmen". Der eine davon vertraute ihr einen Ring an, um ihn an eine bestimmte Stelle zu bringen, worauf sie beide, Auftraggeber und -empfänger, verriet und den Ring als Siegestrophäe behielt . . . So ein sanftmütig aussehendes belgisches Luderchen, dem zwar die drei englischen Spione leid taten, aber die zehntausend Mark Prämie aufzugeben, die es durch diesen Verrat verdienen konnte, das hätte ihm noch mehr leid getan . . .

Oder die kleine Schwester Solange, aus anständiger Familie, die an der Front unermüdlich als Krankenschwester tätig war und dabei mit zwei Artillerieoffizieren zugleich erotische Beziehungen unterhielt, ohne daß diese von der Duplizität der Fälle etwas ahnten. Und ihnen auf den kärglichen Liebeslagern der hinteren Linie genügend Geheimnisse zu entlocken wußte, die sich zusammen mit den Nummern der in ihrem Sektor liegenden Verwundeten zu Nachrichten verdichteten, die diese Verwundeten, ohne es zu wissen, ins Hinterland schafften, wo sie an die Adresse eines in Paris wohnenden ausländischen Zahnarztes gingen. Als man diesen fassen wollte, war er verschwun-

Etappenkämpfer, als der Diplomat und Beamte. Er hat sich besser gegen die verderbliche Kollegin geschützt, als es der Frontsoldat tat und doch ist die Zahl derer ebenfalls Legion, die ihrer Erotik erlegen sind. Die sexuelle Not, die dem Frontsoldaten eigen war, kannte der bewegliche Spion nicht, aber seine Zufallsbekanntschaften waren trotzdem häufig genug von der Regie gestellt. Und wenn man ins Auge faßt, daß die Belgier

BEKANNTMACHUNG

In letzter Zeit sind verschiedene Flieger der franzœsischen Armee im Etappengebiet gelandet, die Begleiter zum Zwecke der Spionage oder der Bahnzerstoerung abgesetzt haben.

Es wird hiermit folgendes der franzœsischen Zivilbevœlkerung bekannt gemacht :

Alle Personen der Bevoelkerung im Etappengebiet, die gelandete franzœsische Flieger oder deren abgesetzte Begleiter beherbergen, ihnen Zufluchtsorte anweisen, ihnen Lebensmittel geben oder sie in irgend einer Weise unterstützen oder sie der naechsten Etappen Kommandantur nicht melden oder abliefern, wenn ihnen ihre Anwesenheit oder ihr Zufluchtsort bekannt ist, werden erschossen.

Diese Bekanntmachung gilt auch für Charleville, Mézières und Mohon.

Charleville, den 3. Oktober 1915

von HAHNKE
Oberstleutnant.

AVIS

Il est arrivé tout récemment que des aviateurs français ont atterri dans la zone d'Etape et y ont déposé des hommes chargés de faire de l'espionnage ou de détruire les voies ferrées.

En raison de ces faits, l'arrêté suivant est porté à la connaissance de la population civile du pays :

Seront fusillées toutes les personnes de la population qui, dans la zone d'Etape, logeront chez elles les aviateurs français qui auront atterri ou leurs compagnons qu'ils y auront déposés. Il en sera de même pour celles qui leur procureront un lieu de refuge, leur donneront des vivres et les protégeront de n'importe quelle manière. Seront fusillées également les personnes qui négligeront de les dénoncer ou de les livrer à la Kommandantur la plus proche, dès qu'elles auront eu connaissance de leur présence ou de leur asile.

Cet avis est également en vigueur pour Charleville, Mézières et Mohon.

Charleville, le 3 Octobre 1915

von HAHNKE
Oberstleutnant.

Die deutschen Besatzungsbehörden im Kampf gegen die Spionage den, aber die kleine Solange behauptete, daß sie anläßlich einer Zahnoperation von ihm derart narkotisiert und dann wohl hypnotisiert worden sei, daß sie alles tun mußte, was er verlangte, trotzdem sie patriotische Französin war. Als sie vor dem Kriegsgericht erscheinen sollte, hatte dieses das Nachsehen: sie hatte sich mit Veronal vergiftet [20].

Oder die falsche Krankenschwester in der galizischen Ambulanz an der Ostfront, Schwester Innocentia, die schönste, berufsergebenste und erotisch unzugänglichste Schwester, deren größte Eigentümlichkeit bei näherem Zusehen eine – gigantische Schuhnummer war. Karl Nowolny, ein österreichischer Nachrichtenoffizier, war so schamlos, ihre Entkleidung zu veranlassen und fand darunter den – russischen Generalstabsoffizier Gerson Wassilj Wassiljewitsch, der seine Maskerade mit dem Leben bezahlte [21].

Immer wieder können wir feststellen, daß derart kleine Episoden unter Einsatz des Lebens weittragende Folgen haben konnten. Belgische Etappenliebchen hatten meist einen Nebenberuf. So verstand es die Tochter des Genter Kriegsgewinnlers Mulder, die Mätresse des Rittmeisters Rau vom Bekleidungsdepot, letzteren zu bewegen, ihr doch ein so „spassiges Ding“, wie die neueste deutsche Gasmaske zu bringen und tags darauf war dieses längst erwartete große Geheimnis hinter der alliierten Front. Dann setzte ein großes Rätselraten ein, warum wohl die Masken auf einmal nicht mehr genügten und Tausende trotz Gasmasken zugrunde gingen. Und das war nicht der einzige Etappist, der feindliche Spioninnen als Mätressen kultivierte. Ein Oberst, Etappenkommandant zu Kortrijk, hielt sich die ganze Dauer der Besetzung eine – englische Mätresse. Die schlecht behüteten und überheblichen Etappenoffiziere waren überall, nicht bloß in der deutschen Armee, in ihrer Geilheit Hauptlieferanten der Feindesspionage. So war denn der vielen Lustweibern geläufige Beischlafdiebstahl zum Kriegsinstrument geworden, denn wenn wir die weibliche Spionagetätigkeit überblicken, so läßt sie sich zu fast 90 Prozent unter dieses keineswegs edle Rubrum bringen. Ob das im Savoyhotel von Lodz, in der Züricher „Fledermaus“, im Bristolhotel von Warschau oder den Salonikibums Floca und Tour Blanche war, überall waren die Artistinnen Hetären und die Hetären Nachrichtenweiber.

Sogar der englische Intelligenzoffizier in Saloniki, der General Cory, der sich eine nette kleine Armee von jungen Griechinnen hielt, teils so und teils andererseits, wurde von ihnen düpiert. Er hatte sie samt und sonders in seinen Sold gestellt, obschon sie bereits für den jüngeren und interessanteren Fritz Schenk arbeiteten. Jede Woche verrieten sie letzterem in Larissa in süßem Tête-à-tête, was Cory von ihnen wissen wollte, in Wahrheit spickten sie ihn mit falschen Nachrichten des deutschen Spions. Eine der Dämchen schickte Cory nach Malta, als angeforderte Agentin, worauf aber das I. S. kurzen Prozeß machte und Mlle. Popovitch wegen häufiger Telegramme „an ihre Mutter“ standrechtlich erschoß. Und der kurzsichtige Cory wurde zur Artillerie rückversetzt und abgesägt als Opfer der Geister, die er rief. Ebensowenig war er gegen den geschickten Nachrichtendienst aufgekommen, den die Königin Sophie von Griechenland für Mackensen betrieb [23].

Verhängnisvoll war die Rolle, die das Hotel Bristol in Warschau spielte. – Solange Polen von der russischen Armee beherrscht war, logierte das britische I. S. – jeder Staat hat

„Warst du auch Spionin vor dem Kriege?“
„Und ob – ich war doch ‚Fräulein‘ bei einem Generalstäbler in Verdun!“
Zeichnung von R. Joly. Aus „La Baïonnette“, 1916

selbstverständlich auch seine eigenen Verbündeten durch spezielle Geheimdienste überwachen lassen – in diesem Hotel. Jeffries, der Portier, und übrigens wirklicher Besitzer des Hotels, war leitende Persönlichkeit des I. S. im Hotel und machte nicht ohne Absicht den Maquerau der russischen Offiziere. Als die Front auf zwei Stunden vor Warschau stand, war jedes Festifizieren verboten. Jeffries organisierte in den Kellern ein unterirdisches Bristol, in welchem tolle Orgien gefeiert wurden. Aber die Wände hatten Ohren, wenn die verborgene Musik einmal schwieg. Nichts änderte sich in dieser Konstitution, als die Deutschen Warschau eroberten. Nur die Uniformen im Keller wechselten, die Kokotten blieben die gleichen und die Nachrichten gingen nach wie vor nach Downing Street. Sein Entgegenkommen machte Jeffries verdächtig, er akzentuierte zu stark, lieferte den Eroberern „Marrainen“ in einem Ausmaße, das sie stutzig machte. Eines Tages nahm man einer hübschen polnischen Krankenschwester (laut Uniform) aus dem Hotel Bristol den für England bestimmten Kurier ab und Jeffries wurde ohne weiteres Zeremoniell mit zwei Mitarbeiterinnen an die Wand gestellt. Und ein deutscher Portier übernahm den Laden [24].

Immer und immer wieder fällt die beispiellose Tollkühnheit auf, mit welcher schließlich jede Vorsicht außer acht gelassen wurde. Ein direktes Spielen mit der Lebensgefahr, ein rein sportmäßiges Wagen wurde schließlich daraus. Nicht stets durch Gewinn, öfter dagegen durch Nervenhunger, jenem ungeheuren Drange nach Sensation dirigiert, welcher parallel zum Rauschgift führt.

Selbstverständlich ist auch immer wieder das Rauschgift in den Dienst der Spionage und Erotik gestellt worden. Wo die Zeit reichte, hat man es unternommen, auf lange Sicht wichtige oder labile Persönlichkeiten zu depravieren, um sie dann gefügig zu machen. Der erste, nicht vollkommen klare Fall ist der des Schiffsfähnrichs Ullmo, der jahrelang mit seiner Geliebten in einer Touloner Villa eine „Fumisterie" hielt, in der sie täglich beträchtliche Opiummengen verrauchten. Depraviert bis zum äußersten und auch, um sich den doppelten Luxus – Gift und Mätresse – erhalten zu können, unternahm er es, Signalcode und Dokumente, übrigens ziemlich ungeschickt, zu stehlen und zu verhökern. Er wurde erwischt, zu lebenslänglichem Bagno verurteilt und verbüßte dies in der Hütte des unschuldigen Dreyfus auf der Teufelsinsel.

Kokotten und Artistinnen überschwemmten nicht nur die Schweiz, sondern wurden auch im evakuierten Gebiete zurückgelassen und brachten insbesondere den Fliegern das „Koksen" bei. Als Demoralisationswaffe war Morphium und Kokain gleich wichtig, ebenso als Hilfsmittel in der Spionage. Im Drink, in der Zigarette, im Essen, überall lauerte das Gift auf Geheimnisbewahrer, um sie berauben zu können, wenn die erotische Chloroformierung nicht so ohne weiteres gelang. So war die Spionage gegen Ende des Krieges so hochgradig rauschgiftverseucht, daß man beinahe den umgekehrten Rückschluß ziehen konnte: wer kokste, spionierte. Gesucht haben dabei die Spione zweifellos eher die euphorische als die narkotische Komponente, sie brauchten Stimulantien, um die überbeanspruchten Nerven in Spannung zu erhalten, brauchten Schlafmittel, um, wenn auch nur auf Stunden, ruhig schlafen zu können und – sich im Traume nicht zu verplaudern. Selten genug war es ja, daß sie wirklich allein schliefen.

Wenden wir uns nun schließlich den großen Tragödien zu, die am Pfahle endeten. Wie schon erwähnt, war es nicht das Maß der Schuld, das entschied, ob man erschossen wurde, es war vielmehr die Frage, ob es in den Rahmen der Regie paßte, jemanden hinzurichten, ob man gerade die großzügige Geste oder den absoluten Terror für die äußere Wirkung brauchte und nicht mit Unrecht hat der französische Kriminalist Goron erklärt, daß um eine Hinrichtung oft so viel intrigiert werde, wie um eine Wahl.
Es mag geradezu sonderbar anmuten, daß man in Frankreich, wo man seit 1887 keine Frauen mehr hinrichtete, mit besonderem Fanatismus oder auch aus Chauvinismus das Erschießen der Spioninnen betrieb. Und daß Poincaré prinzipiell nie eine begnadigte, indes der deutsche Kaiser nach dem unglücklichen Fall der Miss Cavell fast keine Frauen mehr erschießen ließ.

Wir besitzen heute, mit Ausnahme von Österreich, keinerlei auch nur einigermaßen zuverlässige Angaben über die hingerichteten Spione im Weltkrieg, sowohl über die kriegsgerichtlich abgeurteilten, noch über die kurzerhand von der Truppe erschossenen. Aber es steht fest, daß sich namentlich in Frankreich zahlreiche Frauen darunter befanden. Der Fall Tichelly ermangelt, trotz relativ klarer französischer Darstellungen, doch hinreichender Durchsichtigkeit. Warum ist diese 44jährige Mutter eines französischen Soldaten am 20. August 1914 von Paris nach Frankfurt am Main gefahren, um dort als feindliche Französin eine Stelle als Zimmermädchen anzunehmen? Jedenfalls nicht ohne bestimmten französischen Auftrag. Zwei Jahre war sie als Zimmermädchen in Frankfurt und Mannheim tätig, ohne Sehnsucht nach ihren drei Kindern zu bezeigen. Das französische Kriegsgericht hat ihr vorgeworfen, daß sie sich in den deutschen Geheimdienst von Lörrach habe einstellen lassen und dann nach Frankreich zurückgekehrt sei. Sie hat sich dann auch, das kann nicht widerlegt werden, als Industriespionin betätigt, indem sie als Arbeiterin in derartige Betriebe eintrat und darüber geheime Berichte über Pontarlier nach Lörrach sandte, zudem Auszüge aus Frontbriefen französischer Soldaten lieferte. Kurz und gut, sie war „umgekippt". Was sie geliefert hat, war, im Vergleich zu anderen Spionen herzlich unbedeutend. Wer weiß, ob sie sich nicht in Deutschland ertappt, nur durch Eintritt in den Geheimdienst vor einer Verurteilung zu retten vermochte. Schließlich konnte ein Zimmermädchen auch nur dann Wichtiges erfahren, wenn sie sich mit den Hotelgästen näher einließ, als es für ihren Beruf absolut nötig war.

Man muß also wohl dieses Todesurteil als ein von der Regie diktiertes und durch die äußeren Umstände bedingtes Schreckmittel bezeichnen, denn um die Jahreswende 1916/1917 waren die Umstände auf der westlichen Front für Frankreich besonders trist. Die Tichelly war sich, wie aus ihrem Verhalten hervorging, über die Tragweite ihres Handelns keineswegs im klaren und konnte nicht verstehen, daß man sie erschießen wollte, da „sie ja niemanden umgebracht habe". Man richtete sie am 15. März in Vincennes hin, indes ihr Sohn in einem Frontspital mit dem Tode rang.

Das brachte selbst das Pariser Kriegsgericht etwas zur Besinnung, denn am 24. April 1917 stieß es sein eigenes Todesurteil gegen die bildhübsche Krankenschwester Rose Ducimétière aus Savoyen um, die wegen Ausfragens von Verwundeten zum Tode verurteilt worden war. So klar war denn doch die Situation nicht, daß man wagte, das Urteil auch Poincaré vorzulegen. Denn er „respektierte" Urteile[25].

Besonders traurig ist das Schicksal der Marguerite Francillard, welche als typische „Boîte aux lettres", als „Briefkasten" hingerichtet worden ist. Wohl aus keinem anderen Grunde, als um einmal zu zeigen, daß die simple Betätigung als Deckadresse ein todeswürdiges Verhalten im Sinne der Spionage darstellt. Also nur ein rein demonstratives Exempel. Diese kleine zierliche Midinette aus Grenoble kam jung und unerfahren, lichthungrig in die Weltstadt an der Seine und fiel einem Spion in die Hände, der, Liebhaber und Ausbeuter zugleich, das Mädchen zu einem reinen Instrument machte. Er redete ihr unter anderem ein, daß man ihr in Frankreich Mitteilungen für in Deutschland internierte Franzosen geben werde, die sie nach Genf bringen müsse. Bald wußte man, daß sie in naiver Weise den Spionagekurier machte, aber man verhaftete sie nicht, da man ihren geheimnisvollen Auftraggeber mitfassen wollte. Blind und harmlos wandelte sie inmitten der sie überwachenden Agenten und blieb ihrem Liebhaber treu, trotz aller Anfechtungen. Derartige Postbüros waren tausende hüben und drüben in Funktion. Langsam fing man die gesamten Korrespondenten, Spanier, Holländer, Rumänen, Griechen, die zu fast einem Dutzend an dem Pfahl von Vincennes verbluteten, ohne daß Marguerite davon eine Ahnung hatte. Ihren Liebhaber traf sie nur noch in Genf, denn er wagte sich nicht mehr auf französisches Gebiet. Als nun die Mausefalle geleert war und man den Agenten selber nicht erwischte, griff man auf sie zurück. Sie gab mit größter Natürlichkeit alles zu und es war einer der wenigen Fälle, wo das Kriegsgericht nicht einstimmig urteilte; mit nur einer Stimme Mehrheit – der des greisen Staatsanwaltes Mornay – wurde das Todesurteil gefällt. Es ist zwar allgemein üblich, daß zur Schuld das Bewußtsein der Rechtswidrigkeit notwendig ist, aber darüber setzte sich der Chauvinismus hinweg. Ein Exempel, ein Exempel . . . war es doch ein besonders typischer Fall von „Briefkasten". Es wurde eine sehr erbauliche Hinrichtung, als man dieses naive Kind am 10. Januar 1917 an den Pfahl band. Man hatte es verstanden, ihr schließlich auch die Schuld einzureden. Mit einem: „Je demande pardon" hing sie zerschossen in den Seilen. Man hatte sie so photographiert und später das Bild als das der Mata Hari bezeichnet. Unter Claironblasen zog das Exekutionspeloton an der Leiche vorüber. – In Genf aber suchte sich der Agent eine neue Geliebte und einen neuen „Briefkasten".

Wir kommen nun zum weltbekanntesten Spionagedrama, einem Fall, der in die Literatur eingegangen ist, dem viele Bände gewidmet worden sind – und dessen Dessous doch wohl ewig dunkel bleiben werden; wir meinen den „Fall Mata Hari [26]". Selten hat ein Fall ein derartiges Aufsehen erregt, geht doch heute noch eine Art Barbarossalegende in Paris um: daß sie niemals hingerichtet, daß das Spiel mit einer Puppe unternommen worden sei, und von anderen ist auch das Toscamotiv in die Legende geschoben worden.

Mata Hari, recte Margarete Zelle, geschiedene Mac Leod, ist tatsächlich als Spionin hingerichtet, und da niemand von Angehörigen oder Freunden die zerschossene Leiche angefordert hat, diese der Anatomie überlassen worden, wo die vielgeliebten Glieder in Atome zerstückelt wurden.

Mata Hari war auch eine Spionin, aber eine Spionin, die für diesen Beruf schlechter tauglich war als ihr Ruf es vermuten ließ; eine Spionin, die ihren Beruf immer nur als zeitgemäße Folie mitbetrieben hat, weil er ihr das Grande-Cocottentum erleichterte und weil – sie auf dem absteigenden Ast der erotischen Berühmtheit stand. Wäre sie nicht am Pfahl gestorben, würde sie wohl über kurz oder lang in der Gosse verkommen sein. Weil sich aber die Legendenbildung ihrer bemächtigt hat, ist es besonders schwer, die Wahrheit über Mata Hari zu erfahren. Schon ihr Alter ist aus wohl bei einer Kokotte und Tänzerin nicht unverständlichen Gründen meist um vier Jahre verfälscht; sie ist wirklich im Jahre 1876 geboren, war zur Zeit ihrer Hinrichtung also gegen 42 Jahre alt. Sie mochte zwar väterlicherseits etwas kolonial gemischtes Blut haben, mütterlicherseits gehörte sie aber unzweifelhaft der holländischen Noblesse an, wurde später – ob auf dem Wege des Inserats, wie vielfach behauptet wird, muß dahingestellt bleiben – an den Kolonialoffizier Mac Leod verheiratet und ging, 19 Jahre alt, in eine sehr unglückliche Ehe in den Kolonien. Mit einem gewissen Hang zur Mystik und zum Leichtsinn kam sie nicht nur in die Kreise asiatischer Kulte, sondern gab auch dem Gatten mehr oder weniger Grund zur Eifersucht. Angeblich biß er ihr anläßlich einer Eifersuchtsszene eine Brustwarze ab. Zwei Kinder entsprangen dieser Ehe, deren eines irgend einer javanischen Dienstbotenrache zum Opfer fiel. Der Mann, dem Trunke ergeben und vom Tropenkoller befallen, erregte Skandale, die seine Rückversetzung nach Europa bedingten, wo er seine Frau auf die Straße setzte, mit der bekannten Einladung, nicht ohne Geld wiederzukommen. Zu Hause ist ihres Blei-

Im Freudenhaus der Etappe
Zeichnung von L. Gedö

Die deutschen Spione in England
„Und nun frage ich Sie zum letztenmal: Haben Sie vielleicht einen Zeppelin bei sich?"
Aus „Ulk", 1915

bens nun nicht länger, mit wenigem Geld kommt sie eines Tages in Paris an. Der Rest ist Straße . . .

Ein Straßenmädchen gibt ihr einen Tip: Maison de Rendezvous. Mlle. Zelle tritt in ein besseres öffentliches Haus und bleibt einstweilen da. Ein Zufall, daß sie dort vom Arzt des Hauses untersucht wird, der als Gefängnisarzt von St. Lazare sie später wiedererkennt. Zäh und geschmeidig verkommt sie nicht in den üppigen Betten, sondern in ihr glüht ein Teil jenes geheimnisvollen Asiens, das in Tempeltänzen und phantastischen Orgien den Göttern dient. Sie apotheosiert die Prostitution in die Mystik Asiens hinein und eines Tages tritt sie erstmals als asiatische Tänzerin auf, 1903 in Privatzirkeln, dann im Oktober 1905 im Musée Guimet. Aus Margarete Zelle ist Mata Hari, das „Auge des Morgens" geworden; sie hat bereits für eine Legendenbildung gesorgt, die ihr mit zur Berühmtheit verhilft. Tanzen kann die kleine Holländerin wirklich nicht, ihre Tänze sind etwas ganz anderes, Entkleidung, Lebensbejahung und ein Spiel ungeheuerer Sinnlichkeit, umkleidet mit Mystik, das die ganze Zuhörerschaft in Bann schlägt, eine Art Vorwegnahme des heutigen Striptease. Mata Hari war lanciert, ganz Paris sprach von ihr. Man riß sich um sie mit Angeboten von Revuen, Theatern und nachher . . . Sie war als Lebedame en vogue und konnte damals von ihren Liebhabern jeden Preis verlangen. Sie stand neben der Otéro, Cavalieri, Cléo de Mérode, der Badet und Liane de Pougy. Es gehörte in den Lebekreisen von Paris damals zum guten Ton, mit ihr intimer verkehrt zu haben und ihr Verehrerkreis wuchs. Ihr Phänomen, als Beherrscherin des *Kama Sutra* und aller anderen orientalischen Liebeskünste festigten ihren Ruf.

Gastspiele in der ganzen Welt folgten, immer mehr Männer fingen an, sich für sie zu ruinieren. Daß der deutsche Kronprinz und der Herzog von Braunschweig zu ihren ephemeren Abenteuern gehörten, wird nicht bestritten und erhöht natürlich noch ihren Reiz, aber auch in Holland, in Spanien, Italien, der Union, in Rußland „son già mille e tre . . ." In Holland war es der Ministerpräsident van der Linden und in Paris einige Minister, Senatoren und Offiziere, die sich in ihren Banden fingen. Sie war eine Berühmtheit, und besonders schwer wurde es ihr später angekreidet, daß sie am Vorabend der Kriegserklärung, im Berliner Wintergarten auftretend, mit dem Polizeipräsidenten Traugott von Jagow ein intimes Beisammensein hatte. (Als ob das eine Staatsaktion gewesen wäre.) Auffälliger war allerdings die Tatsache, daß sie einige Wochen vor dem Beginn des Krieges ihre Villa in Neuilly und ihre ganzen Habseligkeiten zu Geld machte, ehe sie diesmal ins Ausland reiste. Denn in irgend einem Zeitpunkt vor dem Kriege muß sie in den deutschen Nachrichtendienst eingegliedert worden sein, und die Ordnungsnummer, die sie erhielt, nämlich H. 21, läßt auf eine ziemlich zurückliegende Rubrizierung schließen, wobei H ihr Heimatland Holland und 21 ihre Ordnungsnummer bedeutet. Die Numerierung der Agenten war ein ebenso großer Unfug, wie das Chiffrieren, die geheimen Codes und vereinbarten Chiffren, sie waren, wenn nicht verraten, doch immerhin ein Beweis für die Spionage an sich und haben insgesamt massenhaft Spione ans Messer geliefert. Noch größer ist der Unfug, wie z. B. bei Mata Hari, die Nummer ständig beizubehalten; nicht zuletzt das hat ihr den Hals gebrochen. Überschätzung der feindlichen und Unterschätzung der eigenen Dummheit war das Paradigma der Nachrichtendienste. Mata Hari hat sich dank ihrem großen und sehr augenfälligen Namen sehr geschickt durch die Klippen durchzuschlängeln gewußt, solange der Krieg sich noch im Anfangsstadium befand. Mit einer gewissen mondänen Großzügigkeit hat sie es verstanden, den oder die Nachrichtendienste durch Versprechungen kirre zu machen, so daß man ihr mit Rücksicht auf ihre großen Verbindungen und „hohen Liebhaber" eklatante Vorschüsse auf die Zukunft ausbezahl-

Bekanntmachung.

Jede Person, die einen Spion beherbergt, oder den Aufenthalt eines Spions kennt und dies nicht meldet, wird sofort erschossen.

Kalisch, den 1. Mai 1915.

Der Kgl. Ortskommandant
von GAMM,
Oberstleutnant

Ogłoszenie.

Każda osoba, która szpiega przetrzymuje albo zna mieszkanie szpiega, a to nie zamelduje, będzie natychmiast rozstrzelana.

Kalisch, dnia 1 maja 1915.

Kr. Miejscowy Komendant
von Gamm,
Podpulkownik.

Fieberhaft betriebene Spionagejagd
Maueranschlag aus Russisch-Polen

te. Mata Hari war aber schlau genug, sich ihrer höchsten Verbindungen nicht für Spionage, sondern nur für die Reklame zu bedienen und hat zuletzt mit einigem Geschick, aber ohne Erfolg, diese Trümpfe vor dem Kriegsgericht auszuspielen versucht. Spionage war ihr mit ein Mittel der Reklame und der Erleichterung der erotischen Werbung in hohen Kreisen, wobei der düpierte Auftraggeber die Spesen zahlte. Nicht, daß sie keine Nachrichten gebracht hätte – man kann sich nun einmal nicht in den betreffenden Kreisen bewegen, ohne daß einem die Nachrichten an den Kopf fliegen –, aber sie bemühte sich in keiner Weise darum besonders intensiv. Wichtiger schien es ihr jedenfalls stets, den auftraggebenden Chef gut zu wickeln und erotisch so zu gängeln, daß er ihr teils aus eigenem, teils aus Staatsinteresse, immer genügend Bewegungsgelder bewilligte und wenn sie nachher mit größtem Zynismus vor dem französischen Kriegsgericht erklärte, daß die deutschen Spionagechefs sich aus ihren unkontrollierten Reservefonds das Honorar für ihre persönlichen Liebesnächte ausbezahlt hätten, so war dies ein in seiner Wirkung berechneter Vorstoß auf die chauvinistische Psyche. Nicht nur war der holländische Chef des deutschen Spionagedienstes ihr Geliebter – wenn man bei diesem Berufsliebchen Geliebter sein kann – sie verstand es auch, den maßgebenden spanischen Funktionär in ihre Netze zu verstricken, wie sie es auch dazu gebracht hatte, daß der deutsche Kronprinz sie zu schlesischen Manövern mitnahm und andere, simple Bürgerliche, zumindest ihre Vermögen für sie verschleuderten. Sie war Hetäre von Ruf und wie auf der anderen Seite die Demimondaine Gaby Deslys als Mätresse des Exkönigs Manuel für das Intelligence Service arbeitete, arbeitete sie eben, soweit eine mondäne, ja hypermondäne Artistin es tun kann, für Deutschland. Unzweifelhaft war sie, nicht etwa wegen ihres Könnens, sondern mehr um ihrer erotischen Tüchtigkeit und ihrer Versprechungen willen, eine der am besten bezahlten deutschen Agentinnen.

Geleistet hat sie, gemessen an den Leistungen von schlechtbezahlten proletarischen Spionen und im Vergleich mit deren Entlohnung, herzlich wenig, ja, sie hat sogar ihr Wissen von deutschen Unterseebooten in Spanien und Marokko dazu benutzt, um sie im Moment der Not an den feindlichen Nachrichtendienst zu verkaufen. Es ist kein Geheimnis mehr, daß der deutsche Dienst sie satt hatte und im Begriffe war, sie so oder so abzustoßen und daß er mit der Aktion der französischen Militärjustiz ganz einverstanden war, denn sie befreite ihn von einem großen und unrationellen Spesenkonto. Man war daran, Mata Hari definitiv fallen zu lassen, weil sie schlecht angewendetes Kapital war und wenn sie zehnmal als „größte Spionin des Ersten Weltkrieges“ bestaunt und von hysterischen Seelen verehrt und gefeiert wird, so ist sie nicht einmal die größte der erschossenen Spioninnen. Ihre Hinrichtung ist auch weniger wegen des von ihr tatsächlich angestifteten Schadens erfolgt, sondern weil man sich durch die Hinrichtung der prominenten Geliebten von Feindesgrößen einen großen moralischen Effekt auf die Spionagebekämpfung überhaupt versprach und weil in Paris noch einige Intrigen separat um ihren Kopf gespielt wurden.

Daß der Spionagechef van den Linden sich für sie eingesetzt hatte, war ein wirklicher, aber keineswegs staatskluger Kavaliersakt, der überdies durch die sittenstrenge Königin desavouiert worden ist. Und daß am Ende von allen ihren Liebhabern keiner die Leiche reklamierte, um sie wenigstens einigermaßen menschenwürdig zu bestatten, stellt sie in arge Kontroverse zu anderen erschossenen Spioninnen. So bleibt das Schemen einer großen Liebeskünstlerin über, die eine kleine Dilettantenspionin war und die deswegen erschossen wurde, weil man im Herbst 1917 eine international große Geste brauchte. Regie . . . Die Bausteine, die uns die mit ihren letzten Stunden bekannten Autoren Mossard und Bizard geben, sind ebensowenig geeignet, ihr Bild im französischen Chauvinismus zu entwirren, wie jene der viel zahlreicheren neutralen und deutschen Autoren, welche ihr eine Märtyrergloriole weben wollten. Spinonage war eine

Plakate verraten die Angst vor Spionen
Sammlung Wolff, Leipzig

Miss Cavell, englische Fluchthelferin, deren Hinrichtung wegen „Spionage“ das schlimmste „Eigentor“ der deutschen Kriegspropaganda war. *Originalaufnahme*

Rechts unten: Werbeoffiziere der englischen Armee verwerten den deutschen Justizmord an Miss Cavell zur Rekrutierung von Freiwilligen *Originalaufnahme*

Unten: „Der Mord an Miss Cavell inspiriert die deutsche Kultur“
Englische Propaganda-Postkarte, Sammlung A. Wolff, Leipzig

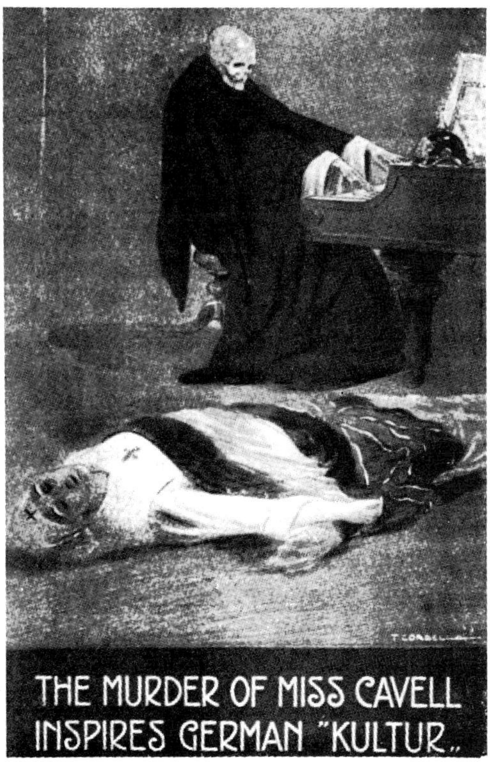

Tänzerin und Spionin: Mata Hari
Aus Hirschfeld-Spinner, „Geschlecht und Verbrechen“

Die „Künstlerin“ in ihrem pittoresken indischen „Originalkostüm“
Aus „Images secrèts de la guerre“

„Hier, Korl, kiek du di den Paß an, ick kiek mi dat Frol'n an!"
Zeichnung von H. Zille

Die Hinrichtung der „berühmtesten Spionin der Welt"
Nach einem Gemälde Manets von Trier 1916 für die „Lustigen Blätter" gezeichnet

Galgen in Galizien oder „Österreichische Gemütlichkeit". *Originalaufnahme*

Unten: Hinrichtung eines Südslawen
(Originalaufnahme)

Unten: Inschrift des Pfahls: „Spion – Warnung für Verräter"
Aus „L'Illustration", 1915

ihrer elendsten Masken, die sie gespielt hat, auch wenn sie ihr Ende besiegelte. Sie ist zweifellos zu Recht erschossen und wirklich erschossen worden, aber ihre Erschießung war nicht notwendig, sie hat auf die französische Galanterie und Menschlichkeit einen schwarzen Schatten geworfen und damit erst die Beobachtung für die übrigen Frauenopfer geschärft.

Eine sehr dunkle Rolle hat in ihrem Leben der Marquis de Montessac gespielt, und zwar ungefähr dieselbe, wie der Emir d'Asteck bei seiner kleinen Nida. Nach den Enthüllungen eines Zuchthäuslers wäre er ein bloßer Abenteurer gewesen, der höchstwahrscheinlich die Mata Hari erst in ein Spionagesystem eingespannt hat und dann Nutznießer und Organisator ihrer Arbeit gewesen ist. Sonderbarerweise war er so gar nicht eifersüchtig, und daß er nach ihrem Tode in einem spanischen Trappistenkloster des ewigen Schweigens untergetaucht sei, ist noch zu erweisen. Betrachten wir das vorläufig einmal als „rasende Reportage" und erschundenes Zeilengeld.

In den ersten Kriegsmonaten ist sie nach dem berüchtigten Gastspiel im Wintergarten monatelang untergetaucht und man nimmt an, daß sie damals in Amsterdam ihre Ausbildung als Spionin vollendet hat, um auf die alliierte Front losgelassen zu werden. Einige Male war sie auch in London und zierte da bereits die Verdächtigenliste des I. S. Erst von da aus wurden die Franzosen einigermaßen aufmerksam auf sie. In Paris wird sie, kaum zurückgekehrt, zunächst die Geliebte eines Abteilungschefs vom Auswärtigen Ministerium und besucht dabei immer ihren Geliebten Montessac, der Fliegerdienste tut. Auffällig wird sie besonders, als sie sich einmal der Krankenpflege zuwendet und ausgerechnet nach Vittel will, wo anschließend an das Lazarett sich ein besonders wichtiges Fliegerlager befindet. Tagsüber im Lazarett, wo sie sich in einen russischen Offizier verliebt haben will, durchtollt sie die Nächte in Gesellschaft der jungen waghalsigen Fliegeroffiziere. Aber nachweisen kann man ihr weiter nichts, sie ist als Kokotte noch nicht aus der Rolle gefallen. Aber man will sie los sein und zitiert sie in das Büro des Abwehrdienstes, wo man ihr brüsk die Tatsache ihrer sofortigen Ausweisung eröffnet.

Effektiv wußte man nichts von ihren Beziehungen zu Montessac und wohl auch nicht, daß dieser die gesammelten Nachrichten auf dem direktesten Wege hinter die deutsche Front warf; deshalb das Fiasko ihrer Überwachung. Nochmals triumphierte sie. Und stand, wie sozusagen alle, die das Büro der Abwehr betraten, beim Verlassen in französischem Dienst. Sie tauchte unter und als sie nach Wochen wiederkam, da lieferte sie eine Anzahl deutscher Unterseeboote ans Messer. Das war ihre Einstandsaktion.

Durch einen Fall geheimnisvoller Information erfährt Frankreich 1916, daß es eine Frau in Paris gibt, die mit größtem Erfolg für Deutschland arbeitet. Vorübergehend war dies „Fräulein Doktor", aber auch dann, als diese bestimmt wieder in Berlin saß, versiegte diese Quelle nicht und langsam tauchte der Verdacht auf, daß Mata Hari ein Agent double sei. Und einige Zeit später erfährt man auch die Kontrollnummer der Frau: H. 21. Aber niemand weiß noch, wer H. 21 ist.

Mata Hari wird nach Belgien geschickt und soll dort fünf Briefe an französische Agenten überbringen, von denen einer zuverlässig nicht ein Agent double ist. Im letzten Moment aber wird sie anders instradiert und landet unter sonderbaren Umständen in Spanien, um dort von Anfang an sorgfältig überwacht zu werden. Sie mietet im Grand Hotel zu Madrid die Zimmer neben denen des – deutschen Marineattachés v. Kroon und sucht Annäherung an den französischen Militärattaché. Da ihr plötzlich das Geld ausgeht, fordert sie, und zwar von dem deutschen Vertreter, es möge ihr durch eine neutrale, sagen wir es gleich, die holländische Botschaft in Paris ausbezahlt werden. Der Marineattaché funkt dem deutschen Spionagechef in Amsterdam, an Agent H. 21 15 000 Peseten auszahlen zu lassen. Die Radiostation Eiffelturm fängt die Chiffreedepesche ab und inzwischen hat eine kleine Amateurspionin für den französischen Abwehrdienst ermittelt, daß Mata Hari H. 21 ist. Nun hat man den Namen der geheimnisvollen H. 21, nach dem man schon lange fahndete. Als nun Mata Hari nach Paris zurückkehrt, läßt man sie das Geld abheben und verhaftet sie am nächsten Morgen. Daß sie den Polizeikommissär nackt empfängt und dann umständlich in seiner Gegenwart Toilette macht, ist nur für den mit den Gewohnheiten höherer französischer Kokotterie nicht Vertrauten verwunderlich und es hilft ihr auch nicht gegen die Verhaftung. Die fünf Briefe besitzt sie nicht mehr, aber die Tatsache, daß inzwischen ein Spion, der Empfänger eines der fünf Briefe war, von den Deutschen erschossen worden ist, bricht ihr das Genick. Mag auch die Beweisführung im Falle Mata Hari stellenweise stark auf Indizien basieren, so blieb immerhin noch soviel übrig, daß man das Todesurteil verstehen und begreifen kann. Sie glaubte zuerst nicht daran, daß das Urteil bei ihren hohen Verbindungen vollzogen werden könnte, aber als es so weit war, fügte sie sich mit orientalischem Fatalismus. Am 15. Oktober 1917 wurde sie am gleichen Pfahl erschossen, an dem ihre weit weniger belasteten Vorgängerinnen verblutet waren.

Der deutsche Geheimkrieg gegen Frankreichs Armee
„Merk dir das eine, kleine Französin: Kinder in die Welt setzen ist eine Dummheit – du wirst das später verstehen . . .“
Zeichnung von P. Portelette. Aus „La Baïonnette“, 1916

Drill und Manneszucht

XVII

Sadismus und Masochismus im Drill – Erotik in Verbrechen und Strafe – Hinrichtungen zur Kriegszeit – Psychologie der Fahnenflucht – Vorgesetzte und Untergebene

Die Bestialität des Krieges beginnt in der Kaserne, beim Drill. Der Soldatendrill ist keineswegs eine immer dagewesene, natürliche Erziehungsmethode zum Massenmorden; er ist ein historisches Produkt. Er kam mit den ersten großen stehenden Heeren unter Ludwig XIV. und seinem Kriegsminister Louvois auf, die heutige Drillmethode der Armeen aber ist ein Erbe des achtzehnten Jahrhunderts.

Die große Masse der Soldaten dieser Drillperiode bildeten unglückliche Proletarier, die, sobald sie zwangsweise Söldner einer Truppe wurden, aufhörten, Mitglieder der menschlichen Gesellschaft, überhaupt Menschen zu sein, um als mißhandelte, deklassierte Wesen ohne persönliches Schicksal ihr martervolles Scheinleben zu fristen. Um aus diesen Bedauernswerten eine Armee in den Händen der Führer zu machen, brauchte man den Drill. Sein Zweck war ein zweifacher. Erstens hieß es, jede persönliche, menschliche Regung in dem Soldaten töten, damit er in Augenblicken der Lebensgefahr blind und mechanisch seine Griffe vollführte und sich hinmorden ließ, zweitens aber mußte dem Heere sein Charakter als Armee der adeligen oder geadelten Offiziere erhalten bleiben. Damals entstand der Begriff des „Menschenmaterials", das geformt werden mußte und konnte. In dem Soldaten wurde systematisch der Mensch getötet und das

Der ungediente Landsturmassessor

„Stehen Sie doch nich wie'n Stock da, Mann! Rücken Sie jefälligst Ihren jeehrten corpus juris 'n bißken nach links . . . !"

Zeichnung von F. Schaefler. Aus „Simplicissimus", 1917

Tier, das zu einem bestimmten Zweck gezähmte und gezüchtete Tier, erweckt. Im großen und ganzen bestand diese Einrichtung noch, als die großen Nationalarmeen von den Schützengräben des Weltkrieges schieden. Die nationalen Heere der allgemeinen Wehrpflicht und Vaterlandsverteidigung waren Armeen, in denen es im wesentlichen nur auf die Offiziere und ihren Korpsgeist ankam, die Mannschaft aber willen- und wesenlose Materie war, nach wie vor durch Drill zum Sterben, zum Ertragen unsäglicher Leiden und zum blinden Gehorsam erzogen.

Die Ursprungszeit des Drills, das achtzehnte Jahrhundert, ist zugleich die Zeit des mechanistischen Materialismus. Die Aufgeklärten jener Zeit waren überzeugt, daß der Mensch eigentlich eine Maschine und aus ihm durch mechanische Schulung alles zu machen sei. Sie machten aber aus dem Soldaten statt einer Maschine eher ein Tier. Durch Ausnützung der im Menschen schlummernden verborgenen Urtriebe, der für die Gemeinschaft schädlichen, von ihr unterdrückten wilden Instinkte, erzog man ihn zum gedrillten Kasernenwesen. Durch die Befreiung dieser Triebe suchte man ihn für den Verlust aller menschlichen Beziehungen zu entschädigen. So hängt der Drill vielfach mit der Sexualität zusammen, sind doch die in der Gesellschaft unterdrückten und in der Kaserne freigelassenen Urtriebe größtenteils sexueller Natur oder vom Unbewußten her sexuell gefärbt.

Hier unterscheidet sich also die Vorbereitung zum Kriege im Drill wenig von der Betätigung im Kriege selbst, die den verschiedensten erotischen Regungen, zumal den in jedem schlummernden Grausamkeits- und Roheitstrieben, aber auch der homosexuellen Komponente eine kraftvolle Förderung bringt. Nur treten die einschlägigen Beziehungen im Drill regelmäßiger und häufiger, vielleicht auch in widerlicherer Form als in den Kriegshandlungen ähnlicher Art zutage. So ist es durchaus nicht abzustreiten, daß die Kaserne mit ihrem brutalen Unteroffiziersgeist die richtige Vorschule für das Leben im Felde darstellt und ihre Daseinsberechtigung vom militärischen Standpunkt aus auch im Ersten Weltkrieg bewies.

Die irrsinnigsten, scheinbar zwecklosesten Beschäftigungen waren auch während des Krieges die wichtigsten Betätigungen des Soldaten, als hätte es sich gar nicht um Tod und Leben jedes einzelnen und der ganzen Nation gehandelt. Der Soldatenvers

„Bist du Soldat, vergiß das Denken,
verändre nie dein Schafsgesicht,
von jedem Ochsen laß dich lenken
und wenn er stößt, dann muckse nicht,
denn in des grauen Rockes Falten
liegt ja die Pflicht, das Maul zu halten . . .“

behielt unverändert auch während des Krieges Gültigkeit. So war auch zur Kriegszeit eine der wichtigsten Soldatentaten das Knopfputzen, und Vring[1] erzählt in seinem „Soldat Suhren“ sehr anschaulich, mit welcher Wut der Begeisterung sich die Rekruten auf die Knöpfe stürzten.

Im „Vaterlandslosen Gesellen“, dem Kriegsroman eines Arbeiters, hält der Verfasser Adam Scharrer[2] eine Rundfrage unter seinen Kameraden, um dieser Begeisterung auf den Grund zu kommen.

„Sie müssen doch etwas denken, woher sonst der Eifer? Einige Proletarier sind darunter, die meinen: ‚man macht den Stumpfsinn eben mit, weil es keinen Zweck hat, sich dagegen aufzulehnen‘ . . . Weiß guckt mich an – er wichst gerade seine Stiefel, läßt beide Hände

First class-Kanonenfutter
Der Militärarzt: „100 %ig tauglich!" Zeichnung von Robert Minor. Aus „The Masses", New York, 1915

sinken, in der Hand den Stiefel, in der anderen Hand die Bürste – und sagt: ‚Was redest du denn für einen Unsinn, Bezold? Wir sind eben Soldaten, was gibt's denn da noch zu fragen?!' Ganz ernsthaft sagte er das, als hätte er für ein weltbewegendes Problem eine lösende Formel gefunden."

Masochismus spielt, wie wir sehen, beim Drill eine fast so wichtige Rolle wie Sadismus. Ohne die tätige Mitwirkung der Mittelklassen – der in Heinrich Manns „Untertan" glänzend analysierten Unteroffiziersschicht der Gesellschaft – fiele die Herrschaft der Herrschenden zusammen. Die ausgesprochenen sadomasochistischen Neigungen dieses Untertanentypus sind nicht zu verkennen. Beim Drill werden nun diese in jedem Durchschnittsmenschen schlummernden, durch die gesellschaftlichen Beziehungen begünstigten Instinkte befreit und ins Krankhafte gesteigert. Der ideale Typ eines Soldaten, der „gute" Unteroffizier, ist nach unten Sadist und nach oben Masochist. Das Militärleben lieferte seit jeher Beweise dafür.

Das Musterbeispiel des ödesten Drillgeistes im Weltkrieg ist sonderbarerweise **nicht**

Deutschland, das ihn hervorbrachte, sondern allem Anschein nach England. Der Militarismus gebärdet sich zwar national, sein Unfug aber ist international. Der festeingewurzelte Drillgeist des englischen Militarismus ist sogar noch brutaler als der deutsche, sadistische und masochistische Triebe gelangen in ihm noch unverhüllter zum Ausdruck. Er wird der herrschenden Klasse Englands schon in der Schule beigebracht, in der eine Art Offizierskaste der Gesellschaft, bestehend aus Gentlemen, gezüchtet wird. Der Verfasser eines schon oft erwähnten, auch in dieser Hinsicht höchst aufschlußreichen Kriegsbuches [3], Robert Graves, schildert, wie er aus dem homosexuellen, sado-masochistischen Milieu der Mittelschule an die Front kommt.

Er findet dort den gleichen Geist vor, der die Mißhandlung unter Kameraden mit Stolz und als Betätigung des Korpsgeistes übt. Beachtenswert ist ferner, was Graves über das Verhältnis der Offiziere zueinander erzählt, weil es Gewalt, Brutalität und Mißhandlung als notwendige Einrichtungen einer Armee erscheinen läßt, die selbst bei den Führern auf jeder Stufe angewendet werden müssen. Diese sorgfältig gepflegten bestialischen Neigungen fügen sich in den Charakter des vollendeten Gentlemans ein. Der junge Offizier wird von den älteren aktiven wie ein Schuhlappen behandelt. Er darf in der Messe keinen Whisky trinken – bei Engländern eine Grausamkeit höchsten Grades. „Wenn man in der Messe den Mund auftut oder das leiseste Geräusch macht, hat man sofort einen älteren Offizier auf dem Hals . . . Wir müssen uns still verhalten, als ob wir Einrichtungsgegenstände wären [4]."

In den Ruhepausen des Stellungskrieges, wenn das Bataillon aus dem Schützengraben gezogen wird, um sich hinter der Front ein wenig zu erholen, müssen die jungen Offiziere auf den Transportpferden des Trains fleißig reiten lernen – weil das Offizierskorps des Bataillons hohen Ruf im Polospiel genießt. So müssen junge Reserveoffiziere von den älteren aktiven zwischen zwei mörderischen Schlachten Polo lernen, bis das Bataillon aufgerieben wird und von diesem Sadistenklub, von diesem Offizierskorps nur der Name des Bataillons übrigbleibt . . . Es ist übrigens für das englische Militär erschwerend, daß seine Truppen meistens in den Kolonien dienen, wo die Grausamkeitsinstinkte im Verkehr mit den unterworfenen Völkern noch besonders aufgestachelt werden. So traktierten Offiziere und Mannschaften eines Bataillons, bei dem Graves im Kriege diente und das achtzehn Jahre lang in Indien stationiert war, die französischen Bauern mit Fußtritten und – mit Brocken von Armee-Hindostanisch. Sie sahen eben auch in den französischen Bauern, die sie verteidigen sollten, nur „Eingeborene".

Die Drillmaschine arbeitet in diesen englischen Bataillonen auch an der Front während des großen Sterbens genau so weiter, wie in

Musterung in Paris

„Was fehlt Ihnen?" „Ein Onkel im Ministerium . . ."
Zeichnung von Blix. Aus „Simplicissimus", 1915

Degeneriert . . . . . . regeneriert!
Der „Gent" vor zwei Wochen – und jetzt
Aus „Ulk", 7. August 1914

der deutschen Armee. Graves sah einmal, wie ein aktiver Offizier im Felde während einer Ruhepause in einer Ortschaft einen Gemeinen „entlang der Straße mit Fußtritten in den Hinterteil verfolgte, weil der Mann nachlässig im Salutieren war". Und stets waren die Aktiven auf der Lauer, um junge Offiziere dabei zu ertappen, ob sie beim Umgang mit der Mannschaft im Kommißdienst nicht genügend streng und auf die Vorschriften bedacht waren. „Jagd auf die Grünen", nannte man diesen Sport. Es darf eben keine Stufe, kein noch so winziges Gliedchen der Hierarchie im Militarismus geben, bei dem nicht das Minderwertigkeitsgefühl eingeimpft und durch fortwährende Suggestion genährt wird. Dieses Minderwertigkeitsgefühl erklärt einen großen Teil der seelischen und auch ausgesprochen sexuellen Verirrungen beim Militär und im Kriegsmechanismus. Sie sind eben Minderwertigkeitskomplexe. Der Mann, der von oben mit den Füßen getreten wird, entschädigt sich dafür nach unten, sein von Vorgesetzten negierter Persönlichkeits- und Geltungsdrang schafft sich ein Ventil im Machtgefühl nach unten. Und da Unterwürfigkeit nach der einen und Brutalität nach der anderen Seite als besondere militärische Tugenden gelten, werden sie schließlich lustbetont. Minderwertigkeitskomplexe als Quellen der Brutalität sind sehenden Beobachtern des Krieges nicht entgangen. „Gemeiner X" sagt:

„Oft ist die besondere Grobheit bei Unteroffizieren nur die Rückwirkung des Gefühls der eigenen Unzulänglichkeit. Ich habe bemerkt, daß gerade jene die gröbsten waren, die nicht durch besondere Tapferkeit glänzten [5]."

Ein unbefangener Sachverständiger [6] faßt die Bedeutung des Drills für den Soldaten im folgenden zusammen:

„Der gut erzogene Soldat tut, abgesehen von den Exzessen, alles aus dem Gefühl der Pflichterfüllung. Gehorsam dem Befehle ist ihm Pflicht. Weiter fragt er nicht. Nachdenken über die moralische Berechtigung des Befehles ist ihm schon ein erster Schritt zur Pflichtverletzung. Er ist durch stärkste Suggestion der Rekrutenzeit, der gesamten Ausbildung, des Unterrichts, der Einpflanzung des Korpsgeistes, der Begriffe Oberster Kriegsherr, Vaterland, der tendenziös gegebenen politischen Geschichte eines Herrscherhauses, seines Landes, seines Regimentes allmählich in den Zustand einer leichten Hypnose geführt, und man hat ihn gelehrt, durch Autosuggestion diesen Zustand zu vertiefen oder, wenn er durch stärkere äußere Eindrücke verlorengeht, wieder hervorzurufen. Ich habe diese Beobachtung bei vielen Hunderten von Soldaten und bei mir selbst gemacht. Der brave Soldat fragt nicht nach dem Warum. Er hat als Bezugssystem für die Bewertung seiner Tat die heilige Pflicht des Gehorsams.

„Jammervoll, wie ihr wieder dasteht! Ich glaube, wenn jetzt ein feindliches Armeecorps ankäme, das gäbe eine Katastrophe!“ Aus „Kladderadatsch“, 1917

Er macht sich selbst die größeren Vorwürfe, einen Gefangenen entlaufen zu lassen, als ihn ohne zwingenden Grund niederzumachen. Das erste ist Pflichtverletzung stärksten Grades; das zweite ist ein Rohheitsdelikt. Beim ersten ist der Soldat ein schlechter Soldat; beim zweiten überlegt er sich nicht, daß er ein schlechter Mensch ist. Das ethisch Angreifbare liegt im System dieser Erziehung, nicht in den Opfern dieses Systems.“

Auch anderweitig wird behauptet, daß sich die Regimenter, in denen selbst angesichts des Todes auf die peinlichste und brutalste Einhaltung der traditionsmäßigen Einzelheiten des Kasernendrills gesehen wurde, im Kampfe am besten bewährten. Und das ist verständlich. Nur durch die raffinierte Methode der Massensuggestion ist es zu erreichen, daß Menschen in höchster Not des natürlichen Triebes der Selbsterhaltung vergessen und mechanisch den eingebläuten Drillvorschriften und den Kommandos folgen. Sehr anschaulich schildert diesen Seelenzustand bei den Sturmangriffen des Weltkrieges ein aufrichtiger Beobachter, Bruno Vogel, in einer Novelle „Zwei Tage Heldentum“ [7].

„Die immer mehr und mehr sich steigernde Nervosität wird Punkt 3 Uhr 45 schrill durch den Pfiff unterbunden.

Die furchtbare Suggestion des Pfiffs schaltet den Willen des einzelnen aus: Man muß die Böschung des Hohlwegs hochklettern und stürmen.

Man handelt wie ein Mensch in tiefer Hypnose: Ein fremder Wille bestimmt das Ziel des Handelns, das Bewußtsein ist schwer getrübt, alle Eindrücke, die die Sinnesorgane treffen, lösen im Menschen keine oder nur schwache, abnorme Reaktionen aus. Laufen, durch Drahtverhaue kriechen, Handgranaten werfen, schießen, mit dem Bajonett in Leiber fetzen – alles das geschieht in einem Zustand tiefer Trance, wie bei Somnambulen.

Anders gefaßt:

Alles das, was auf dem Schießstand und Kasernenhof, in Instruktionsstunden und bei Felddienstübungen psychologisch ungeheuer geschickt und raffiniert dem Rekruten eingedrillt worden ist, wird im Moment, wo der Sturmangriff beginnt, zur überwertigen Idee, und nur diese überwertige Idee, nicht die Gesamtheit der Psyche des Individuums, reagiert auf die auf das Individuum während des Angriffs wirkenden Reize.

Man empfindet auch keine Furcht. Geschosse und Splitter zischen, Kameraden fallen, gräßliche Verstümmelungen, Schreie um Hilfe – man erlebt alles wie vollkommen unbeteiligt. Wie wenn man erschöpft und übermüdet im Kino sitzt, mit letzter Kraft noch die Augen offen hält: Die Bilder des Films sind da, spannend vielleicht, erschütternd, man hört auch Musik – aber es gleitet alles am Bewußtsein vorüber, am nächsten Morgen kann man sich kaum noch an eine Szene halbdeutlich erinnern.

So laufen die Stürmenden über das Schlachtfeld, kämpfen, morden – getrieben, vergewaltigt von der Suggestion des Pfiffs.

Hier liegt wohl auch eine wesentliche Erklärung dafür, warum die Menschen den Krieg so schnell vergessen: Sie haben ihn in seinen entsetzlichsten Phasen nicht bewußt erlebt. Es gibt während des Angriffs keine Furcht. Es gibt darum auch keinen Mut.

Irgendwann, an irgend etwas zerbricht schließlich die Suggestion.

Das kann das erreichte Ziel sein, oder ein Volltreffer, meist ist es irgendein nicht erkennbarer Umstand."

Graves findet für diesen merkwürdigen Seelenzustand während des Angriffs einen bildhaften Ausdruck. Nach einer besonders verlustreichen Attacke – die Engländer nannten diese Metzeleien des Weltkrieges „shows" („Vorführungen") – sieht er Soldaten und Offiziere mit einem eigentümlichen Schamgefühl einander gegenüberstehen. „Als ob sie sich allesamt betrunken hätten . . ."

Selbstverständlich begnügt man sich nicht mit Drill und Suggestion, Aufstachelung der Grausamkeitsinstinkte und Alkohol, um dem Soldaten zum Heldentod fürs Vaterland zu verhelfen. Dem Mann wird einfach keine Wahl gelassen; wenn der einzelne nicht dem Pfiff des Angriffskommandos folgt, wird er vom Offizier niedergemacht und dieses Beispiel wirkt dann auf die übrigen. Sollte aber die Panik oder Feigheit ganze Truppenteile ergreifen, so stehen die Maschinengewehre im Rücken bereit. Die Niedermetzelung eigener Truppen, die eine Panik in der Aktion ergriff, ist zu bekannt, um besonders belegt werden zu müssen. Zu einer gewissen Berühmtheit gelangte ein Mitglied des österreichischen Herrscherhauses, das als Korpskommandant an der italienischen Front seine Leute zuhauf von Maschinengewehren niedermähen ließ. Bekannt ist der Spruch:

„Alles kehrt einmal wieder . . ."
Zeichnung von George Grosz, 1923. Aus „Ein kleines Ja und ein großes Nein"

Moderne Sklaverei

Zeichnung von R. Hermann. Aus „Bilder aus dem Alltagsleben“

„Die Angst vor dem Feldgendarm hinten muß größer sein als die vor dem Feind vorn – das ist das Wesen militärischen Heldentums.“ Was aber das Schicksal der „Feiglinge“ im Kriege ist, schildert der englische Brigadegeneral Crozier[8]:

„Das Auf und Nieder der Schlacht ist wie bei einem Seilziehen. Die deutschen Gegenangriffe sind entsetzlich. Wir geben nicht nach. Hochländer kommen zur Verstärkung. Yorkshireleute und abgesessene Husaren füllen die Lücken aus. Der Kampf dauert an. Einige Leute, deren Energie nachläßt, deren Ausdauer geringer ist als die der übrigen, verlieren den Kopf und infolgedessen ihr Leben. Sie fliehen die Gefahr, nur um dem Untergang zu begegnen. Ein Revolver, „ins Dunkle hinein“ abgefeuert, macht fünf Mann nieder, ein Maschinengewehr, das in die von der Panik ergriffene Masse hineinfeuert, streckt Zahllose ins Gras und ins Gestrüpp des Waldes. ‚Diese Stellung muß gehalten werden‘, ruft ein Offizier mit Stentorstimme, ‚geht nach vorn oder ich lasse euch mit Pulver in die Luft sprengen!‘“

Crozier beschreibt auch, wie man mit der ganz unbrauchbaren portugiesischen Division verfuhr, die bei einem deutschen Gasangriff sofort versagte und in wilder Panik flüchtete, wodurch die englische Linie ungedeckt blieb: „Die deutsche und die portugiesische Uniform waren sich nicht unähnlich. Hunderte von Portugiesen wurden durch unser Maschinengewehr- und Gewehrfeuer niedergemäht. Was man auch sagen mag, der ausgegebene Befehl: ‚Feuer auf alle Feldgrauen, die sich unserer Linie nähern‘ war nicht unberechtigt![9]“.

Bei den Serben war man noch gründlicher. Da wurde nicht nur der feige Soldat selbst niedergemacht, sondern seine ganze Familie, Frau und Kindeskinder sollten die Feigheit der Soldaten im Felde büßen. Ein während des Vormarsches der österreichischen Armee abgefangener serbischer Armeebefehl sagte wörtlich:

„Gegen jeden, der sich nicht nur zu seiner persönlichen Schande, sondern auch zur Schmach unserer gesamten Armee aus dem Gefecht oder vom Kampfplatz entfernt, sich selbst verstümmelt oder dem Feinde übergeben hat, werden außer dem Vollzug der Todesstrafe noch Schritte der Konfiskation, d.h. Wegnahme des gesamten Vermögens, sowohl des beweglichen als auch des unbeweglichen, zugunsten der Staatskassa unternommen, ferner werden auch gegen die Hausgenossen eines solchen Soldaten die allerdrakonischsten Mittel angewendet, wie Trennung und Zwangsübersiedlung seiner Familienangehörigen in verschiedene Orte, Verbot zusammenzukommen und miteinander zu verkehren, Verwendung zu schweren Arbeiten und so weiter. Denn eine Familie, deren Mitglied in diesem heiligen Krieg nicht seine Pflicht tut, verdient keinerlei Rücksicht, nicht einmal den gesetzlichen Schutz [10]."

Der Soldat kann nur den Heldentod sterben oder schmachvoll von der Hand seiner eigenen Kameraden den Tod empfangen. Der einzige Ausweg, der ihm bleibt, um dem Grauen zu entgehen, ist – der Selbstmord, der im Feld dann auch mit erschreckender Häufigkeit vorkam.

Zu den Annehmlichkeiten der Ausbildung während des Krieges gehörte auch der aus Friedenszeiten nur zu gut bekannte „Kasernenton", der hauptsächlich durch Anwendung von Obszönitäten in raffiniertester Auswahl entstand. Schon der alte deutsche Soldatenvers aus dem Dreißigjährigen Krieg sagt es:

„Huren, Saufen, Spielen, Fluchen,
Heißt dem Mut Erfrischung suchen".

Offenbar hat die das ganze Kriegswesen und den Militarismus tränkende krankhafte Sexualität seit jeher eine besondere Rolle bei der Ausbildung gespielt. Ohne die unflätigsten Schweinereien sexueller Art geht es einmal auf dem Kasernenhof und beim Drillen der Mannschaft im Felde nicht ab. Wir könnten einen Band mit solchen lieblichen Kasernenblüten der Obszönität füllen, es soll aber nur eine Szene aus Bruno Vogels „Es lebe der Krieg" ihrer photographischen Lebenstreue wegen hier wiedergegeben werden [11]. Der Verfasser und einer seiner Kameraden werden zum Strafexerzieren kommandiert:

„Jetzt will ich euch, Bürschchen, mal zeigen (empfängt sie der Gefreite), was es heißt, mir mein' Sonntagnachmittag zu versaun.
Das Gewehr – über!
Im Gleichschritt – Marsch! Achtung!
Na los, raus mit die Scheißständer!
Was, das nennt ihr Parademarsch?! Kümmerlich, reck dein' Wanst nich so raus wie enne schwangere Wanze! Links, zwei, drei, vier, links, zwei, drei, vier!
Vogel, du halbe Portion, dir hamm se wohl ins Geherne geschissen, daß de nich mehr weeßt, daß Achtung kommandiert ist?!
Ganze Abteilung – kehrt!
Na, ihr krummen Geficke, wenn eich Parademarsch nich gefällt, da kenn ma ooch was andersch machn.
Im Gleichschritt – Marsch!
So, nu will ich eich mal die Eier schleifn, daß es Gelbe bis hinter die Turnhalle spritzt. Marsch! Marsch!
Vogel, willst de loofn!
Vogel, du Blindgänger, du miserabler, du sollst loofn! Na wart, da komme e paar scheene Pfitzn, guckt se eich an, bevor er eich neinleecht. Hinlegen!
Das Gewehr – über! Im Gleichschritt – Marsch! Marsch, Marsch!
Kümmerlich, dich hamm se wohl mit'n Holzhammer chloreformiert?!

Deutsche Manneszucht
Zeichnung von George Grosz

KOMMANDANTUR-BEFEHL.

1) Sämmtliche Schüler russischer Gymnasien, welche Uniform, Mützen, Mäntel etc. tragen, haben diese Uniform-Abzeichen abzulegen, weil sie sich nicht benehmen können.

Das Tragen der Mützen wird überhaupt verboten, von den Mänteln und Röcken sind die Uniform-Abzeichen zu entfernen.

Wer am 4 März d. J mit diesen verbotenen Uniform-Abzeichen betroffen wird, wird mit Geldstrafe bis zu 1000.—Rubel oder mit Gefängnis bis zu 3 Monaten sowie mit Einziehung der Uniformstücke, bestraft. Die gleiche Strafe trifft die Eltern der Schüler.

2. Das Tragen von russischen Kokarden, Nationalen und ähnlichen Abzeichen ist verboten Zuwiderhandlungen werden mit Gefängnis bis zu 3 Monaten oder Geldstrafe bis zu 1000.—Rubel bestraft.

Czenstochau, den 28 Februar 1915.

Der Ortskommandant

Graf von CARMER.

Rozkaz Komendantury

1) Wszyscy uczniowie rosyjskich gimnazji, noszący mundury, czapki, szynele i t d., winni zaprzestać noszenia takowych, ponieważ nie umieją się zachować na ulicy.

Zabrania się wogóle noszenia czapek, a z szyneli i mundurów winny być zdjęte oznaki mundurowe.

Kto w dniu 4-go marca r.b. ukaże się z zakazanymi oznakami mundurowymi, podlega karze pieniężnej do 1000.-rubli lub więzienia do trzech miesięcy, oprócz tego mundury będą skonfiskowane. Taka sama kara spotka rodziców uczni.

2) Noszenie rossyjskich kokard, znaków narodowych i podobnych jest zakazane.

Winni przekroczenia powyższych przepisów karani będą więzieniem do 3 miesięcy lub karą pieniężną do 1000.-rubli

Częstochowa, dnia 28 Lutego 1915 r.

Komendant Miejscowy

Hrabia von CARMER.

Drukiem F. D. Wilkoszewskiego w Częstochowie

Beitrag zur Psychologie der Besetzungsbehörden
Maueranschlag. Sammlung A. Wolff, Leipzig

Hinlegen!
Auf!
Hinlegen! Auf! Hinlegen! Auf! Hinlegen! Auf! Hinlegen! Auf! Hinlegen! Auf! Hinlegen!

Immer feste, das tut gut, da braucht er eich heite nacht keen abzewichsen; Auf! Hinlegen! Auf! Hinlegen! Das Gewehr – über! Im Gleichschritt – Marsch! Marsch, Marsch! Wollt ihr gefälligt loofn, ihr verkrippelten Nachgeburten?! Links, zwei, drei, vier, links, zwei, drei, vier! Vogel, paß uff, wenn ich dich in Arsch trete, daß der de rote Suppe zur Fresse rausspritzt! Hinlegen! Auf! Hinlegen! –“

Obwohl jeder der nachfolgenden Staaten in Deutschland – Weimar, Hitler, Bonn – behauptete, *diesmal* einen „ganz neuen Soldatentyp“ geschaffen zu haben – daß die ersten beiden diesen Ton beibehielten, weiß jeder Muß-Soldat des Zweiten Weltkriegs; daß er immer noch existiert, ist im Heye-Bericht wie in den Nagold-Akten nachzulesen!

Die Obszönität begleitet den Soldaten überall, sie wird zur Atmosphäre, in der er atmet und sie bildet sogar seinen Grabgesang. Schon Goethe (in seiner „Campagne in Frankreich“) wunderte sich, als er Söldnertruppen der Verbündeten zum Angriff marschieren sah, wie Leute mit den unflätigsten Liedern auf den Lippen in den Tod gehen können. Der Soldat aber soll singen – das gehört mit zum Drill – und wenn er nicht zum Singen aufgelegt ist, wird er dazu mit Tritten und Püffen ermuntert. Ein bekannter Witz aus der Kriegszeit charakterisierte diese oft groteske Situation: „Wie geht es Ihnen?“ „Danke! Ein Sohn ist in französischer Gefangenschaft, der andere verschollen, meine Tochter hat ein Kind von einem Oberleutnant und ich, vorigen Monat bin ich 46 geworden, ich singe jeden Tag um 6 Uhr früh: Madl, geh, spreiz di net, her mit der Büchs’!“

Unser „Gemeiner X“ trifft das richtige Wort über den Exkrementengötzendienst des zum Soldaten erniedrigten Menschen: der Soldat sei nichts als „ein wandelnder Magen“. Er will essen und sich entleeren. Die köstliche Stelle im „Braven Soldaten Schwejk“ über den Kommandanten, dessen Maxime ist: „Wenn der Soldat sein Gulasch gehabt hat, sich dann auf der Latrine gründlich entleeren konnte, ist er zufrieden“, gibt das Denken der höheren Militärs wahrheitsgemäß wieder. Der Verfasser erzählt auch, wie dieser

Verehrer des Stuhlganges seine Soldaten beim „Genuß" der Latrine fleißig inspizierte. Was aber dem Gemeinen gebührt, kann auf keinen Fall dem Offizier versagt bleiben. Ein Teilnehmer des Krieges an den Fronten der österreichischen Armee erzählt uns, daß er in Galizien einen Bataillonskommandanten hatte, der sich von seinem Burschen einen dieser niederen Stühle konstruieren ließ, die mit einem Loch in der Mitte, als WC-Ersatz im Gebrauch waren. Er benützte diesen Behelf hinter seinem Unterstand, im Freien. Damit er aber nicht in dem gemütlichen Genuß seiner Privatlatrine vom Feinde gestört werde, mußte ein Bursche während dieser Betätigung neben ihm hocken und dichtes, frisches grünes Laub über ihn halten, um ihn auf diese Weise zu „tarnen".

Der Geruch der Exkremente mischt sich im Schützengraben mit dem Blutgeruch. „Der Graben stank nach Gas, Blut, Lyddit (Explosivstoff der Granaten) und Latrine." (Graves.) Wie aber die Kaserne überhaupt die widerwärtige Karikatur des Kriegslebens ist, so ist auch der Gestank der Kaserne ein richtiger Bestandteil einer Atmosphäre, die den Soldaten für seinen Beruf vorbereiten soll. Den Geruch der Kaserne analysiert Vring mit den Worten [12]:

„Es riecht, es stinkt nach Schweiß, Karbol, Urin und Gemüsesuppen, die im Keller in Riesentöpfen gurgeln; sodann nach diesen uralten verbeulten Blechkannen, in denen Kaffee geholt wird; nach Menschen, die ewig Kommißbrot mit Honig essen; nach Lederfett; und – Montagmorgens besonders – nach dem, was die Bezechten in die Papierkörbe gekotzt haben. Alles zusammen ergibt einen Geruch, den Gott nicht geschaffen hat. Überall ist er, dieser Gestank, und du kannst ihm nicht entfliehen."

Hier mag noch der militärischen Strafen gedacht werden. In allen Armeen des Ersten Weltkrieges bestand beim Ausbruch der Feindseligkeiten in irgend einer Form die schöne Einrichtung des Anbindens; es ist für den Militarismus bezeichnend, daß diese Strafe sich in gerader Linie bis zur Kreuzigung des Altertums, der Todesstrafe für Sklaven, zurückführen läßt. In der englischen Armee nennt man diese Marter auch klipp und klar „Kreuzigung" (crucification). Graves erzählt:

„Auf meinem Weg zu den Kompagniequartieren, zur Gewehrinspektion, fiel mir etwas in einer Ecke eines Bauernhofes auf. Es war die Ausübung der „Feldstrafe Nr. 1" – ich sah das zum erstenmal. Tottie (der frühere Offiziersdiener des Verfassers) war das Opfer. Er hatte achtundzwanzig Tage wegen „Trunkenheit im Felde" bekommen. Es war, als ob da ein großer Vogel angenagelt wäre

Man bringt ihm militärische Tugend bei
Zeichnung von R. Schlichter

auf dem Rad eines Kompagniefuhrwerks, an den Hand- und Fußgelenken in der Form eines X angebunden. Er blieb in dieser Lage – „Kreuzigung“ nannten sie's – mehrere Stunden im Tage; wie viele, habe ich schon vergessen, aber gewiß war's ein richtiger Arbeitstag. Das Urteil lautete für die ganze Zeit, die das Bataillon in Quartieren blieb und sollte nach dem nächsten Aufenthalt im Schützengraben fortgesetzt werden. Ich werde nie den Blick vergessen, den der arme Tottie auf mich warf. Er war ein stiller, respektvoller, guter Diener. Er machte eine instinktive Bewegung, um mich zu grüßen, ich sah, daß er die Hand an die Stirn führen und die Hacken zusammenreißen wollte, er konnte sich aber nicht rühren, Tränen traten ihm in die Augen [13].“

Die österreichische Armee war besonders reich an raffinierten, im Dienstreglement verankerten Torturen. Kisch, der „rasende Reporter“, berichtet [14]:

„Niemand darf eine Konserve essen, alle fünf Minuten wird untersucht, ob die Leute ihre Konservenbüchsen unversehrt bei sich haben, der, dem eine fehlt, wird eine Stunde angebunden, wem zwei fehlen, zwei Stunden, wem drei fehlen, drei Stunden und wer beim Diebstahl erwischt wird, vier Stunden. Auch am heutigen Tage des Herrn sind Menschen an Bäume gefesselt. Der allgemeinen Stimmung und dem Geist der oberstleutnantischen Verordnung gibt ein Vers Ausdruck, der im Lager kursiert:

Hast du getötet auch tausend Serben,
Hast aber nicht deine drei Konserven,
Mußt du eines elenden Todes sterben.“

Bei der Thronbesteigung Kaiser Karls wurden diese barbarischen Strafen im österreichischen Heere auf dem Papier abgeschafft, kamen aber gleich wieder auf. Im deutschen Heer erlebten sie ihre Blütezeit knapp vor dem Zusammenbruch. Strafen und Hinrichtungen gehörten eben zu den Vorbedingungen der Kriegführung. Die raffinierten Maßnahmen des Drills, die langsame, wohlberechnete Gewöhnung an die menschenunwürdigen Lebensbedingungen, die barbarischen Strafen würden ihre Wirkung verfehlen, wenn am Ende derselben nicht das Maschinengewehr hinter der Front stünde und des „abschreckenden Beispiels“ halber der Hinrichtungspfosten aufragte. Mit Hinrichtungen von Soldaten hat man in beiden Weltkriegen nicht gespart. Sie erfolgten meistens wegen Fahnenflucht, oft aber auch nur wegen „Feigheit“. Diese Hinrichtungen wirkten jedoch auf die Soldaten wenig „abschreckend“, weckten eher das Gefühl der Empörung. Selbst ein sonst ganz konservativ gesinnter Kriegsdichter wie Dorgelès [15] findet nur Worte der Empörung bei der Beschreibung einer Feldhinrichtung:

„Der Mann ist zu einem Klumpen zusammengeschrumpft, an seinen Handgelenken angebunden hängt er am Pfosten. Das Tuch, das seine Augen verbindet, sieht wie ein Kranz um sein Haupt aus. Totenblaß spricht der Geistliche, mit gesenkten Augen, um nichts mehr sehen zu müssen, das Gebet . . . Das ist ein Soldat, dieser blaue Klumpen? Er muß doch noch warm sein. O, gezwungen zu sein, dies mit anzuschauen und in seinem Gedächtnis für immer dieses tierische Brüllen zu bewahren, diesen grauenhaften Schrei, in dem man die Angst, das Grauen, das Flehen hörte, alles, was ein Mensch nur brüllen kann, der plötzlich den Tod unmittelbar vor sich sieht. Der Tod: ein niederer Pfosten aus Holz und acht blasse Mann, Gewehr bei Fuß. Dieser langgezogene Schrei ist in uns alle gedrungen wie ein Nagel. Und plötz-

Der Feldherr in der Kaserne und zu Hause
Zeichnung von A. Stadler

lich – aus diesem schrecklichen Geröchel, dem ein ganzes entsetztes Regiment zuhörte, plötzlich konnte man daraus Worte vernehmen, das Flehen eines Sterbenden: „Verlangt Gnade für mich . . . Bittet beim Obersten für mich." Er hat sich hingeworfen, um nicht sofort sterben zu müssen, man hat ihn an den Armen zum Pfosten geschleift, leblos, brüllend. Und man hörte: ‚Meine kleinen Kinder . . . Herr Oberst . . .' Sein Schluchzen zerriß das Schweigen und die zitternden Soldaten hatten nur einen Gedanken: ‚Mein Gott, nur rasch . . . rasch . . . damit das ein Ende nimmt. Man soll endlich schießen, damit man ihn nicht mehr hört!' . . . Das tragische Krachen einer Salve. Noch ein einzelner Schuß: der Gnadenschuß. Es war aus . . . Man mußte nachher vor dem Leichnam defilieren. Die Musik spielte: Fürs Vaterland sterben . . . und die Kompagnien wankten mit unsicheren Schritten vorbei. Berthier preßte die Zähne zusammen, als er Marsch kommandierte, damit man nicht merke, wie sein Kinn zitterte. Vieublé, der wie ein Kind weinte, verließ die Reihen, warf sein Gewehr hin, dann stürzte er, von einer Nervenkrise gepackt, zu Boden. Beim Vorbeimarsch am Pfosten wandten wir den Blick ab. Bleich, mit verschüchterten Augen, wagten wir es nicht, uns anzuschauen, als ob wir gemeinsam ein Verbrechen begangen hätten . . . ‚Weißt du, was er tat?' ‚Nachts nach dem Angriff hat man ihn zum Patrouillengang befohlen. Er weigerte sich, weil er schon die vorangegangene Nacht draußen war. Darum . . .' ‚Hast du ihn gekannt?' ‚Ja, ein Cotteviller war es. Er hatte zwei Gören. Zwei Gören: so groß wie sein Pfosten.'"

Der hochbegabte ungarische Journalist Paul Kéri schildert in einem Artikel die Hinrichtung eines Deserteurs, wie sie in Budapest gerade in den allerletzten Tagen des Krieges massenhaft stattfanden. Der ganze Militärapparat der Monarchie war in fühlbarer Auflösung, das Ungeheuer lag, fast für jeden merkbar, in den letzten Zügen. Nur die zähnefletschende Grausamkeit war in diesem verreckenden Organismus intakt geblieben: ganz unnütz, ohne Zweck und Ziel, arbeitete die Mordmaschine weiter. In grellen Farben schildert Kéri, der Zeuge der Hinrichtung war, wie der Verurteilte um sein Leben fleht und Kegyelem! (Gnade) schreit.

„Und dieses brüllende Wort ‚Kegyelem! ... Kegyelem! ...' erfüllt unablässig den Kasernenhof. Die Kaserne knabbert Kukuruz und macht Witze ... Wunderlich ist der Weg der Massenseele. Dieses Volk, das jetzt hier so gleichgültig, verstockt, so bösartig, träge ist, wird in einigen Wochen plötzlich zusammenschauern und mit einem Ruck alle abschütteln, die ihm im Genick sitzen. Wo war damals, in jenem Kasernenhof, diese Kraft? ... In den Tagen der Revolution dachte ich viel an ihn, der sich so zähe um sein Leben schlug. Wie recht hatte er in seinem intelligenten Instinkt, diese Niedertracht nicht als Schicksal hinzunehmen. Wie recht hatte er, als er fühlte, daß dieses ganze Grauen seinem Ende zugehe. Wie vielen seiner Gefährten begegnete ich später, die die Revolution aus den militärischen Gefängnissen knapp vor der Hinrichtung befreit hatte [16]!"

Wie wenig Federlesens man mit dem Leben des Soldaten machte, dafür möge hier noch ein berühmtes österreichisches Beispiel sprechen:

Auf eine Interpellation wegen elf unschuldig zum Tod Verurteilter antwortete der Landesverteidigungsminister dem Interpellanten schriftlich folgendes: „Ich beehre mich zu erwidern, daß auf Grund des vom Kriegsministerium angeordneten außerordentlichen Wiederaufnahmeverfahrens sämtliche mit rechtskräftigem Urteil des Feldgerichtes des 55. Infanteriedivisionskommandos als Standesgericht vom 18. Oktober 1914 wegen Verbrechens wider die Kriegsmacht des Staates zum Tode Verurteilten, und zwar Peter Kowal usw. ... mit dem Urteil des Obersten Militärgerichtshofes vom 17. April 1918 von der Anklage freigesprochen worden sind. Tief erschüttert neige ich mich vor den im Grabe liegenden unglücklichen Opfern ..."

Wenn man italienische Kriegsbücher, wie das Tagebuch des Psychoanalytikers Bianchini [17], liest, bekommt man bei der auf jeder Seite wiederkehrenden Beschreibung von Hinrichtungen den Eindruck, daß ein Militärgerichtsherr keinen Appetit hatte, wenn er nicht täglich einige Deserteure und andere „Verbrecher" dem Henker überantwortet hatte.

Eine Frage, die mit dem Drill zusammenhängt, ist die Behandlung der Gefangenen. Es wird den Soldaten eingeschärft, die Gefangenen eher niederzumachen, als einen einzigen von ihnen entwischen zu lassen. Die einmal so losgelassenen Grausamkeitsinstinkte wirken sich dann zügellos aus. Der gute Soldat soll nicht nutzlos, sinnlos Grausamkeiten begehen; Berufssoldaten versichern, daß die grausamen Leute nicht gerade die tapfersten im Felde waren (Endres.) Der Durchbruch sadistischer Instinkte ist eben fast immer ein Zeichen des Gefühls der Minderwertigkeit. Der zum Soldaten gedrillte Mensch aber wird durch die Förderung gesellschaftsfeindlicher Anlagen geradezu zum

Die Freiwilligen
Holzschnitt von Käthe Kollwitz

Amor auf dem Exerzierplatz. Ein Wunschtraum: In diesem Alter müßte der Drill beginnen!
Aus „Lieb Vaterland magst ruhig sein"

Unten: Den Namenlosen, 1914
Freske von Albin Egger-Lienz in der Kriegsgedächtniskapelle in Lienz, Osttirol

‚Schinkenklopfen'
bei der Kriegsmarine
Zeichnung aus der Sammlung des Instituts für Sexualwissenschaft, Berlin

„Was, ihr Feiglinge, ihr wollt nicht mehr kämpfen? – Seid doch nicht so dumm! Je mehr von euch fallen, desto mehr Land kriegt nachher jeder einzelne . . ."
Zeichnung von E. Thöny. Aus „Simplicissimus", 1917

Unten: Offiziers- und Mannschaftsdienst, das ist nicht dasselbe
Zeichnung von K. Sohr

Großfürst Nikolai Nikolajewitsch feuert den russischen Kampfgeist von hinten an
Karikatur aus „Simplicissimus“ 1916

„Angebunden“ – hier beim k. u. k.-Heer
Zeichnung von K. Sohr
Sie wurde von Göbbels in der Ausstellung „Entartete Kunst“ als Musterbeispiel „jüdischer Hetze“ bezeichnet, obwohl Sohr selbst Rassenfanatiker und Nationalist war

Französische „Nettoyeurs“ an der Arbeit
Zeichnung von F. Keller

Opfer eines Gasangriffs vor dem Feldlazarett *(Originalaufnahme)*

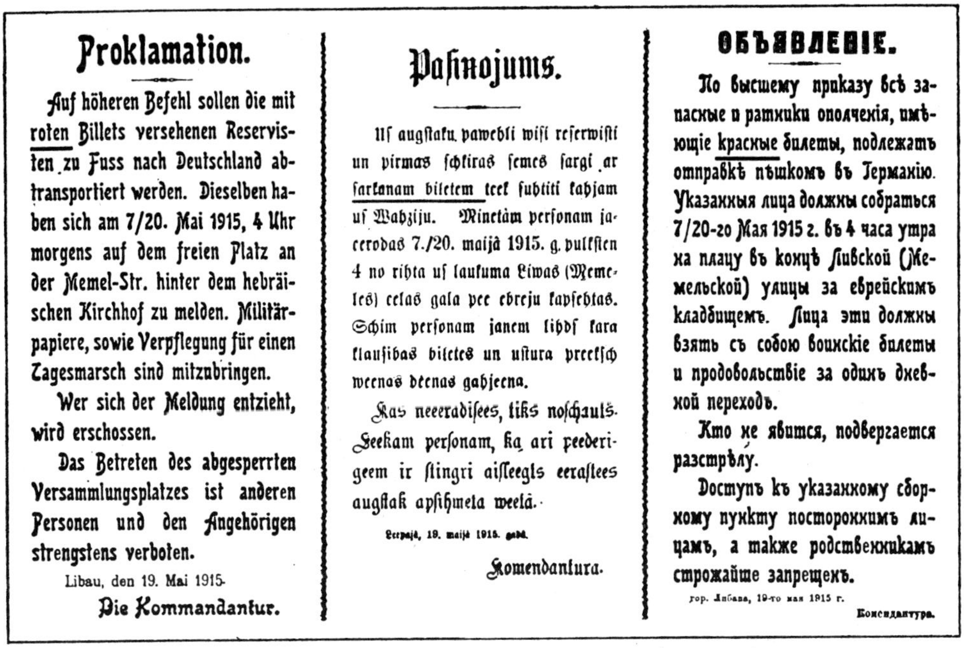

Proklamation.

Auf höheren Befehl sollen die mit roten Billets versehenen Reservisten zu Fuss nach Deutschland abtransportiert werden. Dieselben haben sich am 7/20. Mai 1915, 4 Uhr morgens auf dem freien Platz an der Memel-Str. hinter dem hebräischen Kirchhof zu melden. Militärpapiere, sowie Verpflegung für einen Tagesmarsch sind mitzubringen.

Wer sich der Meldung entzieht, wird erschossen.

Das Betreten des abgesperrten Versammlungsplatzes ist anderen Personen und den Angehörigen strengstens verboten.

Libau, den 19. Mai 1915.

Die Kommandantur.

Paſinojums.

Uſ augſtaku pawehli wiſi reſerwiſti un pirmas ſchkiras ſemes ſargi ar ſarkanam biletem teek ſuhtiti kahjam uſ Wahziju. Minetàm perſonam jaceronas 7./20. maijà 1915. g. pulkſten 4 no rihta uſ laukuma Liwas (Memeles) celas gala pee ebreju kapſehtas. Schim perſonam janem lihdſ kara klauſibas biletes un uſtura preekſch weenas deenas gahjeena.

Kas neeeradiſees, tiks noſchauts.

Seekam perſonam, ka ari peederigeem ir ſtingri aiſſeegts eeraſtees augſtak apſihmeta weetà.

Leepajà, 19. maijà 1915. gadà.

Komendantura.

ОБЪЯВЛЕНІЕ.

По высшему приказу всѣ запасные и ратники ополченія, имѣющіе красные билеты, подлежатъ отправкѣ пѣшкомъ въ Германію. Указанныя лица должны собраться 7/20-го Мая 1915 г. въ 4 часа утра на плацу въ концѣ Ливской (Мемельской) улицы за еврейскимъ кладбищемъ. Лица эти должны взять съ собою воинскіе билеты и продовольствіе за одинъ дневной переходъ.

Кто не явится, подвергается разстрѣлу.

Доступъ къ указанному сборному пункту постороннимъ лицамъ, а также родственникамъ строжайше запрещенъ.

гор. Либава, 19-го мая 1915 г.

Комендатура.

Wer nicht mitmacht, wird erschossen . . .

Laut „höherem Befehl" der Militärbehörden Sammlung A. Wolff, Leipzig

wandelnden Minderwertigkeitskomplex, zum Feind der Gemeinschaft gemacht. Die häufigste Folge ist die Mißhandlung wehrloser Menschen. Zum Niedermachen der Verwundeten wurden aber Soldaten noch eigens ermutigt. Die verschiedenen Heeresleitungen verfolgten damit einen besonderen Zweck. Es war ihnen durchaus nicht unerwünscht, daß Grausamkeiten gegen Kriegsgefangene überhandnahmen, denn dadurch glaubten sie verhindern zu können, daß Soldaten sich bedenkenlos dem Feinde ergaben. „Auf beiden Seiten heißt es", sagt der Gemeine X, „daß die anderen ihre Gefangenen niedermachen und dann beginnt das Spiel der Repressalien, das bis ans Ende gespielt wird, dank einiger von Zivilisten in Fleet Street (Londoner Zeitungsviertel) oder Berlin erfundenen Lügen. Es gibt wohl einige tausend Gattinnen, Verwandte und Bräute, die den Verlust ihrer männlichen Angehörigen unseren Kollegen von der Feder verdanken ... Den Soldaten wurde ganz offen mit der Kürzung der Rationen gedroht, wenn sie zu viel Gefangene machten."

Oft mußten Gefangene – ungeheuerlicherweise – sozusagen „aus technischen Gründen" niedergemacht werden. So erfreuten sich die deutschen Patrouillen mit „Knickers" bei den Engländern eines ebenso schrecklichen Rufes, wie auf deutscher Seite die französischen „Nettoyeurs", die die eroberten Gräben von allem Leben zu säubern hatten. Die Zahl derer, die den Heldentod bei der Gefangennahme ereilte, geht in die Zehntausende.

Den greulichsten Fall dieser Art teilt Barbusse in seinem Buche „Faits divers" [18] mit. Eine Offiziersgesellschaft sitzt in der Nach-

kriegszeit an einem Kaffeehaustisch und man erzählt Kriegserlebnisse:
„Ich stand", erzählt Mathis, Hauptmann und Kommandant eines Bataillons, „während der Februaroffensive bei Fleury. Wir machten in der Schlucht von Pourdrière zweihundert deutsche Gefangene. Nach dem Gefecht ließ ich die entwaffneten Gefangenen in zwei Reihen antreten, zwanzig ließ ich dann aus dem Glied treten und befahl den einhundertachtzig wieder in den Graben zu steigen. Die sollten ‚zigouilliert' werden. Meine Leute wollten erst nicht recht, aber auf meinen ausdrücklichen Befehl stürzen sie sich dann doch auf die Gefangenen . . ." . . .
Hauptmann Mathis gebraucht den Jargonausdruck „zigouiller"; er soll die genaue Bezeichnung der Schlachthaustätigkeit umschreiben, die er ausübte. Er sagt in Wirklichkeit, daß waffenlose Männer zitternd, mit bestürzter Miene dastanden, ihr einziges Verbrechen bestand darin, ihren Führern gehorcht zu haben; sie standen in einem Graben – einhundertachtzig Mann bilden eine lange Reihe. Mit Messern und Bajonetten bewaffnete Soldaten sollen über sie herfallen und sie kalten Blutes erwürgen oder abschlachten. Man kann sich die Szene vorstellen. Der Blutbefehl ist erteilt, aber die Soldaten stehen unschlüssig. Sollen sie diesen Trupp junger Menschen, die sie gar nicht kennen, hinmorden – ganz aus der Nähe? Es ist zuviel, es hemmt ihren Willen. Der Kommandant nennt es „sie zögerten". Seine Ehre verlangte, darüber zu triumphieren. Sein Ansehen wäre erledigt gewesen, wenn sie nicht gehorcht hätten. Mit welcher Geste mag er seinen Sieg erreicht haben? Was mag er in diesem Augenblick geschrieen haben? Er hat sein Ziel erreicht, ohne ein paar der Zögernden den Abhang hinunterzustoßen: erst ging ein Soldat auf die Deutschen los, riß einem vielleicht die Gurgel heraus oder stieß ihm ein Messer in den Bauch. Auch die anderen Soldaten folgten, ließen sich von dem barbarischen, gemeinen Rausch anstecken, den die Todesschreie des lebendigen ausgeweideten Fleisches hervorriefen. Der Kommandant Mathis fuhr in derselben Weise fort: „Alle wurden niedergemetzelt. Dann ließ ich die zwanzig übrigen zurückfahren."
Diesen Grausamkeiten gegen „Feinde" entspricht die Behandlung eigener Landsleute, wenn sie einmal verwundet waren. Die amtliche Instruktion an englische Sanitäter verrät es: „Wenn der Sanitäter unter zwei Verwundeten zu wählen hat und nur den einen zu bergen vermag, so hat er denjenigen mitzunehmen, von dem anzunehmen ist, daß er wieder kriegsverwendungsfähig wird." Der Hilfsbedürftigere mußte also zur Strafe, daß er schwerer getroffen war, liegen gelassen werden und vielleicht verrecken. Er war ja kein brauchbares „Material" mehr, nur menschliches Alteisen . . .

Im englischen Heer: Erziehung zum Blutdurst
„Stech fester zu – bring ihn um! Du kitzelst ihn ja nur . . ."
Zeichnung von F. Reynolds. Aus „Punch", 1918

Von fahnenflüchtigen Offizieren hat man im Kriege kaum gehört. Solche Fälle wurden meistens vertuscht. Die Offiziere, besonders die höheren, beiläufig vom Bataillonskommandanten aufwärts, waren auch nach dem Grundsatz „Götter und Tiere“ bei weitem besser gestellt wie die gewöhnliche Mannschaft. Selbst die subalternen Offiziere, die mit ihrer Mannschaft alle Mühen und Qualen des Schützengrabenlebens teilten, waren eben doch irgendwo Vorgesetzte. Der Haß der Mannschaft gegen höhere Offiziere wurde unter solchen Umständen mehr und mehr zur Psychose.

Hierbei mag auch der Sexualneid (der Offizier war auch den Frauen gegenüber in riesenhaftem Vorteil) eine Rolle gespielt haben. Als akute psychotische Reaktionen auf die Leiden des Soldatenseins dürften jene Erscheinungen zu deuten sein, die unter der Bezeichnung „Dämmerzustände“ bekannt geworden sind. Man versteht darunter halbschlafähnliche Zustände mit räumlicher und zeitlicher Desorientierung, begleitet von Erinnerungslosigkeit. Schneider[19] führt sie auf Abwehrtendenzen zurück, deutet sie als Flucht vor der Wirklichkeit. Man beobachtete sie nach Emotionsschock und in merkwürdigem Gegensatz zum Schockerlebnis zeigten die davon Betroffenen heitere Stimmung: sie führten vielfach theatralische Szenen auf. Auch Bunse[20] beschreibt solche reaktive Dämmerzustände, wie auch Wutanfälle, die sich zumeist aus ganz geringfügigen Anlässen gegen Vorgesetzte richteten. Man hat sie gleichfalls als akute, transitorische psychotische Reaktionen bezeichnet. Daß diese Wutanfälle nebenbei eine nicht zu unterschätzende Rolle im Seelenleben der Soldaten spielten, wird von E. Simmel[21] mit Recht hervorgehoben. Er bezeichnet es als

Die Beredsamkeit
Aus „Die Menschen und der Krieg“
Holzschnitt von Frans Masereel

typische neurotische Verschiebung, daß zahlreiche unter seinen Patienten, die anscheinend manches von ihren Vorgesetzten einstecken und hinunterwürgen mußten, beim bloßen Anblick einer Offiziersbluse oder eines Ärztekittels Wutanfälle bekamen, weil sie einem bestimmten Offizier oder Arzt gegenüber, von dem sie sich mißhandelt fühlten, ihre Wut hatten verdrängen müssen. Im übrigen ließ Simmel die seelischen Konflikte seiner Patienten in Hypnose auflösen, ihre Wutanfälle „abreagieren“ („Tatabreaktion“), wozu er sich gepolsterter Phantome in Offiziersuniform bediente, gegen die „der Neurotiker in seinem Urmenscheninstinkt kämpfend sich selbst siegreich befreite“. Simmel, der als Militärarzt und Hebel der „KV-Maschine“ selbst Offiziersrang hatte, kann sich nur vorstellen, daß dies Verhalten krankhaft war. Man sieht, daß selbst die geschulte Intelligenz des Mediziners nicht ausreichte,

sich an die Stelle des ewig Getretenen zu versetzen.
Korpsgeist und Standesdünkel feierten auch im Ersten Weltkrieg in allen Heeren Orgien. Den Vogel schießt hier der deutsche Offizier ab. Er will selbst zu Weibern „standesgemäß“ gehen, selbst bei der Ausübung der Geschlechtstätigkeit im Rahmen seiner Kaste bleiben. Als nach der Einnahme von Riga auf dem Flugplatz Alt-Autz in Kurland ein „Frauenheim“ mit 150 Mädchen und Frauen aus Riga eingerichtet wurde, hielt ein Rittmeister an diese folgende köstliche Ansprache:

„Meine Damen! Sie treten in deutsche Heeresdienste. Vergessen Sie nie, wer Sie sind. Lassen Sie sich nie mit Beamten, Zahlmeistern oder Unteroffizieren ein. Sie gehören zu uns, und Sie ahnen nicht, wie groß die Kluft ist, die uns von diesen Leuten trennt[22].“
Welch tiefe Bedeutung dieser scheinbare Unsinn hat, zeigt die Denkweise eines selbst so klarsichtigen Offiziers wie Crozier, der erzählt, wie frisch und froh er wieder wurde, als er, nachdem seine Brigade zum Gott weiß wievielten Male aufgerieben worden war, für die Reste seiner vielgeliebten Truppe eine neue „Aufgabe“ bekam. Um im Hinmetzeln von viertausend Menschen nur die „Aufgabe“ für sich – die Erfüllung seines hohen Berufes und sonst nichts –, zu sehen, muß der Offizier in dieser Atmosphäre des Standesgemäßen erzogen worden sein und ständig darin leben. Alle unmenschlichen, sinnlosen, erniedrigenden Spielarten des Drills verfolgten im Weltkrieg, wie allzeit, den Zweck, eine monströse Einheit zu kneten, in der es keine Menschen gab – ein riesenhaftes Ungetüm aus Tieren und Göttern.

„Vor'm Hauptmann Schnabl hab ich in die Knie fallen müss'n . . .“ *Aus „Der brave Soldat Schwejk“*

Die Dickhäuter
„A Fleischkart'n woll'ns einführ'n. I wass nöt, I g'spür nix von aner Fleischnot!"
Pastell von Viktor Leyrer. Aus „Die Muskete"

Deutscher Kolonialismus im Elsaß

XVIII

Ein kurzer Abriß der Geschichte der „Reichslande" in den Jahren 1871–1918

1870 brach der deutsch-französische Krieg aus, der mit der Annexion von Elsaß-Lothringen endete; diese Maßnahme aber war es, die den Weg zur Völkerverständigung und zur europäischen Einigung versperrte und in der Folge zum Ersten Weltkrieg führte. Nach der Auffassung des sich einer sehr objektiven Auffassung befleißigenden deutschen Historikers Walter Platzhoff war die Wiedergewinnung des Elsaß von Anfang an Bismarcks Kriegsziel und ein integrierender Bestandteil seiner Politik [1]. Auf Verlangen Moltkes, den strategische Gründe dazu bewogen, forderte er dann noch Metz und andere französisch sprechende Gebiete von Lothringen. „Alle territorialen Erwerbungen", erklärte Bismarck noch 1895 einer Kölner Deputation „waren für uns ein rein geographisches Bedürfnis". Der Kanzler sah in dem neuerstandenen „Reichsland" vor allem ein schützendes Bollwerk gegen Frankreich, ein militärisches „Glacis" oder Vorfeld. Er war sich jedoch auch bewußt, daß die erdrückende Mehrzahl der Bewohner der beiden Grenzprovinzen bei Frankreich bleiben wollte, daß jede Volksabstimmung eine schwere Niederlage für Deutschland bedeuten würde. Als deshalb anfangs 1871 Wahlen zur Nationalversammlung auch in Elsaß und Lothringen stattfanden, hatte schon vorher das deutsche Generalgouvernement

Sirenenklänge

Deutsche Militärmusik soll die Herzen der Elsässer kirre machen . . . *Zeichnung von J. „Hansi"*

öffentlich verkündet: „Elsaß-Lothringen ist ohne Plebiszit mit Frankreich vereinigt worden und wird auch ohne diese Komödie des Cäsarentums wieder zu Deutschland kommen." „Die Wiedervereinigung mit Elsaß-Lothringen bleibt also durchaus unabhängig von dem Ausgang der Wahlen [2]".

Kurz nach dem Einmarsch der deutschen Heere – „à la queue de l'armée allemande [3]" –, strömten die deutschen Einwanderer in das Land, vor allem Norddeutsche. Unter ihnen befanden sich fast keine Arbeiter und Bauern, dagegen waren die kleineren und mittleren Beamten zahlreich vertreten. Viele waren sogenannte „Zwölfender", nämlich Unteroffiziere oder Feldwebel, die zwölf Jahre in der Armee „abgeklopft" und deshalb ein Anrecht auf einen Posten in der Zivilverwaltung – Post, Zoll, Polizei, Eisenbahnen, Steuerbehörden – hatten [4]. Sie sollten der elsässischen Bevölkerung, mit der sie aber meist nur „dienstlich" verkehrten, das deutsche Nationalbewußtsein einpflanzen und stärken. Sie taten es auf ihre Weise: Durch Kaisergeburtstagsfeiern in den von ihnen gegründeten Kriegervereinen, durch Fackelzüge, Militärmusikkonzerte auf den öffentlichen Plätzen. Mit besonderem Glanz wurde jährlich der Jahrestag der Kapitulation von Sedan gefeiert.

Große Hoffnung, die jungen Elsässer für Deutschland zu gewinnen, wurde auf die Universität gesetzt, die am 1. Mai 1872 als „Kaiser-Wilhelms-Universität" feierlich eingeweiht wurde. Sie sollte neben den „Litteris" besonders dem „Patriae" dienen. Die Feier wurde „eines der schönsten Feste, die das zum neuen Reiche geeinte Deutschland begehen durfte [5]." Die deutschen Historiker vermeiden es allerdings, einen recht peinlichen Zwischenfall zu erwähnen, der auf eine eigenartige Mentalität der deutschen Gäste schließen läßt. Am Abend waren die Teilnehmer am Festzuge beim Gutenbergdenkmal mit Pfiffen empfangen worden. Bei ihrer Rückkehr, nahe dem Rohan-Schlosse, ertönte wieder ein Pfiff. Zwei Altdeutsche, ein Universitätsprofessor und ein Richter, stürzten sich auf den Pfeifer und schlugen ihn nieder. Es war ein deutscher Gast, Baron von und zu Aufsess, der Gründer des Germanischen Museums. Er hatte die Gewohnheit, seinen Diener mit einem Pfeifensignal herbeizurufen und starb schon einige Tage später, am 6. Mai, an den Folgen der Mißhandlungen. Mit zitternder Hand hatte er noch in sein Tagebuch eintragen können: „Das ist ein schlechtes Vorzeichen für die neue Universität [6]."

In den ersten drei Jahrzehnten studierten die Elsässer mit Vorliebe Medizin, Pharmazeutik und die Rechte; letzteres Studium erschloß ihnen den Weg zu einer Advokatur. Die Karrieren, die normalerweise zu staatlichen Stellen führten, wurden gemieden. Sie wurden meist von Eingewanderten besetzt.

Auf journalistischem Gebiet waren die Reichslande einem Ausnahmeregime unterworfen, das schon mit der Besetzung begann und das am 22. Mai 1871 von dem Mitglied der deutschen Fortschrittspartei, Dr. Wigand, als „Helotenzustand" bezeichnet wurde.

Während dreier Jahrzehnte beherrschte der berüchtigte Diktaturparagraph das geistige Leben im Elsaß. Es handelte sich um den § 10 des Gesetzes, der die Einrichtung der Verwaltung in Elsaß-Lothringen betraf und am 30. Dezember 1871 in Kraft trat; in ihm war auch der § 9 des franz. Gesetzes vom 9. August 1849 übernommen. Dieser gab den Militärbehörden das Recht, bei Tag und Nacht Haussuchungen vorzunehmen, Personen auszuweisen, Versammlungen und Veröffentlichungen (Zeitungen) zu verbieten, kurz, ungesäumt alle Maßnahmen zu treffen, welche zur Abwendung einer Gefahr erforderlich schienen. Hierzu durften Truppen requiriert werden[7].

Als die deutsche Regierung den 100. Geburtstag Kaiser Wilhelm I. im Elsaß mit besonderem Glanze feiern wollte, veröffentlichte am Vorabend der Feier, am 21. März 1897, der Journalist Abbé Charles Sipp einen berühmt gewordenen Artikel: „Wir machen nicht mit![8]" In einer leidenschaftlichen Sprache zählt er die Gründe auf, weshalb das Elsaß nicht mitmachen werde. Wir wollen uns auf einige Auszüge aus diesem sehr aufschlußreichen Artikel beschränken: „... Es wird von den Quadrat-Patrioten alles mögliche in Szene gesetzt, und Festakte, Fackelzüge, Fahnenschmuck usw. werden dazu dienen, bei denjenigen, die es gern glauben, die Meinung zur Geltung zu bringen, Elsaß-Lothringen habe einmal mehr und mit ganz außergewöhnlicher Begeisterung seinen ‚Patriotismus' kund gegeben . . . Man bleibe uns mit Hurraschreien, Fahnenschmuck, Festmählern und Musik vom Leibe! Oder fühlt man denn nicht, wie diese Feier uns Elsässer tief ins Herz schneidet? Vergißt man, daß in Kaiser Wilhelm I. vor allem der Sieger der Franzosen gefeiert wird, daß unsere Väter und Brüder noch unter der rot-weiß-blauen Fahne, also gegen den gefeierten Kaiser gekämpft haben? Daß sie und wir zugleich durch Deutschland bekämpft wurden und daß es grausam ist, von den Besiegten zu verlangen, sie mögen dem Sieger zujubeln? Bedenkt man nicht, daß die Feier für

Er läßt sich nicht erweichen

(Kaiser Wilhelm begnadigt einen französischen Offizier – aber nicht Elsaß.)
Aus „Weekbled voor Nederland", 1894

Wilhelm I. mit den Namen Wörth, Reichshofen, Sedan usw. unzertrennlich verbunden ist, daß Tausende der Unsrigen auf diesen Schlachtfeldern durch die Soldaten Wilhelms I. niedergemacht wurden und daß in allen Elsässer Familien diese Feier und die Erinnerung an die blutigen Schreckenstage von 1870 und 1871 schmerzliche Wunden aufreißen wird? Könnten wir uns zu einem jubelnden „Hoch" zwingen, ohne als Widerhall im tiefsten Herzen das Heulen und Wehklagen unserer durch Kaiser Wilhelms Truppen verwundeten Landsleute zu hören? Und würde uns das zu Ehren Kaiser Wilhelms gefüllte Glas nicht an die Ströme elsässischen Blutes mahnen, die damals unter den Schüssen und Hieben seiner Soldaten flossen?

Und noch eines muß erwähnt werden: Das neue deutsche Reich, dessen Entstehung so lärmend gefeiert wird – hat es uns Elsässern eine beneidenswerte Stellung geschaffen? Wir sind immer noch im großen Deutschland das Aschenbrödel, die Stiefkinder, die Bürger zweiter Klasse. Es genügt, an die Tatsachen Diktaturparagraph, Pressegesetz, Ausnahmestellung zu erinnern, und wahrlich, sie sind nicht dazu angetan, uns den Eintritt in das Deutsche Reich lärmend mitfeiern zu lassen ... Wir haben nichts abzuverdienen und zu erbitten, wir haben zu fordern – im Namen des Rechtes und der Gleichheit ..."

Sieben Tage nach dem Erscheinen dieses Artikels wurden die beiden katholischen Zeitungen „Das Mühlhauser Volksblatt" und die „Colmarer Zeitung", welche den Artikel von Sipp gebracht hatten, unterdrückt. Es war aber das letzte Mal, daß der Diktaturparagraph das Erscheinen einer katholischen Zeitung unterband [9].

Fünf Jahre nachher, am 9. Juni 1902, wurde der Diktaturparagraph aufgehoben. Er war für die deutsche Politik im Elsaß und in Lothringen zu verhängnisvoll gewesen.

Um die Jahrhundertwende war in der jungen, nach 1871 geborenen Generation eine realistischere Auffassung der gegebenen Lage zum Durchbruch gekommen [10]. Die „Kirchhofsstille", die ihre Väter beobachtet hatten, wich nun der unvermeidlichen Notwendigkeit, aus dem Turme heraus zu treten. Die jungen Elsässer handelten nach dem von ihnen aufgestellten Grundsatze: „Franzosen können wir nicht sein, Deutsche wollen wir nicht sein, seien wir darum Elsässer." Dieses Elsässertum offenbarte sich nun auf verschiedenen Gebieten.

Die Jugend wandte sich mehr und mehr den akademischen Studien zu. Sie fand freundliches Entgegenkommen bei manchen Hochschullehrern; diese Pädagogen brachten für den inneren Zwiespalt ihrer Studenten, die bisher unter dem Einfluß ihrer Familien und Kameraden wenig Sympathie für Deutschland gezeigt hatten, großes Verständnis auf. Professoren wie der Nationalökonom Knapp, der Schwiegervater des Bundespräsidenten Heuss, die Germanisten Ernst Martin und Franz Schultz, vor allem aber Ernst Wittich, dessen Aufsätze über die „Doppelkultur" im Elsaß lobende Anerkennung fanden, wußten die Hochachtung und die Liebe ihrer Hörer zu gewinnen.

Der elsässische Dialekt kam zu Ehren. Gustav Stoskopf gründete zusammen mit einem Altdeutschen, Julius Greber, das Elsässische Theater in Straßburg, dem andere in den größeren Städten des Elsaß folgten. Stoskopf wurde der beste satirische Lustspieldichter, dessen Situationskomik in seinen Stücken wie der „Herr Bürgermeister" von Deutschen und Elsässern belacht wurde. Für die elsässische Sache gewonnen waren auch manche Söhne altdeutscher Familien, die sehr jung ins Elsaß kamen oder schon hier geboren wurden, so Otto Flake[11], Ernst Stadler, Hans Karl Abel. Mit ihren jungen elsässischen Kameraden verleugneten sie ihre großen Sympathien für Frankreich nicht und arbeiteten in nationalistisch-elsässischen Zeitungen. Einer der bekanntesten dieser jungen Schriftsteller, Hermann Stegemann, war im Alter von zwei Jahren mit seinen Eltern nach Colmar gekommen, hatte hier seine Jugend verlebt und seine dichterischen Erstlingswerke seiner Wahlheimat gewidmet. Er schreibt: In Altkirch „hab ich dem Elsaß ins Herz geblickt. Hier wurde ich, was ich nicht ohne Stolz, aber gerade darum heute auch nicht ohne tiefen Schmerz von mir sagen darf: Ein Künder seiner Seelennöte, ein Lobpreiser seiner Schönheiten, ein Verteidiger seiner geschichtlich bedingten Eigenheiten und von mir aus Sachwalter seiner politischen Heimatrechte[12]."

Zwei Freunde, Anselme Laugel und Charles Spindler, hatten 1898 die „Revue Alsacienne Illustrée", „Die Elsässische Rundschau" gegründet, mit dem Ziel, in ihrer Heimat die von der deutschen und französischen Quelle gespeiste Doppelkultur zu hegen und zu pflegen[13]. Sehr bald unternahm ein Freund von Maurice Barrès, der Straßburger Arzt Dr. Pierre Bucher, die Leitung. Er war nach einem Ausspruch von Millerand „l'incarnation vivante de l'Alsace pour les Français et de la France pour les Alsaciens."

Auch die Studenten der Medizin und der Pharmazeutik hatten ihre französisch gesinnten Zeitschriften; eine ihrer bekanntesten Kundgebungen war der „Monôme", der mitternächtliche, stille Marsch zum Kleberdenkmal.

Eine besondere Aufgabe hatten hier die Karikaturisten, die Satiriker in Wort und Bild, an denen das Elsaß, durch die geschichtlichen Wandlungen bedingt, sehr reich ist. Zwei von ihnen haben in der Vorkriegszeit ihre große Begabung in den Dienst ihres kleinen und großen Landes gestellt. Henri Zislin und der als „Hansi" bekannt gewordene Jean-Jacques Waltz. Beide haben in ihren Zerrbildern den „Pangermanismus" lächerlich gemacht – „le ridicule tue –" . . . So beschreibt und zeichnet Zislin den im Lande bekannten „Homo Pangermanus":

„Grüne Hosen, grüne Joppe,
Grünes Hütchen auf dem Koppe.
Darauf, in der Mitte, hinten,
Etwas Haariges zu finden,
Riesendimension erreichend,
Abtrittspinselborsten gleichend,
Lodendeckel prächtig schmückend,
Zücht'ge Jungfrau hochbeglückend,
Deutschen Hauptes edle Zier!

Die schöne Elsässerin
„Mein Typ ist nicht darunter . . ."
Zeichnung von H. Zislin

Dann ein Kräglein aus Papier,
Und die Ausstattung ergänzend
Noch ein Vorhemd, wachstuchglänzend,
Tritt er ein, groß, stark und dick,
Linke Brust voll Blechmusik . . . [14]"

Auch die Frauen und ihre Kleidermode, Germania an der Spitze, reizen seine Feder und besonders seinen Zeichenstift. So die Frau Wirklichgeheimeoberkalkulationsinspektoratsdirektor, die man nicht mit dem einfachen im Elsaß und in Frankreich üblichen „Madame" anreden darf. Bei Zislin steht die Zeichnung an erster Stelle [15]. Er war eine ausgesprochene Kämpfernatur und mußte mehrmals mit den deutschen Gefängnissen Bekanntschaft machen, genau so wie sein Freund „Hansi". Letzterer, der Colmarer Schriftsteller Jean Jacques Waltz, wurde schon 1907 einem größeren Kreise durch seine „Vogesenbilder" bekannt und 1908 durch seine überaus witzigen Zeichnungen in dem Werke „Die Hohkönigsburg im Wasgenwald und ihre Einweihung. 16 Bilder von Hansi, Text von Prof. Dr. Knatschke." Mit diesem Professor hatte Hansi eine Figur geschaffen, die weltberühmt geworden ist. Im gleichen Jahre erschien dann sein „Professor Knatschke. Des großen deutschen Gelehrten und seiner Tochter ausgewählte Schriften. Den Elsässern mitgeteilt und illustriert von Hansi." Das Werk hatte viele Auflagen. 1912 erschien auch eine französische. Der Artikel eines pangermanistischen Professors aus Jena namens Rein hatte die Verse Hansis ausgelöst, aber als Modell für die allgemein bekannt gewordene Gestalt mußte Gneiße, der damalige Direktor des Colmarer Lyzeums, herhalten.
Hansis Schriften riefen bei den Altdeutschen einen unbeschreiblichen Haß gegen den Verfasser hervor. Man schwor ihm Rache. Hansi wurde mehrmals verurteilt, sein Mitangeklagter, der Abbé Wetterlé, erhielt zwei Monate Gefängnis, die er „absitzen" mußte. Von nun ab machte Hansi mehrmals Bekanntschaft mit den deutschen Gerichten. Wegen Hochverrats in seinem Werke „Mon village" wurde er vom Reichsgericht in Leipzig am 9. Juli 1914 zu 18 Monaten Gefängnis bei sofortiger Verhaftung verurteilt. Sein Verteidiger erreichte einen Aufschub von drei Tagen, um Hansi zur Rückerstattung der von ihm in Colmar gestellten Kaution zu verhelfen. Obwohl überwacht, konnte der Verurteilte in Colmar dennoch den Polizisten entwischen und in die Schweiz flüchten. Es war kurz vor dem Ausbruch des Ersten Weltkrieges, an dem er als Kriegsfreiwilliger teilnahm. Am 18. November 1918 kehrte Lieutenant Hansi an der Spitze der französischen Truppen in seine Vaterstadt zurück.
Hansi und besonders Zislin hatten in den Gendarmen und vor allem in den deutschen Offizieren die typischen Vertreter des Deutschtums im „Reichslande" gesehen, „die deutsche Uniform repräsentiert die Deutschen als solche! Und besonders das Offizierkorps wird in seinem öffentlichen und privaten Leben aufs Schärfste beobachtet. Man ist oft erstaunt, wie genau die eingeborene Bevölkerung über etwaige Skandale in den Reihen der Eingewanderten orientiert ist, insbesondere über das deutsche Offizierskorps, und wie sie sofort solche Skandale gegen das Deutschtum in unserem Sinne ausbeutet! . . . Leider haben im ‚Reichslande' derartige Skandale in Offizierskreisen bisher nicht zu den Seltenheiten gehört . . . [16]".
Wenn die Elsässer über diese Skandale unterrichtet wurden, so verdanken sie es vornehmlich den Altdeutschen selbst. 1903 erschien ein Werk, das großes Aufsehen er-

regte. Als sein Verfasser zeichnete ein Leutnant Bilse (Fritz von der Kyrburg), der Titel lautete: „Aus einer kleinen Garnison. Ein militärisches Zeitbild.“ In grellen Farben schildert der Verfasser das Leben und Treiben der Offiziere in dem lothringischen Forbach, die ihre freie Zeit mit Liebe, Ehebruch, „Jeu“, Schuldenmachen und Suff totschlagen und schließlich Selbstmord begehen. Dieses „Zeitbild“ wurde besonders im „Reichsland“ überall gelesen und besprochen. Der Verfasser aber im November 1903 von dem Kriegsgericht der 33. Division abgeurteilt.

Drei Jahre nach Bilse erschien das Werk eines anderen Altdeutschen, des ehemaligen Kriminal-Polizeikommissars beim Kaiserlichen Polizei-Präsidium in Straßburg, Alfred Stephany. In dem Werke: „Germanisation, Willkürregierung und Polizeiwirtschaft in Elsaß-Lothringen“, das 1906 in Zürich erschien, schildert der Verfasser unter Nennung der Namen das skandalöse Benehmen der hohen und höchsten Beamten im Reichslande, wie aus einigen Kapitelüberschriften hervorgeht: Germanisatorische Tätigkeit der Regierung und ihre Erfolge. Behördliche Gesinnungsschnüffelei. – Der Landesausschuß. – Klerikale Treibereien. – Die Beamtenschaft. – Die politischen und sittlichen Zustände im „Reichslande“. Nach den ihm zur Verfügung gestandenen Akten und Dokumenten versichert er, daß alle nach Frankreich reisenden Elsaß-Lothringer überwacht werden, insbesondere vor den nationalen Festtagen. Die Kantonal-Kommissare seien politische Spitzel, die regelmäßig geheime Berichte über die Stimmung der Einwohner einzureichen hätten. Jede Kreisdirektion und jede Polizeidirektion besitze Geheimlisten mit den Namen der Einheimischen, die im Falle einer Mobilmachung ausgewiesen oder verhaftet werden sollten. Stephan zitiert eine ganze Reihe elsässischer Persönlichkeiten, die auf diesen Listen stehen. Besonderes Gewicht legt der Verfasser auf die Schilderung der erotischen Skandale, denen er ein großes Kapitel widmet: „Absteigequartier und Spielhölle, Prostitution und Mätressenwirtschaft“. Das Offizierskorps wird nicht vergessen, auch nicht die gekrönten und fürstlichen Schlemmer.

Zu einer „Weltsensation“ wurde die „Zaberner Affäre“, die im November 1913 ihren

„Professor Dr. Knatschke, der große deutsche Gelehrte“
Eine der Phantasie „Hansi's“ entsprungene Verkörperung des „Homo Pangermanus“

Anfang nahm [17]. Sie offenbarte die großen Schwächen der Verfassung von 1911; gleichzeitig lieferte sie der Welt ein unzweideutiges, äußerst beredtes Beispiel der brutal ausgeübten Macht des preußischen Militarismus über die Zivilgewalt und das Parlament. ... Die ganze Geschichte klingt unglaublich: Ein preußischer Leutnant, Freiherr von Forstner, hatte die elsässischen Rekruten als „Wackes" bezeichnet und jedem seiner Soldaten, der einen dieser Wackes oder Dreckwackes durch Stechen oder Schießen zur Strecke bringen würde, eine Belohnung von zehn Mark versprochen – „zu denen sein Sergeant Fröhlich noch weitere drei Mark zulegen wollte [18]". In einer anderen Instruktionsstunde hatte Forstner „die französische Fahne in der widerlichsten Weise beleidigt [19]". Als dies bekannt wurde, kam es in Zabern zu Gegenmanifestationen; der Regimentsoberst von Reuter verhängte den Belagerungszustand über die Stadt und erließ den Befehl, im Notfall scharf zu schießen. Im ganzen Lande fanden nun Protestversammlungen statt. Am 3. und 4. Dezember wurde die Zaberner Affäre in stürmischen Sitzungen im Reichstag behandelt. Die Elsässer wurden von zahlreichen Altdeutschen, vor allem von den Sozialisten unterstützt. Der liberale Abgeordnete Prof. Dr. van Calker, Professor der Rechte an der Universität Straßburg, faßte seine Gefühle über das klägliche Versagen der Landesregierung und den offenen Triumph des Militarismus in die für einen Altdeutschen ergreifenden, schmerzlichen Worte: „Es ist zum Heulen, was im Elsaß geschah! Alles, was wir aufgebaut haben, ist kaputt. Hier gibt es keine Beschönigung und kein Verheimlichen [20]!"

„Grüne Hosen, grüne Joppe,
Grünes Hütchen auf dem Koppe ..."
Zeichnung von „Hansi"

Der Reichstag sprach der Regierung mit 295 Stimmen gegen 55 einen Tadel aus. Der Kaiser und der Kronprinz standen fest hinter der Regierung und dem Militär. Der Kronprinz schickte dem Obersten von Reuter zwei Telegramme. Die Texte lauteten: „Bravo! Wilhelm" und „Immer feste druff!"

Der Fall Zabern hat Deutschland in der Weltmeinung ungeheuer geschadet, hatte sich doch die internationale Presse lebhaft mit ihm beschäftigt. „Der Lärm um Zabern verstummte erst, als die Schüsse von Serajewo krachten [21]."

Der Krieg wurde von Deutschland an Rußland am 1. August, an Frankreich am 3. August 1914 erklärt. Die vorhergehende Mobil-

machung hatte sich in den Reichslanden ohne irgendwelche Zwischenfälle vollzogen. Bei den deutschen Armeekorps, dem XV. in Straßburg, dem XIV. in Karlsruhe, und dem XVI. in Metz, meldeten sich zahlreiche Kriegsfreiwillige. Unter den 12 361, die sich vom 1. August 1914 bis zum 15. Juli 1915 beim XV. Armeekorps stellten, waren 3153 Elsaß-Lothringer, die übrigen Altdeutsche. Unter den 27 225 Freiwilligen beim XIV. Armeekorps befanden sich 1378 Reichsländer. Das XVI. Armeekorps in Metz hatte schätzungsweise 3500 Elsaß-Lothringer, so daß sich die Zahl, die sich ohne Zwang gemeldet hatten (und die vielfach mächtig übertrieben wurde), auf ungefähr 8000 Freiwillige belief [22]. Es waren meist Studenten, die sich nach ihrem Einjährigen-Zeugnis am ersten Tage der Mobilmachung bei ihrem Bezirkskommando zu melden hatten, wenn sie das zwanzigste Jahr erreicht hatten. Sie konnten so Waffengattung und Truppenteil aussuchen und die großen Kosten ihrer einjährigen Dienstzeit sparen. Viele Schüler der höheren Lehranstalten meldeten sich, weil sie dadurch das Kriegsabitur erhielten, das ihre die Universität vorbereitenden Studien um zwei Jahre verkürzte.

Ihre Väter und Mütter waren nicht vom Kriege begeistert, doch befleißigten sie sich anfangs einer völlig loyalen Haltung. Die erste Enttäuschung kam schon am 4. August, als Deutschland „aus Gründen der Selbsterhaltung" die belgische Neutralität verletzte und das überraschte Land besetzte.

„Aber bald fraß sich der alte böse Feind der deutschen Politik im Elsaß in die Herzen", so schreibt ganz objektiv Fritz Jaffé, ein ausgezeichneter Kenner elsässischer Geschichte. Hören wir, was er uns zu sagen hat: „Das Mißtrauen erwachte. Die wenigen Fälle von Desertation und Verrat wurden

„Frau Wirklichgeheimeoberkalkulationsinspektoratsdirektor" trifft ein — *Zeichnung von „Hansi"*

verallgemeinert, fremde Truppen aus dem Innern durchzogen das Land. Geführt von reichslandunkundigen Vorgesetzten, verwechselten sie Französisch-Lothringen und Elsaß, kolportierten alberne Franktireurmärchen, verstanden sich nicht mit ihren Quartierwirten, wähnten sich in Feindesland. Während der Kämpfe um Mühlhausen wurde Burzweiler von deutschen Truppen verbrannt, mehrere Einwohner standrechtlich erschossen. Wer wird je klären, ob, was sehr unwahrscheinlich ist, verirrte Zivilisten wirklich geschossen hatten, ob es französische Soldaten waren, oder ob es sich, wie so häufig in diesen Fällen, um einen Irrtum, um eine Verleumdung oder ähnliches handelte. Man werfe

ALS ELSASS
NOCH ALS
„REICHSLAND“ GALT

Wie der Elsässer Patriot „Hansi“, alias Jean Jacques Waltz, die Akteure der „Unterwanderung“ des Elsaß sah und mit spitzer Feder festhielt

HANSI

Eigner Herd ist
Goldes wert.
für Papa
für Mama
MARZIPAN

nicht die eisernen Notwendigkeiten des Krieges in die Diskussion. ... Es bleibt die Tatsache bestehen, daß, während deutsche Soldaten vor dem Feinde standen, ihre heimischen Wohn- und Arbeitsstätten von Kameraden angesteckt, ihre Verwandten getötet wurden. Über die Wirkung im Lande wird ein Zweifel nicht obwalten. Sie war wohl abschreckend, aber in einem Sinne, der nicht im deutschen Interesse lag [23]".

Burzweiler war am 15. August zerstört worden, drei Tage nachher wurde St. Moritz im Weilertale durch die bayerischen Truppen in Brand gesteckt, weil man auf die deutschen Soldaten geschossen habe. Unter ähnlichen Umständen wurde in Lothringen das Dorf Dalheim zerstört, im Gebweilertal das Dorf Sengern. Von letzterem gab es nachher eine amtlich genehmigte Ansichtskarte mit der Aufschrift: „Sühnegericht der Württemberger in Sengern [24]." Die Zerstörungen ihrer Dörfer, die standrechtlichen Hinrichtungen ihrer Landsleute, untergruben die Moral vieler elsässischer Soldaten, die dann von ihren Vorgesetzten als „unsichere Kantonisten" angesehen wurden. Ein Zwischenfall schien diesen recht zu geben. Am 26. Oktober 1914 wurden 154 Soldaten des Landwehr-Infanterie-Regimentes 99 aus Zabern gefangen genommen. Mit Ausnahme von sieben waren alle Elsässer. Die Heeresleitung war überzeugt, daß sie zu den Franzosen übergelaufen waren [25].

Weitere Meldungen – beglaubigte und unbeglaubigte – veranlaßten das Kriegsministerium am 15. März 1915 einen Geheimbefehl herauszugeben, der die Entfernung von politisch verdächtigen Elsaß-Lothringern aus Truppenteilen im Westen verlangte. Bei den Appellen erklang nun das berüchtigte „Elsässer links raus!" Sie wurden an die Ostfront geschickt, wo sie unter besonderer Aufsicht standen.

Erst der Zusammenbruch bereitete dem Leidensweg des elsässischen Soldaten ein Ende. Als besiegter deutscher Soldat kehrte er in das siegreiche Frankreich zurück. Von den 380 000 eingezogenen Elsässern und Lothringern hatten 50 000 ihr Leben hergeben müssen.

Gleich bei Kriegsausbruch hatte die deutsche Militärbehörde diejenigen verhaften lassen, die auf den von den Kreisdirektoren aufgestellten „schwarzen Listen" standen. Im Landtag hatte die Regierung das Bestehen dieser Listen geleugnet. Diese Listen wurden bei Kriegsbeginn an die Generalkommandos weitergegeben. „Für das angerichtete Unheil

Eine „sportliche Erscheinung"
vom anderen Ufer des Rheines zugewandert
Zeichnung von „Hansi"

Der Wunschtraum des Herrn Direktors
Karikatur auf die Polizeischikanen in Elsaß-Lothringen
Zeichnung von „Hansi“.   Aus „Nourelliste d'Alsace-Lorraine“

sei die Zivilverwaltung nicht verantwortlich, denn diese Listen hätten nur 160 Namen enthalten. Es ist deshalb wahrscheinlich, daß die Generalkommandos über eigene ‚schwarze Listen‘ verfügten, behauptete die Regierung [26]“.
Die Verdächtigten, die „im Interesse der öffentlichen Sicherheit“ verhaftet wurden, kamen entweder vor ein Kriegsgericht oder mußten in „Schutzhaft“ bleiben. Als zwangsweise angewiesener Aufenthaltsort ist u. a. Holzminden im Braunschweigischen bekannt geworden. Der Colmarer Bezirkspräsident von Puttkammer verlangte von den Ausgewiesenen die Niederlegung ihrer Ämter, falls er etwas für sie tun sollte [27]. Der Reichstag hatte sich mit den Ausgewiesenen beschäftigt und eine Schutzhaftkommission gebildet. Das von ihm vorgeschlagene Gesetz wurde am 4. Dezember 1916 verkündet, doch blieb die Militärregierung allmächtig und kümmerte sich nicht um die Einhaltung des Gesetzes.

Nach dem Kriege haben sich die elsaß-lothringischen Schutzhäftlinge zur „Ligue des Proscrits d'Alsace“ zusammengeschlossen und sofort versucht, eine genaue Statistik aufzustellen. Nach strengster Prüfung blieben 4820 Fälle nachweisbar und zwar betrafen sie 3385 Elsässer und 1435 Lothringer [28].

Zu spät, um sich voll und ganz zum Schaden von Elsaß und Lothringen auszuwirken, kam es anfangs 1918 in Berlin zur Gründung der „Westmark". Nach polnischem Vorbild, der „Ostmark", war sie eine Übernahmegesellschaft; ihr Ziel war der Erwerb und Verkauf von reichsfeindlichen Gütern, gleichzeitig auch die Ansiedlung von altdeutschen Bauern, Arbeitern, Handwerkern und Angehörigen von Bevölkerungsschichten auf ähnlicher gesellschaftlicher Stufe. Der energische Protest des Landtages gegen die „Westmark" kam in einer Zeit, „da dem elsaß-lothringischen Volke Hände und Füße gebunden waren"; er blieb demgemäß ohne jeden Erfolg. Bis Oktober 1918 kauften besonders Kriegsgewinnler aus Deutschland zu einem lächerlich geringen Preis den beschlagnahmten Besitz [29].

In diese Zeit fiel die Kriegsentscheidung. Wieder zu spät versprach am 5. Oktober 1918 der neu ernannte Reichskanzler Prinz Max von Baden dem Reichslande die volle, uneingeschränkte Autonomie. Zum ersten Male wurde nun Elsässern die Regierung anvertraut. Rudolf Schwandner wurde am 14. Oktober Statthalter, Charles Hauss Staatssekretär ... Zu spät schlug man nun den Elsaß-Lothringern das Selbstbestimmungsrecht vor, zu spät die Neutralität und das Plebiszit ...

Am 11. November wurde der Waffenstillstand unterzeichnet. Und Elsaß und Lothringen waren wieder bei Frankreich.

Das von Franzosen umworbene Elsaß
Zeichnung von Rodiguet. Aus „Le Rire"

Die Verrohung greift um sich

XIX

Regression als Kriegsfolge – Das Verhältnis der kriegführenden Menschheit zum Tode – Schmutz und Laus im Schützengraben – Alkohol und Nikotin im Kriege – Verbrecher und Psychopathen in den Heeren – Religiöse Wiedergeburt oder Hochkonjunktur im Aberglauben? – Die erotische Verrohung

Mit dem Worte Verrohung oder Verwilderung bezeichnen wir eine Reihe von Erscheinungen des Seelenlebens im Kriege, Wandlungen der Massenpsychose, die sich im Gefolge des Krieges vollzogen und sowohl unmittelbare als auch mittelbare Kriegsteilnehmer, somit letzten Endes die ganze Bevölkerung der kriegführenden Staaten ergriffen. Die Tatsache selbst ist bekannt. „Reißen wir dem Kriege die Maske ‚Stahlbad' herunter", schreibt Major Endres, „so bleibt das Gesicht: Verrohung an der Front zum Zwecke, eine brutalere Kriegführung zu erzielen, und Verrohung der Heimat, um das Haßgefühl, das einem Kulturvolk fremd ist, gegen den Feind zu erwecken und zu verewigen [1]."
Freud hat kurz nach Kriegsausbruch eine psychoanalytische Deutung dieser Erscheinung (deren literarische Gestaltung Remarque vorbehalten blieb) unternommen und in unübertroffener Weise durchgeführt. „Der ‚Krieg'", sagt er, „streift uns die späteren Kulturauflagerungen ab und läßt den Urmenschen in uns wieder zum Vorschein kommen [2]." Somit haben wir es in der Verrohung im allgemeinen mit jenem seelischen Phänomen zu tun, das, gleichfalls von der Psychoanalyse, Regression – Zurückgleiten auf eine frühere Kulturstufe – genannt wird.
Die seelische Wandlung, die der Frontsoldat durchmachte, wurde vom ganzen Volke, wenn auch in anderer, bald gemilderter, bald gesteigerter Form mitverspürt. Man sprach von inhumaner Kriegführung und der vertierenden Atmosphäre des Schützengrabens, zu-

Verrohung im Bilde
Französische Verhöhnung der Fleischnot in Deutschland
Aus „La Baïonnette", 1916

gleich aber wurden ernste oder scheinheilige Beschwerden über den Sittenverfall in der Heimat laut.

Daß die Bedingungen, unter welchen das Leben des Soldaten, vor allem des gemeinen, an der Front verlief, verrohend wirken mußten, ist am wenigsten zu verwundern. Trotz aller Errungenschaften der Technik, die das Betreiben des Mordgewerbes in größtem Maßstabe ermöglichten, sah sich der kriegführende Mensch in höchst primitive Daseinsbedingungen versetzt. Was die Zivilisation in Jahrhunderten geschaffen hatte, drückte sich zwar, dank der Vervollkommnung der Mordwerkzeuge, in den Verlustziffern aller Länder aus, kam aber dem Soldaten, solange er im Feuer stand, kaum zugute. Seine äußeren Lebensbedingungen unterschieden sich im hauptsächlichen nicht von denen des Urmenschen. Jenes Urmenschen, der stets für sein Leben zittern, sich vor übermächtigen Feinden verstecken, vielleicht auch unter der Erde verkriechen mußte und in Höhlen hauste. Nicht einmal die Disziplin und das von vielen gerühmte Kameradschafts- und Zusammengehörigkeitsgefühl beeinträchtigt diese Analogie der äußeren Lebensbedingungen von Weltkriegs- und Urmensch. Schließlich lebte auch der Urmensch **höchstwahrscheinlich** in Herden und gehorchte einem Führer. Jedenfalls ist es unschwer zu verstehen, warum die Regression oder Verrohung an der Front besonders stark in Erscheinung treten mußte.

In dem Buche „Die Tragödie Deutschlands" lesen wir [3]:

„Daß das Kriegshandwerk verroht, darüber besteht wohl nirgends ein Zweifel. Und es verroht den Jungen viel mehr noch als den Alten, weil der junge Mensch den Eindrükken leichter zugänglich ist, schlechten Beispielen viel leichter erliegt ... Es war ein schwerer Schaden für die Seele des Volkes, daß der Krieg zu lange gedauert hat. Die Sinne wurden abgestumpft, die ohnedies bei vielen nicht hohe Bewertung fremden Lebens sank auf tiefste Grade; man schlug Menschen nieder wie Katzen; man durfte ja gar nicht daran denken, was man da eigentlich tat. Tausende von Briefen aus der Front zeigen die anfängliche Scheu vor der Vernichtung fremden Lebens, Tausende das allmähliche Gleichgültigwerden und wieder Tausende die Seelenqualen des Mörders wider Willen. Daß die Umgangsformen bei diesem Handwerk mitverrohen, daß die an sich wenig zarten Saiten vieler Menschen ganz verschwinden, und daß sich als Reaktion auf die ständige Lebensgefahr eine sinnlose Gier nach Genuß breitmachte, ist ganz erklärlich, aber darum nicht minder bedauerlich."

Daß Zotenreißen eine Selbstverständlichkeit des Soldatenlebens war, haben wir bereits an anderer Stelle erwähnt. Die Soldatensprache aller Nationen enthält schlagende Beweise dafür. So lesen wir über die deutschen Frontsoldaten in einem Kriegsroman von Erich W. Unger („Der Jüngling Sebastian zieht in den Krieg"): „Es schien, daß sie sich selbst nicht zu den Menschen rechneten: Sie hatten keine Hände und Füße, sondern Pfoten und Flossen, kein Gesicht, sondern eine Fresse, keine Ohren, sondern Löffel, keinen Mund, sondern eine Schnauze und das beliebteste Wort lautete Scheiße ..."

Grundsätzlich verändert war das Verhältnis der Menschen zum Tode. Auch dieses Problem wurde erstmals von Freud untersucht und überzeugend dargestellt. In seiner Abhandlung über Krieg und Tod unterzieht er das Verhalten des Urmenschen zum Tode einer Prüfung [4] und findet eine durchgreifende Ähnlichkeit zwischen diesem und der seelischen Einstellung der modernen Men-

Der Invalide und die Frauen
Zeichnung von V. Erdey

schen im Kriege. Wir stammen, führt er aus, von einer unendlich langen Generationsreihe von Mördern ab, „denen die Mordlust, wie vielleicht noch uns selbst, im Blut lag. Die ethischen Strebungen der Menschheit, an deren Stärke und Bedeutsamkeit man nicht zu nörgeln braucht, sind ein Erwerb der Menschheitsgeschichte." Unser Unbewußtes nun verhalte sich zum Tode fast genau so wie der Urmensch, weil in dieser wie in vielen anderen Hinsichten der Mensch der Vorzeit unverändert in unserem Unbewußten fortlebe. Der Urmensch aber glaube nicht an den eigenen Tod, nur an den des Feindes, den er unbedenklich herbeiführe und mit Freuden hinnehme. Im übrigen führt Freud aus:

„... Unser Unbewußtes glaubt nicht an den eigenen Tod, es gebärdet sich wie unsterblich ... Andererseits anerkennen wir den Tod für Fremde und Feinde und verhängen ihn über sie ebenso bereitwillig und unbedenklich wie der Urmensch ... So sind wir auch selbst, wenn man uns nach unseren unbewußten Wunschregungen beurteilt, wie die Urmenschen eine Rotte von Mördern. Der Krieg zwingt uns wieder, Helden zu sein, die an den eigenen Tod nicht glauben können; er bezeichnet uns die Fremden als Feinde, deren Tod man herbeiführen oder herbeiwünschen soll; er rät uns, uns über den Tod geliebter Personen hinwegzusetzen [5]."

Als Verrohung im eigentlichen Sinne gibt sich dieser Rückfall ins Urmenschliche zunächst in der Art und Weise kund, wie die unmittelbaren Kriegsteilnehmer dem Tode gegenüberstanden. Wir wollen es bei der Fülle des Materials bei einigen Beispielen bewenden lassen. In den „Kriegsbriefen gefallener Studenten [6]" finden wir folgendes Schreiben eines Frühgefallenen aus Nordfrankreich vom Oktober 1914:

„Der Anblick der Leicht- und Schwerverwundeten, der herumliegenden toten Menschen und Pferde, tut gewiß weh, aber der Schmerz darüber ist lange nicht so stark und anhaltend, wie man sich das vor dem Kriege vorgestellt hatte. Gewiß kommt das zum Teil dadurch, daß man fühlt, wie unmöglich es ist, hier zu helfen. Aber ist es nicht doch schon zugleich der Anfang einer traurigen Gefühllosigkeit, beinahe Rohheit, oder wie ist es möglich, daß es mir weher tut, meine eigene Vereinsamung zu tragen, als der Anblick des Leides so vieler anderer? Was hilft es, wenn mich alle Kugeln und Granaten verschonten und ich nehme Schaden an meiner Seele?"

„Wissen's schon Herr Huber: n'Großvater haben's g'halten!"

Zeichnung von D. R. André. Aus „Glühlichter", 1915

Außergewöhnlich bezeichnend ist eine Nachricht, die im „Wiener Weltblatt" im Dezember 1914 das Tageslicht erblicken durfte.
„Unsere Leute verstehen es, sich's auch im Schützengraben recht gemütlich einzurichten, ja wissen sogar sich die Zeit mit Kartenspielen zu vertreiben, wenn eine Kampfpause eintritt. Wenigstens wird in einem Feldpostbrief von den Bozener Landesschützen folgende amüsante Episode erzählt: Drei Landesschützen lagen in einem Schützengraben nebeneinander und spielten Hazard. Jeder hatte zwanzig Heller einbezahlt. Der erste Russe, der sich zeigt, wird beschossen, der erste, der ihn trifft, bekommt die sechzig Heller. Es dauerte eine Viertelstunde, da tauchte drüben auf etwa zweihundertfünfzig Schritte – stellenweise lagen die Russen auf achtzig Meter gegenüber – ein Russe auf. Der Schütze, der die „Vorderhand" hatte, legte an, traf und strich schmunzelnd die sechzig Heller ein. Die munteren Kriegshazardspieler waren die Unterjäger Riedmüller, Wagner und Habitzl (der letztgenannte gewann den Preis)."
Dieselbe Nummer desselben Blattes schmückt ein Titelbild, das nach der beigegebenen Legende „die originelle Feldszene darstellt, bei der ein getroffener Russe mit sechzig Hellern bewertet wurde. Kartenspielen im Pulverdampf – das ist wohl der Gipfel der Gemütlichkeit! [7]"
Philosophen und Historiker glauben seit jeher, die Kulturstufe eines Volkes daran abmessen zu können, ob und wie es seine Toten ehrt und das Menschenleben achtet. Das gilt wohl auch für den Krieg. Je länger er dauerte, um so üblicher wurde dieses allen Kriegsteilnehmern bekannte Spiel mit dem Tode. So schreibt ein ungarischer Frontsoldat: „Nach den erbitterten Kämpfen bei D ... an der Ostfront bezogen wir neue Unterstände, die in einem gottesjämmerlichen Zustande, von Granaten aufgerissen und stellenweise völlig verschüttet waren. Daß unter den Erdhaufen erstickte und zerfetzte Leichen liegen mußten, bewies ein Umstand, der zu einem grotesken Spiel Anlaß gegeben hat. Aus einem dieser Hügel ragte nämlich der schmutzige, kotbedeckte Stiefel eines Soldaten hervor. Und eines Tages – die Langeweile quälte uns mehr noch als das monotone Surren und Summen der Schrapnelle – kam einer auf den Einfall, sein Schuhzeug hervorzuholen und den verwahrlosten einsamen Stiefel mit Kratzbürste und Lappen zu bearbeiten, fein säuberlich blank zu wichsen, mit Spucke und Pasta auf Hochglanz zu bringen. Die Kameraden umstanden ihn im Kreis und hielten sich die Bäuche. Einer löste

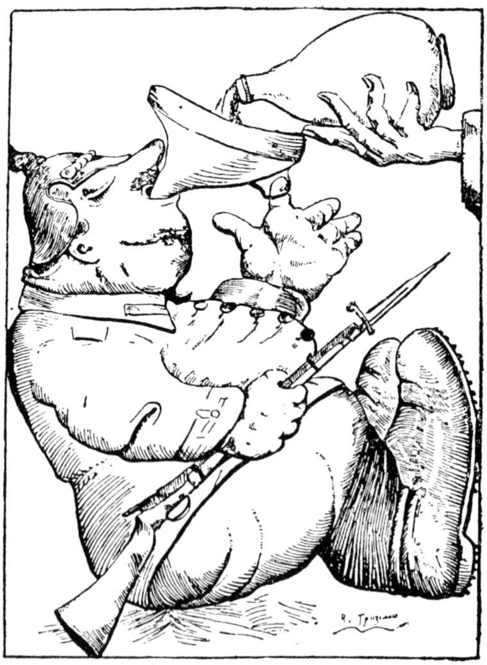

Vorbereitungen zum Sturmangriff
Zeichnung von J. Priselli. Aus „Solnze rossij", 1915

den anderen ab, das Stiefelputzen wurde zur täglichen Morgenübung, zu einem Gesellschaftsspiel, an dem niemand etwas auszusetzen fand."

Graves erzählt einen ähnlichen Fall [8]. Aber auch das Hinterland brachte dem größten aller Mysterien, dem Sterben, wohl keine größere Achtung entgegen. Amtliche Berichte von zehntausend getöteten Feinden wurden entweder mit Gemütsruhe oder mit patriotischen Hochgefühlen gelesen, wenn sie nicht vollends mit libidinös gefärbter Wollust goutiert wurden, wie es Magnus Hirschfeld von einem Sadisten berichtet, der beim Lesen großer Gemetzel Orgasmus bekam. Im allgemeinen kann man nicht sagen, daß das Verhalten des Hinterlandes auch nur im geringsten humaner als das des Frontsoldaten gewesen wäre. Die Presse kam mit den haarsträubendsten Greuelberichten einem allgemein vorhandenen Bedürfnis entgegen, fremder Tod und fremdes Leid waren in diesem Kriege etwas, das, wenn es nicht als Wollustquelle empfunden wurde, fast jeden kalt ließ. Neben den eigentlichen Kriegshandlungen sind die im Kriege recht häufig erfolgten Hinrichtungen ein Beispiel dafür. Es ist sicherlich kein Zufall, daß Tausende Aufnahmen zur Kriegszeit in Verkehr gesetzt wurden, die Hinrichtungen von Verrätern, Deserteuren usw. darstellten. Und fast immer findet man dabei den Vollstrecker des Urteils und einige andere Personen, die sich die Gelegenheit, sich auf diese Weise zu verewigen, nicht entgehen ließen. Besonders bekannt wurde eine in unzähligen Exemplaren als Postkarte verbreitete Photographie von der Hinrichtung Dr. Battistis, des früheren österreichischen Reichstagsabgeordneten von Trient, der zu Beginn des Krieges nach Italien geflüchtet war, von den Österreichern als italienischer Offizier gefangen genommen und zum Tode verurteilt wurde. Karl Kraus läßt seinen „Nörgler" in den „Letzten Tagen der Menschheit" sagen:

„Das österreichische Antlitz ... hat man in diesen vier Jahren Schulter an Schulter neben dem sehr martialistischen Gesicht so oft in den Schaufenstern gesehen, daß es wohl vierzig Friedensjahre brauchen wird, um die Erinnerung loszuwerden. Nein, es ist nicht wie das preußische, wenngleich es jenem gleich und alles ist, nur eben nicht das, was die Feuilletonisten singen und sagen. Zumal aber ist es das des Henkers. Des Wiener Henkers, der auf einer Ansichtskarte, die den toten Battisti zeigt, seine Tatzen über dem Haupt des Hingerichteten hält, ein triumphierender Ölgötze der befriedigten Gemütlichkeit, der ‚Mir san mir' heißt. Grinsende Gesichter von Zivilisten und solchen, deren letzter Besitz die Ehre ist, drängen sich dicht um den Leichnam, damit sie nur ja alle auf die Ansichtskarte kommen ... Sie wurde von Amts wegen hergestellt, am Tatorte wurde sie verbreitet, im Hinterlande zeigten sie ‚Vertraute' Intimen und heute ist sie als ein grelles Bild des k. k. Menschentums in den Schaufenstern aller feindlichen Städte ausgestellt, ein Denkmal des Galgenhumors unserer Henker, umgewertet zum Skalp der österreichischen Kultur. Es war vielleicht seit der Erschaffung der Welt zum ersten Male der Fall, daß der Teufel ‚Pfui Teufel' rief ... Es bildeten sich Gruppen. Und zwar um nicht nur bei einer der viehischsten Hinrichtungen dabei zu sein, sondern auch dabei zu bleiben; und alle machten ein freundliches Gesicht. Dieses, das österreichische, ist auch auf einer anderen Ansichtskarte, der unter vielen ähnlichen eine nicht geringe kulturhistorische Bedeutung zukommt, in zahlreichen Soldatentypen, die zwischen zwei hängenden Rutheninnen Schulter an Schulter die Hälse recken, um nur ja ins Dokument zu kommen. Gott weiß, an welcher satanischen Blähung eines Generals, den vielleicht ein Zwischenfall beim ‚Sautanz' zu einer furiosen Aufarbeitung von ‚Wird vollzogen' gestimmt hatte, die unglücklichen Frauen gestorben sein mögen [9]."

Als Beitrag zum allgemeinen Verhalten der kriegführenden Menschheit zum Tode könnten wir noch das in manchen Ländern populär gewordene gesellschaftliche Verbot der Trauer um gefallene Angehörige erwähnen. Die Blechtafeln mit der Überschrift „Froh habe ich dem Vaterland ein teures Leben geschenkt", die das Trauerkleid der Frau ersetzen sollten, und an denen nebenbei gut verdient wurde, gehören hierher.

Wie bereits erwähnt, machte die Verrohung mit der Fortdauer des Krieges immer unverkennbarere Fortschritte. „Die Verrohung stieg eben mit jedem Tage an jeder Front und bei jeder Nation, und hinwiederum hatte man an jedem Tage gemeint, daß der vernunftbegabte Mensch unmöglich noch tiefer sinken könne. Und doch mußten noch viele Tage vergehen, ehe in Europa die Stimmen durchdrangen, die längst erkannt hatten, daß die Anhänger eines Voltaire, Kant oder Christus moralisch und geistig bis weit unter das Tier gekommen waren [10]."

In Wirklichkeit ist der Krieg, wie Hollander bereits Anfang 1916 feststellt, zum Zustand geworden. Er schreibt [11]:

„Krieg ist uns Heimat und Beruf geworden; ein Volk, fremd andern Völkern, ist das Heer; eine Sprache, unverständlich dem sprachgewandten Fremdling, ist die Sprache des Krieges. Das Außerordentlichste ist zur Gewohnheit zusammengesunken, und was in früherer Sprache Irrsinn oder Wahnsinn heißt, ist durch die Dauer in der Sprache des Krieges oder über die Tatsache hinaus zur Selbstverständlichkeit erwachsen."

Ähnlich sagt Perhobstler [12]:

„Der Krieg mit seinem Drum und Dran war unsere zweite Natur geworden. Wir lebten nun den Krieg wie man ein alltägliches Leben lebt, wie man in das Bureau marschiert, wie man hinter dem Pflug oder Schraubstock arbeitet. Wir regten uns nicht mehr über Wasserlöcher, Schnee oder Regen auf, ließen, wo es anging, Befehl Befehl sein und sagten, wenn uns etwas nicht paßte. ‚Leck mich im Arsch', wie man sonst ‚Danke' oder ‚Bitte' sagt."

Auch die Einrichtung des Urlaubs war schließlich eine Anerkennung des Zustandhaften des Krieges. Und demgemäß entfremdeten sich Front und Hinterland. In Arthur Kuhnerts Kriegsroman [13] meint der auf Urlaub heimgekehrte Frontsoldat, er könne, wie alle seine Kameraden, keine Beziehung mehr zum Hinterland und seinen Frauen gewinnen. „Wir sind fremd unter Fremden. Weißt du, was es heißt, sich zurücksehnen in den Schützengraben?" Bezeichnenderweise drückt sich dieses Gefühl der Fremdheit oft darin aus, daß der Frontsoldat die Daheimgebliebenen für noch verrohter hält als sich selbst. So finden wir in einem Kriegswerk

Im Schützengraben wurden die Soldaten von Läusen aufgefressen – was man im Hinterland mehr humoristisch auffaßte

Wilhelm in Rußland

„Herr General, reichlich viel Gefallene für ein so mageres Resultat . . .“ „Ich bitte Eure Majestät zu bedenken, daß es ja nur Elsässer sind!“

Zeichnung von H. Zislin

Links: Fröhliche Weihnachten! Die Revanche der elsässischen Tanne

Zeichnung von Torné-Esquins. Aus „Fantasio“, 1919

Unten: Die drei Erztypen, die im Elsaß auf Opposition stießen: Der deutsche Militär, der deutsche Professor und der deutsche Spießbürger

Zeichnung von „Hansi“, dem patriotischen Elsässer Zeichner und Schriftsteller

Weihnachtsverbrüderung französischer und deutscher Soldaten
Zeichnung eines französischen Frontsoldaten, 1915

Unten: Vadding in Frankreich. Weihnacht 1914.
„Wenn ich man blot wüßt, wat ‚Stille Nacht, heilige Nacht‘ uf französisch heet! Ich möcht de Lütt mal een dütsches Wihnachtslied vorsingen . . .“
Zeichnung von H. Zille. Aus „Ulk“

Der Papst und das diplomatische Korps beten in der Peterskirche für den Frieden
Originalaufnahme, Rom 1915

Links: Ein italienischer Priester segnet ein schweres Geschütz
1916 in der engl. Zeitschrift „The Graphic“ mit folgendem Zitat aus einer Rede des italien. Ministerpräsidenten Salandra veröffentlicht: „Ein atavistischer Rückfall in primitive Barbarei ist viel schwerer für uns, die wir zwanzig Jahrhunderte Kultur mehr hinter uns haben, als unsere Gegner.“

Unten links: Russische Priester segnen an der Front neuangekommene Reserven vor dem Einsatz
Zeichnung von A. Garratt. Aus „The Graphic“, 1915

Unten: Der Feldkurat *Zeichnung von St. Tisch*

Links: „Kriegsgreuel"
Festgehalten von F. Heubner
Aus „Simplicissimus"

Links unten: „Vaterländischer Heimschmuck" in Granatenform
Aus „Geschichte des Völkerkrieges", Soest, Verl. Müller

Unten: Kriegskitsch. Das Eiserne Kreuz auf Aschenbechern, Tassen und Handtaschen
Originalaufnahme

DER VERNIEDLICHTE KRIEG

Rechts: Die Nacht des Urlaubers – Zeppelinalarm in Paris

Zeichnung von C. Hérouard. Aus „La Vie Parisienne", 1918

Links unten: Der Krieg, ein dankbares Motiv für Kinderspielzeug.

„Künstlerische" Modellierbogen – bis 1945 in Massen vertrieben

Rechts unten: Der deutsche Olymp: Mars in neuer Rüstung.

Karikatur auf den Gaskrieg von J. Kuhn-Régnier. Aus „Fantasio", 1916

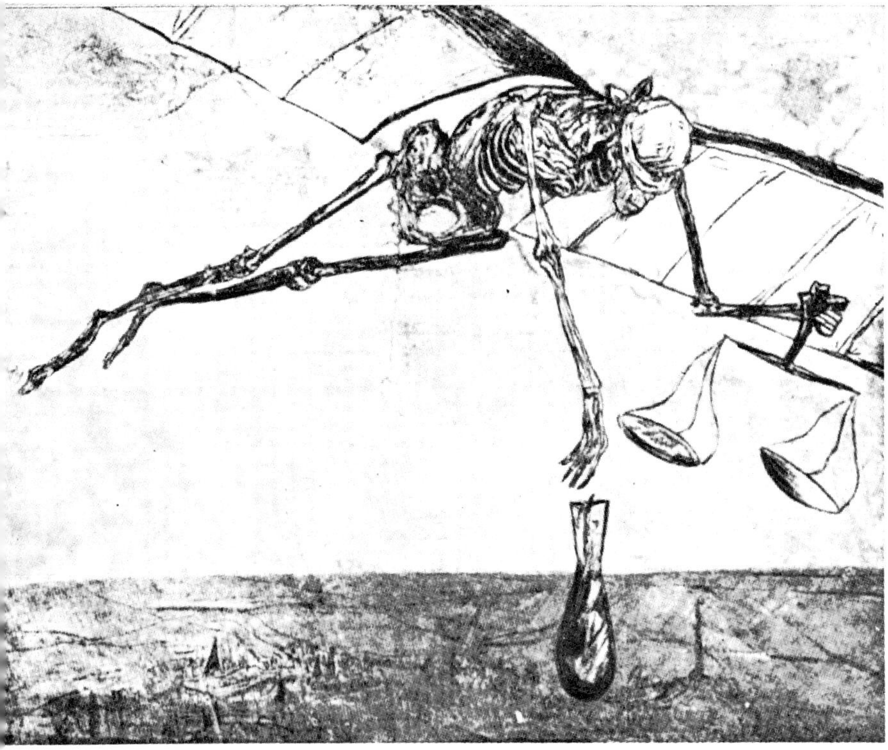

Oben: Der Kriegstod als „gerechter“ Richter
Mai 1918 wurde über Brügge ein englische
Kampfflugzeug abgeschossen, dessen unter
Tragfläche mit dieser Darstellung „geschmückt
war. *Die deutsche Etappenzeitung „An Flan
derns Küste“ brachte sie mit dem Zusatz: „be
zeichnend für die zynische Gesinnung der Eng
länder“*

Lens wird mit Bomben belegt
Radierung von Otto Dix, 1924

Der Zeppelin-Schreck, Vorläufer des Luftterrors 1939–45
Zeichnung von D. Wilson
Aus „The Graphic", 1915

Links unten: Schneideratelier im belagerten Verdun
Aus „The Graphic", 1916

Unten: „Wenn die Zeppeline kommen, bleib' im Haus, mach' das Licht aus und verhalt' dich ruhig – Brite sein heißt Schneid haben . . ."
Originalaufnahme aus einer Londoner Schule, 1915

Sturmtrupp geht unter Gas vor. *Radierung von Otto Dix, 1924*

Gas!
Zeichnung von S. Spurrier, „The Graphic", 1915. Die dargestellten Soldaten sind Engländer

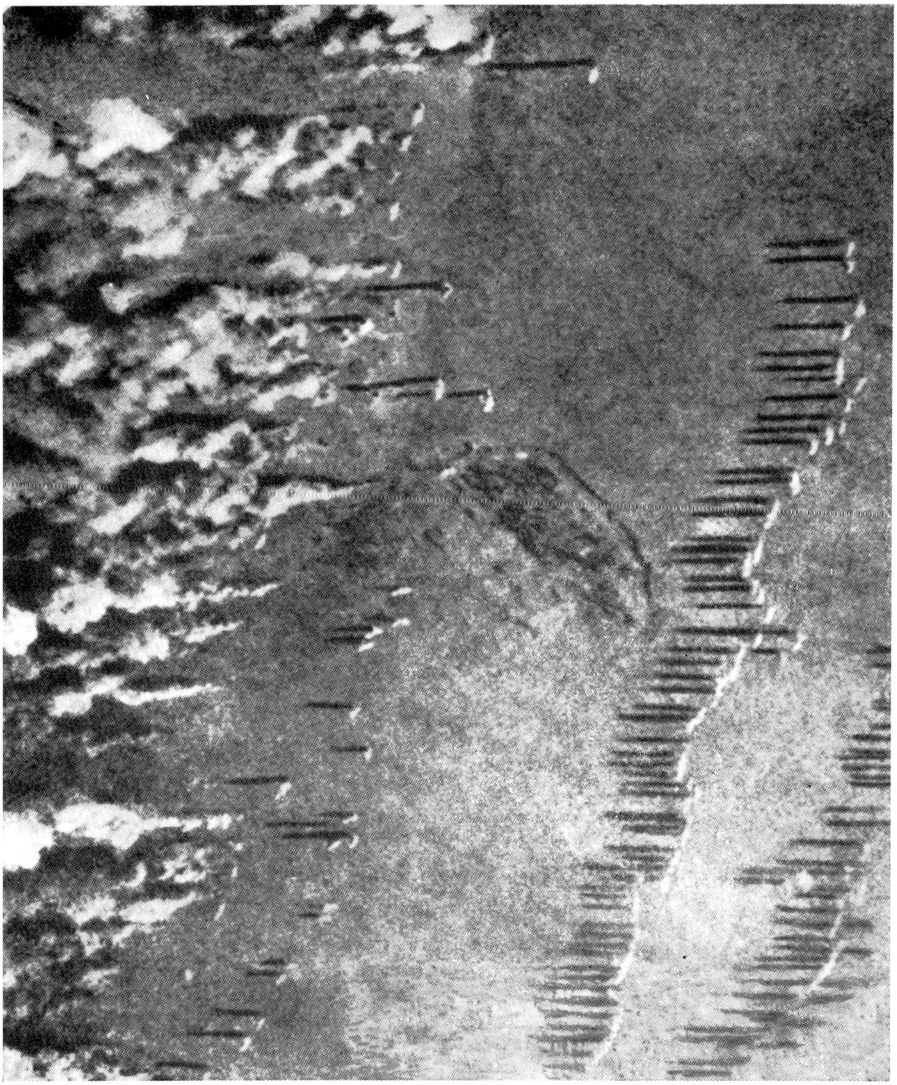

Gasalarm! Ein historisches Foto: Der erste Gasangriff, Langemark 1915
Aus „Images secrètes de la guerre“

Unten rechts: „Zukunftskrieg“
Zeichnung von W. Krain aus dem Ersten Weltkrieg

Französischer Maueranschlag
„Keller, als Schutz gegen Gasgranaten geeignet“

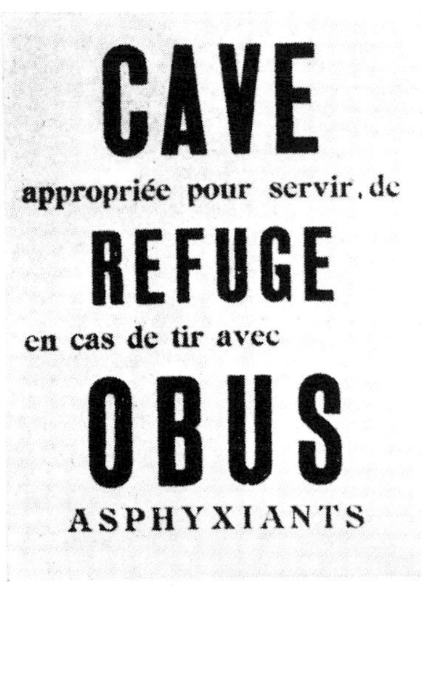

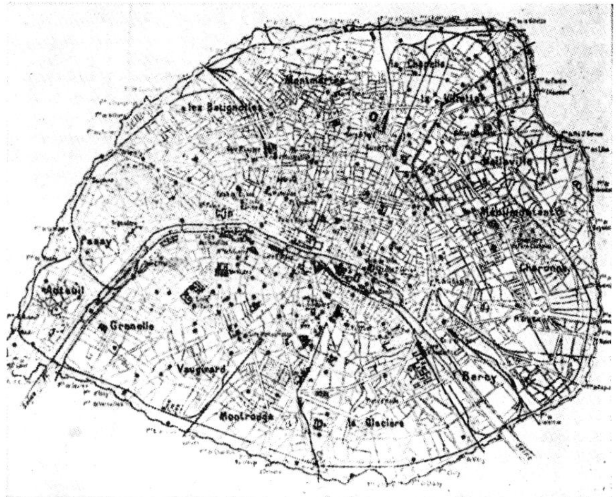

Oben: Plan von Paris, die Einschüsse der „Dicken Bertha" verzeichnend

„Fräulein Doktor" war jeweils bereits 24 Stunden später über die Ergebnisse" informiert

Links: „Die dicke Bertha" in der französischen Karikatur

Zeichnung von Brunner. Aus „La Baïonnette", 1914

Die „Dicke Bertha", Paris unter Beschuß nehmend

Modell von Pierre Bompard. Eines der 170 000 der im Pariser „Musée de la guerre" ausgestellten Objekte

August 1914: Ausbruch des Deutschenhasses in Paris
Die Bevölkerung verwüstet Geschäfte, deren Namen einen deutschen Anklang verraten, wie z. B. hier die Maggi-Filiale

Schulzeichnung eines achtjährigen griechischen Mädchens – der niedergestochene Feind ist ein Bulgare
Aus „Fantasio", Paris 1916

Unten: Serbien setzte schon 1914 Kinder ein. *Aus dem Werk „La France heroïque", Larousse*

„Mein Papa ist an der Front". – Kundgebung englischer Kinder im Dienst der Truppenwerbung

Aus „Illustrated London News", 1915

Links: Russische Kinder spielen Soldaten mit echten Waffen

Aus „Solnze Rossii", Petrograd 1915

Elsässische Kinder spielen Marneschlacht.

Zeichnung von „Hansi", Paris 1915

Eine polnische Stadt wird besetzt
Zeichnung von Jan Rozwadowski

eines englischen Soldaten folgende charakteristische Ausführungen[14]:
„Die Not des Krieges war darnach angetan, früher noch als uns die Zivilbevölkerung kirre zu machen, die keine Disziplin kannte, nicht vereint und von keinem Kriegsgeist aufrechterhalten wurde. Glücklicherweise wurde sie auf keine so schwere Probe gestellt wie die Soldaten. Aber was die Daheimgebliebenen litten, das litten sie einzeln, Mann für Mann. Und sie kannten nur die Greuel des Krieges, nur die Angst, den Haß, das Leid, und die anderen Unannehmlichkeiten; sie sahen niemals die Kameradschaft und die gegenseitige Hilfe, ohne die die Menschen im Schützengraben keinen Tag hätten leben können. Selbst gegenüber dem Feind war der Geist des Schützengrabens menschlicher als der hinter der Front. Grausamkeitsgeschichten wurden nicht an der Front fabriziert. Die Pflicht, die zwingt den Feind zu töten, zwingt nicht, den Feind zu hassen."
Wie war nun dieses Kriegerleben beschaffen, das den Soldaten des Weltkrieges das Heim ersetzen sollte und von ihnen vielfach auch als solches empfunden wurde? In dem Kriegsbuch „Sperrfeuer um Deutschland"[15] lesen wir hierüber zusammenfassend:
„Vorn kommt man zum Schlafen überhaupt nicht aus den Kleidern. Beim Bataillon ziehen sie schon die Röcke aus. Beim Regiment gar die Hosen. Die Brigade trägt im allgemeinen Pyjamas. Die Division schläft in regelrechten Betten. Ganz vorn gibt es gar keine Unterstände, man hockt im Trichter oder in der Sappe. Der Kompanieführerstollen ist vier Meter tief. Der des Bataillons acht. Das Regiment und die Brigade haben zehn Meter über sich. Die Unterstände der Division sind betoniert. Vorn gibt es überhaupt kein Waschwasser. Der Kompagnieführer kann sich, wenn er einen findigen Burschen hat, einmal im Tage das Gesicht und die Hände waschen. Das Regiment wäscht sich sogar die Hände, bevor es seine Feldküchensuppen aus den Blechbehältern löffelt. Die Brigade, bevor sie speist. Die Division nimmt in jeder Woche ein Bad."
Kein Zweifel: dieser Krieg war mörderisch, unmenschlich, entsittlichend, vor allen Dingen aber war er, wie Mussolini in seinem Tagebuch schrieb, „ein Krieg des Kotes".
Das größte Problem im Schützengrabendasein bildete nach einstimmiger Aussage aller Kriegsteilnehmer neben dem unermeßlichen Schmutz – die Laus. Bekanntlich ist es damit so weit gekommen, daß jeder Soldat nach einem einzigen an der Front verbrachten Tage unrettbar verlaust war. Billige Witze konnten über die Plage, die das von den Franzosen mit dem Kosewort „Toto" belegte Ungeziefer den Soldaten bereitete, nicht hinwegtäuschen. Es entbehrt nicht des Humors, zu lesen, wie ein österreichisches Militärkommando der Läuseplage steuern wollte, indem es eine Methode der Austreibung des Teufels mit Beelzebub empfahl:
„Verlauste Monturen und Wäschestücke werden am schnellsten und billigsten dadurch entlaust, daß man diese Stücke auf einen

Ameisenhaufen legt. Die Ameisen besorgen die Entlausung sehr rasch und gründlich. Die von den Ameisen entlausten Wäschestücke werden nachher mit kaltem Wasser und Seife gewaschen. . . . Wo sich Gelegenheit bietet, ist diese Entlausungsmethode versuchsweise anzuwenden und es sind gemachte Erfahrungen hierher zu melden[16]."

Im übrigen war die Hinterlandsindustrie bestrebt, sich die Läuseplage zunutze zu machen. Mit welcher Gewissenhaftigkeit dies geschah, beweist ein englisches Beispiel. In England nämlich wurden massenhaft Präparate und Gegenmittel erzeugt. Über ihre Wirksamkeit schreibt ein Kriegsteilnehmer:

„Merkwürdig und wunderbar waren die Chemikalien, die uns im Kampfe gegen unsere intimsten Feinde beistehen sollten. Das allererfolgreichste war ein von einer großen chemischen Fabrik hergestellter Gürtel, den man am bloßen Körper zu tragen hatte. Nach der Behauptung der Erzeuger konnten im Umkreis von einer Meile keine Läuse die Gegenwart dieses Gürtels überleben, sie ergriffen kopflos die Flucht und ließen sich am Nachbarn nieder. Demgegenüber machte ich die Erfahrung, daß die Läuse den Gürtel liebten. Sie benützten ihn als Wohnstätte, Ehegemach, Brutkasten und Kinderstube. Sie machten darauf Spaziergänge, begatteten sich, legten ihre Eier darauf und zogen auf ihm ihren Nachwuchs groß. Außer wenn eine den plötzlichen Tod durch meine Hand starb, verließen sie ihn höchstens zur Nahrungsaufnahme. Ich käme in die größte Verlegenheit, wenn mich der Fabrikant um ein Denkschreiben bäte . . .[17]."

Egon Erwin Kisch schreibt[18]:

„Die graue Salbe scheint meinen Gästen nahrhafte Speisezufuhr gewesen zu sein, dem Körper war sie minder zuträglich, er ist mit Ekzemen bedeckt. Was Läuse und Salbe von meiner Haut unversehrt gelassen haben, das minierten nachts meine Fingernägel. Ich schmierte heute mit Petroleum, doch wirkte dies auf den Ausschlag nichts weniger als balsamisch, und außerdem stinke ich. An Hiob muß ich denken: des Nachts wird mein Gebein durchbohret allenthalben, und die mich jagen, legen sich nicht schlafen."

Daß die verschmutzte, verlauste, aller Errungenschaften der Zivilisation entblößte Umgebung des Schützengrabens der Verrohung förderlich sein mußte, ist einleuchtend genug. Diese Verrohung machte ihrerseits den Krieger zur Kriegführung geeigneter. So könnte man im Grunde von einer Wechselwirkung zwischen Kriegführung und seelischer Verwilderung sprechen, da sich die beiden gegenseitig bedingten und beeinflußten. Darüber waren sich auch die Heeresleitun-

Ja, denken wir daran . . .
„Wir müssen an die großen Lehren dieses Krieges denken . . ." (Clémenceau)
Holzschnitt von Frans Masereel

gen im klaren und aus diesem Grunde wurden trotz allen scheinheiligen Versicherungen niemals ernstliche Verfügungen getroffen, den Alkoholmißbrauch im Schützengraben einzudämmen. Man denke an den Spruch Nietzsches, der bekanntlich der Psychoanalyse und der Individualpsychologie mehr als einen Gedanken vorweggedacht hat: „Durch Alkohol bringt man sich auf die Stufe der Kultur zurück, die man überwunden hat." Man kann sich wohl keine prägnantere Definition der Freudschen Regression vorstellen. So waren Alkohol, Nikotin und, soweit sie verfügbar waren, andere Rauschmittel, nur ein künstlich beschleunigter Weg zur Erzielung eines erwünschten Resultates, das im Abstreifen der Kulturtünche, kurz in der Verrohung bestand. (Sturmangriffe waren außer im Rauschzustand überhaupt kaum durchzuführen.) Darum nannte man den Schnaps im deutschen Schützengraben mit Vorliebe „Kampfgeist" und in der französischen Frontsprache war Moral gleichbedeutend mit „vin". (In einer Abhandlung über die französische Frontsprache findet sich als Erklärung für diesen Wortgebrauch folgende Äußerung eines französischen Soldaten: „J'aimerais mieux qu'la Tour Eiffel soit en mille morceaux plutot que perd' mon bidon, le pinard c'est l'moral, et quand l'moral est fracturé, rien n'va plus[19]!" (Lieber soll der Eiffelturm in Stücke gehen, ehe ich meine Feldflasche verliere, der Pinard ist meine Moral und wenn die flöten geht, ist alles aus!) Bekannt ist auch die Trunksucht der Engländer, besonders der englischen Offiziere. Sehr bezeichnend sagt der Held des bekanntesten englischen Kriegswerkes „Journey's End"[20]: „Wenn ich einmal die Treppen aus meinem Unterstand hinaufginge, ohne mich mit Whisky angetrunken zu haben, müßte ich vor Angst verrückt werden."

Aus Äußerungen und Aufzeichnungen von Soldaten aller Nationen und selbst Heerführern geht mit voller Deutlichkeit hervor, daß zwischen Alkoholismus und Krieg ein nicht zufälliger, sondern notwendiger Zusammenhang besteht, ein Zusammenhang, dessen Erklärung wir eben in der Verrohung finden, die zwar zumeist automatisch unter der Einwirkung des Krieges entsteht, der aber auch künstlich durch Alkohol und Rauschmittel nachgeholfen wurde. Einige Daten mögen das Gesagte erhärten.

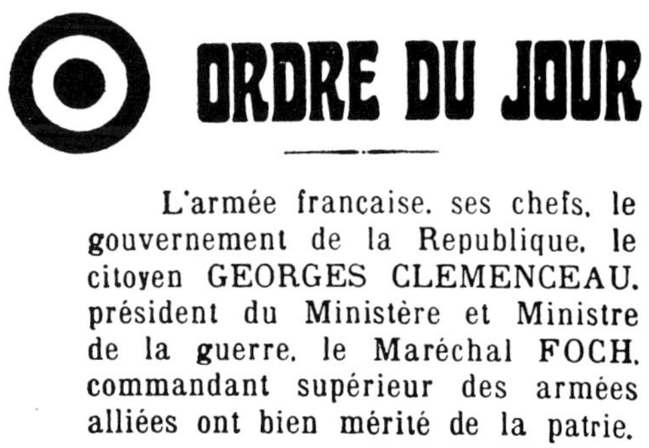

ORDRE DU JOUR

L'armée francaise. ses chefs. le gouvernement de la Republique. le citoyen GEORGES CLEMENCEAU. président du Ministère et Ministre de la guerre. le Maréchal FOCH. commandant supérieur des armées alliées ont bien mérité de la patrie.

Frankreich plakatiert den Sieg
„Clémenceau und Foch haben sich um das Vaterland verdient gemacht . . ."
Archives photographiques d'art et d'histoire, Paris

In einem vor der deutschen Märzoffensive des Jahres 1918 herausgegebenen Merkblatt heißt es ausdrücklich: „An schweren Kampftagen Alkohol[21]!" Im Kriegsbuche des Obersten Bauer[22] ist zu lesen: „In verständigen Grenzen genossen, hat sich der Alkohol im Kriege als bestes Mittel bewährt, die Stimmung zu halten, Nervenanspannungen zu lösen und so indirekt die Arbeitslust und -kraft zu erhöhen." Und General Otto von Below meint: „Wir Führer alle haben . . . die Erfahrung bestätigt gefunden, daß im ganzen Verlauf des Krieges mäßiger Alkoholgenuß fördernd auf . . . Stimmung und Haltung

Der Segen
Zeichnung von R. Hermann

der Truppen eingewirkt hat. Ohne ihn hätte manche schwere Zeitspanne nicht so durchgehalten werden können, wie es geschah [23]."
Naturgemäß ließ die Kriegspropaganda kein Mittel unversucht, um den Feind zu verleumden. Franzosen, Amerikaner und besonders Engländer tranken, wie wir gelesen haben und wie uns alle Kriegserinnerungsbücher überzeugen, um nichts weniger als die Deutschen, doch war die Ententepropaganda geschickt genug, Trunkenheitsexzesse als Spezialität des kriegführenden Deutschland hinzustellen. Eine sehr bekannte französische Karikatur zeigt uns den „Heldenweg" der deutschen Armee, auf dem wir neben der Leiche eines ermordeten Kindes auf beiden Seiten weggeworfene leere Weinflaschen liegen sehen.
Bei Kriegsausbruch waren noch wiederholt Alkoholverbote erlassen worden. So am radikalsten in Rußland, wo zur Zeit der Mobilisierung die Verabreichung von Alkohol, ebenso wie in Deutschland, Belgien, Frankreich und Ungarn überhaupt untersagt war. In England begnügte man sich damit, Merkblätter gegen den Alkoholgenuß herauszugeben. Die Kritik dieser Maßnahmen geben wir mit den Worten Prof. Weichselbaums wieder, der auch auf den Grund ihrer Erfolglosigkeit hinweist:
„Im allgemeinen konnten sich die Behörden nicht der Überzeugung verschließen, daß der Alkohol ein Feind des Heeres sei, die Maßregeln gegen denselben wurden jedoch nicht streng genug gehalten, außerdem hat das mächtige Alkoholkapital gegen die Bekämpfung des Alkoholismus heftig agitiert [24]."
So sehr man also im allgemeinen von der Notwendigkeit des Alkohols im Kriege überzeugt war und so sehr die Offiziere vieler Armeen für den Champagnergenuß eingenommen waren, wurden die Trunkenheitsfolgen dennoch, insofern sie die sakrosankte Disziplin bedrohten, unbarmherzig verfolgt. So wurde der Alkoholmißbrauch bei den Serben mit Kurzschließen und fünfundzwanzig Stockhieben, im österreichischen Heere meist mit Anbinden, bei den Engländern mit „crucification" bestraft. Eine weitere Befürchtung der Militärbehörden ging dahin, daß betrunkene Soldaten die Arbeit der Spione erleichtern und begünstigen könnten. Die Begründung für die drakonischen Maßnahmen im Interesse der Subordination wurde durch die Statistik gegeben. Nach Heusch [25] waren 47 bis 67 Prozent aller beim Kriegsgericht, 33 bis 100 Prozent beim Standgericht und 50 bis 62 Prozent aller disziplinarisch geahndeten Verbrechen auf Alkoholexzesse zurückzuführen. Und zwar handelte es sich zumeist um akuten, selten um chronischen Alkoholismus.

Übrigens entsprechen den Zuständen im Felde die in Etappe und Hinterland. Die Trunksucht der Frauen in England erreichte einen beängstigenden Grad und wurde von den Frauenorganisationen des Landes bekämpft. Der König stellte sich persönlich an die Spitze dieses Kampfes gegen den Alkohol. Desgleichen wurde in mehreren französischen Departements eine enorme Zunahme des Alkoholverbrauchs festgestellt und der Trunksucht der Kriegerfrauen zugeschrieben. Geringer, aber ebenfalls nicht zu übersehen ist die Bedeutung des Nikotins. „Es wäre zu wünschen“, meint Prof. Dr. Artur Schüller [26], „daß die bezüglich des Alkohols gemachten Erfahrungen auch Anlaß gäben zur Einschränkung des üblichen Nikotinmißbrauches. Immer noch gibt es an der Front Rauchmaterial in großer Fülle und auch in den Militärspitälern des Hinterlandes wird jeder Fest- und Freudentag durch die Verabreichung von Tabak gefeiert, jede Arbeitsleistung der Patienten durch Zigaretten honoriert.“ und Oberarzt Dr. Schürer [27] schreibt im „Militärarzt“, daß es keine Marodenvisite gibt, bei der nicht fünf bis zehn Fälle von Tabakvergiftungen bei den seiner ärztlichen Aufsicht unterstehenden Marschformationen vorkämen. Es fiel ihm insbesondere das Überwiegen der im jugendlichen Alter stehenden, d. h. der achtzehn- bis zwanzigjährigen Rekruten unter den Vergiftungsfällen auf.

Auch andere Rauschgifte mögen hie und da im Umlauf gewesen sein, doch waren sie an der Front gewöhnlich schwer zu beschaffen. Um so größer wurde ihre Bedeutung im Hinterland und sicherlich ist der Aufschwung des Rauschgifthandels auf Ursachen zurückzuführen, die sich in den Kriegsjahren entwikkelten. Viele amerikanische Soldaten sind im Kriege, nicht zuletzt durch die Behandlung gegen Gasvergiftung, Morphinisten geworden. Besonders im englischen Heere dürfte der Kokainismus zu Beginn des Krieges, wie W. B. Meister [28] feststellt, eine ziemliche Ausbreitung gefunden haben. Englische Offiziere hatten Morphiumtabletten bei sich.

Wenn auf diese Weise alle, ob künstlich erzeugten oder durch die Verhältnisse entstandenen, Regressionserscheinungen dem natürlichen Anpassungsvermögen an das Milieu der Front entsprangen, waren andererseits Menschen, deren Psyche von vornherein Regressionssymptome aufwies, für das Frontleben vorzüglich geeignet. Es sind dies zwei Kategorien: die Verbrecher und die Geisteskranken. Alle in den Krieg verwickelten Länder haben einander vorgeworfen, daß sie Sträflinge in ihre Heere einreihen ließen. Auch war der Vorwurf zumeist begründet, da fast alle Regierungen zu Kriegsbeginn mehr oder minder umfangreiche Amnestien

Die Kirche
Aus „Die Menschen und der Krieg“
Holzschnitt von Frans Masereel

erlassen hatten. Und es ist bezeichnend, daß diese Zuchthäusler sich auf dem Felde der Ehre größtenteils besonders bewährten.

Die vom „Statistischen Dienst des deutsch-österreichischen Staatsamtes für Heerwesen“ herausgegebenen Berichte, die ihr Material aus dem österreichischen Feldgerichtsarchiv schöpften, kamen zu folgendem Ergebnis: Die vor dem Kriege Vorbestraften ergaben eine verhältnismäßig geringere Kriminalität bei den militärischen Delikten und einen höheren Anteil an Tapferkeitsmedaillen als die Nichtvorbestraften.

Der große amerikanische Menschenfreund Richter Lindsey äußert sich mit unerschütterlichem Optimismus über diese Fälle:

„Wir haben während des Krieges aus unseren Gefängnissen Verbrecher entlassen und an die Front geschickt und viele von ihnen haben Taten vollbracht, die heroische Selbstüberwindung kosteten und vollauf bewiesen, daß das Gericht sie bei ihrer Verurteilung falsch behandelt hatte, was im gewöhnlichen Lauf der Dinge niemals entdeckt worden wäre. In jedem dieser ‚schlechten‘ Menschen wartete eine Quelle des Guten auf Befreiung [29].“

Diese Folgerung würde zutreffen, wenn es an der Front darauf angekommen wäre, soziale Taten der Menschenliebe und Güte zu vollbringen, was aber mit geringen Ausnahmen nicht der Fall war: vom Krieger wurden im Gegenteil Rohheitsakte erwartet. Auch die Tatsache, daß die zweitgenannte Kategorie der Regressiven, die Geisteskranken, häufig nicht minder gute Frontsoldaten abgaben, spricht gegen Lindseys Ansicht.

Natürlich kam diese Kampf- und Kriegslust der Psychopathen im wirklichen Gefecht, bei Sturmangriffen, im Ringen von Mann zu Mann erst recht zur Geltung.

Prof. Dr. E. Stransky drückt sich hier ganz unzweideutig aus. Er meint: „Die Geisteskranken gehören nicht in die Armee. Die psychopathisch Minderwertigen, die ethisch Defekten und die kriminellen Individuen sind zwar für die Armee nicht brauchbar, dagegen sind sie in der Kampfzone wegen ihres Draufgängertums und ihrer Waghalsigkeit von Wert. Die Zahl derartiger Individuen ist ziemlich groß. Für das Hinterland sind sie nur unter strenger Aufsicht zu gebrauchen [30].“

Krieg ist eben das Gewerbe, zu dessen Ausübung atavistische Verbrecher, von Kulturhemmungen unbeschwerte Psychopathen viel besser taugen, als Kulturmenschen, die erst noch das „Versäumte nachholen“, einen Regressionsprozeß durchmachen müssen.

„Gebet dem Kaiser, was des Kaisers ist – und Gott, was Gottes ist . . .“
Zeichnung von George Grosz

In einer Besprechung der durch den Krieg bewirkten seelischen Veränderungen darf auch die Behandlung des Problems „Religion und Aberglaube" nicht fehlen.

Im Anfang des Krieges ging die Ansicht aller interessierten kirchlichen Kreise dahin, daß der Krieg einen mächtigen Aufschwung des religiösen Gefühls herbeiführen werde; dies war um so eher anzunehmen, als der Luthersche Spruch „Not lehrt beten" auf die vom Tode umlauerten Kriegsteilnehmer wie auf die ums Leben eines Angehörigen bangenden Daheimgebliebenen gleichermaßen anwendbar schien. Der Krieg sollte die Zuchtrute Gottes sein, ein von Gott gewolltes Unglück, das über die Menschheit hereingebrochen sei, um sie zum wahren Gottesglauben zu bekehren. Mit voller Bestimmtheit wurde eine Wiedergeburt des religiösen Empfindens, ein verstärktes Hervorgehen der Religiosität aus dem Stahlgewitter vorausgesagt. Bekanntlich erwies sich diese Prognose als vollkommen verfehlt. Und wenn später ein katholischer Theologe [31] feststellte: „Die anfänglich von vielen gehegte Hoffnung, er (der Krieg) werde eine religiöse Wiedergeburt bringen, hat sich als Illusion erwiesen. Wie sollen auch materiell-mechanische Kräfte geistig-organische Wirkungen zeitigen können!", so sieht das einer theologischen Rechtfertigung ähnlich, die das Fiasko der theologischen Rechtfertigung des Krieges wettmachen soll. Dieses Fiasko aber ist zu nicht geringem Teil auf die kriegsfreundliche Haltung sämtlicher Kirchen in allen Ländern zurückzuführen.

Wir beschränken uns auf die krassesten und bekanntesten Beispiele.

„Der Soldat", heißt es in einem Aufsatze ‚Mitleid' des Pastors Gottfried Traub[32], „der den Feind kampfunfähig macht, handelt sittlich. Jede Kugel, die nicht trifft, verlängert den Kampf, bedroht nicht nur des Soldaten eigenes Leben, sondern auch das seines Kameraden, bedeutet eine neue Gefahr für Weib und Kind und Vaterland. Mitleid wird hier nicht nur zur Narrheit, sondern zur Unsittlichkeit. Es klingt ergreifend, wenn einer aus dem Felde schreibt: ‚Ich kann auf diesen Menschen nicht schießen', aber es ist nicht menschlich gedacht, sondern unmenschlich. Denn er tötet durch sein Zaudern nur den Freund, statt daß er Leben und Frieden schützt, indem er den Gegner möglichst rasch niederzwingt."

„Dem Soldaten", lehrt Divisionspfarrer Schettler [33], „ist das kalte Eisen in die Faust gegeben und er soll es führen ohne Schwächlichkeit und Weichlichkeit. Der Soldat soll totschießen, soll dem Feind das Bajonett in die Rippen bohren, soll die sausende Klinge auf den Gegner schmettern, das ist seine heilige Pflicht, ja, das ist sein Gottesdienst."

Pazifismus und Friedenssehnsucht sind diesen Dienern der Nächstenliebe ein Greuel. Pastor Philipps schreibt: „Der Krieg ist nicht Deutschlands Unglück, sondern Deutschlands Glück. Gott sei Dank, daß der Krieg gekommen ist, ich sag's auch heute noch, im dritten Kriegsjahr. Und Gott sei Dank, daß wir noch keinen Frieden haben; ich sag's auch heute noch, trotz aller Opfer . . . Die Wunden würden sich bald wieder schließen und das Übel würde noch ärger werden denn zuvor [34]."

Wie der christliche Geist damals aussah, belegt auch ein kleiner Ausschnitt aus dem Briefkasten von Franz Pfemferts unermüdlicher „Aktion", der einzigen kriegsgegnerischen Zeitschrift, die unter dem strengen deutschen Kriegsregime erschien. Er schrieb: „Liebe Nina, wenn Dir Dein Onkel Franz dereinst erzählen wollte, im Jahre 1918 sei das Gefühl für Scham so arg entwickelt gewesen, daß sich selbst berufsmäßige Jünger Christi als ‚Schlachtenbummler' in Versammlungen zur Schau stellten – Du würdest es mir nicht glauben. Ich selbst könnte dann unsicher werden, das Gesagte anzuzweifeln, es schließlich sogar als Angsttraum aus einer Zeit betrachten, wo die Literaten in „Geist" machten, um originell zu sein. Setzen wir also die Original-Anzeige hierher:

> Montag, den 10. Juni 1918, abends 8 Uhr, im großen Saale des Gürzenich:
> Vortrag mit Lichtbildern:
> Dr. Pater Expeditus Schmidt
>
> **Als Schlachtenbummler und Feldgeistlicher an der Westfront**
>
> Karten zu Mk. 1,— und Mk. 0,50 bei Paul Neubner, Hohestraße 137 (10—1, 3—6 Uhr) und an der Abendkasse.

Der Abdruck dieses Inserates erfolgte in der Kölner Zeitung den 9. Juni 1918."

Die verschiedenen Formen, die der Aberglaube im Kriege, an der Front wie im Hinterlande annahm, sind nicht zu erschöpfen. Wie Bruno Grabinski in seinem 1916 erschienenen Buche „Neuere Mystik" mitteilt, sollten Siegeshemden, Siegwurz, Farnsamen, Springwurzel, Johanneskraut und tausend andere Sächelchen dazu dienen, den Kämpfer vor Gefahr zu schützen. Auch sogenannte Kugelsegen wurden in so großer Menge in Verkehr gebracht, daß sich die Behörden wiederholt zum Eingreifen veranlaßt sahen. In anderen Fällen allerdings halfen sie selbst den Geschäftsleuten bei der Ausbeutung der Konjunktur. So wurde der Verkauf von Glücksringen zu teilweise wohltätigem Zwecke vom Kriegshilfsbureau des österreichischen Ministeriums des Innern befürwortet und begünstigt [35].

Ein in den Mittelländern sehr verbreiteter Aberglaube, der vielfach noch heute zu beobachten ist, bestand in der Annahme, das Feuergeben an drei Raucher mit einem Streichholz bringe Unglück. Witzbolde meinten zwar, diese Drohung sei von Streichholzfabrikanten erfunden worden, nach einer andern Erklärung darauf zurückzuführen, daß es nicht ratsam war, zumindest an der Front eine noch so kleine Flamme länger brennen zu lassen und damit den Feind aufmerksam zu machen.

Daß Aberglaube zur Massenpsychose werden konnte, beweist die Geschichte der „Engel von Mons", die uns Bratl [36] mitteilt:

„Nach den Kämpfen bei Mons entstand un-

Madame Sorgue am Kongreß des italienischen Sozialistenbundes: „Es lebe der Krieg!" Echo von der Front: „Mutter!" Holzschnitt von Frans Masereel

ter den beteiligten englischen Soldaten das unerklärliche Gerücht, mitten im Kampfe seien Engel aus den Wolken herabgestiegen, um die Kämpfenden voneinander zu trennen. Diese Nachricht, die höchstwahrscheinlich ihren Ausgang von einem fieberkranken Soldaten genommen hatte, verbreitete sich wie der Blitz. Bald wurden die ‚Engel von Mons' zu einer wahren Epidemie. Jeder behauptete, sie ganz deutlich gesehen zu haben. Man schilderte ihre Kleidung, ihr Antlitz und schließlich behaupteten einige Tommys unter Eid, die Engel seien in Wolken herabgeschwebt und hätten die englischen Soldaten mit ausgebreiteten Schwingen vor dem Feinde geschützt. Die Londoner Blätter bemächtigten sich der Angelegenheit, Ärzte und Universitätsprofessoren erklärten die Erscheinung in langen, höchst ernsthaft gehaltenen Artikeln und es dauerte eine geraume Zeit, bis sich die Gemüter beruhigt hatten und die ‚Engel von Mons' aus der Erinnerung entschwanden – dahin, woher sie gekommen waren."

Im übrigen ist es notorisch, daß die Kriegsjahre eine nie geahnte Blütezeit für Wahrsagerinnen, Kartenlegerinnen, Nekromantinnen und allerhand Nutznießer des Aberglaubens mit sich brachten. Besonders in Berlin mußte man schließlich scharf gegen das Wahrsageunwesen vorgehen, wozu Alfred H. Fried [37] treffend bemerkt:

„In Berlin ist das Wahrsagen verboten worden. Geschah dies aus Entrüstung über die Verhöhnung der Wissenschaft oder aus dem Wunsch, daß während des Krieges überhaupt nichts gesagt werden darf? Weder ‚wahr' noch ‚unwahr'?"

Wohl einzig in seiner Art steht der Fall da, daß die Direktion der Treptower Sternwarte, wie Grabinski mitteilt, eine Kriegsaberglauben-Ausstellung ankündigte. Die Ausstellung sollte Kriegsamulette, Schutzbriefe usw. umfassen und in der Ankündigung hieß es unter anderem: „Der Chef des Stellvertretenden Generalstabs der Armee hat bereits ein aus der Kriegsbeute herrührendes französisches Soldatenamulett (Muttergottesbild und Vom Heiligen Herzen Jesu) für die Ausstellung überlassen." Wogegen das „Westfälische Volksblatt" bezeichnenderweise mit folgenden Worten Stellung nimmt: „Wir können es den Herren der Ausstellungsleitung ja nicht verübeln, daß sie die Bedeutung derartiger Dinge nicht kennen, wir müssen aber Verwahrung dagegen einlegen, daß Skapuliere und gesegnete Medaillen als abergläubische Dinge bezeichnet werden [38]."

In Frankreich erschien zur gleichen Zeit eine Zeitschrift „Zukunft der nächsten Woche", die es sich laut Vorwort zur Aufgabe machte, ihren gläubigen Lesern in jeder Nummer die kriegerischen Ereignisse der nächsten acht Tage vorherzusagen.

Die beliebtesten Amulette der französischen Soldaten stellten übrigens die zwei historischen Fetische, die Figürchen von Nenette und Rintintin dar. Und ehe wir diese flüchtige Übersicht schließen, sei noch darauf hingewiesen, wie die Franzosen auch dieser menschlichen Schwäche eine heitere Seite abzugewinnen, den Aberglauben mit erotischspielerischer Tünche zu überziehen wußten. Pierre Mac Orlan schreibt [39]:

„Die feinfühlenden Marrainen sandten Nenette und Rintintin an die Front . . . Die Absicht ist charmant und jedenfalls harmlos. Wie Till Eulenspiegel, dessen alte Legende Charles de Coster, der große flämische Dichter, so glücklich erneuert hat, sind Nenette und Rintintin ein Stück vom Genius unseres Landes.

Wie der allgemeine Zug der Verrohung sich im erotischen Leben, sei es im Felde oder im

Hinterlande, auswirkte, ist theoretisch berechenbar und faktisch nachzuweisen. Die Errungenschaften tausendjähriger Zivilisation bestehen hier fraglos in einer mehr oder minder geglückten Vergeistigung des Urinstinktes. Diesen Vergeistigungsprozeß nun hat der Krieg teils unterbrochen, teils zurückgeworfen und somit auch auf erotischem Gebiete wie überall eine in Massen aufspürbare Regression gezeitigt. Man sprach, wahrlich nicht ohne Grund, von einer allgemeinen Verwilderung der Sitten in der Erotik, einer Kriegsfolge, der Prof. Baumgarten in seinem Carnegiebuche ein eigenes Kapitel widmet. Als wesentliche Merkmale dieser Verwilderung führt er u. a. die gewissenlos eingegangenen Kriegsehen, die Skrupellosigkeit des Liebeslebens in der Heimat und Etappe, die Lockerung und Auflösung der Ehebande an. Wir rechnen natürlich auch alle Erscheinungsformen der Fronterotik wie auch die des Liebeslebens in den Kriegsbordellen, Gefangenenlagern, Lazaretten und Kasernen hinzu. Wie alle anderen Lebensäußerungen konnte sich auch die Liebe der verheerenden Wirkung des Krieges nicht entziehen. „Der Krieg", sagt H. Vorwahl [40], „ist ein Moratorium der Ethik. Was jahrhundertelange Entwicklung an Veredlung der Massenempfindungen hervorgebracht hatte, wurde mit Stumpf und Stiel ausgerottet. Wilde, urtümliche Barbarei, Entfesselung der reinen Animalität und Krönung atavistischer Verbrecherinstinkte befähigte zu den Leistungen, die jetzt galten!" Dem Nachweis, daß sich dies auch auf dem Spezialgebiete der Sexualsittlichkeit so verhält, ist der größte Teil unseres vorliegenden Werkes gewidmet.

Der Sieger
Holzschnitt von Frans Masereel

Grausamkeit und Sadismus als Kriegsprodukt

XX

Moderne und historische Kriegsgreuel – Mordlust, Lustmord und Verstümmelungen – Die primitiven Völker – Südslawische Kriegsbräuche – Die Armeniergreuel – Die Notzucht im Ersten Weltkrieg und die Frauen – Das Kapitel der Kriegskinder

Wiederholt sind wir im Laufe unserer Untersuchungen darauf zu sprechen gekommen, daß der Krieg sich aus tief in seiner und der menschlichen Natur liegenden Gründen an die Urinstinkte wendet. Unter diesen Instinkten, die ein Erbe der Menschheit aus unvordenklichen Zeiten sind, stehen die beiden Gruppen der Vernichtungs- und Zerstörungstriebe, der Roheits- und Grausamkeitsinstinkte an erster Stelle. Ihrer Betätigung haben Zivilisation und Kultur schwer überschreitbare Grenzen gezogen; kommen sie in vereinzelten Fällen doch zum Durchbruch, so werden ihre Äußerungen in normalen Zeiten als antisozial (man könnte aber auch kultur- und zivilisationswidrig sagen), als Verbrechen bezeichnet und durch Maßnahmen der organisierten menschlichen Gesellschaft gesühnt. Die Kriminologie, deren ureigensten Stoff sie bilden, sieht in allen diesen Äußerungen Rückschlagerscheinungen und Ausbrüche atavistischer Triebe.

Der Krieg gewährt nun gerade diesen einen verhältnismäßig freien Spielraum und ermutigt sie durch Suggestionen, deren Natur wir in den Kapiteln über Drill und Kriegspropaganda beleuchten. Wesentlich gefördert wird die Aktivierung der Urtriebe indessen auch durch die unbeabsichtigte Suggestion der Massenzugehörigkeit. Infolge des Nachahmungsdranges und des Aufgehens in der Masse wird der einzelne automatisch zu Taten befähigt, die die völlige Ausschaltung der onto- und philogenetisch entstandenen

Die „deutsche Notzucht"
Haßschürende Propagandazeichnung. Aus „Le Mot", 1915

Hemmungen voraussetzen und an die Taten längst überwunden gewähnter Zeiten gemahnen. Der einzige Damm, der im Kriege den Zerstörungs- und Grausamkeitsinstinkten errichtet wird, dient dazu, ihre Ausbrüche in eine vom Kriegsziel bestimmte Richtung zu lenken. Nur der Feind darf (und soll) vernichtet werden, nur seine Güter dürfen (und sollen) der willkürlich herbeigeführten Zerstörung anheimfallen, nur gegen ihn dürfen (und sollen) Roheits- und Grausamkeitsakte verübt werden.

Andererseits wurde in den Jahrzehnten vor dem Ersten Weltkrieg eine öffentliche Meinung geschaffen, die an eine mögliche Humanisierung der Kriegführung glaubte. Sachverständige freilich warnten schon damals vor dieser Täuschung, die den Keim bitterer Enttäuschung in sich barg: ein preußischer General meinte freimütig, die größte Inhumanität im Kriege sei die größte Humanität, weil sie zur raschesten Beendigung eines Krieges führte, und Staatssekretär Dernburg sagte im Hinblick auf den Krieg in Südwestafrika: „Eine menschliche Kriegführung gibt es überhaupt nicht [1].“

Die Nutzlosigkeit der Bestrebungen zur Kriegshumanisierung zeigte sich im Ersten Weltkrieg mit eruptiver Deutlichkeit. Einerseits ließen sich die freigelassenen Urtriebe nicht so leicht beschwören und andererseits wurden die humanisierenden Versuche durch den nach dem Kriegsausbruch einsetzenden Aufschwung der Kriegstechnik überholt. So brachte der Weltkrieg unter anderem das historische Novum, daß die wahren, weil am massenhaftesten auftretenden Kriegsgreuel nicht mehr die Rückschlagerscheinungen, Kriegsverbrechen und Kriegsgreuel genannt, an denen es freilich auch nicht fehlte, – sondern die technischen Errungenschaften waren. Dies gilt von den „völkerrechtswidrigen“ Kriegsmethoden, deren Anwendung durch den Feind mit stürmischer moralischer Entrüstung aufgenommen, die aber in beiden kriegführenden Lagern unentwegt durchgeführt wurden.

Die größte Bedeutung unter ihnen kommt den Giftgasen zu. Sie wurden bereits drei Monate nach Kriegsausbruch an der Ostfront gegen die Russen ausprobiert.

Die Wirkung auf die so überraschten russischen Truppen war eine entsetzliche. In den Lazaretten, auf den Treppen und selbst vor den Türen der Lazarette lagen die unglückseligen Opfer mit blauen, gedunsenen Gesichtern, mit blutigem Schaum vor Mund und Nase. Bei zirka 90 Prozent führte Lungenödem zum Tode, jenes fast bei allen

Gewissen 1917

„Wir stehen unter dem Oberbefehl des Gewissens!“
(Clémenceau)
Holzschnitt von Frans Masereel

Gaserkrankungen als Haupt- und Nebenerscheinung auftretende Krankheitsbild . . . Das Grauenvolle dieser über Tage, ja selbst Wochen sich hinziehenden Erstickungsnot ist nicht auszudenken, – aber die Oberste Heeresleitung war mit dem Erfolg zufrieden. Einige Monate später, im Frühjahr 1915, wurde die neue Methode auch im Westen eingeführt, in der berüchtigten Schlacht von Ypern [2].

Das feindliche Europa war entrüstet, „Times" schrieb von „bestialischer Kriegführung" und „diabolischer Erfindung", was aber die Engländer nicht hinderte, auch ihrerseits Giftgase anzuwenden, und drei Jahre später frohlockt „Daily Mail", daß die britischen und französischen Gase „wirksamer und wirksamer benützt" würden. Dabei steht es nicht einmal fest, daß die Giftgase zuerst von Deutschland angewendet wurden. Jedenfalls hatte das französische Heeresministerium schon vor dem Kriege, im März 1914, Gebrauchsanweisungen für Gashandgranaten erlassen [3].

Ähnlicher Entrüstung wie das Kampfgas begegneten die Fliegerüberfälle, die, da sie vielfach gegen Großstädte (Paris, London, Karlsruhe) durchgeführt wurden, mit der alten Unterscheidung zwischen kriegführender und friedlicher Bevölkerung aufräumten. Weitere Kriegsgreuel des Ersten Weltkrieges waren der deutsche Unterseebootkrieg und die von der Entente über die Mittelmächte verhängte Blockade, deren Zivilopfer in Deutschland allein mit 763 000 beziffert werden [4]. Denken wir an die Wirkungen der modernen Feuerwaffen und Geschütze, an die Dimensionen, die das Menschenmorden in jenem Kriege annahm, an die Folgen der zum Glücke einzigen größeren Seeschlacht des Ersten Weltkrieges, der beim Skagerrak, die die Nordsee mit Leichen füllte und ihr Wasser

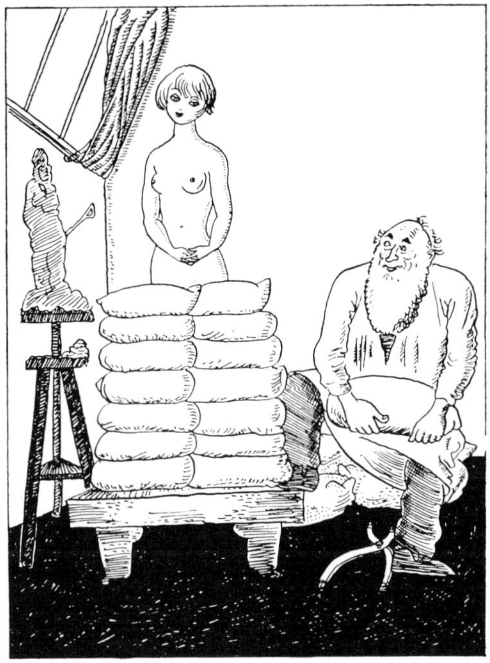

Der Bildhauer

„Auch die Meisterwerke der Natur müßte man vor Bombenangriffen schützen . . . !"

Zeichnung von Ch. Laborde. Aus „Fantasio", 1916

in Blut verwandelte, so haben wir die wirklichen Greuel des Krieges vor uns.

Was den Grausamkeitsinstinkt im allgemeinen betrifft, ist dessen Zusammenhang mit der Erotik einer der Gemeinplätze sexualwissenschaftlicher Erkenntnis. Dieser Zusammenhang tritt in allen Spielarten des Sadismus hervor.

Auch in Friedenszeiten wird gemordet, und zwar in einer Anzahl von Fällen mit Vorbedacht, aus irgendwelchem Interesse, ein andermal im Affekt und nur eine dritte, kleinste Gruppe von Mordtaten stellt sich dem Kriminalisten als echter Lustmord dar. Allein auch hier verwischen sich die Grenzen theoretisch vielfach und Wulffen sagt: „Der Mordlust wohnt zweifellos ein sadistisches Moment inne. Gerade im Lustmord, bei dem Wollust und Grausamkeit zusammenwirken, wird das offenbar. Die Mordlust äußert sich am meisten im Lustmord. Bei ihm sind die sexuellen Reize ganz deutlich erkennbar. Bei der Mordlust im übrigen wird sie häufig versteckt vorhanden sein [5]."

Durchwegs sadistischer Natur sind anscheinend die Verstümmelungen, die in der Entmannung des erschlagenen Feindes bestehen. In früheren Feldzügen der Geschichte und namentlich in revolutionären Kämpfen wurden sie häufig von Weibern geübt, stellen sich aber nicht immer als reine Wollusthandlungen dar. „Treibendes Motiv ist kaum Geschlechtslust, sondern politischer Fanatismus. Daß man sich gerade an den Geschlechtsteilen des sterbenden Gegners vergreift, entspricht wohl einem dunklen Rachegefühl der entarteten Weiblichkeit an dem ohnmächtigen Mann gerade an dem Gliede, das bei Frauen so viel Unheil anzurichten pflegt; daß bei der Ausführung dieser sadistischen Handlungen Geschlechtserregungen mit geweckt und ausgelöst werden können, mag zutreffen." Wulffen, von dem dieses letzte Zitat stammt [6], meint übrigens, es sei auch im Ersten Weltkrieg wiederholt vorgekommen, daß weibliche Hyänen die auf dem Schlachtfeld liegenden Toten und Schwerverwundeten kastrierten. Über Genitalverstümmelungen im allgemeinen schrieb Dr. Magnus Hirschfeld bereits im Kriege:

„Im Anfang des Krieges, als die übererregten Gemüter der Völker dazu neigten, die wirklichen Schrecknisse des Krieges noch durch erfundene Grausamkeiten zu überbieten, konnte man außer von ausgestochenen Augen und abgehackten Händen auch mancherlei von ausgeschnittenen Genitalien hören. Ich habe diese Angaben, soweit ich ihnen nachgehen konnte, in keinem einzigen Falle bestätigt gefunden, trotzdem ja auch wilde Völkerschaften, denen man solche Akte mit Vorliebe anhängt, genügsam an diesem Weltkrieg beteiligt sind."

In dem Kapitel, das sich mit dem Thema „Grausamkeit im Ersten Weltkrieg" befaßt, muß vor allem auch der zwei größten Massenverbrechen des Ersten Weltkrieges, jener in Galizien und Armenien gedacht werden. Beide zeigen den gleichen sadistischen Einschlag und auch sonst ziemliche Ähnlichkeit. Bei beiden handelt es sich um Grenzvölker, deren Patriotismus von den Unterdrückern angezweifelt wurde. Im Umfang freilich reichten die galizischen Greuel der österreichischen Militärbehörden an die Scheußlichkeiten der türkischen Machthaber gegen die Armenier nicht heran, aber auch im Osten der Donaumonarchie entfesselte die Militärbestie Greueltaten, die alle wirklichen oder angeblichen Greuel der damaligen deutschen Besatzungsbehörden in Belgien in den Schatten stellen.

Mehr noch als die Greuel in Galizien, hinter denen wir die sadistischen Triebkräfte nur vermuten können, hängt die Ausrottung der armenischen Bevölkerung der Türkei mit unserem Thema zusammen. Stellt doch dieses fraglos größte Verbrechen des Ersten Weltkrieges (Lord Bryce nannte es wörtlich „the hugest single crime that has been comitted in the whole course flof the war") mit seinen

„Mit Adolfen genn' mer nich mehr vergehren – er hat die englische Krankheet . . ."

Zeichnung von Th. Th. Heine. Aus „Simplicissimus", 1915

„Mach' dir nichts draus – wir werden sagen, daß dich ein Deutscher vergewaltigt hat . . ."
Zeichnung von L. Gedö

1 200 000 Zivilopfern zugleich eine bis dahin einzig dastehende Häufung von Raub- und Lustmord, Diebstahl, Notzucht, Kuppelei und Mädchenhandel dar.

Bei Kriegsausbruch lebten etwa zwei Millionen christliche Armenier in türkischem und etwa eineinhalb Millionen in russischem Gebiet. Obwohl die türkischen Armenier sich ihrem Lande gegenüber loyal erwiesen, was vom Innenminister Talaat Pascha damals ausdrücklich anerkannt wurde, beschloß die jungtürkische Regierung, die ihre Macht nicht zuletzt ihnen verdankte – die Armenier stellten das weitaus größte Kontingent der

Intelligenzberufe in der Türkei und beteiligten sich hervorragend an allen fortschrittlichen Bewegungen –, mit dem verhaßten „Feind im Lande" abzurechnen. Die Zeit dazu schien äußerst günstig; durch ihren Kriegseintritt an der Seite der Mittelmächte hatte sich die Türkei der Kontrolle Europas entledigt. (Dieses hatte seit 1878 in feierlichen Verträgen den Schutz des armenischen Volkes garantiert.) Im Frühjahr 1915 wurde die Deportation aller in der Türkei wohnhaften Armenier angeordnet, nachdem erst ihre Führer verhaftet und alle wehrfähigen Männer in die türkische Armee eingereiht worden waren, um dort gleichfalls abgeschlachtet zu werden. Der angebliche Zweck der Deportation war, den Armeniern in Arabien neue Wohnstätten zuzuweisen, doch enthält eine chiffrierte Depesche des schon erwähnten Talaat Pascha, der übrigens 1922 in Berlin der rächenden Kugel eines armenischen Studenten, des später vom Gericht freigesprochenen Tailirian, zum Opfer fiel, die unverblümte Weisung: „Bei der Ausrottung der betreffenden Personen (der Armenier) sollte ein ganz besonderer Eifer bewiesen werden . . . Ort der Verbannung ist das Nichts. Ich empfehle danach zu handeln."

Die Durchführung des Deportationsbefehles, der seitens der türkischen Machthaber durch die erlogene Beschuldigung, bewaffnete Armenieraufstände hätten stattgefunden, begründet wurde, war von haarsträubender Bestialität. In allen Ortschaften, ausgenommen einige der europäischen Türkei, wurden die armenischen Bewohner ausgehoben und nach Ablauf einer Gnadenfrist von wenigen Tagen, während der sie ihre Habseligkeiten zu Schleuderpreisen verkaufen oder unverkauft zurücklassen mußten, unter der Eskorte türkischer Gendarmen in Horden aus den Städten und Dörfern getrieben. Monatelange Märsche begannen. Die getrennt marschierenden Männer wurden in den Gebirgsgegenden, die ihre Züge zu passieren hatten, von den dort auflauernden halbwilden Nomadenstämmen, hauptsächlich Kurden, überfallen, ihrer letzten Habe beraubt und zuletzt niedergemetzelt. Die Frauen, Mädchen und Kinder, wenn sie nicht unterwegs ver-

Aehtung!

1. Sämtliche vorhandenen Brieftauben sind sofort zu töten, widrigenfalls der Besitzer in schwere Strafe verfällt

Die Polizei—Organe werden in den nächsten Tagen angewiesen, alle Gehöfte des Kommandantur.Bereichs nach Brieftauben abzusuchen und die Besitzer zur Bestrafung anzuzeigen.

2. Der Kurs-Wert des russischen Rubels ist auf **M 1.60** festgesetzt worden.

Kowno. den 20 Sept. 1915.

KAISERLICHE KOMMANDANTUR.

Apgarsinimas.

1. Visi turintieji laiškanešius karvelius tuojaus turi papiautie, priešingai pasielgusiems savininkams bus uždėta sunki pabauda.

Vietinė policija artimiausiose dienose apžiurinės visus namus prigulinčius Komendanturos skyriui ir jeigu ras laiškanešius karvelius savininkas bus nubaustas.

2. Maskoliškojo rublio kursas yra nustatytas **I markė 60 fenigių.**

Kaunas, 20 d. Rug. 1915 m.

GIEBORISKOJI KOMENDANTURA

Ogłoszenie.

1. Wszyscy utrzymujący pocztowe gołębie powinni zaraz zarżnąć, właściciele przeciwnie postępujący będą ciężko karani.

Miejscowa policja w najbliższych dniach wszędzie obejrzy domy leżące w obrębie oddziału Komendantury i jeżeli znajdzie pocztowe gołębie, właściciel będzie karany.

2. Kurs ruskiego rubla jest ustanowiony: **I marka 60 fenig.**

Kowno, d. 20 Września 1915.

CESARSKA KOMENDANTURA.

Der Krieg mordet die Symbole des Friedens

Kundmachung der deutschen Kommandantur in Kowno
Sammlung A. Wolff, Leipzig

Gegen ihren Willen

Unten: Sie mögen ihn nicht. *Radierungen von F. Goya aus dem Zyklus „Desastros della Guerra“*

Das ist ärger

Unten links: Da gibt es kein Heilmittel.
Radierungen von F. Goya aus dem Zyklus „Desastros della Guerra“

Unten rechts: Der Gefangene

Was könnte man noch mehr tun?

Er tut desgleichen. *Radierungen von Goya*

Oben: „Deutsche Notzucht“
Greuelkarikatur von H. Paul, Paris 1916

„Am 4. 9. 1914 haben in Rebais deutsche Soldaten Mme. X mißhandelt. Sie haben die 29jährige Kellnerin entkleidet und anderthalb Stunden lang an ihre Theke gebunden, wobei sie das Mädchen dauernd mit der Erschießung bedrohten“

Sadistische Illustration von J. S. Domergue zu einem „offiziellen“ Bericht. Aus der Mappe „Deutsche Greuel“, Paris 1915

Soldat und Nonne
Radierung von Otto Dix, 1924

Rechts unten: „s' warn so a zwölf vom 36er Regiment“
Zeichnung von K. Sohr

Unten: Die Irrsinnige von St. Marie-à-Py
Radierung von Otto Dix, 1924

Nach Abzug des österr.-ungarischen Heeres. *Aufnahme aus Schabatz. „L'Illustration", 1915*

„Serbien 1915". *Nach einem Gemälde von S. Tschernoff*

„Warum hat sie sich so gewehrt – man hat ja zahlen wollen!“

Karikatur v. L. Raemaekers auf die Vergewaltigung Belgiens, 1914

Unten: Die Vertreibung aus dem Paradies: Adam, „der Brite“, Eva, „La France“

Nach dem Gemälde von Franz Stuck

Aus „Kladderadatsch“, 1915

Kinder hinter der französischen Front werden mit Gasmasken ausgerüstet. *Originalaufnahme*

Erschießung eines russischen Kriegsdienstverweigerers
Aus: „Geschichte der russischen Revolution". Berlin 1929.

Oben: Bei der Deportation der Armenier verhungerte Kinder „Das Ziel der Deportation ist das Nichts". *(Enver Pascha)*

Sammlung des Mechitaristenstifts, Wien

Unten: Der Pascha wählt seinen Beuteanteil

Aus der (im mit der Türkei verbündeten Österreich erschienenen) Bildermappe „Balkangreuel" (nach Augenzeugenberichten)

Unten: Armenische Bäuerinnen unterwegs zur arabischen Wüste

Sammlung des Mechitaristenstifts, Wien

„Süh, Korl, den Granattrichter! Da seggen se ümmer, wi maken Geschichte – wi maken ook Geographie!“
Zeichnung von H. Zille

Unten: Abgekämpfte Truppe geht zurück (Sommeschlacht). *Radierung von Otto Dix, 1924*

Bei Langemark – Februar 1918. *Radierung von Otto Dit, 1924*

Unten: Toter Soldat. *Radierung von Otto Dix, 1922*

Die Russen in Galizien
Zeichnung von M. Gábor, 1915

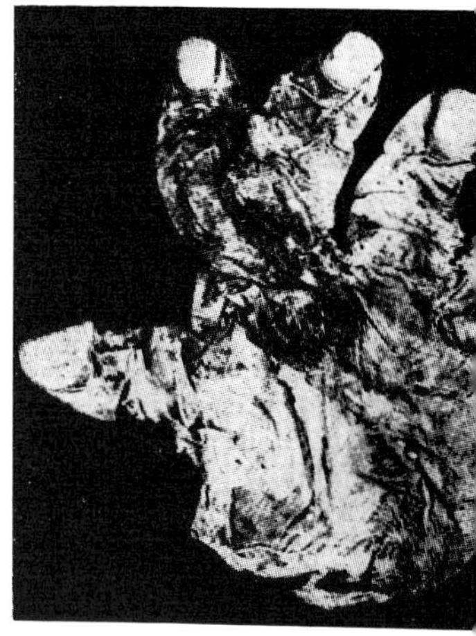

Der „Koltschak'sche Handschuh"
Im russischen Bürgerkrieg zogen beide Teile gefangenen Offizieren die Haut von den Händen, Schultern und Schenkeln und ließen die Opfer verbluten. Handschuhe, Schulterstücke und Hosenstreifen waren die russischen Offiziersabzeichen. Originalaufnahme

Unten: Russische Sachlichkeit
„Finger russisches – Finger deutsches – Finger österreichisches – ist alles gleich, wenn nur Ring dran ist!"
Aus „Simplicissimus" (kein Zeichner genannt)

Gotteslästerliche Anrufung
„Wehe den Völkern, die im Kriege das christliche Gefühl zum Verlöschen bringen ..." (Prinz Max von Baden). Holzschnitt von Frans Masereel

kauft wurden, starben an Hunger, Krankheiten, Übermüdung oder wurden gleichfalls von Gendarmen und Kurden getötet. Ein Sammellager der Deportierten befand sich in Aleppo. In einer deutschen Denkschrift, die bei der Friedenskonferenz dem Präsidenten Wilson vorlag, heißt es:

„Karawanen, die bei ihrem Aufmarsch in der Heimat mehrere Tausende von Köpfen umfaßten, zählten bei ihrer Ankunft an der Stadtgrenze Aleppos nur noch wenige Hunderte, während die Felder mit angeschwollenen und schwarz gewordenen Leichen besät waren, die, die Luft mit ihrem Gestank verpestend, geschändet, nackt und ihrer Kleider beraubt, umherlagen oder Rücken an Rücken gefesselt den Euphrat hinabtrieben, den Fischen zum Fraß ... Alle Tode der Erde, die Tode aller Jahrhunderte starben sie. Ich habe Wahnsinnige gesehen, die den Auswurf ihres Leibes als Speise aßen, Frauen, die den Leib ihrer neugeborenen Kinder kochten. Mädchen, die die noch warme Leiche ihrer Mutter, um das aus Furcht vor den arabischen Gendarmen verschluckte Geld in den Gedärmen der Toten zu suchen, aufschnitten. In zerfallenen Karawansereien lagen sie zwischen Haufen von Leichen und Halbverwesten teilnahmslos da und warteten auf den Tod; denn wie lange konnten sie ihr elendes Dasein damit fristen, sich Körner aus dem Mist der Pferde zu suchen oder Gras zu fressen [7]?"

Um die Bestialität der erzwungenen Märsche zu illustrieren, mögen hier zwei Daten aus dem Buche des edlen Menschenfreundes Nansen [8] stehen: Von 18 000 Deportierten aus Kharput und Siwas erreichten Aleppo nur 350 und von den 19 000 aus Erzerum blieben insgesamt elf am Leben!

Der Leidensweg des zu martervollem Tode verurteilten Zweimillionenvolkes war buchstäblich von Leichen geschändeter Frauen gesäumt. Wir geben hier einige Tatsachen wieder, schicken jedoch voraus, daß es sich nicht um Ausgeburten einer Fieberphantasie, sondern durchwegs um einwandfrei verbürgte Daten handelt. Die Gendarmen der Eskorte, die frei über Leben und Tod verfügen durften, mißbrauchten die Mädchen und Frauen massenhaft und ermordeten die Geschändeten. Ende 1915 lagen am Bahndamm bei Tel Abiad und Rasul-Ain massenhaft nackte, geschändete Frauenleichen herum. Vielen von ihnen hatte man Knüppel in den After getrieben [9]. Wir lassen die Erzählungen einiger Deportierter folgen:

„... Der Chef der Eskorte hatte in der Karawane ein junges Mädchen entdeckt, das er haben wollte. Es weigerte sich. Hierauf trat er mit einer Schar Kurden vor uns und sagte: ‚Ihr werdet mir sofort diese da übergeben, sonst lasse ich euch alle umbringen.' Seine

Haltung war eine so drohende, daß wir nicht daran zweifelten, er werde seinen Worten die Tat folgen lassen. Das war der Preis für die Rettung der ganzen Karawane. Wir warfen uns dem jungen Mädchen zu Füßen und beschworen es, einzuwilligen. Es schwieg, weinte, verbarg sein Gesicht in den Händen. Endlich gab es unserem Flehen nach ... [10].

... Ich wurde mit meiner Mutter deportiert ... Auf halbem Wege verlangte der Mann (ein tscherkessischer Gendarm) eine Summe Geldes, die sie nicht bezahlen zu können behauptete; er begann sie zu foltern und sie gab ihm endlich sechs Livres, die sie an einer intimen Körperstelle verborgen hatte ... Und sogleich machte er sich daran, ihr einen Arm, dann den zweiten abzuschneiden; hierauf schnitt er ihr vor meinen Augen beide Füße ab; dann packte er mich bei der Hand und vergewaltigte mich vor den Augen meiner sterbenden Mutter ... [11]

Die Mädchen und Frauen, die nicht von der Eskorte selbst genotzüchtigt und ermordet wurden, wurden von den muselmännischen Bewohnern der Ortschaften, an denen ihr Zug vorbeikam, in die Harems entführt oder verkauft. Dasselbe Schicksal ereilte auch einen Teil der Kinder, die dann islamisiert wurden und verschwanden. Es blühte ein Mädchen- und Kinderhandel, wie er in diesem Ausmaße seit den Kreuzzügen auch im Orient nicht mehr gesehen wurde. In muselmännischen Städten wurden Märkte abgehalten, auf denen Armenierinnen um einen „Spott"-Preis, im wahrsten Sinne des Wortes, feilgeboten wurden. Für Jungfrauen wurden zwanzig, für junge Frauen oder Witwen fünf Piaster verlangt[12].

Nach Kriegsende wurde auf Anregung Lord Bryces, der die armenische Frage im Herrenhaus bereits drei Tage nach dem Waffenstillstand (13. November 1918) aufs Tapet brachte, mit wenig Erfolg versucht, die in die Harems entführten Armenierinnen wieder herauszuholen.

Es sei bemerkt, daß die türkische Kriegsregierung, die die volle Verantwortung trägt für die Massenmorde, nicht auch der Schuld an diesem grandiosesten Mädchenhandel des zwanzigsten Jahrhunderts bezichtigt werden kann. Den Machthabern in Konstantinopel schwebte nämlich als wünschenswertes Ziel die Ausrottung ausnahmslos aller Armenier vor. Talaat Pascha erteilte im September 1915 an die Präfektur von Aleppo folgende Weisung (Nr. 537): „Wir erfahren, daß die Leute aus dem Volke und Beamte sich mit armenischen Frauen verheirateten. Ich verbiete dies streng und empfehle dringend, daß die Frauen dieser Art nach ihrer Trennung in die Wüste verschickt werden."

Es wirft sich die Frage auf, wie sich diese Greuel unter den Augen des verbündeten Deutschland, dessen politischer Einfluß in der Türkei im Krieg kein geringer war, ereignen konnten. (Daß Hilfe möglich gewesen wäre, beweist der Fall des Freiherrn von der Goltz, dem es unvergessen bleiben soll, daß er durch seinen Protest die armenischen Einwohner Mossuls vor dem Schicksal der Deportation rettete.) Deutsche Soldaten saßen im Lande, sahen die Greuel mit an, verewigten diese Greuel in Lichtbildern wie den im vorliegenden Werke wiedergegebenen, und daß sie darüber auch ihre von politischen Erwägungen ungetrübte Meinung hatten, beweisen authentische Berichte wie der folgende eines Augenzeugen:

„Wir waren zirka 10 000 deutsche Soldaten und hatten den Befehl erhalten, in der Richtung Kat-ul-Amara zu marschieren. Unter uns waren zirka 400 osmanische Offiziere und Soldaten als Dolmetscher und Wegweiser. Wir mußten durch die Wüste marschieren, am Euphrat und Tigris entlang. Am Abend schlugen wir unsere Zelte in der Wüste auf, um zu rasten. Unsere osmanischen Kameraden verschwanden eines Abends, wir dachten wegen ihres Abendgebets. Diesmal aber kamen sie mit 200 armenischen Frauen und hübschen jungen Mädchen, die sie sich von einer in der Nähe rastenden Karawane geholt hatten. Zelt an Zelt lagen wir, als die Nacht hereinbrach. Nun begann die Hölle auf Erden. Die herzzerreißenden Hilferufe und das Geschrei der mißhandelten und vergewaltigten Opfer ließen uns deutsche Offiziere und Soldaten die ganze Nacht nicht ein Auge schließen. Wir durften aber nicht eingreifen. Die deutsche Oberste Heeresleitung hatte uns verboten, uns in die ‚internen' Angelegenheiten der Türken zu mischen, wir mußten daher schweigen, während nebenan unsere Glaubensschwestern so mißhandelt wurden.

... Als wir am frühen Morgen aufwachten, sahen wir mit Grauen, daß die 200 jungen Mädchen und Frauen, die die ganze Nacht für die tierischen Gelüste dieser Tyrannen hergehalten hatten, sämtlich mit einem Stich in der Kehle als Tote dalagen [13]."

Die öffentliche Meinung durfte über diese Heldentaten der Verbündeten im Osten nichts erfahren, obwohl Dr. Johannes Lepsius, der sechs Jahre später in dem schon erwähnten Telirianprozeß das Gutachten abgab, bereits 1916 in einer vertraulichen Broschüre sämtliche Greuel ausführlich geschildert und Liebknecht sie im Reichstag zum Gegenstand einer „kleinen Anfrage" gemacht hatte. Aber noch im Juni 1917 erdreistet sich die Wolff-Agentur auf höhere Weisung zur Erklärung: „Die Berichte der neutralen Botschafter über die Armeniermetzeleien sind erfundene Lügen. Es ist ein Machwerk der Entente." Dieser höchst radikale Standpunkt ließ sich nicht lange beibehalten. Die bekannte Sammlung Kurt Mühsams [14] enthält zwei Weisungen der Zensurbehörden vom Oktober und Dezember desselben Jahres. Sie lauten schon ein wenig, wenn auch nicht wesentlich anders:

„Über die Armeniergreuel ist folgendes zu sagen: Unsere freundschaftlichen Beziehungen zur Türkei dürfen durch diese innertürkischen Verwaltungsangelegenheiten nicht nur nicht gefährdet, sondern im gegenwärtigen schwierigen Augenblick nicht einmal einer Prüfung ausgesetzt werden.

Über die armenische Frage wird am besten geschwiegen. Besonders löblich ist allerdings

Drohung à la prusse ...
„Schrei nicht – oder du wirst den Kronprinzen kennen lernen ... !"
Antideutsche Propagandazeichnung von Sascha Zaliouk
Aus „Le Rire rouge", 1915

das Verhalten der türkischen Machthaber in dieser Frage nicht.“

Natürlich fanden sich auch Deutsche, die das verdiente Urteil über die Unmenschlichkeit ihrer kriegerischen Regierung fällten. Erinnerlich ist der Fall des Zeitungskorrespondenten Dr. Harry Stuermer, der die Greuel mit ansah und ein wackeres, sein Menschentum bezeugendes Bekenntnis ablegte:

„Man braucht als Deutscher nur ein leises Gefühl von Würde zu empfinden, um die erbärmliche Feigheit unserer Regierung in der Armenierfrage nicht ohne Schamröte hinzunehmen. Das Gemisch von Gewissenlosigkeit, Feigheit und Kurzsichtigkeit aber, dessen sich unsere Regierung in der Sache der Armenier schuldig gemacht hat, kann allein schon genügen, um die politische Loyalität eines denkenden Menschen, dem an Menschlichkeit und Zivilisation etwas liegt, vollständig zu untergraben. Es ist eben nicht jedes Deutschen Sache, leichten Herzens ... die Schande zu ertragen, daß die Weltgeschichte die Tatsache verzeichnen wird, daß die raffiniert grausame Vernichtung eines kulturell wertvollen Volkes von etwa zwei Millionen mit dem Zeitpunkte der stärksten deutschen Macht in der Türkei zusammenfällt [15].“

An dieser Stelle möge zweier Schriftsteller gedacht werden, die ihre Stimme gegen die Ausrottung des Armeniervolkes erhoben haben: der heute in Rom lebende Armin T. Wegner und Franz Werfel, der mit seinem Roman „Die vierzig Tage des Musa Dagh“ dieser Tragödie ein unvergängliches literarisches Denkmal gesetzt hat.

Ein Sexualverbrechen, dessen Zusammenhang mit dem Kriege seit jeher feststand, ist die Notzucht. In der Kriminalpraxis des Friedens werden Notzuchthandlungen eher auf sexuelle Hyperästhesie, als auf übermäßige Stärke des Sexualtriebes, in vereinzelten Fällen auf sadistische Triebregungen zurückgeführt. Die Hyperästhesie kann angeboren sein oder tritt vorübergehend als Folge übermäßigen Alkoholgenusses oder langer geschlechtlicher Enthaltsamkeit auf. So kam es auch im Laufe dieses Krieges überall und auf seiten aller Kriegsteilnehmer zu Vergewaltigungen. Daß sie nicht noch viel häufiger vorkamen, liegt daran, daß sich in der Feuerlinie nur selten Frauen aufhielten, hinter der Front aber für die Befriedigung des Geschlechtstriebes ohne Gewaltanwendung sich manche Möglichkeiten ergaben. Auch die uns schon bekannte Einrichtung der Feld- und Etappenbordelle trug, so abscheulich sie sonst war,

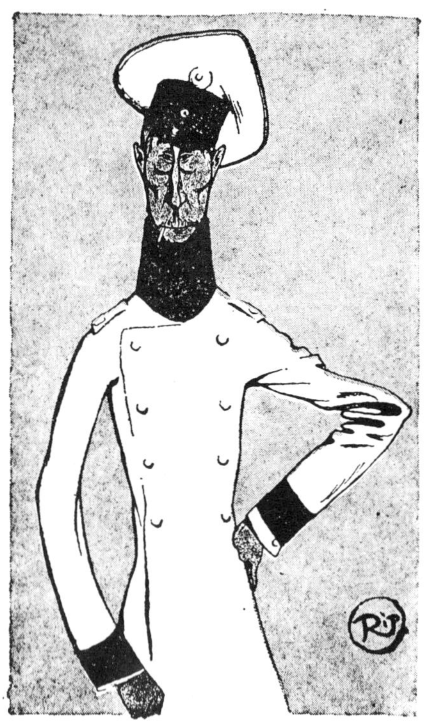

„Le Kronprinz“
Zeichnung von Rip. Aus „La Baïonnette“, 1916

Die Spionin hat gebüßt
Französische Haß- und Hetzkarikatur anläßlich der Hinrichtung der Miss Cavell

„Wir führen nur mit Feindtruppen Krieg ...“
Zusammenfassende Darstellung „deutscher Greueltaten“, wie sie zu Propagandazwecken von der Entente reichlich ausgeschrotet wurden
Zeichnung von Townsend. Aus „Punch“, 1915

nicht unwesentlich zur Verringerung der Fälle von Kriegsnotzucht bei.

Sonderbarerweise war das für viele eine Enttäuschung. Die öffentliche Meinung war auf eine massenhafte Häufung dieses Verbrechens auf den Kriegsschauplätzen gefaßt. Die erotische Phantasie der Zeit tobte sich förmlich in sexuellen Gewalttaten aus, die dem Feinde, so besonders den Deutschen in Belgien, angedichtet wurden. Soldaten aller Länder zogen mit dem bewußten oder unbewußten Entschluß hinaus, auf dem Felde der Ehre Liebesgenüsse einzuheimsen und nötigenfalls zu erzwingen. „Mädchen und Burgen müssen sich ergeben!“ Während die Deutschen wegen angeblicher Schändungen belgischer und französischer Frauen als Ausbund aller Laster hingestellt wurden, warfen italienische Flieger an der Südwestfront für die österreichischen Soldaten Flugblätter ab, in denen diese verständigt wurden, daß, während sie gegen Italien kämpften, die Russen „in Ungarn siegreich eindringen, ihre Häuser betreten und ihre Weiber vergewaltigen“ würden. Ein französisches Haß- und Rachegedicht „sang“:

„Deutsche, wir werden eure Töchter besitzen,
Wenn unsere Soldaten, trunken vom Ruhm,
Euren zitternden Kriegsknechten nachjagen;
Wenn die Siegesfanfaren
Die Stunde der Züchtigung ankündigen.

Deutsche, wir werden eure Töchter besitzen!
Denn wir müssen die Mütter rächen,
Deren Kinder ihr gemordet habt.
Unsere Liebkosungen werden schmerzhaft sein, –
Wenn sie für euch schlägt, die Stunde der Züchtigung.

Deutsche, wir werden eure Töchter besitzen!
Sie werden das Gedenken bewahren
An unsere Umarmungen und unsere Liebe;
Wie Eva nackt, werden sie unsere Lust stillen –
Wenn sie für euch schlägt, die Stunde der Züchtigung [16].“

Noch bemerkenswerter, wenn auch den sexualpsychologischen Erfahrungen durchaus entsprechend, war das Verhalten der Frauen. Männliche Brutalität und Aggressivität erscheint der Frau bis zu einer gewissen Grenze immer lustbetont. Die Gründe hierfür liegen offen zutage. Schon die Eroberung des Weibes und vollends der Beischlafsakt setzen eine bestimmte Angriffslust des Mannes, Überwältigung eines Widerstandes und eine mehr oder minder zarte Gewaltanwendung voraus, die von der Frau, der in der Liebe Unterliegenden, wollüstig empfunden wird. Die geschlechtlich normal fühlende Frau will vom Manne erobert, bezwungen werden und von der Masochistin, die nicht mehr nur überwältigt, sondern auch genotzüchtigt oder brutalisiert werden will, trennt sie fast nur ein Schritt. So jung die Wissenschaft der Sexualpsychologie, so alt ist diese Erkenntnis, die schon vor zweitausend Jahren den Liebeslehrer Ovid seinen Jüngern den Rat erteilen läßt:

Vim licet appelles, gratast vis ista puellis:
Quod iuvat, invitae saepe dedisse volunt.
Quaecumquest Veneris subita violata rapina,
Gaudet et improbitas muneris instar habet . .
(Ars Amatoria, Lib. I., 673–76.)

(Rufe Gewalt auch zu Hilfe, dem Weib ist solche Gewalt lieb: Oftmals läßt sie sich gern zwingen zu dem, was sie wünscht. Jegliche, welche besiegt durch der Liebe plötzlichen Raub ward, freut sich und Keckheit ist wie ein Geschenk ihr so lieb.)

Diese vom römischen Dichter so glücklich ausgedrückte und von der Sexualwissenschaft mannigfach belegte Wahrheit macht das Verhalten eines großen Teiles der Weiblichkeit im Kriege verständlich. Die Durchschnittsfrau sieht im Kriege eine Reihe durch Männer verübter, daher für sie lustbetonter Roheitsakte, die vollends, wenn sie sich gegen Frauen richten, ihr erotisches Interesse mächtig erregen. Seit Wedekind in der Heldin seines Totentanzes die Hysterikerin auf die Bühne brachte, die wohl den Mädchenhandel bekämpft, im Unterbewußtsein aber selbst verkauft, das heißt vergewaltigt werden will, hat sich dieses Motivs auch die Literatur bemächtigt. Schon die männerfeindlichen Ausfälle gewisser Feministinnen der Vorkriegszeit werden uns erst unter diesem Gesichtspunkt verständlich. So die – wohl ironisch gemeinte – Behauptung der Käthe Schirmacher: „Die Frauen- und Mutterachtung zeigt sich am herrlichsten im Kriege. Wie haben die Frauen und Mütter es da gut! Die bestialischesten Qualen, die ekelhaftesten Schändungen sind ihnen vorbehalten ... Man trainiert sie ja schon im Frieden darauf, mit Sittlichkeitsverbrechen, Lustmorden und Pogromen [17]."

Noch deutlicher äußert sich kurz vor dem Kriege eine andere Frau, die französische Schriftstellerin de Saint-Points über die Frage der Kriegsnotzucht: „Die Notzucht ist der dem Eroberer schuldige Tribut. Nach einer Schlacht, in der Männer sterben, ist es der normale Zustand, daß die durch den Krieg auserlesenen Sieger in eroberten Ländern bis zur Vergewaltigung schreiten, damit wieder Leben geschaffen werde [18]."

Im Verein mit der hysterischen Neigung, die Grenzen zwischen Wirklichkeit und Einbildung zu mißachten, führt diese Vorliebe der Frau für männliche Aggressivität zu jenen erotischen Falschbeschuldigungen, die zu alltäglichen Vorkommnissen der Kriminalpraxis gehören. In ihnen entlädt sich die unbefriedigte Sexualität, indem sie wollüstig betonte, durchweg eingebildete Tatsachen als wirklich erscheinen läßt. Wie weit sich in solchen Fällen die Grenze zwischen Wunschtraum und Realität verwischen kann, beweist das von J. R. Spinner erforschte „Phänomen der eingebildeten Schwangerschaft". Immerhin dürfte diese Erscheinung ziemlich selten sein, während die auf hysterischer Grundlage vorgetäuschte Notzucht als geradezu typisch gelten kann. In der auch erotisch überreizten Atmosphäre des Krieges war das in noch viel höherem Maße der Fall. Wo feindliche Sol-

Verantwortlich für die Armeniergreuel
Aus „Punch", 1916

Worüber der Klerus sich ausschweigt: Die Armeniergreuel
Zeichnung von R. Hermann

daten erschienen, tauchten sogleich massenhaft Frauen und Mädchen auf, die vorgaben, daß man sie vergewaltigt habe. Wobei die suggestive Wirkung der Propaganda die schon vorhandene hysterische Disposition erheblich verstärkte. Freilich soll nicht übersehen werden, daß es sich in einem großen, vielleicht dem größten Prozentsatz der Fälle um bewußte Lügnerinnen handelte, die einen sexuellen Fehltritt zeitgemäß bemänteln und lieber als Märtyrerinnen feindlicher Brutalität, denn als „Gefallene" dastehen wollten. In Frankreich entbrannte ein besonders lebhafter Meinungsstreit darüber, ob in Fällen der Notzucht eine Unterbrechung der unerwünschten Schwangerschaft, die Beseitigung der aus erzwungenen Umarmungen hervorgegangenen Frucht gestattet sei. Es fanden sich selbst Priester, die für diese Erlaubnis eintraten. Der Montmartredichter Monthésus verfaßte ein Lied, das im Kehrreim die Gefühle der geschändeten Frau in die Welt hinausschrie und zur Erlösung des Opfers die Gewalttat der Wissenschaft zu Hilfe rief [19]. Der Gelehrte Grandjux geht noch weiter und spricht von einer „Infektion durch den teutonischen Spermatozoiden" und die Notwendigkeit eines Gesetzes behufs „Déteutonisation" im Interesse der Opfer und zum Schutze der Rasse [20].

Auch Deutschland glaubte im Kopfzerbrechen über das Schicksal meist nicht nur ungeborener, sondern auch ungezeugter Kinder hinter dem französischen Erbfeind nicht zurückbleiben zu dürfen. Den Anlaß dazu gab der Russeneinfall in Ostpreußen, wobei sich Vergewaltigungen allerdings wirklich ereignet zu haben scheinen. Hier nahm sich der Deutsche Bund für Mutterschutz der Angelegenheit an. In einer Petition an den Bundesrat wurde ein „Notgesetz zugunsten der während des Krieges von den Angehörigen feindlicher Heere geschändeten Mädchen und Frauen" beantragt, das die Erlaubnis zur

Unterbrechung der Schwangerschaft im Falle der einwandfrei feststellbaren Vergewaltigung vorsah. Gewisse Kreise witterten darin einen Versuch, die bekannte Forderung radikaler Frauenrechtlerinnen nach dem Recht der Frau auf ihren Körper auf Umwegen zu verwirklichen.

Schließlich seien einige Berichte über Schändungen wiedergegeben, wobei wir nochmals betonen, daß der überwiegende Teil der zur Kriegszeit bekannt gewordenen Fälle erlogen, vorgetäuscht oder eingebildet war, nicht zu gedenken der Fälle, in denen der Widerstand der Geschändeten nicht ernst gemeint war. Nehmen wir noch hinzu, daß Propaganda und Presse eifrig bemüht waren, Vergewaltigungen zu erdichten, so ergibt sich als Rest eine keineswegs große Zahl wirklicher Notzuchtsakte. Als Beweis dafür, daß der Krieg die Erwartungen der Frauen nicht erfüllte, daß ihrer passiven Freude am Vergewaltigtwerden eine viel geringere Lust der Männer zur Gewaltanwendung gegenüberstand. Fabius, hinter dessen Pseudonym sich ein Stabsoffizier der österreichisch-ungarischen Armee verbirgt, schreibt:

„Es sind viele Erzählungen, Schilderungen und Gerüchte über Vergewaltigungen und Schändungen von Frauen und Mädchen durch unsere Truppen im Umlauf gewesen. In dieser Verallgemeinerung und in diesem Ausmaße sind das alles Lügen. Bei den regulären Feldformationen waren solche Fälle die größte Seltenheit. Wenn sie dennoch vorkamen, so wurden sie vom Troß der Truppenkörper, der nicht immer beaufsichtigt werden konnte, verübt.

Hingegen haben die russischen Kosaken und die wilden sibirischen Truppen, wo immer sie hinkamen, tatsächlich arg gehaust. Ich nenne ausdrücklich diese Truppenteile, weil auch den russischen regulären Truppen in dieser Beziehung kein genereller Vorwurf gemacht werden kann. In einem ungarisch-ruthenischen Karpathendorf, wo mein Regiment durchmarschierte und wo kurz vorher Kosaken gestanden waren, ist von diesen die ganze weibliche Bevölkerung in viehischer Weise geschändet worden. Alle weiblichen Mitglieder der Familien wurden coram publico von den Unholden vergewaltigt. ‚Wie viele sind über dich gekommen?‘ wurde ein junges Mädchen gefragt. ‚Über mich vier Kosaken, über die Mutter sechs und über die Großmutter drei.‘ Ferner ist es Tatsache, daß das von den Russen besetzt gewesene Gebiet in Galizien nach ihrem Abzuge venerisch verseucht

Die befreite Donau

Die Donau zum Vater Rhein: „Na, Alter, nun bin ich hoffentlich für alle Zeiten ebenso serbenfrei, wie du franzosenfrei!“
Aus „Kladderadatsch“, 1915

war und daß die meisten Frauen und Mädchen geschwängert worden waren. Die Frage, inwiefern hinsichtlich letzteren Umstandes Gewalt angewendet worden ist, dürfte nicht gleichmäßig zu beantworten sein [21]."

Egon Erwin Kisch schildert in seinem „Winterlager einer geschlagenen Armee" seine Gespräche mit Einwohnern eines galizischen Dorfes, das von den Russen besetzt und von den Österreichern wieder erobert worden war:

„Sie waren in ihrem galizischen Ort geblieben, als zum erstenmal die Russen kamen; ‚es sind doch auch Menschen, haben wir uns gesagt', doch sie brachen in die jüdischen Wohnungen ein, raubten mit vorgehaltenem Revolver, verprügelten die Männer, und alle ihre Fragen gingen nach Frauen und Mädchen; sogar Halbwüchsige zerrten sie in die Nebenzimmer, um sie zu notzüchtigen. Einmal näherten sich die Kosaken dem Hause; die Mädchen verbargen sich, als jedoch die Russen den Vater zu ermorden drohten und mit den Bajonettgriffen auf seinen Kopf schlugen, stürzten die Töchter mit Zetergeschrei herbei und erzielten, daß der Vater zwar losgelassen, zwei von ihnen aber vergewaltigt wurden. Die dritte sprang aus dem Fenster und floh auf den halbgefrorenen San, wo sie die ganze Nacht ausharrte und hörte, wie sie von den Kosaken gesucht wurde. Ein andermal drohten sie einer Mutter, ihrem Säugling den Kopf zu spalten, wenn sie das Versteck ihrer dreizehnjährigen Tochter nicht verrate; diese sitzt nun weinend im Wagen, sie ist an Gonorrhöe erkrankt. Eine Frau hat den Kopf verbunden, sie ist von zwei Säbelhieben verwundet worden, damit sie angebe, wo ihre Töchter seien. Auf die Bitte um Schutz erwiderte der Kommandant, ein russischer Graf (wie denn überhaupt die meisten Offiziere dieser Kosakenabteilung Aristokraten waren), man möge eine Deputation von jungen Mädchen schikken, dann werde er sehen, was er tun könne [22]."

Die wirklichen Greuel des Ersten Weltkrieges waren, wir wiederholen es, nicht diese historischen Kriegsverbrechen, sondern die massenmörderischen Erfindungen der Technik. Darum schließen wir mit den Worten, in denen Karl Kraus sein Urteil über die Giftgase zusammenfaßt: „Der Mensch wird keines Fortschrittes teilhaft, ohne sich dafür zu rächen."

„Um Gotteswillen – was treibt ihr denn da?"
„Wir machen einen Gasüberfall . . ."
Aus „Punch", 1916

Die Aufgabe der Propaganda

XXI

Die zwei Kategorien der Haß- und Lügenpropaganda – Haß und Sadismus in Literatur, Kunst und Pornographie – Wie Frauen und Kinder hassen –
Einige sado-erotische Kriegslügen – Sexuelle Anwürfe gegen den Feind: die „deutsche" Päderastie und die „französischen" Perversitäten

„Kommt der Krieg ins Land, gibt's Lügen wie Sand!", sagt ein alter, auch in Weltkriegszeiten oft zitierter, aber selten beherzigter Spruch. Die Lüge war und blieb ein anerkanntes Mittel der Kriegführung, eine Waffe, deren man sich zur Steigerung der Kriegslust und Kriegsbegeisterung nicht begeben konnte und wollte. Und dies gilt für alle Länder im gleichen Maße. Überall war die Kriegspropaganda eifrig bestrebt, die eigene Bevölkerung durch Vorspiegelung falscher Tatsachen hinters Licht zu führen. Wenn in den kritischen Tagen Deutschlands im Reichstagsausschuß die berühmte Äußerung fiel: „Wir wurden belogen und betrogen!", oder wenn Lord Fisher zwei Jahre nach Kriegsende erklärte, England wäre in den Krieg „hineingefoppt" worden („fooled into war"), so läßt diese Selbstkritik auf beiden Seiten nichts zu wünschen übrig. Höchstens kann über die Frage gestritten werden, auf welcher Seite man die Waffe der Propaganda oder, um es schlankweg herauszusagen, der Lüge besser zu handhaben verstand. Heute dürfte es kaum noch zu bezweifeln sein, daß Deutschland an dieser Front den Krieg von allem Anfang an verloren hatte und sich mit dem Crewe House, wo ein Lord Northcliffe alle Künste seiner hervorragenden Strategie spielen ließ, nicht messen konnte. Die Kriegspropaganda muß sich, um erfolgreich zu sein, auf überlegene psychologische Kenntnisse stützen. Und das war es, was Deutschland, abgesehen von der auch

Die Presse: „Verrat – Haß – Blut – Lüge . . ."
„Aus „Die Menschen und der Krieg"
Holzschnitt von Frans Masereel

in dieser Hinsicht verhängnisvollen Blockade, fehlte. Die deutschen Kriegslügen hatten zumeist kurze Beine, humpelten nicht über die Grenzen, während die Lügennachrichten der Ententepropaganda international verbreitet waren – und sich noch lange am Leben erhielten.

Die Kriegspropaganda zerfällt in zwei Kategorien. Beide bezwecken die Steigerung der Kriegslust im eigenen Lager durch Förderung des Hasses gegen den Feind. Während aber die erste Kategorie unmittelbar auf das Ziel lossteuert und den Feind hassenswert oder verächtlich zu machen sucht, enthält die zweite Klasse von Kriegsnachrichten bestimmte Behauptungen, hauptsächlich über Kriegshandlungen, die dem Feind zugeschrieben werden, um auf diesem Wege versteckt das gleiche Ergebnis zu erzielen. Einerseits wurde ein Haß gezüchtet, ohne daß man dessen Motive (sei es, daß sie als bekannt vorausgesetzt oder als überflüssig erachtet wurden) nannte, andererseits wurden erdichtete Tatsachen vorgebracht, die dem Hasse als zureichender Grund und ständige Nahrung zu dienen hatten. Wir wollen beide Arten der Kriegspropaganda in ihren Hauptzügen verfolgen, wobei wir unser Augenmerk vor allem auf die durch sie verursachten Massenpsychosen richten und im besonderen die erotische Färbung gewisser Kriegslügen zeigen wollen.

Was die ohne faktische Unterlagen, rein psychologisch arbeitende Haßpropaganda betrifft, so stellt gerade diese die höchsten Anforderungen an die Kenntnis der Massenseele. Der amerikanische Professor Lasswell schreibt in einem interessanten Buche über die Technik der Propaganda im Weltkrieg folgende bezeichnende Sätze: „Der seelische Widerstand moderner Völker gegen den Krieg ist dermaßen entwickelt, daß jeder Krieg als Abwehrkampf gegen einen drohenden, mordgierigen Angreifer hingestellt werden muß. Es darf kein Zweifel darüber bestehen, wen die Bevölkerung hassen soll. Der Krieg darf nicht einem Weltsystem internationaler Verwicklungen, auch nicht der Dummheit oder Bosheit der herrschenden Klassen, sondern nur der Raubgier des Feindes zugeschrieben werden. Schuld und Unschuld müssen geographisch abgegrenzt werden und alle Schuld hat jenseits der Grenze zu liegen [1]." So und nur so konnte in allen Ländern ein Haß großgezüchtet werden, der sich anstatt an das Gefühl bewußter Zugehörigkeit zu einer Kulturgemeinschaft an jenen Patriotismus wandte, den schon Schopenhauer als die Leidenschaft der Dummen verhöhnte.

Daß man die Mittel der Massensuggestion, unter denen Presse, Literatur und Kunst an erster Stelle stehen, dieser Haßpropaganda dienstbar machte, gilt schon im gleichen Maße für Deutschland wie für die Entente. Voran marschierte die Literatur, deren Anpassungsfähigkeit in diesen Jahren vom Standpunkte des Militarismus aus nichts zu wünschen übrig ließ.

Wir greifen als einziges Beispiel das der deutschen Kriegslyrik heraus, deren Darstellung wir einem kurz nach Kriegsausbruch erschienenen Artikel von Josef Luitpold Stern [2] entnehmen:

„Richard Dehmel wird nicht leugnen können, daß er einmal ein Gedicht geschrieben hat ‚An mein Volk':

Ich hab ein großes Vaterland:
zehn Völkern schuldet meine Stirn
ihr bißchen Hirn,
Ich habe nie das Volk gekannt,
aus dem mein reinster Wert entstand.

Der Papst zu den französischen und englischen Lügenverbreitern: „Nein, – zu den Gläubigen wünsche ich mich unter keinen Umständen gezählt zu sehen!"
Aus „Kladderadatsch", 1915

Später freilich spricht er von der ‚Feindesrotte' und sieht ringsum ‚Räuber, Söldner, Schufte, Knechte'! Einmal hat er die Losung geprägt: ‚Wir Welt!' Später rief er: ‚Zum Teufel! Soll da etwa Deutschland mit christlichen Phrasen um sich werfen anstatt mit Bomben und Granaten!' – ‚Ich und die Zukunft!' schwärmte er einst. Dann ist er Freiwilliger geworden und seine Begeisterung entzündete sich an dem Bersten des Schrapnells, an dem Zerschmettern des Feindes:

Unsre grauen Kähne
haben weiße Zähne,
die blitzen los auf jeden Schuft,
der nach des Kaisers Flagge pufft.

Diese jähe Wendung hat die Überzahl der deutschen Lyriker mitgemacht. Sie sind plötzlich Hasser geworden. Nur in der Frage, wen sie eigentlich am wütendsten zu hassen hätten, sind sie nicht völlig eines Sinnes. Einige, die sich von ihrer sozial gestimmten Vergangenheit nicht rasch genug zu trennen wußten, wie Frank Wedekind und Karl Henckell, wandten sich gegen den Zarismus. Sie erhielten freilich sonderbare Kollegen. (Auch Paul Lindau wendete sich entrüstet vom Zaren in Rußland ab.)

In einer schärferen Witterung der wirtschaftlichen Wurzeln des Weltkrieges lenken die anderen ihren Haß wider England. Hier ist Ernst Lissauer der Wortführer: ‚Was schiert uns Russe und Franzos, Schuß wider Schuß und Stoß wider Stoß‘, aber ‚wir haben alle nur einen Haß, wir lieben vereint, wir hassen vereint, wir haben alle nur einen Feind: England!‘ Ebenso denkt Herbert Eulenberg: ‚O, England, du perfides Land, das sei dir nicht vergessen, daß du deine Brüder verraten hast, um bloße Geldinteressen.‘
Die dritten haben die einfachste Lösung gefunden, sie hassen alles, was Feind heißt. So kommt Arno Holz zu seinem ‚deutschen Schnadahüpfel‘:

Alldeutschland, du mußt wandern
Durch die Hölle ins Paradies,
Heut stehn wir noch in Flandern,
Doch morgen schon vor Paris.

Bataille um Bataille,
Und jeder stellt seinen Mann.

England, du falsche Kanaille,
Dich kriegen wir auch noch dran!

Heut zwacken uns noch die Kosaken,
Tut nichts, wir brechen durch.
Wir helfen euch auf die Haken
Bis nach St. Petersburg.
Ihr übrigen Halunken,

Noch einen Momang! Noch einen Momang!
Wir werden euch tunken, tunken!
En avant, en avant, en avant!

Selbiger Arno Holz hatte Jahre vorher ein tapferes Gedicht den deutschen ‚Franzosenfressern‘ gewidmet.
Ebenso klingt Gustav Falkes Jagdlied auf den Bären und den Hahn und auf den britischen Löwen, die falsche Katze: ‚Und früher bei Gott wird Rast nicht gemacht, bis das letzte Wild zur Strecke gebracht.‘
Angeprangert sei noch H. Vierordts vertierter Aufruf ‚Deutschland hasse!‘

O Deutschland, jetzt hasse mit eisigem Blut,
hinschlachte Millionen der teuflichen Brut,
und türmten sich berghoch in Wolken hinein
das rauchende Fleisch und das Menschengebein!

O Deutschland, jetzt hasse: geharnischt im Erz:
jedem Feind einen Bajonettstoß ins Herz!
Nimm keinen gefangen! mach jeden gleich stumm!
Schaff zur Wüste den Gürtel der Länder ringsum!“

Manche sind noch weiter gegangen und verleugneten nicht nur Ideen, sondern darüber hinaus auch die Kunst. So Sudermann, der über Nacht zum Bänkelsänger geworden

„Ich schnitt es gern in alle Rinden ein . . .“
Aus „Kladderadatsch“, 1917

war, mit einem Lied, das, von Humperdinck vertont, im Berliner Theater des Westens unter lebhafter Beteiligung des Publikums vorgetragen wurde:

Der deutsche Mann,
Der freie Mann,
Er liebt den Kaiser,
Wie er kann,
Und hält ihn lieb und wert.
Und haut die Feinde feste man,
(Handbewegung aller Sänger)
Er ist und bleibt der beste Mann,
Denn er schliff unser Schwert [3].

Dichtungen wie diese trennt nicht einmal mehr der letzte Schritt von poetischen Ergüssen, die als unvergängliche Dokumente der Verrohung, häufig auf Postkarten abgedruckt, verbreitet wurden, wie die nachstehenden Verse, betitelt „Die nicht vergönnte Freude". Das Lied, als dessen Herausgeber die „Vereinigung der Kunstfreunde" zeichnet, lautet:

Bei Lüttich war es gar fein,
Jupheidi, jupheida!
Wir schlugen Tür und Fenster ein,
Jupheidi, heida!
Und hätt' man uns die Freud' vergönnt,
Wir hätten's ganze Nest verbrennt!

Erzeugnisse dieser Art leiten geradewegs zur sadistischen Propaganda hinüber. Auch diese gehört organisch zur Haßpropaganda, weil sie dem Hasse nicht bewußte Beweggründe unterlegen, sondern Regungen des Unbewußten in Betrieb setzen will. Ein Alfons Petzold schreibt:

O, daß ich könnte jetzt in jeder Kugel sein,
Die fröhlich zischend ein rotes Menschenherz
grüßt,

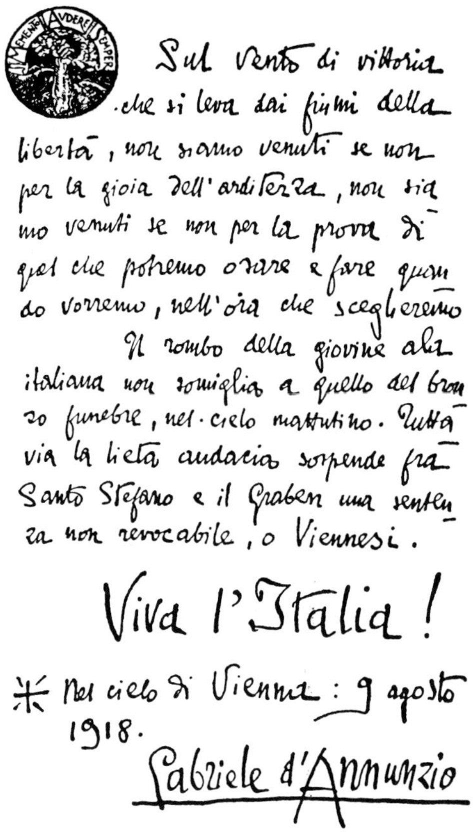
Sul vento di vittoria
che si leva dai fiumi della
libertà, non siamo venuti se non
per la gioia dell'arditezza, non sia
mo venuti se non per la prova di
quel che potremo osare e fare quan
do vorremo, nell'ora che sceglieremo.
Il rombo della giovine ala
italiana non somiglia a quello del bron
zo funebre, nel cielo mattutino. Tutta
via la lieta audacia sospende fra
Santo Stefano e il Graben una senten
za non revocabile, o Viennesi.

Viva l'Italia!

Nel cielo di Vienna: 9 agosto
1918.
Gabriele d'Annunzio

D'Annunzio überfliegt Wien und wirft Flugzettel ab . . .
Das eigenhändige Manuskript des italienischen Dichters

O, daß ich könnte jetzt atmen in jeder
Säbelklinge,
Die flammenrasch ein weises Menschenherz
küßt.

Die Franzosen blieben allerdings nicht zurück. So feuerte ein dichtfroher französischer General – aber immerhin kein „Dichter" – der wahrscheinlich niemals in der Kampflinie war, dafür aber allem Anschein nach als Sadist anzusprechen ist, seine Soldaten mit folgenden Versen zum Kampfe an:

Lorsque dans la melée, aux éclairs de l'acier
On lutte corps à corps, sans faire de quartier,

Tuant les ennemis jusqu'au dernier qui bouge
Sous le ciel de rubis, la baïonnette est rouge!
Tuons! Tuons! Tuons! Rassassions de chair
La baïonnette carnivore
Le sang rougit, le ciel bleuit son acier clair:
La baïonnette est tricolore!

Und in einem anderen „Chanson de route" überschriebenen Gedicht:

Tuons! Tuons! A mort! A mort!
Visez au coeur et frappez fort [4]!

Als wackerer Hasser mit sadistischem Einschlag zeigt sich jedoch der französische Dichter André Suarès in einem Prosagedicht, das in der Verdeutschung von Paul Posse hier wiedergegeben sei:

Der Choral der Gepeitschten

Man muß ihre Fürsten peitschen, die Führer im Kriege, und ihre Doktoren, die Führer im Frieden: Ostwald, Bernhardi, Lasson.
Man muß ihr Schädeldach krümmen unter der Peitsche, wie in der Schule die ärschigen Backen der Knaben.
In Wien und Berlin peitschte man mit Riemen die Fürsten aus Bocheland vor den versammelten Boches: damit diese knechtische Herde es weiß, daß sie bezieht auf den Rücken der Herren die Peitsche.
Da sie lieben zu singen, so sollen sie singen zu Reims und Berlin, im Hunnenbabel und am Fuße des Arc de Triomphe den Choral:

Wir sind gepeitscht für unsre Sünden. Das ist Krieg.
Wir sind gepeitscht für unser Wohl. Das ist Krieg.
Wir sind gepeitscht für unser Wort. Das ist Krieg.
Wir sind gepeitscht für blutigen Unsinn bis aufs Blut.
Wir sind gepeitscht für unsre Gorillas und unsere höhnische Lache.
Wir sind gepeitscht für unsere Säufer und geistbesoffenen Doktoren.
Wir sind gepeitscht für Kalibans Aufruhr. Das ist Krieg.
Noch hundert Schläge! Wir haben gelogen so viel und die Wahrheit besudelt.
Noch tausend Schläge, bis wir erflehen den Balsam der Liebe, die wir beschimpften, wir Hunde!

Die Peitsche! Die Peitsche!
So ist der Krieg, den wir führten.
So ist der Krieg, den wir wollten.
So ist der Krieg!
Wehe, ach wehe!
So ist der Krieg! [5]"

Als völkervergiftender Beitrag der bildenden Kunst in der Sparte Haß- und Hetzpropaganda ist die unübersehbare Menge graphischer Erzeugnisse zu betrachten, die den Feind als verächtliche, verabscheuenswerte und minderwertige Rasse zeigen. Zu dieser Gruppe gehören auch alle bildlichen Darstellungen, die mit symbolischen Motiven arbeiten, etwa Germania als Meuchelmörderin oder die französische Marianne als schamlose Dirne darstellend. Hier waren die Künstler der romanischen Länder unbestreitbar Meister, wie das die in Treviso noch vor dem Eingreifen Italiens in den Krieg herausgegebene Zeichnungsreihe „Totentanz" beweist. Besonders groß war die Wirkung der in allen kriegführenden Ländern verbreiteten Postkarten dieser Art, die zwar zum größeren Teil künstlerisch vollkommen wertlos, zum geringeren aber Reproduktionen von Werken namhafter und kunstgewandter Zeichner waren. Außer in Deutschland wurde nirgends ehrlich versucht,

Zum 500jährigen Jubiläum der Hohenzollern
Aus „Kladderadatsch", 1915

die Flut der Postkartenpropaganda einzudämmen, obwohl ein großer Teil dieser Produkte fraglos pornographischen Charakter aufwies.

Ein Mitarbeiter des „März", der sich noch im Oktober 1914 in Paris aufhielt, wahrscheinlich der Schweizer Norbert Jacques, schreibt in einem anonymen Artikel „Pariser Kriegspanorama" („März", 7. Jahrgang, Nr. 51 v. 6. Dez. 1914): „Nur die Postkartenindustrie behält ihre Freiheit und so kann hier die französische ‚Zivilisation' über die Barbarei, der französische Esprit über die deutsche Plumpheit Triumphe feiern. Das wird denn auch recht gründlich besorgt. Die dazu benötigten Requisiten bestehen in der Hauptsache aus Töpfen und Stühlen der Nacht und dem entsprechenden Zubehör. Diese werden dann in irgendwelche Beziehungen zu den beiden verbündeten Kaisern, gelegentlich auch zum Kronprinzen gebracht. Auch allerhand Schweinernes wird gelegentlich zur Erheiterung herangezogen. Selbstverständlich muß auch das arme Manneken Piß herhalten. Der ganze Plunder könnte nach deutschen, also barbarischen Anschauungen nicht zwei Stunden ausgestellt bleiben, ohne daß die Polizei einschritte. Aber man ist zum Glück im Lande der lateinischen Zivilisation usw."

Die skatologischen Zeichnungen waren die häufigsten, die Besudelung mit Kot und Urin, die unseren Soldaten nachgesagt wurden, existierte natürlich nur in den schmutzigen Gehirnen der Zeichner. Immerhin ist es ein psychologischer Fingerzeig, daß derartige Erzeugnisse Anklang finden, denn sonst würden sie nicht so massenhaft hergestellt. Die Entblößungen gehen übrigens recht weit, so daß nicht nur die excretio alvi, sondern auch die Genitalien frei dargestellt werden, wobei namentlich das Skrotum eine unglaubliche Größe erreicht. Eine Unterschrift zeigt, daß man für unsere Feldgrauen deshalb den Schimpfnamen „sac de taureau“ erfunden hat. An homosexuellen Anspielungen wimmelt es; alle Soldaten scheinen dem Zeichner „bougres“ zu sein und man schont auch mit diesen Vorwürfen die Heerführer nicht. Besonders abscheulich berühren die Bilder, auf denen dargestellt ist, daß die von Hungersnot bedrohten Deutschen zu Koprophagen geworden sind, und man die Exkrete offen auf der Straße handelt. Dann aber auch bringen andere Bilder Szenen, auf denen die siegreichen Franzosen die deutschen Generäle besudeln. Daß sie sich selbst desavouieren, daran haben die Zeichner nicht gedacht. Es gibt aber auch Bilder, auf denen die deutschen Soldaten an sich von den Franzosen jene aus dem „Götz“ berühmte Handlung vollziehen lassen, zu der die armen Gefangenen durch Drohungen gezwungen werden.

Einige malerisch am Wege liegende Erschossene zeigen an, daß sich viele Franzosen lieber füsilieren lassen, als sich zu derartigen Dingen herzugeben ... Auf anderen Bildern spielen Schändungen eine große Rolle. Die deutschen Soldaten scheinen nichts anderes zu tun zu haben, als Frauen und Mädchen zu überfallen. Den italienischen Zeichnern genügt das aber noch nicht und so sah ich ein paar Bilder, wo in einem Schützengraben allerlei Getier mißbraucht wurde: eine Ziege, ein Schwein, ein Hund, eine Katze, eine Ente, ein Huhn und ein Sperling (!). Ein paar Soldaten machen sich an einer Zaunlücke zu schaffen, während man auf einem anderen Bild sehen konnte, wie die Rohre unserer Riesenmörser zu sexuellen Attacken benützt wurden. Für die italienische Volkspsyche scheint die Vorliebe für Tiere bezeichnend zu sein. Es ist kaum anzunehmen, daß ein deutscher Karikaturzeichner auf einen derartigen Gedanken kommen würde. Natürlich fehlen auch sadistische Bilder nicht. Da liegen die Frauenleichen haufenweise und abziehende Truppen führen in ihren Brotbeuteln abgeschnittene Frauenbrüste mit sich.

Die Genitalien sind bis auf den Bauch aufgeschlitzt. Oder man hat Gewehrkolben und sonstige Dinge in sie hineingezwängt. Auch die Speisekarte der Soldaten weist nach einem Bild kannibalische Gerichte auf. Denn in einem Kessel schmoren Frauenbrüste und einige im Vordergrund hockende Soldaten delektieren sich an einer Speise, die der Zeichner als „cul de femme froid“ bezeichnet. Viele Zeichnungen sind so gemein, daß sie nicht einmal beschrieben werden können. Auch der kurz vor dem Kriege als Volksbildungsmittel zu überragender Bedeutung gelangte Film wurde in den Dienst dieser Propaganda gestellt. Cur Moreck[6] sagt darüber in seiner Sittengeschichte des Kinos:

„Bei verschiedenen Gelegenheiten haben die Regierungen sich des Kinos bedient, um Einfluß auf die Stimmung der Massen zu gewinnen und ihnen ihre Absichten zu suggerieren. Während des Weltkrieges wurde das Kino in weitestem Umfang für die Hetzpropaganda gegen Deutschland ausgenützt und dies mit einer Wirkung, die durch keine gegenteilige Wirkung der Nachkriegszeit wieder aufgehoben werden konnte.

Eine englische Filmgesellschaft verfilmte u. a. die Erschießung der als Spionin verurteilten Edith Cavell, während die Zentralmächte die Hinrichtung der Mata Hari benutzten, um Stimmung gegen die Entente zu machen."
Die Poesie blieb nicht hinter der bildenden Kunst zurück. Wir zitieren als Beispiel ein Gedicht von Pierre Chapelle aus dem Jahre 1917 „L'horrible conception":

Als Noahs Arche knirschte auf dem Sand,
Da gab der Patriarch die Tiere frei,
Daß unsre Welt, zerstört durch Gottes Hand,
Aufs neu bevölkert und verjünget sei.

Der Harmonie gehorchend der Natur,
Gesellte sich ein jegliches Getier,
Die Vögel jubelten auf weiter Flur ...
Das Schwein nur blieb allein mit seiner Gier.

Es träumte lüstern, seine Äuglein gingen
Ihm über – da umfaßt ein Ungeheuer
Plötzlich mit eklen Fühlern, wie mit Schlingen
Des Schweines Leib in schmutzger Liebesfeier ...

Von solchem Greuelanblick fortgescheucht,
Flohen die guten Geister in die Weite ...
In dieser Nacht, da ward der Boche erzeugt[7]!

Um die Haßpropaganda wirksamer zu gestalten, galt es jede Friedenssehnsucht im Keime zu ersticken, sie als Feigheit, Flaumacherei, günstigenfalls als weltfremde Phantasterei zu brandmarken. Der Pazifist Alfred H. Fried weist darauf hin, daß der Kriegsausbruch insbesondere in Deutschland als Widerlegung aller Friedensbestrebungen der Vorkriegsjahre begrüßt wurde, als ob die Pazifisten anstatt einer Notwendigkeit der Verhütung des Krieges seine Unmöglichkeit verkündet hätten. Bekannt ist, wie besonders in den ersten zwei Kriegsjahren selbst die bloße Erwähnung des Friedens zum verächtlichen Defaitismus gestempelt wurde.
Selbst noch im September 1918 lautete eine vertrauliche Mitteilung einer deutschen Zensurbehörde, die wir der bekannten Sammlung Kurt Mühsams „Wie wir belogen wurden", entnehmen: „Die Presse wird gebeten, keine Friedenssehnsucht an den Tag zu legen."
Natürlich versuchte man mit den Bazillen des Hasses vor allem die Soldaten selbst zu infizieren und in allen kriegführenden Heeren gehörte es zur militärischen Ausbildung, die Wut gegen den Feind aufzustacheln. Besonders bezeichnende Beispiele dafür enthält die englische Kriegsliteratur. Graves[8] sagt:

Der Triumph des Hasses
Zeichnung von Gordon M. Forsyth. Aus „Labour Leader", 1915

„Das Handbuch ‚Infantry Training' aus dem Jahre 1914 begnügte sich mit der Feststellung, daß es das letzte Ziel der Soldaten sei, die bewaffneten Kräfte des Feindes aktionsunfähig oder unwirksam zu machen. Diese Vorschrift schien nun in einem Kriege der Wut nicht mehr draufgängerisch genug. Den Truppen wurden vielmehr gelehrt, daß es ihre Pflicht sei, die Deutschen zu hassen und möglichst viele von ihnen umzubringen. Bei der Bajonettübung wurde den Leuten befohlen, gräßliche Grimassen zu schneiden und beim Sturm markerschütternde Schreie auszustoßen. Die Instruktoren für Bajonettgefecht hatten immer ein zu fürchterlichem Grinsen verzogenes Gesicht. ‚Stoß zu! In seinen Bauch! Reiß ihm die Gedärme heraus!' gröhlten sie, während die Leute über die Strohpuppen herfielen. ‚Zerfetze den Hund! Friß ihm das Herz aus dem Leib!'"

Ganz freimütig läßt sich General Crozier[9] über die Frage aus:

„Bereits September 1915 ist alles, was wir tun, tadellos, alles, was die Deutschen tun, abscheulich. Das ist die einzige Methode im Kriege und beide Lager verfolgen sie. Ich selbst betrachte diese Art der Suggestion als ein Mittel zum Zweck. Ich hasse die Deutschen in Wirklichkeit nicht – aber ich behaupte es. Ich sehe es in Wirklichkeit nicht gerne, wenn ‚das Blut in Strömen fließt', aber es gibt Leute, die bis heute schwören, daß ich in dieser Wollust schwelge und daß mir nichts darüber geht."

Der Weisheit der Hetzer war auch hier eine Schlappe beschieden. Gerade bei den Frontkämpfern verfing die Haßpropaganda nicht oder kaum. Sie sahen zu viel vom Feind, um einem sinnlosen, abstrakten Haß zugänglich zu sein. Der echte Soldat, der im Feuer stand, betrachtete den Haß als eine Zivilistenaffäre. „Selbst gegenüber dem Feind", lautet ein schöner Ausspruch des englischen Unteroffiziers Edmonds, „war der Geist des Schützengrabens menschlicher als der hinter der Front. Die Pflicht, die einen zwingt, den Feind zu töten, zwingt nicht, ihn zu hassen. Und der Haß ist von beiden die größere Sünde an der Menschheit." Tatsächlich war der Soldat des Weltkriegs nur zu geneigt, im Bewohner des gegenüberliegenden Schützengrabens den Schicksalsgefährten zu sehen, der von den gleichen Gefahren bedroht, das gleiche, beiden verhaßte Metier ausübte. In seiner vielgelesenen kleinen Kriegsbroschüre

Kampf dem Pazifismus
Der Unterrock aus Stacheldraht
Aus „London Mail"

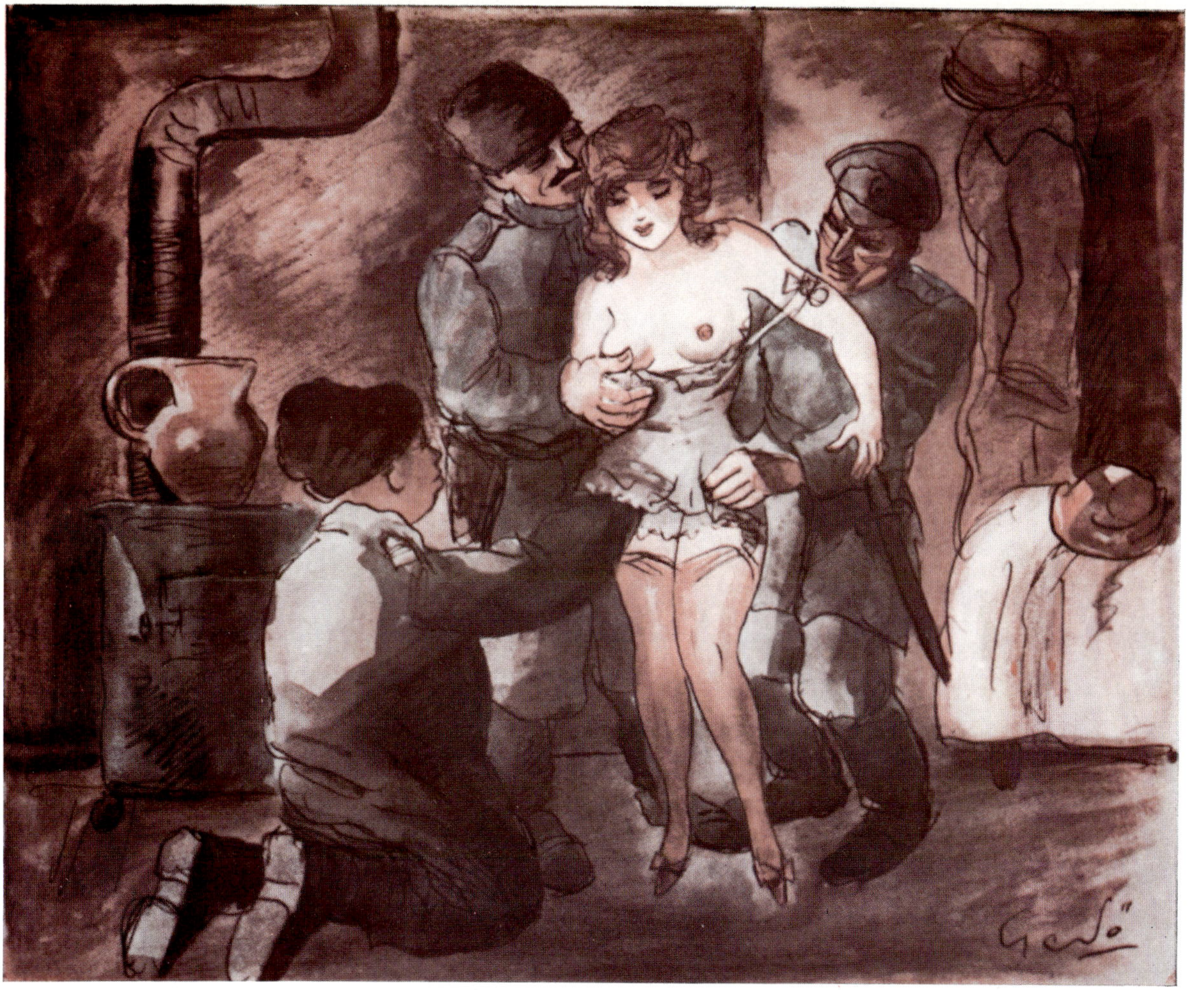

„Spionageverdächtig . . .!"
Leibesvisitation durch russische Soldaten. Aquarell von L. Gedö

Britische Unschuld
„Ach, Mutter, ich möchte so gerne ein Engel sein . . ." – „Warum denn?" – Weil ich dann fliegen und Bomben auf die Germans herunterwerfen könnte . . ."
Aus „Punch", 1915

„Kriegspsychologisches" sagt Dr. Magnus Hirschfeld[10]:
„Daß das Kameradschaftsgefühl . . . auch vor dem Feinde nicht Halt macht, ist ein oft beobachteter Zug in diesem Feldzug, in dem die Gegner oft monatelang in Hör- und Sehweite einander gegenüberliegen. Allmählich wird es der Gegner inne: Auch der Feind da drüben ist ja ein Mensch wie ich, einer Mutter Sohn, eines Weibes Mann, eines Freundes Freund und eines Kindes Vater. Seine Bedürfnisse sind meine Bedürfnisse und was er ersehnt und erstrebt, erstrebe und ersehne auch ich: Frieden.

In einem meiner Feldpostbriefe heißt es: ‚Wir liegen jetzt schon sechs Wochen vor Kalwaria und Mariampol in Stellung. Wir liegen sehr nahe am Feinde. Den ersten Pfingstfeiertag war eine halbe Stunde Frieden. Alles war aus den Gräben mitten auf dem Feld. Es wurde sich die Hand gereicht und die toten Russen, die in Mengen vor unseren Stellungen lagen, wurden begraben. Nachher ging wieder alles in Deckung und es wurde langsam weitergefeuert.'"

Diese Verbrüderungsszenen waren den Heeresleitungen natürlich ein Greuel und wurden im Verlaufe des Krieges immer seltener. Die Zensurbehörden taten alles, um Äußerungen des kameradschaftlichen Mitgefühls mit dem Feinde der Öffentlichkeit vorzuenthalten. „Veröffentlichung von Berichten über sogenannte Verbrüderungsszenen zwischen Freund und Feind im Schützengraben ist unerwünscht," lesen wir in dem 1917 erschienenen amtlichen Zensurbuche für die deutsche Presse[11]. Die Soldaten aber dachten darüber bis zuletzt anders. Und sie waren mit ganz geringen Ausnahmen für eine Kriegführung, die wenigstens nicht mit den letzten Resten der Menschlichkeit Schindluder trieb. Eine offenbar authentische Tagebuchaufzeichnung aus dem Kriegsbuch Edlef Köppens „Heeresbericht" möge hier als Beleg dieser Gesinnung folgen:
„In der Nacht vom 31. Dezember zum 1. Januar 1916 feuerten Punkt 12 Uhr sämtliche deutsche Batterien, soweit ich hören konnte, drei Salven gegen den Feind. – Der Feind antwortete nicht.
Ich möchte wissen, wer bei uns den Befehl dazu gegeben hat. In der Batterie herrscht eine Wut gegen diesen Hund, wie ich sie nie zuvor erlebt hatte. Das ist eine glatte Schweinerei. Uns haben die Tränen in den Augen gestanden. Wir sind ja allmählich alle keine Kinder mehr, und Schießen ist ganz gewiß unser Beruf, wenn wir im Krieg sind. Aber daß wir das Neue Jahr so anfangen mußten, ist gemein. Warum haben wir gefeuert? Gegen wen, um Gottes willen? Wenn das so weiter geht, daß aus purer Lust am Knallen, ohne Zweck, ohne ‚Feind', ohne (soll ich mich schämen ‚Berechtigung' zu sagen?) . . . einfach geballert wird, weil irgendein Etappenhengst sich das als Neujahrsgruß beson-

ders apart ausgedacht hat – dann wird die Sache über kurz oder lang ein Ende nehmen, das uns allen keinen Spaß macht. – Aber ich bin ja Soldat und muß die Schnauze halten [12]."

Wie sehr die Haßpropaganda im Felde versagte, beweist die Psychologie der Soldatenlieder. Diese bezogen sich, wie wir gesehen haben, entweder auf eine angesichts der Verhältnisse freilich ausgiebig verrohte animalische Erotik oder sie verliehen der Friedenssehnsucht Ausdruck. Und dies gilt für alle Heere. Wenn deutsche Kriegsteilnehmer betonen, daß sie Lieder, wie die „Wacht am Rhein", niemals sangen, so finden sich auf gegnerischer Seite ebenso massenhaft gleichlautende Äußerungen in bezug auf das „God save the King" und die Marseillaise. Der britische Ex-Gemeine X beantwortet die Frage, was Tommy im Kriege sang, wie folgt:
„Tommy sang am liebsten Lieder darüber, wie er den Krieg haßte, wie wenig er zu sterben wünschte und wie sehr er sich nach Hause sehnte. Das ist psychologisch einfach zu erklären. Wir alle hatten die Hosen mehr oder minder voll und, obwohl wir mit wechselndem Erfolg bestrebt waren, das vor einander zu verheimlichen, waren diese Geheimnisse zumeist offene Geheimnisse. Da wir einander so gut kannten, war es besser, unsere Furcht offen einzugestehen und uns über uns selbst lustig zu machen, als einen Schwindel aufrecht zu erhalten, der auch einen Blinden nicht getäuscht hätte . . . Fast alle von uns hatten Frauen oder Geliebte, die zu Hause auf uns warteten, und es war ergreifend, eine Schar von Männern, deren Leben neun Pence von einem Pfund wert war, die Ballade singen zu hören:
For I and my true love will never meet again
On the bonny, bonny banks of Loch Lomond.
Ich war mit einigen Hunderten von Leuten beisammen, die ihr teueres Lieb nie wiedersehen werden, außer der liebe Gott hat für ein Rendezvous von Soldaten und Soldatenliebchen im Jenseits vorgesorgt."
Im übrigen stehe hier das unbestritten beliebteste und meistgesungenste Lied der amerikanischen und englischen Soldaten des Weltkrieges, eine prächtige Blüte der Friedenssehnsucht:

I want to go home! I want to go home.
Whizz-bangs and saussages make such a noise,
I want to go home and to be one of the boys.
Take me over the sea
Where the Kaiser can't get at me.
Oh my, I don't want to die; I want to go home.

Dieses Lied, ursprünglich eine Parodie auf die Schlappmacher, und als solche geduldet, war von den Soldaten selbst bitter ernst gemeint:

Ich möchte nach Haus', ich möchte nach Haus'.

Eine deutsche Familie hält ihre „Stunde des Morgenhasses" ab
Aus „Punch", 1915

„La Rêverie“
200 Milliarden Kriegsentschädigung von Deutschland . . .
Zeichnung von G. Brandt. Aus „Kladderadatsch“, 1916

Mich ekelt vor Bomben, Granatengebraus,
Wär' gern bei den anderen Jungens zu Haus.
Nehmt mich über die See,
Damit ich dem Kaiser entgeh'.
O weh,
Ich will nicht sterben, ich möchte nach Haus!

Verfehlte die Haßpropaganda ihre Wirkung an der Front, so war die durch sie entfesselte Kriegslust, zumal im Anfang, um so größer im Hinterland. Über die wilde Kriegsbegeisterung der französischen Frauen wurde so viel geschrieben, daß herausgegriffene Beispiele den Tatsachen kaum gerecht werden können.

Zweifellos war die Empfänglichkeit der Frauen für diesen kriegerischen Haß ein überaus wichtiges Moment im Kriege, dessen Bedeutung, wie es die Presse sämtlicher kriegführenden Länder beweist, von allen Regierungen erkannt wurde. Nichts lag näher, als ein gleiches auch bei den Kindern zu versuchen. Man erachtete es für angebracht, Erziehungswesen und Unterricht auf zeitgemäße Grundlagen zu stellen. Ein Versuch, dem wir Weisungen an deutsche Schulbehörden, „Bestrebungen, der künftigen Versöhnung der Kulturvölker vorzuarbeiten, keinen Raum zu gewähren[13]“, ferner Früchte, wie ein „Kriegslesebuch über den Krieg 1914“ (von Dr. Alfred Wünsche), eine Sammlung von Zeitungsausschnitten über massenmörderische Heldentaten und ernstgemeinte Abhandlungen, wie „Die vaterländische und militärische Erziehung der Jugend[14]“ verdanken, deren eingestandener Zweck es war, die Kinder zu Soldaten zu erziehen. Natürlich war es damit auch in den anderen Ländern nicht anders bestellt. Im „Matin“ [15] liest man im zweiten Kriegsjahr einen Aufruf an die Lehrer, worin sie aufgefordert werden, eine Sammlung von Bildern über deutsche Greueltaten für jede Schule anzuschaffen, um die Grausamkeit der Barbaren ihren Zöglingen für immer einzuprägen. Die Sammlung, deren Beschaffung jedem Lehrer förmlich zur Pflicht gemacht wird, enthält Darstellungen ausgesprochen sadistischer Szenen von Domergue, auf die wir noch zurückkommen werden. Sicherlich hatten auch diese Bestrebungen oft Erfolg. In einem französischen Werk über die Sitten der Kriegsjahre [16] lesen wir:

„Als der Vater seine Erzählung mit den schlichten Worten schloß: ‚Und dann machte ich dem Boche den Garaus‘, saßen wir alle still vor Erstaunen und vielleicht auch ein wenig Entsetzen; der jüngste Knabe aber, der von neun Jahren, lachte laut vor Vergnügen und stieß einen kurzen wilden Schrei aus, den ich kaum wieder in meinem Leben vergessen werde.“

Ebensooft aber scheint der Versuch, die Kinderseele durch Kriegspropaganda zu versuchen, fehlgeschlagen zu haben. Unvergeßlich bleibt in Gläsers Kriegsroman, der zur Gänze dem Problem der in den Kriegsjahren heranwachsenden Jugend gewidmet ist, der Ausspruch des französischen Jungen: „La guerre ce sont nos parents“ – „der Krieg, das sind unsere Eltern“. Und ebenso bezeichnend ist es, wie der jugendliche Held des Romans die Mache hinter dem Schlagwort vom Burgfrieden, dem großen nationalen Verbrüderungsrummel, den wir füglich den Kriegslügen zurechnen dürfen, durchschaut; auf die Bemerkung eines Freundes, daß jetzt alle Deutschen gut seien, antwortet er:

„Gut? Du meinst, weil sie sich umarmen und die gleichen Lieder singen? Ich habe das auch erst geglaubt: aber mein Vater hat mir erklärt, warum sie so tun, als seien sie sich nicht uneinig. Weil sie ihren Haß für die anderen Völker brauchen. Verstehst du das nicht? Früher waren sich die einzelnen Menschen bös, jetzt sind es die Völker. Früher bekämpften sich Brosius und Silberstein, Persius und Kremmelbein. Heute heißt das Russen und Österreicher, Deutsche und Franzosen [17].“

Übrigens wurden schon im Kriege kinderpsychologische Experimente angestellt, die mitunter gleichfalls zu der überraschenden Einsicht führten, daß der patriotische Haß die kindliche Seele nicht anzustecken vermochte. So in einem Werke von Rudolf Schulze, das eine Reihe „Dokumente aus der Kriegszeit über das Gefühlsleben der deut-

Und Belgien?
„Seit Kriegsbeginn haben wir den Neutralen gegenüber eine schonende Politik verfolgt . . .“ (Stresemann)
Holzschnitt von Frans Masereel

Haltet stand, Ihr Tapferen – wir verspritzen begeistert unsere beste Tinte – tut dasselbe mit Eurem Blut!

Zeichnung von R. Herrmann in „Muskete" 1915

„Denkt an Belgien und Nordfrankreich – kauft nicht bei den Boches!"

Französ. Nachkriegsplakat gegen den Export der Weimarer Republik. Sammlung Leblanc, Paris

Deutschfeindliche Karikatur

Zeichnung von Emilio Kupfer in „Critica", Buenos Aires 1915

Kinder „ziehen" immer:
Deutsche Propaganda-Karikatur
Simplicissimus, 1915, gegen französische Berichte über die deutsche Besatzung

Elternloses Kind, 1914 von belgischen Soldaten unter den Trümmern eines ausgebrannten Hauses gefunden und gemeinsam adoptiert

Belg. Postkarte, Slg. A. Wolff, Leipzig

Propagandisten machen sich's bequem: *Das linke Bild erschien im Winter 1914/15 in „The Graphic" unter dem Titel „Russische Kavallerie jagt die Österreicher über den Uszok-Paß nach Ungarn hinein." Im folgenden Frühjahr wird durch einige Uniformänderungen „Die Flucht der Russen aus Galizien" in der „Wiener Illustrierten" – schließlich veröffentlicht die „Illustration" beide Bilder (beides Phantasiezeichnungen) als „Beweis" für die österreichische Fälschung eines „dokumentarischen Fotos" (Herbst 1915)*

Der Heeresbericht

Der Soldat: „Wieder Hunderttausend gefangen . . ." Der Gassenjunge von Mühlhausen: „Ja, hunderttausend Flöhe!" Zeichnung von H. Zislin

„Süh, Korl, wenn nu een Telegramm von Reuter dörchkümmt, waern de beiden do swindlich!" Zeichnung von H. Zille

Das „Kriegsgreuel-Hauptquartier“:
Die Presseabteilung der Generalstäbe
Karikatur auf das „k. u. k. Kriegspressequartier“ von L. Grossmann

Unten: „Süh, Korl, dat dütsche Heer übt öwerall sinen Druck ut!“
Zeichnung von H. Zille

Oben: „Anerkanntes Kräftigungsmittel", den im Felde stehenden Kriegern als „unvergleichliche Möglichkeit zur Erhaltung der Widerstandskraft" empfohlen

Geschäftemachen mit Kriegsmotiven:
Hier die Reklame einer ungarischen Brauerei
Sammlung d. österr. Nationalbibliothek, Wien

Oben: Sturm auf ein feindliches Gehöft. *Eingebaut in einen Werbefeldzug für eine deutsche Zigarettensorte.*

„Lip", die Uhrenmarke, die der Sieger bevorzugt. „Von der französischen Artillerie und Luftwaffe verwendet". Farbiges Inserat aus einer Pariser Wochenzeitschrift, 1916

Französische Kitschpostkarte

Der französische Text lautet: „Er wollte das Schild der Ehre besudeln – verfehl' ihn nicht, triff ihn mitten ins Herz . . ." Dies befiehlt „La France" dem tapferen Poilu.

Razzia

Marianne: „Zu Hilfe, Iwan! Zu Hilfe, John!" „Halt's Maul, Dirne, deine Zuhälter haben wir auch schon feste!" Aus „Lustige Blätter"

Jung Siegfried mit dem Wappenschild als Schirmherr Deutschlands

Aus „Lieb Vaterland magst ruhig sein". Von Hajo Schedlich und Fred Oberhauser. Rheinsberg Verlag, München 1962

„Der deutsche Militarismus"

Russ. Karikatur von J. Griselli in „Solnze Rossii", 1915

Verlorene Liebesmüh

Am Baume der Verkenntnis. Zu den Anträgen des Dreiverbandes, Mißtrauen zwischen Deutschland u. Österreich zu erwecken. Zeichnung von A. Johnson. Aus „Kladderadatsch“, 1915

„Kennst Du das Land?“

Witzblattzeichnung, dazu bestimmt, den Haß gegen Italien zu schüren. Aus „Kladderadatsch“, 1915

„Die deutsche Industrie huldigt ihrem Be schützer“
Inserat der Audi-Werke in dem Witzblatt „Kladderadatsch“

Der Bärenhäuter
Eine Illustration aus der Hindenburg-Nummer des „Kladderadatsch“, 1917

„Der Haßgesang“
Der Text in der Karikatur ist die wörtliche Übersetzung des weitverbreiteten „Haßgesanges gegen England“ von E. Lissauer. Zeichnung von D. Winar, London 1915

Der allerjüngste Jahrgang
Mariannes letztes Aufgebot
Aus „Kladderadatsch", 1915

Verheizt für „la Gloire"
„Frankreich wirft die 17jährigen dem Ruhm in den Rachen". Aus „Lustige Blätter", 1917

Wilhelm II. hat eine schlechte Presse: Der „Lusitania"-Fall
Torpedierung eines amerikanischen Passagierdampfers, die den Kriegseintritt Amerikas mit begründete. Ital. Karikatur von C. Piris, 1916

Der Schauspieler Salisbury als Wilhelm II. in einer englischen Kriegsposse, London 1915. Originalaufnahme von Foulshalm· & Bonfield

Ankündigung des Fortsetzungsromans „Die Spinne des Kaisers" von De la Fouchardière im „Oeuvre", 1914.
Plakat von A. Truchet, Musée Leblanc, Paris

„In Maixe, Dep. Meurthe-et-Moselle, wurde Frl. X, 23 Jahre alt, in der Nacht vom 23. zum 24. 8. 1914 von neun Mann vergewaltigt, ohne daß ein Offizier einschritt, der im Zimmer darüber wohnte, obwohl er die Schreie des Mädchens und den Lärm der Soldaten gehört haben muß."

Unten: *„In Tamines wurde, nach einem offiziellen (?) belgischen Bericht, ein verwundeter französischer Stabsoffizier an einen Baum gebunden, an jedes seiner Beine ein Pferd angeschirrt und er in zwei Teile zerrissen." Greuelkarikaturen von Doumergue, aus der Mappe „Deutsche Greuel", 1915.*

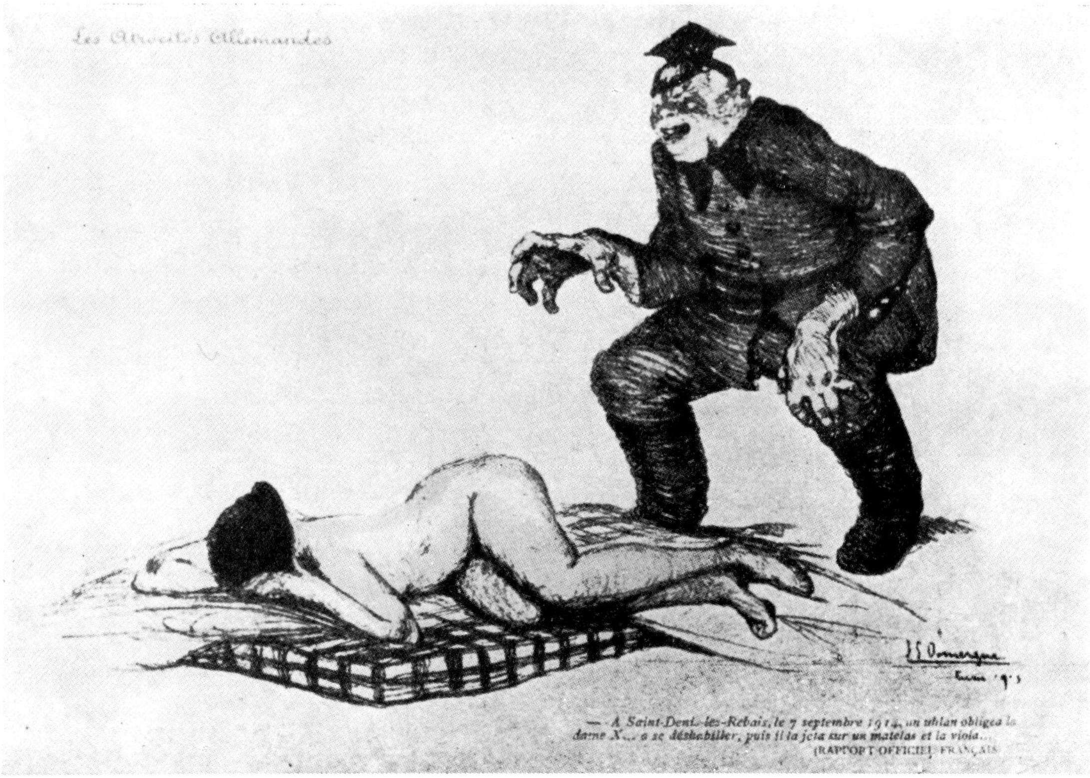

„Am 7. 9. 1914 hat in St. Denis-Le-Rebais ein Ulan Frau X gezwungen, sich zu entkleiden, sie auf eine Matratze geworfen und vergewaltigt.

Aus der gleichen Greuelmappe des Jahres 1915
Unten: *Auch vor anatomischen Unwahrscheinlichkeiten schreckt der sadistische „Tatsachenberichter" – hier Doumergue – nicht zurück: Nach „Offiziellem belgischem Bericht" sollen drei Deutsche mit der Hand einem Belgier den Kopf abgedreht haben!*

Oben: „Die Ermordung friedlicher Bürger in Löwen"
Französ.-belg. Propaganda-Postkarte, 1914

Deutschland zu Belgien: „Wir sind die denkbar besten Freunde geworden . . ."
Karikatur von L. Raemaekers

Todesanzeige.

Tieferschüttert bringt die unterzeichnete Räuberbande die betrübende Nachricht vom Hinscheiden ihrer geliebten Ziehschwester, Tochter und Schwägerin

Belgien

welche durch die Wirkung der österr. Motorbatterien und deutschen 42 cm. Mörser, nach kurzem Leiden in ein besseres Jenseits befördert wurde

Die letzten Trümmer werden durch die vereinigten Bundesbrüder Oesterreich und Deutschland zur ewigen Ruhe bestattet und werden wir den schweren Verlust nie verschmerzen.

Europa, im Kriegsjahre 1914. Die tieftrauernden

Russland, England und Frankreich

Im Interesse unserer Leidensgefährten Japan, Serbien und Montenegro wird um stilles Beileid gebeten und werden Kranzspenden dankend zu deren Gunsten abgelehnt.

Kleiner Beitrag zum Stahlbadhumor:
Eine als Postkarte verbreitete Todesanzeige

schen Jugend in einer Zeit höchster vaterländischer Erhebung" enthält[18]:
„Der Versuch der Beobachtung der Kinder hat in erster Linie dazu geführt, die Frage des Widerstreites der Menschlichkeitsgefühle und der vaterländischen Begeisterung in – wie ich denke – einwandfreier Weise zu entscheiden. Die deutschen Kinder haben sich dabei namentlich in bezug auf die große Frage der Feindesliebe, ohne daß sie es wußten, selbst ein Ehrenmal geschaffen. So lebhaft sie auch in vaterländischer Begeisterung mit den Freuden und Leiden des deutschen Kriegers sympathisieren, so wurde doch die Vaterlandsliebe überboten durch die Stimme der Menschlichkeit . . ."

Von der Haßpropaganda unterscheidet sich der Lügenfeldzug, den wir als zweite Gruppe der im Kriege zur Verwendung gelangten Mittel der Massensuggestion bezeichnet haben, nicht im Zweck, denn beide sind bestimmt, den Haß gegen den Feind zu schüren, sondern darin, daß sich die letzteren konkreter Beschuldigungen gegen den Feind bedienen. Nachrichten und bildliche Darstellungen dieser Art gründeten sich auf erfundene Handlungen des Feindes, die ihn als minderwertigen, verbrecherischen Menschenschlag erscheinen ließen.

Nicht immer wurde bewußt und absichtlich gelogen: der Krieg, wie jedes große Erlebnis, wie alle überwältigenden sozialen Umwälzungen oder Elementarkatastrophen, Revolutionen oder Erdbeben, entfesselte psychische Kräfte, die sich jeder verstandesmäßigen Kontrolle entzogen. Zumal in den ersten Monaten des Krieges trat eine wahre Massenpsychose, eine epidemische Pseudologica phantastica auf, gegen die die Behörden fast überall mit strengen Verboten der Verbreitung von Schreckensnachrichten kämpften, Maßnahmen, die immerhin einseitig nur die dem eigenen Land nachträglichen Gerüchte bedrohten. Lügen, die scheinbar nur dem Feinde schadeten, ließ man sich mit geringen Ausnahmen gefallen. Was hier die Presse aller kriegführenden Staaten, oft durch die amtlichen Propagandastellen tatkräftig begünstigt, leistete, ist zur Genüge bekannt.
Muelon schrieb im September 1914: „Nie wird sich die deutsche Presse von der Schmach erholen können, die sie in diesem Krieg auf sich geladen hat." Wie auf die deutsche, trifft dies auch auf die Kriegsjournalistik aller Ententeländer zu. Und die Grenzen verwischen sich so sehr, daß man heute kaum mehr zwischen absichtlicher und der Kriegspsychose entspringender unabsichtlicher Lüge unterscheiden kann. In sieben dicken Bänden trug der Franzose Dr. Lucien-Graux[19] die Presselügen des Krieges mit einer schier unfranzösischen, dennoch mehr abschöpfenden als erschöpfenden Gründlichkeit zusammen. Auch über die Methoden des Nachrichtendienstes im Kriege liegt eine umfangreiche Literatur vor. Erwähnt seien nur die bekannten Kriegsschriften von Ferdinand Avenarius.
Die vielleicht am häufigsten angewandten Praktiken waren der Abdruck von Photo-

graphien in retuschierter Ausführung oder mit Unterschriften, die den ursprünglichen Sinn in sein Gegenteil verkehrten, Übersetzungen mißverstandener oder absichtlich falsch verstandener Texte, Erzeugung falscher Dokumente, so besonders gefälschter Verordnungen und Tagebücher feindlicher Soldaten (eine vor allem vom Crewe House geübte Praxis) u. a. m. Welche Wandlungen etwa eine Pressenotiz durchmachte, möge an einem von Ponsonby [20] angeführten Beispiel verdeutlicht werden. Es bezieht sich auf die Meldung über die Einnahme von Antwerpen im November 1914:

„Die ‚Kölnische Zeitung' meldete damals, daß bei Bekanntwerden dieses Sieges die Glocken in allen Kirchen geläutet wurden. Damit waren natürlich die Kirchen Deutschlands gemeint. Einige Tage später stand im ‚Matin': ‚Nach einer Meldung der Kölnischen Zeitung wurden die Priester von Antwerpen bei der Einnahme der Festung gezwungen, die Kirchenglocken zu läuten.' Die ‚Times' schrieb kurz darauf: ‚Nach einer Nachricht des ‚Matin' aus Köln wurden die belgischen Priester, die sich bei der Einnahme Antwerpens geweigert hatten, die Glocken zu läuten, aus ihren Wohnungen gejagt.' Es folgt der ‚Corriere della Sera' mit folgendem Bericht: ‚Aus Köln wird der ‚Times' über Paris gemeldet, daß die unglücklichen belgischen Priester, die sich geweigert hatten, bei der Einnahme Antwerpens die Glocken zu läuten, zur Zwangsarbeit verurteilt wurden.' Schließlich kehrte die Nachricht auf dem beschriebenen Wege nochmals zum ‚Matin' zurück und hatte dort folgenden Wortlaut: ‚Wie der ‚Corriere della Sera' aus Köln über London erfährt, wird die Nachricht bestätigt, daß die barbarischen Eroberer Antwerpens die unglücklichen belgischen Priester, die sich heldenmütig weigerten, die Glocken zu läuten, als lebende Schwengel mit dem Kopf nach unten in die Glocken gehängt haben.'"

Eine der verhängnisvollsten und folgenschwersten Kriegslügen bezieht sich auf die Franktireurkämpfe in Belgien. Wohl wird es niemals möglich sein, den Umfang der Teilnahme der belgischen Bevölkerung an der Verteidigung ihres Landes gegen den deutschen Einfall einwandfrei festzustellen. Jedenfalls sehen wir hier auch die Massenpsychose am Werke, denn die deutschen Soldaten wurden mit allen Mitteln der Suggestion darauf vorbereitet, daß sie in Belgien von Franktireuren erwartet würden. Fast alle Kriegstagebücher lassen eine psychische Beeinflussung dieser Art deutlich erkennen. Wandt [21] gibt das private Schreiben eines Rittmeisters wieder, worin eine Episode aus dem belgischen Feldzug im Oktober 1914 enthalten ist:

„... Wir befanden uns im Gefecht, und so achtete ich nicht darauf, daß, als das Auto in Rumbeke stillstand, in einem Hause eine Gardine beiseite geschoben wurde. Herr Hauptmann Henz sah das Beiseiteschieben des Vorhangs auch und sagte: ‚Das ist sicher ein Franktireur!' Mit diesen Worten sprang er aus dem Kraftwagen, zog seinen Revolver und öffnete die Haustür. Ich sagte zu Herrn Hauptmann Henz, daß der Vorfall doch nichts zu bedeuten hätte, worauf er, ohne zu antworten, in den Hausgang trat und von dort auf einen kleinen Jungen, der ungefähr 14 bis 15 Jahre alt war, und der voller Angst durch den Gang nach dem Hofe lief, drei scharfe Schüsse abgab. Bei dem ersten Schuß stürzte der Junge nieder, stand aber wieder auf und lief weiter. Ehe ich den Hauptmann Henz, der zehn Schritte vorgelaufen war,

INDISCHE KRIEGSKARIKATUREN

Deutschland wird erdrosselt

Der britische Löwe und der Hunne

Indien betet für Englands Sieg

Indien und England sind sich einig

Aus „The Hindi Punch", Bombay, 1916

Die Französin zu ihrem Freund, dem Offizier: „Besorge mir in Paris einen neuen Gummibusen – der da hat ausgedient . . .“ „Gib her, den liefere ich im Heeresmuseum ab – es heißt doch, daß die Boches unseren Frauen die Brüste abschneiden . . .“
Zeichnung von S. Tisch

am Weiterschießen hindern konnte, gab dieser noch zwei Schüsse auf den Jungen ab, der in den Kohl oder das andere Gemüse des Hofes niederstürzte. Ob tot oder nur verwundet, konnte ich nicht sehen.“

So wenig wir in dieser viel umstrittenen Frage entscheiden wollen, so haben wir doch in einem großen Prozentsatz der Fälle die Franktireure nicht in der Wirklichkeit, sondern in der überhitzten Einbildung der sich mit oder ohne Grund angegriffen fühlenden Truppen in Belgien zu suchen. Wie übrigens auch in Serbien, wo der bekannte Tagesbefehl der österreichischen Armee vor der ersten Offensive geradezu ein Musterbeispiel der Massensuggestion bietet. So ist mit einiger Wahrscheinlichkeit anzunehmen, daß wenigstens ein Teil der strafweise eingeäscherten belgischen Ortschaften, zu denen auch Dinant mit seinen 674 niedergemetzelten Einwohnern gehören dürfte[22], unschuldig gelitten hat. Im übrigen stellte sich die Haltlosigkeit vieler Gerüchte von belgischen Franktireurkämpfen bereits im Kriege heraus.

Im August 1914 wurde aus Löwen berichtet, daß im Klosterkeller fünfzig Leichen von deutschen Soldaten aufgefunden worden seien. Einige Tage später erklärte die Kommandantur von Löwen amtlich, daß „von dem Vorgefallenen nichts bekannt sei“ [23]. Da die Erzählungen und Pressemeldungen über die belgischen Franktireurkämpfe, an denen sich in großer Anzahl katholische Priester beteiligt haben sollen, in Deutschland eine katholikenfeindliche Stimmung hervorriefen, wurden sie in einem Rundschreiben des kommandierenden Generals des 10. Armeekorps am 29. September in Bausch und Bogen dementiert [24]. Im übrigen weist Langehove [25] auf den Ursprung aller dieser Legenden hin:

„Alle Abarten der Volksliteratur: der Schauerroman, die Abenteuergeschichte, die Anekdoten- und Novellensammlungen, ja selbst das Theater hatten sich der kriegerischen Ereignisse bemächtigt. Die große Menge liebt die bewegten Handlungen, die außergewöhnlichen Verhältnisse, die aufsehenerregenden Umstände, welche geeignet sind, die Einbildung aufzustacheln und Schauder zu erregen. Die legendären Entwicklungen, deren Ursprung der deutsche Einmarsch in Belgien war, lieferten in dieser Beziehung einen besonders fruchtbaren Stoff. Sie sind voller Überraschungen, Hinterhalten, verräterischer Angriffe, voller Verrat, Verstümmelungen, unerhörter Greueltaten, nach welchen der Leser der niederen Volksschichten in Friedenszeiten so lüstern war.“

Zeitungsnachrichten, erschienen in den ersten Kriegswochen in einer großen Anzahl deutscher Zeitungen, als Zuschriften von Kriegsteilnehmern, also „Augenzeugen“, geben Langehove recht:

„Die Scheußlichkeiten, die die Einwohner verüben, sind unbeschreiblich. In D ... haben sie fünf Bautzener Husaren im Backofen verbrannt, in F ... zwei Ulanen nachts den Bauch aufgeschlitzt. Natürlich müssen wir solche Orte dem Erdboden gleichmachen.
Die Einwohner hatten einer Krankenschwester beide Arme abgehauen. Darauf wurde der Bürgermeister verhaftet und den Einwohnern schwerste Strafen angedroht. In der nächsten Nacht wurden zwei Mann erschossen ... Auf dem ganzen Weg müssen wir immer schußbereit marschieren, denn überall sind Franktireure. Es war ein greuliches Bild, als wir in ... ankamen, wo die Einwohner furchtbar gegen unsere Truppen gewütet haben. Dafür ist die Stadt nun eine Ruine. Die Leichen liegen neben toten Schweinen auf der Straße, hie und da tote Pferde und alles kurz und klein geschlagen. Da Männer nicht mehr da sind, mußten wir die Frauen zwingen, Löcher zu graben, um die Toten hineinzulegen, sonst entsteht da schließlich die Pest. Die Weiber haben furchtbar geschrieen, am schlimmsten, weil ihre Angehörigen ohne Pfaffen verscharrt werden mußten, denn hier ist alles fanatisch katholisch. Leben tun wir hier sehr gut, Wein in Hülle und Fülle und heute sechs Hühner für sechszehn Mann.
Als wir in einem Dorf übernachten wollten, bot uns ein Landwirt für sechzig Mann Quartier an. Als wir die Lagerstätten, den Heuboden untersuchten, fanden wir im Heu zwei große Weinflaschen mit Dynamit und Zündschnüren darin versteckt. Daraufhin wurde der Budiker, auf eine Leiter gefesselt, den ganzen Tag mit einem Posten an die Kirchentür an den Pranger gestellt und am Abend erschossen [26]."
Es ist möglich, daß diese Greuel, ebenso wie die Taten, die für sie Vergeltung üben sollten, zum beträchtlichen Teil frei erfunden sind. Aber daß sie von deutschen Soldaten über die deutsche Kriegführung geschrieben und von deutschen Zeitungen in den Tagen der strengsten Zensur veröffentlicht werden durften, ist mehr als alles bezeichnend für den Grad, den die Massenpsychose erreicht hatte. Wie sehr sie den Deutschen selbst schadeten, wurde übersehen und so war es einem Joseph Bédier möglich, aus deutschen Dokumenten allein seine bekannte Broschüre über die deutschen Greueltaten zusammenzustellen [27].
Sittengeschichtlich wohl am interessantesten ist der Umstand, daß der Großteil der Beschuldigungen gegen den Feind sadistischer Art ist. Während des ganzen Krieges, haupt-

Der Triumph des Hasses
Zeichnung von Gordon M. Forsyth. Aus „Labour Leader", 1915

sächlich aber im Anfang, schrieben die Gegner einander Handlungen zu, die, wenn sie sich wirklich ereignet haben, nur durch völligen Mangel an Zivilisation oder durch übermächtige sadistische Grausamkeitstriebe zu erklären wären. Handelt es sich aber, wie in der Mehrzahl der Fälle, um Unwahrheiten, so dient dieser Umstand dem Sexualpsychologen als Fingerzeig bei der Feststellung, in welchen Bahnen sich die Phantasie der Kriegsjahre bewegte.

Auch in diesem Lügenfeldzug trug die Entente den Sieg über Deutschland davon, weil die Urheber ihrer Propaganda, hauptsächlich die Engländer, zu gute Psychologen waren, um Anschuldigungen, etwa der eigenen Leute, zuzulassen, wie das den Deutschen unterlief. Die Phantasie der Zeit wollte sich durchaus in sadistischen Schilderungen austoben und die Frage war nur, wem diese untergeschoben werden sollten. Alles in allem waren die Grausamkeiten, deren die Feinde einander bezichtigten, aus der Geschichte früherer Feldzüge, in denen sie vielleicht wirklich als typische Kampfformen auftraten, bekannt. Brustabschneiden, Bauchaufschlitzen, Vergewaltigungen und ähnliche „Waffentaten“ wurden angeblich auch in diesem Kriege vollführt, jedoch zumeist, sei es zu Propagandazwecken, sei es aus reiner Freude am Nacherleben einfach erfunden, wobei sich die moderne Einbildungskraft als ziemlich unproduktiv erwies. Fast alle Grausamkeitsakte und Bestialitäten des Ersten Weltkrieges hatten eine literarische Vergangenheit. Und genau so wie es keine erwähnenswerte Kriegskunst und Kriegsdichtung gab, wurden im Weltkrieg auch keine neuen sadistischen Motive erdacht.

Besonders klar tritt die Befriedigung sadistischer Gelüste in Gerüchten über abgeschnit-

Der Tod und das Mädchen
Frei nach dem Text des Schubertliedes . . .
Zeichnung von Jordan. Aus „De Notenkraker“, 1915

tene Brüste und Kreuzigungen zutage. Was ersteres anbelangt, so haben wir es hier mit einer früher oft geübten Kriegshandlung zu tun, die der Kastration bei Männern entspricht. Gerüchte über die Entmannung feindlicher Soldaten gehörten zwar gleichfalls nicht zu den Seltenheiten, doch scheint man vielleicht aus Propagandagründen den an wehrlosen Frauen verübten gleichartigen Greueln den Vorzug gegeben zu haben. So wurde ein Fall bekannt, dessen Opfer eine Belgierin sein sollte, doch stellte es sich heraus, daß an ihrer Brust, allerdings von deutschen Ärzten, eine Krebsoperation vorgenommen worden war. Großes Aufsehen erregte in England der Fall der Pflegerin Grace Hume. Sie sei, hieß es, nach dem Ausbruch des Krieges nach Belgien gegangen, habe dort Verwundete gepflegt, sei bei Vilvorde in deutsche Gefangenschaft geraten und unter entsetzlichen Qualen gestorben, nachdem ihr die Deutschen die Brüste abgeschnitten hätten. Der Fall wurde von den Zeitungen aufgegriffen, als die Schwester des angeblichen Opfers einen Brief der Presse zur Veröffentlichung übergab, den ihr eine Kollegin der Getöteten eigenhändig geschrieben haben sollte. Zweifellos hat das siebzehnjährige Mädchen die Geschichte aus pathologischer Lust am Lügen oder aus dem in der Kriminalpathologie hinlänglich bekannten Drang, im Mittelpunkt des Interesses zu stehen, erfunden. Sie erreichte ihr Ziel, da sich sämtliche Blätter auf den Fall stürzten. Allerdings wurde sie dann vom Gericht zur Verantwortung gezogen und mußte gestehen, daß sie den Brief gefälscht hatte. Doch hinderte dies keineswegs, daß das Gerücht über Frauen, denen der Feind die Brüste abgeschnitten hatte, immer wieder auftauchte. Natürlich wurden dieser Untat nicht nur deutsche Soldaten bezichtigt, auch die deutsche Presse erhob von Zeit zu Zeit die gleiche Anklage, besonders gegen Russen und Serben. Jedenfalls war das Motiv der abgeschnittenen Brüste, in vielen Fällen durch vorausgegangene Vergewaltigungen wirksam ausgeschmückt, eine der herkömmlichsten Kriegslügen, die ihre suggestive Kraft auch im Weltkrieg nicht einbüßten.

Auch die Kreuzigung feindlicher Staatsangehöriger – Männer und Frauen abwechselnd – gehörte zum eisernen Bestand der Lügenpropaganda im Kriege. In der meistverbreiteten Lesart handelte es sich um einen kanadischen Soldaten, der bei Ypern in deutsche Gefangenschaft fiel und auf einem Gutshof mit Bajonetten an den Holzzaun genagelt wurde. Auch in diesem Falle erfolgte eine Interpellation im englischen Parlament, auf die keine eindeutige Antwort erteilt wurde. Überhaupt hatte man sich die Methode zurechtgelegt, Gerüchte dieser Art nicht zu bestätigen, aber auch nicht abzustreiten. Die amerikanische Version der Kreuzigungsgeschichte stellt das Opfer als ein junges Mädchen dar, das in der französischen Ortschaft Suippes, splitternackt an die Tür einer Scheune genagelt, aufgefunden wurde. Die Kreuzigungsszene wurde wiederholt von Zeichnern dargestellt. Auch dies zeugt für die unheimliche Anziehungskraft, die diese Greuellegenden mit sadistischem Einschlag auf Künstler und Publikum ausübten.

Bei der Besprechung der Kriegslügen, die wir hauptsächlich vom sexuologischen Standpunkt aus berücksichtigt haben, darf endlich der Hinweis auf die Anwürfe sexueller Natur, die die Kriegführenden gegeneinander erhoben, nicht fehlen. Mit Recht schreibt Freud [28]: „Selbst die Wissenschaft hat ihre leidenschaftslose Unparteilichkeit verloren; ihre aufs tiefste erbitterten Diener suchen ihr Waffen zu entnehmen, um einen Beitrag zur Bekämpfung des Feindes zu leisten. Der Anthropologe muß den Gegner für minderwertig und degeneriert erklären, der Psychiater die Diagnose seiner Geistes- oder Seelenstörung verkünden."

Und wie benahm sich die journalistische Propaganda? Französische Zeichner und Artikelschreiber geben sich den Anschein, als glaubten sie allen Ernstes daran, daß alle Deutschen ohne Ausnahme homosexuell veranlagt seien. Die Deutschen rächten sich, indem sie die übrigen Kapitel der Psychopathie sexualis in Bausch und Bogen als französische Spezialitäten hinstellten.

Zum Schluß sei einiges über die Wirkung der Kriegspropaganda gesagt. Sie war in jeder Beziehung verhängnisvoll. Die Haßpropaganda trug dazu bei, die von der Zivilisation errichteten Hemmungen der freien Triebbetätigung abzubauen. Der Lügenfeldzug aber ging noch weiter und beschwor mit seinen Behauptungen nie begangener Greueltaten des Feindes den Drang nach Vergeltung herauf. Schon im Balkankrieg wurde beobachtet (der ungarische Schriftsteller Franz Molnár hat dieser Frage einen Aufsatz gewidmet), daß die einem Volke zugeschriebenen Bestialitäten dazu führten, daß die Soldaten des feindlichen Volkes die bis dahin nur erfundenen Handlungen aus dem Gefühl der Rache in die Tat umsetzten.

Das Gedächtnis der Menschheit ist weniger kurz als behauptet wird. Bis heute ward der Widerlegung aller von der Kriegspropaganda ausgestreuten Lügen bei weitem nicht eine ähnliche Publizität zuteil, wie sie die Lügen selbst jahrelang genießen durften.

So lange es Kriege geben wird, wird es auch Kriegslügen geben, die das Kriegführen möglich machen. Und ehe der durch Lügen genährte Haß der Völker nicht ausgerottet ist, wird dieser Haß immer die Gelegenheit bejubeln, die ein neuer Krieg seinem schrankenlosen Austoben bringt.

Symbol der Bundesbrüderschaft – schwach versilbert eher kitschig *Inserat aus „Kladderadatsch"*

Vier Blätter aus der italienischen, allgemein kriegsfeindlichen Mappe „Totentanz": Prolog – Zirkus – Belgien – Patriotismus

„Der Weg des Ruhms"
Französische Greuelkarikatur. „Le Rire rouge"
1915

Karikatur auf den Erfinder des Luftschiffs, Graf Zeppelin:

„Ferdinand le commodore“ mit seinen „Präparaten“. Zeichnung von A. Barrère. Aus „Fantasio“

Unten links: „Spiel mit Leichenteilen im Schützengraben“ – Angeblich wirklich vorgekommen.

Zeichnung von L. Gedö, 1916

Unten: „Deutsche Freizeitgestaltung“

Aus dem italien. Kriegsalbum „Die einen sind wie die anderen“, Mailand 1915

Das Spiel mit Leichenteilen im Schützengraben

„Die Piraten“

Ein Protest gegen den erbarmungslosen U-Boot-Krieg
Titelblatt der Sondernummer der satirischen französischen Wochenzeitung „La Baïonnette“

Rechts unten:
„Das U-Boot-Monstrum“
Zeichnung von H. Lanos.
Aus „The Graphic“, 1915

Unten:
Die schicke Uniform des Todes
Zeichnung von Abel Faivre

„Der Tod C. Battistis“

In Österreich offiziell zur Abschreckung vor Landesverrat hergestellte und von der italienischen Propaganda übernommene Postkarte. Dieses Foto stellte Karl Kraus der Erstausgabe seines Antikriegswerkes „Die letzten Tage der Menschheit“ voran

Rechts oben: Die Journalisten:

„Behalten werden sie uns gewiß nicht – wie könnten wir denn die Psychologie des Schützengrabens beschreiben, wenn wir sie selber erleben müßten . . .“

Zeichnung von C. Josef. Aus „Muskete“, 1915

Unten: „Der brave Soldat Svejk“

Montage von John Heartfield

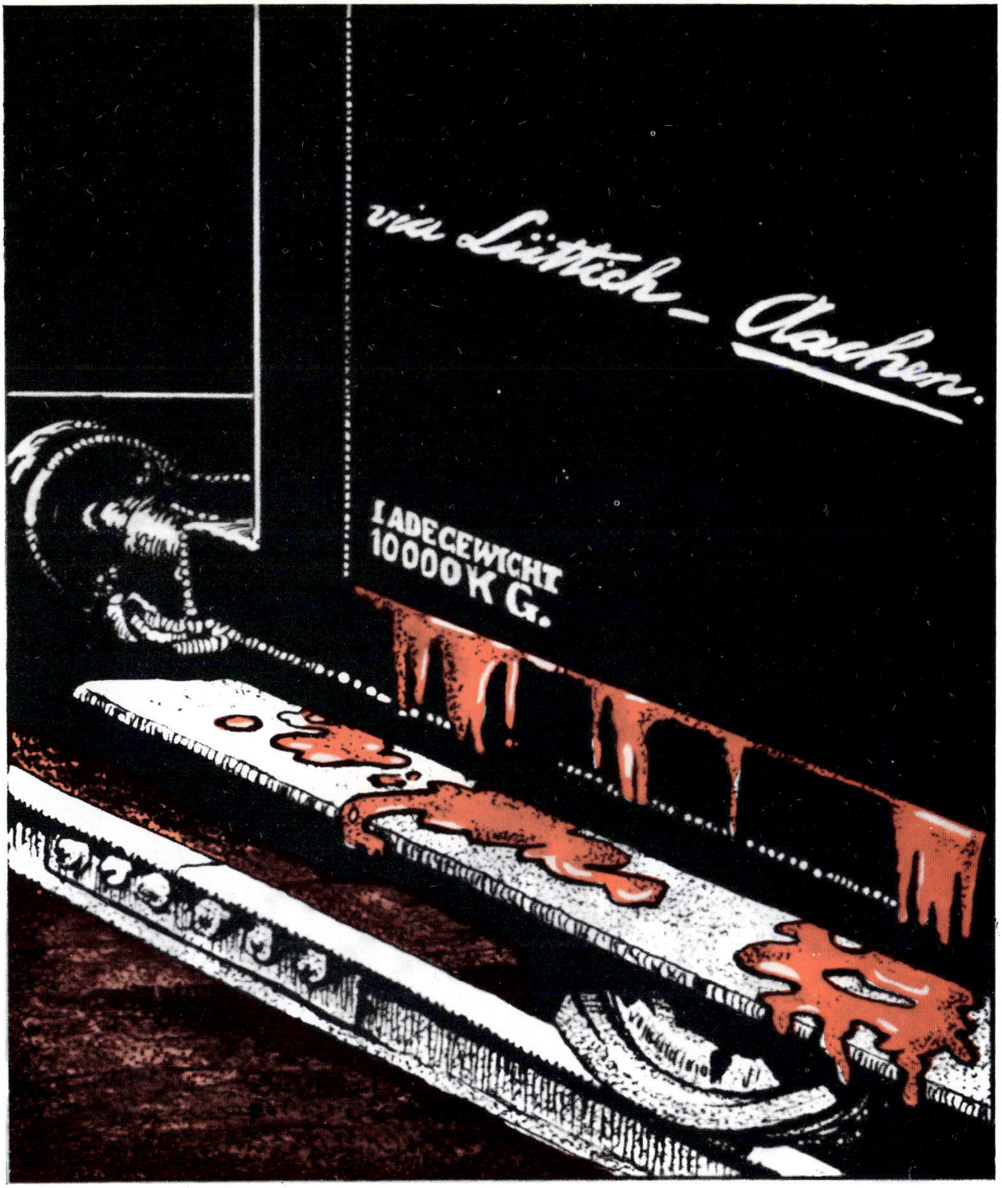

Der Leichenzug aus Belgien
Eine vielfach verbreitete Propagandazeichnung von L. Raemaekers

Der sterbende Krieg

XXII

Karl Kraus und sein Werk
„Die letzten Tage der Menschheit“ – Der „Nörgler“ und der „Optimist“ nehmen zum Weltkrieg Stellung – „Der brave Soldat Schwejk“ von Karl Hasek entlarvt die „große Zeit“

„Pazza bestialissima“ – „Die tierischste aller Dummheiten“ nannte vor viereinhalb Jahrhunderten der große Leonardo da Vinci den Krieg. Damals gab es keine Hinterladewaffen, geschweige denn Flugzeuge, Panzer, Gas-, Atom- und Bakterienbomben. Heutige Pazifisten betonen oft, als eine Art Entschuldigung, ihr Protest gelte nur dem modernen Krieg und seinen Mitteln. Sie haben dabei nicht an das „Beiwerk“ von Gewalt, Mord, Brand, Not, Hunger und Schmutz gedacht, das in allen Kriegen aller Zeiten das gleiche gewesen ist.

Die Verehrer vergangenen und Verächter heutigen Waffenglanzes vergessen, daß der „Totale Krieg“, die Zerstörung der feindlichen Städte, die Fortschleppung der Bewohner in die Sklaverei, die Vergewaltigung der Frauen, die Verwüstung der Felder, der Mord an allem, was lebt, das „Normale“, die relativ humane Kriegführung der bloß zweihundert Jahre vom Spanischen Erbfolgekrieg (1701 bis 1714) bis zur „Totalisierung“ des Ersten Weltkrieges (1916/17) eine Ausnahme ist.

Es haben daher die großen Denker aller Zeiten den Krieg für eine von Gott gesandte Katastrophe, für eine Verirrung der menschlichen Natur oder für ein Massenverbrechen angesehen. Wenn man die Volkslieder und -sagen alter Zeiten aufmerksam liest, so wird man finden, daß die „Edlen Ritter“ außerhalb ihres Literatur als Nebenprodukt erzeugenden Kreises keineswegs so nobel gesehen wurden, wie es nach ihren eigenen Epen und Gesängen scheint. In den verschiedenen Ausgaben des „Westpreußischen Sagenschatzes“ z. B. tritt der heute wieder so sehr verherrlichte „Deutsche Ritterorden“ in den Augen der ostdeutschen Bauern und Bürger als eine üble Gangsterorganisation auf, deren Lebensinhalt Raub und Erpressung zu sein scheint. (Zwischen 1870 und 1890 von deutschen Lehrern redigiert, ist jene Sammlung neuzeitlicher politischer Zwecke kaum verdächtig.) Die Erkenntnis, daß jene Romantik von „schimmernder“ (meinetwegen, nach neuer Lesart, „schirmender“) Wehr, von Schwert, Schild und Edelmut nie etwas anderes war, als eine Zweck-Legende, brauchte lange, um sich durchzusetzen. Die vier relativ friedlichen Jahrzehnte nach 1870 hatten einerseits den Glauben an das „Europäische Konzert“, an die Verlegung aller künftigen Kriege in nebelhafte Fernen, andererseits die unvermeidliche Verklärung der Vergangenheit gefördert. Typisch sind dafür die heute wahnwitzig scheinenden Reden Wilhelms II. und die von ihm in Auftrag gegebenen Mosaiken auf der Wartburg und anderswo, die ihn, den Freund der Schwerindustrie, als mittelalterlichen Ritter in schimmerndem Blech zeigen.

Als nun die Wogen der Begeisterung abgeflaut waren und die Völker merkten, was Krieg war (sie hatten es ja alle vergessen), da kam die Ernüchterung. Der Ausdruck wurde in Frankreich geprägt, aber der Gedanke dürfte überall gleichzeitig aufgetaucht sein, wie man künftiges Unheil vielleicht besser vermeiden könnte: „Deshonorons la guerre!“ – „Laßt uns den Krieg entehren“.

In der österreichisch-ungarischen Doppelmonarchie hatten sich von vornherein nicht alle denkenden Köpfe so bedenkenlos dem Taumel aus falscher Romantik und echter Bestialität (die ja in jedem menschlichen Wesen latent da ist) hingegeben, wie etwa im verpreußten Teil Deutschlands. Kein Wunder – war doch dies Österreich Erbe uralter Traditionen, einziger Überlebender unter den Rechtsnachfolgern der römischen Caesaren und der mittelalterlichen Kaiser, jede seiner Institutionen uralt, ehrwürdig, von den (meist üblen) Erfahrungen zweier Jahrtausende geformt.

Dies kaiserliche Wien hatte viel mehr von Byzanz übernommen, als nur das Wappen mit dem doppelköpfigen Adler und den Titel des „Apostolischen Kaisers“. Der Satz, der über einen großen Byzantiner (Priskos) geschrieben wurde, könnte genau so gut für die Staatsmänner und Historiker Österreichs gelten: „Jene skeptischen und scharfblickenden, klugen und überklugen, in keinen Schwierigkeiten sich selbst aufgebenden Köpfe, die das Reich wieder und wieder aus den Fluten eines allseitig anbrandenden

Der Urheber
Die Politik mache ich . . . (Hertling)
Holzschnitt von Frans Masereel

Hexensabbat

*Le Matin – An der amerikanischen Front stellen **sie** mit Entzücken Zuversicht, gute Laune und unvergleichlichen Eifer fest.*
Holzschnitt von Frans Masereel

Meers von Barbaren gerettet haben; Männer, die meist Erfolg hatten und doch den Schrecken nicht bannen konnten; die um Mittel nie verlegen waren und doch wußten, daß eine dauernde Heilung sich nicht finden ließ; die die Verachtung des feinempfindenden Kulturmenschen gegenüber dem Graus, darein das Schicksal sie gestellt hatte, nie verloren und doch Unerhörtes gelitten haben müssen; die an die Ewigkeit von Reich, Hauptstadt, Kaisertum und Kirche glaubten und die doch, auf die Dauer gesehen, sich nicht verhehlen konnten, daß alles Bemühen vergeblich war." (Altheim)
Aus vielen altösterreichischen Staats- und Lebensweisheiten spricht dies „hellenische Bewußtsein", das im Krieg von je ein notwendiges Übel sah und bei aller Freude an Musik und buntem Tuch nie in jene bedingungslose Militär-Anbetung verfiel, die so typisch für Barbaren ist.

„Belli gerant alii – tu felix Austria nube" (Laß andere Krieg führen – wir vergrößern unseren Staat durch Fürstenheiraten) ist zu seiner Zeit wohl als Spottwort geprägt, von den Verspotteten aber mit dem Stolz des Zivilisierten zitiert worden.
Die Sätze Voltaires, geschrieben zur Zeit der „ritterlichen Kriege", von den Soldaten als „lächerlichen Mördern", „Horden verseuchter Verbrecher, die Europa von einem Ende zum anderen verwüsten", die man (trotzdem) „nicht bestrafen sollte, sondern an ihrer Stelle jene seßhaften Barbaren, die aus ihrem Büro (cabinet) heraus, während sie sich der Verdauung hingeben, den Tod einer Million Menschen befehlen und hinterher Gott feierlich danken lassen", jene Sätze sind in Wien oft von denkenden Menschen zitiert worden, während man in Preußen behauptete, sie seien dadurch widerlegt, daß Voltaire ein oberflächlicher Denker gewesen sei und überdies einen schlechten Lebenswandel geführt habe (so z. B. Kugler).
Nur in Österreich konnten noch bei währender Massenschlächterei zwei so großartige und bei gleichem Ziel – der Entehrung des Krieges – so vollkommen verschiedene Bücher geschrieben werden, wie der „Brave Soldat Schwejk" von Jaroslav Hasek und „Die letzten Tage der Menschheit" von Karl Kraus.
„Die letzten Tage der Menschheit" sind ein Monstre-Drama. Über 800 Seiten engen Druckes zieht sich die Handlung „unmöglich, zerklüftet, heldenlos wie sie (die Hölle). Der Humor ist Selbstvorwurf eines der nicht wahnsinnig wurde bei dem Gedanken, mit heilem Hirn die Zeugenschaft dieser Zeitdinge bestanden zu haben. Außer ihm, der die Schmach solchen Anteils der Nachwelt preisgibt, hat kein anderer Recht auf diesen Humor ... die unwahrscheinlichsten Taten, die hier gemeldet werden, sind wirklich ge-

schehen, ich habe gemalt, was sie nur taten. Die unwahrscheinlichsten Gespräche, die hier gesprochen werden, sind wörtlich geführt worden: die grellsten Erfindungen sind Zitate ...“ (Kraus, Einleitung).

Er selbst tritt in seinem oft pathetischen, von einem genialen Meister der deutschen Sprache geformten Werk als „Der Nörgler“ auf (man denkt gleich an Göbbels’ wüste Reden gegen die „Miesmacher, Meckerer und Intellektuellen“). Kraus blieb der „Ehrendienst am Vaterland“ erspart, er entnimmt rein militärische Dinge der Presse, von der Natur erlauscht sind nur die Vorgänge im Hinterland. Aber seine Intuition hilft ihm, auch Ereignisse an der Front so wahr zu schildern, als sei er dabei gewesen. Kraus ist ein gallenbitterer Moralist, eine Art Kohlhaas, ein Satiriker vom Schlage des Jonathan Swift, der Böses denkt und sagt, weil die Welt nicht gut sein will ...

Kraus, der Ur-Österreicher, erfaßt sofort die falschen Töne in der Anfangs-Begeisterung:

Mädchen: Der Poldl hat mir das Beuschl von einem Serben versprochen. I hob das hineingeben in die Reichspost.

Stimme: Hoch Reichspost! Unser christliches Tagblaad!

Anderes Mädchen: Bitte, I hobs auch hineingeben, mir will der Ferdl die Nierndl von an Russ mitbringen!

Die Menge: Her damit.

Oder die Teutschtümler-Gruppe:

Apropos, im Fall einer protestiert, legitimierts enk einfach als interimistische Volontäre der provisorischen Zentralkommission des Exekutivkommittees der Liga zum Generalboykott der Fremdwörter.

In einer welthistorischen Betrachtung wird Kraus zum Propheten, (Kraus als „Nörgler“): Ich meine, daß dann das judaisierte Christentum Europas vor dem Gebot des asiatischen Geistes die Waffen strecken wird.

(„Optimist“): Und mit welchen Waffen würde der asiatische Geist das erzwingen?

K: Mit Waffen. Mit eben der Idee der Quantität und der entwickelten Technik, mit der Idee allein dem infernalischen Geist Mitteleuropas beizukommen ist. Die Quantität hat China schon, die andere Waffe wird es sich noch zulegen. Es wird für rechtzeitige „Japanisierung“ sorgen. Es wird so verfahren wie heute in kleinerem Maße England, das sich den Militarismus anschaffen muß, um mit ihm fertig zu werden.

O: Aber es wird ja nit ihm nicht fertig.

K: Ich hoffe, doch. Und: daß es selbst nicht fertig würde, wenn es den Militarismus bekäme; und daß es nicht mit geistiger Verarmung einen materiellen Sieg erkaufe. Sonst würde Europa verdeutscht. ... Die einzige Rasse, die stark genug ist, das technische Leben zu überdauern, lebt nicht in Europa. So sehe ich es manchmal. Gebe der Christengott, daß es anders kommt!

O: Aha, Ihre Chinesen, die kriegsuntüchtigste Rasse!

K: Gewiß, sie lassen heute alle Errungenschaften der Neuzeit vermissen, denn sie haben sie vielleicht in einer uns unbekannten Vorzeit schon durchgemacht und ihr Leben daraus gerettet. Sie werden sie spielend wieder erringen, wenn sie sie brauchen werden, um sie den Europäern wieder abzugewöhnen. Sie werden auch Firlefanz treiben; aber zu einem moralischen Zweck. Das nenne ich einen Religionskrieg, der eine Art hat.

O: Welcher Idee verhilft er zum Siege?

K: Der Idee, daß Gott den Menschen nicht als Konsumenten oder Produzenten erschaffen hat, sondern als Menschen. Daß das Lebensmittel nicht Lebenszweck sei. Daß das Leben nicht in der Ausschließlichkeit der Erwerbsinteressen begründet sei. Daß der

Mensch in die Zeit gesetzt sei, um Zeit zu haben und nicht mit den Beinen irgendwo schneller anzulangen als mit dem Herzen.
O: Das ist Urchristentum.
K: Christentum ist es nicht, denn dieses war nicht widerstandsfähig vor der Rache Jehovahs. Seine Verheißung ist zu schwach, um den irdischen Heißhunger vertrösten zu können, der sich für die himmlische Entschädigung schon hienieden entschädigt. Denn diese Art Menschheit ißt nicht, um zu leben, sondern lebt um zu essen und stirbt nun gar dafür. Freudenhaus und Schlachthaus und im Hintergrund die Kapelle, in der ein vereinsamter Papst die Hände ringt.
Die folgenden Sätze, geschrieben während des Ersten Weltkrieges über das Deutschland Wilhelms II., könnten genau so gut auf Hitler passen – ein Beweis, daß die Leute recht haben könnten, die der Restauration des „Deutschen Reiches vor Hitler" bzw. „vor Weimar" mißtrauisch gegenüberstehen:
„Nehmen wir mit Gott an, die deutsche Kriegführung sei ... nicht barbarischer als die der anderen. Aber wenn die anderen sagen, die deutsche Kriegführung sei barbarisch, so fühlen sie doch mit Recht, daß die deutsche Friedensführung barbarisch ist. Und das muß sie gewesen sein, da sie sonst nicht seit Generationen auf dem Gedanken aufgebaut gewesen wäre, die deutsche Kriegsführung vorzubereiten."
„Aber die Deutschen sind doch schließlich auch das Volk der Dichter und Denker. Widerspricht nicht die deutsche Bildung dem von Ihnen behaupteten Materialismus?"
„Die deutsche Bildung ist kein Inhalt, sondern ein Schmückedeinheim, mit dem sich das Volk der Richter und Henker seine Leere ornamentiert."
„Das Volk der Richter und Henker? So nennen Sie die Deutschen? Das Volk Goethes und Schopenhauers?"
„So kann es sich selbst nennen, aber es müßte dafür von Rechts wegen nach seinem populärsten Strafparagraphen, nämlich wegen groben Unfugs, vom Weltgericht abgeurteilt werden."
„Warum denn?"
„Weil Goethe und Schopenhauer gegen den heutigen Zustand des deutschen Volkes mit mehr Berechtigung das vorbrächten, was sie gegen die deutsche Zeitgenossenschaft auf dem Herzen hatten und mit mehr Schärfe als die heutige französische Propaganda. Sie müßten heute froh sein, wenn es ihnen glückte, als lästige Inländer über die Grenze zu kommen.

Etappe Gent
Zeichnung von George Grosz
Aus „Gesicht der herrschenden Klasse", Malik-Verlag

Goethe hat schon dem aufgeschwungenen Zustand, in dem sich sein Volk während der Befreiungskriege befand, nichts als das Gefühl der Leere abgewinnen können, und die deutsche Umgangs- und Zeitungssprache könnte Gott danken, wenn sie heute noch auf dem Niveau wäre, auf dem Schopenhauer sie verächtlich gefunden hat ...“

Am meisten empört Kraus der Abstand zwischen Phrase und Wirklichkeit – es hat sich auch da wenig geändert:

„Sonst war der Krieg ein Turnier der Minderzahl und jedes Beispiel hatte Kraft. Jetzt ist er ein Maschinenrisiko der Gesamtheit ...“

„Die Entwicklung der Waffe kann doch hinter den technischen Errungenschaften der Neuzeit unmöglich zurückbleiben.“

„Nein, aber die Phantasie der Menschheit ist hinter den technischen Errungenschaften der Neuzeit zurückgeblieben.“

„Ja, führt man denn mit Phantasie Kriege?“

„Nein, wenn man jene noch hätte, würde man diese nicht mehr führen.“

„Warum nicht?“

„... weil man selbst die unvorstellbarsten Greuel sich vorstellen könnte und im voraus wüßte, wie schnell der Weg von der farbigen Redensart und von allen Fahnen der Begeisterung zum feldgrauen Elend zurückgelegt ist; weil die Aussicht, für das Vaterland an der Ruhr zu sterben oder sich die Füße abfrieren zu lassen, kein Pathos mehr mobil machen würde; weil man mindestens mit der Sicherheit hinauszöge, fürs Vaterland Läuse zu bekommen ... weil der Mensch fühlte, daß er sich gegen einen Feind wehren soll, von dem er nichts sieht, als aufsteigenden Rauch, und ahnte, daß die eigene Vertretung einer Waffenfabrik keinen Schutz gegen die Angebote einer feindlichen Waffenfabrik gewährt. Hätte man also Phantasie, so wüßte man, daß es Verbrechen ist, das Leben dem Zufall auszusetzen, Sünde, den Tod zum Zufall zu erniedrigen ... ach, der Heldentod schwebt in einer Gaswolke ...“

Oder zum Partisanenkrieg:

(Der Optimist): „Wenn der Krieg keinen kulturellen Segen stiftet, so stiftet er ihn für keines der beteiligten Völker. Falls Sie nicht etwa prinzipiell kulturelle Möglichkeiten nur dort zugeben, wo Franktireure schlafende Soldaten ermorden.“

(Kraus): „... Aber wäre es nicht selbst auf dem heutigen Stand der Menschheit ein Unikum, daß Flieger, die Bomben auf Säuglinge werfen, sich eines völkerrechtlich erlaubten Kriegsmittels bedienen, und Franktireurs (Partisanen) die einen Mord begehen, um einen Mord zu rächen, es nur deshalb nicht tun dürfen, weil sie nicht die Lizenz haben, weil sie nicht unter einem Kommando mor-

Das Licht, die Menschen und ihr Schatten
Im Lauf der tragischen Ereignisse dieses Krieges fällt ein unbarmherziges Licht auf jede Tat und jeden Menschen (Wilson)
Holzschnitt von Frans Masereel

Auch so wird der Poilu gesehen . . .
Illustration zu dem Roman „Tout pour ça“ von A. Derain

den, sondern aus einem anderen unwiderstehlichen Zwang, nicht aus Pflicht, sondern aus Raserei, also aus jenem einzigen Motiv, das den Mord halbwegs entschuldigt, weil sie unbefugte Mörder sind, die sich weder durch das dazugehörige Kostüm, noch durch die Zugehörigkeit zu irgend einem Ergänzungsbezirkskommando, Kader, Ersatzkörper oder wie die Schmach sonst heißt, ausweisen können . . . Ihnen selbst soll, wenn Sie nur die Gefahr bedenken und nicht die Verantwortung, die mutigere Wahl gestellt sein, einen schlafenden Soldaten zu attackieren oder (aus der Luft) einen wachen Säugling.“
Oder die angeblich so vornehme deutsche Propaganda (der Text ist authentisch): „In einem Polizeiamt hängt ein Plakat (auf den Kriegseintritt Italiens) dessen Text mir ins Ohr gegangen ist. Er lautet:

Haut die Schufte, haut die Bande!
Haut sie bis zu Ätnas Rande!
Füllt sie in Vesuvens Rachen!
Haut sie, daß die Schwarten krachen!
Haut sie, daß sie nur so glotzen!
Haut sie, daß sie Lumpen kotzen!
Streicht Pardon aus Euren Herzen
Um das Trugvolk auszumerzen!
Füllt mit Dynamit die Täler
Rottet aus die Heuchler, Hehler
Jedem schlagt den Schädel ein
Und seid stolz Barbar zu sein!

. . . und der Kerl, der es verfaßt hat, sitzt in einem Bureau und erschrickt, wenn ein Papiersack explodiert.“
In der 29. Szene seines Kolossalgemäldes berichtet Kraus, wie streikende Arbeiter „einrückend gemacht“ werden – „Sie sehen, daß Leute, die sich nach der Wohltat sehnen, an die Front zu kommen, dafür strafweise an die Front geschickt werden – ja, sogar zur Strafverschärfung!“
„Notstandsgesetze“ gab es auch schon damals:
Fabrikant: „. . . wenn diese Gewerkschaftshunde mit ihren Hetzereien nicht aufhören – Aussprache über die Lage der Arbeiterschaft, Ernährungsfrage . . . Rechts- und Arbeitsverhältnisse, Neugestaltung des Arbeitsrechts im Kriege . . .“ Der militärische Leiter: „Ehschowissen. Einrückend gemacht und womöglich die Herren Abgeordneten dazu. Wir haben aus'm Kriegsdienstleistungsgesetz und dem Landsturmgesetz ohnedem alles herausgefetzt was nur möglich war. Am schönsten war das im August 1914 mit die Schmiede und Mechaniker. Vormittags hams noch im Akkord ihre 6 Kronen verdient, mittags hat mas gemustert und ihnen schön eröffnet, daß sie jetzt Soldaten sein und am Nachmittag hams am gleichen Arbeitsplatz für die gleiche Ar-

beitsleistung schön um Wehrsold gearbeitet ..."

Immer wieder denkt man an Ben Akiba's „alles schon dagewesen": Auch in jenem „humanen" Ersten Weltkrieg werden Frauen wegen Verkehrs mit Kriegsgefangenen von patriotischen Richtern zu zwei Jahren verurteilt, wenn der Staatsanwalt bloß fünf Monate wollte, predigen Geistliche beider Konfessionen Haß und Mord ...

Dem nächsten Viertel des Jahrhunderts ins Stammbuch geschrieben hat Kraus unbewußt:

„Schon brennt die Erde lichterloh
Dank unserm Fenriswolff-Büro *
Solang es andere Völker gibt
Ist leider unsres nicht beliebt
Wo man nichts auf die Waffe setzt
Wird unsre Leistung unterschätzt
Die Welt will weniger Krawall
und uns'rer braust wie Donnerhall
So hört man überall den Deutschen!"

(* Wolffs Pressebüro war der Vorläufer von Goebbels' Propaganda-Ministerium)

Massenhinrichtungen am Galgen waren schon damals üblich. Ja, man begann bereits im Ersten Weltkrieg, ganze Völker zu bekämpfen. Wie Kraus zitiert, wurden Ruthenen und Ukrainer nur deswegen hingerichtet, weil sie „Intellektuelle" waren – die Praxis Hitlers.

Die Einrichtung von „Bordellen mit einwandfreiem Weiber-Material unter strengster militärischer Kontrolle", die kriegsgerichtliche Verfolgung venerischer Erkrankungen als „Selbstbeschädigung" – alles war schon da.

Ob der Wiederholungen kann man verzweifeln – Hitler war kein Original-Monstrum, er hat nur konsequent dort das Werk fortgesetzt, wo es seine monarchischen Vorgänger nicht mehr weiterführen konnten:

Die Offiziere verfolgen streng jeden Soldaten, der nur ein Stück Brot nimmt. Sie selbst plündern heimlich für sich und offiziell für die „Kriegswirtschaft": „Wir nehmen der französischen Bevölkerung alles Blei, Messing, Kupfer, Kork, Öl usw. fort und alles, wandert nach Deutschland. ... Ich höre, daß in Berliner Warenhäusern schon die Kriegsbeute von Lille verkauft wird ..."

Oder die Aufführung der „Ganz Großen": „Der Kronprinz hat einen richtiggehenden Harem, er hat neulich einen famosen Zuwachs bekommen und die Eltern, die was dawider hatten, egal abschieben lassen ..."

Deutschland war aber damals eine konstitutionelle Monarchie? O ja: „Genossen ... wenn preußische Sozialdemokraten der Einladung in das Reichsamt des Innern folgen und der Kaiser an dieser Besprechung teilnimmt, so ist dies keine Verletzung sozialdemokratischer Grundsätze. Auch der Genosse David handelte korrekt, wenn er der Einladung des Kronprinzen folgte. Die Sozialdemokratie ist eine revolutionäre Partei (Oho-Rufe), sie muß deshalb auch, wenn es die veränderten Verhältnisse erfordern, mit alten Traditionen brechen" – Zwischenruf: „Bei Hof?" – „ich meine, Genossen, mit ihren eigenen Traditionen. Sie muß in ihren eigenen Reihen revolutionieren, sie ist eben eine durch und durch revolutionäre Partei." (Lebhafte Zustimmung)

Der Original-Brief einer Kriegerfrau ist zeitlos:

„Inigsgelibter Gatte!

Ich theile Dir mit, das Ich mich verfehlt habe. Ich kann nichs dafier, liber Gatte. Du verzeihst mir schon alles was ich Dir mittheile. Ich bin in Hoffnung gerathen, von einem andern. Ich weiß ja, das Du gut bist und mir alles verzeist. Er hat mich überredet und sagte, Du komst so nicht mehr zurück, vom Felde und hatte darzu meine schwache Stunde. Du kennst ja die weibliche Schwäche und kanst nichts Besseres als verzeihen, es ist schon passiert. Ich dachte mir schon, Dir muß auch was passiert sein, weil Du schon 3 Monat nichts mehr geschrieben hast. Ich bin ganz verschrocken, als ich Deinen Brief erhalten habe und Du noch am Leben warst. Ich wünsche es Dir aber verzeihe mir, lieber Franz, vileicht stirbt das Kind und dan ist ales wider gut. Ich mag disen Kerl nicht mehr, weil ich weis das Du noch am Leben bist. Bei uns ist alles sehr teuer, es ist gut, das Du fort bist, im Feld kostet Dich wenigstens das Essen nichts. Das Geld, was Du mir geschickt hast, kann ich sehr notwendig gebrauchen. Es grüsst Dich nochmals Deine Dir unvergessliche Frau Anna."

Bei Kraus erhält der Ehemann den Brief, als er als „Austauschinvalide" schwer verwundet aus russischer Gefangenschaft zurückkehrt ...

Kraus reiht nur Tatsache an Tatsache – er „verdichtet" nicht einmal. Meldungen, Szenen, alles ist jedem geläufig, der nur einen der beiden Kriege erlebte, wie die Sache mit dem Säbel:

Auf einer Wiener Hauptstraße erscheint eine halbnackte Prostituierte mit einem Säbel, mit dem sie herumfuchtelt. Ein Bürger will ihr die Waffe abnehmen. Da erscheint der Besitzer – schwer betrunken – auf dem Kampfplatz. Zwei Polizisten und der Vertreter der Militärpolizei kommen dazu. Schließlich kann man sich den Rest denken: Die Etappenoffiziere und die betrunkene Hure gehen frei aus – der ordnungsliebende Bürger wird bestraft – er hat gewagt, den Säbel eines Offiziers anzurühren – als Zivilist!

Wieder ein Gespräch:

O.: Wenn man Sie sprechen hört, glaubt man allerdings, daß der allgemein erwartete Seelenaufschwung nicht eingetreten ist.

Kraus: Fast glaube ich es selbst. Aber ich glaube auch, daß das Blutgeschäft, das die Agenten mit dieser Chance verlockend machen wollten, als der größte Bankerott ... enden wird ... Und vor allem in den Reichen dieser mißgeborenen Mittelwelt. Denn wir haben den Mord mit der Bibel und den Raub mit der Fibel in der Hand betrieben. Wir wollten den Weltmarkt in der Ritterrüstung erobern – wir werden mit dem schlechteren Geschäft vorlieb nehmen müssen, sie am Tandelmarkt zu verkaufen."

Auf dem Friedhof von Ypern
„Wofür haben wir uns eigentlich umgebracht?"
Zeichnung von Rudolf Hermann. Aus „Bilder aus dem Alltagsleben"

Aus einem Protokoll:
(Hauptmann Prasch – der Name ist echt – aus Graz:) „... Ich habe meine Untergebenen immer ins Gesicht geschlagen ... aber ich hab auch viel für sie getan. In Serbien habe ich ein serbisches Mädchen vergewaltigt, aber dann den Soldaten überlassen und am nächsten Tag das Mädchen und seine Mutter auf einem Brückengitter aufhängen lassen. Die Schnur riß und das Mädchen fiel noch lebend ins Wasser. Ich zog meinen Revolver und schoß auf das Mädchen so lange, bis es tot unter dem Wasser verschwand ... ich wurde ausgezeichnet und befördert ...“
Dem Gas-Erfinder Professor Abendroth legt Kraus die Verse in den Mund:

„Als Ritter vom Geist greifen wir noch zum Schwert
Wenn sich längst schon der Flammenwerfer bewährt
und sind entschlossen, mit Dünsten und Dämpfen
und Minen bis aufs Messer zu kämpfen
Den Wortschmuck beziehn wir gern für die Tat
Aus der Zeit, wo es die noch gegeben nicht hat
und sind selbst heut in Turnieren befangen
wo wir längst schon die chlorreichsten Siege errangen
Mit allen Schikanen der chemischen Kraft
Kämpft der Deutsche im Geiste der Ritterschaft ...“
Das Drama, zum Schluß (nach dem Vorbild von Faust II.) in mystische Chöre aufgeteilt – der Pressemagnat tritt darin als Antichrist auf – endet:
„Der Sturm gelang. Die Nacht war wild
Zerstört ist Gottes Ebenbild!“

„Schwejk rieb sich gerade die Knie mit Opodeldok ein ...“

Die Stimme Gottes:
„Ich habe es nicht gewollt!“

Mit dem Ruf „Gott will es“ vereinigten sich die Völker Europas vor fast tausend Jahren zwecks Ausbreitung ihres „European Way of Life“ (um es in modernen Worten zu sagen). – In die Selbstzerstörung Europas wird hier gerufen: „Gott hat es nicht gewollt.“
Aus einer anderen Hauptstadt der Doppelmonarchie kommt Hasek, der Schöpfer des unsterblichen „Braven Soldaten Schwejk“. Wenn Kraus in seinem Pathos nach dem Leitwort: „Wie die Sprache, so der Mensch“ an der Sprachverwilderung den Verfall der Seelen demonstriert, so kümmert sich Hasek wenig um schöne Reden. Sein Held ist ein Gegenstück zum Wiener „Pülcher“, der Hundefänger und -händler Josef Schwejk, „wegen Blödheit vom Militär super-arbitriert“ (vorzeitig entlassen). Kraus identifiziert sich offen mit seinem „Nörgler“; Schwejk ist nicht Hasek, aber es steckt viel von ihm darin. Kein verzweifelter Erzengel der Moral wie Kraus – ein rundgesichtiger „Bemm“, ein munterer, durch seinen Zynismus dem Menschenkenner das gütige Herz verratender Hallodri aus dem goldenen Prag. Schwejk wurde eine der unsterblichen Figuren der Weltliteratur, der mit der Waffe der

Lächerlichkeit den Militarismus so tödlich traf, wie dreihundert Jahre früher Cervantes' Don Quichotte die Traumwelt des sterbenden Feudalsystems. Die Generäle erkannten bald, daß dieses Buch gefährlicher war, als „Die Waffen nieder" von Bertha von Suttner, das klassische Werk des Pazifismus.

Hasek klagt selten an, seine Handlung ist ein loses Gerüst, ohne Anfang und ohne Schluß (wie übrigens viele der ganz großen Romane der Weltliteratur). Sein Erfolg war nicht rein literarisch – er hatte ein Leitbild für unzählige Zwangssoldaten geschaffen, Millionen Opfer der Kriegsgötzen mit einem brauchbaren Rezept versehen. Seit Erscheinen wurde von vielen Soldaten das Buch mit mehr Eifer studiert, als die Dienstvorschrift. Wie sehr Hasek den Staat der imperialistischen Epoche getroffen hat, beweist die Reaktion: In seinem Heimatland, der damals gerade entstandenen Tschechoslowakei, wurden Buch und Autor stillschweigend unterdrückt, Hasek starb mit 40 Jahren im Elend. Im faschistischen Deutschland wurde sogar der Besitz der gelben Heftchen bestraft, in denen die Geschichte von 1920 bis 1923 in vielen Fortsetzungen erschien. Nationale Tschechen nannten den Autor einen Bolschewiken und schlechten Patrioten, die Bolschewiken einen „links abgewichenen" wüsten Anarchisten und Lumpenproletarier. In der Sowjetunion, der die westliche Welt an Schwejk die Schuld gab, erschienen propagandistische Surrogate unter dem gleichen Titel – aber kein Original-Schwejk. Die Neuauflage in Deutschland allein erreichte von 1960 bis 1965 rund eine Viertelmillion – aber sie figurierte in keiner Bestseller-Liste. Die Sudetendeutschen nannten den braven Josef natürlich „den Repräsentanten des tschechischen Untermenschentums" (an ihren Ausdrücken sollt ihr sie erkennen!). Dabei sind zwei seiner sympathischsten Helden Deutschböhmen und einige der übelsten Figuren Tschechen.

Gegen pathetische Anklagen war eben der Militarismus gerüstet, er konnte ihnen den eigenen Schwung meist professoraler (und darum dem Deutschen glaubwürdigerer) Lohnschreiber entgegensetzen. Schwejk aber geht nach der Methode des Jiu-Jitsu vor: Er fügt sich dem auf ihn von größenwahnsinnigen Bürokraten und Militärs ausgeübten Druck – immer weiter in der Richtung in der dieser erfolgt – so lange, bis sich der Bedrücker mit dem eigenen Elan selbst aufs Kreuz legt. Das wirksamste Mittel gegen eine so notorisch verlogene Sache wie die des imperialistischen Nationalstaates und seiner Militärs sind immer noch die Tatsachen.

In der Einleitung stellt Hasek seinen Helden vor: „Eine große Zeit erfordert große Menschen. Es gibt verkannte, bescheidene Helden, ohne den Ruhm und die Geschichte eines Napoleon. Eine Analyse ihres Charakters würde selbst den Ruhm eines Alexander von Mazedonien in den Schatten stellen. Heute

„. . . der Ausruf: Es lebe Kaiser Franz Josef I., genügt vollkommen . . ."

könnt Ihr in den Prager Straßen einem schäbigen Mann begegnen, der selbst nicht weiß, was er in der Geschichte der großen neuen Zeit bedeutet ... und dieser stille, bescheidene schäbige Mann ist wirklich der alte brave, heldenmütige, tapfere Soldat Schwejk, der einst unter Österreich im Munde aller Bürger des Königreichs Böhmen war. ... Ich habe den braven Soldaten Schwejk sehr lieb und bin bei der Niederschrift seiner Abenteuer im Weltkrieg überzeugt, daß Ihr alle für diesen bescheidenen, verkannten Helden Sympathie empfinden werdet. Er hat nicht den Tempel der Göttin von Ephesus angesteckt, wie jener Dummkopf Herostratos, um in die Zeitungen und Schulbücher zu kommen. Und das genügt."

Die Erzählung beginnt: „Also sie ham uns den Ferdinand erschlagen", sagte die Bedienerin zu Herrn Schwejk, der vor Jahren den Militärdienst quittiert hatte, nachdem er von der militärärztlichen Kommission endgültig für blöd erklärt worden war, und der sich nun durch den Verkauf von Hunden, häßlichen, schlechtrassigen Scheusälern, ernährte, deren Stammbäume er fälschte. Neben dieser Beschäftigung war er vom Rheumatismus heimgesucht und rieb sich gerade die Knie mit Opodeldok ein. – „Was für einen Ferdinand, Frau Müller?" fragte Schwejk, „... ich kenn zwei Ferdinande. Einen, der is Diener beim Drogisten Pruscha und hat dort aus Versehen eine Flasche mit irgendeiner Haartinktur ausgetrunken, und dann kenn ich noch den Ferdinand Kokoschka, der was den Hundedreck sammelt. Um beide is kein Schad."

Als er erfährt, wer ermordet wurde und wie es geschah, kommentiert Schwejk: „Mancher Revolver geht nicht los, Frau Müller und wenn Sie sich aufn Kopf stelln. Solche Systeme gibts viel. Aber auf den Herrn Erzherzog ham sie sich gewiß was Besseres gekauft, und ich möcht wetten, Frau Müller, daß sich der Mann, der das getan hat, dazu schön angezogen hat. Nämlich auf einen Herrn Erzherzog schießen, is eine sehr schwere Arbeit. Das is nicht so, wie wenn ein Wilddieb auf einen Förster schießt ..."

„ – Es waren ihrer herich mehr, gnä' Herr –„

„No, das versteht sich doch von selbst, Frau Müller", sagte Schwejk, seine Kniemassage beendend – „wenn Sie einen Erzherzog oder Kaiser erschlagen wollten, möchten Sie sich sicher auch mit jemandem beraten. Mehr Leute haben mehr Verstand. Der eine rät das, der andere wieder was anderes und so wird das schwerste leicht vollbracht, wies in unsrer Nationalhymne heißt. Die Hauptsache is, den Moment abpassen ... Wie zum Beispiel, wenn Sie sich noch an den Herrn Luccheni erinnern, der was unsere selige Elisabeth mit der Feile erstochen hat. Er is mit ihr spazierengegangen. Dann traun sie noch jemandem. Seit der Zeit geht keine Kaiserin mehr spazieren ... also ich möcht mir für sowas einen Browning kaufen. Der schaut

„... erinnerte sich das österreichische Kriegsministerium auch Schwejks ..."

aus wie ein Spielzeug, aber Sie können damit in zwei Minuten zwanzig Erzherzöge niederschießen, magere und dicke. Obgleich man, unter uns gesagt, Frau Müller, einen dicken Erzherzog besser trifft als einen mageren ...“

Schwejk geht ins Wirtshaus „Zum Kelch“, trifft dort einen Polizeispitzel und wird verhaftet, weil er unter lauter patriotischen Redensarten meint, es gäbe jetzt Krieg – der Wirt gleich mit, weil Fliegendreck auf dem Kaiserbild war.

Im Arrest trifft er auf lauter Majestätsbeleidiger, die man unter genau so fadenscheinigen Gründen verhaftet hat. Alle beteuern ihre Unschuld, nur Schwejk nicht. Er nimmt es für selbstverständlich, daß man beliebige Leute einsperrt, wenn ein Prinz ermordet wird. Beim Verhör brüllt man ihn an: „Benehmen Sie sich nicht so blöd!“ – „Ich kann mir nicht helfen – mich hat man beim Militär wegen Blödheit superarbitriert. Ich bin amtlich von der Superarbitrierungskommission für einen Idioten erklärt worden. Ich bin ein behördlicher Idiot.“ Als man ihm nicht glaubt, gesteht er einfach alles. Der Untersuchungsrichter traut der Polizei nicht. Schwejk muß vor einer Ärztekommission erscheinen. Vor dem Kaiserbild, das wie überall auch in deren Raum hängt, ruft er spontan: „Meine Herrn, es lebe Kaiser Franz Josef I.“ Im Protokoll steht: „Die endesgefertigten Gerichtsärzte stützen sich in ihrem Urteil bezüglich völliger geistiger Stumpfheit und angeborenem Kretinismus des Josef Schwejk auf den Ausspruch: ‚Es lebe Kaiser Franz Josef I.‘, der vollkommen genügt, um den Geisteszustand Josef Schwejks als den eines notorischen Idioten erkennen zu lassen.“

Schwejk kommt zur weiteren Beobachtung ins Irrenhaus, wo man ihn als „Simulanten von schwachem Verstand“ hinauswirft. Weil

Eine Baronin verteilte Liebesgaben

er aber darauf besteht, dort noch Mittagessen zu bekommen, lassen ihn die Irrenärzte wieder zur Polizei bringen. Hier sperrt man ihn mit einem Beamten zusammen, festgenommen wegen Volltrunkenheit. Der Beamte will sich das Leben nehmen, „der Schande wegen.“ Darauf reicht Schwejk ihm seinen Hosenriemen und sagt, er wolle das sehen. Das bringt den Gelegenheitssäufer zur Besinnung. – Als man Schwejk in Polizeibegleitung wieder zum Präsidium bringt, ist das Manifest mit der Kriegserklärung angeschlagen. Schwejk, in Handschellen, ruft: „Hurra, Kaiser Franz Josef, diesen Krieg gewinnen wir!“ worauf ihm jemand den Hut über die Ohren drückt.

Schwejk mimt beim nächsten Verhör so echt patriotische Blödheit, daß man ihn endlich entläßt.

Im „Kelch“ herrscht Grabesstille. Der Wirt hat für den Fliegendreck auf dem Kaiserbild zehn Jahre bekommen. Nur der Polizeispitzel ist gesprächig. Um zu erfahren, was Schwejk vorhat, läßt er sich auf Polizeikosten mit ihm in Geschäfte ein – Schwejk verkauft ihm seine sämtlichen Straßenköter ...

„Zu der Zeit, als die Wälder am Flusse Raab in Galizien das österreichische Heer über die

„So – Sie trinken Schnaps?"

Raab flüchten sahen . . . erinnerte sich das österreichische Kriegsministerium auch Schwejks, der der Monarchie aus der Schlamastik helfen sollte." – Schwejk, der wieder an Rheuma leidet, läßt sich einen Kranken-Fahrstuhl und Krücken besorgen, setzt seine alte Militärkappe auf, steckt sich einen Rekrutenstrauß an und läßt sich so zur Musterung schieben. Er erregt einen Riesen-Auflauf, die monarchistische Presse feiert ihn, das Volk noch mehr – nur aus anderen Gründen. Auf der Musterungs-Station vergeht plötzlich sein Rheuma. Er wird zum Simulanten erklärt und ins Arrest-Spital gesteckt. Dort gibt man ihm nichts zu essen, um ihn vom Simulieren zu heilen – genau wie einer Menge von wirklich Kranken, denen man erst glaubt, wenn sie sterben (wer kennt das nicht!) – Die Patienten werden regelrecht gefoltert (wer im Krieg war, glaubt es, so unglaublich es sich liest). Schwejk aber hat Glück: Eine Baronin, die von ihm in der Zeitung las, sucht und findet ihn und überhäuft ihn mit Liebesgaben, die er verteilt. Doch der Stabsarzt läßt gleich darauf allen den Magen wieder auspumpen. Schließlich erscheint eine Kommission („Heldenklau" wie man später sagte). „Von siebzig Patienten retteten sich nur zwei – einer, dem die Granate das Bein abgerissen hatte und ein zweiter mit wirklichem Knochenfraß . . . die anderen wurden, nicht einmal die drei sterbenden Schwindsüchtigen ausgenommen, felddiensttauglich befunden."

Schwejk brüllt man an: „Ich möcht gern wissen, Sie Meerschwein, was Sie sich wohl denken?" – „Melde gehorsamst, ich denk überhaupt nicht." „Himmeldonnerwetter . . . er denkt überhaupt nicht. Warum, Sie siamesischer Elefant, denken Sie denn nicht?" – „Melde gehorsamst, ich denk deshalb nicht, weils beim Militär den Soldaten verboten ist. Wie ich vor Jahren bei den Einundneunzigern gedient hab, da hat unser Herr Hauptmann immer gesagt: Ein Soldat darf selbst nicht denken. Für ihn denken seine Vorgesetzten. Wenn der Soldat anfängt zu denken, is er schon kein Soldat, sondern ein ganz gemeiner Zivilist . . ." – „Halten Sies Maul. . . . Sie sind kein Idiot . . . gerieben sind Sie, ein Lump sind Sie, ein Fallott, ein Lausbub, verstehen Sie . . ." – „Melde gehorsamst, ich versteh." – „Ich hab Ihnen schon gesagt, Sie solln das Maul halten, haben Sie gehört?" – „Melde gehorsamst, daß ich gehört hab, daß ich das Maul halten soll." – „Also halten Sie das Maul. Wenn ichs Ihnen befehl, dann wissen Sie gut, daß Sie kuschen müssen." – „Melde gehorsamst, daß ich weiß, daß ich kuschen muß." – Hier wird Schwejk abgeführt. Jeder, der in irgend einer Armee der Welt gedient hat, kennt diese Szene, die sich nur die ganz Kühnen, die „Alten Männer", die „Stabsgefreiten" oder „Première Classe" mit 10 oder 12 Mannschafts-Dienstjahren zu leisten pflegten.

Schwejk bleibt sich auch im Arrest treu. Der gefürchtete Stabsprofos hält ihm die Faust unter die Nase: „Riech einmal, Lump!"

Schwejk roch und bemerkte: „Mit der möcht ich keine in die Nase kriegen wolln, das riecht nach Friedhof.“ Der neue Arrestant, in dessen Papieren steht „streng bewachen, beobachten!“ kommt in eine Sonderzelle, deren Insassen nur Hemd und Unterhosen anhaben, damit sie nicht flüchten. Am Sonntag predigt ein betrunkener Feldkurat. Schwejk fällt ihm auf, weil er bei der Ermahnung zur Buße reuevolle Tränen herausquetscht. Der Kurat glaubt ihm zwar nicht, aber es macht ihm Spaß. Er holt Schwejk, dessen Akten inzwischen verloren gingen (um erst nach Kriegsende wieder aufzutauchen) aus dem Arrest und macht ihn zu seinem Burschen.

Schwejk wird von zwei Soldaten zu seinem neuen Posten eskortiert. Unterwegs gelingt es ihm, die zwei zum Besuch eines Bordells zu überreden, wo sie ihre Gewehre samt aufgepflanztem Bajonett in der Küche deponieren. Alle drei trinken ungeheuer viel, aber Schwejk verträgt am meisten und eskortiert seine Eskorte zu seinem neuen Chef, wobei er noch die Gewehre tragen muß. Inzwischen erzählt Schwejk immer wieder endlose Geschichten, in denen ganz Prag in Krieg und Frieden lebendig wird – und gibt erfolgreiche Rezepte, wie man nicht nur den österreichisch-ungarischen, sondern als geneigter Leser auch künftigen Kriegsdiensten risikolos entgehen kann. . . .

Der Feldkurat begrüßt Schwejk: „Stinken Ihnen nicht die Füße?“ – „Melde gehorsamst, das nicht.“ – „So . . . trinken Sie Schnaps?“ – „Melde gehorsamst, daß ich nicht Schnaps trink, nur Rum.“ – „Gut, schauen Sie sich diesen Soldaten an . . . der trinkt nichts, er ist Ab – ab – abstinenzler und wird deshalb mit der Marschkompanie abgehen. W–weil ich so einen Menschen nicht brauchen kann. Das ist kein Putzfleck, das ist eine Kuh. Die trinkt nur Wasser und buht wie ein Ochs.“ – Schwejk muß gleich am ersten Tag dem Feldkuraten von einer Feier nach Hause helfen. Am Morgen fragt der: „Und was hab ich aufgeführt?“ – „Nicht zum sagen, vollkommen, Herr Feldkurat, ein kleines Delirium is auf Sie gekommen. Ich glaube, es wird Ihnen gut tun, wenn Sie sich überziehn und abwaschen wern . . .“ Dann braucht der fromme Mann etwas für den Magen, hat aber kein Geld. Er schickt Schwejk auf Pump-Tour. Mit Erfolg: „Ich war lieber gleich bei allen“, sagte Schwejk, „damit wir uns nicht morgen oder übermorgen von neuem um Geld kümmern müssen. Es ist glatt genug gegangen, nur vorm Hauptmann Schnabl hab ich in die Knie fallen müssen. Das scheint eine Bestie zu sein. Aber wie ich gesagt hab, daß wir Alimente zahlen müssen . . .“ „Alimente?“ wiederholte der Feldkurat entsetzt. „Na freilich Alimente, Herr Feldkurat, eine Abfindung für die Madln. Sie ham gesagt, ich soll mir was ausdenkn und mir is nichts anders eingefallen . . . Sie ham mich gefragt, was das für ein Mädl is und ich hab gesagt,

„Herr Feldkurat, ein kleines Delirium . . .“

„Schwejk, schlagen Sie's Brevier auf der dritten Seite auf . . .“

sie is sehr hübsch und noch nicht fünfzehn Jahr alt. Da ham sie ihre Adresse gewollt.“ Schwejk hat an alles gedacht und für das Geld gleich fünf Flaschen Nußbranntwein mitgebracht, für den Magen. Außerdem verkauft er aus des Kaplans möbliertem Zimmer Kanapee und Klavier. Während der schon wieder betrunkene Feldkurat schläft, besucht Schwejk seine alte Wohnung. Man hat inzwischen auch Frau Müller verhaftet und weil ihr nichts nachzuweisen war, in das „KuK Konzentrationslager“ in Steinhof gebracht.

Am nächsten Tag wird eine Feldmesse zelebriert. Hasek bemerkt: „Die Vorbereitungen zur Tötung eines Menschen sind stets im Namen Gottes oder eines vermeintlichen höheren Wesens vor sich gegangen, das die Menschen ersonnen oder in ihrer Phantasie erschaffen haben ... bevor die Menschenfresser von Guinea und Polynesien ihre Gefangenen, beziehungsweise unbrauchbare Menschen wie Missionare, Reisende und Unterhändler verschiedener Handelsfirmen sowie einfach Neugierige, feierlich auffressen, opfern sie ihren Göttern, indem sie die mannigfachsten religiösen Gebräuche vollziehen.. Bei Hinrichtungen von Verbrechern wirken stets Priester mit, die den Delinquenten mit ihrer Anwesenheit belästigen ... Die Menschen gingen in ganz Europa wie das liebe Vieh zur Schlachtbank, begleitet von den Fleischer-Kaisern, Königen und anderen Potentaten und Heerführern sowie von den Priestern aller Glaubensbekenntnisse, die ihre Schützlinge einsegneten und falsch schwören ließen, daß sie „Auf dem Festland, in der Luft, auf dem Meere . . .“ usw. usw. Feldmessen wurden stets zweimal zelebriert. Wenn eine Abteilung an die Front abging und dann vor der Front, vor dem blutigen Gemetzel und Morden . . .“

Bei dieser Feldmesse fehlt der zusammenlegbare Feldaltar. Schwejk hat nicht gewußt, daß er in der Bettzeug-Lade des versetzten Kanapees lag. Nach langen Irrfahrten findet man ihn wieder. Auch der Ministrant fehlt und so muß unser Josef auch das machen. Zum Schluß stellt sich heraus, daß die Messe ungültig ist – Schwejk ist konfessionslos. Der Feldkurat überlegt und sagt: „Sie können den Meßwein austrinken, der in der Flasche übriggeblieben ist. Denken Sie sich, daß Sie wieder in die Kirche eingetreten sind.“

Schließlich kommt ein frömmerer Amtsbruder, um dem Kollegen ins Gewissen zu reden: „Kein einziges Heiligenbild schmückt die Wände Ihres Zimmers. Was haben Sie dort über dem Bett?“ „Susanne im Bade – und das nackte Weib darunter ist eine alte Bekanntschaft von mir. Rechts hängt eine Japonerie, die den Sexualakt zwischen einer Geisha und einem alten japanischen Samurai darstellt. Nicht wahr, etwas sehr Originelles? Das Brevier hab ich in der Küche. Schwejk, bringen Sie es her und schlagen Sies auf der dritten Seite auf.“ – „... in der Küche war dreimal hintereinander das Herausziehen

Die gallische Henne
hätte die Eier der Friedenstaube ausbrüten können – aber es sind doch nur deutsche Pickelhauben . . .!
Zeichnung von F. Bayros, 1919

eines Stöpsels aus einer Weinflasche zu hören ..." – Nach weiteren Abenteuern – Schwejk sucht in Apotheken und Drogerien „vom Bischof geweihtes Öl" für die letzte Ölung zu kaufen; schließlich gerät er an eine „Verkaufskanone": „Gießen Sie ihm 10 Deka Hanföl Nummer drei ein, Herr Tauchen."

Und der Gehilfe sagte, ganz geschäftsmäßig: „Es ist die beste Qualität. Wenn Sie noch einen Pinsel, Lack oder Firnis brauchen, wenden Sie sich an uns. Wir werden Sie solid bedienen." – Nach weiteren Abenteuern also verliert der Feldkurat Schwejk im Kartenspiel an einen Oberleutnant. Der ist ein aufrechter Mann und liebt die Offiziersburschen nicht – wer die Verhältnisse kennt, kann sich denken, warum. Nur eine Schwäche hat Oberleutnant Lukasch – die Frauen, möglichst zwanzig auf einmal. Eine durchgebrannte Hopfenhändlersgattin erscheint, aber Lukasch muß zum Dienst. Er befiehlt Schwejk, ihr alle Wünsche zu erfüllen: „sie ... überzog selbst Polster und Betten, und man merkte, daß sie dies mit Liebe zum Bett tat, das in ihr ein sinnliches Beben der Nüstern hervorrief. Dann ließ sie Schwejk das Mittagessen und Wein holen. Und bevor er zurückkam, zog sie ein durchsichtiges Matinee an, das sie ungewöhnlich verführerisch und reizvoll erscheinen ließ. Beim Mittagessen trank sie eine Flasche Wein aus, rauchte viele Memphis und legte sich ins Bett, während Schwejk sich in der Küche am Kommißbrot gütlich tat, das er in ein Glas mit süßem Schnaps tauchte. „Schwejk", ertönte es aus dem Schlafzimmer, „Schwejk!" Schwejk öffnete die Tür und erblickte die junge Dame in einer reizvollen Lage in den Kissen. „Treten Sie näher!" Er trat zum Bett und sie maß seine untersetzte Gestalt und seine starken Stiefel mit einem eigentümlichen Lächeln.

Schwejk schickte ihrem Gatten ein anonymes Telegramm ...

Den zarten Stoff zurückschlagend, der alles verhüllte und verbarg, sagte sie streng: „Ziehn Sie sich Stiefel und Hosen aus. Zeigen Sie ..." So geschah es, daß der brave Soldat Schwejk dem Oberleutnant melden konnte, als dieser aus der Kaserne nach Hause kam: „Melde gehorsamst, Herr Oberlajtnant, ich hab alle Wünsche der gnädigen Frau erfüllt und sie Ihrem Befehl gemäß ehrlich bedient. „Ich danke Ihnen, Schwejk", sagte der Oberleutnant, „hatte sie viele Wünsche?" „Beiläufig sechs", antwortete Schwejk, „jetzt schläft sie wie geschlagen von der Fahrt. Ich habe ihr alles gemacht, was ich ihr an den Augen abgesehen habe." –

Schwejk weiß dann auch ein Mittel, die Dame loszuwerden; er schickt ein anonymes Telegramm an ihren Mann, der sofort kommt. Der brave Soldat bezeugt seinem Oberleutnant, daß dieser ihr nur die leere Wohnung nebst Burschen und nicht sich selbst überließ. Aber dann brockt Schwejk seinem Chef eine üble Sache ein: Er soll ihm einen Hund besorgen, den er natürlich stiehlt. Der Hund gehört einem Obersten. Dieser trifft Lukasch mit seinem Tier auf der Straße – und der arme Oberleutnant, der von der Herkunft

Schwejk wird als russischer Spion verhaftet . . .

des Viehs keine Ahnung hat, geht samt Diener an die Front ab. Im Zug beleidigt Schwejk noch einen General in Zivil, den er für einen Bankkassierer hält, wird von Lukasch aus dem Abteil geschickt und veranlaßt draußen einen Eisenbahner „aus Versehen" die Notbremse zu ziehen. Schwejk muß, zwecks Protokoll, aussteigen. Als man fertig ist, da ist der Zug mit Lukasch fort. Zu Fuß sucht Schwejk wochenlang seinen Truppenteil, wird als russischer Spion verhaftet – man muß die herrlichen Situationen selbst lesen, der Knappheit des Raumes wegen können wir leider nicht den ganzen Schwejk wiedergeben.

Die Hauptperson des zweiten Romanteils ist ein Leutnant Dub (deutsch etwa „Armleuchter") in Zivil Gymnasiallehrer und Hurra-Patriot, ein „Schwein, wie es im Buche steht." Auf der Fahrt zur Front ist, gerade vor einer wichtigen Besprechung, Dub verschwunden. Schwejk soll ihn suchen gehen – Dub seinerseits inspiziert inzwischen ein Bordell, um festzustellen, ob sich niemand von der Mannschaft verbotenerweise dort aufhält – die beliebte Ausrede.

„Wer nicht durch das Kaffeehaus gehen wollte, ging rückwärts herum, wo sich eine alte Frau an der Sonne wärmte, die etwa in nachstehendem Sinn auf deutsch, polnisch und magyarisch sagte: „Komm, Kleiner, hier gibts hübsche Fräuleins." War der Soldat eingetreten, so führte sie ihn durch einen Gang in ein Vorzimmer, das gewissermaßen einen Empfangsraum bildete; zuerst verlangte das Fräulein Geld, das Madame auf der Stelle einkassierte, indes der Soldat das Bajonett abknöpfte. Die Offiziere gingen durch das Kaffeehaus. Der Weg der Herren Offiziere war düsterer, denn er führte im Hintergrunde an den Chambres vorüber, wo sich eine Auswahl aus der zweiten Garnitur befand, die für die Offizierschargen bestimmt war und wo es Spitzenhemdchen gab und Wein und Likör getrunken wurde. Madame duldete hier nichts, alles spielte sich oben in den Zimmern ab, wo sich in einem solchen Paradies voll Wanzen Leutnant Dub in Unterhosen auf dem Diwan wälzte und ihm Fräulein Ella – wie es in solchen Fällen immer üblich ist – die ausgedachte Tragödie ihres Lebens erzählte: ihr Vater sei Fabrikant und sie Professorin am Lyzeum in Pest gewesen, und das hier habe sie aus unglücklicher Liebe getan . . ."

Sie sangen ein patriotisches Lied im „Bau"

Der Roman bricht nach 720 Seiten mitten in einem Kapitel ab, kurz bevor Schwejk wirklich ins Gefecht kommt. Der Tod unterbrach Hasek, der wie Benjamin Franklin seine Bücher eigenhändig druckte und vertrieb. Aus Notizen und mündlichen Äußerungen hat sein Freund, der Journalist Karel Vanek die Handlung zu Ende geführt: Schwejk kommt in Gefangenschaft, nimmt als tschechischer Legionär an der russischen Revolution teil und stellt nach der Rückkehr fest, daß Kommiß überall Kommiß ist – bei Rot wie Weiß, Bolschewiken wie Monarchisten, Tschechen wie Deutschen. Obwohl der Schluß, nach genauen Notizen des Autors in dessen Stil verfaßt, beinahe authentisch war, druckt man ihn selten ab und läßt lieber den Roman dort enden, wo Hasek noch selbst setzte. So kann man – wie es ja die Deutschböhmen tun – das Ganze als Tendenzschrift gegen das alte Österreich ansehen – und Tote wehren sich nicht. Der Film (mit Heinz Rühmann als Schwejk) ließ auch den Feldkuraten weg.

Als Buch erschien der „Schwejk" in seinem Heimatland (wo er sofort von der Kritik in Stücke gerissen wurde) erstmals 1926, im gleichen Jahr wurde er in 18 Sprachen übersetzt und noch vor 1930 von Piscator mit Max Pallenberg auf die Bühne gebracht.

Man wird das zu Anfang dieses Kapitels ausgesprochene Lob auf das alte Österreich, das man nach dem heute wieder viel zitierten Wort hätte erfinden müssen, wenn es nicht existiert hätte, befremdlich finden. Sind doch beide Bücher, die wir zitierten, jedes für sich vernichtende Anklagen gegen diesen politisch toten Staat. Und doch sind wir uns keines Widerspruchs bewußt.

Der Wahnsinn des Militarismus und der Bürokratie war und ist überall derselbe. Aber

Dub inspizierte ein Bordell . . .

nur in einem Staat von der Menschlichkeit – trotz allem – der K.u.K. Monarchie konnten solche Bücher überhaupt gedacht werden, mochten sie auch nach ihrem Ende erscheinen. Schnitzler, Bahr, Hofmannsthal, Rilke . . . im alten Wien gab es viele Köpfe, viele Richtungen. Alle konnten schreiben, wurden gedruckt, gelesen. So gegensätzliche Naturen wie Josef Roth und Alexander v. Lernet-Holenia haben literarische Kränze auf das Grab der Monarchie gelegt. Trotz aller Polizeispitzel sind in Wien und Prag vor 1918 Stücke gespielt worden, deren Aufführung heute und hier, in unserem freiheitlichen

Herr Oberleitnant Dub schläft seinen Rausch aus . . .

Rechtsstaat – analog – unmöglich wären. Die Monarchen waren manchmal engstirnig, aber sie hatten Sinn und Gefühl für ihre Würde – Instinkt, wenn der Verstand nicht ausreichte.

Im Wiener Buchhandel konnte man von etwa 1850 bis zum Ende der Monarchie Geschichtsbücher kaufen, in denen z. B. die Worte Maria Theresias in dem Brief an Kaunitz über die Teilung Polens standen: „Als alle meine Länder angefochten wurden ... steifte ich mich auf mein gutes Recht und den Beistand Gottes. Aber in dieser Sach, wo nit allein das offenbare Recht himmelschreiend wider uns, sondern auch alle Billigkeit und die gesunde Vernunft wider uns ist, muß (ich) bekennen daß ... (ich) mich zu sehen lassen schäme ... wenn ich aber schon längst tot bin, wird man erfahren, was aus dieser Verletzung von allem, was bisher heilig und gerecht war, hervorgehen wird." In der Tat – man hat es erfahren, wie recht die Kaiserin hatte, diese erste „Verzichtpolitikerin", wie man das wohl heute nennt ... (Als man das in Wien kaufen und lesen konnte, gehörte der seinerzeit erworbene Teil von Polen noch zur Monarchie ...)

Zurück zum eigentlichen Thema: Warum „sterbender Krieg" – gab es nicht nach 1923 noch viele Kriege und einen Weltkrieg und unzählige Bücher dazu und darüber? – Das ja, aber: Was in der Geschichte die Kanonade von Valmy, das war in der Literatur das erste Jahrzehnt nach 1918. Krieg wird man noch führen – aber nie wieder mit so gutem Gewissen wie vorher. Sogar im faschistischen Deutschland rückten 1939 einzelne Regimenter – vor allem in Westdeutschland – mit weißen Chrysanthemen an den Gefechtsfahrzeugen ins Feld, kaum Jubel, überall Tränen – eine Katastrophe war da. Siegesbeflaggungen mußten überall angeordnet, von Amts wegen erzwungen werden, jeder halbwegs intelligente Mensch wußte Zeitungen zwischen den Zeilen und von rückwärts zu lesen. Der Militarismus nach 1918 war wie ein Bankerotteur, der hin und wieder noch Glück im Spiel hat – an Macht ist ihm nur geblieben, was ihm die Stunde in die Hand wirft – der Kredit ist auf immer verloren.

„Die Vorbereitungen zur Tötung eines Menschen ..."

Anhang

I. Die Kriegserotik in Literatur und Kunst

II. Verbotene erotische Literatur im Kriege

Drei Merkwürdigkeiten sind für die Kriegsliteratur, wie wir sie heute sehen, bezeichnend. Erstens: erst zehn Jahre nach dem Kriege erlebt sie eine plötzliche, von niemand mehr erwartete Blüteperiode, nachdem die ganze erste Nachkriegszeit hindurch sich Verleger und Publikum erfolgreich gegen das Verlangen der Dichter und Schriftsteller gesträubt hatten, von diesem ihrem aufwühlendsten Erlebnis zu sprechen. – Zweitens: von fast allen Schriftstellern wird der Erste Weltkrieg sachlich und fast kühl beschrieben. Klage und Anklage sind um 1930 gleicherweise verpönt. – Drittens: die durch den

Der Endsieg – eine Karotte . . .
Das dem Untergang geweihte Europa
Zeichnung von Boarman Robinson, New York, 1916

Krieg hervorgerufene Geschlechtsnot wird von den Schriftstellern zwar nicht völlig verschwiegen, aber doch bloß leichthin gestreift. Kein Dante war da, der diese Hölle zu zeigen gewagt hätte.

Daß ein Kriegstagebuch keine Anklage enthielt, wurde von den Verlegern als beste Reklame betrachtet. Das erfolgreichste Kriegsbuch, Remarque's „Im Westen nichts Neues“, beginnt mit dem Vorspruch: „Dieses Buch soll weder eine Anklage noch ein Bekenntnis sein“. Ebenso sanft und lieblich bläst der Reklamechef des S. Fischer-Verlages für Martin Beradt's „Schipper an der Front“ in die Trompete: „Keine Deutung, keine Anklage, keine Heroisierung, nur Tatsachen . . .“ Im Reklameprospekt für James B. Wharton's „USA an der Front“ heißt es: „Es ist ein ganz und gar tendenzloses Werk (rot gedruckt); es will nur zeigen: so war es – bei uns Amerikanern!“ Auf dem Umschlag von Lachmann „Vier Jahre. Frontbericht eines Reiters“ steht zu lesen: „Kein Schrei, keine Klage, kein Rechtsbuch, kein Linksbuch!“

So also dachten die Verleger, ein Teil der Literaten und ein Teil des Publikums. Zur gleichen Zeit befanden sich die Urheber des Krieges zum größten Teil noch unter den Lebenden und verzehrten die Zinsen ihrer ungeheuren Vermögen. Nichts erhält so jung als die Gleichgültigkeit gegen das Elend der Menschen. Clémenceau wurde von Frankreich, als er starb, wie ein Wohltäter der Menschheit begraben, und in Deutschland bedauerte das „Tagebuch“, eine der besten Zeitschriften, „daß die meisten deutschen Nekrologe dem Phänomen dieser großen Figur alles schuldig geblieben sind.“ So dachte man um 1930. Es versteht sich, daß die Namen der Rüstungsfabrikanten hüben und drüben in den Kirchenbüchern obenan standen, daß ihre Verdienstmethoden sie nicht hinderten, in den Gott dienenden Gemeinschaften eine Rolle zu spielen. Einige weitere Einzelzahlen: Im gleichen Jahre 1929 standen 30 Millionen Menschen unter Waffen gegenüber 20 Millionen im Jahre 1914. Der Heeresetat Belgiens wurde 1929 mit acht Millionen Mark gegenüber dem Vorjahre erhöht. Die Belegschaft der tschechoslowakischen Waffenwerke von Skoda wurde von Ende 1928 bis Mai 1929 um 7000 Arbeiter und 1200 Angestellte erhöht, so daß zu dieser Zeit 30 000 Arbeiter und 6000 Beamte für die Rüstungen der verschiedenen Länder arbeiteten. Das Budget des französischen Kriegsministeriums für 1930 betrug 5,6 Milliarden Francs. Der französische Marineetat für 1930 betrug für dasselbe Jahr 2,7 Milliarden Francs, wovon 46 Prozent für Erhaltung der Flotte und 54 Prozent für Neubauten bestimmt waren. In England teilte ein Professor Hill freudeerfüllt mit, es sei ihm gelungen, einen Bazillus in Reinkultur darzustellen, von dem eine Quantität von einem Kaffeelöffel eine Million Menschen töten könne. In dieser Zeit waren eine Reihe von Schriftstellern stolz darauf, weder eine Klage, noch eine Anklage zu schreiben. Selbstverständlich ist es, daß im Kriege die Geschlechtsnot gegenüber der Todesnot zurücktrat. Mit Recht nimmt darum die Schilderung des Kampfes, der Tapferkeit, der Selbstbeherrschung, des Leidens, der Todesangst, der Abstumpfung, der Ungerechtigkeit, der Friedenssehnsucht, der Erinnerungen und der Hoffnungslosigkeit den breitesten Raum in der Kriegsliteratur ein. Aber wie die Geschlechtsnot im Frieden in der herrschenden Literatur eine unzutreffende und ungenügende Schilderung erfuhr, so ist sie auch in der Kriegsliteratur zumeist ver-

Im Olymp

„Fix Laudon, jetzt wird's mir schon selber zu dumm – jeden Tag an einer neuen Front – da soll ein anderer Kriegsgott spielen ...“ *Zeichnung von D. R. André. Aus „Glühlichter“, 1915*

schwiegen, unterdrückt, vom verdrängenden Schriftsteller verdrängt.

Geschlechtsnot des Krieges: Männer riß man fort von der Frau, und dann waren zwei Menschen allein mit ihrem Trieb, die selbst, wenn sie sich noch so haßten, wie es in einer großen Zahl von Ehen in unserer großartigen Kulturwelt der Fall ist, doch in Abgründen ihres Unbewußten miteinander verbunden waren. Folter der Einsamkeit, Ekel an der Selbstbefriedigung bedrohte sie – und auf der andern Seite Untreue, Betrug, Entfremdung. Dann waren da junge Menschen, die noch nicht geliebt hatten, die man von der Schulbank und aus der Ideologie der Klassiker in den Schützengraben und in die

Bordelle stürzte. Dann gab es Frauen, die ehrbar gewesen waren und wohlbehütet, und jetzt mußten sie sich verkaufen, viele, viele, ums nackte Leben, andere, damit ihre Männer avancierten, andere, um die Kinder zu ernähren. Vergewaltigt wurde ein Heer von Frauen, geschändet und mißbraucht. Und aus dem Sumpf wildesten, von Todesangst diktierten Auslebens zwischen und hinter den Schlachten und in der Heimat stieg die Hydra der Geschlechtskrankheiten auf und forderte ihre Opfer. Mancher freute sich gar über den symbolischen „Kopfschuß", weil er so dem wirklichen Kopfschuß zu entkommen hoffte. Überall Lazarette mit Tausenden von Insassen, „Ritterburgen". Tagein, tagaus arbeiteten Ärzte und Sanitäter bis in die Nacht, von den Glasampullen und Salvarsanpackungen flogen die abgefeilten Köpfe wie die Stöpsel in den Offizierskasinos von den Sektflaschen – und dann wurde das seltsame Wundermittel in die Adern gespritzt – und öfter daneben, daß das Fleisch tagelang wie im Feuer lag. In einer anderen Reihe standen Männer mit heruntergelassenen Hosen, und, hastunichgesehn, bekam jeder seine Quecksilberspritze ins Sitzfleisch gestochen. Was für Gespräche führte man in den Krankensälen und den Latrinen der „Ritterburgen", wo mancher an das Lied dachte, das beginnt „Wenn ich am Fenster steh'?" Da wurde mancher zum Frauenhasser, der nicht weiter denken konnte, als seine Nase reichte, und schwor Rache an denen, die ebenso wie er Opfer eines verkehrten Systems waren.

Und unweit dieser Lazarette tobte Nacht für Nacht sich Geschlechtslust aus, durch keine Liebe geadelt, wobei Menschen einander erniedrigten und zum Unethischen das Unästhetische fügten. Die Soldaten hatten ihre Verpackung und Gebrauchsanweisung erhalten: erst das Glied mit Creme einfetten, dann „eine Nummer machen" und dann zwei Tropfen Protargol auf die Mündung der Harnröhre. Groteske Zerrbilder der Liebe. Und Kinder wurden geboren von Müttern, die die Väter dieser Kinder haßten und an ihren Kindern die Erniedrigung durch den Vater rächen wollten.

Wo sind die Dichter, die Geschlechtsleben und Geschlechtselend des Krieges in ihren Büchern zu grandiosen Visionen verdichteten? Nur einige spärliche Ansätze habe ich finden können.

Ich gebe hier zunächst eine Übersicht der wichtigsten durch den Ersten Weltkrieg angelegten Bücher und merke besonders an, welche Werke der sexuellen Problematik des Krieges Rechnung tragen und welche nicht. Als die sechs bedeutendsten Kriegsbücher erscheinen mir die folgenden: Barbusse: „Das Feuer" – Remarque: „Im Westen nichts Neues" – Glaeser: „Jahrgang 1902" – Dwinger: „Die Armee hinter Stacheldraht" – Schlump: „Geschrieben von ihm selbst" – Frey: „Die Pflasterkästen". Barbusse gibt die erste klassische Darstellung des Frontkampfes, mitten in der Mordzeit aus einem Aufschrei geboren, aber mit zusammengebissenen Zähnen geschrieben. 1918 beschaffte Hans Landsberg ein Exemplar des in Deutschland verbotenen „Feuers"; wir bezahlten jeder die Hälfte, ich durfte das Buch zuerst lesen, Landsberg behielt es. Endlich einer, den kein König und kein Priester davon abbringen konnte, die Wahrheit zu sagen.

Remarques Buch hat der ganzen Kriegsliteratur zehn Jahre nach dem Waffenstillstand die Bahn gebrochen. Schon dies ist ein ungeheures Verdienst. Dann aber ist es ein großes Kunstwerk, von einem Dichter „gemixt". Wenn es Aufgabe des Dichters ist, das Wesentliche des Lebens vom Belanglosen zu scheiden und in knappe, prägnante Bilder zu

Titelblatt der insgeheim gedruckten belgischen Resistance-Zeitung „Das Freie Belgien", die jahrelang im deutsch besetzten Belgien erschien, ohne daß die Besatzungsbehörden es verhindern konnten.

NUMÉRO 62 DEUXIÈME ANNÉE FÉVRIER 1916

PRIX DU NUMÉRO — élastique, de zéro à l'infini (prière aux revendeurs de ne pas dépasser cette limite)

LA LIBRE BELGIQUE

FONDÉE LE 1er FÉVRIER 1915

CHAGRIN D'AMOUR

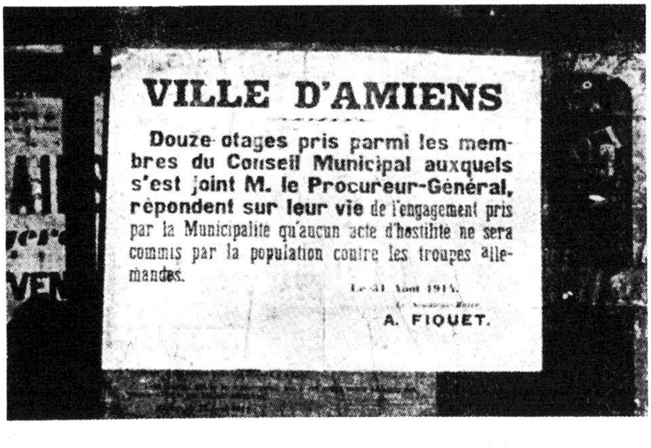

VILLE D'AMIENS

Douze otages pris parmi les membres du Conseil Municipal auxquels s'est joint M. le Procureur-Général, répondent sur leur vie de l'engagement pris par la Municipalité qu'aucun acte d'hostilité ne sera commis par la population contre les troupes allemandes.

Le 31 Août 1914.

A. FIOUET.

„Die Stadtverwaltung von Amiens: Zwölf Geiseln aus den Mitgliedern des Stadtrats, denen sich der Generalstaatsanwalt freiwillig zugestellt hat, haften mit ihrem Leben dafür, daß die Bevölkerung keine feindseligen Akte gegen die Deutschen begeht. 31. 8. 1914. Der Bürgermeister."

Originalaufnahme eines Anschlages. Sammlung A. Wolff, Leipzig

Oben: „Die Vergewaltigung Serbiens“
Nach einem Gemälde von J. Sluyters

Unten: Was die Kriegspropaganda für „Humor“ hielt
Die Postkarte ist auf den Kopf zu stellen.
Sammlung von A. Wolff, Leipzig

Unten: Der Diplomat auf der Friedenskonferenz:
„Ich soll nicht freigiebig sein? Soeben habe ich einem mir völlig Unbekannten den ganzen Libanon, Estland und die östliche Walachei geschenkt, ohne zu wissen, wo diese Länder liegen und wie groß sie sind!“
Zeichnung von A. Faivre in „Le Rire rouge“, 1919

„Aus großer Zeit“
Zeichnung von H. Zille.
Aus „Für Alle“

„Gebt Euer Gold für Frankreich!“ Afrikaner zeichnen „freiwillig“ Kriegsanleihe
„L'Illustration“, 1916

Die kriegsfertige Loreley oder Inter arma silent musae
„So, nun wollen wir für eine Weile den goldenen Kamm beiseite legen und das Eisen ergreifen!“
Aus „Kladderadatsch“, 1914

LITERATUR UND KUNST

Das erste Wort
„Denk Dir, Vater, unser Junge hat eben sein erstes Wort gesprochen!“ „Na, was hat er denn gesagt?“ „Gott strafe England!“ Aus „Ulk“, Februar 1915

„Straße"
Radierung von Otto Dix, 1921

Unten: Toter im Schlamm
Radierung von Otto Dix, 1924

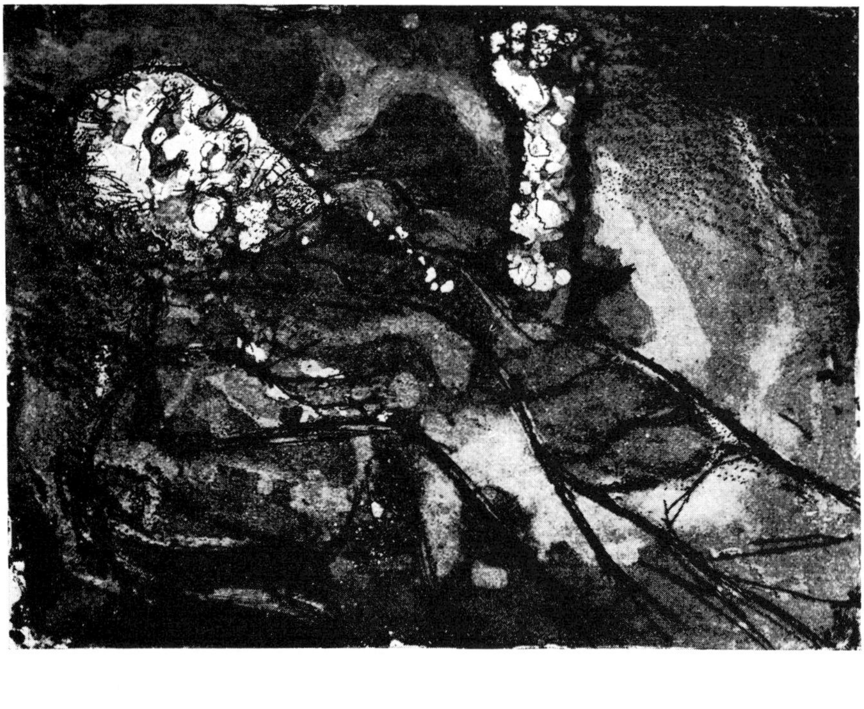

Der kaiserliche Sämann
Zeichnung von H. Zislin

Der Frühling
„Keiner will meine Blumen haben – allen soll ich Munition bringen . . . !“
Zeichnung von Th. Th. Heine
Aus „Simplicissimus“, 1915

Der Genius Frankreichs:
„Zu den Waffen!" Nach dem Gemälde von dem französ. Maler A. Roll

Unten: *„Süh, Korl, bin ick jetz nu Vadding, oder bist du dat?"*
Zeichnung von H. Zille

Der Tod bläst die Friedensschalmei
Lithographie von Honoré Daumier

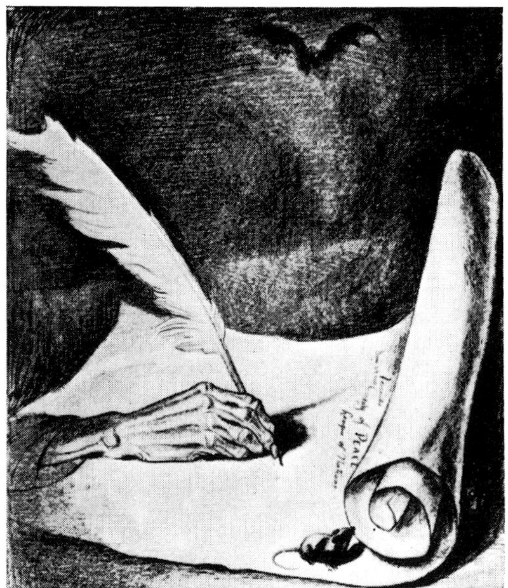

Der Vertrag – unterzeichnet von einer Knochenhand
Zeichnung von Boardman Robinson, New York, 1919

fassen, dann ist dies Werk eine große Dichtung und muß deshalb erheblich höher stehen als reine Erlebnisbücher von Nichtdichtern. Man kann deshalb auch Renn gar nicht gegen Remarque ausspielen.

Glaesers „Jahrgang 1902“ ist die klassische Schilderung der während des Krieges aufwachsenden Jugend, für die die Väter zu mystischen Figuren werden (La guerre – ce sont nos parents!). Diese Jugend muß, sich selbst überlassen, den Weg in eine grauenvolle Wirklichkeit suchen. Sexuelles tritt hier naturgemäß in den Vordergrund. Auch hier, wie in Remarque, die Schilderung von Angst und Verlangen gegenüber dem großen Geschlechtsgeheimnis, das die Erwachsenen für sich bewahren – und die allmähliche Lüftung dieses Geheimnisses. Der holländische Eisenbahnbuchhandel beschloß deswegen, dieses Buch nicht auf den Bahnhöfen zu verkaufen. Nun, deswegen bleibt Glaeser doch ein großer Künstler, mit enormer Feinfühligkeit für das Gewicht eines jeden Wortes begabt, mit feinem, melancholisch-satyrischem Humor und der Meistergabe, eine Beschreibung aufzubauen, zu dosieren, zu verstärken. Alle Darstellungen sexueller Vorgänge tragen den Stempel absoluter Echtheit und Wahrhaftigkeit.

Von den drei großen Romanen der Kriegsgefangenschaft: Wilkes „Prisonnier Halm“, Georg van der Vrings „Camp Lafayette“ und Edwin Erich Dwingers „Die Armee hinter Stacheldraht, das sibirische Tagebuch“ (die alle drei hoch über dem Durchschnitt der Romanliteratur stehen), ist der letzte, der menschlichste und zugleich erschütterndste. Der sympathische Verleger Eugen Diederichs fällt auch nicht in den Chor der Reklameleute ein, die da flüstern: „keine Klage, keine Anklage!“, sondern nennt das Buch einen „Appell an das Gewissen der Menschheit“. Walter Hasenclever vergleicht Dwingers Buch mit vollem Recht Dostojewskis „Memoiren aus einem Totenhaus“: „Wenn Dostojewski als deutscher Soldat wie der Verfasser dieses Buches in den ersten Kriegstagen an der russischen Front gefangen und vier Jahre nach Sibirien geschleppt worden wäre: er hätte nicht erschütternder und lebendiger seine Leidenszeit schildern können. Auf dreihundert Seiten ist ein Dasein beschrieben, das als Denkmal ewiger Schande die Jahrhunderte überdauert.“ Man kann es nicht treffender ausdrücken. Das Geschlechtsleben ist für Dwinger ein Teil des Lebens überhaupt. Diese Wahrhaftigkeit kann der Literatur nicht wieder verloren gehen, nachdem sie einmal erreicht ist.

Die Etappe lebt in „Schlump“, diesem liebenswürdigsten Kriegsbuch, das überhaupt geschrieben wurde. Die Seele Süddeutschlands, Mörike im Kriege. Das Donnern der Front ist nur eine kurze Strecke im Buche hörbar, bald versinkt es zu einer dunkten Folie, auf der sich in leuchtenden, humorüberglänzten Farben das Dasein des Prachtkerls Schlump abhebt. Man dankt dem Dichter auf jeder Seite dafür, daß er es gewagt hat, die paar freundlichen Seiten des großen Mordens in einem Buche zu sammeln. Das goldene Buch des Etappenschweins. Aber man kann ihm nicht böse sein, diesem Siebzehnjährigen, der ein ganzes Dorf verwaltet, auch an der Front bis zu seiner Verwundung seinen Mann stellt, ein treuer Kamerad ist, mal einem frechen Offizier eins in die Fresse haut und immer am Lecken und Naschen an den paar winzigen verzuckerten Stellen dieses schwer verdaulichen Daseins ist. Ein kleines Menschlein, vom großen Sturm erfaßt, sein Glück wollte es, daß er nicht vier Jahre im Feuer zu liegen brauchte. Er traf es besser, warum sollte es nicht auch einer besser treffen. Nein, man kann diesem Etappenschwein nicht grollen, man muß ihm im Gegenteil die Hand schütteln und sagen: „Dank, Kamerad Schlump, für dein drolliges, von Humor und unausrottbarer Lebenslust getragenes Büchlein!“ Für Schlump wie für Dwinger ist das Sexuelle ein Teil des Lebens, und die Schilderung seiner Abenteuer ist von einer ganz köstlichen, derben Frische, die einen, wie jede große künstlerische Leistung, hinreißt.

Das Lazarettwesen hat in A. M. Freys „Pflasterkästen“ seine plastischste, eindrucksvollste Schilderung erfahren. Von diesem Funken im Roman geht ein großes Leuchten aus, ein Fünklein ist es, das nicht verlöscht, sondern zu einer gewaltigen Fackel wird, die das Grauen des Krieges beleuchtet. Daß ein Sanitäter vom Sexuellen nicht zimperlich denkt, versteht sich.

Das Fronterlebnis wird außer von Remarque und Renn noch von folgenden Autoren erfaßt: Franz Wallenborn: „Tausend Tage Westfront“ und Erwin Zindler: „Auf Biegen und Brechen“. Beide Bücher, national gehalten, vermeiden das „Unanständige“. (Keineswegs tut dies das in burschikosem Bayernton, voll Drastik und Humor stekkende Buch von Michael: „Infantrist Perhobstler“.) Bröger: „Bumker 17“ – Hoffmann: „Frontsoldaten“ – Johannsen: „Vier von der Infanterie“ – Jünger: „In Stahlgewittern“ – Lachmann: „Vier Jahre“ – Grabenhorst: „Fahnenjunker Volkenborn“ – Schauwecker: „Aufbruch der Nation“ – Siegert: „Kriegstagebuch eines Richtkanoniers“ – van der Vring: „Soldat Suhren“ – Wharton: „USA an der Front“ – Sheriff: „Journey's end“ (Die andere Seite) – Max Heinz: „Loretto“; lebendige Schilderungen des Frontkrieges. Zwei große Werke aus der Kriegszeit selbst, schon früh veröffentlicht, aber echt und lebendig gleich den später veröffentlichten Werken, gehören ebenfalls hierher: Unruh: „Opfergang“, das erschütternde Verdun-Werk, und Flex: „Der Wanderer zwischen beiden Welten“.

Das entscheidende Erlebnis nach der Lektüre dieser Kriegsbücher: daß, soweit sie wirklich etwas taugen, Widersinn, Wahnsinn des Mordens die nationalistische Tendenz vieler dieser Werke überschreit. Gewiß, man zieht den Hut ab, aus Treue zum Vaterlande habt ihr diese Schrecken ertragen – aber hättet ihr nicht genau so treue, tapfere, ehrliche Menschen sein können, wenn es zum Aufbau der Menschheit gedient hätte!? Die Bücher können für euch zeugen – für die Notwendigkeit des Krieges aber können sie nicht zeugen und wenn ihr tausendmal euer tapferes Herz vor diese Ausgeburt menschlicher Niedertracht und Gemeinheit haltet.

Die Etappe lebt vor allem in „Schlump“, dann in dem ausgezeichneten amerikanischen Roman von Mottram „Der spanische Pachthof“ und in dem nach einer englischen Vorlage bearbeiteten Schauspiel von Zuckmayer „Rivalen“. In diesen Werken ist auch das Leben der Bewohner der besetzten Gebiete, beziehungsweise der Kriegsgebiete, einbezogen, wir sehen die Entbehrungen und Leiden, die vollständige Umgestaltung des Lebens dieser Menschen und wir sehen Eros, nachdem Thanatos vorübergerauscht ist, aufs neue erwacht. Männer lernen in den Frauen der fremden Nation den Feind, den Bundesgenossen kennen und begreifen, daß es nur eine Menschheit gibt. Zumeist auch in der Etappe spielt Haseks „Braver Soldat Schwejk“, diese größte Satire, die geschrieben wurde; sie erfuhr in einem früheren Kapitel eine ausführliche Würdigung.

Den Spionagebetrieb in der Etappe schildern vor allem die beiden Bücher von Heinrich

Wandt über die Etappe Gent. Dann sind zu nennen Berndorffs Zusammenstellungen verschiedener Spionageaffären in seinem Buche „Spionage" und Heinrich Binders „Spionagezentrale Brüssel". In Hans Otto Henels „Eros im Stacheldraht", auf das ich ausführlicher eingehen möchte, gibt die Novelle „Judith" den Werdegang einer bekannten belgischen Spionin wieder.

Die Leiden der Heimat haben vor allem in Glaesers „Jahrgang 1902" Gestalt gewonnen. Dann sind hier zu nennen Marta Scheele „Frauen im Kriege" und Arthur A. Kuhnert „Kriegsfront der Frauen", wobei man wieder die alte Erfahrung macht, daß die Männer die Frauenpsyche doch weit tiefer ergründen können als die Frauen selbst – Kuhnerts Buch ist hundertmal tiefgründiger als das Werk von Marta Scheele –, dann Brandt „Trommelfeuer, Symphonie der Kriegstoten" – Brockemühl „Im Spiegel der Heimat" und Wilhelm Platz „Moloch Krieg frißt alle Liebe".

Die Kriegsgefangenschaft beschreibt außer den drei schon genannten Büchern von Dwinger, van der Vring und Wilke noch Arnold Zweigs „Streit um den Sergeanten Grischa". Es ist die Geschichte eines aus deutscher Gefangenschaft entflohenen Russen, der wieder eingefangen und nach einem langen und großartigen Kampfe als Spion erschossen wird. Zweigs Werk ist ein Epos von kraftvoller Gestaltung, nicht wie die meisten anderen Kriegsbücher ein Erlebniswerk, sondern ein Roman, eine Dichtung (allerdings auch nach einem tatsächlichen Vorfall). Auch dies Werk ist ein überzeugendes Dokument gegen die Sinnlosigkeit des Krieges. Leider erschwert für meinen Geschmack die übertrieben gedrechselte Sprache, die im ewigen Ringen nach Ausdruck immer neue Bilder heranschleift und so einen barocken, krausen, nur schwer entwirrbaren Satzstil schafft, den Genuß an diesem ohne Zweifel sehr bedeutsamen und tiefgründigen Werk.

Es gibt noch viele Bücher von einzelnen Perspektiven aus. So die älteren Kriegsbücher, von denen mir außer Barbusse noch die Werke von Leonhard Frank und Andreas Latzko in lebendiger Erinnerung sind. Von der Perspektive des Offiziers ist besonders Federns: „Hauptmann Latour" gesehen – von der Perspektive des Kanoniers Wöhrles: „Querschläger, das Bumserbuch" – aus der Fliegerperspektive Euringers: „Fliegerschule 14". Außer dem ruhmlosen Train hat scheinbar so jede Waffengattung und Charge ihr spezielles Kriegsbuch erhalten. Selbst die durch den Krieg leidende Kreatur hat in Johannsens „Fronterinnerungen eines Pferdes" ihr Denkmal erhalten, zugleich ist hier, wie schon in alten Tiergeschichten, eine scharfe Satire auf den Menschen geschrieben worden.

*

Wenn in dieser Schilderung naturgemäß die Literatur in deutscher Sprache im Mittelpunkt steht, so soll doch das großartige Vorbild nicht vergessen sein, das die Schriftsteller französischer Sprache ihren deutschen Kollegen gegeben haben. Denken wir nur an „Le feu" von Henri Barbusse, diese frühe, tief ergreifende Darstellung des „Fronterlebnisses". Denken wir an Roland Dorgelès: „Les croix de bois", denken wir an Georges Duhamel: „Vie des martyrs 1914–1916" und „Civilisation 1914–1917". In dem vierbändigen Bericht „Lumières sur ma vie" hat Duhamel – in Deutschland fast nur durch ein paar nebensächliche kleine Werke wie „Stunden in meinem Garten" oder „Trost der Musik" bekannt – noch einmal in grandioser Weise das Fazit seiner Erfahrungen in unserer Epoche gezogen.

Im Vorwort von „La pesée des âmes" (dem 4. Teil der „Lumières") schreibt Duhamel: „Die beiden Weltkriege, die vom deutschen Volke vorbereitet und geführt wurden und sich aus dem Kampf zweier Völker zu einem weltweiten Konflikt entwickelt haben, werden von den Geschichtsschreibern der Zukunft wohl als Bürgerkriege der weißen Rasse bezeichnet werden. Wie groß auch die Kontraste in der intellektuellen oder gefühlsmäßigen Einstellung dieser Völker sein mögen, wie groß auch die Gegensätze der materiellen Interessen, so wirken sie doch auf den unbefangenen Beobachter als Bürgerkriege. Zweimal haben sich in Kämpfen, die mehr als ein Jahrzehnt füllten, die Menschen der weißen Rasse mit einem absurden Eifer bemüht, die Werte unserer alten Zivilisation zu besudeln, in den Schmutz zu zerren und zu zerstören. In diesem entehrenden Abenteuer sind Millionen ihrer eigenen Rasse zugrunde gegangen, mehr noch wurden zu Krüppeln gemacht. Die großen Schätze, die man dem Boden, der Kunst oder der Industrie abgerungen hatte, wurden sinnlos verschleudert. Die Seelen wurden erniedrigt, die antiken Tugenden wurden auf eine unmenschliche Probe gestellt, die gemeinsten Laster wurden verherrlicht, alle Regeln des Anstands, der Moral, des gesunden Menschenverstandes wurden in ihr Gegenteil verkehrt."

An anderer Stelle sagt Duhamel in diesem Buche noch, daß er hundertmal bei seinem Rückblick von Verbitterung, ja, von Angst befallen worden sei – ein Geständnis, das wir ihm nur allzu gut nachfühlen können.

Auch jene Darstellung, die die Liebe während des Ersten Weltkriegs zum Hauptthema wählte, entstammt der Feder eines französischen Autors. Es ist Paul Raynal's „Das Grab des unbekannten Soldaten". Der Soldat tritt hier auf, namenlos, sein Vater ist da, seine Braut, sie allein trägt einen Namen, „Aude". Kühn, menschlich und schön ist sie. Sie begreift, daß sie sich dem Soldaten, der nur vier Stunden zu Hause sein darf, schenken muß. Er hatte vier Tage Urlaub, und die Kriegstrauung war angesetzt. Aber bevor er nach Hause kommt, ist schon das Telegramm da, das ihn zurückruft. Das Mädchen weiß, daß sie jetzt die wahre, reine, mystische Hochzeit statt der toten, flitterkramhaften Zeremonie mit ihm halten muß und schenkt sich ihm, ehe er in den Tod geht. Trotzdem etwas vom „Grande-Nation"-Gedanken in diesem Werk ist und die beiden Urlügen der zivilisierten Menschheit, das ungleiche Zwillingspaar Patriotismus – Christentum noch heftig in diesem Werke spukt, siegt die Reinheit und Klarheit und macht dieses Werk zu einem schönen und unvergeßlichen Denkmal des „unbekannten Soldaten".

Ein Buch, das mit der ausgesprochenen Absicht geschrieben ist, die Lügen einer alten Moral zu zerstören und die wahre Seite des Liebeslebens im Kriege zu zeigen, ist Hans Otto Henels „Eros im Stacheldraht". Das im Freidenker-Verlag, Berlin erschienene, leider augenblicklich völlig vergriffene Werk ist bis heute sehr wenig bekannt. Wie Henel in dem als Vorwort dienenden Brief an den Spießer Heimlich mitteilt, sind die siebzehn in dem Buche mitgeteilten Liebes- und Lebensläufe nur eine Auswahl von etwa hundert, die Henel während des Krieges aufgezeichnet hat. Es scheint sich durchwegs um tatsächliche Begebnisse zu handeln. Ich möchte wünschen, daß Henel bald alle hundert Lebensläufe als einen Dekameron des Weltkrieges veröffentlicht, diese Berichte können nicht bekannt genug werden.

Hier einige Sätze aus Henels Brief an Heimlich: „Warum lügen wir um so mehr, je älter

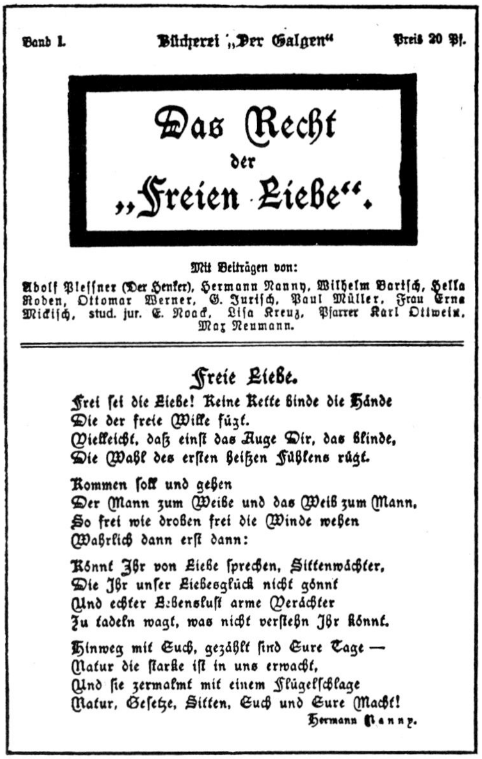

Band I. Bücherei „Der Galgen“ Preis 20 Pf.

Das Recht der „Freien Liebe“.

Mit Beiträgen von:

Adolf Plessner (Der Henker), Hermann Nanny, Wilhelm Bartsch, Hella Roden, Ottomar Werner, G. Jurisch, Paul Müller, Frau Erna Mickisch, stud. jur. E. Noack, Lisa Kreuz, Pfarrer Karl Ottwein, Max Neumann.

Freie Liebe.

Frei sei die Liebe! Keine Kette binde die Hände
Die der freie Wille fügt.
Vielleicht, daß einst das Auge Dir, das blinde,
Die Wahl des ersten heißen Fühlens rügt.

Kommen soll und gehen
Der Mann zum Weibe und das Weib zum Mann.
So frei wie droben frei die Winde wehen
Wahrlich dann erst dann:

Könnt Ihr von Liebe sprechen, Sittenwächter,
Die Ihr unser Liebesglück nicht gönnt
Und echter Lebenslust arme Verächter
Zu tadeln wagt, was nicht verstehn Ihr könnt.

Hinweg mit Euch, gezählt sind Eure Tage —
Natur die starke ist in uns erwacht,
Und sie zermalmt mit einem Flügelschlage
Natur, Gesetze, Sitten, Euch und Eure Macht!

Hermann Nanny.

Revolutionierung der Liebe im Kriege
Titelseite eines Berliner Kolportageblattes

unsere Töchter werden? Heißt das nicht, den zukünftigen Müttern einer neuen Generation immer wieder das Erbe der Liebeslüge mitgeben, jener Lüge, an der das bisherige europäische Eheleben seinen vollkommenen Bankerott erlitt? Ich bin überzeugt, daß die Frauen mit Freuden bereit wären, an der Beseitigung dieser Lüge mitzuhelfen, wenn sie erst einmal die volle Wahrheit erführen. Aber wir Männer selbst enthalten sie ihnen vor . . . . . . Wenn die Frau die volle Wahrheit über den Krieg weiß, wird sie den Krieg nicht mehr gutheißen, und wenn erst einmal die Frau den Krieg nicht mehr will, wird es den Krieg nicht mehr geben. Es geht in den Kriegen ja stets um die Kinder von Müttern, und darum darf und muß den gegenwärtigen und kommenden Müttern die Wahrheit nicht länger vorenthalten werden.“

Wendlers „Soldaten Marieen“ ist ausdrücklich der Geschlechtsnot im Kriege gewidmet. Leider macht es sehr wenig den Eindruck der Echtheit. Es riecht außerordentlich nach bestellter Arbeit und ist in einem eigenwillig-zynischen Ton geschrieben, der jeden feinfühligen Menschen abstoßen muß. Ich erwähne schließlich nochmals in diesem Zusammenhang Wilhelm Platz' „Moloch Krieg frißt alle Liebe“, das den sexuellen Untiefen allerdings ausweicht, die Gefährdung, in einigen Fällen auch die Festigung, von Liebesbeziehungen durch den Krieg, jedoch in feinfühliger und zarter Weise darstellt.

Daß es in den meisten Fällen von Kriegsprostitution die Not war, die die Frauen zum Verkaufe ihres Körpers trieb, ist in diesem Buche gezeigt worden. Da, wo junge Menschen zu kurzer Liebschaft sich zusammenfinden, kann man im strengsten Sinn des Wortes nicht von Prostitution reden, auch wenn das Mädchen Geschenke annimmt. Die Not, die oft entsetzliche Not einer Frau, die oft schon Mutter ist und sich um ihrer Kinder willen verkauft, schildert Oskar Wöhrle in einer packenden Szene seines „Bumserbuches“, das sehr viele tiefe und originelle Gedanken über die „große Zeit“ enthält.

Wie der Soldat durch Prostitution oft geschädigt, oft ausgebeutet wird, schildert Wendler in seinem schon erwähnten Roman „Soldaten Marieen“ (S. 180 ff.). Er legt zugleich eine der Hauptursachen bloß, die den Mann in die Arme der Prostitution treiben – die Sehnsucht nach einer andern.

Die Vernichtung des Menschlichen im Menschen durch die Prostitution, gleichzeitig die rührende Geschichte eines jungen Mädchens, gibt Henel in einer Novelle. Hier folgt ein kurzer Auszug:

Der Sanitäter Philipp erzählt: „Ich kam 1915 auf eine kleine Meierei in der Nähe von Valenciennes. Es waren prachtvolle Menschen dort, die Sonne des Hauses aber war die zwanzigjährige Yvonne. Man mußte ihr zugetan sein. Die Jungfräulichkeit lag wie ein zarter Hauch über ihr, so daß selbst die rauhen Soldaten nie ein derbes Wort in ihrer Gegenwart wagten. Sie fühlte so keusch, daß sie sich nicht einmal die Füße von mir verbinden lassen wollte, als sie sich dieselben mit heißem Wasser verbrüht hatte. Leider mußte ich fort, meine Kolonne kam nach Rußland. Nach zwei Jahren wurden wir wieder nach Frankreich verladen. Es war gar nicht weit von Valenciennes, und gern hätte ich meine früheren Wirtsleute besucht. Leider war keine Gelegenheit. Der unaufhörliche Frontkampf stumpfte die Menschen ab. So kam es, daß eine ganze Reihe von Soldaten gern von der Gelegenheit Gebrauch machen wollte, als sie ein Bordell besuchen durften – darunter auch ich. Wir wurden dorthin geführt. ‚Wie viele Kühe sind da?' fragte der Sergeant. ‚Zehn Stück!' lautete die Antwort. Es dauerte lange, bis ich an die Reihe kam. ‚Zimmer Nummer sechs!' rief mir der Unteroffizier zu. Als ich das Zimmer betrat, hörte ich einen Aufschrei: ‚Monsieur Philippe!' Es war Yvonne. Die schöne Meierei war durch eine Fliegerbombe zerstört worden, Eltern und Geschwister tot, Yvonne wurde fürs Bordell requiriert – ‚um langsam zu sterben', wie sie sagte. In zwei Jahren war sie eine alte Frau geworden, grau und verrunzelt. Nach wenigen Minuten mußte ich das Zimmer schon verlassen, obwohl ich gern sechsfach bezahlt hätte. Der Unteroffizier brüllte die Treppe hinunter: ‚der Nächste!' "

Schilderungen von Sadismus und Grausamkeiten finden sich ziemlich häufig in der Kriegsliteratur. Zumeist handelt es sich um Schilderungen des Nahkampfes und um Prügelstrafen und Peinigungen der Gefangenen. Szenen mit sexuellem Einschlag sind selten. Wendler schildert (a.a.O., S. 85 ff.) die Vergewaltigung einer wahnsinnigen Frau und in „Freiwilliger Stenbock" von Graf Alexander Stenbock-Fermor findet sich eine Schilderung grausamer Prostituierter, sogenannter „Flintenweiber" aus Riga, die ihrem Männerhaß und ihrer Lebensverachtung durch Kriegs- und Henkerdienst Luft zu machen suchten.

Die Geschlechtsnot in den Gefangenenlagern wird literarisch von Dwinger verwertet, die der Frauen im Hinterland am ausführlichsten von Kuhnert in seiner „Kriegsfront der Frauen".

Das langsame Mürbewerden der Frauen hat auch Brandt in einer Szene seines Buches „Trommelfeuer" festgehalten. Brandts Werk zeigt zunächst die Auswirkungen des unaufhörlichen Feuers an der Front in der Heimat, erst zum Schluß kommt das wirkliche Trommelfeuer, und der Held muß irrsinnig werden, um der Welt und dem Gott, der diese Scheußlichkeiten zuläßt, einige Wahrheiten sagen zu können.

Eine verwandte Darstellung findet sich in dem feinen dichterischen Werk „Fahnenträger Volkenborn".

Ins Derbsinnliche biegt Wendler das Mürbewerden des Weibes in seiner Geschichte der Marie Binder um. Die Geschichte endet mit einem Mord. Der aus dem Felde heimkehrende Mann, der von einem wohlwollenden „Freunde" aus dem Dorfe schon über das „ehrlose" Betragen seiner Frau unterrichtet ist, schlägt sie mit dem Beil tot und einen Russen dazu, der ganz zufällig in der Stube ist.

Wir wollen indessen auch die paar freundlichen Lichter nicht vergessen, die aus dem ungeheuren Blutbad aufblitzen: die paar schönen Abenteuer und Liebesnächte, die dem einen und andern draußen und in der Heimat beschieden waren. Jene Auflösung von Zucht und Sitte, die damals einsetzte und von der gesamten Impotelligenz als Zeichen des Unterganges gedeutet und mit zum Himmel verdrehten Augen bejammert wurde, war das erste neue Aufpflügen des unfruchtbar gewordenen Bodens.

Soldatenliebe: In hundert Soldatenliedern lebt sie, im unsterblichen Liede von der „Annemarie", von der „schönen Müllerin", von „Hamburg, dem schönen Städtchen, wo es gibt viel schöne Mädchen", vom Bauer, der gefahren ist ins hahaha-hahaha-Heu, im „Dessauer" von der schönen Saufkompagnie, „des Morgens bei dem Branntewein, des Mittags bei dem Bier, des Abends bei dem Mädchen im Nachtquartier . . ." Aber leider . . . alle Tage lebten sie doch nicht so . . . Schilderungen der Kriegsliebe finden sich im „Schlump", in Zweigs „Streit um den Sergeanten Grischa" und fast allen Kriegsbüchern.

Die sexuelle Situation des jungen Kriegers war die, daß sie sich in einer Männergemeinschaft befanden, die das Geheimnis kannte – und während sie es nicht kannten, bemühten sie sich oft, durch laute Prahlereien die Wissenden zu übertrumpfen. Wie jedes Liebeserlebnis hundertmal stärker war als im Frieden, weil es dem Tode abgestohlen war, so war auch das erste Erlebnis noch aufwühlender, als es schon im Frieden in unserer Kultur, die die Triebe so lange zurückdrängt, zu sein pflegt.

Remarque („Im Westen nichts Neues", Seite 149 ff.) und Graf Stenbock-Fermor „Freiwilliger Stenbock", S. 50 ff.) haben uns das erste Erlebnis eines Jünglings im Felde beschrieben.

*

Zum Schluß noch einige Bemerkungen über die pornographische Literatur im Kriege. In die Hände der Soldaten gelangte sie kaum. Offiziere, hohe Beamte und andere prominente daheimgebliebene Zivilisten waren die Abnehmer. Dr. Paul Englisch, bestens bekannt durch seine „Gedichte der erotischen Literatur", teilt in einer Studie die während des Krieges erschienenen Sotadics in folgende Kategorien ein:

1. Hetzerotik, bestimmt, durch Verzerrung und groteske Übertreibung, durch Andichtung scheußlicher Perversitäten den Gegner lächerlich zu machen und ihn in der Achtung der eigenen Landsleute herabzusetzen. Besonders Frankreich leistete in dieser Hinsicht Erkleckliches. Es handelte sich in diesem Genre vorzugsweise um graphische Darstellungen, die ja noch besser als literarische Erzeugnisse die Eignung besitzen, Gedanken und Anschauungen der breiten Masse einzuhämmern. Dieser fremdländische „Humor" ist eigentlich nicht das, was der Deutsche darunter versteht. Auch witzig sind die erwähn-

Charlie Chaplin im Kriege

„Warum geht der Mann nicht an die Front? Dort würde er stark und gesund werden . . . !"

Zeichnung von Reynolds. Aus „Punch", 1917

ten aus der Haßpsychose der Zeit geborenen Auslassungen keineswegs. Es fehlt der Esprit. Humorvoller schon sind

2. die gelegentlichen Erzeugnisse namenloser Personen, die mit mehr oder minder großem schriftstellerischem Können an der Erotik ihren Witz übten. Man kann nicht sagen, daß sie lediglich auf die niederen Instinkte spekulierten und geistlose Machwerke produzierten. Gewiß ersetzt die Mehrzahl durch Deutlichkeit, was ihren Elaboraten an blendendem, treffsicherem Witz abgeht. Vielfach strengt der Verfasser sich nicht sonderlich an, sondern versucht in Anlehnung an allbekannte Vorbilder sein Bestes zu geben. Oder es werden gar nur obszöne Lieder und Gedichte neu aufgelegt und in billigen Drucken von wenigen Seiten Umfang vertrieben. Es sind moderne Einblattdrucke mit oft nur einem einzigen Gedanken, z. B.:

Telegramm einer jungen Frau nach der Hochzeitsnacht an ihre Mutter.

Liebe Mutter! Soeben meines teuersten Schmuckes beraubt, den Täter mit eigener Hand ergriffen, gleich gestanden, Urteil geflossen, hängt bereits; Wiederbelebungsversuche erfolglos. Deine Tochter in Sackwakkelsdorf, Stichgasse, Mitte.

Oder es werden erotische Texte bekannten patriotischen Melodien unterlegt, oder die Texte zwar einwandfrei abgefaßt, der erotische Sinn ergibt sich jedoch unzweifelhaft aus den auffälligen Wortbenennungen.

Humorvoller erscheint er in der Persiflierung sattsam bekannter Kriegsverfügungen, zum Beispiel:

Kriegsfürsorgeamt für Bevölkerungszuwachs.
Berlin, Datum des Poststempels
Tgb.-Nr. . . .

Sehr geehrter Herr!

Seitdem infolge des Krieges alle wehrfähigen Männer eingezögen sind, tritt an die Zurückgebliebenen die Pflicht heran, sich im Interesse des Vaterlandes der heimgebliebenen Frauen und Mädchen insoweit anzunehmen, daß der Geburtenzuwachs wesentlich gehoben wird.

Sie werden uns nun als besonders leistungsfähig angegeben und wir ersuchen Sie, das Ihnen von uns zugedachte Ehrenamt in echter deutscher Pflicht zu erfüllen. Gleichzeitig sei erwähnt, daß aus dieser Pflicht Ihre Ehefrau gesetzlich kein Recht auf Ehescheidung herleiten kann, muß doch jede Frau dies kleine Ungemach als Kriegsfolge hinnehmen. Sie sind Bezirk 17 zugeteilt. Sollten Sie wider Erwarten sich zu den Ihnen zugedachten Leistungen nicht für fähig halten, so haben

„Nach uns der Kommunismus!“
Zeichnung von George Grosz in „Die Pleite“, 1924

Sie dies innerhalb drei Tagen zu melden, beziehungsweise einen tüchtigen Ersatzmann zu stellen. Sind Sie aber fähig und in der Lage, einen zweiten Bezirk noch mitzuübernehmen, so werden Sie Deckoffizier und erhalten den Begattungsorden mit Eicheln am roten Bändchen.
In diesem Falle sind Sie pensionsberechtigt. Die Photographien der von Ihnen zu besuchenden Frauen und Mädchen erhalten Sie auf dem hiesigen Bureau und auf Wunsch zugestellt. Als Ausweis ist dieses Schreiben vorzulegen. Ihre segensreiche Arbeit hat sofort zu beginnen und ist das Ergebnis nach neun Monaten hierher zu melden.

Begattungsamt I.

3. Soviel Mühe zuweilen auch auf die Abfassung solcher Gelegenheitsscherze verschwendet wurde, sie gelangten doch zu keiner nennenswerten Bedeutung und befriedigten höher geartete Ansprüche natürlich nicht. Literarisch versierte Leser verlangten nach einer fortgesponnenen Handlung, nach einer Schilderung wirklichkeitsähnlicher Begebenheiten, kurzum nach erotischen Romanen. Die Kurzgeschichten mondäner Zeitschriften, so frei sie sich auch gaben, bedeckten doch das Letzte, das Intimste mit einem durch den öffentlichen Anstand gebotenen Schleier, verhalfen also zu keiner Ersatzbefriedigung, die von literarischen Produkten allein der pornographische Roman gewähren konnte.
Auf Originalität des Inhalts legten weder Produzenten noch Abnehmer hierbei besonderen Wert, und tatsächlich läßt sich beim besten Willen nicht behaupten, daß während der Kriegsjahre die erotische Weltliteratur eine nennenswerte Bereicherung an originalen Schöpfungen erfahren hätte. Immer und immer wieder neugedruckt wurden die altbekannten Erotika wie „Memoiren einer Sängerin“, „Denkwürdigkeiten des Herrn von H.“, „Memoiren eines Freudenmädchens“ von Cleland, „Gamiani“ von Musset, „Justine et Juliette“ von Marquis de Sade, „Roman de mon alcove“ und ähnliche „Standardwerke“. Den größten Prozentsatz des Bedarfes deckten in Deutschland Übersetzungen aus dem Französischen und flagellantistische Schriften.
Nachfrage bestand auf jeder Seite der kriegführenden Mächte. Es ist zum mindesten eine bedauerliche Verkennung der Tatsachen, wenn die Freude an der Erotik dem Gegner als Makel angekreidet, die eigene Nation hingegen als sittlich erhaben hinzustellen versucht wird. Überall herrschten die gleichen Verhältnisse. Wie konnte es auch anders sein? Immer, wenn der Geschlechtshunger, der nach Befriedigung drängt, auf Sättigung warten muß, sucht die Sexualität ihre teilweise Entladung in der schriftlichen Fixierung eigener Produktion oder genießerischer Lektüre aufpeitschender Schriften. Besonders mußte dies während des Krieges der Fall sein, als Millionen zeugungskräftiger Männer im Felde standen, fern von der Geliebten und Frau.
Bekanntlich hechelten die antiklerikalen Schriften des 18. Jahrhunderts insbesondere das sittenlose Treiben der Geistlichen und Klosterinsassinnen durch. Die Pamphletisten erwähnten, ohne daran Anstoß zu nehmen, das Vorhandensein erotischer Bücher in Klöstern. Auch in diesem Punkte schien sich seitdem wenig geändert zu haben. Willy Hacker berichtet darüber in dem schon erwähnten Sammelwerk: „Unbestreitbar ist es, daß in Nonnenklöstern an obskurer und obszöner Literatur und auch Bildern kein Mangel herrscht. Wir haben mehrfach Gelegenheit gehabt, in Klöstern, wo die Insassinnen geflohen waren, ganze Stöße davon anzusehen.

Es kann auch nicht der Einwand erhoben werden, daß sie etwa von vor uns einquartierten französischen Soldaten stammten, denn eine ganze Anzahl trug den Namenszug von Schwestern."

Auch bei den Mittelmächten blühte demnach der fragliche Handel, wenn er auch nicht die französischen Dimensionen erreichte, weil ihm hier, im Gegensatz zu Frankreich, der Weg über das Zeitungsinserat versperrt blieb. Dabei wiegte sich die zur Überwachung der Literatur bestellte Behörde in dem Glauben, auf Grund dauernder Überwachung die obszöne Literatur eingedämmt zu haben. Ernst genug nahm sie es zweifellos mit ihrer Aufgabe. Nicht nur die Buchliteratur unterstand staatlicher Bevormundung. Selbst die periodische Presse mußte sich, von den tausenderlei Zensurschikanen auf Grund des Kriegszustandes ganz abgesehen, Beaufsichtigung in bezug auf ihren moralischen Inhalt gefallen lassen.
Die Bevormundung von Literatur und Presse ließ sich kaum noch überbieten. Der Erfolg entsprach jedoch nicht im entferntesten den auf die unermüdlichen Bemühungen gesetzten Erwartungen.

Das ist kein Traum . . .
Die Gefallenen sind dafür gefallen, daß ein verabscheuungswürdiger Krieg nicht von neuem beginnt
Holzschnitt von Frans Masereel

Literaturverzeichnis

I. KAPITEL: [1] Calverton, Der Bankerott der Ehe, Hellerau b. Dresden, o. J. – [2] Die Geschichte des Völkerkrieges, Soest i. W., o. J. – [3] Shaw, G. B.: Wegweiser f. d. intelligente Frau zu Sozialismus und Kapitalismus, Berlin, 1929. – [4] Eberhard, E. F. W.: Feminismus und Kulturuntergang, 2. Aufl., Wien, 1927. – [5] Eberhard, aaO. – [6] Calverton, aaO. – [7] Moreck, Curt: Kultur- und Sittengeschichte der neuesten Zeit, Bd. 1, Dresden, o. J.

II. KAPITEL: [1] Gallo, Emanuele: La guerra e la sua ragione sensuale, Torino, 1912. – [2] Disque Vert, Jg. 2, Nr. 3. – [3] Hirschfeld, Magnus: Geschlechtskunde, Stuttgart, 1926. – [4] „Zeitschrift für Sexualwissenschaft", 2, 1916, H. 3. – [5] „Umschau", Frankfurt/Main, 23. 1. 1916. – [6] „Nyugat", Budapest, 9, 1916. – [7] Steinmetz, R.: Soziologie des Krieges, Leipzig, 1929. – [8] Steffen, G.: Krieg und Kultur, Jena, 1915. – [9] und [10] Jerusalem, W.: Der Krieg im Lichte der Gesellschaftslehre, Stuttgart, 1915. – [11] Freud, Siegmund: Zeitgemäßes über Krieg und Tod, Wien, 1924. – [12] Freud, aaO. – [13] Jones, E.: Essays in Applied Psychoanalysis. London u. Wien, 1928. – [14] Freud, aaO. (11). – [15] Ludwig, Emil: Juli 14, Berlin, 1929. – [16] Freud, Siegmund: Massenpsychologie und Ichanalyse, 2. Aufl., Wien, 1925. – [17] Freud, aaO. – [18] Freud, Siegmund: Das Unbehagen in der Kultur 1930, Taschenausg., Frankfurt/Main, 1953.

III. KAPITEL: [1] Shaw, G. B.: aaO (s. Kap. 1, Anm. 3). – [2] Eberhard, aaO (s. Kap. 1, Anm. 4). – [3] Rank, Otto: Der Künstler, 2. u. 3. Aufl., Wien u. Leipzig, 1918. – [4] Hirschfeld, Magnus: Sexualpathologie, T. 2, 5. Bonn, 1918. – [5] Ellis, Havelock: Das Geschlechtsgefühl, Würzburg, 1909. – [6] Forel, August: D. sexuelle Frage. – [7] Latzko, Andreas: Menschen im Kriege, Zürich, 1918. – [8] Brantome, Les Vies des Dames Calantes, Part 2, 6e Discours. – [9] Archiv f. Kriminologie, 67, 1916. – [10] Hirschfeld aaO (wie Anm. zu Kap. 3, 4). – [11] Hirschfeld, Geschlechtskunde (2. Kap. Anm. 3). – [12] Hirschfeld, Sexualpathologie, aaO. – [13] Mill, John Stuart: The Subjection of Women, Chapt. 4. – [14] Avenarius, Ferd.: Das Bild als Narr, München, 1918. – [15] Brunner, J. C.: Illustr. Sittengeschichte, Frankfurt/Main, 1922. – [16] „Wiener klinische Wochenschrift, Jg. 1913, Nr. 16. – [17] Eberhard, aaO. – [18] Das Liebesieben im Weltkrieg (Zeitschrift) Olbernhau i. Sa., H. 1. – [19] Grabinski, Bruno: Weltkrieg und Sittlichkeit, Hildesheim, 1917. – [20] Wendel, Friedrich: D. Mode in d. Karikatur. – [21] dto., aaO. – [22] Grabinski aaO. – [23] „Elegante Welt", Berlin, 20. 1. 1915.

IV. KAPITEL: [1] „Deutsche Strafrechtszeitung", Jg. 1916, H. 3 u. 4. – [2] „Phoebus", Wien, 1918. – [3] „Ärztl. Rundschau", München, 1918. – [4] Exner, Franz: Krieg und Kriminalität in Österreich. – [5] „Zeitschrift f. Sexualwissenschaft", Jg. 1, 1915, H. 10. – [6] „Zeitschrift f. Sexualwissenschaft", Jg. 2, 1915/16. – [7] Baumgartner, Otto: Geistige und sittliche Wirkungen des Krieges in Deutschland. Ausg. d. Carnegie-Stiftung, 1927. – [8] Ibanez, Blasco: Historia de la guerra Europea de 1914, Bd. 2, Valencia. – [9] Vorberg, aaO. – [10] „Zeitschrift f. Bekämpfung d. Geschlechtskrankheiten", Bd. 17. – [11] Meisel-Heß, Grete: Krieg und Ehe, 1915. – [12] Grabinski, aaO. – [13] „Archiv f. Kriminologie", 67, 1916, H. 2. – [14] Exner, aaO (s. Anm. 4, Kap. 4). – [15] Calverton, V. F.: Der Bankerott der Ehe. – [16] „Zeitschrift f. Sexualwissenschaft", 4, 1917, H. 4. – [17] „Zeitschrift f. Ärztliche Vorbildung", Juli 1917. – [18] dto. – [19] dto. – [20] Hirsch, aaO (s. Anm. 1, Kap. 4). – [21] Müller (Prof.): D. Weltkrieg u. s. Einfluß auf d. weibl. Organismus, Bern, 1918. – [22] „Prager Tagblatt", 9. 12. 1915. [23] Vorberg, aaO. – [24] Grabinski, aaO. – [25] Zeitschr. f. Sexualwissenschaft, 4, 1917, H. 1.

V. KAPITEL: Lewandowski, Herbert: Erinnerungen (unveröff.). – [2] Weininger, Otto: Geschlecht u. Charakter, 15. Aufl., Wien, 1916. – [3] Eberhard, F. W. F.: Feminismus u. Kulturuntergang. – [4] Hagen im Weltkrieg, Weinböhla i. Sa., o. J. – [5] „BZ am Mittag", 26. 4. 1915. – [6] „Zeitschrift f. Sexualwissenschaft", 1,

1915, H. 10. – [7] Stekel, Wilhelm: Psychosexueller Infantilismus, Berlin u. Wien, 1922. – [8] „Marcure de France", März 1918. – [9] Süddeutsche Monatshefte, Juni 1912. – [10] „Wiener Med. Wochenschrift", Jg. 1916, H. 1. – [11] Huot, aaO. – [12] Langlois, Gabriel: Anecdotes pathetiques et plaisantes, Paris, 1914. – [13] „Voss. Zeitung", 5. 5. 1916. – [14] „Berliner Illustrirte Zeitung", 7. 11. 1915. – [15] Wendler, Otto-Bernhard: Soldaten-Marien, Leipzig u. Wien, 1919. – [16] „Arbeiter-Zeitung", Wien, 1. 8. 1916.

VI. KAPITEL: [1] „Neue Freie Presse", 6. 9. 1914. – [2] Fried, Alfred H.: Mein Kriegstagebuch, Bd. 1, Zürich 1918 und Kraus: Die letzten Tage der Menschheit. – [3] Fried, aaO. – [4] Donnay, Maurice: La parisienne et la guerre, Zürich, 1914. – [5] „Mercure de France", März 1918. – [6] Das Liebesleben im Weltkrieg, Nürnberg, 1919, Bd. 1. – [7] Lissmann, P.: Die Wirkungen d. Krieges auf d. männl. Geschlechtsleben, München, 1919. – [8] Kisch, Egon Erwin: Hetzjagd durch die Zeit, Berlin, o. J. – [9] Lissmann, aaO. – [10] Vorberg, G.: Geschlechtsleben im Weltkrieg. – [11] „Zeitschrift f. Sexualwissenschaft, Bd. 1, 1915. – [12] Bianchini, Levi: Diario di guerra di un Psychiatra nella campagna contra l'Austria 1915–18, Milano, 1920. – [13] Remarque, E. M.: Im Westen nichts Neues, Berlin, 1919. – [14] „Münchener med. Wochenschrift", Jg. 1914, Nr. 41. – [15] „Zeitschrift f. Sexualwissenschaft, 1916, H. 2. – [16] dto., H. 3. – [17] Hirschfeld, aaO., T. 3, Kap. 4. – [18] Vorberg, aaO. – [19] Lissmann, aaO. – [20] Endres, Franz Carl: Das Gesicht des Krieges, Leipzig, o. J.

VII. KAPITEL: [1] Lewandowski, Herbert: Les Enfers, Domaine Allemand, Genf, o. J. – [2] Blaschko (Dr.): Hygiene d. Prostitution u. venerischen Krankheiten, Jena, 1900. – [3] Neisser, Albert: D. Krieg u. die Geschlechtskrankheiten, Stuttgart u. Berlin, 1915. – [4] „Archiv f. Schiffs- u. Tropenhygiene", 20, 1916, H. 4. – [5] Vorberg, G.: D. Geschlechtsleben im Weltkrieg, München, 1918. – [6] „Liller Kriegszeitung", Nr. 31, 18. 3. 1915. – [7] „Wiener Med. Wochenschrift", Jg. 1916. Nr. 17, Beibl. Der Militärarzt. – [8] „Wiener Med. Wochenschrift", Jg. 1916, Nr. 43. – [9] (1890) Zit. in Berliner klin. Wochenschrift, 1915, 4. – [10] Michael, Wilhelm: Infanterist Perhobstler, Berlin, o. J. – [11] Kriegsmusterungsanleitung 1916, Abs. 17. – [12] Dermatologische Wochenschrift, Jg. 1916, 31. – [13] Deutsche med. Wochenschrift, Jg. 1915, H. 16. – [14] Münchener med. Wochenschrift, Jg. 1915, Feldärztl. Beil. Nr. 7. – [15] Deutsche med. Wochenschrift, Jg. 1915, H. 8. – [16] dto., H. 16. – [17] Rühland, Lydia: Krieg und Geschlechtskrankheiten, Leipzig, 1916. – [18] Wandt, H.: Etappe Gent, Bd. 2, Berlin, o. J. – [19] Deutsche med. Wochenschrift, Jg. 1915, Nr. 4. – [20] Johanssen, Ernst: Vier von der Infanterie, Hamburg-Bergedorf, 1929. – [21] Neisser, aaO (s. o.). – [22] Wiener med. Wochenschrift, Jg. 1916, H. 13. – [23] dto., Jg. 1917, Nr. 11. – [24] Zeitschrift f. Bekämpfung d. Geschlechtskrankheiten, Jg. 17. – [25] Deutschlands Gesundheitsverhältnisse unter dem Einfluß d. Weltkrieges. Ausg. d. Carnegie-Stiftung, Bd. 2, o. J. – [26] dto. – [27] Wiener med. Wochenschrift, Jg. 1916, H. 1. – [28] Grabinski: Weltkrieg und Sittlichkeit, Hildesheim, 1917. – [29] Wiener med. Wochenschrift, Jg. 1917, H. 11. – [30] Zeitschrift f. Sexualwissenschaft, Jg. 1917. – [31] Grabinski, aaO.

VIII. KAPITEL: [1] Thüringer Frauenzeitung d. Erfurter Allg. Anzeigers, 1915, Nr. 31. [2] Vierteljahresber. d. Wiss.-Humanitären Kommittees, 1. 4. 1915. – [3] Zit. in Apoldaer Tagebl., 10. 2. 1916. – [4] Kölnische Zeitung, 17. 4. 1916. – [5] Leipziger Tagebl., 24. 7. 1917. – [6] Berliner Tagebl., 10. 8. 1917. – [7] BZ am Mittag, 29. 10. 1915. – [8] Springfield Republican, 17. 12. 1914. – [9] New York Herald, 12. 9. 1914. – [10] Apoldaer Tagebl., 23. 3. 1916. – [11] Zit. in BZ am Mittag, 10. 10. 1915. – [12] Zit. in Berliner Tagebl., 13. 5. 1915. – [13] Voss. Zeitung, 19. 6. 1917. – [14] Allensteiner Zeitung, 6. 12. 1914. – [15] Berliner Volkszeitung, 17. 7. 1917. – [16] Meerheimb, J. v.: Dienst d. Frauen und Frauendienstpflicht, Gütersloh, 1907. – [17] Zit. in „Das literarische Echo", 1. 4. 1917. – [18] Deutsche Kriegszeitung, 28. 3. 1916. – [19] Gartenlaube, Jg. 1916, H. 16. – [20] Illustrierte Geschichte des Weltkrieges, Stuttgart, H. 66. – [21] Tägliche Rundschau, 26. 6. 1917. – [22] Der Tag, 29. 9. 1929.

IX. KAPITEL: [1] Vierteljahresberichte d. Wiss.-Humanitären Komitees, Okt. 1918, H. 4, März 1919. – [2] dto., Jan. 1917, H. 1. – [3] dto., April 1915. – [4] Zeitschrift f. Sexualwissenschaft, Jg. 1. – [5] Vierteljahresber., April 1915. – [6] Lissmann, P.: Die Wirkungen des Krieges auf das männliche Geschlechtsleben, München, 1919. – [7] Hirschfeld, Magnus: Geschlechtskunde, Bd. 1. – [8] Vierteljahresberichte, Okt. 1915, H. 3. – [9] Vorwärts, 8. 11. 1914. – [10] Hirschfeld, Magnus: Sexualpathologie, T. 2, Kap. 3. – [11] dto., aaO. – [12] Lissmann, aaO. – [13] Neurologisches Centralblatt, Jg. 1919, H. 1. – [14] Vierteljahresberichte, Juli 1916, H. 3.

X. KAPITEL: [1] Haberling: Das Dirnenwesen im Heer und seine Bekämpfung, Leipzig, 1914. – [2] dto. – [3] Deutsche med. Wochenschrift, Jg. 1914, H. 40. – [4] Liller Kriegszeitung, Jg. 1915, H. 31. – [5] Deutsche med. Wochenschrift, Jg. 1915, H. 4. – [6] Medizinische Klinik, Jg. 1915, H. 15, 17, 18 u. 20. – [7] Graves, Robert: Good-bye to all that, London, 1929. – [8] Brunner, J. C.: Illustrierte Sittengeschichte, Krieg und Geschlechtsleben, Frankfurt/Main, 1922. – [9] BZ am Mittag, 25. 4. 1915. – [10] Brunner, J. C., aaO. – [11] Graves, Robert, aaO. – [12] Vogel, Bruno: Es lebe der Krieg! o. O., o. J. – [13] Wandt, Heinrich: Etappe Gent, Wien u. Berlin, 1926. – [14] dto. – [15] Michael, Wilhelm: Infanterist Perhobstler, aaO. – [16] Henel, Hans Otto: Eros im Stacheldraht. – [17] Kulturwille (Zeitschr.), Jg. 1929, Nr. 7/8. – [18] Das Liebesleben im Weltkrieg, Halbbd. 2, Nürnberg, 1919. – [19] Herms (Dr.): Lille vergewaltigt? Oldenburg u. Berlin, 1920. – [20] Kulturwille, Jg. 1929, 7/8, aaO. – [21] V. Armeekorps, Mobile Etappenkdtr., 19. 3. 1915. – [22] Wiener med. Wochenschrift, Jg. 1916, H. 13.

XI. KAPITEL: [1] Herms: Lille vergewaltigt, aaO. – [2] dto., aaO. – [3] dto., aaO. – [4] Mitteilungen d. deutschen Ges. z. Bekämpfung d. Geschlechtskrankheiten,

Bd. 13, 1915, H. 2. – [5] dto., aaO. – [6] Münchener med. Wochenschrift, Jg. 1916, Nr. 43. – [7] Archiv f. Schiffs- u. Tropenhygiene, Jg. 20, 1916, H. 3. – [8] Wandt: Etappe Gent, aaO. – [9] Jungfer, Viktor: D. Gesicht d. Etappe, Berlin, Riga u. Leipzig, o. J. – [10] D. Liebesleben im Weltkrieg, Halbbd. 2, aaO. – [11] Vorberg, G.: D. Geschlechtsleben im Weltkrieg, München, 1918. – [12] Deutsche Lodzer Zeitung, 3. 6. 1915. – [13] Mitteilungen d. dt. Ges. z. Bekämpfung d. Geschlechtskrank- H. 3/4. – [15] Dermatolog. Wochenschr., Jg. 1916, H. 31. heiten, Bd. 16, 1918, H. 3/4. – [14] dto., Bd. 15, 1917, – [16] Graves, Robert: Good-bye to all that, aaO. – [17] Henel, Eros i. Stacheldraht, aaO. – [18] Michael, W.: Infanterist Perhobstler, aaO. – [19] Die Deutschen in Lille u. im nördl. Frankreich (Broschüre), Zürich, o.J. – [20] Wandt, aaO. – [21] dto. – [22] Henel, aaO.

XII. KAPITEL: [1] New York Times, 11. 11. 1929. – [2] Jungfer, Viktor: D. Gesicht d. Etappe, aaO. – [3] Pironne, H.: La Belgique et la guerre Mondiale. Ausg. d. Carnegie-Stiftung, o. O. – [4] Touton (Dr.): Geschlechtsleben u. Geschlechtskrankheiten in d. Heeren, aaO. – [5] Wandt: Etappe Gent, aaO. – [6] Herms: Lille vergewaltigt, aaO. – [7] D. Deutschen i. Lille (s.o.), aaO. – [8] Zukunft (Zeitschr.), März 1919. – [9] Jungfer, Vikt.: aaO. – [10] Babillotte, Martha: Etappenmädels, Leipzig, o. J. – [11] D. Liebesleben i. Weltkrieg, Halbbd. 1, aaO. – [12] Verlautbarung Nr. 5 des VI. k. u. k. Armee-Oberkdos., 1918. – [13] Arbeiter-Zeitung, 1. 8. 1926, Nr. 210. – [14] Kraus, Karl: Die letzten Tage d. Menschheit. – [15] Wandt, aaO. – [16] Henel: Eros im Stacheldraht, aaO.

XIII. KAPITEL: [1] Rolland, Romain: Clerambault, Frankfurt/Main, o. J. – [2] Exner, Friedrich: Krieg und Kriminalität in Österreich. – [4] Vossische Zeitung, 29. 12. 1916. – [5] Wiener med. Wochenschrift, Jg. 1916, H. 28. – [6] dto., Jg. 1916, H. 26. – [7] Hofmann, H.: Ärztl. u. pädagog. Fürsorgemaßnahmen zur Bekämpfung d. Geschlechtskrankheiten bei gefährdeten u. verwahrlosten Jugendlichen. – [8] BZ am Abend, 17. 1. 1917. – [9] Zeitschrift f. Sexualwissenschaft, Jg. 1917, H. 2/3. – [10] Archiv f. Dermatologie u. Syphilis, Jg. 1917, H. 1. – [11] Deutsche med. Wochenschr., Jg. 1916, H. 7. – [12] Voss. Zeitung, 19. 4. 1915. – [13] Calverton, V. F.: Bankerott d. Ehe. – [14] Spier-Irving, J.: Irrwege u. Notstände d. Geschlechtslebens im Kriege, München, 1917. – [15] Zit. in: Grabinski, Bruno: Weltkrieg u. Sittlichkeit, Hildesheim, 1917. – [16] Mercure de France, März 1918.

XIV. KAPITEL: [1] Münchener med. Wochenschrift, Jg. 1916. – [2] Hirschfeld, Magnus: Sexualpathologie, T. 1. – [3] Münchener med. Wochenschrift, Jg. 1916, H. 19. – [4] Otto, Carl A. G.: Im Osten nichts Neues, Zirndorf-Nürnberg, 1929. – [5] Toller, Ernst: Hinkemann, Potsdam, 1925. – [6] Vortrupp (Zeitschr.), 1. 7. 1925. – [7] Wulffen, Erich: D. Weib als Sexualverbrecher, Berlin, 1923. – [8] Hirschfeld, Magnus, aaO. – [9] Neurolog. Centralblatt, Bd. 34, 1915. – [10] Deutsche med. Wochenschrift, Jg. 1916, Nr. 46. – [11] Bartlett, F. C.: Psychology and the soldier, Cambridge, 1927. – [12] Zeitschr. f. d. ges. Neurologie u. Psychiatrie, Jg. 1917. – [13] Neurolog. Centralblatt, Jg. 1916. – [14] Internationale Zeitg. f. ärztl. Psychoanalyse, 4, 1916/17, H. 3. – [15] Simmel: Zur Psychoanalyse d. Kriegsneurosen, Wien, 1919. – [16] Münchener med. Wochenschr., Jg. 1916, Feldärztl. Beilage Nr. 22. – [17] Wittels, Fritz: Zacharias Pamperl oder Der verschobene Halbmond, Wien, 1923. – [18] Kraus, Karl: Die letzten Tage der Menschheit. – [19] Wiener med. Wochenschrift, Jg. 1918, Nr. 24 v. 15. 1. 1918. – [20] Neurolog. Centralblatt, Jg. 1917. – [21] Münchener med. Wochenschrift, 1916, Feldärztl. Beil. 12. – [22] Neurolog. Centralblatt, Bd. 36, 1916. – [23] dto., Bd. 38, 1919. – [24] Münchener med. Wochenschrift, Jg. 1918, H. 40. – [25] Wiener med. Wochenschrift, Jg. 1916, H. 20. – [26] dto., Jg. 1916, H. 2. – [27] Kisch, Egon Erwin: Hetzjagd durch die Zeit, Berlin, 1926. – [28] Smith, Helen Zenna: Mrs. Biest pfeift. – [29] Exner, Franz: Krieg und Kriminalität in Österreich. – [30] Köppen, Edlef: Heeresbericht, Berlin, 1930. – [31] Pottle, Frederick A.: Stretchers, New York, 1929.

XV. KAPITEL: [1] Plättner, Karl: Eros im Zuchthaus, Berlin, 1929. – [2] Arbeiter-Zeitung, Wien, 28. 10. 1915. – [3] Die deutsche Frau und die Kriegsgefangenen, Nürnberg, 1919. – [4] Das Liebesleben im Weltkrieg, H. 2, Oberhau i. Sa., o. J. – [5] Köppen, Edlef: Heeresbericht, o. J. – [6] Dwinger, Edwin, Erich: Die Armee hinter Stacheldraht, Jena 1929. – [7] dto., aaO. – [8] dto. – [9] Breitner, Burghard: Unverwundet gefangen, Wien, 1921. – [10] Munk, Arthur: Der große Kader, Budapest, 1930. – [11] Doderer, Heimito v.: Das Geheimnis des Reichs, Wien, 1929. – [12] Markovits, Rodion: Sibirische Garnison, Berlin, 1930. – [13] Breitner, aaO.

XVI. KAPITEL: [1] Snowden, Rogers: Die Abenteuer eines Weltspions, o. J. – [2] Berndorff, H. R.: Spionage, o. J. – [3] Ronge, Max: Kriegs- und Industriespionage, 1930. – [4] Snowden, R.: aaO. – [5] Wandt: Etappe Gent, aaO; Binder, H.: Spionagezentrale Brüssel. – [6] Lucieto, Ch.: Le diable noir, Paris, o. J. – [7] Boucart, Robert: Les dessous de l'espionnage anglais, dto.: Femmes et espionnage. – [8] dto. – [9] Wandt, H.: Etappe Gent, aaO. – [10] Binder, H., aaO. – [11] Johnson, Tom M.: Dunkle Wege Amerikas im Weltkrieg, o. J. – [12] Binder, aaO. – [13] Boucart, R.: Femmes et espionnage. – [14] Johnson, aaO. – [15] dto. – [16] Johnson und Snowden, aaO. – [17] Lucieto, aaO. – [18] Massard, Emile: Les espionnes de Paris. – [19] Lucieto, aaO. – [20] Boucart: Femmes et espionnage. – [21] Seeliger, E.: Spione u. Verräter. – [22] Wandt: Etappe Gent, aaO. – [23] Boucart, aaO. – [24] dto. – [25] Massard, aaO. – [26] Berndorff, aaO., Boucart, Bizard u. Massard, aaO.

XVII. KAPITEL: [1] Von der Vring, Georg: Soldat Suhren, Wien, 1929. – [2] Scharrer, Adam: Vaterlandslose Gesellen, Kriegsroman eines Arbeiters. – [3] Graves, Robert: Good-bye to all that, aaO. – [4] Graves, aaO. – [5] Ex-Private X: War is war, London, 1930. – [6] Endres, Franz Karl: Das Gesicht des Krieges, Leipzig, o. J. – [7] Vogel, Bruno: E. Gulasch u. a. Novellen, Rudolstadt, 1928. – [8] Crozier, F. P.: A brass hat in no-mans land, London, 1930. – [9] dto. – [10] Kisch, Egon Erwin: Schreib das auf, Kisch!, Leipzig, 1930. – [13] Graves, aaO. – [14] Kisch, aaO. – [15] Dorgelès, Roland: Les croix de bois, Paris, 1930 (dt. 1932). – [16] Arbeiter-Zeitung, Wien, 11. 7. 1926. – [17] Bianchini, aaO. – [18] Barbusse, Henri: Faits u. Psychiatrie, Bd. 39, 1918. – [20] dto., Bd. 40, 1918. – [21] Zur Psychoanalyse d. Kriegsneurosen. Hrsg. von S. Freud, Wien, 1919. – [22] Krause, Otto: Am Pranger, H. 1, Hellerau b. Dresden, 1919.

XVIII. KAPITEL: [1] Platzhoff, Walter in: Elsaß-Lothring. Jahrbuch, Frankfurt/Main, 1924. – [2] Schulte, Aloys: Frankreich und das linke Rheinufer, Stuttgart u. Berlin, 1918. – [3] About, Edmond: L'Alsace 1871–72, Paris, 1891. – [4] Stephany, S.: Germanisation, Willkürregierung u. Polizeiwirtschaft in Elsaß-Lothringen, Zürich, 1906. – [5] Mayer, Otto: Die Kaiser-Wilhelm-Universität Straßburg, Berlin u. Leipzig, 1922. – [6] Pfister, Christian: Pages Alsaciennes, Strasbourg, 1927. – [7] Das Elsaß von 1870-1932, Bd. 1–4, Colmar, 1936–38. – [8] dto., aaO. – [9] Ritter, G. Erwin: Die Elsaß-lothr. Presse im letzten Drittel des 19. Jh., Straßburg, 1934. – [10] Bronner, Fritz: Die Verfassungsbestrebungen des Landesausschusses f. Elsaß-Lothringen, Heidelberg, 1926. – [11] Flake, Otto: Rund um die elsäß. Frage, Karlsruhe u. Leipzig, 1911. – [12] Stegemann, Hermann: Erinnerungen aus meinem Leben und aus meiner Zeit, Stuttgart, 1930. – [13] Revue des deux mondes, 15. 3. 1921. – [14] Zislin, Henri: Dur's Elsaß Nr. 252 v. 2. 5. 1914. – [15] Himpele, Ferd.: Die Satire im Elsaß (in Zeitung u. Leben, Würzburg, 1938). – [16] Ruland, H.: Deutschtum u. Franzosentum in Elsaß-Lothringen, Colmar, 1908. – [17] Das Elsaß von 1870 bis 1932, aaO. – [18] dto. – [19–22] dto. – [23] Jaffé, Fritz: Zwischen Deutschland u. Frankreich, Stuttgart und Berlin, 1931. – [24–29] Das Elsaß 1870–1932, aaO.

XIX. KAPITEL: [1] Endres, Franz Carl: Das Gesicht des Krieges, aaO. – [2] Imago (Zeitschr.), 4. Jg., H. 1. – [3] Die Tragödie Deutschlands, Stuttgart, 1923. – [4] Freud, Siegmund in: Imago, aaO. – [5] dto. – [6] Witkop, Phil.: Kriegsbriefe gef. Studenten, München. – [7] Arbeiter-Zeitung, Wien, 17. 12. 1914. – [8] Graves: Good-bye to all that, aaO. – [9] Karl Kraus: Die letzten Tage der Menschheit, aaO. – [10] Henel: Eros im Stacheldraht, aaO. – [11] Berliner Tageblatt, 6. 1. 1916. – [12] Michael, W.: Infanterist Perhobstler, aaO. – [13] Kuhnert, Arthur: Kriegsfront der Frauen, Leipzig, 1929. – [14] Edmonds, Charles: A subalterns war, London, 1929. – [15] Beumelburg: Sperrfeuer um Deutschland, Oldenburg 1930. – [16] Militärkommando Agram (Zagreb), Befehl Nr. 197, 1916. – [17] Ex-Private X, War is war, aaO. – [18] Kisch, Egon Erwin: Hetzjagd durch die Zeit, Leipzig. – [19] Phare de la Loire, 9. 8. 1916. – [20] Sheriff, R. C. u. Vernon Bartlett: The journeys end, The Novel., Leipzig, 1930. – [21] Merkbl. f. d. Batt.-, Regts.- u. Brigadekdr., 1918, Abs. 7. – [22] Bauer (Oberst): Der große Krieg in Feld und Heimat. – [23] Deshalb haben wir den Krieg nicht verloren, Hannover, 1926. – [24] Schmidt, Hans: Warum haben wir den Krieg verloren?, Hamburg, 1924. – [25] Wiener med. Wochenschrift, Jg. 1916, H. 16. – [26] dto., 1918, H. 24. – [27] Militärarzt, Jg. 1917, H. 11. – [28] dto., 1917, H. 1. – [29] Lindsey-Evans: Die Revolution der modernen Jugend, Stuttgart, o. J. – [30] Wiener med. Wochenschrift, Jg. 1926, H. 17. – [31] Baumgarten: Die sittlichen Wirkungen des Krieges in Deutschland. – [32] Hilfe (Zeitschr.), 17. 12. 1914. – [33] Schettler (Pfr.): In Gottes Namen durch. Leipzig, o. J. – [34] Wiener Diözesanblatt, Januar 1916. – [35] Grabinski, Bruno: Neuere Mystik, Hildesheim, 1916. – [36] Rhein.-Westfäl. Zeitung, 15. 2. 1916. – [37] Fried, Alfred H.: Mein Kriegstagebuch, aaO. – [38] Grabinski, aaO. – [39] La Baïonnette, 4. 7. 1918. – [40] Vorwahl, H.: Geschichte der Sexualethik, Dresden, 1932.

XX. KAPITEL: [1] Zit. v. Fried, A. H.: Mein Kriegstagebuch, aaO. – [2] Woker, Gertrud: Der kommende Giftgaskrieg, Leipzig, 1925. – [3] Ponsonby: Falsehood in war-time, London, o. J. – [4] Denkschrift d. Reichsgesundheitsamtes über die Folgen der Blockade usw. – [5] Wulffen, E.: Kriminalpsychologie, Berlin, 1926. – [6] Wulffen, E.: Das Weib als Sexualverbrecherin, Berlin, 1923. – [7] Wegner, Armin T.: Offener Brief an den Präsidenten Wilson, Berlin, 1919. – [8] Nansen, Fridtjof: L'Arménie et le Proche Orient, Paris, 1918. – [9] Material z. Beurteilung d. Schicksals d. Armenier 1915/16, Basel, 1916; Varandian, Mikael: L'Arménie et la queston arménienne, Paris, 1917. – [10] Captanian, P.: Mémoires d'une déportée arménienne, Paris, 1919. – [11] El-Chocein; Faïz: Temoignages d'un Arabe musulman sur l'innocencé et le massacre des Arméniens, Paris, 1917. – [12] Nansen, aaO. – [13] Baronigian, A. S.: Armenien und die Türkei. Lösungsgrund i. Sa., o. J. – [14] Mühsam, Kurt: Wie wir belogen wurden, München, 1918. – [15] Stuermer, Harry: Zwei Kriegsjahre in Konstantinopel, Lausanne, 1917. – [16] Süddeutsche Monatshefte, Juni 1921. – [17] Schirmacher, Käthe: Das Rätsel Weib, Weimar, 1911. – [18] Zit. b. Wulffen: Das Weib als Sexualverbrecherin, aaO. – [19] Zit. b. Brunner, J. C.: Illustrierte Wochenschrift, Jg. 1915, Nr. 30. – [21] Fabius: Mit Blitzlicht durch Kriegserotik, Generalstab u. a., Leipzig u. Wien, o. J. – [22] Kisch, Egon Erwin: Hetzjagd durch die Zeit, aaO.

XXI. KAPITEL: [1] Lasswell, Harold D.: Propaganda technique in the World War, New York, o. J. – [2] Der Kampf, Wien, 1. 12. 1914, zit. v. Stern, Josef Luitpold: Die deutschen Dichter und der Krieg. – [3] Zit. b. Alfred H. Fried: Mein Kriegstagebuch, aaO. – [4] Bruneau (General): Vers heoïques, Paris u. Nancy, 1916. – [5] Zit. in Posse, Paul: Die Boches, Leipzig, 1928. – [6] Moreck, Curt: Sittengeschichte des Kinos, Dresden, 1926. – [7] Zit. in Leipziger Illustrierte Zeitung, 31. 10. 1918. – [8] Graves: Good-bye to all that, aaO. – [9] Crozier: A brass hat in no mans land, aaO. – [10] Hirschfeld, Magnus: Kriegspsychologisches, Bonn, 1916. – [11] Mühsam, Kurt:. Wie wir belogen wurden, aaO. – [12] Köppen, Edlef: Heeresbericht, aaO. – [13] Nicolai, G. F.: Die Biologie des Krieges, Zürich, 1919. – [14] Kemsis, Ferdinand: Kriegslesebuch über den Krieg, Leipzig u. Hamburg, 1915. – [15] Le Matin, 12. 11. 1915. – [16] Théophraste: Les caractères français ou les moeurs de cette guerre, Paris,1917. – [17] Gläser, Ernst: Jahrgang 1902 (neu aufgel. 1955). – [18] Schulze, Rudolf: Unsere Kinder und der Krieg, Leipzig, 1917. – [19] Lucien-Graux (Dr.): Les fausses nouvelles de cette guerre. Vol. 1–7, Paris 1918/20. – [20] Ponsonby, M. P.: Falsehood in war-time, New York u. London, 1928. – [21] Wandt: Etappe Gent, aaO. – [22] Nieuwland u. Tschoffen: Die Märchen von den Franctireurs von Dinant. 3. Aufl., Gembloux, 1919. – [23] Berliner Lokalanzeiger, 30. 8. 1914. – [24] Duhr, Bernhard, S. J.: Der Lügengeist im Völkerkrieg. – [25] Langenhove, Ferdinand v.: Wie Legenden entstehen, Zürich, 1917. – [26] Arbeiter-Zeitung, Wien, 11. 9. 1914. – [27] Bédier, Joseph: Les crimes allemands après des témoignages allemands, Paris, 1915. – [28] Sieg. Freud in: Imago, Jg. 1915, H. 1.